HANYU ZICI GUANXI YANJIU

漢語字詞關係研究

2

主編

陳斯鵬

中西書局

本書出版獲中山大學"三大建設—大科研項目培育建設"項目
"漢語字詞關係史(殷商—東漢)的斷代與專題研究及數據庫建設"經費支持

目 録

商代金文與西周金文常用字詞關係對比研究[*]

謝明文

復旦大學出土文獻與古文字研究中心

（“古文字與中華文明傳承發展工程”協同攻關創新平臺）

西周金文字詞關係，田煒先生有過很好的研究。^① 但商代金文與西周金文字詞關係的對比研究，研究者則較少論及。商代金文與西周金文字詞關係有同有異，下面我們主要從兩者的常用字詞中選取一部分，試作比較。

商代金文：且—{祖}^②

西周金文：且—{祖}、且—{沮}、叟/取—{祖}、叟/取—{沮}、叙—{祖}

“且”是“俎”的正視形，它即“俎”的初文，商代金文中皆是用“且”表示“祖考”、“祖先”之{祖}，如：

(1) 且(祖)乙。　　　　　　　　　　　　　（祖乙簋，《集成》03049，商代晚期）

(2) 邑云且(祖)辛父辛。　　　　　　　　　（祖辛父辛鼎，《銘圖》01501，四期）

(3) 子蝠*不扡且(祖)癸。　　　　　　　　（祖癸觚，《銘圖》09816，四期）

(4) 辛亥，王才(在)帝(？寢)，寶(賞)帝(寢)叙□貝二朋，用乍(作)且(祖)癸寶隑(尊)。
　　　　　　　　　　　　　　　　　　　　（寢叙簋，《集成》03941，四期）

(5) 亞舟。乙亥，王賜巂戝玉十半(玨)、章(璋)一，用乍(作)且(祖)丁彝。
　　　　　　　　　　　　　　　　　　　　（巂戝簋，《集成》03940，四期）

---

* 本文爲國家社科基金冷門絕學研究專項學術團隊項目“中國出土典籍的分類整理與綜合研究”（20VJXT018）、國家社科基金一般項目“商周甲骨文、金文字詞關係研究”（21BYY133）的階段性研究成果。

① 田煒《西周金文字詞關係研究》，上海古籍出版社，2016年。

② 本文採用學界的一般做法，用{ }作爲詞的標誌，如{祖}代表“祖”這個詞。

　　西周金文中,"且"除了表示"祖考"、"祖先"之{祖},還可以表示"沮敗"之{沮}。西周金文中,另有從"且"的"取"、"叟",兩者應即一字異體,只是偏旁有左右與上下之別而已。"叟/取"與"且"用法相同,既可以表示"祖考"、"祖先"之{祖},也可以表示"沮敗"之{沮},如:

　　(6) 遄乍(作)且(祖)丁隣(尊)彝,永寶。　　　　　　　　　(遄鼎,《集成》02310,西周早期)

　　(7) 師衛用乍(作)氒(厥)且(祖)寶彝。　　　　　　　　　(師衛鼎,《銘圖》02378,西周早期)

　　(8) 白(伯)乍(作)氒(厥)取(祖)寶隣(尊)彝。　　　　　　　(伯觶,《集成》06503,西周早期)

　　(9) 呂白(伯)乍(作)氒(厥)宮室寶隣(尊)彝段(簋),大牢甘(其)萬年祀氒(厥)取
　　　　(祖)考。　　　　　　　　　　　　　　　　(呂伯簋,《集成》03979,西周中期)

　　(10) 隹(唯)九月初吉庚午,晉(晉)厌(侯)斯(所)乍(作)飼段(簋),用宫(享)于文叟
　　　　(祖)皇考,甘(其)萬畜(億)永寶用。

　　　　　　　　　　　　　　　　　　　　(晉侯所簋,《銘圖》05051、05052,西周中期)

　　(11) 王命雁(應)厌(侯)征伐淮南尸(夷)\U。休,克厭(翦?)伐南尸(夷),我孚
　　　　(俘)戈,余弗叙(敢)且(沮),余用乍(作)朕(朕)王姑單姬隣(尊)段(簋)……

　　　　　　　　　　　　　　　　　　　(應侯視工簋,《銘圖》05311,西周中期後段)

　　(12) 寧史易(賜)耳,耳休,弗叙(敢)且(沮),用乍(作)父乙寶隣(尊)彝,刀。

　　　　　　　　　　　　　　　　　　　　　　(耳卣,《集成》05384,西周早期)

　　(13) 旂白(伯)休于干枼,易(賜)玭,弗叙(敢)且(沮),干枼堂(對)鷦(揚)旂白(伯)
　　　　休,用乍(作)寶段(簋)。

　　　　　　　　　　　　　　(干枼簋,《古文字研究》第 33 輯,① 第 330 頁,西周中期)

　　(14) \U肇賈,又(有)嬴,弗叙(敢)取(沮),用乍(作)父壬寶鐂(甗)彝,用匃考畵
　　　　(壽),萬年無彊(疆),永寶。　　　　　　(\U 甗,《銘圖》03356,西周晚期)

　　(15) 昇(鄧)小中(仲)鳧,有復(得),弗叙(敢)取(沮),用乍(作)氒(厥)文且(祖)寶
　　　　鷥(肆)隣(尊),用隣(尊)氒(厥)□于□宮。

　　　　　　　　　　　　　　　　(鄧小仲鼎,《銘圖》02246、02247,西周早期後段)

　　(16) ……青(靜)幽高且(祖)才(在)散(微)霝(靈)處……散(微)史剌(烈)且(祖)廼
　　　　來見武王……矞(柔)叀(惠)乙且(祖)述匹氒(厥)辟……亞且(祖)且(祖)辛,
　　　　鍰毓子孫……孝喜(友)史牆(牆),夙(夙)夜不家(惰),甘(其)日蔑曆,牆(牆)
　　　　弗叙(敢)取(沮),對鷦(揚)天子不(丕)顯休令(命),用乍(作)寶隣(尊)彝……

　　　　　　　　　　　　　　　　　　　　(史牆盤,《集成》10175,西周中期前段)

---

① 韋心澄《新見冊枼簋初探》,《古文字研究》第 33 輯,中華書局,2020 年。

例(8)~(10)"旻/取"與例(6)(7)"且"用法相同,皆用作"祖考"、"祖先"之{祖}。例(14)~(16)"取"與例(11)~(13)"且"用法相同,皆用作"沮敗"之{沮}。① 值得注意的是,例(15)(16)"取"、"且"同見,兩者用法截然區分,前者用作"沮敗"之{沮},後者用作"祖考"、"祖先"之{祖}。"取"從"又",與動作有關,可能本即"沮敗"之{沮}的本字。

西周金文中或偶借常用作虛詞的"叡"來表示"祖考"、"祖先"之{祖},如:

(17) 嚮(召)白(伯)令(命)生史吏(使)于楚,白(伯)錫賞,用乍(作)寶段(簋),用事乓(厥)叡(祖)日丁,用事乓(厥)考日戊。

(生史簋,《集成》04100、04101,西周中期前段)

例(17)"叡"與"考"對言,它表示"祖考"、"祖先"之{祖}是可以確定的。另觥爵(《集成》08331、08332,西周早期)"叡戊觥"之"叡",研究者或讀作{祖},有可能是正確的。②

東周金文中亦主要以"且"爲"祖考"、"祖先"之{祖},偶見以"俎"(與兵壺,《銘圖》12445,春秋晚期)、"叡"(仲子平鐘,《集成》00172~00180,春秋晚期)爲{祖}。另東周金文中已出現少數從"示"、"且"聲與從"示"從"且/俎"從"又"之形,③它們即"祖"字,是爲"祖考"、"祖先"之{祖}造的後起本字。

商代金文:父—{父}

西周金文:父—{父}、甫—{父}

商代金文中皆是用"父"表示"父母"之{父},如:

(1) 父己小子。 (父己小子方鼎,《集成》01874,二期)

(2) 父己。 (父己方鼎,《集成》01265,四期)

(3) 壟(衛)父丁。 (父丁鼎,《集成》01594,三、四期)

(4) 搋(戎)父乙。 (戎父乙鼎,《銘圖》00775,四期)

(5) 父丙南門。 (父丙南門鼎,《集成》01567,商代晚期)

(6) 盈婦隣(尊)。主己、且(祖)丁、父癸。 (盈婦方鼎,《集成》02368,四期)

西周金文中一般亦是用"父"表示"父母"之{父},但有少數用"甫"表示"父母"之{父},如:

---

① 斛比鼎(《集成》02818)、斛比簋蓋(《集成》04278)"且射"之"且",研究者或讀作"沮"。

② 不能絕對排除是私名或族名的可能性,如屬於此種情況,則銘文表示"觥族私名爲叡者爲日名爲戊的先人作器"或"叡族私名爲觥者爲日名爲戊的先人作器"。

③ 董蓮池《新金文編》,作家出版社,2011年,上冊第29頁。

(7) 父辛。　　　　　　　　　　　　　　　　　（父辛鼎,《集成》01271,西周早期）

(8) 木父乙。　　　　　　　　　　　　　　　（木父乙鼎,《銘圖》00770,西周早期）

(9) 㝆（易）旁曰:起弔（叔）休于小臣貝三朋、臣三家。對𣋉（厥）休,用作父丁𣍘（尊）彝。　　　　　　　　　　　　　（易旁簋,《集成》04042,西周中期前段）

(10) 乍（作）甫（父）丁寶𣍘（尊）彝。　　　（作甫丁爵,《集成》09052,西周早期偏晚）

(11) 趞乍（作）甫（父）庚寶𣍘（尊）段（簋）。

　　　　　　　　　　　　　　　（趞簋,《銘圖》04419、04420,西周中期前段）

(12) 㮚（秦）乍（作）朕（朕）考甫（父）乙䢅（餗）段（簋）,用追孝,𣃘（祈）匃（萬）年,孫
　　　子子甘（其）永寶光。　　　　　　（秦簋,《銘圖續》0407,西周中期前段）

(13) 弔（叔）乍（作）田甫（父）票①（寶）壺。　（蓋銘）
　　　佳（唯）廿又六年十月初［吉］己卯,倗弔（叔）乍（作）田甫（父）寶𣍘（尊）
　　　壺,甘（其）萬年子子孫孫永寶用。　（器銘）

　　　　　　　　　　　　　　　　　（倗叔壺,《銘圖》12401,西周中期前段）

例(7)～(9)用"父"表示"父母"之{父},與商代金文相同。"甫"作""、""、""類形,一般認爲即園圃之"圃"的初文。後來它下部的"田"形訛變爲"用",上部"屮"形變形聲化爲"父",則演變爲金文中的""類形。② "父"、"甫"音近,例(10)～(12)是用"甫"表示"父母"之{父}。③ 金文中一般用"某母"表示女子之字,用"某父"表示男子之字,如(13)釋"甫"可信的話,④則它是用作男子之字的{父}。周代金文中,"甫"除了表示{父},還可以表示豆形器自名{鋪}⑤以及"夫人"之{夫}⑥。

────────────────

① 此字的釋讀參看拙文《談"寶"與"富"》(《文獻》待刊稿)。

② 參看于省吾主編《甲骨文字詁林》,中華書局,1996 年,第 3 册第 2119 頁;劉釗主編《新甲骨文編(增訂本)》,福建人民出版社,2014 年,第 212～213 頁;周法高主編《金文詁林》,香港中文大學,1975 年,第 3 册第 2056～2061 頁;張世超、孫凌安、金國泰、馬如森《金文形義通解》,中文出版社,1996 年,第 788 頁;劉釗《古文字構形學(修訂本)》,福建人民出版社,2011 年,第 110 頁;董蓮池《新金文編》,上册第 403 頁;季旭昇《說文新證》,藝文印書館股份有限公司,2014 年,第 254～255 頁;李學勤主編《字源》,天津古籍出版社,2012 年,中册第 269 頁。

③ 亦見於春秋中期的季子康鎛(《銘圖》15787～15791)。

④ 研究者或釋作"帚（婦）"。

⑤ 見於叔頌父鋪(《銘圖》06147)、䣄叔鋪(《集成》04669)、姜休母鋪(《銘圖》06119、06120)、曾仲斿父鋪(《集成》04673、04674)、虢季鋪甲(《銘圖》06144、06145)等。

⑥ 見於黃子鼎(《集成》02567、02566)、黃子鬲(《集成》00624、《集成》00687)、黃子罐(《集成》09966、《銘圖》13998)、黃子器座(《集成》10355)、爲甫人鼎(《銘圖》02064)、爲甫人盨(《集成》04406)等。

商代金文：匕—{妣}

西周金文：匕—{匕}、匕—{妣}、比—{妣}、妣—{妣}

　　商代金文中，親屬稱謂"祖"出現約 255 次，而親屬稱謂"妣"出現的次數則要少得多，約 15 次，皆是用"匕"表示"祖妣"之{妣}，如：

(1) 剌(割)匕(妣)乙。　　　　　　　　　　　　　（剌妣乙爵，《集成》08735，商代晚期）

(2) 女子匕(妣)丁。　　　　　　　　　　　　　　（女子妣丁觚，《集成》07220，商代晚期）

(3) 豕匕(妣)辛。　　　　　　　　　　　　　　　（豕妣辛簋，《集成》03223，四期）

(4) 咸匕(妣)癸。　　　　　　　　　　　　　　　（咸妣癸尊，《集成》05613，四期）

(5) 𐚁。辛酉，易(賜)貝，用乍(作)匕(妣)庚段(簋)。　（𐚁簋，《銘圖》04580，四期）

　　從商代金文親屬稱謂"妣"的出現頻率遠低於"祖"可證當時女性的社會地位應遠低於男性。西周金文中，親屬稱謂"妣"出現的次數依然很少，約 21 次。它或用"匕"表示，或用"妣"表示，或偶用"比"表示，如：

(6) 粪(粪)匕(妣)癸。　　　　　　　　　　　　　（粪妣癸鼎，《集成》01516，西周早期）

(7) 木工冊乍(作)匕(妣)戊𡠹(煋)。　　　　　　　（木工冊鼎，《集成》02246，西周早期）

(8) 戲乍(作)匕(妣)癸鉦。　　　　　　　　　　　（戲爵，《集成》09024，西周早期）

(9) 中乍(作)匕(妣)己彝，亞址。　　　　　　　　（中觶，《集成》06482，西周早期）

(10) 睪乍(作)比(妣)辛障(尊)彝，亞甘(其)矣(疑)。

　　　　　　　　　　　　　　　　　　　　　　　（睪鼎，《集成》02374，西周早期）

(11) 舌乍(作)妣(妣)丁。　　　　　　　　　　　　（舌爵，《集成》08978、08979，西周早期）

(12) 幾乍(作)妣(妣)日丁障(尊)彝。　　　　　　　（幾壺，《銘圖》12196，西周早期）

(13) 乍(作)妣(妣)壬尊彝，或。　　　　　　　　　（或爵，《銘圖》08518，西周早期）

例(6)～(9)是用"匕"表示"祖妣"之{妣}，西周金文中共約 11 例，其中西周早期 10 例，西周中期 1 例(作冊嗌卣，《集成》05427)。例(10)是用"比"表示"祖妣"之{妣}，西周金文僅一例。例(11)～(13)是用"妣"表示"祖妣"之{妣}，西周金文中共約 9 例，其中西周早期 6 例，西周中期 1 例，西周晚期 2 例。"匕"、"比"用作{妣}乃假借，"妣"從"女"、"匕"聲，是"祖妣"之{妣}的本字。另周代金文中，"匕"還用作取食用具之{匕}，如微伯瘌匕(《集成》00972、00973，西周中期)"敵(微)白(伯)瘌乍(作)匕"、仲枏父匕(《集成》00979，西周中期後段)"中(仲)枏父乍(作)匕"等。

　　從目前已發表資料看，从"女"、"比"聲的"妣"字始出現於春秋金文(莒侯少子簋，《集成》04152)。用作"祖妣"之{妣}的"妣"字出現後，東周金文中仍沿襲西周金文中用

"妣"表{妣}的用字習慣,如叔尸鐘(《集成》00277、00284)、叔尸鎛(《集成》00285)、家伯束邘簋(《銘圖續》0451、0452)等,另東周金文亦出現從"示"、"匕"聲之"祂"(黏鎛,《集成》00271,春秋中期),乃"祖妣"之{妣}的專字。

商代金文:帚—{婦}、婦—{婦}

西周金文:帚—{婦}此用法極少見**、婦—{婦}**

甲骨文中彗字所從之"彐",研究者一般認爲即植物"王彗"的形象。王彗爲箒帚最常用的製成材料,所以"帚"字既可以直接寫作獨體的"彐",也可以畫出其下端加以結束之形與普通的"彐"形相區别,以後兩形就逐漸分化開了。已經畫出其下端加以結束之形的"帚",從材料來説仍是"彗",也仍可用以表示"彗/篲"。因此,獨體的"帚"和獨體的"彐(彗字所從)",都是既可以代表箒帚之"帚"的讀音,也可以代表用以製成箒帚的"彗"的讀音的。[1] 因爲持帚打掃衛生是當時婦女的主要工作,所以"帚"亦可以表示"婦女"之{婦}。也就是説,在商代甲骨文中,"帚"有"彗"、"婦"以及箒帚之"帚"三個讀音,單獨的"帚"字可用作"歸來"之{歸}、"婦女"之{婦}。商代甲骨文已經出現少量"婦"字,如見於賓組卜辭《合》14025、《合》18060 兩版殘辭者,從内容看,前者應該是用作"婦女"之{婦},後者有可能也是用作{婦}。從商代甲骨文的用字習慣看,主要是用"帚"來表示"婦女"之{婦},偶見用"婦"來表示"婦女"之{婦}。商代金文中同時用"帚"、"婦"來表示"婦女"之{婦},如:

(1) 帚(婦)好。　　　　　　　　(婦好甗,《銘圖》03138、03139;婦好簋,《集成》10394,二期)

(2) 亞弜帚(婦)。　　　　　　　　　　　　　　　　　(亞弜帚觶,《集成》06346,二期)

(3) 帚(婦)姍。　　　　　　　　　　　　　　　　　　　(婦姍簋,《集成》03081,二期)

(4) 帚(婦)嬾(媒)咸。　　　　　　　　　　　　　　　　(婦媒簋,《集成》03229,四期)

(5) 帚(婦)𢑱。　　　　　(婦𢑱鼎,《集成》01341～01343,商代晚期)

(6) 隻帚(婦)父庚。　　　　　　　　　　　(隻婦父庚卣蓋[2],《集成》05083,四期)

(7) 婦。　　　　　　　　　　　　　　　　　　(婦觚,《銘圖》08881～08883,二期)

(8) 盘婦隑(尊)。主己、且(祖)丁、父癸。　　　　　　　(盘婦鼎,《集成》02368,四期)

(9) 文父乙卯婦婞。　(内底)

　　　文。　(外底)　　　　　　　　　　　　(文父乙簋,《銘圖》04256),四期)

(10) 婦十未。　　　　　　　　　　　　　　　　(婦十未鼎,《殷墟新》152,四期)

---

① 參看趙鵬《殷墟甲骨文女名結構分析》引陳劍先生觀點,宋鎮豪主編《甲骨文與殷商史》新 1 輯,綫裝書局,2009年,第 195 頁。

② 此蓋現與酉父辛卣(《集成》04987,《銘圖》12810)相配,《集成》認爲是誤合爲一,此從之。

殷墟婦好墓出土的銅器中大量鑄有與“婦好”相關的銘文，其中{婦}一般作“帚”，[①]少數作“婦”(如例〔7〕所涉的三件婦觚)。婦好墓出土銅器屬於殷墟二期，主要用“帚”來表示“婦女”之{婦}，這與殷墟甲骨文的用字習慣相同，但用“婦”來表示“婦女”之{婦}的例子開始增多。目前已發表商代金文中除去這一批“婦好”銘文之外，其他用“帚”來表示“婦女”之{婦}的例子將近有30例，這近30例如果除去同人名者還有15例左右；而用“婦”來表示“婦女”之{婦}的例子有80例左右，這80例如果除去同人名或同作器者大約還有40例。可見在商代末年的時候，雖然“帚”、“婦”皆可表示“婦女”之{婦}，但以“婦”表示{婦}的例子增多，開始逐漸取代以“帚”表示{婦}的用字習慣。

西周金文中偶見以“帚”表示{婦}，如婦妃罍(《銘圖》13769，《陝集成》0870，西周早期後段)；主要是用“婦”表示{婦}，如：

(11) 中婦鬻。 (中婦鼎，《集成》01714，西周早期)

(12) 齊婦𢍜(龔)。 (齊婦鬲，《集成》00486，西周早期)

(13) 陸婦乍(作)高姑隮(尊)彝。 (陸婦簋，《集成》03621，西周早期)

(14) 彭婦乍(作)寶彝。父辛。 (彭婦觶蓋，《銘圖》10611，西周中期)

(15) 義白(伯)乍(作)𡪞婦陸(陸)姑。 (義伯簋，《集成》03619，西周中期)

(16) 召樂父乍(作)婦改寶它(匜)，永寶用。 (召樂父匜，《集成》10216，西周晚期)

(17) 王婦㠱孟姜乍(作)旅它(匜)，其𫿞(萬)年釁(眉)耇(壽)用之。

(㠱孟姜匜，《集成》10240，西周晚期)

西周中期金文有如下兩例銘文：

(18) 比乍(作)白(伯)帚隮(尊)彝，𤼈(戎)。 (比簋，《集成》03625，西周中期)

(19) 𤼈(戎)。乍(作)白(伯)帚寶隮(尊)彝，子子孫孫永寶用。

(戎簋，《銘三》0465，西周中期)

(18)(19)中的“戎”是族名，“比”是作器者私名。從銘文內容看，這兩件簋應是同人所作。其銘文“帚”字，一般讀作“婦”。從目前已公布資料看，西周中期金文中似未見確定的用“帚”表示{婦}之例，而比簋、戎簋屬於西周中期，因此簋銘的“帚”字讀作“婦”實可疑，“帚”完全可能是作器對象的私名一類。總之，從西周金文的資料看，“帚”表示{婦}

① 婦好觥(《集成》09261)“”這一類寫法的“婦好”在婦好墓出土的銅器銘文中習見，研究者或徑釋作“婦好”，大概是認爲其中一“女”旁屬於“婦”，一“女”旁屬於“好”。但比較同墓出土的婦好箕(《集成》10394)“”、好鼎(《集成》00999)“”等銘文，我們認爲婦好觥(《集成》09261)這一類寫法應該釋作“帚(婦)好”，其中“好”字所从兩“女”旁是對稱書寫。

的用字習慣基本上已經退出了歷史舞臺。

　　商代金文: 帚/壹—{寢}

　　西周金文: 帚—{寢}、嬛—{寢}、㝔—{寢}、寍—{寢}

　　商代甲骨文中皆以"帚"爲{寢}。商代金文中基本上亦是用"帚"爲{寢},而用"壹"爲{寢}者僅有一例,如:

　　(1) 帚(寢)出。　　　　　　　　　　　　　　(寢出爵,《集成》08295,二期)

　　(2) 帚(寢)小室盉。　　　　　　　　　　　(寢小室盉,《集成》10302,二期)

　　(3) 辛卯,王易(賜)帚(寢)魚貝,用作父丁彝。　(寢魚簋,《銘圖》04635,四期)

　　(4) 壹(寢)幺(玄)。　　　　　　　　　　　(寢玄爵,《集成》08296,商代晚期)

　　西周金文中亦主要以"帚"爲{寢},如:

　　(5) 王乍(作)莽京中帚(寢)婦盉。　　　　　　(王盉,《銘圖》06216,西周早期)

　　(6) 王呂(以)夨(侯)内(入)玕(于)帚(寢),夨(侯)易(賜)幺(玄)囩(瑞)戈。

　　　　　　　　　　　　　　　　　　　　　　　　(麥尊,《集成》06015,西周早期)

　　(7) 唯六月,叔易(賜)貝于帚(寢),叔對顥(揚)辟君休,用乍(作)朕(朕)文考寶障(尊)彝。　　　　　(叔卣甲,《銘圖》13327、13328,西周中期前段)

　　(8) 佳(唯)正月既生霸丁酉,王才(在)周康帚(寢),卿(饗)醴。

　　　　　　　　　　　　　　　　　　　(師遽方彝,《集成》09897,西周中期前段)

但亦有以"嬛"、"㝔"爲{寢}的用例,如:

　　(9) 佳(唯)五年正月己丑,琱生又(有)事,嚚(召)來合事,余獻(獻)嬛氏呂(以)壹……余黽于君氏大章(璋),報㝔氏帛束、璜。

　　　　　　　　　　　　　　　　　　　　(五年琱生簋,《集成》04292,西周晚期)

　　(10) 余黽大章(璋),報㝔氏帛束、璜一。　(琱生尊,《銘圖》11816、11817,西周晚期)

上引琱生器之"嬛"、"㝔",舊主要有"婦"、"寢"兩種讀法,裘錫圭先生力主"寢"的讀法,[①]我們認爲此説可從。西周中期殷(?)鼎(《銘圖》02427)銘文中另有"寍"字:

　　(11) 佳(唯)正月既生霸丁亥,王才(在)西宮,王令(命)寍易(賜)大弊(具)。

鼎銘中的"寍",既可能是私名,也可能是以官職名指稱個人,如申簋蓋(《集成》04267,西

---

① 裘錫圭《復公仲簋蓋銘補釋——兼説琱生器銘"寢氏"》,《裘錫圭學術文集·金文及其他古文字卷》,復旦大學出版社,2012年,第195～204頁。

周中期前段)"王命尹册命申"之"尹",①如是後者,則它亦是表示{寢}。

"宁"、"寰"、"寢"、"寤"、"寢"諸形,都是"寢"的異體。"寰"可視作形聲兼會意字,"宁"、"寢"可視作會意兼形聲字。② 商代族名金文中多見"宁"字,表示房子裏有"爿",不少研究者認爲是"寢"的表意字,可從。從目前已發表資料看,"寢"形未見於商代文字,始見於上引西周中期的毁(?)鼎。"寢"實可看作"寢"的兩種異體"宁"、"宁"的糅合之形。

東周金文中則用"寢"③(雍工啟壺,《集成》09605,戰國晚期;工師初壺,《集成》09673,戰國晚期)、"寢"(王子反戈,《集成》11122,春秋晚期;曾侯乙戈,《集成》11167,戰國早期)、"寢"(復公仲簋蓋,《集成》04128,春秋晚期)、"癰"(聽盂,《銘圖》06215,春秋晚期)爲{寢}。

商代金文:正—{正}正月、正—{正}正長、正—{征}

西周金文:正—{正}正月、正—{正}正長、正—{正}標準、正—{正}治、正—{正}匡正、輔助、正—{征}、征—{正}正月、征—{征}、政—{正}、政—{征}

商代金文中,只有"正"字,未見"征"字。"正月"之{正},"正長"之{正},"征伐"之{征}皆用"正"來表示,如:

(1) 才(在)正月,遘(于)匕(妣)丙彡(肜)日大乙奭*,隹(唯)王二祀既舐(于)上帝。(外底銘)　　　　　　　　　(二祀𢍱其卣,《集成》05412,四期)

(2) 丁亥,舐商(賞)又(有)正奭(聶)嬰貝,才(在)穆,朋二百,奭(聶)辰(揚)舐商(賞),用乍(作)母己隌(尊)鷺(煋)。　　　(奭方鼎,《集成》02702,殷末或周初)

(3) 丁子(巳),王眚(省)夔*〔京〕,王易(賜)小臣俞夔*貝,隹(唯)王來正(征)尸(夷)方,隹(唯)王十祀又五彡(肜)日。　　　(小臣俞犧尊,《集成》05990,四期)

(4) 乙亥,王醵,才(在)鱟師(次),王鄉(饗)酉(酒),尹光遺,隹(唯)各(客?)。商(賞)貝,用乍(作)父丁彝,隹(唯)王正(征)井方。〔圖〕。

　　　　　　　　　　　　　　　　　(尹光方鼎,《集成》02709,四期)

例(1)"正"用作"正月"之{正}。例(2)"又正"之"又"讀爲{有},其義與厥相當,④"正"表示"正長"之{正},器主"奭"應即舐屬下的某一職官之長。例(3)(4)"正"用作"征伐"之{征}。此外,商代乙正魚鏡(《集成》00408～00410,四期)"乙正魚"、婦好正壺(《集成》

---

① 叔匜(《銘三》0365,西周中期)有銘作"王曰尹册令叔",如果銘文不偽的話,也是同類例子。

② 參看裘錫圭《復公仲簋蓋銘補釋——兼説珥生器銘"寢氏"》,《裘錫圭學術文集·金文及其他古文字卷》,第195～204頁。

③ 西周早期𤔲師戈(《集成》11012)"〔圖〕",舊或釋作"寢",讀作"寢",與字形不合。

④ 參看袁金平《新蔡葛陵楚簡"大川有泝"一語試解——兼論上古漢語中"有"的特殊用法》,《語言學論叢》第42輯,商務印書館,2010年,第367～378頁。

09509,二、三期)"帚(婦)好正"、祖辛父甲鬲(《集成》00538)"且(祖)辛正,父甲正,束"等銘文中的"正"字用法不詳。甲骨文中"正月"之{正}、"征伐"之{征}亦皆用"正"來表示,除此之外,"正"還可以表示"合適"、"適宜"之類的意思,即"有正"、"正雨"之{正}。

西周金文中"正"字不僅延續了商代金文的用法,即"正"可同時表示"正月"之{正},"正長"之{正},"征伐"之{征},還有不見於商代金文的其他用法,如:

(5) 佳(唯)正月甲申,祭(榮)各(格)。　　　　　　(榮簋,《集成》04121,西周早期)

(6) 佳(唯)正月既生霸庚申,王才(在)莽京溼宮。(伯姜鼎,《集成》02791,西周中期前段)

(7) 佳(唯)正月初吉庚午,白(伯)薰(鮮)乍(作)旅鼎。

　　　　　　　　　　　　　　　　　　　(鮮鼎,《集成》02663～02666,西周晚期)

(8) 佳(唯)公大(太)史見服(服)于宗周年。才(在)二月既望乙亥,公大(太)史咸見
　　服(服)于辟王,辨于多正。　　　　　　(作冊魖卣,《集成》05432,西周早期)

(9) 王若曰:盂!不(丕)顯玟(文)王,受天有大令(命),杜(在)珷(武)王嗣玟(文)
　　乍(作)邦,闢(闢)氒(厥)匿(慝),匍有(佑)三(四)方,畯(畯)正氒(厥)民……
　　我龏(聞)殷述(墜)令(命),佳(唯)殷邊厌(侯)、田(甸)雩殷正百辟,率肄于酉
　　(酒),古(故)喪自(師)。已(已)!……今我佳(唯)即井(型)廩(稟)于玟(文)王
　　正德,若玟(文)王令二三正……王曰:盂,若丂(敬)乃正,勿灋(廢)朕(朕)
　　令(命)。　　　　　　　　　　　　　　　(大盂鼎,《集成》02837,西周早期)

(10) 佳(唯)王二十又三年九月,王在宗周,王命譱(膳)夫克舍令(命)于成周,遹正
　　八自(師)之年。　　　　　　　　(小克鼎,《集成》02796～02802,西周晚期)

(11) 王曰:師龢!女(汝)克盍(蓋)乃身,臣朕(朕)皇考穆穆王,用乃孔德瑑(遜)屯
　　(純),乃用心引正乃辟安德。　　(師龢鼎,《集成》02830,西周中期前段)

(12) 今余肇令女(汝)遳(率)齊帀(師)、曩、簀(萊)、僰,殿左右虎臣,正(征)淮
　　尸(夷)。(師寰簋,《集成》04313〔蓋銘脫"齊","簀"作"䒶"〕、04314,西周晚期)

例(5)～(7)"正"用作"正月"之{正}。例(8)"多正"與"辟王"對言,"正"顯然是用作"正長"之{正}。例(9)"殷正百辟"、"二三正"、"若敬乃正"之"正"皆是名詞,亦用作"正長"之{正}。西周金文中如御正衛簋(《集成》04044,西周早期)、御正良爵(《集成》09103,西周早期)、御正射尊與御正射卣(《考古學報》2020年第1期第108頁,西周中期前段)"御正",師遽簋蓋(《集成》04214,西周中期前段)"王征(延)正、師氏",伯紳簋(《銘圖》05100,西周中期)"甘(其)用飤正、御旎(事)、倗(朋)友、尹人",毛公鼎(《集成》02841,西周晚期)"先正"、"友正"、"無唯正聞",弭仲簠(《銘圖》05975,西周晚期)、叔良父匜(《銘圖》14968,西周晚期)、梁其鐘(《集成》00187、00189、00191,西周晚期)"大正",五祀衛鼎

(《集成》02832,西周中期前段)"正廼訊厲曰",散氏盤(《集成》10176,西周晚期)"正履矢舍散田"等,"正"亦是同類用法。① 例(9)"畯正厥民"之"畯"與牆盤(《集成》)10175)"達殷畯民"之"畯"、《尚書·多士》"乃命爾先祖成湯革夏俊民甸四方"之"俊"表示同一個詞,當訓爲"治理"一類意思。《爾雅·釋言》:"尹,正也。"《説文》又部:"尹,治也。"例(9)大盂鼎"畯正",其義即大克鼎(《集成》2836)"保乂周邦,畯尹四方"之"畯尹"。此"畯正"乃同義連用,"正"是動詞,當訓"治"一類意思。 例(9)"今我佳(唯)即井(型)窜(廩)于玟(文)王正德"之"正德"亦見於司馬林鎛(《銘圖》15768、15769,戰國早期)"朕(朕)吝(文)考憨(懿)弔(叔)亦帥刑(型)盧(濾)則祧(先)公正意(德)"。比較述鐘(《銘圖》15634～15636、《銘圖續》1028,西周晚期)"述曰:不(丕)顯朕(朕)皇考,克甹明乎(厥)心,帥用乎(厥)先且(祖)考政德"、單伯昊生鐘(《集成》00082,西周中期)"余小子肇帥井(型)朕(朕)皇且(祖)考憨(懿)德"、番生簋蓋(《集成》04326,西周中期)"番生不叔(敢)弗帥井(型)皇且(祖)考不(丕)杯元德",可知"政德"與"正德"表示同一個詞,"正"與"憨"、"元"所處語境與位置均相當,"正德"之"正"當是"準則"、"標準"一類意思。"正德"指合於標準的德。② 例(10)"遹正八師之年"之"正",研究者或認爲是"攻成"之意。③ 焂戒鼎(《銘圖》02279,西周晚期)"鉻白(伯)慶易(錫)焂戒賮(篿)殺(弼)、鉤雁(膺)、虎裘、豹裘。用政于六自(師)"之"政",雖然有"正"、"整"等不同讀法,但一般認爲是整飭、治理一類的意思。④ 叔弓鐘(《集成》00272,春秋晚期)、叔弓鎛(《集成》00285,春秋晚期)"余命女(汝)政于朕(朕)三軍,筍(肅)成朕(朕)師(師)旟之政遹(德)",其中"余命女政于朕三軍",孫詒讓認爲:"政讀爲正,二字古通用。正,長也。言我命女爲我三軍之長也。"⑤孫説將政讀爲正可從,但訓正長則不可信,"政于朕三軍"、"用政于六師"之"政"與例(10)"遹

① 麥方彝(《集成》09893,西周早期)"辟邢侯光厥正事(吏)"的"正"亦當是此類用法或由此類用法引申而來。曶盨(《集成》04469,西周晚期)"厥非正命"之"正",研究者或認爲是合於準則一類意思,我們認爲此"正"與同銘"正人"之"正"仍應當作"正長"解。

② 王子午鼎(《銘圖》02468、02469、02471～02474,春秋晚期)、王孫誥鐘(《銘圖》15606～15618,春秋晚期)、王孫遺者鐘(《集成》00261,春秋晚期)、叔弓鐘(《集成》00272,春秋晚期)、叔弓鎛(《集成》00285,春秋晚期)等銘文中的"政德"亦當如是解。

③ 郭沫若《兩周金文辭大系圖録考釋》,上海書店出版社,1999年,第123頁;張世超、孫凌安、金國泰、馬如森《金文形義通解》,第263～264頁。

④ 陳佩芬《釋焂戒鼎》,《第三屆國際中國古文字學研討會論文集》,香港中文大學中國文化研究所、中國語言及文學系,1997年,第317～321頁;吳振武《焂戒鼎補釋》,《史學集刊》1998年第1期,第4～6頁;李學勤《鉻伯慶鼎續釋》,《徐中舒先生百年誕辰紀念文集》,巴蜀書社,1998年,第98～100頁,收入氏著《重寫學術史》,河北教育出版社,2002年,第23～27頁;何景成《試論焂戒鼎所反映的"羨卒"問題》,《中原文物》2008年第6期,第69～72頁。

⑤ 孫詒讓《古籀拾遺 古籀餘論》,中華書局,1989年,第4頁。

正八師之年”之“正”應表示同一個詞,皆應訓整飭、治理一類的意思,“肅成朕師旟之政德”
是齊公命令叔弓“政于三軍”即治理三軍後希望達到的結果。例(11)“引正乃辟安德”之
“正”當是“匡正”、“輔助”一類的意思。甲骨文“有正”、“正雨”之{正}表示“合適”、“適宜”、
“適當”一類的意思,西周金文中訓“標準、準則”之{正}、訓治之{正}、訓“匡正”“輔助”之
{正}皆應是甲骨文“有正”、“正雨”之{正}的引申義。即訓“適宜”之“正”若引申爲名詞“適
宜之物”、“適當之物”即標準、準則之{正},若引申爲“使某物適宜”或“使某人所作所爲適
當”即訓“治”、訓“匡正”“輔助”之{正}。從“正德”或作“政德”且前者始出現時間較早,訓
“治”之“正”或作“政”且前者始出現時間較早,以及“政”從“攴”與動作有關來看,“政”應該
是“正”假借義的引申義“治”、“匡正”的一個後起分化字。① “正”之於“政”,其間關係大致
如“辟”之於“避”、“闢”、“僻”、“嬖”。例(12)“正”用作“征伐”之{征}。

東周金文中,“正”亦沿襲了“正月”之{正}、“正長”之{正}(主父戈,《集成》11364)、
“征伐”之{征}三種用法。值得注意的是,目前已刊布周代金文資料中,“正”主要是用作
“正月”之{正},其次是“正長”之{正},而用作“征伐”之{征}的例子極少,西周金文似僅
見於例(12)。東周金文中,用作“征伐”、“征行”之{征}的“正”亦非常少見,似僅見於鄧
公孫無忌鼎(《銘圖》02403,春秋早期)、中子化盤(《集成》10137,春秋時期)。

商代金文中雖未見“征”字,但商代甲骨文一殘辭中有“”(《合》31791)字,用法不
詳,研究者或釋作“征”。西周金文中“征”主要是用作“征伐”之{征},極個別用作{正},如:

(13) 佳(唯)周公于(于)征伐東尸(夷)豐白(伯)、尃(薄)古(姑)。

(豐鼎,《集成》02739,西周早期)

(14) 昔須渠趞(遣)東征,多匃(勾、勳)工(功)。 (昔須甗,《銘圖》03349,西周中期前段)

(15) 王南征,伐角、僪(遹),唯還自征…… (鄂侯馭方鼎,《集成》02810,西周晚期)

(16) 唯征(正)月既望癸酉,王歔(狩)于眅(視)獸(麀)。

(員鼎,《集成》02695,西周早期後段)

(17) 佳(唯)王征(正)月初吉,厭(辰)才(在)壬寅,尸(夷)白(伯)尸(夷)于西宫。

(夷伯夷簋,《銘圖》05158、05159,西周晚期)

(18) 唯征(正)月初吉,倗(朋)姬乍(作)寶彝,甘(其)萬年倳(保),子子孫孫甘(其)
永寶用。 (倗姬鬲,《考古學報》2020 年第 1 期第 103 頁,西周中期前段)

例(13)~(15)“征”用作{征},這是西周金文中“征”最主要的用法。例(16)~(18)“征”

---

① 金文中還有不少“政”字實是用作“正”的,可參看鄔可晶《釋“鑠”》,“古文字與上古音青年學者論壇”學術研討
會論文,廈門大學,2019 年 11 月 9—10 日。此文刊於《出土文獻與古文字研究》第 9 輯,上海古籍出版社,2020
年,第 104~118 頁。

用作{正},這是"征"的偶見用法,在目前已公布西周金文資料中,似僅見於上引四器。

東周金文中"征"一般用作"征伐"、"征行"之{征},偶有用作{正}之例,如克母簋(《銘三》0583)"正月"之"正",器銘作"正",蓋銘即作"征"。東周金文中另出現從"辵"從"正"的"延"字,它當是"征"字異體。《説文》以"延"爲字頭,以"征"爲"延"的或體。異伯子宧父盨(《集成》04442~04445,春秋早期)、登鐸(《銘圖續》1048,春秋早期)、伯克父盨(《銘圖續》0474、0475,春秋早期)、曾伯克父簋(《銘圖續》0518、0519,春秋早期)銘文中的"延"用作"征行"之{征}。周代金文中另有少數借"政"爲{征}征伐、{征}征行之例,如應侯視工鼎(《銘圖》02436,西周中期後段)"政"、"伐"連用,曾侯與鐘(《銘圖續》1029、1030,春秋晚期)"西政南伐","政"、"伐"對舉,可確定它們是以"政"爲"征伐"之{征}。冉鉦鍼(《集成》00428,戰國時期)"余吕(以)行訇(台)師,余吕(以)政訇(台)徒,余吕(以)伐郎,余吕(以)伐郤(徐)","余以政台徒"與"余以行台師"是非常嚴格的對文,"師"、"徒"義近,"政"與"行"位置相當,"政"顯然當用作"征行"之{征}。

"正"從"止"奔向城邑之形,本應是"征伐"、"征行"之{征}的本字。① 商代文字中,"征伐"之{征}皆用"正"爲之,實屬本用。"正"用作"正月"之{正}、"有正"之{正}應係假借。"正"後來"借義行而本義廢",就又在"正"上加"彳"旁分化出"征"字來表示"正"的本義"征伐"、"征行"。"征"、"正"的關係與"燃"、"然"關係相類。

商代金文中,"正"有"正月"之{正}、"正長"之{正}、"征伐"之{征}三類用法。西周金文中,"正"雖然也有這三類用法,但主要用作"正月"之{正},其次是用作"正長"之{正},而用作"征伐"之{征}只有極個別例子。東周金文中,用作"征伐"、"征行"之{征}的"正"亦只有個別例子。而西周金文中"征"主要用作"征伐"之{征},少數幾例用作{正}。東周金文中"征"基本上用作"征伐"、"征行"之{征},僅極個別用作{正}。這可以看出"正"雖係"征"的本字,但從用法看,兩者在西周時期基本上已經分化爲兩字。即"正"後來主要用於假借用法"正月"之{正}、"正長"之{正}等,而其分化字"征"則用來表示"正"的本義"征伐"、"征行"。② 訓"治"之{正}、訓"匡正""輔助"之{正}是"正"的假借義即甲骨文"有正"、"正雨"之{正}的引申義(參看上文),"政"應是爲訓"治"、訓"匡正""輔助"之{正}造的後起分化字。"征"、"政"雖然都是"正"的後起分化字,但前者是分化用來表示本義的,而後者是分化用來表示"正"的假借義的引申義的。"征"、"政"雖皆與

---

① "正"表示"征行"之{征},最早見於《合集》33378,參看孫亞冰《卜辭臠義五則》,《甲骨文與殷商史》新10輯,上海古籍出版社,2020年,第161~171頁。這在其他出土文獻中亦多見,參看沈培《關於清華簡〈四時〉"征風"等詞的訓釋》,簡帛網,2020年12月8日。

② "正"、"征"的關係,我們此處採用本字與分化字的傳統術語,蔣紹愚先生主張將此類本字與分化字分別稱作本原字與區別字(蔣紹愚《古漢語詞彙綱要》,商務印書館,2015年,第201~209頁)。

"正"關係密切,但"征"、"政"在金文中彼此關係卻不太密切,以"政"爲{征}只有少數幾例,而以"征"爲"政"者在商周金文中似未見相關用例。

商代金文: 商_{1商代}—{賞}、賣/賣—{賞}

西周金文: 商_{1商代}—{賞}、商_{2商星}—{賞}、賣/賣/賣/賣—{賞}、卹/倘—{賞}、敞—{賞}、尚—{賞}、賞—{賞}、賞—{償}

商代金文中"賞賜"之{賞},一般假借"商代"之"商"(下文或稱之爲"商₁")爲之,或用"賣/賣"爲之,如:

(1) 亞沚(洗)。庚寅,卽奏[庸?],才(在)帝(寢),王光商(賞)卽貝,用乍(作)父彝。

(卽鬲,《集成》00741,四期)

(2) 王宜尸(夷)方無敀,咸,王商(賞)乍(作)冊般貝,用乍(作)父己障(尊)。

(作冊般甗,《集成》00944,四期)

(3) 乙未,王商(賞)宗庸豐貝二朋,彡(肜)日乙,豐用乍(作)父丁甾(肆)。

(豐鼎,《集成》02625,四期)

(4) 乙亥,子易(賜)小子㠱(犀)王商(賞)貝,才(在) 𐅅 (裏)師(次),㠱(犀)用乍(作)父己寶障(尊)。 (小子㠱鼎,《集成》02648,四期)

(5) 甲癸(子),王易(賜)帝(寢)㜌(孳)商(賞),用乍(作)父辛障(尊)彝,才(在)十月又二,遘且(祖)甲啓日,佳(唯)王口(日)祀。盾①倗。 (寢㜌方鼎,《銘圖》02295,四期)

(6) 亞印。丁卯,王令宜子逧凶(西)方邘(于)鲁(省),佳(唯)反(返),王賣(賞)戍闌貝二朋,用乍(作)父乙鸞(齋)。 (戍闌鼎,《集成》02694,四期)

(7) 辛亥,王才(在)帝(? 寢),賣(賞)帝(寢)敔□貝二朋,用乍(作)且(祖)癸寶障(尊)。 (寢敔簋,《集成》03941,四期)

例(1)~(5)"商"用作"賞賜"之{賞},其中例(5)之"商(賞)"作名詞,例(1)~(4)之"商(賞)"作動詞,例(4)"王商(賞)貝"之"王商(賞)"係主謂結構作定語。例(6)用"賣"表示"賞賜"之{賞},例(7)用"賣"表示"賞賜"之{賞}。"賣"從"貝"、"商"聲,"賣"從貝從無口之"商"得聲,"賣"、"賣"係一字異體。

《説文》:"賣,行賈也。從貝、商省聲。"《説文》將"賣"看作"商賈"之{商}的本字。但從金文中的用法看,金文之"賣/賣"宜看作"賞賜"之{賞}的本字(《説文》之"賣"與金文之"賣"很可能是同形字)。商代金文中,"商"表示{賞}者有 20 多例,而"賣/賣"表示

---

① 此字,金文中多見,表示干盾之形,舊一般釋作盾,近年來不少學者讀成釋作干。本文釋作"盾",只是權宜之計,並不表示我們贊同這一釋法。

{賞}者僅 6 例(其中"賁"4 例,"賣"2 例)。可見商代金文中,表示"賞賜"之{賞},多用假借字"商"而較少用本字"賁/賣"。

西周金文中,"賞賜"之{賞}或作"商₁商代",或作"商₂商星",或作"賁/賣/賣/鷽",或作"偫/卹",或作"尚",或作"賞",或作"敞",如:

(8) 乙未,王商(賞)臣高貝十朋,用乍(作)文父丁寶𨫉(尊)彝,子。

（臣高鼎,《銘圖》02020,西周早期前段）

(9) 姜商(賞)令貝十朋、臣十家、鬲百人。（作冊夨令簋,《集成》04300、04301,西周早期）

(10) 隹(唯)公邊于宗周,陸(陸)從公㐬既,洛(格)于官,鷽(賞)𡰥(陸)貝,用乍(作)父乙寶𨫉(尊)彝。（陸尊,《集成》05986,西周早期）

(11) 王姜史(使)叔事(使)于大(太)𠂤(保),賣(賞)叔椦(鬱)鬯、白金、𤯍(雛)牛。

（叔簋,《集成》04132、04133,西周早期後段）

(12) 白(伯)𡄹父賣(賞)小臣傳□,𦎧(揚)白(伯)休,用乍(作)朕(朕)考日甲寶。

（小臣傳簋,《集成》04206,西周早期）

(13) 五月初吉甲申,懋父賁(賞)卸(御)正衛馬匹自王,用乍(作)父戊寶𨫉(尊)彝。

（御正衛簋,《集成》04044,西周早期）

(14) 宮公賣(賞)師衛貝五朋,用乍(作)且(祖)寶彝。

（師衛壺甲,《銘圖》12402,西周早期前段）

(15) 丁卯,遾(疑)至告。銅(姒)賁(賞)貝,𦎧(揚)皇君休,用乍(作)父乙寶𨫉(尊)彝。　（疑尊,《銘圖續》0792;疑卣,《銘圖續》0881,西周早期）

(16) 隹(唯)六月既死霸壬申,白(伯)犀父蔑卸(御)史競曆,賁(賞)金,競𦎧(揚)白(伯)犀父休,用乍(作)父乙寶𨫉(尊)彝段(簋)。

（御史競簋,《集成》04134、04135,西周中期前段）

(17) 隹(唯)九月,白(伯)劉父賁(賞)卸(御)正射絲、馬匹,用乍(作)父乙寶𨫉(尊)彝。

（御正射尊、御正射卣〔蓋器同銘〕,《考古學報》2020 年第 1 期第 108 頁,西周中期前段）

(18) 用乍(作)父丁寶𨫉(尊)彝,叡(敢)追明(明)公賁(賞)卹(于)父丁,用光父丁。

（夨令尊,《集成》06016;夨令方彝,《集成》09901,西周早期）

(19) 唯五月初吉辛卯,王饗氏宮,夅我肇進,從多邦君即事,王卹(賞)邦君,夅我蔑曆眔偫(賞)十朋,對𦎧(揚)王休,用乍(作)寶彝,子子孫孫永寶。

（夅我卣,《俑金集萃》042,西周中期）

(20) 丁子(巳),王大祓。戊午,𠚦(荆)子蔑曆,敞(賞)白牡一。己未,王賓(賞)多邦白(伯),𠚦(荆)子麗(贊?),賁(賞)耗卣(卣)、貝二朋,用乍(作)文母乙𨫉(尊)彝。

（荆子鼎,《銘圖》02385,西周早期）

(21) 乃兄珗(僭)鼻(畀)女(汝),害義,叡(敢)再(承)令付(尚—賞)女(汝)。

　　　　　　　　　　（肅卣,《銘圖續》0882,西周中期前段）

(22) 嚮(召)白(伯)令(命)生史吏(使)于楚,白(伯)錫賞,用乍(作)寶段(簋),用事
　　 圼(厥)叔(祖)日丁,用事圼(厥)考日戊。

　　　　　　　　（生史簋,《集成》04100、04101,西周中期前段）

(23) ……限諎(許)曰:祇剮(則)卑(俾)我賞(償)馬……智曰:弋唯朕(朕)禾是賞
　　 (償),東宮乃曰:賞(償)智禾十秭,債(遺)十秭,爲廿秭,[若]來歲弗賞(償),
　　 剮(則)付卌秭……　　　　　（智鼎,《集成》02838,西周中期後段）

例(8)(9)"商1商代"用作{賞}。例(10)用作{賞}之字原作"🔲",所從四口形當是日形的訛變,可隸作"𪩘"。添加圓圈形(即表示日形的)"商",一般認爲是"商星"之"商"的本字,例(10)是"商2商星"假借作{賞}。例(11)用作{賞}之字原作"🔲"、"🔲"類形,從"貝"從"商2商星"得聲,可隸作"賮"。例(12)用作{賞}之字原作"🔲",亦從"商2商星"得聲,可隸作"賮"。例(13)(14)以"賮"爲{賞},例(15)～(18)以"賮"爲{賞},這與商代金文的用法一脈相承。"賮"、"賮"應看作"賮/賮"即"賞"的異體。例(19)"卹"原作"🔲","倘"原作"🔲",前者從"卩",後者從"人","卩"、"人"作爲表意偏旁,可換作,因此它們係一字異體。它們在銘文中用作"賞",其左側部分,與一般的"商"有別,介於"商"、"章"之間,商、章形音皆有相近之處,似可看作兩者的糅合形。例(20)既用"賮"爲{賞},又用"敞"爲{賞}。例(21)"行"即"尚"初文,該例是用"尚"爲{賞}。例(22)"錫"後之字,舊或誤釋作"賓"。生史簋(《集成》04100)之形原作"🔲",顯然應是從"貝"、"尚"聲的"賞"字,這是金文中從"貝"、"尚"聲之"賞"出現得最早的一例。它在簋銘中既可能是動詞,與"錫"同義連用;也可能是名詞,指賞賜物,作"錫"的賓語。例(23)四例"賞"字皆從"貝"從"尚"之初文"行"得聲,銘文用作"償還"之{償}。

據目前已發表資料統計,西周金文中表示"賞賜"之{賞}的諸形,西周早期作"商"者21例(其中作商1者20例,作商2即"𪩘"者1例),作從"貝"、"商"聲者53例(聲符"商"包括商1、商2、商共47例,商2共7例,其中作"賮"者6例,作"賮"者1例,作"賮"者41例,作"賮"者6例),作"敞"者1例。西周中期金文中"賞賜"之{賞}一詞少見,其中作"尚"者1例,作"賞"者2例,作"賮"者7例(競所作的3器4例、御正射所作的2器3例),作"卹"、"倘"者各1例。西周晚期金文中{賞}一詞未見。[①] 東周金文中,"賞"一詞少見,中山王𰼷壺(《集成》09735,戰國中期)、𪆡羌鐘(《集成》00158)用"賞"字表示,秦公鐘(《集成》00262、00264,春秋早期)、秦公鎛(《集成》00267～00269,春秋早期)、庚壺(《集成》

_____
① 西周中期、晚期金文中{賞}一詞少見,個中緣由值得進一步研究。

09733，春秋晚期)用"商$_{2商星}$"表示。

綜上所述，"商$_{1商代}$"用作{賞}、"賓/賓"用作{賞}，這是商周金文皆有的用字習慣。但具體來説，商代金文多用假借字"商"，少用本字"賓/賓"。西周早期的情況與此相反，即多用"賓/賓"等本字而少用假借字"商"。從"貝"、"商"聲(包括商$_1$、商$_2$。爲了避免整個字的高度過長，"商"旁往往省去"口"形，因此"賓"的用例遠多於"賓")之字本係"賞"之本字，這一類字形未見於目前已發表的西周中期之後的周代金文資料，西周中期亦僅見競所作的三件銅器銘文以及御正射所作的兩件銅器銘文。另西周中期已經出現了從"貝"、"尚"聲的"賞"字，它是將"賓/賓"所從聲符"商"換作了"尚"，"賞"在生史簋銘文中用作"賞賜"之{賞}，實屬本用，它在曶鼎銘文中則用作"償還"之{償}。可以推測，大概在西周中期，從"貝"、"尚"聲的"賞"就逐漸取代了從"貝"、"商"聲的"賓/賓"等字作爲"賞賜"之{賞}的本字。此外，西周金文還用"卲"、"倘"、"尚"、"敞"爲{賞}，這與用"賞"爲{賞}等用字習慣皆是西周金文新出現的。

商代金文：反—{返}

西周金文：反—{返}、反—{鈑}、反—{反}

商代金文中"反"見於下引銘文：

(1) 亞卬。丁卯，王令宜子迨凶(西)方玕(于)書(省)，隹(唯)反(返)，王賓(賞)戌鼎貝二朋，用乍(作)父乙鸞(齋)。　　　　　(戌鼎，《集成》02694，四期)

(2) 乙未，王宓(賓)文武帝乙彡(肜)日自鬲(闌)傳(傳)①，王反(返)，徂(延)入鬲(闌)，王商(賞)虢(坂)貝，用乍(作)父丁寶(寶)障(尊)彝，才(在)五月，隹(唯)王廿祀又二。魚。　　　　　(坂方鼎，《銘圖》02377，四期)

例(1)之"反"，讀作"返回"之{返}，諸家無異議。例(2)"王"與"入"之間的文字，原作"▨"，舊一般釋作"返"。裘錫圭先生根據商代文字中"返"皆作"反"，沒有添加"辵"形的，認爲"▨"應釋作"反"、"徂(延)"二字。我們在博士論文中讚成此説，認爲銘文行款也可爲裘説提供佐證，該銘前兩行都是每行七字，並且前兩字都與第三行的"▨"齊平作"▨"，可見將"▨"釋作"反"、"徂(延)"二字，是十分合適的。"徂(延)"讀作虛詞"誕"，在銘文中表示承接關係，"王反(返)，徂(延)入鬲(闌)"指"王歸，然後進入了鬲"。②

---

① 傳，從甲骨文資料看，它應是一個表意字，表示人背負"▨"形。結合金文相關資料，我們懷疑它可能是"負任"、"任重"之"任"的表意初文，《村中南》389 的傳即"懷任"義，古書亦或作"妊"(參見未刊稿《釋古文字中的任》)。

② 謝明文《商代金文的整理與研究》上編 138 號，復旦大學博士學位論文，2012 年，第 187～188 頁。

因此,例(2)亦是用"反"爲{返}。

西周金文中,"反"字或用作"返回"之{返},或用作"反叛"之{反},或用作"金鈑"之{鈑},如:

(3) 隹(唯)王既灰(燎),厺(厥)伐東尸(夷)。才(在)十又一月,公反(返)自周。

　　　　　　　　　　　　　　　(保員簋,《銘圖》05202,西周早期後段)

(4) 頌拜(拜)頴(稽)首。受令(命)册,佩㠯(以)出,反(返)入(納)董(瑾)章(璋)。

　　(頌鼎,《集成》02827～02829;頌簋,《集成》04332～04339;頌壺,《集成》09731、09732,西周晚期)

(5) 王伐录子耴(耴),叔厺(厥)反,王降征令㠯(于)大(太)保,大(太)保克肖(敬)亡
　　曾(譴),王衎(侃)大(太)保,易(賜)休余土,用丝(兹)彝對令。

　　　　　　　　　　　　　　　　　　(大保簋,《集成》04140,西周早期)

(6) 王得赤金十反(鈑)。王曰:"小子、小臣,敉(敬)又(友)睪(賢)①隻(獲)剈(則)
　　取。"柞(胙)白(伯)十再(稱)弓,無濃(廢)矢。王剈(則)奥(昇)柞(胙)白(伯)赤
　　金十反(鈑)……　　　　　　　　　(柞伯簋,《銘圖》05301,西周中期前段)

例(3)(4)"反"字用作{返},同類用法的"反"亦見於善夫山鼎(《集成》02825,西周晚期)、師袁簋(《集成》04313、04314,西周晚期)、晉侯蘇鐘(《銘圖》15306、15308,西周晚期)等。例(5)"反"用作"反叛"之{反}。例(6)"反"用作"金鈑"之{鈑},此類用法的"反"還見於宋叔鼎(《銘圖續》0218,西周早期)、九年衛鼎(《集成》02831,西周中期)等。

東周金文中,"反"或用作{阪}(蒲阪令籥戈,《銘圖》17169,戰國晚期;茅阪大令趙屈戈,《銘圖續》1240,戰國晚期),或用作{樊}(姑發者反之子通劍,《銘圖》17999,春秋晚期)。東周金文已出現"返"字,"返回"、"返還"之{返},皆用"返"表示。如會章鎛(《集成》00085,戰國早期)、鄂君啟車節(《集成》12110、12112,戰國中期)、鄂君啟舟節(《銘圖》19181、19182,戰國中期)、復封壺(《銘圖》12447、12448,春秋早期)。據目前資料看,西周金文{返}皆用"反"爲之,東周金文始出現確定的"返"字,且用爲{返}。"返"應該是爲"反"的假借義"返回"造的後起本字。從西周金文的用字習慣看,亦可知將例(2)即商代坂方鼎""釋作"反"、"征(延)"二字且將"反"讀爲{返}的意見應該是合理的。

商代金文: 易—{賜}、錫—{錫}_{金錫}

西周金文: 易—{易}_{貿易}、易—{賜}、睗—{賜}、蒢—{賜}、錫—{賜}、錫—{錫}_{金錫}、睗—{易}、睗—{惕}

商周文字中用爲"賞賜"義的"易",研究者一般讀作古書中訓"給予"的"錫"或"賜",

① 陳劍《柞伯簋銘補釋》,《甲骨金文考釋論集》,綫裝書局,2007年,第1～7頁。

這其實沒有本質區別,它們表示的實際上應是同一詞,只是用字有別而已。"賜"從"貝"與"賞"從"貝"相類,且"賞賜"義的{賜}在後世更爲常見,因此下文我們選用{賜}來表示相關之詞。

商代金文中,共有 40 多例"易"字,除了易爵(《集成》07770)之"易"用作人名或族名之外,其餘皆用作"給予"義的{賜},而{賜}皆用"易"來表示,如:

(1) 壬申,王易(賜)亞魚貝,用乍(作)兄癸隣(尊),才(在)六月,隹(唯)王七祀翌日。

（亞魚鼎,《銘圖》02201,四期）

(2) 己亥,王易(賜)貝,才(在)𤔲,用作父己隣(尊)彝。亞古。

（作父己簋,《集成》03861,四期）

(3) 辛卯,子易(賜)𡩡貝,用乍(作)𣩋(彝),𢆶。　　（𡩡卣,《集成》05353,三、四期）

商代金文中另有兩例"錫"字,如:

(4) 王易(賜)小臣𤔲①錫,才(在)𡩡(寢),用乍(作)且(祖)乙隣(尊),爻敔。

（小臣𤔲卣,《集成》05378、05379,四期）

例(4)"𤔲"後之字,原分別作"<image>"、"<image>",舊一般釋作"易",後來有研究者認爲應看作"易𠃌"合文,而"𠃌",或釋作"金",或釋作"銅",或釋作"吕"。② 它們與同銘的"易"字寫法有別,我們曾在博士論文中結合字形與辭例指出它們應釋作"錫",並採用了郭永秉先生認爲"錫"應理解爲"金錫"之{錫}的意見。③ 據之,例(4)"錫"是用作"金錫"之{錫}。

西周金文中,{賜}多見,它或用"易"字表示,這與商代金文的用法一脈相承,如:

(5) 王易(錫)徝(德)貝廿朋,用乍(作)寶隣(尊)彝。

（德鼎,《集成》02405;德簋,《集成》03733,西周早期）

(6) 交從畢(戰),述毗(比)王,易(賜)貝,用乍(作)寶彝。

（交鼎,《集成》02459,西周早期）

(7) 伯雉(雄)父來自𪊟,薎录曆,易(賜)赤金,對飘(揚)白(伯)休,用作文且(祖)辛公寶𪔂殷(簋),甘(其)子子孫孫永寶。　　（录簋,《集成》04122,西周中期前段）

---

① 此字有"㡭"、"系"、"掔"等釋法,我們贊同釋"掔"之説。參看裘錫圭《戰國璽印文字考釋三篇》,《古文字論集》,第 473—483 頁;又收入氏著《裘錫圭學術文集·金文及其他古文字卷》,第 277～285 頁。

② 相關討論可參看劉傳賓《説"金"字的一種特殊形體》(復旦大學出土文獻與古文字研究中心網,2010 年 12 月 1 日;後正式發表於《中國國家博物館館刊》2014 年第 9 期,第 62～69 頁)一文及該文後面的評論。

③ 謝明文《商代金文的整理與研究》上編 213 號,第 271 頁。

(8) 虢中(仲)令(命)公臣:"嗣(司)朕(朕)百工,易(賜)女(汝)馬乘、鑣(鐘)五金,
用事。" 　　　　　　　　　　　　　　　　　　(公臣簋,《集成》04184,西周晚期)

例(5)"王"後之字,原作"![字]"、"![字]",或釋作"益"讀爲"錫/賜",或認爲是"匜"字象形初文,
讀爲"錫/賜"。聯繫相關資料,它們實即"易"字異體。① 例(5)～(8)皆是用"易"爲{賜}。

　　西周金文的{賜}或用"睗"表示,如:

(9) 隹(唯)九月,才(在)炎自(師)。甲午,白(伯)懋(懋)父睗(賜)䁈(召)白馬妊②
黄猫(髮)歚(微)…… 　　　　　(召尊,《集成》06004;召卣,《集成》05416,西周早期)

(10) 王命尹册命申,叀(更)乃且(祖)考疋(胥)大(太)祝官嗣(司)豐人眔九𤔲祝,睗
(賜)女(汝)赤市(韍)、𦆯黄(衡)、䜌(鑾)旂,用事。

　　　　　　　　　　　　　　　　　　　　　(申簋蓋,《集成》04267,西周中期前段)

(11) 王曰:白(伯)父,孔顯又(有)光,王睗(賜)乘馬,是用左(佐)王,睗(賜)用弓,
彤矢其央,睗(賜)用戉(鉞),用政䜌(蠻)方,子子孫孫,萬年無彊(疆)。

　　　　　　　　　　　　　　　　　　　(虢季子白盤,《集成》10173,西周晚期)

《説文》:"睗,目疾視也。"例(9)～(11)皆是用"睗"爲{賜},西周金文中同類用法的"睗"
又見於揚簋(《集成》04294、04295,西周中期)、獄簋(《銘圖》05315～05318,西周中期前
段)、𩰋壺蓋(《集成》09677,西周晚期)等器。西周金文中,"睗"除了用作{賜},還可以用
作"慢易"之{易}或訓"敬"之{惕},如:

(12) 女(汝)母(毋)敢(敢)象(惰)才(在)乃服(服),圂(恪)肌(夙)夕敬念王畏(威)
不睗(易),女(汝)母(毋)弗帥用先王乍(作)明井(型),俗(欲)女(汝)弗乃已
(以)乃辟甬(陷)于囏(艱)。 　　　　　(毛公鼎,《集成》02841,西周晚期)

(13) ……命禹屁(纘)朕(朕)聖且(祖)考,政于井(邢)邦。繇(肆)禹亦弗敢(敢)
惷③,睗(惕)共(恭)朕(朕)辟之命。 　　　　(禹鼎,《集成》02833,西周晚期)

---

① 𡭊簋(《銘圖》05136、05137,西周早期前段)銘文中表示"給予"義之字,研究者或釋作"益"讀爲"錫/賜",或認爲
是"匜"字象形初文讀爲"錫/賜",這也是我們不同意的。參看謝明文《甲骨文舊釋"益"之字新釋——兼"易"字
新探》,《中國國家博物館館刊》2019 年第 12 期,第 7～21 頁。

② 此字,陳劍先生釋作"毒",讀作"督"。參看陳劍《釋金文"毒"字》,《中國文字》2020 年夏季號(總第 3 期),萬卷
樓圖書股份有限公司,2020 年,第 195～222 頁。

③ 關於此字,諸家意見參看張富海《毛公鼎銘文補釋一則》,《中國典籍與文化》2011 年第 2 期,第 152～154 頁。
近似用法的"惷"還見於毛公鼎(《集成》02841)"惷(惷)于小大政"、"母(毋)有敢(敢)惷(惷)尃(敷)命于外",清
華簡拾《四告》簡 4"肆唯驕惷荒怠,好壞同心同德,暴虐縱獄,藹藹爭怨",《四告》簡 10～11"翌日,其會邦君、諸
侯、大正、小子、師氏、御事,箴告孺子誦,弗敢惷覓,先告受命天丁辟子司慎皋繇……"。

從文義看，例(12)"賜"與"愘"、"敬"意義相反，當是用作"慢易"之{易}。例(13)"賜"與"共(恭)"連用，意義當相關。《説文》："惕，敬也。从心、易聲。"例(13)"賜"當是用作訓"敬"之{惕}。

西周金文的{賜}或偶用"錫"表示，如：

(14) 酈(召)白(伯)令(命)生史吏(使)于楚，白(伯)錫賞，用乍(作)寶殷(簋)，用事乓(厥)毀(祖)日丁，用事乓(厥)考日戊。

（生史簋，《集成》04100、04101，西周中期前段）

"錫"在例(14)用作{賜}，西周早期金文中它亦可用作"金錫"之{錫}，如：

(15) 乙亥，尹佫(格)玗(于)官，商(賞)執錫二、聿二，執用乍(作)父丁陣(尊)彝。

（執卣，《集成》05391；執尊，《集成》05971，西周早期）

"執"與"二"之間之字，原作" "、" "，舊一般當作"易 "合文處理，且在"易"前斷讀，把易當作賞賜動詞。我們認爲它們亦當徑釋作"錫"，相關的一句應讀作"商(賞)執錫二、聿①二"，此"錫"與例(4)小臣䍐卣"錫"用法相同，都是用作"金錫"之{錫}。②

西周金文中，或用《説文》所言"嗌"字籀文"蕬"表示{賜}，如：

(16) 佳(唯)王三月初吉癸卯，敤丮(叔)散(微)肇景(福)于西宫，蕬(賜)貝十朋，用乍(作)寶殷(簋)，子子孫孫甘(其)蠆(萬)年永寶用。

（敤叔微簋蓋，《集成》04130，西周晚期）

(17) 佳(唯)王征(正)月初吉，昼(辰)才(在)壬寅，尸(夷)白(伯)尸(夷)于西宫，蕬(賜)貝十朋，叡(敢)業(對)陽(揚)王休，用乍(作)尹姞寶殷(簋)，子子孫孫永寶用。

（夷伯夷簋，《銘圖》05158、05159，西周晚期）

從西周金文{賜}的用字來看，作"易"者是用例最多最常見的，其次是作"賜"，而作"蕬"者僅 3 例，作"錫"者僅 2 例（具體例子參看上文），無見作"賜"者。因此一些先秦古書如《詩經》未見"賜"字，而用"錫"表示{賜}，實際上比"賜"表示{賜}是更早的用字現象，這亦可反證《詩經》的這些相關篇章應成書較早。東周金文中，"易"亦常用作{賜}，見於鑅鎛（《集成》00271，春秋中期）、叔尸鐘（《集成》00273～00276、00281，春秋晚期）、叔尸鎛（《集成》00285，春秋晚期）等。"賜"亦可用作{賜}，見於曾伯霥簠蓋（《集成》04632，春秋早期）、曾伯霥簠（《集成》04631，春秋早期）。"易"、"賜"用作{賜}的用字習

---

① "聿"即"筆"，參看李學勤《論榮仲方鼎有關的幾個問題》，《通向文明之路》，商務印書館，2010 年，第 155 頁。

② 謝明文《商代金文的整理與研究》上編 213 號，第 271 頁。

慣與西周金文相同。從目前已公布金文資料看,从"貝"、"易"聲的"賜"字未見於商代金文與西周金文,它始見於東周金文,如庚壺(《集成》09733,春秋晚期)、中山王響鼎(《集成》02840,戰國中期)、公賜鼎(《銘圖》01092,戰國中期)、公賜盉(《銘圖》14669,戰國中期),銘文中皆用作{賜}。"賜"應該是爲{賜}造的後起本字。東周金文中,表示{賜}之字除了"易"、"睗"、"賜",還有"腸"①(郜公平侯鼎,《集成》02771,春秋早期;郜公簠,《銘三》0570;曾伯陭壺,《集成》09712,春秋早期)、"愳"(趙孟庎壺,《集成》09678、09679)。而左右結構的从"心"、"易"聲的"惕"字又多次見於安徽壽縣春秋蔡侯墓出土的一批銅器銘文中(《集成》00210、00211、00217~00222、06010、10171),其用法與前引毛公鼎"睗"用法相同,當是用作"慢易"之{易}。"惕"从"心",與"慢"同,結合用法看,蔡侯器之"惕"當是"慢易"之{易}的專字。② 曾伯霖簠蓋、曾伯霖簠另有"鍚"字,用作"金錫"之{錫}。金文中,"錫"、"睗"皆可用作{賜},兩者音近可通,"鍚"可看作"錫"、"睗"因音近相通而產生的糅合之形。

　　上面通過商代金文與西周金文一些常見字詞的比較,可知商代金文的字詞關係比較簡單,西周金文一般會保留商代金文的字詞關係,並且有所變化發展,一般是假借字被後起本字取代(如商代金文、西周金文雖皆有"商₁商代"用作{賞}、"賁/賞"用作{賞}的用字習慣。但商代金文多用假借字"商"而少用本字"賁/賞"。西周早期金文則變化爲以"賁/賞"等本字爲主而少用假借字"商"),還會產生新的字詞關係,從而出現許多一字表多詞或一詞用多字等複雜的字詞關係。

---

① 東周金文中表示給予義的"腸"很可能是"睗"的訛字,即"肉"形可能是"目"形之訛。"有"本从"肉",但南宮柳鼎(《集成》02805)作" ",訛得與"目"同,説明"肉"、"目"確實可能相混。聖簋(《銘三》0508)"用 眉壽",《銘三》(第 2 卷第 41 頁)將"用"後一字釋作"睗(錫)",且認爲該器屬於西周晚期。從字形看,此字右上端更接近"肉"形,此形實可看作"睗"、"腸"的過渡字形,似可證東周金文中表示給予義的"腸"很可能就是"睗"的訛字。不過由於聖簋(《銘三》0508)銘文可疑,極有可能是僞銘,因此我們關於"腸"很可能是"睗"的訛字的意見是否正確,還有待將來的新資料加以驗證。

② 相同用法的"惕"亦見於侯馬盟書(參看張守中《侯馬盟書字表新編》,文物出版社,2017 年,第 122 頁)等。

也説"贛(贛)"字及相關字詞[*]

李運富　鄭州大學漢字文明研究中心

趙曉慶　中國海洋大學文學與新聞傳播學院

江西有"贛江",故簡稱爲"贛"。這是"贛"在現代的常見寫法和用法。考漢代小篆形體"贛"作""(《説文》貝部),漢隸書作""(鮮于璜碑),唐時日僧《篆隸萬象名義》作"",宋代《宋本玉篇》及《廣韻》作"贛",《集韻》有"贛"(賜也;水名)、"贛"(贛榆縣名)兩形。關於這個字的形體分析及相關的音義用法多有爭議,至今仍存疑問。問題的關鍵在"贛"字的聲符及其與後來相關字詞的音義關係。《説文》貝部:"贛,賜也。從貝,贛省聲。,籀文贛。"徐鉉等曰:"贛非聲,未詳。古送切。"那麼"贛"的本音是什麼,聲符是什麼呢?

一、"夅聲"説

《説文》説"贛"從"贛"省聲,那先得知道"贛"是個什麼字。查《説文》夊部:"贛,飜也,舞也。樂有章,從章;從夅,從夊。《詩》曰:'贛贛舞我。'苦感切。"

許慎將"贛"分析爲三個構件,没有説哪個是聲符。段玉裁注:"飜當作喿。喿,徒歌也。上'也'字衍。謡舞者,謡且舞也。……則舞兼歌矣。故其字從章從夊。"然後把《説文》原文改爲:"從夊,從章,樂有章也。夅聲。《詩》曰:'贛贛鼓我。'"明確"夅"爲聲符。王念孫《説文諧聲譜》[①]"夅聲"下列"贛","贛省聲"下列"贛"、"贛"、"贛","贛聲"下列"贛"、"戇"、"歴"、"檢",都是以"夅"爲聲符。王國維《史籀篇疏證》曰:"徐鉉云:'贛非聲,未詳。'案,'贛'讀若苦感反,乃後人以《説文》引《詩》'贛贛鼓我',今《詩》作'坎坎',

---

* 本文爲"古文字與中華文明傳承發展工程"資助項目"春秋金文集釋、字詞全編及春秋戰國字詞關係對應圖譜數據庫"(G3208)的階段性成果。

① 稿鈔本,今藏臺北傅斯年圖書館。李宗焜《景印解説高郵王氏父子手稿》,樂學書局,2000年,第253頁。

故以'坎'音讀之,實則'戇'字當从'夅'聲。(與'坎'字相通假,乃由雙聲字故。)'戇'从'贛'聲,且'贛'既从'夅',又从'夂',繁複殊甚,必後起之字。古'贛'字只當作'韔','贛'、'灨'二字以之爲聲。籀文贛作'韇',變夂、牛相承爲兀、乂相承,意與'夅'同,又當出'贛'字後矣。"①嚴可均《説文校議》卷五下曰:"戇,舞也。《伐木》釋文引作'舞曲也',小徐無'从章、从夅'。按,當言从'夂',樂有章,从章;夅聲。轉寫有脱誤耳。"②

"夅"在上古本爲侵部,戰國後分出隸屬於冬部。③ "夅"音後世亦有沿襲,如《經典釋文》卷二十一莊公二十四年"贛諫"之"贛"字下注:"陟降反。"《集韻·去聲·絳韻》"匹降切"下:"韔,鼓聲。"《集韻·去聲·絳韻》:"戇、贛、悫,陟降切,《説文》:'愚也。'或省。亦作悫。"《集韻·去聲·絳韻》:"贛,呼降切,賜也。"這些音讀皆係古本韻。"贛"字後世又有侵韻讀音,如《集韻·上聲·感韻》"古禫切"下:"灨、贛、灨,水名。出南康。或作灨、灨。"上古冬侵關係密切,此音與"夅"聲音讀亦有關聯。

"夅"字,《説文》夂部分析爲"从夂牛"而訓爲"服"。《玉篇》夂部:"夅,伏也。今作降。"段玉裁也認爲"夅"即"降服"的"降"本字,後假"降下"的"降"爲之。漢字系統中"夅"常作構件表音,但文獻中未見"夅"字單用,故有人認爲凡可分析爲"夅"聲的實應爲"降省聲"。④ 無論"夅"字取"服伏"義還是"降落"義,都與"戇"的擊鼓以節歌舞義不合,故段玉裁改爲"夅聲"。但"夅(降)"上古屬冬部,"戇"屬談部,音隔遠,亦難取信。"章"被許、段當作義符,但《説文》所收 10 個含"章"之字(璋、彰、障、漳、鄣、葦、墇、商、麜、戇),只有"戇"被分析爲"从章",其餘 9 個全是聲符,而且後世"樟、嶂、蟑、獐、瘴、幛、嫜、暲、偉、憧、暲、驙、迲、鱆、廧、鐣"等幾乎所有含"章"之字中的"章"都是作聲符,所以把"戇"中的"章"分析爲義符是很值得懷疑的。其實《説文》訓"章"爲"樂竟爲一章,从音十",並没有文獻實例證明。漢代之前"章"無樂章義,甲骨金文的"章"从"辛曰(田)",初義應爲刻畫花紋。⑤ 故"戇"字不可能从"章"取義,也不可能以"夅"爲聲。

二、"欠"聲說

段注"戇"字云:"《詩》曰:'戇戇鼓我。'鼓各本作舞,今依《韵會》訂。士部引'墇墇舞

---

① 李圃主編《古文字詁林》第六冊,上海教育出版社,2003 年,第 187 頁。王國維作有《補高郵王氏説文諧聲譜》(稿本今藏國家圖書館),其説承襲王念孫亦可理解。

② 嚴可均、姚文田《説文校議》,《續修四庫全書》第 213 冊,上海古籍出版社,1996 年,第 515 頁。

③ 王力認爲戰國以前冬部歸入侵部,戰國時代冬侵分立。王力《清代古音學》,中華書局,2013 年,第 65 頁。

④ 谷衍奎《漢字源流字典》,語文出版社,2008 年,第 305 頁。

⑤ 參李運富《楚國簡帛文字叢考·釋章》,《古漢語研究》1998 年第 2 期。

我’，則此當同詩作鼓矣。今《小雅・伐木》作‘坎坎’，毛無傳。而《陳風》傳曰：‘坎坎，擊鼓聲也。’《魏風》傳曰：‘坎坎，伐木聲也。’魯詩《伐檀》作‘欿欿’。疑‘竷竷鼓我’容取三家，與毛異。”可見“竷”字是有文獻用例的真實存在。從《小雅・伐木》作“坎坎鼓我”、《陳風・宛丘》作“坎其擊鼓”的表述看，段注改爲“竷竷鼓我”應該是對的。“竷”指的是舞蹈時用以節拍歌舞的鼓聲，文獻中常寫作“坎”，故《玉篇》文部：“竷，和悦之響也。今作坎。”伴舞時有節奏的鼓聲和伐木時有節奏的斧頭擊木聲相似，故“坎坎”也可模擬“伐木聲”。

《説文》“贛”字籀文當是从貝，剩餘部分爲“歁”或“欿”，因疑“夅”爲“歁”或“欿”之訛。《曾侯乙墓竹簡》43號簡有左章右欠獨用的“(歆)”字，裘錫圭、李家浩先生《釋文與考釋》[①]107云，“歆”常見於下面的B類簡，字或寫作“”、“”等形。161號簡有一個从“歆”的字作“贑”，與天星觀一號墓竹簡的“”當是一字。在古文字裏，“欠”、“次”二字作爲偏旁時可以混用，如長沙楚帛書有“故”字，越王欿淺劍將此字寫作从“次”。在古陶文裏有一個从“歆”旁的“”字，吴大澂認爲是“贛”字，[②]其説甚有見地。不過此字是一個从“鹵”从“夅”的字，而簡文“贑”和“贑”才是“贛”字。按《漢印文字徵》卷六第17頁“贛”字或作“、”二形，前者即由“贑”演變而成，後者即由“贑”演變而成。《説文》篆文“贛”、“竷”、“韇”等字所从聲符“夅”則是漢印這種形體的訛變。“欠”、“贛”古音相近，“贛”的聲符“歆”當从“欠”聲。簡文“䟗”應當是“歆”的變體。[③]

認爲“贛”、“竷”从“欠”聲而讀“坎”音在古代音注中也有體現，如《經典釋文》卷十九昭公五年“贛榆”下注“贛”字“如淳音耿弇反”。《集韻・上聲・琰韻》“居奄切”下：“贛，贛榆，縣名，在東海。”按，“居奄切”與“耿弇反”皆見紐上聲琰韻，屬上古談部音讀。

我們非常贊同裘、李二先生把“贛”、“竷”中的“夅”看作一個表音聲符，並認爲是“歆”字訛變的觀點。但裘、李没有進一步説明“歆”是什麽字，説“欠”是“歆”的聲符也值得商榷，因爲其中還有些問題得不到圓滿解釋。第一，“贛”字古音有冬侵或談部異讀，[④]説欠(談部)、贛古音相近，大概是指談部跟侵部的讀音旁轉相近，那跟後來音“古送切”

---

① 湖北省博物館編《曾侯乙墓》，文物出版社，1989年。

② 見丁佛言《説文古籀補補》附録，中華書局，1988年，第19頁上。

③ 參李家浩《楚國官印考釋(四篇)》，《江漢考古》1984年第2期，第44、45頁。

④ 本文古音標注依據宗福邦、陳世鐃、蕭海波主編《故訓匯纂》，商務印書館，2003年。“贛”字古音各家歸部有出入，然皆無入東部者。段玉裁《六書音均表》歸談部，董同龢《上古音韻表稿》及陳復華、何九盈《古韻通曉》(第324頁)歸談部。王念孫《説文諧聲譜》、唐作藩《上古音手册》(第40頁)歸爲“冬”部(注曰：“《廣韻》又古暗切，屬勘韻，有的古音學家歸談部或侵部。”)。郭錫良《漢字古音表稿》(第178頁)歸侵部。

讀東部音的"贛"是什麽關係？ 第二，説"歆"當从"欠"聲，那可能也是把"章"當作義符的，可如前文所論"章"作義符不符合構字系統。第三，説"釛"應當是"歆"的變體，可"釛"已見於西周金文(《古文字譜系疏證·談部》收有多形多例)，比"歆"的出現時間更早。第四，《集韻》收有"𡔲"字，訓"鼓聲"，音匹降切，又音去絳切。説"𡔲"字由"歆"訛變，則亦當分析爲"从章欠聲"，但聲符"欠"與反切音隔遠，義符"章"與鼓聲之義也不切合。這也證明"欠"聲説難安。第五，爲什麽徐鉉説"贛非聲"？ "贛"、"贛"从同一個聲符，它們的讀音爲什麽不一樣？ 不一樣的話是怎麽分化的？

三、"釛"形聲化説

關於這些疑問，陳劍《釋西周金文的"贛(贛)"字》[①]作了新的考釋和説明。陳劍認爲：西周金文中的"釛"就是《説文》夂部的"贛"字，銘文中讀爲"贛"。曾侯乙墓竹簡也有"釛"和从"釛"的字，同樣是"贛"字。"釛"的構形只能分析爲"象兩手奉章形"，即兩手捧玉璋表示"賜予"或"貢獻"義，是"贛"和"貢"的共同表意初文。"釛"在戰國文字中有"歆"、"歆"兩種寫法，都可以看作从章从欠，"欠"是"𠬝"訛變聲化而起表音作用的聲符。與裘、李二先生認爲"歆"是正體"釛"是變體不同，陳劍認爲"歆"、"歆"是由"釛"訛變而成的，並且"贛"也是由"釛"訛變的，"贛"則是"贛"的增義符字，"贛"又是"贛"的有意聲化字，"貢"是爲"貢獻"義造的後起分化字。可以説陳劍對字形演變的分析是非常細緻和有説服力的，基本上解決了字形上的彼此糾葛。但從漢字構形和字詞(音義)關係的時代性和系統性看，仍然有些問題没有得到合理的解釋，因而還不能算完全考釋。

首先，對《説文》"贛"字的訓解和引詩没有正面論述。《説文》夂部："贛，𧮫也，舞也。樂有章，从章；从夅，从夂。《詩》曰：'贛贛舞我。'苦感切。"陳劍認爲"贛"字不見於經傳，《説文》對它的解釋無從驗證，而且又明顯有牽合已訛變的字形的因素，不見得可靠。但從陳劍所列"釛"字的形體演變看，"贛"的字形是有來歷的，即"(夅)"是由帶止的"(𠬝)"訛變而成，就是説許慎分析的字形應該是客觀存在過的，並非杜撰。有其字還需有其例，許引《詩》"贛贛舞我"雖不同於今本毛詩用字，而其音義則有許多詩文可證。《集韻》"𡔲"字音義也與"贛"字相合。然則形是客觀可考的，音義也是客觀可考的，故段注推測其"容取三家"，不會是毫無根據的。既然如此，要把"贛"等同於"釛"，就不能回避"贛贛"音義的來源及其與"釛"音義的關係。也就是得説明，如果"贛"是"釛"而義爲賜予或貢獻(銘文中用爲"獻貢"義)，並且讀"古送切"的東部音的話，那麽"贛"爲什麽又

① 　陳劍《甲骨金文考釋論集》，綫裝書局，2007 年，第 8～19 頁。

會有冬侵部音(夅)或談部讀音(坎)而義爲歌舞或鼓聲呢？

其次，對徐鉉的"非聲"質疑沒有正面論述。《説文》貝部："贛，賜也。从貝，竷省聲。"徐鉉等曰："竷非聲，未詳。古送切。"嚴可均《説文校議》卷六下反問："竷、贛，聲之轉，豈得非聲？"①卻並未説明是如何"聲轉"的。陳劍説，贛和从贛得聲的字在後代確有兩類讀音，産生這種情況的原因尚不清楚。有可能"竷"字本身最初就有兩種讀音，也有可能只有一種讀音而後來發生了分化。不管事實如何，"竷"和从它得聲的"贛"最初應當讀音相似，不能根據後來字書中"竷"(苦感切)與"贛"(古送切)讀音不同而懷疑"竷非聲"，也不能據以懷疑西周金文中的"竷"不能讀爲"贛"。這裏也沒有講什麼道理，所謂"不能"、"也不能"有點不太容易讓人信服。如果承認徐鉉的注音，那"苦感切"的談部"竷"確實不宜作"古送切"的東部"贛"的聲符，因爲東漢以前的文獻東部談部通轉用韻之例非常罕見。② 如果要否定徐鉉的"非聲"説，就得先否定他的注音，比如"贛"是否真的有"古送切"的讀音。

第三，單字的構形分析有的不符合構形系統。如説"竷"的"歖"、"歓"兩類寫法都可以看作从章从欠，欠是訛變聲化而起表音作用的聲符。雖然沒有明説"章"是義符，但實際上應該是這個意思，"戠"中的"章"也是分析爲義符的。這跟裘、李先生的看法一致。正如前文所説，漢字構形系統幾十個以"章"爲構件的字，除了所論的這個字，其餘全都表音。而"欠"作聲符的卻極少見(《説文》79個中只有2個)，絕大多數是作義符。又，"廾"作爲形符或義符，如果表具體手部動作的話，同字組合的相關構件中應有表示具體物件的部分來匹配(如"執")，如果沒有表具體物件的構件配合，則通常意義抽象，不表示具體的兩手動作義(如"夙")。那麼陳文把"戠"分析爲以"兩手捧玉璋"表示"賜予"或"貢獻"義，應該不符合構形常規。陳劍自己也知道"章"字本身顯然並非"玉璋"的形象，在早期古文字的表意字中，這種不以形體表意(即"形符")而以字義表意(即"義符")的情況比較少見，可以舉作證明的典型例子是"追"字。"追"甲骨文象"止"追"𠂤(師)"，𠂤並不是師衆、軍隊的具體形象，而是所謂"小阜"即後來的"堆"。這個例子其實並不"典型"，因爲"𠂤"可以分析爲聲符，不一定非用它的假借義"師"不可，而且"止"表示追逐義也是抽象的，並不能跟追逐的對象構成直觀圖畫，所以跟手執物品的合體象形還是有區別的。可見"戠"字爲"兩手捧玉璋"的構形分析是建立在極小概率的推論上，得不到構

---

① 嚴可均、姚文田《説文校議》，《續修四庫全書》第213冊，上海古籍出版社，1996年，第525頁。
② 據王念孫《合韻譜》稿本(今藏北京大學圖書館)統計，東談合韻僅《楚辭(西漢)合韻譜》1例、《易林合韻譜》2例。李存智《上博楚簡通假字音韻研究》統計楚簡中無東談合韻及通假例。參見李存智《上博楚簡通假字音韻研究》，臺北萬卷樓，2010年，第249、266頁。

形系統的支持,因而可信度並不高。

第四,説"贛"是"赣"的增義符字,"赣"又是"赣"的有意聲化字,"貢"是爲"貢獻"義造的後起分化字。所謂"有意聲化字"應該是指把"赣"中的右下角有意改造成"貢獻"的"貢"以表示"赣"字的讀音,可接著説"貢"是爲"貢獻"義造的後起分化字,後起的分化字怎麼能作母字的聲符呢? 事實上,"貢"字金文和戰國時貨幣文已有用例,先秦傳世文獻更常見(如《尚書・禹貢》),而含"工"的"赣"字漢代才能見到,所以"貢"不可能是從"赣"字分化出來的,而是獨立構造的"从貝工聲"字,跟"赣"没有關係。但"赣"演變爲"赣",可能受到"貢"的影響,説是"有意聲化"應該合理。

第五,有些説法相互抵牾。如説"赣"字最初从章从丮,則據已訛變的"夆"形對"赣"字作的解釋就都失去了立論的依據。可"欮"和"歞"也是由"斱"訛變的形體,卻"都可以看作从章从欠,欠是起表音作用的聲符",這就出現了"雙重標準"。既然訛變的形體"欮"、"歞"可以重新分析,爲什麼訛變的"赣"就不可以重新分析? 又如説,把"丮"改作形近的"次(欠)"起表音作用,是因爲"赣"讀音與"欠"相近,所以从丮的字只有"斱"演變爲了从"次(欠)"。説"赣"與"欠"讀音相近,顯然是依據《説文》對"赣"字的解釋和引證,可剛剛還在否定《説文》據已訛變的字形對"赣"所作的解釋,指其"都失去了立論的依據",現在卻成了自己立論的依據! 而且,陳文把"斱"釋爲《説文》的"赣"只是形體的關聯,音義上是取"賜也"的"赣",應該讀東部"古送切",現在卻從"欠"音(談部)來説字形演變,也是有點不合適的。

總之,陳劍很好地解決了這一組相關字的形體演變問題,但對彼此的音義關係仍然難以自圓其説。關鍵問題可能出在對初文"斱"的構形分析上。以"兩手捧玉璋"表示"賜予"或"貢獻"義,讀音爲東部的"古送切"(貢)。這樣解釋既不符合"章"、"丮"作爲構件的系統功能,也無法説明"斱"與"赣"、"赣"、"赣"、"斡"等字的音義關係。

四、"章"聲變轉説

我們讚同李學勤先生對"斱"字的讀法,李先生以"章"爲聲符,故把"斱"讀爲"賞"。① "賞"與"赣"同義,都是"賜也",故文例解釋上不産生新的問題。我們曾經認爲"斱"是"章"的異構字,表示手持刻刀鑿刻綫紋;同時也認爲"赣"从"斡"得聲,"斡"即"欮"(歞)

---

① 李學勤《〈中日歐美澳紐所見所拓所摹金文彙編〉選釋補正》,收入《新出青銅器研究》,文物出版社,1990年,第306頁。

之變,"歓"應分析爲从"欠"、"章"聲。① 現在看,原來从"欠"表鼓聲的説法可能過於遷就字書釋義,只能算是字形演變後可以選擇的重新分析,但這組字的聲源从"章"聲可能是比較合理的。因爲只有聲源爲"章",上古音屬"陽"部,才能跟後來"贛"、"贛"、"竷"、"斡"有冬侵部、談部、東部甚至絳韻的各種讀音溝通,從而把文獻中相關字詞的音韻關係説清楚。

首先,"章"聲字由陽部通轉爲侵部,故"章"聲字有侵部讀音。如"埶"增義符造出"賜"義本字"𩇶"、"𩇶",後變形爲"贛","丮"義符訛變聲化爲"夅",就屬於陽部與侵部的通轉。馬敍倫《説文解字六書疏證》卷十曰:"贛從斡得聲,則自有斡字。然斡字本書及字書皆無,或爲從夅、章聲。""夅音匣紐,章從十得聲。十音禪紐,同爲次濁摩擦音也。反之則從章、夅聲。本書章下曰:'樂竟爲一章。'竟下曰:'樂曲盡爲竟。'倫證知章竟實一字。"② 章與十發音部位相同,聲紐有關聯。章、竟轉注,可證章字古音爲陽部。馬氏認爲"斡"字本或"從夅、章聲",而又可轉爲"從章、夅聲"。傳世文獻韻文中也有陽轉侵的例證,如《楚辭·九歌·東君》以裳、狼、降、漿、翔、行爲韻,《河伯》以堂、宮、中爲韻,《九章·涉江》以中、窮、行爲韻。

其次,侵談關係密切,"章"聲字亦可由陽部通轉爲談部,故"章"聲字多有談部讀音。《説文》邑部:"郭,紀邑也。从邑,章聲。"段注:"杜云'紀郭在東海贛榆',是也。莊三十年之郭即此。杜分爲兩地,非。今江蘇海州贛榆縣縣北七十五里有故紀郭城,亦曰紀城。""郭"地在"贛榆","贛"或與"郭"古音近。《漢書·地理志》:"贛,豫章水,出西南,北入大江。"《水經注》:"似因此水爲其地名。"《漢書》把贛江叫豫章水,《水經注》贛水、豫章水通稱。而江邊之南昌城古稱贛州,亦稱豫章。南朝雷次宗《豫章記》也説,贛江古稱豫章水,豫章城是因水而得名。這應該也透露出"贛"、"章"的古音關係密切。而後來作爲地名的"贛"大都音"幹",即轉爲談部了。"埶"演變爲"竷"、"斡"而借用爲表鼓聲的"坎(欿)",也屬於"陽"部字與"談"部字的通轉。

陽談通轉及侵談糾葛,古人多有論證。據王念孫《合韻譜》,周秦至兩漢傳世文獻韻文中有談陽合韻8處。如《詩經·桑柔》八章以瞻、相、臧、腸、狂爲韻,《殷武》四章以監、嚴、濫、遑爲韻;《楚辭·天問》以亡、嚴、饗、長爲韻;《管子·內業篇》以敢、廣爲韻;《吳子·應變篇》以當、兵、行、旁、兵、敢爲韻。《急就章》以陽、桑、談、讓、莊、將、長、方等爲韻;《太玄·交測》以懟、明、嚮、行、方、光爲韻。《易林·蒙之萃》以香、嘗、饞爲韻。在《詩經》、群經、《楚辭》中,談部合韻有"侵談"(1條)、"談陽"(3條)兩類,周秦諸子中亦有

① 李運富《楚國簡帛文字叢考(三)》,《古漢語研究》1998年第2期。
② 李圃主編《古文字詁林》第五冊,上海教育出版社,2002年,第659頁。

"侵談"(1 條)、"談陽"(2 條)兩類。傳世先秦文獻談類合韻中"談陽"合韻次數較多,二部關係較近,所以王念孫古韻廿一部以"東蒸侵談陽"爲序。從異文看,侵談跟陽部亦發生過關係。如《周易·豫卦》"朋盍簪",《釋文》:"簪(侵),馬作臧(陽)。"上引"民人所瞻(談)",漢《校官碑》:"永世支百,民人所彰(陽)。"《詩經·邶風·燕燕》"遠于將之,瞻(談)望弗及",阜陽漢簡《詩經》作"章(陽)望"。《左傳》人名"公冉(談)務人",馬王堆漢墓帛書《春秋事語》作"[公]襄(陽)負人"。又《戰國策·楚策四》"冉(談)子親姻也",馬王堆漢墓帛書《戰國策》作"襄(陽)子親因也"。從同源詞看,鑑(談)與鏡(陽)同源,黔(侵)與黔(陽)同源,黵(談)與黨(陽)同源。① 章太炎《文始》曰:"梗,略也。略,强取也。略轉宵爲撈,《方言》:'撈,取也。'自宵對轉談則爲擥,撮持也。"②梗、略、擥(攬)爲同源關係。

　　第三,"章"聲字由陽部轉爲東部,故"贛"字聲化爲"贛"。過去的學者多將"贛"變爲"贛"的情況認爲是侵談與東部的通轉。如段玉裁《説文解字注》:"贛,艸也。从艸贛聲。古送切。又古禪切。古音在七八部,轉入九部。"又注:"贛,賜也。《釋詁》曰:'贛,賜也。'據《釋文》本作贛,後人改作貢耳。端木賜,字子贛。凡作子貢者,亦皆後人所改。《淮南·道應》《要略》二訓注皆云:'贛,賜也。'从貝、贛省聲。古送切。按,贛聲當在八部,而讀同貢則音之轉也。贛之古義、古音皆與貢不同。"《説文》心部:"戇,愚也。从心、贛聲。陟降切。"段注:"古音在八部。按,師古《張陳王周傳》注曰:'舊音下紺反,今音竹巷反。'此音有古今之證也。"

　　實際上陽部可以直接通轉爲東部。"贛"增義符造出"賜"義本字"𧸇"、"贛"而讀東部音(古送切),與"貢"通用,就屬於陽部與東部的通轉。從文獻用韻考察,東漢以前陽與東的旁轉數量遠超於侵談與東的通轉數量。據王念孫《合韻譜》統計,自周秦至兩漢,傳世文獻包括《詩經》、群經、《楚辭》、周秦諸子、《逸周書》《戰國策》《穆天子傳》《淮南子》《韓詩外傳》《春秋繁露》《急就篇》《太玄》《鹽鐵論》《史記》《漢書》《新語》《素問》《易林》等數十部文獻中共有 171 例東陽合韻,③而侵談與東部合韻僅 19 例。④ 東陽合韻是陽部合韻中數量最多的條目,東陽韻部較近,段玉裁之古韻分部排序以東陽並列,也考慮到了這一點。

　　同源詞中亦有較多東陽通轉之例。如章太炎《文始》:"《廣雅·釋親》曰:'顙,項

---

① 　孟蓬生《上古漢語同源詞語音關係研究》,北京師範大學出版社,2001 年,第 215 頁。

② 　章太炎《文始》,《章太炎全集》,上海人民出版社,2014 年,第 342 頁。

③ 　《詩經群經楚辭合韻譜》9 條,《周秦諸子合韻譜》20 條,《逸周書國策穆天子傳合韻》1 條,《楚辭(西漢)合韻譜》6 條,《西漢合韻》48 條,《史漢合韻譜》20 條,《新語素問易林合韻》77 條。

④ 　《詩經群經楚辭合韻譜》18 條,包括東冬合韻 17 條,東侵合韻 1 條(戰國以前冬歸入侵,故納入冬東合韻);《楚辭(西漢)合韻譜》有東談合韻 1 條。

也。’於鳥爲翁，頸毛也。孟康曰：‘翁，頸也。’《廣雅·釋親》曰：‘頷，項也。’項於同韻變易又爲曨，喉也。《釋鳥》曰：‘亢，鳥曨。’曨古音如童，與胮雙聲對轉矣。凡胡、喉、項、翁、胮、曨六字分言雖有内外前後，通言則一，皆亢所變異也。”①又如“龍”屬東部，就常跟“章”等陽部字相通，孟蓬生甚至認爲“竜(龍)”來源於“章”。他在《“竜”字音釋》②文中説：“就目前上古音研究的結果來看，‘章’字上古音爲章紐陽部，‘竜(龍)’字上古音爲來紐東部，兩者在讀音上有一定的距離，似乎不太容易解釋。其實上古音東陽相近，‘章’和‘竜(龍)’讀音十分相近或讀音相同。”例如《老子》第十二章：“五色令人目盲，五音令人耳聾，五味令人口爽，馳騁田獵令人心發狂，難得之貨令人行妨。”《楚辭·九思》：“三光朗兮鏡萬方，斥蜥蜴兮進蠅龍，策謀從兮翼機衡，嗟英俊兮未爲雙。”《易林·噬嗑之蹇》：“遠視無光，不知青黄。黈纊塞耳，使君闇聾。”“龍”及“龍”聲字屬東部，分别與陽部的“盲、爽、狂、妨”、“方、衡、雙”、“光、黄”押韻。孟文還列有衆多“章”聲字跟東部字相通（包括押韻）的例證，不贅引。我們熟知的還有“龍”聲字讀爲陽韻的“龐”、“驦”等。

從聲母説，章是三等章母字，贛是一等見母字，介音也不同，似隔遠。但其實它們有一定關係。黄焯《古今聲類通轉表》(上海古籍出版社，1983 年，第 93～95 頁)總結出自先秦至隋唐典籍文獻中通轉、異文、又音、聯綿詞等 68 條章見關係密切的例證。如：

> 骭，《説文》：“骬，或从干聲。諸延切。”干，古寒切。
> 稊，《説文》：“羔聲。之若切。”羔，古牢切。
> 軝，《秋官》：“大行人車軝。”之氏反，或居氏反。

黄焯《古今聲類通轉表》(第 95 頁)也總結了通轉、異文、又音、聯綿詞等章溪相關例證 15例。如：

> 骬，《説文》从侃聲，諸延切。侃，空旱切。
> 攝，《爾雅·釋魚》“攝謝”，之涉反。郭袪浹反。

可見從聲母上説，章見、章溪之間也是有一定關係的，應該可以通轉。

陳劍不同意我們提出的“戇”本從“章”聲的看法，認爲“戇”是溪母談部字，贛及从贛得聲的字還有見母東部一類的讀音，它們都與章母陽部的“章”字相距較遠。孟蓬生説：“我們覺得在這一點上，陳先生是過於謹慎了。……因此把‘戠(戇)’中的‘章’看作聲符，不存在任何障礙。”③

---

① 章太炎《文始》，第 343 頁。
② 孟蓬生《“竜”字音釋——談魚通轉例説之八》，《歷史語言學研究》第 7 輯，商務印書館，2014 年，第 206 頁。
③ 孟蓬生《“竜”字音釋——談魚通轉例説之八》，《歷史語言學研究》第 7 輯，第 210 頁。

總　結

現在按我們的看法把這群字詞的相互關係整體梳理一下。

字源爲"䜌",本義爲"章(彰)",析形爲"手執辛刀刻劃乏飾",或爲增義符的"从卂章聲"。古文字中多讀爲"賞",表賞賜義。字形訛變爲"歁"、"欪"、"韯"、"韒"。

《説文》攵部:"韒,繇也,舞也。樂有章,从章;从夅,从攵。《詩》曰:'韒韒舞我。'苦感切。"《玉篇》攵部:"韒,和悦之響也。今作坎。"這個意義上本來屬於借用,陽部通轉爲談部。从"夅"聲,則陽部轉爲侵部,遂有《廣韻》音"苦感切"。許慎據小篆形體重新分析"韒"字理據,雖然不一定正確,但促使"䜌"字的訛變異體"韒"分化爲了形音義都不同的新字。《集韻》訓"鼓聲"的"韒"字,可以看作"韒"字的省變,也可以看作"歁"、"欪"的直接訛變。音匹降切,又音去絳切,則應是對鼓聲的不同摹擬所致,仍然符合音轉規律。

假借爲賞賜義的"䜌"後來增加義符"貝"造出本字"🔲"。字形从貝䜌聲,訛變爲"韒"、"韒",讀音應該爲"賞",仍在陽部。《説文》分析爲"韒"省聲,是不知本有"韒"聲字。"歁"、"欪"、"韒"作爲聲符在楚簡中常見。[1] "韒"與"貢"讀音本不近同,大概由於意義相通(都有"賜"義),並且"韒"字右下部跟"貢"形近,於是類化爲含"貢"的"韒"字。盧文弨《經典釋文考證·論語音義考證》[2]"子貢,本亦作韒"下案曰:"《説文》:'貢,獻功也。从貝,工聲。''韒,賜也。从貝,韒省聲。'是韒乃韒之譌,今從臧氏琳校正。"後世因形賦音,音隨義變,就把"韒"、"韒"注音爲"古送切"了。實際上"韒"、"韒"是不應該有這個讀音的,春秋時孔子學生端木賜字子韒,出土文本都寫作"字韒",沒有作"子貢"或"子韒"的,所以很多學者認爲傳世文獻中的"子貢",疑是"韒"字省寫或後人所改。[3] 那麼"子韒"實際上應該讀爲"子賞","子貢"屬誤改誤讀。

"韒"無"貢"音從地名用字上也可以得到證明。漢代起就有多個地名叫"韒",最有名的是江西之"韒江"、"韒州"。《山海經》:"韒水出聶都山,東北流注于江,入彭澤西也。"《漢書·地理志》:"韒,豫章水,出西南,北入大江。"《漢志》豫章郡有"韒縣"。《水經注》卷三十九:"韒水出豫章南野縣西,北過韒縣東。"用作地名的"韒"應該是音近借用,"韒水"曾造過本字"灨",但一般還是習慣用借字"韒",並因"韒江"而簡稱江西省爲"韒"。值得注意的是,這些表述水名地名的"韒"都讀談部音(陽談通轉),並不讀"貢"!

---

① 參看黃德寬《古文字譜系疏證·談部》,商務印書館,2007 年。

② 盧文弨《經典釋文考證·論語音義考證》,《叢書集成初編》本,商務印書館,1935 年,第 287 頁。

③ 參周法高《周秦名字解詁彙釋》卷上,中華書局委員會,1958 年,第 57 頁。

如果常用義"賜也"有古代注音家所注的"古送切"一音,那緣何借用爲地名時卻没有一點痕跡? 漢代地名用字有作"贛"者(見漢印),我們認爲是"贛"字省寫,不會是新造的"貢"聲字,因爲"貢"聲與地名讀音隔遠,而且"章"在構字中的功能無法確定。民間有種説法是:"贛江"本作"贛江",因"貢水"與"章水"合流而稱爲"贛江",又因擔心"章"、"貢"分離誤解,就在右上角加了個"夂"。這顯然是根據已有的"贛"字作出的附會,"章"、"貢"相合,爲什麽會讀"gan"呢? 如果這種説法坐實,則"贛"爲"贛江"本字,而增繁的水名"贛"字就不再是借用"賜"義的"贛"了,只能視爲同形字。

安大簡《詩》字詞關係舉隅

夏大兆　　何玉

安徽大學文學院、漢字發展與應用研究中心
（"古文字與中華文明傳承發展工程"協同攻關創新平臺）

文字與語言是兩個既相互獨立又相互影響的系統，兩者關係錯綜複雜。對於漢字和漢語而言，字和詞有時不能完全對應。安徽大學藏戰國竹簡《詩》是目前所能見到的《詩》最早版本。與《毛詩》相比，安大簡《詩》出現了大量異文，字詞對應關係較爲複雜。其中一字形①記録一詞是主流現象，但也存在著一字形表多詞、多字形與多詞複雜對應現象。研究安大簡《詩》字詞關係對上古漢語研究有重要意義。

一、一字形表多詞義

1. 一個字形既有本用對應詞義，②同時又被假借來表示另外音同或音近的詞，於是形成了一字形記録多詞。例如：

例1

① 景山與京③（094）。④

---

① 由於漢語中"字"的概念内涵比較複雜，爲表達準確，本文採用"字形"這一表述。

② 本用對應指字形與其所代表的詞義在理據上一致，即該字形本來就爲表示該詞義而造的（參陳斯鵬《楚系簡帛中字形與音義關係研究》，中國社會科學出版社，2011 年，第 30 頁）。一般以《説文》的訓釋或古文字形體分析爲主要參考。

③ 毛傳："景山，大山。京，高丘也。"《説文》："京，人所爲絶高丘也。"（《毛詩注疏》，全三册，朱傑人、李慧玲整理，上海古籍出版社，2013 年，下同）

④ 爲突出考察之字，釋文中其他字一般用通行字直接寫出。括弧内數字是安大簡簡號，見安徽大學漢字發展與應用研究中心編，黄德寬、徐在國主編《安徽大學藏戰國竹簡（一）》，中西書局，2019 年。

② 不京(諒)①人只(084、085)。

詞義	字形	隸定	頻率
京		京	1
諒			2

例 2

① 隰有栗(043);樹之榛栗(093);隰有栗(107)。

② 惴惴其栗(慄)②(052、053、054)。

詞義	字形	隸定	頻率
栗		栗	3
慄			3

例 3

① 不可方③思(016、017);維鳩方④之(021);方何爲期(048);在水一方(048);定之方中⑤(092)。

② [百]⑥夫之方(防)⑦(052)。

詞義	字形	隸定	頻率
方		方	6
防			1

例 4

① 象車鸞鑣⑧(044);象服是宜(087);玉瑱象揥也⑨(088);佩其象揥(100)。

---

① 京,《毛詩》作"諒",二字諧聲可通。毛傳:"諒,信也。"

② 栗,《毛詩》作"慄"。二字諧聲可通。鄭箋:"秦人哀傷此奄息之死,臨視其壙,皆爲之悼慄。"《説文》:"栗,木也。"

③ 毛傳:"方,泭也。"孔疏:"'方',泭',《釋言》文。孫炎曰:'方,水中爲泭筏也。'《論語》曰:'乘桴浮於海。'注云:'桴,編竹木,大曰筏,小曰桴。'是也。"

④ 毛傳:"方,有之也。"

⑤ 毛傳:"定,營室也。方中,昏正四方。"

⑥ 竹簡上端殘缺,據《毛詩》補"百"字。

⑦ 方,《毛詩》作"防"。"方"、"防"諧聲可通。《説文》:"方,併船也。象兩舟省總頭形。汸,方或从水。"徐中舒認爲"方"象耒形,當訓爲"一甽土謂之坺"之"坺"。(董蓮池《説文解字考正》,作家出版社,2005年,第340頁)

⑧ 《毛詩》作"輶車鸞鑣",毛傳:"輶,輕也。"整理者認爲,"象車",先秦典籍或稱"象路"、"象輅",以象牙爲飾,爲帝王所乘。《周禮·春官·巾車》:"象路,朱,樊纓七就,建大赤,以朝,異姓以封。"鄭注:"象路,以象飾諸末。"

⑨ 《毛詩》作"玉之瑱也,象之揥也"兩小句,簡本濃縮爲一句。

② 文茵象(暢)①轂(045)。

詞義	字形	隸定	頻率
象	象	象	4
暢			1

例 5

① 平王之孫(039、040)。

② 在孫(浚)②之都(098);在孫(浚)之城(098)。

詞義	字形	隸定	頻率
孫	孫	孫	2
浚			2

例 6

① 他人是保(107)。

② 保(抱)③裘與裯(036)。

詞義	字形	隸定	頻率
保	保	保	1
抱			1

例 7

① 君子至之④(050、051);裔至于易⑤(055)。

② 今將至(真)諸河之干兮⑥(076);今將至(真)諸河之側兮(078);今將至(真)諸河

---

① "象"、"暢"古音相近,可通。《淮南子·説山》:"名不可得而揚。"高注:"揚或作象也。"

② 以下兩例中"孫",《毛詩》皆作"浚"。"孫"與"浚"皆心紐文部字,可通。毛傳:"浚,衛邑。"《説文》:"孫,子之子曰孫,从子、从系,系,續也。"

③ 保,《毛詩》作"抱"。"保"屬幫紐幽部,"抱"屬並紐幽部,二字雙聲疊韻可通,《大戴禮·保傅》:"成王處繈抱之中。"《賈子新書·胎教》"抱"作"褓"。郭店《老子》甲"視素保樸",河上、王弼本及帛書本"保"作"抱"。《説文》:"保,養也。"

④ 之,《毛詩》作"止"。

⑤ 《毛詩》作"曰至渭陽"。

⑥ 《毛詩》作"真之河之干兮"。簡本多"今將"二字,後兩章同。三句中"至",《毛詩》皆作"真",《毛傳》:"真,置也。"上古音"至"屬章母質部,"真"屬章母脂部,二字音近可通。《易·履》:"履虎尾,不咥人。"漢帛書本"咥"作"真"可證。

之滑兮(079)。

詞義	字形	隸定	頻率
至	老	至	3
真			3

例 8

① 南有喬木(015)。

② 載獫歇喬(驕)①(044);謂我士喬(驕)②(075)。

詞義	字形	隸定	頻率
喬	齊	喬	1
驕			2

例 9

① 毋已大康(102、103);碩大無朋(108);碩大且篤(109)。

② 桑者大=(泄泄)③(083)。

詞義	字形	隸定	頻率
大	大	大	4
泄			2

例 10

① 公侯干城④(013);在浚之城⑤(098)。

② 福禮城(成)之(010);百兩城(成)之(022)。⑥

---

① 喬,《毛詩》作"驕"。"驕"從"喬"聲,可通。

② 《毛詩》作"謂我士也驕","士"下多一"也"字。

③ 《毛詩》作"桑者泄泄兮"。簡本無"兮"字。上古音"泄"心母月部,"大"定母月部,音近可通。《史記·周本紀》"子靈王泄心立",《國語·晉語》"泄心"作"大心"(高亨纂著,董治安整理《古字通假會典》,齊魯書社,1989年,第634頁)。毛傳:"泄泄,多人之貌。"

④ 毛傳:"干,扞也。"鄭箋云:"干也,城也,皆以禦難也。"

⑤ 毛傳:"城,都城也。"

⑥ 《毛詩》分別作"福履成之"、"百兩成之","城"從"成"聲,諧聲可通。

詞義	字形	隸定	頻率
城		城	2
成			2

例 11

① 樂也君子(009、009);今者不樂(043、043);適彼樂=國=(081);今者不樂(101);好樂毋荒(102、102);今者不樂(103);好樂毋荒(103)。

鐘鼓樂[①]之(003);樂也君子(008);適彼樂=土=(081);適彼樂=郊=(082);今者不樂(102);云何不樂(104);且以歌樂(107)。

② 是紲樂(袢)[②]也(089)。

詞義	字形	隸定	頻率
樂		樂	20
袢			1

例 12

① 野有死麐(麕)[③](037)。

② 胡瞻爾庭有縣麐(鶉)[④]兮(080)。

詞義	字形	隸定	頻率
麕		麐	1
鶉			1

① 此以下辭例中字形作"",多一横,共有 9 例,嚴格隸定可隸作"樂",此處直接寫作"樂",用法没區别,故合併一起計算。

② 《毛詩》作"袢"。二字音轉可通。孔疏:"紲袢者,去熱之名,故言袢延之服。"孟蓬生認爲,"'執樂'和'紲袢'就是普通的假借關係","袢之於樂,猶叩之於龠、管之於龠、管之於籥、萑之於籥、亂之於嚚、翽之於嚚、萑(懽)之於樂、弅之於奥也"。關於宵(藥)元(歌)的音轉關係,孟蓬生提出:"宵(藥)元(歌)二部看似相遠,但從漢代就已經有學者注意到這種音轉現象。《周禮·考工記序》:'燕之角,荆之幹,妢胡之笴。'鄭注:'杜子春云:笴,讀爲稾,謂箭稾。'《周禮·考工記·矢人》:'以其笴厚爲之羽深。'鄭注:'笴,讀爲稾,謂矢幹,古文假借字。'"參安大簡《詩經》讀書班討論紀要(2019 年 11 月 2—3 日),西南大學漢語言文獻研究所公衆號《語言與文獻》2019 年 11 月 14 日發布。

③ 麐,《毛詩》作"麕"。典籍中"麐"、"麕"多通。《禮記·内則》"麇鹿田豕麕皆有軒",《周禮·天官·臘人》鄭注引"麕"作"麐"(《古字通假會典》,第 121 頁)。陸德明《經典釋文》:"麐,本亦作麕,又作麇。麐,獸名也。《草木疏》云:'麐,麞也,青州人謂之麐。'"《説文》:"麇,麞也。从鹿,囷省聲。,籀文不省。"朱熹《詩集傳》:"麕,獐也。鹿屬,無角。"

④ 麐,《毛詩》作"鶉"。上古音"麐"屬見紐文部,"鶉"屬禪紐文部,音近可通。毛傳:"鶉,鳥也。"

例 13

① 在南山之易（陽）①（033）；喬至于易（陽）②（055）。

② 易（揚）③且皙也④（088）；子之清易＝（揚，揚）且顏也⑤（089）；易（揚）之水（103、104、105）。

詞義	字形	隸定	頻率
陽		易	2
揚			6

例 14

① 適彼樂＝或＝（樂國，樂國）（081）；聊行四或⑥（國）⑦（076）。

② 莫或⑧遑處（032）；莫或遑思⑨（033）；莫或敢遑⑩（033）。

詞義	字形	隸定	頻率
國		或	3
或			3

例 15

① 不承權輿⑪（059）。

---

① 易，《毛詩》作"陽"。"易"、"陽"諧聲可通。《毛傳》："山南曰陽。"

② 《毛詩》作"曰至渭陽"。

③ 以下諸例中"易"，《毛詩》皆作"揚"。"易"、"揚"諧聲可通。《說文》："易，開也。从日、一、勿。一曰：飛揚。一曰：長也。一曰：彊者衆皃。"甲骨文"易"作 、 等形，象日高高升起，以表陰陽之"陽"，"開也"非本義。（《說文解字考正》，第 377 頁）

④ 《毛詩》作"揚且之皙也"。

⑤ 《毛詩》作"子之清揚，揚且之顏也"。

⑥ 字形作" "，僅 1 例。

⑦ 《毛詩》作"聊以行國"。《說文》："或，邦也。从口，从戈以守一。一，地也。域，或又从土。"段玉裁注："《邑部》曰：'邦者，國也。'蓋或、國在周時爲古今字。古文祇有'或'字，既乃復製'國'字。"據此，本例都是本用。

⑧ 字形作" "，共有 5 例，可隸作"或"，此處直接寫作"或"。

⑨ 《毛詩》作"莫敢遑息"。《廣雅》："或，有也。"

⑩ 《毛詩》作"莫敢或遑"。

⑪ 毛傳："權輿，始也。"嚴粲《詩緝》引陳氏說："造衡自權始，造車自輿始。"《說文》："權，黃華木。从木，藋聲。一曰：反常。"

② 集于權(灌)①木(004)。

詞義	字形	隸定	頻率
權		權	1
灌			1

例 16

① 誰從穆②公(051、052、054)。

② 綢穆(繆)③束薪(109);綢穆(繆)束楚(110);[綢]④穆(繆)束芻(111)。

詞義	字形	隸定	頻率
穆		穆	3
繆			3

例 17

① 窈窕淑女(001、001、002、003)⑤;漢有遊女(015);有女懷春(037);摻摻女手(100)。

② 誰謂女(汝)無家(029);三歲貫女(汝)(080、081、082);逝將去女(汝)(081、082)。

③ 温其女(如)玉(046);顔女(如)渥赭(050);女(如)可贖也(052、053);其=美=女(如)玉⑥(072);女(如)山女(如)河(087);[云]⑦女(如)之何(088)。鬒髮女(如)雲(088);展女(如)人也(089);女(如)以告人⑧(105);女(如)此良人何(110);女(如)

---

① "權",《毛詩》作"灌"。"權"、"灌"諧聲可通。毛傳:"灌木,藂木也。"孔疏:"《釋木》云:'灌木,叢木。'又云:'木族生爲灌。'孫炎曰:'族,叢也。'"

② 《逸周書·謚法》:"布德執義曰穆,中情見貌曰穆。"《説文》:"穆,禾也。從禾,㣎聲。"古文字學者一般認爲許慎分析不確,甲、金文分別作 、,是一種花類植物的象形文,金文於花朵下加的"彡"可能有强調其花華美有文采之意,引申而有美好等義。(《説文解字考正》,第 277 頁)本例可看作是本用。

③ 以下三例中"穆",《毛詩》皆作"繆"。典籍中"穆"、"繆"音近多通(《古字通假會典》,第 750 頁)。毛傳:"綢繆,猶纏綿也。"

④ 竹簡上端殘缺,據《毛詩》補"綢"字。

⑤ 括弧內數字重出者表示該句在該號簡上重複出現。下同。

⑥ 《毛詩》作"美如玉,美如玉"。

⑦ 簡殘,據《毛詩》補"云"字。

⑧ 《毛詩》無此句。

此粲［者何］①（110）；［不］②女（如）子之衣（114）；不女（如）子之衣（114）。

詞義	字形	隸定	頻率
女			7
汝	中	女	6
如			15

傳世典籍、出土文獻中"女"多通"如"③"汝"④。

例18

① 害于躬身⑤（105）。

② 召伯所害（愒）⑥（028）。

③ 害（曷）⑦瀞害（曷）否（005）；害（曷）不肅雝（039）。

詞義	字形	隸定	頻率
害			1
愒	害	害	1
曷			3

例19

① 白茅橐⑧之（037）。

② 集于橐（苞）⑨桑（115）；集于橐（苞）棘（116）。

---

① 簡殘，據《毛詩》補"者何"兩字。

② 簡殘，據《毛詩》補"不"字。

③ 白於藍編著《戰國秦漢簡帛古書通假字彙纂》，福建人民出版社，2012年，第198～202頁。

④ 高亨纂著，董治安整理《古字通假會典》，第886頁。

⑤ 《毛詩》無此句。

⑥ 害，《毛詩》作"愒"，《韓詩》作"揭"，《釋文》："揭字爲愒之訛。""愒"同"憩"，玄應《一切經音義》："憩，《説文》作愒。愒，息也。"《爾雅·釋詁》："愒，息也。"簡文"害"可讀作"愒"。"害"，匣紐月部，"愒"，溪紐月部，古音相近可通。（《古字通假會典》，第615～617頁）

⑦ 以下三例中"害"，《毛詩》皆作"曷"。毛傳："害，何也。"陳奐《詩毛氏傳疏》（山東友誼出版社，1992年，第44頁）："古害、曷聲同，故曷謂之何，害亦謂之何矣。曷者本字，害者假借字。"《尚書·湯誓》"時日曷喪"，《孟子·梁惠王上》引"曷"作"害"。

⑧ 橐，《毛詩》作"包"。《説文》："包，象人裹妊，巳在中，象子未成形也。""包"即"胞"之初文，《毛詩》用的是假借字。《説文》："橐，囊張大皃。從橐省，匋省聲。"據句意，簡本可看作是本字本用。"橐"、"包"，上古音同屬幫紐幽部，可通。（《戰國秦漢簡帛古書通假字彙纂》，第86、87頁）

⑨ 以下兩例中"橐"，《毛詩》皆作"苞"。《説文》："苞，艸也。南陽以爲麤履。從艸，包聲。""橐"、"苞"音近可通。

③ 蕭蕭橐(鴇)①翼(116)。

詞義	字形	隸定	頻率
包			1
苞	橐	橐	2
鴇			1

2. 一個字形没有本用對應詞義,但被假借來表示兩個或兩個以上的音同、音近的詞,於是形成了一字形記録多詞。例如:

例1

① 加(駕)其騏駜②(045)。

② 副笄六加(珈)③(087)。

詞義	字形	隸定	頻率
駕			1
珈	加	加	1

例2

① 邵(灼)邵(灼)④其華(011)。

② 邵(召)⑤伯所説(028)。

詞義	字形	隸定	頻率
灼			2
召	邵	邵	1

---

① 橐,《毛詩》作“鴇”。《説文》:“鴇,鳥也。肉出尺骴。从鳥,阜聲。䳾,鴇或从包。”“鴇”,《説文》或體作“䳾”,與“橐”音近可通。115號簡“鴇”之異體作“鵦”,从鳥、橐聲。

② 《毛詩》作“駕我騏騜”。“加”、“駕”諧聲可通。毛傳:“左足白曰騜。”《説文》:“騜,馬後左足白也。讀若注。”《説文》:“駜,馬行相及也。从馬,从及。”《方言》卷十三:“駜,馬馳也。”

③ 加,《毛詩》作“珈”。毛傳:“珈,笄飾之最盛者。所以別尊卑也。”鄭箋:“珈之言加也。副既笄而加飾,如今步摇上飾。”

④ 邵邵,《毛詩》作“灼灼”。典籍中“勺”與“招”、“的”與“招”相通(《古字通假會典》,第806、807頁)。毛傳:“灼灼,華之盛也。”

⑤ 邵,《毛詩》作“召”。“邵”、“召”諧聲可通。

例 3

① 實維我義(儀)①(084)。

② 義(我)②以爲兄(092);義(我)以爲君(092)。

詞義	字形	隸定	頻率
儀		義	1
我			2

例 4

① 伍(寤)③寐求之(001);伍(寤)寐思服(002)。

② 百夫之伍(禦)④(053)。

詞義	字形	隸定	頻率
寤		伍	2
禦			1

例 5

① 死矢靡它⑤(084)。

②委₌它₌(委蛇委蛇)⑥(031、031);委₌它₌(委委佗佗)⑦(087)。

---

① 義,《毛詩》作"儀",二字諧聲可通。《毛傳》:"儀,匹也。"

② 以下兩例中"義",《毛詩》皆作"我",二字諧聲可通。《説文》:"義,己之威儀也。从我、羊。"王筠《釋例》:"義下當云'我亦聲'。"朱駿聲《通訓定聲》:"經傳多以'儀'爲之。"《説文》:"儀,度也。从人,義聲。"

③ 以下兩例中"伍",《毛詩》皆作"寤"。"伍",从人、吾聲,整理者認爲可能是"伍"之異體,可从,與"寤"諧聲可通。"伍"亦見於《集韻・莫韻》:"遻、迕,遇也,亦書作伍。"整理者認爲與簡文"伍"未必是一字。

④ "伍",《毛詩》作"禦"。"禦"聲、"吾"聲之字,文獻每相通。《漢書・藝文志》"列子八篇",班自注"名圉寇",《莊子》作"列禦寇"。《左傳》桓公十四年經文"鄭伯使其弟語來盟",《穀梁傳》"語"作"禦"。(《古字通假會典》,第852頁)毛傳:"禦,當也。"

⑤ 《毛詩》作"之死矢靡它",毛傳:"至己之死,信無它心。"簡本無"之"字。

⑥ 《毛詩》作"委蛇委蛇",《韓詩》作"逶迤"。"蛇"古通作"它",古从"它"者多與"也"通(《古字通假會典》,第678頁),故"蛇"、"迤"可相通。毛傳:"委蛇,行可從跡也。"鄭箋:"委蛇,委曲自得之貌。"

⑦ 《毛詩》作"委委佗佗",《魯詩》作"禕禕它它"(袁梅《詩經異文彙考辨證》,齊魯書社,2013年,第71頁)。《説文》:"它,虫也。从虫而長,象冤曲垂尾形。上古艸居患它,故相問無它乎。蛇,它或从虫。"據此,上述辭例皆屬假借用法。

詞義	字形	隸定	頻率
它		它	1
迤			6

例 6

① 求我庶①士(034、034、035)。

② 顔如渥庶(赭)②(050)。

詞義	字形	隸定	頻率
庶		庶	3
赭			1

例 7

① 詹(言)③告師氏(005)。

② 邦之詹(媛)④兮(089)。

詞義	字形	隸定	頻率
言		詹(諺)	1
媛			1

例 8

① 盍⑤日鼓瑟(107)。

② 子車盍(奄)⑥息(054);維此盍(奄)息(054)。

---

① 鄭箋:"庶,衆。"《説文》:"庶,屋下衆也。从广、芺。芺,古文光字。"林義光《文源》認爲"庶"字从火、石聲,于省吾《甲骨文字釋林》:"甲骨文'庶'字是从火石,石亦聲的會意兼形聲字,也即'煮'之本字。"于説可從。據此,本例是假借用法。

② 《毛詩》作"顔如渥丹"。王先謙:"《韓詩外傳》二引《詩》'顔如渥赭,其君也哉'。"(《詩三家義集疏》,第 451 頁)《釋文》:"《韓詩》作'沰'。沰,赭也。""丹"、"赭"義近。簡文"庶",讀爲"赭"。典籍中"諸"、"柘"二字古通,可爲旁證(《古字通假會典》,第 897 頁)。

③ 《毛詩》作"言"。整理者認爲:"簡本'詹'字原文與曾侯乙石磬、《上博五·君》三'詹'字寫法相同。'詹'是'諺'字異體。'諺'、'言'音同可通。"《説文》:"諺,傳言也。从言,彥聲。"《毛傳》:"言,我也。"

④ 《毛詩》作"媛"。上古音"詹"屬疑紐元部,"媛"屬匣紐元部,音近可通。《毛傳》:"美女爲媛。"

⑤ 《毛詩》"盍"作"何不",《隸釋》載《魯詩》殘碑作"胡不"。《左傳》成公六年:"或謂欒武子曰:'聖人與衆同欲,是以濟事。子盍從衆?'"杜預注:"盍,何不也。"《玉篇》皿部:"盍,何不也。"盍,《説文》血部:"盇,覆也。从血、大。"段注:"盇,其形隸變作盍。"

⑥ 以下兩例中"盍",《毛詩》皆作"奄"。"盍"聲、"奄"聲字可通,《説文》:"瘱,跛病也。从疒,盍聲。讀若脅,又讀若掩。"《史記·刺客列傳》:"使其二弟公子蓋餘、屬庸將兵圍楚之潙。"《索隱》:"《左傳》作掩餘、燭庸。"(《古字通假會典》,第 250 頁)

詞義	字形	隸定	頻率
盍		盍	1
奄			2

例 9

① 備(服)①之無斁(005);象備(服)是宜(087);好人備(服)之(100)。

② 備(佩)②玉將將(051);備(佩)其象掃(100)。

③ 五備(紣)③梁輈(045)。

詞義	字形	隸定	頻率
服		備	3
佩			2
紣			1

例 10

① 白④茅包之(037);白茅純束(038);有馬白顛(042);白露爲霜(048);白露未晞(049);白石鑿鑿(104);白石晧晧(104);白石粼粼(105)。

② 召白(伯)⑤所憩(028);召白(伯)所説(028)。

③ 泛彼白(柏)⑥舟(084、084);白(柏)舟(099)。

詞義	字形	隸定	頻率
白		白	8
伯			2
柏			3

---

① 以下三例中"備",《毛詩》皆作"服"。"備"與"服"相通,簡本和典籍習見(《戰國秦漢簡帛古書通假字彙纂》,第381頁)。《説文》:"備,慎也。從人,葡聲。"甲骨文、金文"備"爲"箙"的象形字,盛矢器。

② 以下兩例中"備",《毛詩》皆作"佩"。上古音"備"屬並紐職部,"佩"屬並紐之部,音近可通。

③ 備,《毛詩》作"紣"。上古音"備"屬並紐職部,"紣"屬明紐屋部,二字音近可通。毛傳:"紣,曆録也。"孔疏:"謂所束之處,因以爲文章曆録然。曆録,蓋文章之貌也。"

④ 《説文》:"白,西方色也。陰用事,物色白。從入合二;二,陰數。"姚孝遂先生云象人首形,假爲黑白之"白"(《説文解字考正》,第308頁)。據姚説,以下辭例皆屬假借用法。

⑤ 以下兩例中"白",《毛詩》皆作"伯"。

⑥ 以下三例中"白",《毛詩》皆作"柏"。

例 11

① 折命不猷(猶)①(036)。

② 言之猷(醜)②也(087)。

③ 猷(職)③思其外(101);猷(職)思其居(102);猷(職)思其憂(103)。

詞義	字形	隸定	頻率
猶			1
醜		猷	1
職			3

二、多字形與多詞義複雜對應

有時,一詞義既有本用字形來記録,又假借其他字形來記録;有時,一詞義有對應的本用字形不用,卻假借其他字形來記録。而這個其他字形又可記録其他詞義,這樣就造成了多字形與多詞的複雜對應關係。例如:

例 1

① 蒹葭蒼=(蒼蒼)(048)。

② 彼倉(蒼)④者天(052、053、054);悠悠倉(蒼)天(115、116、116)。

③ 佩玉倉=(將將)⑤(051)。

---

① 猷,《毛詩》作"猶"。"猷",從犬,酋聲,同"猶"。段玉裁《説文解字注》:"今字分猷謀字犬在右,語助字犬在左,經典絶無此例。"毛傳:"猶,若也。"《説文》:"猶,玃屬。從犬,酋聲。一曰:隴西謂犬子爲猷。"

② 猷,《毛詩》作"醜"。"猷"、"醜"皆從"酉"聲,可相通。毛傳:"於君醜也。"

③ 以下三例中"猷",《毛詩》皆作"職"。馬瑞辰曰:"傳、箋從《爾雅》訓職爲主,首章'職思其居'義猶可通,謂君子思不出其位也。若'職思其外'、'職思其憂'亦訓主,則於義未協。《爾雅·釋詁》:'職,常也。'常從尚聲,故職又通作尚。……《爾雅》:'尚,庶幾也。'謂尚思其居、尚思其外、尚思其憂也,與上文'無已大康'語意正相貫。"(《毛詩傳箋通釋》卷十一,中華書局,1989 年)整理者認爲,蓋楚文字多以"戠"表示"職","戠"或作 🐾(包山 206),"猷"或作 🐾(郭店《老子甲》8),形似而誤。孟蓬生認爲:"'職思其憂'的'職'和'猶思其憂'的'猶'的用法應該認同。之職和幽覺關係上古音較近,所以兩者之間應該看成假借關係。"(安大簡《詩經》讀書班討論紀要 2019 年 11 月 5—7 日,西南大學漢語言文獻研究所公衆號《語言與文獻》2019 年 11 月 16 日發布)此從孟説。

④ "倉"、"蒼"諧聲可通(《戰國秦漢簡帛古書通假字典》第 680 頁)。

⑤ 從"倉"得聲之字與從"將"得聲之字,典籍多相通。《禮記·曲禮下》"士蹌蹌",《文選·東京賦》引作"將將"。《詩經·周頌·執競》"磬筦將將",《風俗通義》引作"鎗鎗"。(《古字通假會典》第 305 頁)

詞義	字形	隸定	頻率
蒼	蒼（字形）	蒼	2
蒼	倉（字形）	倉	6
將			2

　　“蒼”表{蒼}①是本字本用,僅 2 次;但又存在著假借“倉”表{蒼},有 6 次;同時又假借“倉”表{將},有 2 次。

　　例 2

　　① 左右采之(002);薄言采之(014);采采芣苢(014、014);于以采蘩(022、022);言采其薇(025);言采其藚(072);爰采唐兮(089);爰采麥兮(090);爰采葑兮(091)。

　　② 菜菜(采采)②卷耳(006);菜菜(采采)芣苢(013、014、014、015)。

　　③ 參差荇菜(001、002、003)。

詞義	字形	隸定	頻率
采	采（字形）	采	13
采	菜（字形）	菜	10
菜			3

　　“采”表{采}是本字本用,共 13 次。“菜”表{菜}亦是本字本用,共 3 次;但同時又存在著假借“菜”表{采},共 10 次。

　　例 3

　　① 逝者其忘(亡)③(043);壽考不忘(亡)(051)。

　　② 誰謂雀亡(無)④角(029);誰謂女亡(無)家(029);今也每食亡(無)餘(059);人之亡(無)良(092、092);豈亡(無)異人(113、113);豈曰亡(無)衣六也(114)。

　　③ 服之無斁(005);謂我士無極⑤(076);碩大無朋(108)。

---

① 〔 〕號表示詞義。

② 菜菜,《毛詩》作“采采”。毛傳:“采采,事采之也。”孔疏:“事采之者,言勤采此菜也。”

③ 以下兩例中“忘”,《毛詩》皆作“亡”。毛傳:“亡,喪棄也。”“忘”、“亡”諧聲可通。

④ 以下諸例中“亡”,《毛詩》皆作“無”。典籍中“亡”、“無”多通(《古字通假會典》,第 316 頁)。

⑤ 《毛詩》作“謂我士也罔極”,“士”下多一“也”字。

④ 云何無(籲)①矣(008)。

詞義	字形	隸定	頻率
亡		忘	2
無		亡	8
無		無	3
籲			1

　　"忘"表{亡},共 2 次;"亡"卻表{無},共 8 次;"無"表{無}是本字本用,共有 3 次;但又可假借表{籲},共 1 次。{無}可有"亡"、"無"兩形記録。

———————

安大簡《詩經》通假現象補説[*]

周朋升

黑龍江大學文學院

2019 年出版的《安徽大學藏戰國竹簡(一)》,是學者們整理的與《詩經》有關文獻的成果。這批成果有竹簡 93 支,涉及《詩經》57 篇(部分爲殘篇),當爲《詩經》的先秦古本之一。安大簡《詩經》的篇次、篇名、用字與其他版本的《詩經》(包括《毛詩》等傳世本以及其他出土本)均有相當多的差異。其中,因通假而造成的用字差異,是研究安大簡《詩經》用字特點的非常好的切入點。

在通假現象中,本字與通假字的形體關係可分爲兩種情況:一是有形體關係的情況。例如《葛覃》:"黄鳥于鼺(飛),集于欔(灌)木。4"①簡本作"欔",《毛詩》作"灌",通假字"欔"與本字"灌"共有聲符"蒦","欔"屬群紐元部,"灌"屬見紐元部,疊韻可通。又如《卷耳》:"我古(姑)勺(酌)皮(彼)兕觥(觥),佳(唯)㠯(以)羕(永)鴉(傷)。7"通假字"羕"用本字"永"作聲符,"羕"屬餘紐陽部,"永"屬匣紐陽部,疊韻可通。此句中,本字"酌"用通假字"勺"作聲符,"酌"與"勺"皆章紐藥部,音同可通。這種情況的通假現象比較容易確定,本文從略。

第二種是形體無關的情況。有的形體無關的通假現象也比較容易確定。如《葛覃》:"害(曷)濩(澣)害(曷)5否,逷(歸)寍(寧)父母。"通假字"害"與本字"曷"形體無關,但"害"與"曷"皆屬匣紐月部,音同可通,且典籍中相通用例很多,此種情況可參考文後附表,本文亦從略。

有的形體無關的通假現象不太容易確定,值得進一步探討。形體無關的通假

---

*　本文爲國家社科基金年度項目"秦至漢初簡牘帛書用字習慣研究"(19BYY155)的階段性成果。

①　右下角的數字爲《安徽大學藏戰國竹簡(一)》(安徽大學漢字發展與應用研究中心編,黄德寬、徐在國主編,中西書局,2019 年)中的簡號。本文所引用的整理者的意見亦均出自此書。

現象要求本字與借字之間有嚴格的聲韻關係,並且需要有相關例證。與《毛詩》相對比,本文選出安大簡《詩經》中 12 組典型的用例,對這 12 組通假現象進行補充説明。

<h1 style="text-align:center">一、安大簡《詩經》用通假字
而《毛詩》用本字</h1>

安大簡《詩經》中使用的通假字與本字在形體上並無關聯,但在其他文獻中有相關的用例。根據本字與通假字之間的聲韻關係又可分爲三種的情況。

(一) 聲紐、韻部均相同

1. 徒₈—瘏

簡本《卷耳》:"陟₇皮汜矣,我馬徒矣。₈"《毛詩》:"陟彼砠矣,我馬瘏矣。"

"徒"與"瘏"皆屬定紐魚部,音同可通。《説文》疒部:"瘏,病也。从疒,者聲。《詩》曰:'我馬瘏矣。'""瘏"字在古文字中不多見,𤻳(元年相邦建信君鈹)、𤻘(《璽彙》2921),均用作人名。"瘏"从"者"聲,从"者"聲的"著"與"徒"相通。《古字通假會典》(下文簡稱"《會典》"):"《爾雅·釋天》:'太歲……在戊曰著雍。'《史記·曆書》著雍作徒維。按維當作雍。"[1]

2. 敊₁₂—撲

簡本《兔罝》:"肅肅兔罝,敊之正正。"《毛詩》:"肅肅兔罝,椓之丁丁。"

整理者:"敊",从"攴","彔"聲。"彔"、"椓"都是舌音屋部字。(第 80 頁注〔二〕)"敊"爲"剥"異體,"剥"與"撲"皆屬滂紐屋部,音同可通。

3. 茅₃₆—昴

簡本《小星》:"佳晶與茅,葴葴肖正。"《毛詩》:"維三與昴,肅肅宵征。"

整理者:"茅"、"昴"二字古音同屬明母幽部,可通。又"茅"、"茆"二字古通(參《古字通假會典》第七五二頁)。"昴"从"卯"聲,"茅"可讀爲"昴",星宿名,曾侯乙墓漆箱二十八星宿"昴"即作"矛"。[2](第 93 頁注〔四〕)郭店《六德》:"唯(雖)才(在)艸(草)茆(茅)之宀(中),句(苟)𢼃(賢)。""茆"通"茅",當從馮勝君的釋讀。[3]北大漢簡伍《揌輿》"胃、茅(昴)、畢",亦是星宿名可通之證。"矛"聲與"卯"聲相通當無問題。

---

① 高亨纂著,董治安整理《古字通假會典》,齊魯書社,1989 年,第 890 頁。

② 湖北省博物館《曾侯乙墓》,文物出版社,1989 年,下册第 123 頁。

③ 馮勝君《讀〈郭店楚墓竹簡〉札記(四則)》,《古文字研究》第 22 輯,中華書局,2000 年,第 211~212 頁。

4. 陠40—犯

簡本《騶虞》：“皮茞者陠，一發五陠。”《毛詩》：“彼茞者葭，一發五犯。”

整理者“陠”作“鄘”，據圖版，當作“陠”。此處似爲異體關係。整理者：《説文》邑部：“鄘，汝南上蔡亭。从邑，甫聲。”亦見於包山簡六一、上博九《陳》簡三、包山簡二二八。“鄘”與“犯”古音皆屬幫紐魚部，音同可通。包山楚簡“鄘”，李學勤讀作“巴”，可從。簡文可爲此添一佳證。① 《説文》豕部：“犯，牝豕也。从豕，巴聲。一日一歲能相把摯也。”（第 97 頁注〔二〕）“犯”从“巴”得聲。“陠”與“犯”相通，當無問題。

5. 戉43—牡

簡本《駉駜》：“四戉孔犀。”《毛詩》：“四牡孔夷。”

“戉”與“牡”皆屬明紐幽部，音同可通。“戉”字簡本作“𫝀”，从“戉”聲，“戉”與“牡”相通，出土文獻中有例證。郭店簡《六德》：“絟（疏）衰齊戉（牡）枺（麻）實（経），爲昆弟也，爲妻亦肰（然）。”② 郭店簡《老子甲》：“未智（知）牝戉（牡）之合脭蕬（怒），精之至也。”今本和《馬王堆帛書》作“戊”。清華簡叁《説命上》：“王曰：‘旦（亶）肰（然）。天廼命敓（説）伐遉（失）宔（仲）。遉（失）宔（仲）是（適）生子，生二戉（牡）豕。’”清華簡肆《筮法》：“月夕屯（純）戉（牡），乃亦鄉（饗）。”馬王堆《養生方》：“取芍（菌）桂二、細辛四，一，戉（牡）蠣一，秦秌（椒）二。”

6. 佫55—舅

簡本《渭陽》：“[我]55遺佫氏，喬至于易。”《毛詩》：“䬤我遺舅氏，遹至于陽。”

“佫”與“舅”皆屬群紐幽部，兩字讀音相近。“佫”字見於金文和古璽，如 𣨶（十一年戈）、𣎴（《璽彙》0049）。出土文獻與傳世文獻中“咎”通“舅”也習見，如上博七《吳命》：“咎（舅）生（甥）之邦，聶（攝）周子孫。”《詩經·小雅·鹿鳴》：“既有肥牡，以速者（諸）咎（舅）。”北大漢簡肆《妄稽》：“姑咎（舅）弗應，妄稽有（又）言。”武威漢簡《服傳甲》：“妾之事女君，與婦之事咎（舅）姑等。”傳世文獻中，《荀子·臣道》：“齊之管仲，晉之咎犯，楚孫叔敖，可謂功臣矣。”唐楊倞注：“‘咎’與‘舅’同，晉文公之舅狐偃，犯，其字也。”這種通假現象可能出現得更早，李春桃兄告訴我，仲義父鼎銘文（《銘圖》2113～2117）“中（仲）義父乍（作）新 𤳁 寶鼎”，其中 𤳁 形釋字和破讀存在爭議，他在一篇未刊稿中認爲此字可隸定成“窖”，分析成从咎得聲，可讀爲“舅”，西周金文中存在爲“舅”作器的用例。③ 若其説可信，西周金文中便存在“咎”、“舅”相通假的例證，安大簡《詩經》的用例

---

① 參李學勤《包山楚簡“鄘”即巴國説》，《四川師範大學學報（社會科學版）》2006 年第 6 期，第 6 頁。

② 荆門市博物館《郭店楚墓竹簡》，文物出版社，1998 年，第 189 頁注〔一七〕，裘錫圭按。

③ 李春桃未刊稿。

可與之合證。又,銀雀山漢簡貳《曹氏陰陽》簡 1646 有 ,即爲"佟"字,辭例爲"春宜少年,夏宜佶(者)年,秋宜佟年,冬宜□",鄔可晶頗疑"佟"即"㗊"之異體,乃"㗊年"之專字,疑讀爲"高年"。[①] "㗊"屬群紐幽部,"高"見紐幽部,音近可通。

其他類似的例子請參看附表一。

(二) 聲紐不同,韻部相同

此種情況韻部相同,聲紐雖不同,但也當屬同一系,音近可通。

1. 遒遒[10]—揖揖

簡本《螽斯》:"衆斯之羽,遒遒可。"《毛詩》:"螽斯之羽,揖揖兮。"

《毛傳》:"揖揖,會聚也。"魯、韓"揖"作"集",石經本作"緝"。又段《小學》:"蓋輯字之假借。《説文》:'輯,車和輯也。'""揖揖"當爲聯綿詞,本無本字可言,正如輔《童子問》:"詵詵、振振、薨薨、繩繩、揖揖、蟄蟄,不惟音韻之諧而其意亦相同也。"[②] 嚴一萍《釋揖》:"卜辭有 (鐵九六·三)、(菁二·一)、(戬三八·一)、(粹八五·二)諸字……其實席也,乃舒張兩臂也。《儀禮·燕禮》有言:'公揖卿大夫乃升,就席。'鄭注曰:'揖之入之也。'乃恍然悟此字之形,實象有客臨門,主人出迎,躬身舒張兩臂邀客入席,蓋即揖字之初形也。今字作揖者,自 演變而來,從耳者, 之譌變耳。"[③] 趙平安認爲"聑"爲"揖"之初文,"由作揖可以引申出聚集(揖、輯)、聚合(輯、楫、戢)、收斂(輯、戢)、約束(戢)、纂集(輯)、整修(輯、葺)、重疊(葺)、連綴(輯、緝)、接續(緝)、縫衣邊(緝)、車輿(輯)、船槳(楫)"等同族字。[④] 由此可見,《毛詩》的"揖揖"爲本字。"遒"於字書無收,當從習得聲,"習"屬邪紐緝部,"揖"屬影紐緝部,音近可通。

2. 悳[54]、𢛳[79]—特

簡本《黃鳥》:"佳此盍(奄)思,百夫之悳。[54]"《毛詩》:"維此奄思,百夫之特。"又,簡本《伐檀》:"[胡]詹尒廷又楢𢛳可?"《毛詩》:"胡瞻爾庭有縣特兮?"

《説文》心部:"悳,外得於人,内得於己也。從直從心。,古文。""悳"見於 (嬴霝悳簠)、(季嬴霝悳盤)、(悳盤)、(者汈鐘)、(命瓜君嗣子壺)、(中山𤪡鼎)、(舒蚉壺),可見《説文》的古文""當來之有自。"悳"古書中即用爲"德"字,"德"屬端紐職部,"特"屬定紐職部,音近可通。關於"𢛳"字,整理者:"𢛳","悳"、"㝵"皆

---

① 鄔可晶《銀雀山漢簡"陰陽時令、占候之類"叢札》,《出土文獻》第 7 輯,中西書局,2015 年,第 220 頁。

② 轉引自魯洪生主編《詩經集校集注集評》卷一,中華書局,2015 年,第 108 頁。

③ 嚴一萍《釋"揖"》,《中國文字》新 10 期,藝文印書館,1985 年,第 111 頁。

④ 趙平安《從"聑"字的釋讀談到甲骨文的"巴方"》,《文獻》2019 年第 5 期,第 62 頁。

聲,雙聲字。"特"與"德"、"得"相通。（第 121 頁注〔十三〕）"德"與"得"皆屬端紐職部,
"特"屬定紐職部,音近可通。

3. 鼬₁₁₃—褎

簡本《羔裘》:"羔裘豹鼬。"《毛詩》:"羔裘豹褎。"

《説文》衣部:"褎,袂也。从衣,采聲。,褎俗从由。"亦見於秦漢簡,（里耶 9-
1887 正）、（睡虎地《封》22）、（張家山《奏讞書》167）,皆用爲"袖","褎"與"袖"爲異
體字關係。傳鈔古文"柚"作（《古文四聲韻》4·37）,李春桃認爲:"此字爲'袖'字篆
文形訛變,古文用爲'柚'。"①又,傳鈔古文作（海 4.45）,金文作（周客鼎）,孫常
敘認爲:"其音同繇,其禽似狐,豈鼬也與。"②可見,""亦與"繇"音近,"繇"屬餘紐宵
部。"褎"與从"由"的字相通,典籍有用例,如《爾雅·釋畜》:"黑背軸。"《經典釋文》:
"軸,本或作褎。""鼬"即从鼠,由聲。"鼬"屬餘紐幽部,"褎"邪紐幽部,音近可通。

其他例子請參看附表二。

（三）聲紐相同,韻部不同

穆₁₀₉—繆

簡本:"累穆欶新,厽曐才天。"《毛詩》:"綢繆束薪,三星在天。"

"穆"屬明紐覺部,"繆"屬明紐幽部,音近可通。《説文》系部:"繆,枲之十也。一曰:
綢繆。从系,翏聲。""繆"古文字亦見,如:（雲夢《效律》56）、（陶三 113）、（陶
三 267）。馬敘倫《説文解字六書書證》卷二十五:"倫按枲之十也不似本訓。意亦無徵,
蓋《字林》文。《廣雅·釋詁》:'繆,纏也。'蓋繚繞之轉注字,同爲邊音,又聲同宵類也。
一曰綢繆者,以《詩》綢繆束薪證之,則非别義,此校者記異本也。"③"穆"與"繆"可互通,
如馬王堆《十大經》:"繆繆天刑,非德必頃（傾）。"傳世文獻中用例很多,"宋穆公"、"秦穆
公"在《公羊傳》《穀梁傳》常作"宋繆公"、"秦繆公"。

二、安大簡《詩經》用本字而《毛詩》用通假字

通過異文比較,安大簡《詩經》使用了本字,《毛詩》卻使用了通假字,這也恰好説明
安大簡《詩經》作爲先秦古本之一的重要價值,爲進一步理解《詩經》的用字提供了新的

---

① 李春桃《古文異體關係整理與研究》,中華書局,2016 年,第 33 頁。
② 孫常敘《周客鼎考釋》,《孫常敘古文字論集》,上海古籍出版社,2017 年,第 137 頁。
③ 轉引自李圃主編《古文字詁林》第 9 册,上海教育出版社,2004 年,第 1254 頁。

佐證。

1. 禮₉—履

簡本:"樂也君子,福禮俀之。"《毛詩》:"樂也君子,福履綏之。"

整理者:簡本下兩章"福禮"之"禮",《毛詩》亦作"履"。"禮"、"履"音近古通(參《古字通假會典》第五四四頁"禮與履"條)。《説文》示部:"禮,履也。所以事神致福也。"此以"履"爲"禮"的聲訓。簡本作"禮"用本字;《毛詩》作"履",用借字。"福禮",事神致福。(第 77 頁注〔四〕)關於"履"字與"禮"的關係,裘錫圭有較好的説明:"'履'與'豊'及從'豊'聲的'禮'、'體'、'醴'、'澧'等字,上古音都屬來母脂部。《周易》經文'履'字,馬王堆帛書本作'禮'(按裘先生自注"高亨、董治安《古字通假會典》,第 544 頁'禮與履'條,齊魯書社,1997 年")。傳世古書中也有'履'與'禮'或'體'相通之例(裘先生自注"同上;又 543 頁'體與履'條")。《禮記·祭義》'禮者,履此也',《説文》'禮,履也',都以'履'爲'禮'的聲訓字。可見'履'跟這些從'豊'聲的字古音極近。"[1]此處從整理者意見,"履"爲借字,"禮"爲本字。"履"與"禮"皆屬來紐脂部,音同可通。

2. 虖₈₂—敖

簡本:"樂蒿,樂蒿,隹亣兼虖。"《毛詩》:"樂郊樂郊,誰之永號。"

陳劍認爲:"地名字'殽'亦或作'▨'(《清華簡〔陸〕·子儀》簡 1),或從'山'從'虖'聲作▨(《清華簡〔貳〕·繫年》簡 48),或從'虖省聲'之▨(《清華簡〔陸〕·子儀》簡 20),亦屬此一系。"[2]陳劍在此文中説明了古書中的"敖"字來源於本作"嚻"、"虖"的字,簡本以"虖"表"敖",訓爲"出遊","維其永敖",即"長爲遊樂之地"。又,三體石經中有"▨",上部即虍旁訛變,下部可能爲"号"旁,則古文爲"號"字異體。"號"、"殽"都是匣母宵部字,兩者雙聲疊韻,音近可通。[3] 由此可見,"虖"爲"號"字異體,"號"屬匣宵部,"敖"屬疑紐宵部,音近可通。

本文著重討論了安大簡《詩經》中形體無關的 12 組通假用例。與《毛詩》相比,戰國竹簡更多地使用了通假字,少量使用了本字,這些用例很好地反映了簡本的用字特點,爲我們研究字際關係提供了許多佳證,也體現了安徽大學藏戰國竹簡的重要價值。

---

[1]　裘錫圭《應侯視工簋補釋》,《文物》2002 年第 7 期,第 72 頁。

[2]　陳劍《據出土文獻表"虐""傲"等詞的用字情況説古書中幾處相關校讀問題》,《出土文獻與古文字研究》第 8 輯,上海古籍出版社,2019 年,第 300 頁。

[3]　李春桃、李飛《古文與東周文字合證兩篇》,《簡帛》第 14 輯,上海古籍出版社,2017 年,第 3 頁。

附表一　聲紐、韻部均相同

序號	借字	聲韻	本字	聲韻	關係	説　明
1	邅偀2	端紐元部	輾轉	端紐元部	音同	"偀"即"轉"之異體。
2	㞢2	莊紐職部	側	莊紐職部	音同	
3	備5	並紐職部	服	並紐職部	音同	
4	害5	匣紐月部	曷	匣紐月部	音同	
5	鼎9	匣紐文部	云	匣紐文部	音同	整理者作"員"(第76頁)。另有"員"可通"云"。
6	焚11	並紐文部	賁	並紐文部	音同	
7	㐹20	來紐真部	麟	來紐真部	音同	整理者:"㐹"所从"厸"、"文"皆聲。(第83頁)
8	士22	崇紐之部	事	崇紐之部	音同	
9	戔28	精紐元部	翦	精紐元部	音同	
10	佰28	心紐覺部	夙	心紐覺部	音同	佰,即"宿"異體。
11	樅31	精紐東部	總	精紐東部	音同	
12	橐37	幫紐幽部	包	幫紐幽部	音同	
13	害39	匣母月部	曷	匣母月部	音同	
14	殹40	影紐脂部	伊	影紐脂部	音同	"殹"即"殹"字異體。
15	虖40	曉紐魚部	乎	曉紐魚部	音同	虖,从口,虍聲。
16	喪41	心紐陽部	桑	心紐陽部	音同	
17	根45	來紐陽部	梁	來紐陽部	音同	整理者讀爲"良"(第103頁)。
18	尨46	明紐東部	蒙	明紐東部	音同	
19	啺46	透紐陽部	韔	透紐陽部	音同	
20	結47	見紐質部	觼	見紐質部	音同	
21	韋48	匣紐微部	洄	匣紐微部	音同	
22	倍53	疑紐魚部	御	疑紐魚部	音同	
23	尚73	禪紐陽部	上	禪紐陽部	音同	
24	廖75	來紐幽部	聊	來紐幽部	音同	
25	慇77	見紐元部	干	見紐元部	音同	整理者:"慇"爲"澗"字異體。"干"、"澗"二字古通。(第120頁)
26	肩82	見紐元部	間	見紐元部	音同	
27	丁92	端紐耕部	定	端紐耕部	音同	
28	孫98	心紐文部	浚	心紐文部	音同	

續　表

序號	借字	聲韻	本字	聲韻	關係	説　明
29	甬99	餘紐東部	鄘	餘紐東部	音同	
30	州112	章紐幽部	周	章紐幽部	音同	
31	𡊄115	匣紐月部	曷	匣紐月部	音同	整理者:"𡊄",見於郭店《五行》簡三五,从"土","㝬(害)"聲。(第149頁)
32	橐115	幫紐幽部	苞	幫紐幽部	音同	
33	蕩苿39	定紐陽部	棠棣	定紐陽部	音同	"苿"爲"棣"之異體。

附表二　聲紐不同,韻部相同

序號	借字	聲韻	本字	聲韻	關係	説　明
1	疋1	山紐魚部	雎	清紐魚部	疊韻	
2	教3	見紐宵部	芼	明紐宵部	疊韻	
3	䌷3	邪紐侵部	覃	定紐侵部	疊韻	整理者:"䌷"簡文作"",所从"尋"、"由"二旁皆聲。(第72頁)若"䌷"通"覃",當把"尋"看作聲旁。
4	陀3	定紐歌部	施	書紐歌部	疊韻	
5	蕬6	來母元部	卷	見紐元部	疊韻	
6	阬6	溪紐陽部	岡	見紐陽部	疊韻	
7	浞8	山紐魚部	砠	清紐魚部	疊韻	"浞",亦見於新蔡簡乙四、九,从"疋"聲。(第76頁)
8	浞8	清紐魚部	疋	山紐魚部	疊韻	
9	夫8	幫紐魚部	痡	滂紐魚部	疊韻	
10	無9	明紐魚部	吁	曉紐魚部	疊韻	
11	䍐䍐10	來紐真部	振振	章紐真部	疊韻	整理者:"䍐"字似應分析爲从"凶","㚣"聲,而"㚣"所从"厸"、"文"均是聲符。"㚣"見於簡文《麟之趾》,以及平山中山王大鼎、郭店楚簡、上博楚簡等,多用爲"鄰"。(第78頁)
12	宑15	見紐質部	襭	匣紐質部	疊韻	王寧認爲"宑()"疑从宀、从筭(算)省,是計算之"計"的或體。
13	害28	匣紐月部	愒	溪紐月部	疊韻	整理者:簡文"害"可讀作"愒"。(第87頁)
14	聠29	來紐元部	穿	昌紐元部	疊韻	整理者:"聠"即"聯"字。(第89頁)
15	莤莤35	清紐覺部	肅肅	心紐覺部	疊韻	"莤"即"蔵"字異體。

序號	借字	聲韻	本字	聲韻	關係	説　明
16	保₃₆	幫紐幽部	抱	並紐幽部	疊韻	
17	實₄₃	船紐質部	臺	定紐質部	疊韻	"實"即"實"字異體。
18	犀₄₃	心紐脂部	夷	餘紐脂部	疊韻	
19	柬₄₄	見紐元部	閑	匣紐元部	疊韻	
20	監₄₄	見紐談部	猒	曉母談部	疊韻	
21	豫₄₅	餘紐魚部	舍	書紐魚部	疊韻	"豫"即"豫"字異體。
22	頖₄₅	幫紐月部	拔	並紐月部	疊韻	整理者:"頖"從"頁","市"聲,疑"髴(髮)"之異體。(第102頁)
23	簂₄₅	章紐幽部	收	書紐幽部	疊韻	簂,從"周"得聲。
24	象₄₅	邪紐陽部	暢	透紐陽部	疊韻	
25	濺₄₉	見紐微部	晞	曉紐微部	疊韻	整理者:"濺"從水,幾聲。(第107頁)
26	扐₅₃	來紐職部	棘	見紐職部	疊韻	
27	蔌₇₂	書紐屋部	蕡	邪紐屋部	疊韻	
28	坦₇₃	透紐元部	旃	章紐元部	疊韻	
29	坦₇₇	透紐元部	廛	定紐元部	疊韻	
30	獂₇₇	疑紐元部	貆	匣紐元部	疊韻	整理者:"獂","源"字異體,即"猨"。(第121頁)
31	餒₈₀	見紐文部	飧	心紐文部	疊韻	整理者:"餒",從"皀","君"聲。(第122頁)
32	綣₈₁	來紐元部	貫	見紐元部	疊韻	"綣"即"綣"字異體。
33	與₈₁	餘紐魚部	顧	見紐魚部	疊韻	
34	蒿₈₂	曉紐宵部	郊	見紐宵部	疊韻	
35	大大₈₃	定紐月部	泄泄	心紐月部	疊韻	
36	煉₈₄	端紐侵部	髧	定紐侵部	疊韻	整理者:"煉"……該字當即"湛"字異體,通"髧"。(第127頁)
37	氏₈₄	禪紐支部	只	章紐支部	疊韻	
38	弋₈₅	餘紐職部	慝	透紐職部	疊韻	
39	廛₈₉	定紐元部	展	端紐元部	疊韻	
40	彥₈₉	疑紐元部	媛	匣紐元部	疊韻	整理者:"彥",當爲"諺"字古文……或説"彥"讀爲"彦"。(第131頁)
41	湯₉₀	透紐陽部	姜	見紐陽部	疊韻	
42	羕₉₄	喻紐陽部	景	見紐陽部	疊韻	

續　表

序號	借字	聲韻	本字	聲韻	關係	説　明
43	敤敤98	疑紐月部	埶埶	見紐月部	疊韻	整理者：疑"敤"爲"埶"字異體。(第135頁)
44	舍98	書紐魚部	予	餘紐魚部	疊韻	
45	趬趬100	溪紐幽部	糾糾	見紐幽部	疊韻	
46	韷100	來紐職部	襋	見紐職部	疊韻	整理者："韷"，從"日"、"止"，"朸"聲，可從《毛詩》讀作"襋"。(第138頁)
47	頬100	明紐元部	宛	影紐元部	疊韻	整理者："頬"，從"頁"，"孚(俛)"聲，"俛"字異體。(第138頁)
48	歲歲102	心紐月部	蹶蹶	見紐月部	疊韻	"歲"爲"歲"字異體。
49	枸105	見紐侯部	樞	影紐侯部	疊韻	
50	歐106	透紐月部	曳	喻紐月部	疊韻	整理者："歐"即"歘"。(第142頁)
51	佝106	見紐侯部	婁	來紐侯部	疊韻	
52	遁106	日紐幽部	杽	透紐幽部	疊韻	整理者："遁"，從"辵"，"𦣞"聲。《説文·百部》："𦣞，面和也。從百，從肉。讀若柔。"(第143頁)
53	亿108	見紐之部	其	群紐之部	疊韻	
54	挚109	章紐覺部	篤	端紐覺部	疊韻	整理者："挚"，從"手"，"祝"聲。(第144頁)
55	累109	端紐幽部	綢	定紐幽部	疊韻	整理者：簡文"累"當即"袖"之異體。(第145頁)
56	盞110	莊紐元部	粲	清紐元部	疊韻	
57	虘113	曉紐魚部	吾	疑紐魚部	疊韻	整理者："虘"，"虎"之分化字。(第147頁)
58	褢114	曉紐覺部	燠	影紐覺部	疊韻	整理者：褢，從"衣"，"畜"聲。"褢"可能是"燠"之異體。(第148頁)
59	蘱115	見紐陽部	行	匣紐陽部	疊韻	整理者："蘱"所從"稾"，乃因"藁"字而類化。(第149頁)
60	橐116	滂紐幽部	鴇	幫紐幽部	疊韻	

附表三　聲紐相同，韻部不同

序號	借字	聲韻	本字	聲韻	關係	説　明
1	要1 翟1	影紐宵部 定紐藥部	窈窕	影紐幽部 定紐宵部	雙聲	
2	伓2	並紐之部	服	並紐職部	雙聲	"伓"爲"倍"異體。

續 表

序號	借字	聲韻	本字	聲韻	關係	説 明
3	舀舀2	喻紐宵部	悠悠	喻紐幽部	雙聲	
4	楰27	以紐侯部	牖	以紐幽部	雙聲	，整理者釋爲“枘”，認爲是“牖”的異體。（第 87 頁）
5	繇38	餘紐宵部	誘	餘紐幽部	雙聲	
6	盓39	泥紐真部	穠	泥紐冬部	雙聲	盓，从皿，年聲。
7	敚44	明紐微部	媚	明紐脂部	雙聲	“敚”即“微”字異體。
8	涚49	明紐微部	湄	明母脂部	雙聲	“涚”即“溦”字異體。
9	濸52	見紐元部	殲	見紐談部	雙聲	“濸”即“淺”字異體。
10	亡59	明紐陽部	無	明紐魚部	雙聲	
11	允73	餘紐文部	猶	餘紐幽部	雙聲	
12	無76	明紐魚部	罔	明紐陽部	雙聲	
13	至76	章紐質部	寘	章紐脂部	雙聲	
14	鴃84	明紐侯部	髳	明紐幽部	疊韻	整理者：徐在國認爲該字从“鳥”，“矛”聲，隸作“鴃”，疑爲“鶩”字異體。（第 127 頁）
15	蘁89 莓90	明紐之部	沬	明紐物部	雙聲	“蘁”，从“艸”、“言”，“坶”聲。“莓”，从“艸”，“坶”聲。當是《説文》“坶”的繁文異體，相當於典籍所用之“牧”字。（第 132 頁）
16	衺101	幫紐元部	褊	幫紐真部	雙聲	整理者：从“衣”，“夌（“鞭”之古文）”聲。（第 138 頁）
17	昊昊104	匣紐宵部	皓皓	匣紐幽部	雙聲	
18	鈴鈴105	來紐耕部	粼粼	來紐真部	雙聲	

附表四 聲紐、韻部均不同

序號	借字	聲韻	本字	聲韻	關係	説 明
1	弔1	端紐藥部	淑	禪紐覺部	音近	
2	穫5	匣紐鐸部	污	影紐魚部	音近	
3	晶篋1 晶筡2	書紐脂部	參差	初紐歌部	音近	整理者：筡，从“竹”，“坴”聲。（第 70 頁）“篋”當是“筡”之繁寫異體。“晶”即“參”字異體。
4	佋佋11	禪紐宵部	灼灼	章紐藥部	音近	
5	戰13	莊紐之部	逑	群紐幽部	音近	整理者：从“戈”，嶌（甾）聲。（第 80 頁）

續　表

序號	借字	聲韻	本字	聲韻	關係	說　明
6	螶螶20	餘紐真部	振振	章紐文部	音近	整理者：螶，从蚰，从胤，胤亦聲。(第83頁)
7	折35	章紐月部	寁	禪紐錫部	音近	
8	備45	並紐職部	桼	明紐屋部	音近	
9	書47	船紐職部	載	精紐之部	音近	書，从食聲。或疑"書"爲"飤"之異體。
10	庶50	書紐鐸部	赭	章紐魚部	音近	
11	盍54	匣紐葉部	奄	影紐談部	音近	
12	炊55	曉紐微部	鬱	影紐物部	音近	整理者："炊"，从"欠"，"火"聲，與"炊爨"之"炊"當是同形字(《說文·火部》："炊，爨也。从火，吹省聲。")。(第112頁)
13	訢73	見紐文部	慎	禪紐真部	音近	整理者："訢"，與"🖋"(郭店《緇衣》簡三〇)、"🖋"(上博五《弟》簡一一)、"🖋"(上博六《用》簡七)同，从言，折聲，讀爲"慎"。(第117頁)
14	割75	見紐月部	蓋	匣紐葉部	音近	
15	歆77	莊紐之部	稬	山紐職部	音近	整理者："歆"从"攴"从"土"，"畓"聲(徐在國說)。(第121頁)
16	㒑88	山紐微部	髦	定紐歌部	音近	整理者："㒑"，从"人"，"衰"聲，疑爲"衰老"之"衰"的專用字。(第130頁)
17	此88	清紐文部	晢	心紐錫部	音近	
18	璓89	心紐幽部	綯	初紐侯部	音近	整理者："璓"，从"玉"，"翛"聲；"翛"又从"羽"，"攸"聲。簡本"璓"當從《毛詩》讀爲"綯"(李家浩、徐在國說)。(第131頁)
19	箟100	禪紐支部	掜	定紐錫部	音近	
20	訨101	精紐支部	刺	清紐錫部	音近	
21	無102	明紐魚部	荒	曉紐陽部	音近	

再論楚簡同義換讀的複雜性 *

鄭州大學漢字文明傳承傳播與教育研究中心、
古文字與華夏文明傳承創新研究中心
（“古文字與中華文明傳承發展工程”協同攻關創新平臺）

一、舊説補苴

所謂“同義換讀”，又稱“義同換讀”，是現代出現的一個術語。裘錫圭將其界定爲：“有時候，人們不管某個字原來的讀音，把這個字用來表示意義跟它原來所代表的詞相同或相近的另一個詞（一般是早有文字表示的詞）。這兩個詞的音可以截然不同。”[1]他的“同義換讀”指的是漢語中的一種文獻用字現象。

俞紹宏、王姫瑋曾依據上博簡二《容成氏》簡 22、上博簡三《周易》簡 1 用作“擊”之字，與楚簡中“倉”及“倉”聲字可以用作“寒”等現象，初步探討了楚簡同義換讀的複雜現象。[2]郭永秉以爲楚簡中不存在表寒冷義的“倉”及“倉”聲字，以爲那些字都是“寒”及“寒”聲字，漢語古文獻中表“寒”義的“滄/凔”都是轉寫誤釋的產物。[3] 張峰、黄甜甜也以爲楚簡中“寒”與“倉”形近，表示寒冷義的“倉”及“倉”聲字應是“寒”及“寒”聲字，楚簡中並不存在

---

* 本文爲 2020 年國家社科基金重大項目“楚系簡帛文字職用研究與字詞合編”(20&ZD310)的階段性成果。

① 裘錫圭《文字學概要》，商務印書館，1988 年，第 219～222 頁。

② 俞紹宏、王姫瑋《同義換讀及其複雜性初探——以楚簡文字爲例》，《中國語文》2017 年第 2 期，第 229～233 頁。下引俞紹宏、王姫瑋説均據此文，不再注。本文“上博簡一”至“上博簡九”分別指馬承源主編《上海博物館藏戰國楚竹書(一～九)》，上海古籍出版社，2001 年、2002 年、2003 年、2004 年、2005 年、2007 年、2008 年、2011 年、2012 年。

③ 郭永秉《從戰國文字所見的類“倉”形“寒”字論古文獻中表“寒”義的“滄/凔”是轉寫誤釋的產物》，《出土文獻與古典學重建論集》，中西書局，2018 年，第 237～259 頁。下引郭永秉説據此文，不再注。

同義換讀現象。[1] 加上俞紹宏、王婭瑋對楚簡中用作“擊”的字形考釋需要修正,[2]因此有必要對楚簡同義換讀的複雜性問題重新進行探討。我們先來補充説明三個問題。

其一,楚簡中是否存在同義換讀現象。筆者曾求教過黄德寬師,他明言:“同義換讀是客觀存在的,關鍵是換讀條件的確定。”“我一直認爲滄(倉)與寒應分開,多是同義换用。”“(倉、寒)字形分别是明確的。”在最近刊發的文章中,他又舉出楚簡中的多例同義換讀現象:清華簡《子儀》、,前一字當是“本”的異體,後一個字釋“杪”,此處可讀爲“末”,“杪”、“末”字義相通,韻部相隔較遠,“杪”用爲“末”或許也可以同義換讀説之;上博簡《容成氏》簡 26“藕州”的“藕”通“耦”,同義換讀爲“并”;清華簡《金縢》簡 9、14 的“乂”,《太伯甲》《太伯乙》簡 5 的“乂”同義換讀爲“獲”;《殷高宗問於三壽》簡 7 倒山形的“覆”,同義換讀爲“傾”而加注“聖”聲;《成人》簡 15 的“昃”,同義換讀爲“傾”(押韻);《四時》簡 2、4 的“巨(矩)”同義換讀爲“規”,通“解”。[3]

此外,清華簡二《繫年》簡 66 中的“𢇍(絶)道”,即《春秋》宣公十七年“公會晉侯、衛侯、曹伯、邾子同盟於斷道”之“斷道”。劉釗從“絶”、“斷”一字分化角度來解釋《繫年》“絶”讀“斷”問題,[4]可備一説。不過“絶”、“斷”一字分化可能只適應於楚文字之外的文字,主要原因是,楚文字中的“斷”字多見,如上博簡四《昭王毁室》簡 2、《曹沫之陳》簡 62,上博簡九《陳公治兵》簡 12 等,均作“剸”,即《説文》“斷”古文“𠛧”字形之源。從文字的系統性角度來看,楚文字中既然已經有了“剸(斷)”字,似乎没有再從“𢇍(絶)”中分化出“𢇍(斷)”的必要,因此我以爲《繫年》“絶道”之“絶”也存在同義換讀爲“斷”的可能。

楚簡中存在同義換讀現象應當是不爭之事實。

其二,關於《荀子·儒效》“逢衣淺帶”之“淺”字。俞紹宏、王婭瑋指出,其若不是一個訛誤字,則應是同義換讀爲“薄”後再借讀爲“博”。俞紹宏曾提出兩種可能:一是“淺”原本爲戰國楚系文字中常用作“淺”、“竊”、“察”的“䇂”聲字,根據楚簡中“䇂”、“父”聲通材料,則“䇂”聲字可以讀作“博”;二是原本就是“淺”,可同義換讀爲“薄”,再借讀爲“博”。[5] 張峰、

---

① 張峰、黄甜甜《也談楚簡中同義換讀及其複雜性問題》,《國學學刊》2019 年第 2 期,第 84～89 頁。下引張峰、黄甜甜據此文,不再注。

② 具體可參俞紹宏、張青松《上海博物館藏戰國楚簡集釋》,社會科學文獻出版社,第 2 册之《容成氏》簡 22 注,2019 年。以下徵引上博簡及學者考釋上博簡之説,凡没有注明出處者,均據此書。

③ 黄德寬《釋古文字中的“杪”及相關字》,《漢字漢語研究》2021 年第 1 期,第 3～9 頁。下引其説凡没有注明出處者,均據此文。

④ 劉釗《關於〈吴越春秋〉一段疑難文意的解釋》,《文獻》2020 年第 1 期,第 10～19 頁。

⑤ 俞紹宏《古文獻新證(三則)》,《古籍整理研究學刊》2014 年第 2 期,第 57、35 頁。當然,楚簡中用作“淺”、“竊”、“察”之類似於“䇂”形的那個字究竟是個什麼字,現在也還没有定論。

黄甜甜以爲"淺帶"是博帶束衣不緊造成的結果,無需改讀。

《荀子·儒效》"逢衣淺帶"楊倞注:"逢,大也。淺帶,博帶也。《韓詩外傳》作'逢衣博帶'。言帶博則約束衣服者淺,故曰淺帶。"《莊子·讓王》《盗跖》作"縫衣淺帶",釋文:"淺帶,縫帶使淺狹。"疏:"制縫掖之衣,淺薄之帶,矯飾言行,誑惑諸侯,其爲賊害,甚於盗跖。"郭慶藩按:"淺帶,縫帶使淺狹。"張峰、黄甜甜説當源於此。可問題是"逢衣"、"淺帶"構成對文,"逢"是指衣服本身具有的外形特徵,則"淺"應當是指帶本身所具有的外形特徵,可見"淺帶"不是博帶束衣不緊造成的結果。再者,博帶只要用力緊束,也是可以束緊衣服的;古籍中衣、帶前的修飾限定性詞語一般也都與其所限定的衣、帶色彩、形狀有關,因此《儒效》這裏的"淺"也應當屬於此含義。除了《韓詩外傳》作"逢衣博帶","博帶"還見於《管子·五輔》"是故博帶梨,大袂列",《墨子·公孟》"昔者,齊桓公高冠博帶",《淮南子·泛論篇》"褒衣博帶"。以上文例中"博帶"之"博"與"淺帶"之"淺"對應,含義應該相同。因此,將"淺"理解爲同義換讀爲"薄"後再借讀爲"博",這種可能性還是存在的。

袁金平曾指出,荀子的學術活動主要集中在後半生,特別是仕楚任蘭陵令這一階段,《荀子》一書在戰國晚期大概是以單篇形式流傳,至漢代由劉向校訂編次,始而成書,其在撰寫或傳鈔過程中多少會受到楚文字書寫習慣的影響。[①] 據王志平考證,《荀子·正名》中的"滄熱"保留了楚文字和楚文獻的特色。[②] 莊子生活於楚文化圈,《莊子》一書諸篇原本當用楚系文字寫成。因此《荀子》《莊子》中存留有楚系文字的痕跡。《管子》等作"博帶",《荀子》《莊子》作"淺帶",作"淺帶"可能正是楚系文字的遺留。

其三,關於楚系"倉"、"寒"同義換讀問題。前引王志平文以爲楚簡中存在表寒冷義的"倉"及"倉"旁字,漢語古文獻中存在表"寒"義的"滄/凔"。我以爲王志平説是可信的,楚系簡帛中"倉"與"寒"二者字形有別。"倉"長沙子彈庫楚帛書作 、。[③] 上博簡二《容成氏》簡 1 作 。清華簡九《邦家治政》簡 35 作 ;《廼命一》簡 7 作 ,《廼命二》簡 4 作 。安大簡《詩經》簡 51、52、53、54、115、116 分別作 、、、、、、(後兩例見於簡 116);簡 48 又有從"倉"得聲的"蒼"字作""。[④] 關於

① 袁金平《利用楚簡文字校釋〈荀子〉一則》,《古文字研究》第 29 輯,中華書局,2012 年,第 618 頁。

② 王志平《〈荀子〉古文舉隅》,《中國典籍與文化》2019 年第 2 期,第 114~118 頁。下引王志平説據此文,不再注。

③ 李零《子彈庫帛書》,文物出版社,2017 年,第 198、206 頁。下引楚帛書材料據此書,不再注。

④ 安徽大學漢字發展與應用研究中心編,黄德寬、徐在國主編《安徽大學藏戰國竹簡(一)》,中西書局,2019 年。

"寒"字，長沙子彈庫楚帛書作 ，上博簡三《周易》簡 45 作 ，清華簡八《治邦之道》簡 12 作 ，①清華簡九《邦家治政》簡 38 作 ；上博簡一《緇衣》簡 6 作 ，省"宀"，人兩側有"中（艸）"，從"中（艸）"的"寒"已經見於西周金文（可參下注所列文獻）。

張峰、黃甜甜指出楚簡"寒"帶有"人"形，考察上列"倉"、"寒"字形，說可從。楚簡"寒"之"人"旁是從殷商、西周文字中繼承來的，"人"旁兩側帶有短橫畫，有時左右兩側的短橫畫連筆書寫；殷商、西周文字中的"倉"字中間象"戶"字，爲倉門之形。② 楚簡"倉"字也帶有倉門形，只是有所訛變，字形中表門扇的部分訛與"爪"形近，表門軸的豎筆與上部的橫畫結合成"丁"形部件，及閉扇相對的另一側還帶有飾筆。楚系簡帛"寒"字帶有"人"旁，"倉"帶有訛與"爪"形相近的倉門形、"丁"形部件。"人"形爲楚簡"寒"標誌性部件；倉門形與"丁"形部件爲楚簡"倉"的標誌性部件，有時候訛作"爪"形的門扇形或"丁"形有省簡。"寒"、"倉"二字的標誌性特徵有助於我們將二字區分開來。至於二者的下部，"倉"之橫畫可以省簡，"寒"可以增飾橫畫，因此底部帶不帶橫畫不能成爲二者的區別性標誌。上列《容成氏》簡 1 倉頡之"倉"作 ，"丁"形省去橫畫，中間豎畫左側因筆跡洇汙而成"丨"形。

上博簡四《柬大王泊旱》簡 1、2"王向日而立，王 至帶"，俞紹宏、王姪瑋以爲其中的 左從"水"，右旁與上列"倉"同，學者釋"滄"可信，"滄"、"凔"《說文》均訓"寒"，因此可同義換讀爲"寒"，再假借爲"汗"。此可爲一說。陳劍則以爲楚文字中"滄"可用爲"寒"，"寒"與"汗"古音相同；推測簡文此字從"水"，"倉（寒）"聲，很可能本來就是"汗"字的異體。可見他以爲楚簡中的"倉"可用作"寒"。"汗"字異體說也可爲一說。不過此字若真是"汗"字異體，其"倉"形偏旁應當是以假借爲"滄/凔"的身份再同義換讀爲"寒"，從而可作"汗"字聲旁。無論是那一說，都表現出同義換讀的複雜性，且這裏的字形"滄"何以會用作"汗"，可能只存在上述兩種解釋。

上博簡二《容成氏》簡 22 之 ，前引郭永秉文以爲此字"艸"旁之下的部分就是"寒"字。其雖沒有帶"丁"形部件，但帶有"爪"形門扇形，考慮到戰國文字多省簡，如前列清華簡九《廼命一》簡 7 作 之"倉"就比《邦家治政》簡 35 作 之"倉"下部、右側各少了一筆，因此 字"艸"旁之下的部分與前列上博簡二《容成氏》簡 1 作 形之"倉"字形一樣，完全可以視爲"倉"旁之省簡，釋"蒼"應無可疑。簡文中可讀作"滄/凔"，或可依據

---

① 清華大學出土文獻研究與保護中心編，李學勤主編《清華大學藏戰國竹簡（捌）》，中西書局，2018 年。下引清華簡八據此書，不再注。

② 殷商、西周時期的"寒"、"倉"字形分別可參劉釗主編《新甲骨文編（增訂本）》，福建人民出版社，2014 年，第 445、330 頁；董蓮池編著《新金文編》，作家出版社，2011 年，第 1014、659 頁。

楚簡"倉"聲字可假借爲"滄/澹"而同義換讀爲"寒",簡文中讀作"寒"。

　　楚簡中有的字形比較特殊,如新蔡簡甲三 331 的 ▨ 字,①郭永秉釋"寒"。此字既有"人"形構件,又帶有訛變爲"爪"形的倉門之形,究竟是釋"倉"還是釋"寒"不易確定。吳振武曾論及戰國文字中存在將兩個經常通假的字糅合成一字的現象,如"獻"、"鮮"常通假,侯馬盟書中出現了"獻"、"鮮"糅合的"獻"字,楚簡中"萬"常借用作"害",楚簡中出現了"萬"、"害"雜糅的"害"字,指出隨著出土古文字資料的日益增多和研究的不斷深入,相信這樣的例子還會被發現。② 近年來刊發的楚簡中出現的多例此類現象印證了吳説。假借與同義換讀不同點是前者屬於音同、音近兩個字相借,後者屬於義同、義近的兩個字相借,但都屬於文字借用。我們想,既然兩個經常通假的字會發生字形糅合現象,那麼經常同義換讀的兩個字形也應當會發生字形糅合現象。新蔡簡甲三 331 的 ▨ 就完全可以看成是"倉"常借讀爲"滄/澹"而同義換讀爲"寒",從而形成的"倉"、"寒"雜糅體,這一雜糅的字形説明"倉(滄/澹)"、"寒"關係密切,或可進一步佐證"倉(滄/澹)"、"寒"的同義換讀關係。這個雜糅體釋"倉"還是"寒"都有可能,由於是"倉"用作"寒"而產生的雜糅字形,釋"寒"的可能性更大。

　　天星觀楚簡中有與 ▨ 相關的 ▨、▨、▨ 三形,《楚系簡帛文字編》入"滄"字條下,③張峰、黃甜甜以爲从"水"、"寒";郭永秉釋爲"寒",三者文例分別爲"既寒然不欲食"、"寒然以憂,憂然不欲食"、"既寒然以憂,憂然不欲食",即其讀"寒然"爲"寒熱"。這三個字形爲摹本,若所摹字形可靠,我們以爲第一個字形上部偏旁中帶有倉門形,下部爲"水",可分析爲从"水","倉"省聲,釋"滄"是可信的,其即上博簡四《柬大王泊旱》簡 1之 ▨,只是 ▨ 之"水"旁位於字形下部,且省簡"倉"旁下部橫畫以安置"水"旁。其即上博簡二《從政》甲簡 19 釋"滄"之 ▨ 的省簡體。楚簡文字多上下結構,主要原因是楚簡較爲狹窄(目前所知楚簡寬度多數爲 0.4~0.6 釐米),左右結構的字在竹簡上不易書寫。在天星觀簡中,這個"滄"可讀"愴"。後兩個字形下从"水",上部既可視爲帶有"丁"形部件,也可視爲帶有"人"旁,可能是新蔡簡甲三 331 ▨ 的省訛體,這兩個字形所帶有的門扇形有所省訛。此二形若視爲从"水""寒"聲之字,可讀"寒",同義換讀爲"滄/澹",再借讀爲"愴";字形上也可以分析爲"寒"旁同義換讀爲"滄/澹",可表字音,因而整個字形可釋爲"滄",再假借爲"愴"。這兩種分析都表現出同義換讀的複雜性。"愴"可訓爲悲傷。

---

① 　河南省文物考古研究所《新蔡葛陵楚墓》,大象出版社,2003 年。下引新蔡簡據此書,不再注。

② 　吳振武《戰國文字中一種值得注意的構形方式》,《漢語史學報》第 3 輯,上海教育出版社,2003 年,第 92~93 頁。

③ 　滕壬生《楚系簡帛文字編(增訂本)》,湖北教育出版社,2008 年,第 946 頁。

如此則天星觀簡文例分別爲"既愴然不欲食"、"愴然以憂,憂然不欲食"、"既愴然以憂,憂然不欲食"。我們以爲簡文中讀"愴然"要比讀"寒熱"更爲順暢。當然,二形若視爲从"水""倉"省聲之字,則可直接讀"愴"。

前引郭永秉文以爲郭店楚簡《緇衣》簡 10 、上博簡四《昭王與龔之脾》簡 8 之 、上博簡八《李頌》簡 1 釋爲"寒",郭店楚簡《老子乙》簡 15 釋爲"寒";以爲望山一號楚墓 1 號竹簡之"愴"與簡末釋"寒"之字有別。然而上列四個字形中沒有一例中間帶有"人"旁的,當非爲"寒"字。 帶有省簡的"爪"形門扇,且"丁"形省簡了上部的橫畫, 帶有"丁"形部件,應釋"倉"。 應釋"蒼"。、 之"爪"形門扇有所省簡,當然也有可能是左側邊緣的筆畫因竹簡過於狹窄而未能容留於竹簡之上,楚簡此類現象多見,如包山楚簡第 193 號簡之"所"作 ,①這是楚簡中較爲標準的寫法,而上博簡八《命》簡 5"所"作 ,左側的豎筆就未能容留於竹簡之上。 若真如郭永秉所言,下部爲"夨",那麼也完全有可能是从"夨""倉"聲的"滄",可同義換讀爲"寒"。至於郭永秉所述望山一號楚墓簡 1"愴家"之"愴"作 (),簡末"既"下"寒"作 ()。② 所謂"寒"字,其上所从與前引天星觀楚簡 上部同,是前引新蔡簡 的省訛體,即他們也都是"倉"、"寒"的雜糅體。需要補充説明的是,楚系簡帛中確定的"人"及"人"旁目前尚未見有訛作"丁"形的,且未見字形中表示人之上肢的筆畫與表人軀幹的筆畫相分離的。

二、楚文字"藕"、"并"同義換讀的複雜性

上博簡二《容成氏》簡 25、26"禹乃通蔞與易,東注之海,於是乎藕州始可處也","藕"字爲陳偉所釋,他以爲"藕州"爲"并州"的異名,又指出還有一種可能性是"藕"恐讀"耦",是用一個意義相近的詞指稱《職方》中的并州。這裏有兩點是確定的,一是因有包山楚墓出土的藕及相關竹簡、竹簽上的字形"藕"作爲佐證,這裏"藕"字考釋是確鑿無疑的,二是"并州"説現在幾乎得到學界一致認同(極少數學者誤釋此字爲"蕪",並以此立説,本文不予討論)。③ 對於漢語古籍文獻一般用語中存在的因同義字詞替換而産生的大量異文,自然可以本字讀;而這裏的"藕"作爲地名,只能是用作"并",顯然是先借讀爲"偶"或"耦",再同義換讀爲"并"("偶"、"耦"、"并"均含有雙、二、對義)。蘇建洲、前引黄

① 湖北省荆沙鐵路考古隊《包山楚簡》,文物出版社,1991 年。

② 上述字形取自武漢大學簡帛研究中心、湖北省文物考古研究所、黄岡市博物館編著《楚地出土戰國簡册合集(四)·望山楚墓竹簡 曹家崗楚墓竹簡》,文物出版社,2019 年,圖版第 2 頁。

③ 可參俞紹宏、張青松《上海博物館藏戰國楚簡集釋》第二册《容成氏》簡 25、26,第八册《命》簡 9 集釋。

德寬文也都指出"耦州"讀"并州"屬於同義換讀。"藕"字同義換讀的複雜性體現在,其假借爲"偶/耦"後,再同義換讀爲"并"。

三、楚簡"坐"、"跪"同義換讀的複雜性

楚簡"坐"字从"卩"、"土",可依形隸作"卫"。楚簡中"卫"及"卫"聲字也可用作"危"及"危"聲字。如《柬大王泊旱》簡 17、18"社稷以迌歟","迌"用作"危"。陳劍以爲其從"坐"聲,古代之"坐"本即"跪","危"應是"跪"之初文,"危"與"坐"形音義關係皆密切,很可能本爲一語一形之分化。程燕以爲"危"與"跪"是兩個來源完全不同的字,楚簡"卫"釋"跪","坐"、"跪"同源。① "坐"、"跪"同源説現在幾乎成了古文字學界的共識。陳劍没有列出"坐"、"危/跪"同源的佐證材料。程燕文列出二者相通的材料如下:"坐"屬從紐歌部,"跪"屬群紐微部,歌、微可通,如"摧"與"挫"、"銼","維"與"爲","危"與"僞","髓"與"遺","禍"與"毁","扉"與"皮","宸"與"依";群紐屬牙音,從紐屬齒音,牙音與齒音可通轉,如"今"與"岑","及"與"馭","告"與"造","艘"與"届"。

然而問題是上列歌、微部相通的字例中,没有一例牙、齒音相通者;同樣,牙、齒音相通的字例中,没有一例歌、微相通者。且目前我們還没有在文獻中找到其他歌、微二部字中牙、齒二組相通之例,牙、齒二組字中歌、微二部相通之例。可見"坐"、"跪"同源説不能不令人懷疑。

我們懷疑由於"跪"、"坐"義通,楚簡中"坐"可以同義換讀爲"跪"。如上博簡六《申公臣靈王》簡 8"陳公卫拜","卫"同義換讀爲"跪"。

"坐"因同義換讀爲"跪"而有了"危/跪"音,不僅可以依據此音借讀爲"危",且也能夠以此音爲聲旁造字。前者如上博簡七《武王踐阼》簡 9"惡卫? 卫於念庚","卫(坐)"顯然是同義換讀爲"跪"後再借讀爲"危"。後者如新蔡簡乙四簡 26 之 𨜓,釋"郿"讀"危",其右邊聲旁就是同義換讀爲"跪"的"坐"字,其從"邑""跪"聲,因此可釋爲"郿"。"迌"釋"跪",與上博簡六《平王與王子木》簡 5"迌于疇中"、上博簡九《史蒥問於夫子》簡 3"必迌其邦家"之"迌"均爲"跪"字異體,均是以同義換讀爲"跪"的"坐(卫)"爲聲符,分別加"辶"、"止"而構成的"跪"字,古文字中義符"辶"、"止"、"足"構字時可以互換。"跪(迌)"在《平王與王子木》篇中同義換讀爲"坐",在《史蒥問於夫子》篇中讀"危"。而上博簡五《君子爲禮》簡 1"迌,吾語汝",上博簡八《命》簡 8～9"迌友五人"與"迌友無一人"、簡 10～11"焉樹迌友三人","迌(跪)"均同義換讀爲"坐"。

---

① 程燕《"坐"、"跪"同源考》,《古文字研究》第 29 輯,中華書局,2012 年,第 641～643 頁。

　　上博簡五《季庚子問于孔子》簡 20"凡欲勿掌，凡失勿㞢"，整理者以爲"㞢"同"跪"，陳劍疑其讀"坐"。我們以爲"㞢"从"止""厃"聲，爲"跪"字又一異體(楚簡"跪"字異體字形頗多)，可以同義換讀爲"坐"。《左傳》桓公十二年"楚人坐其北門而覆諸山下"，杜預注"坐猶守也"。簡文中"掌"意思爲掌握、掌控，簡文"凡欲勿掌，凡失勿坐"意思是説，凡是想要得到的東西不要死抓著不放手，凡是要失去的東西不要死守著不放手，也即凡事要順其自然，不要強求。

　　前文講到了"倉"、"寒"因常同義換讀而造成字形雜糅，楚簡"坐"由於常同義換讀爲"跪"而借用作"厃"聲字，因此也出現了二者的雜糅體。如清華簡九《治政之道》簡 29"上且不危"，簡 32"則是危身墜邦之道"，"危"分別作 ⿰⿱⿱…、⿱…，即爲"卫"、"㞢"之雜糅。[1] 上博簡七《凡物流形》甲、乙簡 2"水火之和，奚得而不詭"，"詭"原篆分別作 ⿱…、⿱…(筆者按：古漢字上部綴加橫畫飾筆現象常見)，復旦大學出土文獻與古文字研究中心研究生們隸定作"厒"，釋"危"讀"詭"。"厒"釋"危"可從，《凡物流形》甲 16、26"邦家之危安存亡"，"危"即作"厒"形(原篆字形作 ⿱…，見甲簡 26 簡首)，"厒"即 ⿱…、⿱… 的省簡體。

四、其他例子

　　前文所述清華簡《四時》簡 2、4 的"巨(矩)"同義換讀爲"規"(見紐支部)，再借讀爲"解"(見紐錫部)，也顯示出同義換讀的複雜性。

　　前文所述清華簡《殷高宗問於三壽》簡 7 倒山形的"覆"，同義換讀爲"傾"後再加注"聖"聲。

　　下面再舉一個可能反映了楚簡同義換讀複雜性的例子。上博簡一《緇衣》簡 1 之 ⿱…，傳世本作"孚"，我們曾依據學者意見將其隸作"㞢"而讀"孚"；裘錫圭指出 ⿱… 與 ⿰… 公盨銘文中的 ⿱… 爲一字，已見於殷墟卜辭，此字形雖不能釋出，但讀音應與"孚"相近。[2] 此字也見於清華簡九《成人》，簡 4 作 ⿱…，簡 20 作 ⿱…，整理者讀"孚"；作爲偏旁見於清華簡八《攝命》簡 23，作 ⿱…，整理者讀"孚"。此字"卩"左爲一豎畫，將此字形與鄂君

―――――――――――

① 曾侯乙墓簡 11"銃"作 ⿱…(湖北省博物館編《曾侯乙墓》，文物出版社，1989 年)，右旁即上博簡一《緇衣》簡 16 的 ⿱… 字。學者以爲 ⿱… 以人立石上會高危之意，釋作"危"字，"人"形下二橫畫爲飾筆。新蔡簡甲三 334 號之 ⿱… 釋"郇"，右旁也是"卫"、"㞢"的雜糅，只是相對於 ⿱… 有所省簡。

② 裘説可參俞紹宏、張青松《上海博物館藏戰國楚簡集釋》第一册《緇衣》簡 1 集釋。

啟節比對，象節形，疑爲符節之"節"象形字。① 其與俞紹宏等所釋的楚簡中的"杖"，②以及甲骨、金文"朕"字所从等字形混，右增"卩"爲聲旁，同時也起到了區分字形的作用。若釋"節"可信，則"節"可同義換讀爲"符"，再假借爲"孚"。而 則是以同義換讀爲"符"之 爲聲旁。當然，此例尚需進一步研究。楚簡中還有同義換讀與疑似同義換讀用例若干，本文不再一一列出。

小　結

以上我們探討了楚簡"倉"、"坐"、"藕"等字同義換讀的複雜情況，從中可以歸納出楚簡文獻同義換讀的複雜性：一是同義換讀與古音假借交織在一起，即 a 字同義換讀爲 b 字後，再假借爲與 b 字音通的 c 字；或 a 字假借爲 b 字後，再同義換讀爲與 b 字義同或義近的 c 字。二是可以用同義換讀後的字作爲構字偏旁構造新字形，即 a 字同義換讀爲 b 字後，可以用換讀後的 b 字的讀音作聲旁來構造新字 c；a 字同義換讀爲 b 字後，還可以在其上加注與 b 字音同、音近的聲旁，構造出 b 字的異體字 c。

我們對楚簡同義換讀複雜性的新揭示，不僅有助於正確破解楚簡文獻，也拓展了文字學理論，豐富了漢字構形理論。

---

① 王寧以爲""很可能即符信之"符"的本字，一短丨象符，卩象人坐而受之或讀之。"符"、"孚"古音近通用。説見王寧《清華簡六〈鄭文公問太伯〉（甲本）釋文校讀》《申説"符（孚）"》，復旦大學出土文獻與古文字研究中心網，2016 年 5 月 30 日。筆者按："象人坐而受之或讀之"説可能不當：受、讀符需要用手握持，而"卩"字形中人之手作下垂狀，無法握持符。

② 俞紹宏、白雯雯《楚簡中的"丨"字補説》，《文獻》2018 年第 3 期，第 14～23 頁。

楚簡中與"沈人"有關的字詞關係考察[*]

蘇建洲

彰化師範大學國文系

　　潘悟雲先生曾對於中古定母的諧聲系列進行統計,指出其中一個系列中的定母字大量地與中古端知章組的全清聲母諧聲;而另一系列中的定母字往往與以母諧聲,而不與端、知、章三個聲母諧聲。[①] 施瑞峰先生在潘悟雲、白一平、野原將揮等學者研究的基礎上繼續進行精密的考察,指出目前較爲普遍接受的結論是,前一個系列聲母的上古來源是簡單的*t-、*tʰ-、*d-,可用*T-系概括,後一個系列聲母主要來源於聲基爲*l的上古聲母,可用*L-系概括。[②] 先秦漢語*T-系與*L-系聲母之字分屬不同的諧聲類型,彼此區別甚嚴,幾無交涉之例。上古*T-系聲系的諧聲類型主要涉及中古端、透、定、知、徹、澄、章、昌、禪母,而不太涉及中古精組、章組擦音聲母。*L-系的中古聲母分布主要涉及透、定、徹、澄、心、邪、書、船、曉、以母,而不太涉及端知組全清聲母、章組塞擦音聲母。[③] 在這一認識的基礎上,本文想對楚文字材料中跟"沈人"、"沖人"相關以及幾組以"童"、

---

[*]　本文爲專題研究計劃"清華簡《攝命》《四告》研究"(MOST 110-2410-H-018-027-MY2)的研究成果之一。

[①]　潘悟雲《上古漢語的流音與清流音》,《漢藏語研究:龔煌城先生七秩壽慶論文集》,臺灣"中研院"語言學研究所,2004 年,第 637~647 頁。

[②]　施瑞峰《上古漢語的*T-系、*L-系聲母及相關古文字問題補説》,《中國語文》2020 年第 1 期,第 56~65 頁。

[③]　施瑞峰《作爲同時證據的諧聲、假借及其對上古漢語音系構擬的重要性——一項準備性的研究》,《出土文獻》第 13 輯,中西書局,2018 年,第 424~426 頁;施瑞峰《上古聲母諧聲類型及其對古文字釋讀的重要性》,復旦大學碩士學位論文,2019 年,第 25~29 頁;施瑞峰《上古漢語的*T-系、*L-系聲母及相關古文字問題補説》,《中國語文》2020 年第 1 期,第 56~65 頁;鄔可晶《釋"鑠"》,《出土文獻與古文字研究》第 9 輯,上海古籍出版社,2019 年,第 104~118 頁。

"重"、"同"、"甬"爲聲符的字詞關係進行考察。

一

　　清華一《金縢》簡11＋12"昔公勤勞王家,惟余沓人亦弗及知"、簡12"惟余沓人其親逆公",對於"沓人",李學勤先生指出:

　　　　傳世本《金縢》"予沖人"的"沖"字,簡文作"沓",從"沈"聲。"沈"是定母侵部字,"沖"則屬定母冬部,侵冬兩部關係密切,①故相通用,這是前此難於想到的。②

清華一《皇門》也有"沓人"的文例,見簡1"肆朕沓人非敢不用明刑",李先生説:

　　　　簡文的公自稱"朕沓(沖)人",《周書》的《金縢》《大誥》有"予沖人",係成王自稱。③

後來正式出版的《清華大學藏戰國竹簡(壹)》根據李先生的意見將"沓"括讀爲"沖"。這個文例多次見於後面出版的清華簡,比如清華三《琴舞》簡10"其舍(余)沓人"、《芮良夫毖》簡24"朕惟沓人"、清華八《攝命》簡5"毋閉于乃唯沓子小子"、簡5＋6"汝唯沓子小子"、簡15"汝有唯沓子"、簡21"汝唯沓子"、簡29"有汝唯沓子",以上這些例子整理者都將"沓"括讀爲"沖"。這裏以清華三《琴舞》簡10"其余沓人"的注釋爲例:

　　　　其,句首語氣詞。舍沓人,即《書》"予沖人",見《盤庚》《金縢》《大誥》等。《盤庚下》孔傳:"沖,童。"孔穎達疏:"沖、童聲相近,皆是幼小之名。自稱童人,言己幼小無知,故爲謙也。"④

後來,董珊、蔣玉斌、周忠兵幾位先生又分別將它簋和壴卣的"沈人"、戜鐘的"沈孫"讀爲"沖人"、"沖孫"。⑤

　　謹按:"尤"是以母,從"尤"聲的"沈"中古聲母分屬"澄母"與"書母","沈"應該是 *L-

---

① 原注:參看陳復華、何九盈《古韻通曉》,第42頁,中國社會科學出版社,1987年。

② 李學勤《清華簡九篇綜述》,《文物》2010年第5期,第54頁。

③ 李學勤《清華簡九篇綜述》,《文物》2010年第5期,第55頁。

④ 清華大學出土文獻研究與保護中心編,李學勤主編《清華大學藏戰國竹簡(叁)》,中西書局,2012年,第140頁注〔六一〕。

⑤ 董珊《釋西周金文的"沈子"和〈逸周書·皇門〉的"沈人"》,復旦大學出土文獻與古文字研究中心網,2010年6月7日;蔣玉斌《據清華簡釋讀西周金文一例——説"沈子"、"沈孫"》,復旦大學出土文獻與古文字研究中心網,2010年6月7日。

系聲母。這可以從"沈"的通假例證得到印證。帛書《周易·頤》18下"六四,顛頤,吉,虎視沈[=](沈【沈】—眈【眈】)","沈"之右半殘缺,最可能即"沈"字。整理小組即逕作"沈"。① 上博三《周易》簡25作"虎視蟲蟲","蟲"即"融"字,中古爲以母,屬於*L-系聲母。"蟲"的右旁或以爲从"蟲"聲,或認爲从"毓"聲,②"蟲"聲爲*L-系聲母,③"毓"爲以母,也是*L-系。這樣可以説明"沈"確實是*L-系聲母,而"眈"本來應該也是*L-系聲母。值得注意的是,沈培先生在蔣玉斌先生文下評論説:"《師𩛥鼎》(《集成》5.2830)'𝄇 蟲孫子'的'蟲'可能也應該讀爲'沖',過去把它讀爲'衆'似不確。"筆者認爲此説很有啟發,"𝄇"應該讀爲"沈",呼應上面提到的"沈"與"蟲"相通假,但不能讀爲"沖"。"沖"从"中"聲,中古是知母,無疑是*T-系聲母。④《説文》云:"沖,讀若動。""動"从"重"聲,《説文》分析"重"从"東"聲,"東"是端母,屬於*T-系,這也是"沖"屬於*T-系的旁證。據此可知金文及楚簡"沈人"與"沖人"並不具備通假的音理條件,從這些材料只作"沈/沈",卻從不寫作"沖",而且傳世文獻未見其他"沈"與"中/沖"通假的例證,⑤這已經很能説明問題了。《琴舞》簡9也有"沈"字,整理者讀作"沈(忱)",文例是"述(逐-篤)思沈(忱)之"。楚簡還有不少从"沈"旁的字形,諸家都讀爲从"尤"聲的詞。⑥ 周波先生指出楚文字用"鄭"、"沈(沈)"表示沈氏之{沈}、⑦禤健聰先生指出"沈"是楚簡記寫{沈}的用字、⑧二説皆可從。這也反證將"沈人"讀爲"沖人"確實是比較特殊的。上述沈培先生的評論還提到一個很重要的意見:

> 金文有"沖子鼎"(《集成》4.2229),銘文爲"沖子羲之行鼎"。"沖"作从水中聲的寫法𝄇。一般認爲此器是戰國早期器,陳夢家認爲其字體屬春秋時代(《尚書通論》,商務印書館,第210頁,1957年)陳書認爲此"沖子"即古書的"沖子",並疑沖子即童子。《金文詁林》第6319頁林潔明也有同樣的看法,並謂"沖"假借爲"童"。

① 湖南省博物館、復旦大學出土文獻與古文字研究中心編纂,裘錫圭主編《長沙馬王堆漢墓簡帛集成》,中華書局,2014年,第三册第19頁注五。

② 拙文《再論楚竹書〈周易·頤卦〉"融"字及相關的幾個字》,《周易研究》2009年第3期,第36~39頁。

③ 施瑞峰《上古漢語的*T-系、*L-系聲母及相關古文字問題補説》,《中國語文》2020年第1期,第57頁。

④ 施瑞峰《上古漢語的*T-系、*L-系聲母及相關古文字問題補説》,《中國語文》2020年第1期,第56頁。

⑤ 《詩·豳風·七月》"二之日鑿冰沖沖,三之日納于凌陰","沖"(冬部)、"陰"(侵部)押韻,參見王顯《詩經韻譜》,商務印書館,2011年,第199頁。朱駿聲《説文通訓定聲》"沖"下説:"《七月》叶沖陰,按讀若沈也。"此説似無根據。北魏酈道元《水經注·河水五》:"峽石之阿,北陰之中,即《邶》詩'二之日鑿冰沖沖'矣。"也寫作"沖沖"。

⑥ 白於藍《簡帛古書通假字大系》,福建人民出版社,2017年,第1367~1368頁。

⑦ 周波《戰國時代各系文字間的用字差異現象研究》,綫裝書局,2012年,第173頁。

⑧ 禤健聰《戰國楚系簡帛用字習慣研究》,科學出版社,2017年,第64頁。

（趙誠《二十世紀金文研究述要》第 304 頁說林氏是第一個指出金文裏有相當於《尚書》"沖子"的人，似未確。）現在從用字習慣和"沖子閣"的表達方式來看，把此鼎的"沖子"跟古書的"沖子"等同大概是不可靠的。但古書中"沖子"讀爲"童子"應該没有疑問。錢大昕《十駕齋養新錄》說"舌音類隔之說不可信"，舉有很多例子，其中就舉"沖"讀爲"童"的例子。

沈先生根據"用字習慣"指出不能將此器的"沖子"與古書的"沖子"等同，這是很對的，這也就是說以先秦的古文字材料來說，"沇子"與"沖子"是兩個系統，彼此不能通讀。值得注意的是，中山王鼎有"寡人幼𧻹"的說法，何琳儀先生讀"幼𧻹"爲"幼沖"，[①]可信。可見戰國文字本有以"重"表{沖}的用字習慣，也說明當時的{沖}不以"沇"表示。

褟健聰先生指出"沇"是楚簡記寫{沈}的用字，又認爲傳世文獻沖子、沖人之{沖}，西周金文以"沈"、楚文字以"沇"記寫。[②] 此說已經揭示出歷時性的問題，西周金文"沈"、楚文字"沇"如何會演變爲傳世文獻沖子、沖人之{沖}呢？ 施瑞峰先生指出"當然上古 *T-、*L-兩系聲母的合流發生在漢代，還是非常可能的"，他舉了馬王堆《天下至道談》"八瞳（動）：……六曰振銅"，與《合陰陽》"【八曰】振動"對讀，其中"同" *looŋ 是上古 *L-系字，而"動"是上古 *T-系字。[③] 那麼，可以推測傳世文獻中寫作"沖子"可能是經過漢代人鈔寫的結果。

總之，"沈子"、"沈人"本來是表示幼小或輩分低一類的意思，由《芮良夫毖》簡 24"綔（朕）佳（惟）沇人，則女（如）禾之又（有）秅（稺）"、《說文》禾部"稺，幼禾也"可證。清華簡《詩》《書》類文獻用字繼承了西周以來的習慣。後來 *T-、*L-兩系聲母合流了，"沈人"之{沈}經歷 L->T-的轉變，韻亦有變，"沈人"之{沈}才被改寫爲"沖"，[④]先秦出土文獻的"沈人"與傳世典籍的"沖人"仍可認爲是一詞。清華簡"沇人"文例爲了與傳世典籍對應而括讀爲"沖人"，但我們不能以爲先秦時期"尤"聲與"中/童"聲可以通假。[⑤]

二

上博三《彭祖》有一條材料，研究者認爲跟"沖子"有關：

---

① 何琳儀《戰國古文字典：戰國古文聲系》，中華書局，1998 年，第 365 頁。
② 褟健聰《戰國楚系簡帛用字習慣研究》，第 64 頁。
③ 施瑞峰《上古漢語的 *T-系、*L-系聲母及相關古文字問題補說》，《中國語文》2020 年第 1 期，第 64 頁。
④ 陳劍先生指出："沇/沈"與"沖"當認同爲一直係表同一詞，只是因歷時音變而換用了讀音更爲切合之字。參見陳先生給筆者的電子郵件內容。
⑤ 白於藍《簡帛古書通假字大系》第 1367 頁就收錄了"沇與沖"的例證。

考老曰:"旽₌余朕孽(兹)未則于天,敢問爲人。"   (簡 3)

考老式拜稽首曰:"朕孽不敏,既得問道,恐弗能守。"   (簡 8)

周鳳五先生認爲旽、眇二字古音皆明母宵部,可以通假。眇眇,微小貌。對於"朕孽",周先生認爲當讀爲"沖子"。朕,古音定母侵部;沖,定母冬部,音近可通。"沖子",蓋自謙之詞。文章引了《書·顧命》"眇眇予末小子"、《書·洛誥》"公,明保予沖子"來與簡文"旽₌余朕孽"對讀。① 在周先生説法的基礎上,馮勝君先生認爲《書·洛誥》"王伻殷乃承敘,萬年其永觀朕子懷德"舊説中認爲"朕子"是周公對成王的稱呼的觀點是正確的。聯繫到周公或稱成王爲"沖子",則"朕子"很可能當讀爲"沖子"。② 王凱博先生贊同此説,並舉了馮先生另一篇文章讀楚帛書甲篇"乃上下朕遑"爲"乃上下沈升"來證明"朕"讀爲"沈"。③

謹按:鄔可晶、施瑞峰先生指出:"朕"是中古澄母字。從"朕"聲諸字的中古聲母中,"塍"屬以母,"賸"有以母、船母二讀,"媵"也屬船母,"勝"、"滕"屬書母,"騰、滕、縢、謄、腾、𦞧"等均屬定母,其中絶無讀中古端、知、章、昌、禪母者,更不涉及中古喉牙音聲母,由此可知"朕"聲系的上古聲母屬於典型的 *L- 系。④ 所以"朕"是不能讀爲"沖"的。至於"朕"讀爲"沈",音理没有問題,但是就用字習慣來看恐怕不能成立。它簋蓋銘云:"它曰:拜稽首,敢皇昭告朕⑤考令乃鵰沈子……"清華簡《皇門》也有"朕沓人"的文例,説明"朕"與"沓"聲音雖然相近,但二者不會互相通用。李維琦先生也説:"同一篇文獻中,一般來説,已有本字,就不該再用借字。文告當以明白曉暢爲其首要追求目的,何必本字、借字並用呢?《洛誥》説了:'公曰:已,汝惟沖子,惟終。'又説:'王若曰:公,明保予沖子!'"⑥這個意見是有道理的。李零先生指出"考老"見於馬王堆醫書《十問》"帝盤庚問於考老",王家臺秦簡《歸藏》"耆老"可能也是同一人,又説"考老是以老壽稱,非本

① 周鳳五《上海博物館楚竹書〈彭祖〉重探》,《南山論學集——錢存訓先生九五生日紀念》,北京圖書館出版社,2006 年,第 12 頁。

② 馮勝君《根據出土文獻論〈書·洛誥〉篇"朕子"當讀爲"沖子"》,《文獻語言學》2018 年第 6 期,第 7~9 頁。

③ 馮勝君、黄鶴《讀楚帛書小札》,《古文字研究》第 29 輯,中華書局,2012 年,第 474~476 頁;王凱博《出土文獻資料疑義探研》,吉林大學博士學位論文,2018 年,第 308 頁。

④ 鄔可晶、施瑞峰《説"朕"、"𠦪"》,《文史》待刊稿。

⑤ 此字當是"考"的修飾語而非代詞"吾"。參見陳英傑《西周金文作器用途銘辭研究》,綫裝書局,2009 年,第 837 頁;謝明文《商代金文的整理與研究》,復旦大學博士學位論文,2012 年,第 152~154 頁;方稚松《釋甲骨文中的"互"及相關問題》,《"中研院"歷史語言研究所集刊》第九十一本第一分,2020 年,第 17~18 頁。

⑥ 李維琦《〈洛誥〉的"朕子"不是"沖子"》,《文獻語言學》2019 年第 7 期,第 51 頁。

名"。① 特別是《書・召誥》"今沖子嗣,則無遺壽耈","沖子"既與"壽耈"對言,則《彭祖》的"耈老"自然不會自稱"沖子"。

牛新房先生也反對將《彭祖》的"朕孳"讀爲"沖子",他認爲與《尚書・洛誥》中的"予沖子"比較,簡 3 中的"余沖子"尚説得過去,但簡 8 的"沖子"則没有前面的同位語,而這種用法則是很少見的,所以周先生的看法是有問題的。他認爲《彭祖》 （簡 3）、 （簡 8）上面的"絲"是"幽"的聲符,這兩個字應該讀爲"幼"。簡 3 讀爲"耈老曰:'眊眊余,朕幼未則於天,敢問爲人?'"②簡 8 讀爲"耈老二拜稽首曰:'朕幼不敏,既得聞道,恐弗能守。'"還有簡 2"孳₌",一般讀爲"彭祖曰:'吁! 汝孳孳（孜孜）博問……'",牛先生則讀爲"彭祖曰:'吁! 汝幼子博問,余告汝人倫,曰:戒之毋驕,慎終保勞。'"③這個讀法被《大系》所採納。④

謹按:李學勤先生説,"小子"、"末小子"、"沖子"、"幼子"等不一定指年齡的幼小。實際"小子"等詞如係自稱,是表謙卑;如稱他人,則是長上的口吻。⑤ 簡 4 彭祖既已稱耈老爲"夫子",顯然不會再稱他爲"幼子"。耈老是以老壽稱名的,怎麼會自稱"幼"呢? 而且斷句作"眊眊余"古籍似未見過前例。從字形來看,楚文字"幽"字的"山"旁似未見省略的例證,以"絲"來表示"幽",較常見於甲骨文,比如 （《屯》2363）,即幽牛（黝牛）。楚文字"幼"寫作 （《包山》2.3）、 （《太伯甲》10）,前者與 （《懷》0434）同从"幺"聲,⑥後者从"幽"聲,均未見有从"絲"聲者。所以將 讀爲"幼"並不可行。再説郭店《老子丙》簡 3"六親不和,安有孝 ",讀爲"孝慈";郭店《緇衣》簡 25"故 以愛之",讀爲"故慈以愛之",這些例證都可以説明《彭祖》的 當分析爲从"兹"聲。

對於《彭祖》簡 3、8 中的"余朕孳",陳偉武、季旭昇、陳劍、陳斯鵬等先生指出"余朕"屬於同義連文,⑦此説可從,可比對《集成》272 叔尸鐘"女台卹余朕身"。清華八《攝命》

① 馬承源主編《上海博物館藏戰國楚竹書(三)》,上海古籍出版社,2003 年,第 303、305 頁。

② 劉信芳《楚簡帛通假彙釋》,高等教育出版社,2011 年,第 62 頁也斷句作"眊眊余,朕茲未則於天"。

③ 牛新房《戰國竹書研究方法探析》,花木蘭文化出版社,2014 年,第 164 頁。

④ 白於藍《簡帛古書通假字大系》,第 187 頁。

⑤ 李學勤《何尊新釋》,《新出青銅器研究》,文物出版社,1990 年,第 43 頁。

⑥ 蔣玉斌《説甲骨文所謂"孫"字》,張光明、徐義華主編《甲骨學暨高青陳莊西周城址重大發現國際學術研討會論文集》,齊魯書社,2014 年,第 243~245 頁。

⑦ 陳偉武《讀上博藏簡第三册零札》,饒宗頤主編《華學》第 7 輯,中山大學出版社,2004 年,第 176 頁;李繡玲:《〈彭祖〉譯釋》,季旭昇主編《上海博物館藏戰國楚竹書(三)讀本》,萬卷樓圖書股份有限公司,2005 年,第 255、271 頁;陳斯鵬《簡帛文獻與文學考論》(中山大學出版社,2007 年)第 91 頁注 12:"陳劍先生在給筆者的信中亦有相同意見。"

簡 2"甚余我邦之若否",石小力先生指出:"余、我爲同義連用,皆作邦之定語,金文類似用法如冊三年逨鼎(《銘圖》02503～02512):'用作余我一人怨,不肖唯死。'余和我一人並列,皆作'怨'之修飾語。學者或將'余'字屬上讀,不確。余在金文中一般用爲主語和賓語,但也有用爲定語之例,如叔卣(《銘圖》13347):'爲余宫。'叔夷鎛(《集成》00285):'汝以恤余朕身。'發孫虜鼎(《銘圖》02239):'發孫虜擇余吉金。'"①"孳",季旭昇先生讀爲"兹",訓爲今,簡 8 的"朕孳"即"吾今"。② 徐在國先生之説大抵相同,他指出《爾雅·釋詁》"兹,此也",《廣雅·釋言》"兹,今也",故簡文"朕孳未則於天"猶言"余此未則於天"或"余今未則於天"。③ 二説皆可從。

　　《書·洛誥》:"王伻殷乃承敘,萬年其永觀朕子懷德。"朱駿聲云:"此復詔王來洛之詞也。言禋于文、武之命,雖已代攝,然舉祀發政之始,必王親自來,使殷民見之,乃奉行有次第,將自是至于萬年,其長觀法我孺子而懷其德矣。"④朱氏將"朕子"翻譯爲"我孺子",得到多數研究者的贊同。如劉起釪先生翻譯作"我的好小子"。⑤ 屈萬里先生云:"朕子,猶言吾子,謂成王。"⑥程元敏先生亦云:"永,長也。朕子,猶云'吾子'指成王;亦親暱之稱。全句謂(殷人)將永遠觀吾子之法度,而感懷其德也。"⑦特別是清華簡《皇門》簡 1"公若曰:……肆朕沖人非敢不用明刑",這裏周公稱成王爲"朕沖人",跟《書·洛誥》周公稱成王爲"朕子"正可比對,後者可能是"朕沖子"的省略。

圖一

　　馮勝君先生讀《楚帛書》"乃上下朕逞,山陵不蔑"爲"乃上下沈升,山陵不位",大意是説"天地顛倒,山川失其本位"。⑧ 將"朕"讀爲"沈",聲韻没有問題,但"蔑"在楚簡中多用爲"衛",恐怕不能讀爲"位",二者韻部是有距離的。根據圖版(圖一),所謂"上下"似當如單育辰先生釋爲"上"。單先生解釋説,子彈庫帛書的"蔑"、"幾"

---

① 石小力《清華簡〈攝命〉與西周金文合證》,清華簡《攝命》研究高端論壇會議論文,上海大學歷史系,2019 年 5 月;又載《中國文字》2020 年冬季號總第 4 期,萬卷樓圖書股份有限公司,2020 年,第 204 頁。

② 李繡玲《〈彭祖〉譯釋》,季旭昇主編《〈上海博物館藏戰國楚竹書(三)〉讀本》,第 255、271 頁。

③ 徐在國《上博楚簡文字聲系(一～八)》,安徽大學出版社,2013 年,第 418 頁。

④ 〔清〕朱駿聲撰,葉正渤點校《尚書古注便讀》,花木蘭文化出版社,2013 年,第 150 頁。

⑤ 劉起釪《尚書校釋譯論》,中華書局,2005 年,第三册第 1496、1504 頁。

⑥ 屈萬里《尚書今注今譯》,上海辭書出版社,2015 年,第 171 頁。

⑦ 程元敏《尚書周誥十三篇義證》,萬卷樓圖書股份有限公司,2017 年,第 521 頁。

⑧ 馮勝君、黄鶴《讀楚帛書小札》,《古文字研究》第 29 輯,第 474～476 頁。

應如秦樺林所言讀爲“越”，但應訓解爲“跨越”、“踰越”，與“以涉山陵”的“涉”文意正好相成。子彈庫這句話的意思是説，四神於是向上走，但山陵居於其前，越不過去，於是命令山川四海和熱氣寒氣，（借助它們上升的水蒸氣的力量，）幫助四神跨越這些山陵。① 據此，釋文當作“乃上朕（騰）逞（升）”。清華三《説命上》簡 2“説方築城，騰降踴陟”，“騰”、“踴”意思相近，“踴陟”即“騰陟”，即跳躍著上去。② 帛書“騰升”與《説命下》“騰陟”文例相同。又上博五《融師有成氏》簡 7“沈抑念惟，發揚紊價”，裘錫圭先生讀“紊價”爲“騰踰”，是“騰達超踰”的意思，③亦可比對參看。

三

底下討論楚簡幾個以“童”、“重”、“同”、“甬”爲聲符的字詞關係。

清華一《楚居》“至熊繹與屈紃，使都噐卜徙於夷屯，爲便室。室既成，無以内之，乃竊鄀人之牿以祭”，整理者將“牿”讀爲“犝”，認爲與《説文》“鐘”或作“銿”同例。《爾雅·釋畜》有“犝牛”，注曰“今無角牛”，疏云“犝牛者，無角牛名也。《易》云童牛之牿是也”。字又見天星觀卜筮簡。④ 此説似乎無人反對。據朱曉雪先生重新整理釋讀的天星觀卜筮簡，有兩條資料跟“犝”有關，如下：

　　甲午之夕，禮（禱）白朝𤤩（特牛）、牁（犝），樂之，贛（貢）。執事人行詔瘧（瘥）。卦畫。〚44〛

　　塈（臮）禮（禱）惠公大牢，樂之。秋三月，睪（擇）良日賽禮（禱）白朝戠（特）牿（犝），樂之。軋（范）腍（獲）志占之曰：吉。〚155〛⑤

朱先生認爲“牁”與“牿”是一字，可從。何琳儀先生最早認爲“牿”疑讀爲“犝”，也引了《説文》“鐘”或體作“銿”爲證。⑥ 但筆者認爲“牁”與“牿”都不能讀爲“犝”。“牿”從“甬”聲，“用”、“甬”本爲一字。鄔可晶先生指出從“甬”作 ▨、甬、▨ 等看，⑦“甬”很可能是

① 單育辰《新出楚簡〈容成氏〉研究》，中華書局，2016 年，第 73 頁。

② 參見張富海《讀清華簡〈説命〉小識》，“簡帛文獻與古代史”學術研討會暨第二屆出土文獻青年學者論壇論文集，復旦大學，2013 年 10 月；後載《簡帛文獻與古代史——第二屆出土文獻青年學者國際論壇論文集》，中西書局，2015 年，第 42 頁。

③ 裘錫圭《説從“㫐”聲的從“貝”與從“辵”之字》，《文史》2012 年第 3 輯，第 26～27 頁。

④ 清華大學出土文獻研究與保護中心編，李學勤主編《清華大學藏戰國竹簡（壹）》，中西書局，2010 年，第 185 頁。

⑤ 朱曉雪《天星觀卜筮祭禱簡文整理》，簡帛網，2018 年 2 月 2 日。

⑥ 何琳儀《戰國古文字典：戰國古文聲系》，第 424 頁。

⑦ 原注：參看董蓮池《新金文編》，第 910～912 頁；湯志彪《三晉文字編》，第 1052 頁。

從在"用"的豎畫上加弧筆或"▽"形的異體分化出來的。① "用/甬"中古是以母,屬於*L-
系聲母;"桶"又作"槦","同"聲與"用/甬"聲常見相通,②《漢書》卷七六《趙廣漢傳》"又教
吏爲缿筩",顏師古注曰:"缿,若今盛錢臧瓶,爲小孔,可入而不可出。或缿或筩,皆爲此
制,而用受書,令投於其中也。筩音同。""同"自然也是*L-系聲母。換言之,先秦時期
"用/甬"、"同"均不能與"童"相通。清華二《繫年》:"晉魏斯、趙浣、韓啟章率師圍黃池,
遹迵而歸之於楚。"整理者將"遹"讀爲"衝",訓爲攻擊;又指出"迵"楚文字中多讀爲
"通","遹迵"義同"攻陷"。歸之於楚,意思是把楚國的勢力逼出中原,趕回楚地。③ 整理
者的解釋是否正確可以再討論,④但其説揭示楚文字"遹"與"迵"有各自的用字習慣,可
見二者本不能相通,這是很重要的。至於《説文》云"鐘"的或體作"銿",二者可能是同義
關係。"銿"即"鏞",《説文》:"鏞,大鐘謂之鏞。"可以比對《説文》"續,連也。从糸賣聲。
賡,古文續,从庚、貝"中"續"與"賡"的關係。退一步説,在《説文》的時代,上古*T-、*L-
兩系聲母已經合流,有這樣的或體也不足爲奇。⑤ "甬"從"用"聲,"庸"是從庚"用"聲的
形聲字,也可从"同"聲,⑥因此"桐"與"槦"應當讀爲"犙"。《史記·司馬相如列傳》:"其
南則隆冬生長,踴水躍波;獸則犙旄貘犛,沈牛麈麋,赤首圜題,窮奇象犀。"《集解》:"徐
廣曰:'犙音容,獸類也。犛音貍,一音茅。'駰案:郭璞曰:'旄,旄牛。貘似熊,庳腳銳頭。
犛牛,黑色,出西南徼外也。'"《索隱》:"郭璞云:'犙,犙牛,領有肉堆,音容。'案:今之犎
牛也。"⑦值得注意的是,《山海經·中次八經》:"荆山,其陰多鐵,其陽多赤金,其中多犛
牛。"郭璞注:"旄牛屬也,黑色,出西南徼外也。"《後漢書·南蠻西南夷列傳》:"冉駹夷
者,……有旄牛,無角,一名童牛,肉重千斤,毛可爲毦。"子居先生認爲荆山與夷屯相鄰,

---

① 鄔可晶:《戰國時代寫法特殊的"曷"的字形分析——並説"散"及其相關問題》,《出土文獻與古文字研究》第 7
　　輯,上海古籍出版社,2018 年,第 170~197 頁。

② 高亨纂著,董治安整理《古字通假會典》,齊魯書社,1989 年,第 10 頁。

③ 清華大學出土文獻研究與保護中心編,李學勤主編《清華大學藏戰國竹簡(貳)》,中西書局,2011 年,第 190 頁
　　注 8。

④ 黃儒宣將"遹迵"讀爲"隨種",姑且不論文意,將"迵"讀爲"種"聲音條件已不合。黃文見《清華簡〈繫年〉成書背
　　景及相關問題考察》,《史學月刊》2016 年第 8 期。另外,杜新宇《清華簡〈繫年〉"迵而歸之于楚"小議》(復旦大
　　學出土文獻與古文字研究中心網,2015 年 12 月 31 日)以及王凱博《出土文獻資料疑義探研》第 132 頁對"遹
　　迵"的釋讀亦有討論,請讀者參看。

⑤ 此觀點蒙鄔可晶先生指示。

⑥ 裘錫圭《甲骨文中的幾種樂器名稱——釋"庸""豐""䚄"》,《裘錫圭學術文集·甲骨文卷》,復旦大學出版社,
　　2012 年,第 37 頁。

⑦ 《史記》,中華書局,1959 年,第 3025 頁。

因此"犝"指無角犉牛。① 前述上林苑南邊的獸類有"犘牛旄獏犛","犘"的分布與"旄犛"相同,因此從詞意上來説讀爲"犘"或"犝"並無實際上的區別,但"犘"的聲音條件勝於"犝"。

四

清華九《禱辭》簡 3、9 有一個比喻詞,整理者釋文作"奴(如)百渾(涌)川之逞(歸)晦(海)",其中"渾"字形作:

簡 9 從"東",相似寫法又見於簡 20"種"作 、簡 3"穜"作 。根據上面的討論,可知整理者將"渾"讀爲"涌"存在問題。另外,還有一種説法是讀"渾"爲"瀆"。《説文》:"瀆,溝也。從水,賣聲。"《説文》:"賣,讀若育。余六切。"賣,中古是以母字,所以是*L-系聲母。裘錫圭先生説,"俞"、"賣"上古音相近,"俞"聲與"賣"聲相通之例頗多。古書中,"窬"和"牏"皆與"賣"通。② 古代有一種細布,其名稱有"緰此、緰帯、緰貲、俞此"等寫法,漢簡作"賣此"。③ 清華簡《繫年》第二十章簡 113 有"句俞之門",整理者謂"俞"、"瀆"古音相近,"句俞之門"宜讀爲"句瀆之門",可能與"句瀆之丘"相關。同書第二十三章有一地名,簡 128 作"犢關",簡 127 作"價關",簡 126 作"覿關",整理者謂即古書之"榆關"。④ "俞"是以母字,這也證明"瀆"是*L-系聲母,所以"瀆"不能與"渾"相通。從詞義來説,《説文》:"瀆,溝也。"段玉裁注云:"按瀆之言竇也,凡水所行之孔曰瀆,小大皆得稱瀆。《釋水》曰:'注瀸曰瀆。'又曰:'江河淮濟爲四瀆。'《水經注》謂:古時水所行今久移者曰故瀆。"段注對"瀆"的詞義解釋得很精準。"瀆"本是爲了排水而掘的溝。《韓非子·五蠹》:"中古之世,天下大水,而鯀、禹決瀆。"又説:"澤居苦水者,買庸而決竇。"可見"決瀆"即"決竇",即開溝排水。"瀆"可指小排水溝,也可指大河,《爾雅·釋水》:"江河淮濟爲四瀆,四瀆者,發源注海者也。"《尚書·禹貢》:"禹敷土,隨山刊木,奠高山大川。"孔安國傳:"大川,四瀆。"孔穎達疏:"川之大者,莫大于瀆……四瀆,謂江、河、淮、濟也。"《説苑·辨物》:"四瀆者,何謂也? 江、河、淮、濟也。四瀆何以視諸侯? 能蕩滌垢濁焉,能通

① 子居《清華簡〈楚居〉解析》,簡帛研究網,2011 年 3 月 30 日;又見孔子 2000 網"清華大學簡帛研究"專欄。
② 原注: 高亨纂著,董治安整理《古字通假會典》,第 331 頁"窬與賣"、"牏與賣"條。
③ 原注: 裘錫圭《漢簡零拾》,同作者《古文字論集》,中華書局,1992,第 606 頁。
④ 裘錫圭《説從"峀"聲的從"貝"與從"辵"之字》,《文史》2012 年第 3 輯,第 18 頁。

百川於海焉，能出雲雨千里焉，爲施甚大，故視諸侯也。"《新語・道基》："當斯之時，四瀆未通，洪水爲害；禹乃決江疏河，通之四瀆，致之於海，大小相引，高下相受，百川順流，各歸其所，然後人民得去高險，處平土。"王鳳陽先生説："把江、河、淮、濟叫'瀆'是一種比喻的説法，因爲中國陸地上的水，主要靠這四條河排到海裏。"①可能是因爲這樣，所以文獻有"川瀆(通川的溝)"、"河瀆"、"海瀆"的説法，如漢董仲舒《春秋繁露・考功名》："其爲天下除害也，若川瀆之瀉於海也，各順其勢，傾側而制於南北。"晉左思《吳都賦》："谿壑爲之一罄，川瀆爲之中貧。"《藝文類聚》卷一五引晉左芬《武帝納皇后頌》："峨峨華山，峻極太清，巨靈導流，河瀆是經。"南朝梁沈約《梁雅樂歌・諴雅》："出尊祇，展誠信，招海瀆，罷嶽鎮。"但卻極少見或未見"瀆川"、"瀆河"、"瀆海"的記載。② 睡虎地《日書甲種》簡16背叄/151反叄："水瀆(賣)西出，貧，有女子言。"劉樂賢先生指出"水瀆"即水穴。敦煌遺書伯3865《宅經》認爲水瀆東南流是"五實"之一，則此處水瀆也可讀爲水瀆，③字義當與"水竇"相近。睡虎地《封診式》簡76："穴下齊小堂，上高二尺三寸，下廣二尺五寸，上如豬竇狀。"簡文"水瀆"、"豬竇"的構詞形式亦可參考。同時文獻只見"四瀆"未有"百瀆"，且"四瀆"是介於"百川"與"大海"之間的渠道。以上這些説法也不利於將簡文讀爲"百瀆川"。

筆者認爲"渾"可讀爲"注"或"屬"，是接連、相連之意。楚文字从"主"聲之字常可讀爲"重"，比如常見的"厔"當分析爲从"厚"省，"主"聲，讀爲"重"。④《曹沫之陣》簡54"厔賞薄刑"讀爲"重賞薄刑"，《越公其事》簡39"今政(征)厔(重)，弗果"、簡53"夫＝(大夫)住"即"大夫種"。"注"中古音是章母，侯部。中古一部分章母屬於*T-系聲母，"主"與"重"常見通假，自然也是*T-系聲母。《文選・七發》"連廊四注"，劉良注："注，連也。"《戰國策・秦策四》："夫以王壤土之博，人徒之衆，兵革之强，一舉衆而注地於楚，詘令韓、魏，歸帝重於齊，是王失計也。"高誘注："注，屬。""注地"即"屬地"，是至地，接觸地面。《北史・周法尚傳》："請分爲二十四軍，日別遣一軍發，相去三十里，旗幟相望……首尾連注，千里不絶。"⑤"渾"亦可直接讀爲"屬"。《老子》："百姓皆注其耳目。"漢帛書甲本"注"作"屬"。《周禮・考工記・函人》："犀甲七屬。"鄭玄《注》："屬讀如灌注之注。"

① 王鳳陽：《古辭辨(增訂本)》，中華書局，2011年，第50頁。

② 目前所見似乎只有"瀆川"一例，《唐代墓誌銘彙編附考・劉珪誌》："唯君稟靈山岳，淑氣瀆川，少有英姿，長多挺特。"參見《唐代墓誌銘彙編附考》，"中研院"歷史語言研究所，1984年，第四册第209頁。

③ 劉樂賢《睡虎地秦簡日書研究》，文津出版社，1994年，第220頁。

④ 陳劍《説"規"等字並論一些特别的形聲字意符》，《源遠流長：漢字國際學術研討會暨AEARU第三屆漢字文化研討會論文集》，北京大學出版社，2018年，第1～25頁。

⑤ 宗福邦、陳世饒、蕭海波主編《故訓匯纂》，商務印書館，2003年，第1244頁"注"字義項9～11。

《大戴禮記·勸學》:"水潦灂焉。"《説苑·建本》記"灂"作"注"。① "屬"中古音是章母,屋部。由於與"主"常見相通,所以也是 *T-系聲母。

　　《論衡·別通》:"大川旱不枯者,多所疏也;潢汙兼日不雨,泥輒見者,無所通也。是故大川相間,小川相屬,東流歸海,故海大也。海不通于百川,安得巨大之名?"②其中"小川相屬,東流歸海"與簡文"如百潭川之歸海"可以對讀。"屬川"的結構猶如"屬車"。《漢書·賈捐之傳》:"鸞旗在前,屬車在後。"顏師古注:"屬車,相連屬而陳於後也。屬,音之欲反。"相連屬的車稱"屬車",那麼"小川相屬"表示相連屬的河川亦可稱"屬川"。《莊子·天下》:"昔禹之湮洪水,決江河而通四夷九州也,名山〈川〉三百,支川三千,小者无數。"郭慶藩《集釋》引俞樾曰:"名山當作名川,字之誤也。名川支川,猶言大水小水。……《吕氏春秋·始覽篇》《淮南子·墜形篇》並曰名川六百。"③可知大川、小川有百千之多。又《孟子·滕文公上》:"禹疏九河,瀹濟漯,而注諸海;決汝漢,排淮泗,而注之江,然後中國可得而食也。"可知成千上百的大小河川最終將流入於海。據此,簡文可讀爲"如百屬川之歸海",意思是"如同上百條相連接的河川流歸於海"。

　　附記:拙文承蒙陳劍、鄔可晶先生審閱指正,使筆者避免了一些錯誤,十分感謝!

① 參見張儒、劉毓慶《漢字通用聲素研究》,山西古籍出版社,2002 年,第 273 頁。

② 王充、張宗祥、鄭紹昌《論衡校注》,上海古籍出版社,2013 年,第 271 頁。

③ 〔清〕郭慶藩《莊子集釋》,臺北貫雅文化,1991 年,第 1077 頁。

"弱"、"約"有關字詞的考察

鄔可晶

復旦大學出土文獻與古文字研究中心
("古文字與中華文明傳承發展工程"協同攻關創新平臺)

出土與傳世文獻所呈現的漢語字詞關係的複雜面貌,學界已有不少描寫和研究。本文想具體地考察一下{弱}{約}的記録形式及相關文字所表之詞,①以期對上古漢語字詞關係的準確認定有所推進。我們的考察主要圍繞{弱}展開,兼及與{弱}、"弱"有關的{約}。

{弱}的用字情況,周波、禤健聰等先生作過很好的總結。② 本文在他們的論述的基礎上,補充新見資料,進一步討論一些問題。

一

秦漢文字{弱}一般用"弱"字表示,與傳世文獻的用字方法相同,其多數字形也與《説文》小篆"弱"一致。③

戰國楚文字中記録{弱}的字不止一類,最常見的作如下諸形:

I. (左塚漆楄)

(清華陸《鄭文公問太伯》甲本簡 1、10、乙本簡 1、9)

---

① 爲了行文的方便,本文採取裘錫圭《文字學概要》的辦法,用外加"{ }"標識語言中的"詞",以此區别於記録詞的文字。

② 周波《戰國時代各系文字間的用字差異現象研究》,綫裝書局,2012 年,第 142~143 頁;禤健聰《戰國楚系簡帛用字習慣研究》,科學出版社,2017 年,第 269~270 頁。

③ 參看王輝主編《秦文字編》,中華書局,2015 年,第 1398~1399 頁;徐正考、肖攀《漢代文字編》,作家出版社,2016 年,第 1303 頁。

（清華柒《越公其事》簡 32）

（清華拾《四時》簡 1）

（清華柒《子犯子餘》簡 5）

（清華叁《芮良夫毖》簡 15）

（清華捌《治邦之道》簡 22）

（上博二《容成氏》簡 36）

（郭店《老子》甲組簡 37）

（上博五《姑成家父》簡 10，同簡“弜（强）”字所从“弓”寫法與此同）

Ⅱ. （包山簡 7）

Ⅲ. （清華玖《治政之道》簡 16）

Ⅳ. （郭店《太一生水》簡 9）

不少學者把它們都釋爲“溺”，表示｛弱｝就是假借用法。① 晚近發表的清華大學藏戰國竹簡各輯整理報告中，整理者把歸於Ⅰ的清華簡諸字例釋爲“弱”，歸於Ⅲ的《治政之道》那一例則釋爲“溺”、讀爲强弱之｛弱｝。② 我們認爲清華簡整理者的釋法是合理的。

　　戰國文字“弓”、“尸”、“人”旁屢見相混，③ Ⅱ、Ⅳ的“人／尸”旁顯然是從“弓”旁省變而來的，④ Ⅰ中後幾例“弓”已漸近“尸”形，可證。有些學者反以爲“弓”由“人”變成，⑤恐不可信。Ⅰ類字形中的“弓”居於左半，“水”只占右下角，其字自以析作左右結構爲宜；Ⅱ類字形雖“弓”變爲“人”，但依舊保持著左右結構。｛强｝｛弱｝是一對經常對舉或並提的反義詞，“弜（强）”字從“弓”，所以古人爲｛强｝的反義詞｛弱｝所造之字也從“弓”，⑥這是不

---

① 持此種釋法的論著俯拾即是，爲避繁瑣，恕不一一列舉。

② 清華大學出土文獻研究與保護中心編，黃德寬主編《清華大學藏戰國竹簡（玖）》，中西書局，2019 年，下册第 127 頁。

③ 參看袁瑩《戰國文字形體混同現象研究》，中西書局，2019 年，第 61 頁。

④ 參看謝明文《談談甲骨文中可能用作“庭”的一個字》，《出土文獻綜合研究集刊》第 6 輯，巴蜀書社，2017 年，第 30 頁。

⑤ 劉釗《金文字詞考釋（三則）》“王孫遺者鐘的‘和弱’”，《古文字考釋叢稿》，嶽麓書社，2004 年，第 133 頁；禤健聰《戰國楚系簡帛用字習慣研究》，第 269 頁。

⑥ 同類造字現象，參看陳劍《説“規”等字並論一些特別的形聲字意符》，楊榮祥、胡敕瑞主編《源遠流長：漢字國際學術研討會暨 AEARU 第三屆漢字文化研討會論文集》，北京大學出版社，2017 年，第 1～22 頁。

難理解的。戰國文字"强"或增从"力",上博五《鮑叔牙與隰朋之諫》簡 3"弱"字也跟著增从"力",可以類比。楚簡"弜(强)"所从"弓"或訛變爲"人",即《說文》刀部"古文剛"""所從出者。① 這跟上舉Ⅱ、Ⅳ的"弓"訛變爲"人"也是一致的現象。{强}{弱}往往指人的力量而言,其字變从"人",似仍與字義不失關聯。楚文字記録{弱}時大量使用Ⅰ類字形。釋Ⅰ爲"溺"的人,只承認从"力"(見於《鮑叔牙與隰朋之諫》簡 3)和从"子"者(見於包山簡 5)爲强弱之{弱}或幼弱之{弱}的專字。② 可是這樣的表示{弱}的專字實在太少了,絶大多數的{弱}需要假借"溺"字爲之,這未免有些奇怪。如果Ⅰ、Ⅱ本即"弱"字,用它們來記録語言裏的{弱},就怡然理順了。

上博七《武王踐阼》所記盤銘曰:"與其溺於人,寧溺於淵。溺於淵猶可游,溺於人不可救。"(簡 8)"溺"作如下諸形(第二、三處"溺"用加重文號表示,故共計三見):

"水"都寫在全字之下,與上舉Ⅲ、Ⅳ相同。由於《武王踐阼》這三處正好表示的是{溺},故其字應以"水"爲意符,即溺没、沉溺之{溺}的專字。Ⅲ、Ⅳ幾例就是假"溺"爲{弱},不過這種假借用法並不多見。

左塚楚墓所出漆梮文字中不但有作Ⅰ形的从"水"的"弱",還有不从"水"的"弱"字:

(此字三見。辭例分別爲"弱德"以及"三弱"、"五弱",後二者與"三强"、"五强"相對)

也許有人會據此否定釋Ⅰ爲"弱",而主張仍釋爲"溺"。事實上漆梮文字中的"Ⅰ"確有讀爲{溺}者。③

今按,漆梮"Ⅰ"見於方框内的所謂 D 邊,與它構成一詞的另一字,下爲"心",上爲"兔"。蘇建洲先生指出,"兔"當是"蠠"之形省,後者在楚簡中常用爲{宛}{琬}等,所以此从"心"、"蠠"聲之字可釋爲"惌/惋",在此讀爲婉順之{婉},"Ⅰ"讀爲柔弱之{弱},{弱婉}與{猛剛}相對。④ 其説甚是。從同處 D 邊的{背斷}{賊貪}{猛剛}{虐暴}皆"義涉連

---

①　張富海《漢人所謂古文之研究》,綫裝書局,2007 年,第 80 頁。

②　周波《戰國時代各系文字間的用字差異現象研究》,第 142～143 頁;禤健聰《戰國楚系簡帛用字習慣研究》,第 269～270 頁。

③　參看朱曉雪《左塚漆梮文字匯釋》,《中國文字》新 36 期,藝文印書館,2011 年,第 149 頁。

④　蘇建洲《釋〈上博九·成王爲城濮之行〉的"肆"字以及相關的幾個問題》,《中正漢學研究》總第 24 期,2014 年,第 58～59 頁。

用”之例來看，①“窓（婉）丨”之“丨”讀爲{弱}以與{婉}搭配，也顯然比讀爲{溺}合適（另參下文）。

　　楚文字“弱”字右半作“厽”、“勿”形者，劉釗先生指出當來自甲骨文中舊釋爲“屎”之初文的 介、丶。② 其說可從。謝明文先生雖誤信東周文字中从“水”的“弱”爲“溺”字，但已指出“强弱之弱本應从弓从屎之初文得聲”，③這一認識是很對的。秦印“溺”、“弱”或作如下之形：④

　　A1. （《珍秦齋藏印（秦印篇）》99）

　　A2. （《珍秦齋藏印（秦印篇）》266。原反書，今已翻轉）

　　B1. （《中國璽印集粹》840）

　　B2. （《陝西新出土古代璽印》696）

與多數秦漢文字和《説文》小篆“弱”寫法有別，其時代當較古。這些“弱”的右半與甲骨文“屎”的聯繫更爲明顯。甲骨文“屎”字近年有些學者改釋爲“厽”。⑤ 然而對於“弱”字來説，如其所从爲“厽”，於音於義都很難解釋得通；如釋爲“屎”，由於古書“屎”、“溺”屢通，“弱”就可以分析爲从“屎”得聲。所以我們認爲舊釋甲骨此字爲“屎”，還是可取的。從字形上看，釋爲“屎”也比釋爲“厽”更容易得到説明。⑥

　　不過，“屎”之初文大概很早就不獨立行用了，戰國文字“弱”、“溺”所从的“屎”已與“厽”、“勿”形混，爲了較明確地標識讀音，楚文字“弱”的聲旁多用“厽（屎）”下加“水”之

---

① 王凱博《左塚漆梮字詞小劄（四則）》，《中國文字》新 40 期，藝文印書館，2014 年，第 268 頁。“背斷”的讀法、“斷”訓“棄”，亦從王説。其餘諸詞的釋讀，參看朱曉雪《左塚漆梮文字匯釋》，《中國文字》新 36 期，第 148～149 頁。

② 劉釗《金文字詞考釋（三則）》“王孫遺者鐘的‘和弱’”，《古文字考釋叢稿》，第 133 頁。甲骨文“屎”字，參看李宗焜《甲骨文字編》，中華書局，2012 年，第 9 頁；劉釗主編《新甲骨文編（增訂本）》，福建人民出版社，2014 年，第 623 頁。

③ 謝明文《談談甲骨文中可能用作“庭”的一個字》，《出土文獻綜合研究集刊》第 6 輯，第 30 頁。

④ 參看劉釗《金文字詞考釋（三則）》“王孫遺者鐘的‘和弱’”，《古文字考釋叢稿》，第 134～135 頁；周波《戰國時代各系文字間的用字差異現象研究》，第 142 頁；趙平安、李婧、石小力《秦漢印章封泥文字編》，中西書局，2019 年，第 972 頁。

⑤ 何景成《甲骨文字詁林補編》，中華書局，2017 年，第 1～2 頁録劉桓、宋鎮豪、王暉説；黃天樹《説“昔”》，《黃天樹甲骨學論集》，中華書局，2020 年，第 10～11 頁。

⑥ 參看謝明文《談談甲骨文中可能用作“庭”的一個字》，《出土文獻綜合研究集刊》第 6 輯，第 30 頁。按“厽”字從何而來，字形如何分析，目前還不清楚，有待於進一步研究。

字，以與真正的"彡"、"勿"相區別。王孫遺者鐘是春秋晚期的楚器，鐘銘"弱"字的聲旁已從"水"作：

（《集成》00261）

戰國楚簡作Ⅰ形的"弱"，即承此而來。從"水"、"彡（尿）"聲之字，可能就是"尿"的繁體（如"勿"之於"刎"、"益"之於"溢"、"然"之於"燃"等）。[1] 清華簡《祝辭》有一個用爲{溺}的"弱"字：

（清華叁《祝辭》簡 1）

其右旁作"人"下有"水"之形，像是把從"水"從"彡（尿）"之字改造（簡化）成簡明直觀的"尿"。上舉王孫遺者鐘"弱"所從的"水"亦位於"彡（尿）"中"人"形之下，多少可以看出"水"有表{尿}的意味。當然，從"水"、"尿"聲之字是溺没之{溺}的可能性也是存在的。

現在看到的春秋戰國時代的楚文字"弱"，其聲旁絶大多數都作從"水"的"彔（尿？溺？）"，唯包山簡簡 5 從"子"的幼弱之{弱}的專字和上文舉出的左塚漆桮{弱德}{三弱}{五弱}的"弱"字不從"水"。包山簡簡 5 的"弱"字，很可能由於下增"子"旁而擠掉了"水"旁。所以，楚文字中真正不從"水"的"弱"字，目前只有左塚漆桮那三例。在"尿"之初文已廢棄不用，其形又與"彡"、"勿"混同的情況下，這種偶見的"弱"未嘗不可以看作從"水"的"弱"的簡省之體。但也可認爲是保存了從"弓"、"尿"聲的"弱"之古體。作Ⅲ、Ⅳ之形的"溺"，也許只是把"弱"的聲旁"彔（尿？溺？）"所從的"水"挪至全字下方書寫而已，亦即稍變從"水"的"弱"字而成的。

上引秦印 A1、A2，"水"旁寫在全字之左，與楚文字"弱"的"水"旁位置不同，所以前者只能釋爲從"水"、"弥（弱）"聲的"溺"。此"溺"的聲旁"弥（弱）"從"弓"、"彡（尿）"聲，乃{弱}之初文，與楚文字從"水"的"弱"僅有聲旁簡繁之别。B1、B2 較 A1、A2"溺"所從之"弥（弱）"，在"弓"下多出"三小點"，而且這"弓"下"三小點"與本象"尿"形的"人"下"三小撇"形態有異。《秦文字集證》圖版 183.731 著録一方秦人名印"闕弱"，其中"弱"的寫法亦可注意：

此"弱"字右旁的"人"雖已類化爲"弓"，但其下"三撇"的形態與左旁"弓"下"三撇"猶有差異，透露出二者來源不同的消息。我們知道，秦文字遠在隸書尚未完全形成之時，已

---

① 劉釗《金文字詞考釋（三則）》"王孫遺者鐘的'和弱'"，《古文字考釋叢稿》，第 133 頁。

出現了將篆文"水"旁簡化成"三小點"的寫法;秦隸形成以後,篆文寫法的"水"旁與"三小點"形的"水"旁是長期並存的。① 頗疑 B1、B2"弓"下的"三小點"(亦即"弱"字"弓"下的"彡"形),就是 A1、A2"水"旁的簡寫,二者本爲一字之正俗體。據郭永秉先生觀察,用秦隸書寫的秦簡中"'水'旁在左寫成篆文'水'形的字","其出現的場合基本都是地名",這可能跟"人名、地名等專名用字中往往存古"的現象有關。②《説文》定"溺"爲弱水之{弱}字,而非溺没、沉溺之{溺}字。由此看來,A1、A2 左旁作篆文"水"的"溺"很有可能是作爲弱水之{弱}的專字"溺"來用的,B1、B2 簡化成"三小點"者才是用爲溺没、沉溺之{溺}字;秦人似乎有把"溺"的正體與俗體分化爲二字的傾向(後者"三小點"形位於"弓"的下方,與前者"篆文'水'形"的位置不同,大概也是有意分化的一種表現)。

就字形演變來説,從"三小點"的 B1、B2 的右旁"人"形受左旁"弓"的類化,即成後世常見的"弱"字。③ 上舉上博簡《武王踐阼》"溺"的前二形,"水"上部分的左右構件也類化得相當近似,可資參照。總之,傳世文獻習用的{强弱}之"弱"字,未必就是{弱}的本字,而有可能是爲溺没、沉溺之{溺}造的;强弱之{弱}的真正本字"弡"、"彊",反被這種訛變之後其形義難明的"弱"字完全吞併了。

這裏順便談一下戰國文字中另一個表示{弱}的"休"字。此字用爲{弱},見於傳鈔古文以及一般認爲具有齊系文字特徵的郭店《語叢二》簡 36,後者作如下之形:

同簡另有一個從"邑"從"水"之字,從文義看也用爲{弱},裘錫圭先生指出是"休"之訛體。④ 按此字也有可能當分析爲從"邑"、"休"省聲。此外,"休"還見於齊陶文(用爲偏旁)、三晉陶文和燕璽,都是人名。⑤ 清華簡《筮法》第二十六節《崇》簡 48 有一個用爲{溺}的整理者隸定爲"冰"的字:

---

① 郭永秉《有關隸書形成的若干問題新探》,楊榮祥、胡敕瑞主編《源遠流長: 漢字國際學術研討會暨 AEARU 第三屆漢字文化研討會論文集》,第 78~82 頁。

② 郭永秉《有關隸書形成的若干問題新探》,楊榮祥、胡敕瑞主編《源遠流長: 漢字國際學術研討會暨 AEARU 第三屆漢字文化研討會論文集》,第 81 頁。

③ 參看周波《戰國時代各系文字間的用字差異現象研究》,第 142 頁注 2 引陳劍先生説;謝明文《談談甲骨文中可能用作"庭"的一個字》,《出土文獻綜合研究集刊》第 6 輯,第 30 頁。按陳説也提到了"類化",但具體講法與我們不同,謝先生只籠統地説"後來尿之初文訛作彡或勿形,最後左右兩部分相互類化即作'弱'形",未及具體描述其類化過程,也未討論"弱"字"弓"下"彡"形的來源。

④ 荆門市博物館《郭店楚墓竹簡》,文物出版社,1998 年,釋文注釋第 206 頁。

⑤ 周波《戰國時代各系文字間的用字差異現象研究》,第 143 頁。

此字既讀爲﹛溺﹜，顯然也是《説文》水部訓“没水也”、“讀若與溺同”（皆用小徐本）的“㴩”。

《説文》以“㴩”爲溺没、沉溺之﹛溺﹜的本字，分析爲“从水、从人”會意。但出土古文字中“㴩”往往寫作左右結構，或“水”位於“人／尸”下（如《語叢二》之例），不太看得出人溺没於水中的字義。賓組卜辭有 字（《合集》8344），或釋爲“㴩”。① 其辭雖殘，但從字形和殘辭文例看，這個字應該就是甲骨文屢見的 字的省體，與“㴩”無關。周原甲骨H11：54 有 字（陳全方摹本），或釋“㴩”，② 亦不可信。此字從字形看，似宜釋爲“衍”或“沈”（左有殘損）。看起來“㴩”字並無很古的來源。前揭Ⅱ、Ⅳ“弱”、“溺”所從“弓”已變爲“尸／人”，“弜（强）”字所從“弓”變爲“人”後，還分化出了“古文剛”字。我懷疑“㴩”字可能也是從Ⅱ、Ⅳ一類寫法的“弱”簡省分化出來的（即“弜〔弱〕”左旁變爲“尸／人”後，又省去右旁“彡〔尿〕”或“人”），與“弜（强）”分化出古文剛“信”同例。試將上引《祝辭》簡1“弱”所從“人”旁省略，其形與《筮法》的“𣲷（㴩）”顯然很接近。

二

隨著出土戰國竹書的不斷公布，人們發現﹛弱﹜還可以用“勺”聲字來表示。

清華簡《繫年》第十八章末云：“諸侯同盟于鹹泉以反晉，至今齊人以不服于晉，晉公以弱。”（簡 103）整理者讀爲﹛弱﹜之字原釋“仢”，③陳劍先生改隸作“彴”，也有學者認爲當隸定爲“屶”。④ 從字形看，此字隸定爲“屶”或“仢”都是可以的；蘇建洲先生指出同篇簡50“弜（强）”所從“弓”亦作此形，⑤所以此字隸定爲“彴”也完全没有問題。我們傾向於隸作“彴”之説。學者們已經舉出，中山王鼎銘“戔（與）其汋于人也，寧汋于淵”的“汋”用爲﹛溺﹜；《春

---

① 李宗焜《甲骨文字編》，第 50 頁；劉釗主編《新甲骨文編（增訂本）》，第 629 頁；夏大兆《商代文字字形表》，上海古籍出版社，2017 年，第 440 頁。

② 江學旺《西周文字字形表》，上海古籍出版社，2017 年，第 457 頁。

③ 清華大學出土文獻研究與保護中心編，李學勤主編《清華大學藏戰國竹簡（貳）》，中西書局，2011 年，下册第 180 頁。

④ 蘇建洲、吳雯雯、賴怡璇《〈清華二·繫年〉集解》，萬卷樓圖書股份有限公司，2013 年，第 734 頁；李松儒《清華簡〈繫年〉集釋》，中西書局，2015 年，第 265～266 頁。

⑤ 蘇建洲、吳雯雯、賴怡璇《〈清華二·繫年〉集解》，第 736 頁。

秋》昭公元年、昭公十一年"齊國弱"的"弱",《公羊傳》皆作"酌"。① (不過,《春秋》經傳"齊國弱"的"國弱"乃人名,非强弱之{弱}。)"彴"亦从"勺"聲,應該就是"㣙(弱)"字改換聲旁的異體("勺"中古有禪母、章母二讀,讀章母者實與"酌"通。从"勺"聲的"釣"、"的"、"馰"、"靮"等字皆讀端母〔*t-〕,故"勺"的上古聲母當爲*d-。"弱"的上古聲母爲*n-。"勺"聲字表示{弱},與"淖"〔*n-〕从"卓"〔*tr-〕聲、"愵"〔*n-〕从"叔"〔*t-〕聲相類)。

上博簡《成王爲城濮之行》甲本簡 3 有"遠(蔿)白(伯)珵(嬴)猷(猶)約"之語。② "無語"(網名)讀"約"爲{弱},"'猶弱'相當於《左傳》説蔿賈'尚幼'"。③ 古書中{約}從無指年少、幼小的用法,所以簡文"約"無法如字讀。④ 指年少、幼小的{弱},《左傳》等書屢用,讀"約"爲{弱},文義十分允當。但是,有學者根據"約"中古爲影母,與"弱"聲母不近,提出"約"當讀爲同屬影母的{幼}。⑤ 我們認爲簡文的"約"只能讀爲{弱}而不能讀爲{幼},爲了説明這一點,有必要討論一下"約"的上古聲母的問題。

"約"是中古影母字。但至晚從西周時代開始,"約"字已寫作从"勺"聲了(毛公鼎"約"字从"束"、"勺"聲,見《集成》02841);上文説過"勺"的聲母爲*d-,⑥如果"約"的上古聲母也是影母*q-,就跟它的聲旁"勺"相抵牾。馬王堆漢墓所出竹簡《天下至道談》簡 28"飲藥約灸以致其氣"的"約"與"灸"並提,無疑當讀爲{灼}。⑦ "灼"是中古章母字,上古聲母爲*t-。上博簡《曹沫之陣》簡 22、29+24 下:"三軍出,君自率,必彴邦之貴人及邦之可(奇)士、厹卒,使兵毋復前常。"⑧整理者李零先

---

① 蘇建洲、吳雯雯、賴怡璇《〈清華二·繫年〉集解》,第 734~735 頁;李松儒《清華簡〈繫年〉集釋》,第 265 頁。

② 馬承源主編《上海博物館藏戰國楚竹書(九)》,上海古籍出版社,2012 年,圖版第 19 頁、釋文考釋第 148 頁。按整理者原誤讀"遠白珵"爲"蓬伯玉",此已據學者所指出的正確意見改讀。參看于立芳《上博(九)楚國故事相關竹書的文本集釋》,河北大學碩士學位論文,2016 年,第 57 頁。

③ 于立芳《上博(九)楚國故事相關竹書的文本集釋》,第 37 頁引。引號裏的話引自"不求其解"(網名)説,見同頁。

④ 于立芳《上博(九)楚國故事相關竹書的文本集釋》,第 37~38 頁引高佑仁説以及作者自己的按語。

⑤ 于立芳《上博(九)楚國故事相關竹書的文本集釋》,第 38 頁。

⑥ 从"勺"聲的"豹"、"杓"、"胸"、"趵"等字中古讀幫組唇音,其上古聲母當如何構擬,尚待研究。我有些懷疑,西周金文裏"豹"字(參看董蓮池《新金文編》,作家出版社,2011 年,第 1369 頁)所从的"勺",實際上是從甲骨文"豹"的象形初文(參看李宗焜《甲骨文字編》,第 599 頁)畫有豹紋圓斑的身體簡省割裂出來的,並非真正的"勺"字;讀幫組唇音的"杓"、"胸"、"趵"等字,可分析爲"'豹'省聲"。這一系字的讀音最好跟"勺"分開來。

⑦ 湖南省博物館、復旦大學出土文獻與古文字研究中心編纂,裘錫圭主編《長沙馬王堆漢墓簡帛集成》,中華書局,2014 年,第陸册第 165 頁。

⑧ 簡 29 與簡 24 下半段相拼,從陳斯鵬《上海博物館藏楚簡〈曹沫之陣〉釋文校理稿》説(收入《簡帛文獻與文學考論》第十章"戰國竹簡散文文本校理舉例之二——《曹蔑之陣》校理",中山大學出版社,2007 年,第 100 頁);簡 29 接在簡 22 之後,從白於藍《〈曹沫之陣〉新編釋文及相關問題探討》説(收入《拾遺録——出土文獻研究》,科學出版社,2017 年,第 127 頁)。

生讀"訋"爲{約},謂"指約束規定",①於文義甚洽,應可信從。"訋"字从"言",楚簡多用爲{召},②很可能就是楚文字裏的"召"或"詔"字,與字書所收的"訋"未必是一字。"召"的上古聲母爲*dr-。戰國楚墓所出遣册記載的"紛約"或作"紛冔",宋華强先生認爲"冔"是"勹"、"弔"皆聲的兩聲字。③ "弔"是中古端母字,其上古聲母爲*t-。湖北天門彭家山楚墓 M18 出土一件鑄有鳥蟲書的青銅席鎮,其自名"勹釣"之"釣",曹錦炎先生讀爲{約},"覆壓、節制之義"。④ 古漢語{約}有"求取"義,如"約禄"、"約功"等,{釣}也有"求取"義,如"釣名"等,{約}{釣}當是音義極近的同源詞。"釣"也是中古端母字,其上古聲母亦爲*t-。上述證據表明,"約"的聲母很可能本來就屬*T-(至於具體讀*t-還是讀*d-,限於材料,無從斷定)。⑤

我們曾在一篇小文裏,認爲"弔"字象"人"、"奚(一種奴隸)"或某種東西上纏束繳繩之形,並據"紛約"之"約"又寫作"冔"等材料,推測"弔"是當"纏束"講的{約}的表意初文。⑥ 但囿於"約"讀影母的固有認識,對拙説一直不敢自信。現在知道"約"本讀*T-,與"弔"聲母同系,韻亦較近,字音上溝通的顧慮便可打消。如果"弔"即{約}之初文的説法能夠成立,就又爲{約}的上古聲母爲*T-提供了一條佐證。不過,白於藍、王錦城先生認爲"弔"字"應是一個从虫纏繞人形的會意字","很可能是'毒害'之'毒'字之會意初文,就是'毒害'之'毒'之本字"。⑦ 他們對"弔"字字形的理解與拙説不同,但"毒"、"弔"讀音亦近。"弔"字究竟應該如何解釋,還可以繼續研究。

"約"的中古音讀爲影母,我們懷疑是受"要"的影響所致。{約}有"約束"、"盟約"、"邀約"、"攔止"、"簡要"、"求取"等義,這些義項{要}統統都有。古人常以"約"、"要"互訓,例多不贅舉。⑧ "約"、"要"還有連文成詞者,如《新序·善謀下》"天下黔首約要之民,無不憂者",《史記·越王勾踐世家》"復約要父子耕畜",同書《春申君列傳》所録春申君黄歇上説秦昭王書,有"要約天下"之語(又見於《新序·善謀上》)。中古以後"要約"之

---

① 馬承源主編《上海博物館藏戰國竹書(四)》,上海古籍出版社,2004 年,釋文考釋第 262 頁。

② 參看白於藍《簡帛古書通假字大系》,福建人民出版社,2017 年,第 660~661 頁。

③ 宋華强《新蔡葛陵楚簡初探》,武漢大學出版社,2010 年,第 302 頁。

④ 曹錦炎《鳥蟲書青銅席鎮初探》,《披沙揀金——新出青銅器銘文論集》,浙江人民美術出版社,2019 年,第 189 頁。

⑤ 上博八《顔淵問於孔子》簡 12 下和簡 11 都有"豫絞而收貧"之語,有學者讀"豫絞"爲"舉約"(徐尚巧《〈上海博物館藏戰國楚竹書(八)〉集釋》,安徽大學碩士學位論文,2013 年,第 46 頁録孟蓬生評論),抛開讀音不論,義亦難通。簡文"絞"當如何讀,尚須研究。

⑥ 鄔可晶《甲骨文"弔"字補釋》,《中國文字》新 42 期,藝文印書館,2016 年,第 151~164 頁。

⑦ 白於藍、王錦城《釋"弔"》,《江漢考古》2019 年第 3 期,第 135~139 頁。

⑧ 參看宗福邦、陳世饒、蕭海波主編《故訓匯纂》,商務印書館,2003 年,第 1712、2082~2083 頁。

說更多。本讀*T-的{約}可能由於意義和用法跟{要}大量相重(甚至不排除在有些場合可能曾被同義換讀爲{要}過),又經常與{要}連用,所以其聲母也漸漸被{要}"感染",變讀爲影母。① 如同"軒"本讀開口,因在"軒轅"一詞中與"轅"連用,故受"轅"同化而變讀合口;又如四川南溪李莊等地方言"他""不讀口音聲母[t'-],而讀鼻音聲母[n-],這是受了'我、你'兩個鼻音聲母字的感染"②。

從以上討論來看,上博簡《成王爲城濮之行》"蒍伯嬴猶約"的"約"的聲母實與{幼}相隔甚遠,讀爲{弱}則音義兩方面都毫無窒礙。

從"勺"聲的"彴"、"約"等字可以表示{弱},那麼有沒有反過來用"弱"聲字表示{約}的呢?下面介紹幾個我們注意到的例子。

清華簡《治邦之道》簡22～23:

> 夫邦之弱張、階落有常,卑(譬)之若日月之敍,弋(代)陰弋(代)陽。③

所引"弱"原作上舉Ⅰ形。單育辰先生指出,從文義看,此"弱"當讀爲"約",與"張"反義,舉《淮南子·原道》"約而能張"之文爲證。④ "子居"(網名)同意單說,並舉出清華簡《管仲》簡26"受命雖約,出外必張",亦"約"、"張"對言。⑤ 他們的意見正確可從。

本篇簡1有"古虘爲弱",整理者讀"古"爲"固"。⑥ 但這句話文義不明,"虘"字之釋

---

① 古文獻裏有"葯"字,指白芷或白芷葉,中古讀於略切、於角切,亦屬影母。這個字本來也應讀*T-,讀影母大概是隨著"約"讀爲影母而變的。
② 李榮《吳語本字舉例》,《語文論衡》,商務印書館,1985年,第102頁。
③ 清華大學出土文獻研究與保護中心編,李學勤主編《清華大學藏戰國竹簡(捌)》,中西書局,2018年,下冊第138頁。按我們釋讀爲"階"之字原作圖,整理者注:"字不識,從上下文分析,其義當與'落'意相反,表示上升,疑爲'升'字異構。"(下冊第146頁)此字左爲"阜"、右上爲"身"(整理者即如此隸定),右下應是楚文字之"凢(几)",爲全字聲符。《周易》"渙卦"九二爻"渙奔其机"之"机",馬王堆帛書本作"階"(見90上),故讀簡文此字爲"階"。《禮記·少儀》"不得階主",孔疏:"階是等,故人升階必上進,故以階爲上進。"揚雄《太玄·上》"次五":"鳴鶴升自深澤,階天不愆。"司馬光注:"階,猶登也。""階"與"落"義亦相反。殷墟花園莊東地甲骨有一個作圖(《花東》205)、圖(《花東》349)、圖(同上)等形的字(參看周忠兵《釋甲骨文中的"阤"——兼說"升""裸"之別》,《鼎甲》杯甲骨文字辨識大賽論文集,中州古籍出版社,2015年,第1～15頁),竊疑即"階"之表意初文。《治邦之道》我們釋讀爲"階"的字,可能是變此種初文所從人形爲"身"(大概是無意義的繁化),並加注"凢(几)"聲而成的。書此以備考。"弋"讀爲"代",從"哇那"(網名)說,參看簡帛網簡帛論壇"清華八《治邦之道》初讀"帖子第47樓,2018年11月19日。
④ 單育辰《〈清華大學藏戰國竹簡(捌)〉釋文訂補》,《出土文獻》第14輯,中西書局,2019年,第170頁。按單文原釋"弱"爲"溺",此據本文的意見改。
⑤ 子居《清華簡八〈治邦之道〉解析》,中國先秦史網,2019年5月10日。
⑥ 清華大學出土文獻研究與保護中心編,李學勤主編《清華大學藏戰國竹簡(捌)》,下冊第136、139頁。

尚有疑問，①"古"的讀法也不易決定，"弱"字很有可能並不表{弱}。② 清華簡整理者已指出，《治邦之道》與清華玖所收《治政之道》應合爲一篇。在《治政之道》簡16上正好有"以强征弱"之語，{弱}寫作"溺"而不寫作"弱"，即第一節所舉Ⅲ形。所以"弱張"之"弱"表示{約}，就全篇用字來説，是没有衝突的。

郭店《老子》甲組簡8：

> 古之善爲士者，必非(微)溺玄達，深不可志(識)……

與"非溺"相應者(此簡"溺"作上舉Ⅲ形)，傳本以及馬王堆帛書本(乙本230上)、北大漢簡本(簡159)皆作"微妙/眇"，所以各家多讀簡本之"溺"爲{妙}。③ 雖然 *n-、*m- 偶有相諧，但以"溺"爲{妙}的用字缺乏旁證，總覺未安。據上文所説楚簡{約}寫作"弱"，不知"非溺"有没有可能讀爲{微約}。《禮記·學記》："善歌者使人繼其聲，善教者使人繼其志。其言也約而達，微而臧，罕譬而喻，可謂繼志矣。""約而達，微而臧"的表達與"微約玄達"有相似之處。

上一節講過左塚楚墓漆梮位於方框内D邊的{弱婉}。如果考慮一下漆梮上好幾處强弱之{弱}一律寫作不從"水"的"弜"，{弱婉}之"弱"則寫作"猇"，彼此字形有繁簡之別，似乎後者也有讀爲{約}而不讀{弱}的可能。{約婉}即{婉約}，《國語·吳語》記申胥諫吳王夫差不可"許越成"，言越人"故婉約其辭，以從逸王志"。韋昭注："婉，順也。約，卑也。"{約婉}與{猛剛}亦相對。

三

有些"勺"聲字讀爲{弱}的例子是否可靠，需要加以辨析。

清華簡《四時》篇屢見"彶"字，除用爲{四勺}{青勺}{玄勺}之{勺}外，又見於"凡行，揆日月之位，以定四維之互(亙)需、侽(縮)弱、濫盈，吉(節)彶……"(簡1)、"四彶(勺)皆彶"(簡6)、"四維皆彶"(簡9)等例。整理者讀簡1"彶"爲節約之{約}，其餘諸"彶"皆讀爲{弱}。④ "汗天山"(網名)指出，簡1已有"弱"字(引者按：此"弱"字作上舉Ⅰ形)，簡

① 參看單育辰《〈清華大學藏戰國竹簡(捌)〉釋文訂補》，《出土文獻》第14輯，第168頁。

② 如陳民鎮《清華簡(捌)讀札》(清華大學出土文獻研究與保護中心網，2018年11月17日)就讀"弱"爲"溺"，可以參考。

③ 參看彭裕商、吳毅强《郭店楚簡老子集釋》，巴蜀書社，2011年，第107～109頁。

④ 清華大學出土文獻研究與保護中心編，黄德寬主編《清華大學藏戰國竹簡(拾)》，中西書局，2020年，下册第128、136頁。

6、9 的"彶"不宜再讀爲{弱}。① 這是正確的。他懷疑簡 6、9 的"彶""或可讀爲'消',意思與'弱'接近"。② 其實,從用字習慣和文義看,這兩例"彶"應即簡 1"以定四維之……旹(節)彶(約)"的{約},其義與{縮弱}之{縮}較近。

郭店簡《語叢四》簡 23～24 云:

> 君有謀臣,則壤地不鈔(削);士有謀友,則言談不勺。

"勺"字爲裘錫圭先生所釋,一般亦多從裘説讀爲{弱}。③ 但陳偉先生讀"勺"爲{約},引《大戴禮記・虞戴德》"居小不約,居大則治"王聘珍《解詁》"約,猶窮也",認爲簡文"不約"亦"不窮"之意。④ 比較而言,以强弱之{弱}言{言談},似不如以{約}{窮}言合適。此語蓋謂"士有謀友",則不會陷於言談卑約、理屈詞窮的境地。《國語・吳語》記大夫種爲勾踐獻謀曰:"王不如設戎,約辭行成,以喜其民,以廣侈吳王之心。"韋昭注:"約,卑也。……言不如設兵自守,卑約其辭以求平於吳,吳民必喜。""約辭"就是上文引過的"婉約其辭"。這是爲了麻痺吳人、保存實力而故意以"言談約"示弱。{約}亦屬藥部,簡文"勺"讀爲{約},不妨礙與上一句藥部的{削}押韻。

清華簡《治邦之道》簡 1～2 有云:

> 古𧈪爲弱(溺?),以不□于志,⑤以至于邦家昏亂,翦小削損,以及于身。凡皮(彼)削邦疧君,以及滅由虛(墟)丘,□□瀘(廢)興之不度,古(故)禍福不遠,盡自身出。

"疧"字原誤釋爲"戕",⑥此從楊蒙生先生改釋。⑦ 楊先生讀"疧"爲{約},訓"削弱","約君,義近'約公室',清華二《繫年》第 21 章所記宋悼公初即位時,'宋司城㭌之約公室'一事可參"。⑧ 清華簡整理者在爲《治邦之道》與《治政之道》合編爲一而重作的釋文裏,已

---

① 簡帛網簡帛論壇"清華十《四時》初讀"帖子第 37 樓,2020 年 12 月 24 日。

② 簡帛網簡帛論壇"清華十《四時》初讀"帖子第 37 樓,2020 年 12 月 24 日。

③ 荆門市博物館《郭店楚墓竹簡》,釋文注釋第 219 頁。

④ 陳偉《郭店竹書別釋》,湖北教育出版社,2003 年,第 241～242 頁。

⑤ 用缺文號代表之字尚難確釋,整理者隸定爲从"厂"从"盍",讀爲"掩"(清華大學出土文獻研究與保護中心編,李學勤主編《清華大學藏戰國竹簡(捌)》,下册第 136、139 頁),學者們據此有其他改讀意見;蔣陳唯《清華八〈治邦之道〉"不厴于志"小議》認爲整理者視爲"去"的構件,實爲"甹",此字當讀爲"猛"(未刊稿)。

⑥ 清華大學出土文獻研究與保護中心編,李學勤主編《清華大學藏戰國竹簡(捌)》,下册第 136、139 頁。

⑦ 楊蒙生《讀清華簡第八輯〈治邦之道〉叢札》,《中國文字研究》第 31 輯,華東師範大學出版社,2020 年,第 78～79 頁。按楊文曾發表於紀念清華簡入藏暨清華大學出土文獻研究與保護中心十周年國際學術研討會,清華大學出土文獻研究與保護中心主辦,2018 年 11 月。初發表時文中附有紅外綫字圖。

⑧ 楊蒙生《讀清華簡第八輯〈治邦之道〉叢札》,《中國文字研究》第 31 輯,第 78～79 頁。

改釋此字爲"疠",但括注爲"弱"。①　可見他們認爲此字代表的是{弱}這個詞,與楊説不同。

　　從楊蒙生先生和清華簡整理者的釋讀來看,他們對文義的理解並無本質出入,而且這兩種讀法也都能找到文獻上的印證:關於{約君},詳下一節討論;讀爲{弱君},有《管子·法禁》"此皆弱君亂國之道也"可參看,二説難分軒輊。不過,我們認爲應該充分注意此處字形本身所提供的信息。

　　"疠"字前已見於上博簡《競公瘧》簡 10"是皆貧苦約疠病",此句所在文段與《晏子春秋·内篇諫上》"景公信用讒佞賞罰"章大致對應,後者與簡文相當之句作"民愁苦約病"。陳劍先生敏鋭地指出,《競公瘧》"約"、"疠"二字皆从"勺"聲,與《晏子春秋》之文對讀,"可知其必有一字係衍文"。②　其説甚是。由不同傳本的不同用字糅合在一處而形成的衍文,在出土文獻與傳世古書中還能找到一些,學者們已有列舉,③下文也會碰到一個類似的例子。陳先生根據《晏子》作"約",認爲所衍之字當是"疠",蓋有的本子受下"病"字類化而變"約"爲"疠",又與作"約"之本誤合。④　現在我們在清華簡《治邦之道》裏也看到了"疠"字,可知此絶非因上下文類化而偶然寫成的錯別字;從文義看,"疠"倒更像是"貧苦約病"之{約}的本字(詳下文)。二本一作"約"、一作"疠",用字皆有所據,不必强分正誤。

　　《左傳》昭公二十年、《晏子春秋》"景公有疾梁丘據裔款請誅祝史晏子諫"章也有與《競公瘧》相近之文,此句作"民人苦病"。陳劍先生指出"苦病"是"愁苦約病"的"緊縮説法"。⑤　由此可見,{約病}之{約}當與{病}義相近,所以才能緊縮成"苦病"。吳則虞解釋《晏子春秋》"民愁苦約病"句,謂"約者,猶言貧困也",即《論語·里仁》"不可以久處約"之{約}。⑥　按此{約}實是"困苦、不得志"之義,跟{病}的意思尚有距離,吳説不確。

　　《吕氏春秋·士容論·審時》:"是故得時之稼興,失時之稼約。"高誘注:"興,昌也。約,青病也。""青病"指米有"青腰"之病。夏緯瑛認爲"興即興盛,言其增産;約即節約,

①　清華大學出土文獻研究與保護中心編,黄德寬主編《清華大學藏戰國竹簡(玖)》,下册第 150 頁。

②　陳劍《〈上博(六)·孔子見季桓子〉重編新釋》,《戰國竹書論集》,上海古籍出版社,2013 年,第 298～299 頁。

③　參看蔡偉《誤字、衍文與用字習慣——出土簡帛古書與傳世古書校勘的幾個專題研究》,花木蘭文化事業有限公司,2019 年,第 95～97、104、106、200～203 等頁。按文獻中有些重出的不同用字的衍文,究竟是不同來源的本子的糅合,還是旁注或背注之字竄入正文,似難分辨。

④　陳劍《〈上博(六)·孔子見季桓子〉重編新釋》,《戰國竹書論集》,第 299 頁。按"病"原襲整理者誤釋爲"疾",此從郭永秉《楚竹書字詞考釋三篇》説改正(收入《古文字與古文獻論集》,上海古籍出版社,2011 年,第 74～78 頁)。

⑤　陳劍《〈上博(六)·孔子見季桓子〉重編新釋》,《戰國竹書論集》,第 299 頁。

⑥　吳則虞《晏子春秋集釋》,中華書局,1962 年,第 31 頁。

言其減産",以此反對高氏"約,青病也"之訓。陳奇猷引《國語·楚語》"不爲豐約舉"韋昭注"豐,盛也。約,衰也",謂"豐、約與此興、約同義,猶言興盛與衰減",從而肯定"夏説近之"。① 我們認爲,高注的問題在於以"青腰之病"這種具體的米病解説"約",與泛言"昌也"的"興"義不相稱,故很難讓人接受。如果把"青病也"改爲"病也",其釋與陳、夏之説實可會通。"得時之稼"長勢喜人,因而"莖重、粟多、米多"②;"失時之稼"容易得病,因而"莖輕、粟少、米少"③。"病"與"衰"語義密切相關。指病況而言的{約}大概正是從{約}的"衰"、"少"、"縮"等義派生出來的。《競公瘧》的"疒勺"無疑就是衰病義的{約}的本字。從戰國竹書{疒勺}與困苦、約束等義的{約}使用不同的字形來看,也有可能當時衰病義的{約/疒勺}已與一般的{約}分化爲二詞,讀音也與{約}略有不同,只是現已難於確考了。

楚人宋玉所作的編入《楚辭》的《九辨》,有如下之句:

> 離芳藹之方壯兮,余萎約而悲愁。

王逸注前一句云"去已盛美之光容也",注後一句云"身體疲病,而憂貧也"。蓋以"身體疲病"釋"萎"、以"憂貧"之"貧"釋"約"。後人大都訓"約"爲"窮"。④ 然王注不合語法,如其説,原句當改作"余萎而悲愁約"。"約"訓爲"窮",也與"萎"義乖違。⑤ 朱季海舉《九辨》下文"柯彷彿而萎黄"和《離騷》"雖萎絶亦何傷"二句,引王逸注訓"萎絶"之"萎"爲"病也",洪興祖《補注》訓"草木枯死也",指出"平賦'萎絶',猶玉賦'萎約'、'萎黄'","'萎絶'、'萎約'、'萎黄',俱謂病也",並謂"萎"當以《説文》訓"病也"的"矮"爲本字。⑥ 其説實已暗示{萎約}之{約}亦"病"義,十分精當。這個{約}就是"貧苦約病"的{約},亦即"疒勺"。我們推測此種{約/疒勺}來源於"衰"、"縮"等義的{約},這跟{萎約}之{萎/矮}來源於"草木枯死"的{萎}適可比勘。

《左傳》昭公十年:"國之貧約孤寡者,私與之粟。"這裏的{貧約},一般認爲指貧窮者。但也有可能{貧}{約}並提,乃指貧窮者、衰病者兩種人,與{孤}{寡}分指失怙者、喪偶者兩種人同例。

---

① 陳奇猷《吕氏春秋新校釋》,上海古籍出版社,2002 年,第 1815 頁。
② 陳奇猷《吕氏春秋新校釋》,第 1815 頁。引號中的話引自陳奇猷語。
③ 陳奇猷《吕氏春秋新校釋》,第 1815 頁。引號中的話引自陳奇猷語。
④ 參看崔富章、李大明主編《楚辭集校集釋》,湖北教育出版社,2003 年,下册第 2061 頁。
⑤ 《文選》所録本"萎"作"委",五臣注"使余委棄而悲愁也",訓"約"爲"棄也"。其説雖合於語法,但於訓詁無據,"約"並無"棄"義。"余萎約"一句承"離芳藹之方壯"而言,悲愁委棄失職云云,顯然不如王注悲愁"身體疲病"的理解於文義順適。
⑥ 朱季海《楚辭解故》,上海古籍出版社,2011 年,第 76 頁。

前面提過殷墟甲骨文的"尿"字,此字在卜辭中或作人名,個別用於祭祀場合(如《合集》23340),皆難確解。下錄幾條卜辭文義較明:

(1) 己巳卜,[貞]:屮(有)夢,王尿。八月。一。　　　　　　　　　　(《合集》17446)

(2) 辛亥皿(望)壬子,王亦夢尹,尿,屮(有)□于父乙主,余見害才(在)之。

(《合集》17375)

(3) 癸丑卜,爭,貞:旬亡田。三日乙卯允有艱。單丁人豐尿于彔(麓)。[三日]丁
巳兔子豐尿☒鬼亦得疾。☒　　　　　　(《合集》137 正。反面卜辭從略)

(1)(2)王因做夢而"尿","尿"的意思當與他辭"貞:王夢,唯之孽"(《合集》17412＋12052)、"夢,疾"(《合集》20463)之"孽"、"疾"相類,①(2)的"尿"與下言"害"相應,也可證明這一點。(3)是説"單丁人豐"與"兔子豐"二人皆"尿","鬼"這個人"亦疾",②亦"尿"、"疾"義近之證。疑諸辭"尿"所表之詞即衰病義之{疒}。"尿"通爲{疒},猶上舉《治邦之道》从"尿"聲的"弱"通爲{約}。

既然上古漢語裏確實存在表示衰病義的{約}這個詞,戰國竹簡中的"疒"字就是專門爲此詞或此義而造的,那些讀《競公瘧》的"疒"爲{弱}的意見③也就不攻自破了。

現在回到清華簡《治邦之道》上來。簡文"削邦疒君"就寫作衰病義的{約}的本字"疒",我們不妨優先考慮如字讀是否可通。事實上是講得通的,"疒君"大概就相當於"病君",意謂"使君病敗"。《説苑·臣術》:"從命利君謂之順,從命病君謂之諛,逆命利君謂之忠,逆命病君謂之亂。""病君"與"利君"相對,其意不難體會(《荀子·臣道》相似之語作"從命而不利君謂之諂"、"逆命而不利君謂之篡")。《治邦之道》上文説"邦家昏亂,翦小削損,以及于身",正是君主由"削邦"而身陷"約(疒)病"之境的意思。總之,《治邦之道》的這個"疒"讀爲{弱}或{約}雖不能算錯,但似無必要。而且此篇已有確定無疑的{弱}{約}二詞,分別寫作"溺"、"弱"(參上文),從這一點看,"疒"也沒有必要加以改讀。

四

前面説過"弱"、"約"二字音近可通,偏巧{弱}{約}二詞又有十分近似的意義和用

---

① 參看謝明文《説"瘳"與"蔑"》,《商周文字論集》,上海古籍出版社,2017 年,第 62～63 頁。

② 參看黃天樹《説"昔"》,《黃天樹甲骨學論集》,第 10～11 頁。

③ 參看劉建民《上博竹書〈景公瘧〉注釋研究》,北京大學碩士學位論文,2009 年,第 18 頁;高強《上博簡〈鮑叔牙與隰朋之諫〉等四篇集釋續補及相關問題研究》,復旦大學碩士學位論文,2019 年,第 73～74 頁。

法。如果碰上這種情況,要推斷文獻所用爲何詞,就相當困難了,有時簡直無法定奪。

《吳越春秋·夫差内傳》記吳王夫差親對晉軍曰:

> 天子有命,周室卑弱,約諸侯貢獻,莫入王府……

周生春《吳越春秋輯校彙考》、張覺《吳越春秋校證注疏》等均如此斷句,"約諸侯貢獻"一句皆無注。[①] 實則"莫入王府"乃是就"諸侯貢獻"而言的,其前不當多一"約"字。此文又見於《國語·吳語》:

> 天子有命,周室卑約,貢獻莫入……

胡敕瑞先生據此指出,《吳越春秋》"約諸侯貢獻"的"約"應來自《國語》"周室卑約"的"約";{卑約}{卑弱}音義並近,他認爲《吳越春秋》的"約"字由注文擾入正文。[②]

胡先生的校讀十分正確。不過,在"周室卑弱約"之文的形成上,恐怕還存在另一種可能性。我們推測,《吳越春秋》流傳過程中或其書所據之材料(如《國語》之類)可能曾有作"周室卑約"與"周室卑弱"的不同本子,二本誤合而成"周室卑弱約","弱"、"約"當有一衍。按照這種解釋思路,"約"或"弱"就可以不必看作旁注擾入了。至於《吳越春秋》原本當作"卑弱"抑或"卑約",則難下按斷。

上引清華簡《繫年》第十八章"諸侯同盟于鹹泉以反晉,至今齊人以不服于晉,晉公以㚥",末句讀作"晉公以弱",有"魯弁、費寔弱襄公"(《國語·楚語上》)等{弱}的用法爲參照,當然是文從字順的。但讀作"晉公以約",未始不可通。{約}本有"約束"、"困頓"義。晉公因齊人不服、諸侯反晉而陷於困頓,其志不得逞,謂之{約}似亦貼切。

清華簡《繫年》第二十一章開頭説:

> 楚柬(簡)大王立七年,宋悼公朝于楚,告以宋司城坡之約公室。王命莫囂(敖)昜(陽)爲率師以定公室,城黄池,城雍丘。　　　　　　　　　(簡114~115)

劉雲先生在網上討論簡103那個從"勻"聲的"弱"字時,已指出上引簡文中的"約""恐亦當讀爲'弱'","古書中有'弱某室'的説法,如《左傳·襄公十七年》'華臣弱皋比之室'"。[③] 禤健聰先生也有同樣的看法。[④] 此説頗爲人所信。

---

① 周生春《吳越春秋輯校彙考》,上海古籍出版社,1997年,第92頁;張覺《吳越春秋校證注疏(增訂本)》,嶽麓書社,2019年,第216頁。

② 鍾馨《胡敕瑞教授來我中心作講座》,復旦大學出土文獻與古文字研究中心網,2017年6月17日;胡敕瑞《讀〈吳越春秋〉札記》,未刊稿。

③ 參看蘇建洲、吳雯雯、賴怡璇《〈清華二·繫年〉集解》,第794頁;李松儒《清華簡〈繫年〉集釋》,第284頁。

④ 禤健聰《戰國楚系簡帛用字習慣研究》,第270頁。

　　《左傳》不但有"弱皋比之室"之説,還説"弱寡王室"(昭公二十七年)、"蕩澤弱公室"(成公十五年),後者與"弱公室"的讀法密合。成公十五年敘宋共公葬後,"蕩澤弱公室,殺公子肥",華元曰:"……今公室卑,而不能正,吾罪大矣。不能治官,敢賴寵乎?""公室卑而不能正"的{正}與簡文"定公室"的{定}音近義通,前後似皆可相互印證。

　　清華簡整理者原如字讀"約",訓爲"削弱"。① 上舉《國語》有"周室卑約"之説,可見就算要表達"卑弱公室"的意思,像整理者那樣讀作"約公室"也是有根據的。上博簡《競公瘧》"舉邦爲欽(禁),約夾(挾)者(諸)關,縛纙者(諸)市"(簡8)、《容成氏》"至(桎)約者(諸)侯"(簡50、53),詛楚文"幽䄷(約)親戚"等{約},指"管束、拘禁、控制"之類的行爲,可視爲"約束、節制"義的義位變體;{要}也有類似用法。② "約公室"的{約}似也可如此解。可能當時出現了司城竰拘束、劫持公室的局面,導致宋國公室危亂不寧,最終由宋悼公引入楚莫敖陽爲以定之。司城竰與史籍中弑宋桓侯自立的司城子罕(亦即皇喜,又稱易成肝或剔城)是否爲一人,由於其間年代對應較爲錯亂,學界尚有爭議,③這裏不作討論。不過,《韓非子·二柄》論述子罕亂宋之事,其用詞很可參考:"子罕謂宋君曰:'……'於是宋君失刑而子罕用之,故宋君見劫。田常徒用德而簡公弑,子罕徒用刑而宋君劫。……故劫殺擁蔽之主,非失刑德而使臣用之而不危亡者,則未嘗有也。""宋君見劫"、"宋君劫"、"劫殺擁蔽之主"云云,正是"約公室"之謂。

　　面對上述出土文獻中{弱}{約}皆通之例(有的是因{弱}{約}的某一具體意義和用法近同;有的則因語境限定性不夠強,以致{弱}或{約}的某些不同義項都可講通),研究者該如何作出傾向性選擇呢? 我們認爲不能不顧及用字的情況。雖説"弱"聲字可用爲{約},"約"等"勺"聲字也可用爲{弱},但此類確例是相當少見的;從出土先秦文獻的用字習慣來看,"弱"字表示{弱}、"約"字表示{約}無疑仍是主流。所以,在{弱}{約}兩讀皆通的語境裏,最穩妥的辦法是就按所用之字讀。《繫年》第十八章"晉公以弝"的"弝"爲"弱"之異體,在此以讀{弱}爲宜;同理,第二十一章"告以宋司城竰之約公室"的"約",自以讀{約}爲宜。上文討論《治邦之道》的"疒"的讀法時,採取的也是這一立場。

　　{弱}{約}古音雖近,但它們那些相同或相近的意義和用法,都是從各自的不同本義或常用義引申而來的,二者並無共同的詞義來源。所以嚴格説來,{弱}{約}二詞連同源

① 清華大學出土文獻研究與保護中心編,李學勤主編《清華大學藏戰國竹簡(貳)》,下册第190頁。

② 參看鄔可晶《甲骨文"弜"字補釋》,《中國文字》新42期,第160～161頁。按當時限於舊有認識,認爲"約"、"要"代表同一個詞,現在看來是不對的,應加以糾正。

③ 陶金《由清華簡〈繫年〉談洹子孟姜壺相關問題》,復旦大學出土文獻與古文字研究中心網,2012年2月14日;蘇建洲、吳雯雯、賴怡璇《〈清華二·繫年〉集解》,第792～794頁。

關係都算不上,①更不能混爲一詞。在對它們進行詞彙辨析的時候,很有必要藉助於字形的提示作用。下面通過對雙音節詞{淖弱}{淖約}等的考察,再次强調一下這一作用。②

{淖弱}{淖約}這一批詞寫法多樣,前一音節有“淖”、“綽”、“汋”、“弱”等寫法,後一音節有“弱”、“溺”、“約”等寫法,但不是前後二字各種組合都出現過,也未見前後同字者。據我們初步調查,文獻裏計有“淖弱”、“淖溺”、“淖約”、“綽約”、“汋約”、“弱約”等形。這些寫法各異的雙音節詞究竟是同一詞的不同異寫,還是記録不同的詞?③

從聲音上講,“卓”、“勺”、“弱”諸聲都有相通的可能性;從詞義上講,這些詞都含有“柔弱、柔和”或“柔美”之義(“柔美”、“柔弱”二義相因,無庸贅言)。想要知道它們是不是同一個詞,僅憑讀音與意義恐怕是難於奏效的。我們試從字形入手加以分析。

這批詞前後二音節所用之字,以後一音節的用字較爲簡單,只有“弱”、“溺”與“約”。其實還可進一步歸併。用“溺”者只見於“淖溺”一形,如《淮南子•原道》説水“淖溺流遁”,又説“夫水所以能成其至德於天下者,以其淖溺潤滑也”。這顯然是形容水之柔性,前人指出“淖溺”即《管子•水地》“夫水,淖弱以清,而好洒人之惡,仁也”的“淖弱”。④《漢書•郊祀志下》載谷永説漢成帝,“言世有仙人”“黄冶變化,堅冰淖溺”,顔師古注引晉灼曰:“方士詐以藥石若陷冰丸投之冰上,冰即消液,因假爲神仙道使然也。”使堅冰柔軟、弱化,正是“消液”之義。但{溺}没有“柔弱”或“消融”的意思,上述“淖溺”之“溺”當假借爲{弱};或許是受了前一“淖”字的類化而使“弱”也增從“水”旁(古書中另有{淖溺},與此非一詞,詳下文)。把此種“淖溺”併入“淖弱”,後一音節就只有“弱”、“約”之異了。

在“卑弱”、“柔約”一類意義上,{弱}{約}是讀音相近、但没有語源關係的兩個詞。對此前面已舉過一些例子;關於{約},還可舉馬王堆帛書《十六經•順道》“卑約主柔”之説(61上/138上)。⑤ 因此,在這一批雙音節詞中,後一音節作“弱/溺”者與作“約”者,應

① 關於同源詞的判定標準,參看蔣紹愚《漢語歷史詞彙學概要》,商務印書館,2015年,第322~323頁。
② 關於漢字對語素分析的作用,可參看朱德熙著,袁毓林整理注釋《語法分析講稿》,商務印書館,2010年,第28~31頁。
③ 有些學者認爲“淖弱”、“淖溺”、“淖約”、“綽約”、“汋約”、“弱約”等是疊韻聯綿詞,前後二音節不得分釋。我們不同意這一觀點,從下文的具體討論不難看出,這一批詞的前後二音節都是可獨立使用的、有確實意義的單純詞。
④ 何寧《淮南子集釋》,中華書局,1998年,第4頁。
⑤ 湖南省博物館、復旦大學出土文獻與古文字研究中心編纂,裘錫圭主編《長沙馬王堆漢墓簡帛集成》,第肆册第170、171頁。

該分爲兩個不同的詞。古人的訓釋也可以印證這一點。《荀子·在宥》論述水的品質,有"淖約微達,似察"一條。"淖約"當與《管子·水地》説水"淖弱以清"的"淖弱"同意。楊倞注"淖約"曰:"淖當爲綽;約,弱也。綽約,柔弱也。"可見在楊氏的心目中,{約}與{弱}也並不是同一個詞,只是彼此意義近同。《楚辭·九章·哀郢》:"外承歡之汋約兮,諶荏弱而難持。"上句有{汋約}之{約},下句有{弱},亦可證二者非一詞。

這批詞的前一音節有"淖"、"綽"、"汋"、"弱"等寫法,{弱}符合整個雙音節詞"柔弱、柔和"或"柔美"的詞義,有没有可能"淖"、"綽"、"汋"皆假借爲{弱}呢? 上引《哀郢》"汋約"句下,洪興祖《補注》:"汋,音綽。"[①]《楚辭·遠遊》:"質銷鑠以汋約兮,神要眇以淫放。"洪興祖《補注》曰:"汋,音綽。汋約,柔弱貌。"並引《莊子·逍遥遊》"肌膚若冰雪,綽約若處子"。[②] 按洪氏所引"綽約若處子",今本《莊子》作"淖約";上引楊倞注《荀子·在宥》,讀"淖"爲"綽"。看來古人普遍以"汋"、"淖"、"綽"表一詞,並且傾向於把它們通讀爲{綽}。既然如此,那就不能把"汋"、"淖"、"綽"所表之詞認同爲{弱}。因爲上文已舉出文獻中有"淖弱"、"淖溺(弱)"的寫法,如果"淖"等字也表示{弱},"淖弱"、"淖溺"就變成了{弱弱},這是不可能的。我們只得承認"淖"、"綽"、"汋"代表的是一個不同於{弱}的詞。

那麼,能不能像古人那樣認爲"淖"、"綽"、"汋"表示{綽}呢? 恐怕也不行。{綽}只有"寬緩、寬裕"義,没有"柔弱、柔美"義,其義與整個雙音節詞的詞義不符。古人所以產生"當爲綽"、"音綽"的讀法,大概由於在形容女子體態柔美的場合,此詞以寫作"綽約"爲常,在詞源已不甚明瞭的情況下,人們很容易照文字本身來讀,並進而把形容水或其他事物柔性的"淖弱"、"淖約"、"汋約"等"淖"、"汋"也一併統讀爲"綽"。這可以算是一種積非成是的"誤讀"。後來還把讀"綽約"的這個詞寫作"婥約",改從"女"以迎合"柔美"義。

我們認爲就詞義來説,只有{淖}是最符合條件的。{淖}有"濡濁"義,又有"調和"義,皆與"柔"相涉。《儀禮·士虞禮》之"祝辭"云:"敢用絜牲剛鬣、香合、嘉薦、普淖、明齊、溲酒……"鄭注謂"香合,黍也。大夫士於黍稷之號,合言'普淖'而已",又謂"普淖,黍稷也。普,大;淖,和也。德能大和,乃有黍稷,此以爲號云"。王引之據"明齊、香合已言黍矣",駁斥鄭注"以普淖爲黍稷":

> 淖者,濡且濁之稱。《廣雅》:"淖,濕也。"又曰:"淖,濁也。"《爾雅·釋言》釋文引《字林》曰:"淖,濡甚也。"《管子·水地篇》:"夫水淖弱以清。"《吕氏春秋·別類

---

① 〔宋〕洪興祖《楚辭補注》,中華書局,1983 年,第 136 頁。

② 〔宋〕洪興祖《楚辭補注》,第 168 頁。

篇》:"漆淖水淖,合兩淖則爲蹇,濕之則爲乾。金柔錫柔,合兩柔則爲剛,燔之則爲淖。《淮南·原道篇》"甚淖而滑",高誘注曰:"饘粥多瀋者謂之淖。"(引者按:原有小注,從略。)是"淖"爲濡且濁之稱也。《釋名》曰:"羹,汪也。汁汪郎也。"是"羹"爲濡且濁之物也。"淖"又訓和。和味者莫如羹。……(引者按:此處略删。)普淖之名,非鍘羹不足以當之也。①

"濡濁"者其性"柔和",故易"調和",最典型者莫過於水。王氏所引《吕氏春秋·別類》"金柔錫柔,合兩柔則爲剛,燔之則爲淖",已把{淖}與{柔}的關係很好地説了出來。《淮南子》的《兵略》《脩務》、《老子指歸》等還有"滑淖"一詞,{滑}亦"潤澤"、"柔和"之義。順帶説一下,王引之在講{淖}之"濡濁"義時引《管子·水地》"夫水淖弱以清",②表明他也認爲{淖弱}一系詞的前一音節當以"淖"爲其本字而非讀爲"綽"。

前引春秋晚期王孫遺者鐘的"弱"字,其所在銘文曰:

　　　余恁台心,延(誕)□余德,龢(和)弱民人。……

"弱"字學界有種種讀法,此不具引。③ 我們認爲從文義和通假關係看,網上"水之甘"(網名)提出來的讀爲{淖}的説法,④似較有理。在他所引到的書證中,《太玄經·樂》一條最值得注意:"陽氣出奧,舒疊得以和淖,物咸喜樂。"司馬光《集注》:"淖,奴教切,和也。清明之初,陽始發出幽奧,舒展疊積之物,皆得和淖而喜樂。"不但"和淖"連言,且與"喜樂"相及。"和弱(淖)民人"大概也含有和柔民人使之喜樂的藴意。

鐘銘"余恁台心"的"恁",舊釋讀爲{信}固不可信,學者已有批評;⑤但"恁"仍可讀爲訓"信"之{任}。"余任台心,誕□余德"意思是説我使我的心誠篤可信,並使我的德"□"(此字不識)。清華簡《耆夜》記周公所作《樂樂旨酒》詩,有"紝(任)昆(夷)兄弟,庶民和同"(簡3~4)之句,前言"任"、後言"庶民和同",與鐘銘前言"余任台心"、後言"和弱(淖)民人"文思相近。

與上引《荀子·在宥》言水"淖約微達,似察"同源之文,《大戴禮記·勸學》作"弱約危通,似察"。"通"、"達"義通。前人或以爲"危"、"微"字通或"聲誤",或以"險"訓"危"。⑥ 後説本鮮少人信;前説則信從者頗多,實亦非是。"危"、"微"聲母一屬疑母、一

① 〔清〕王引之《經義述聞》(虞思徵、馬濤、徐煒君校點),上海古籍出版社,2018年,第605~606頁。

② 尹知章注已訓"淖"爲"和也",而不像其他注家那樣"讀綽"。

③ 參看薛培武《楚器王孫遺者鐘中"和溺民人"試釋》,《文物鑒定與鑒賞》2020年第18期,第30~31頁。

④ 簡帛網簡帛論壇《王孫遺者鐘》'和溺民人'直接讀爲'和樂民人'如何?"帖子下第10樓,2016年1月24日。

⑤ 參看魏宜輝《金文新釋(四題)》"二、王孫遺者鐘",《古文字研究》第30輯,中華書局,2014年,第246頁。

⑥ 參看方向東《大戴禮記彙校集解》,中華書局,2008年,第797頁。

屬明母,難有相通或聲誤之理。今按,"危"當係"免"之形訛,①"免"之通"微",猶"浼"之通"浘"(《詩·邶風·新臺》"河水浼浼",《釋文》引《韓詩》"浼浼"作"浘浘")。《考工記·輪人》"欲其微至也",鄭玄注引鄭司農云:"'微至'書或作'危至'。"按此"危"亦"免"之訛字,故可通"微"。前面講過,在{淖弱}{淖約}這批詞中,前一音節作"弱"者,當與作"淖、綽、汋"者分別作解。《大戴禮記》的{弱約}與《荀子》的{淖約}也當看作音通義近的兩個詞。不過,作"弱約"者僅此一見,不能排斥是傳鈔者覺得"淖"或"綽"義不易解,故臨時改成字義顯豁、字音又近的"弱"的。

現在把上面討論的結果總結一下。參考前後二音節的用字情況,{淖弱}{淖約}這批詞可根據其不同用字大體分爲三系:一系作"淖弱"、"淖溺"之形,其詞爲{淖弱};一系作"淖約"、"綽約"、"汋約"之形,其詞爲{淖約};一系作"弱約"之形,其詞即{弱約}。"淖溺"之"溺"是受"淖"類化而从"水"的,"綽約"之"綽"就有可能是受"約"的類化而變"水"旁爲"糸"旁("汋約"二字則不能類化爲相同的形旁,如果那樣的話,就變成前後同字了)。"汋約"之"汋"似可視爲"淖"的異體,猶如"焯"、"灼"爲一字異體。若此,{淖約}一系的三種寫法也可以歸併爲一。經過整理、歸併,這一批音近義通的雙音節詞可分爲{淖弱}{淖約}{弱約}三詞,就顯得更加明朗了。

文獻中又有意指沉溺、陷溺的{淖溺}一詞。《楚辭·大招》"東有大海,溺水㴉㴉只",王逸注:"言東方有大海,廣遠無涯,其水淖溺,沉没萬物,不可度越,其流㴉㴉,又迅疾也。"同書所收相傳爲東方朔所作的《七諫·怨世》"世沈淖而難論兮",王逸注:"言時世之人沉没財利,用心淖溺,不論是非,不別忠佞……"這是由於{淖}的"濡濁"義可引申出"浸溺"義(如《怨世》"世沈淖"的"淖",王逸注即訓"溺也"),故與溺没、沉溺之{溺}連文。這個{淖溺}與意指"柔弱、柔和"的可寫作"淖溺"的{淖弱},實非一詞,所以我們上文討論{淖弱}{淖約}那批詞時,已先將{淖溺}剔除在外。

2021 年 1 月 26 日寫畢

附識:本文初稿蒙蘇建洲、陳哲先生審閱賜正,並指示若干失引的重要論著,使拙稿避免了不少疏失;又蒙胡敕瑞先生惠贈未刊稿《讀〈吳越春秋〉札記》供我參考。在此謹向三位先生致以謝忱。陳劍先生爲《儒藏》所撰《上海博物館藏楚竹書〈容成氏〉》"强弱不辭讓"句的注釋,對"弱"的字形有較詳分析,與本文第一節所論頗有相合之處(《儒

---

① 文獻中"危"、"免"形訛之例,參看蔡偉《讀書叢札》"十七、古文獻中所見'危、免互訛'之例",《出土文獻與古文字研究》第 3 輯,復旦大學出版社,2010 年,第 510~511 頁。

藏〔精華編二八二〕》,北京大學出版社,2020 年,上册第 601 頁注①)。寫本文時失於徵引,極不應該,此承陳哲先生指示。因文已定稿,無法大改,敬希讀者和陳劍先生見諒。陳哲先生讀拙文後還告訴我,《史記·吕后本紀》載趙王歌有云:"諸吕用事兮劉氏危,迫脅王侯兮彊授我妃。"《漢書·高五王傳》"危"作"微",王念孫《讀書雜志》據與"妃"押韻認爲"危"乃後人以意而改。陳先生懷疑此處似有可能也是假"免"爲"微","免"又訛作"危",與本文第四節所説《大戴禮記·勸學》"危"等情況一致。其説很有啓發,録此供讀者參考。

談談《簡帛古書通假字大系》中
值得商榷的字詞關係問題

葉玉英

廈門大學中文系

　　白於藍《簡帛古書通假字大系》(以下簡稱"《大系》")自 2017 年面世以來在音韻學界產生極大的影響,成爲古音學者最常用的工具書。然而,我們發現其中對字詞關係的處理有不當之處,而這些不當之處可能誤導音韻學者,從而得出錯誤的研究結論,故撰此小文,希望引起音韻學者的注意。

一、異文與通假

　　我們知道,通假是共時的用字現象,而異文既有共時的,也有歷時的。共時的通假或異文揭示的某一時代的語音特徵,而歷時的異文則反映了不同時代之間的音變,其音韻學研究價值有所不同。《大系》收錄了大量的出土文獻與傳世典籍的異文以及不同時代、不同地域出土文獻的異文。我們認爲把所有的出土文獻與傳世典籍的音同或音近的異文都視爲通假字是不妥的,不同時代的出土文獻異文也不能當成通假字。

　　1.《大系》認爲音同的異文或通假,其實上古音並不同音

　　《大系》認定兩個異文之間是否音同或音近,依據的是陳復華、何九盈《古韻通曉》。《古韻通曉》的聲母系統是:幫滂並明、端透喻定泥來、精清從心邪、章昌船書禪日、見溪群疑、曉匣影。這個聲母系統幾乎是中古聲母系統的翻版,和中古聲母系統相比,只是少了"非敷奉微"、"莊初崇山"。其最大的缺陷是忽略了從上古到中古聲母系統中的合流。新派如鄭張-潘上古系統、白-沙系統都指出中古聲母往往有不止一個的上古來源。如中古書母的上古來源,鄭張尚芳認爲其有 *qhj-/ *hj-、*qhwj-、*hlj-、*hnj-、*hŋj-、*hmj-

這幾種;①白一平則認爲中古書母來自＊s-t-、＊l̥-、＊n̥-、＊ŋ̊等。② 關於中古定母的上古來源,鄭張尚芳認爲其有＊d-、＊l'-(＊ɦl'-)、＊ɡl'-、＊ɡl'-、＊bl'-等;白一平則認爲有＊l̥ˤ-、＊dˤ-、＊m-tˤ-等。③ 因此《大系》認爲音同的異文或通假,其實上古音並不同音。如馬王堆帛書《戰國縱横家書》二四"公仲佣謂韓王"章:"秦韓戰於蜀潢,韓氏急。公仲佣謂韓王曰:'冶國非可恃也。'"今本《戰國策》"冶"作"與"。"與國"即"盟國"之義。"與"的上古音最初爲＊ɡla?,後發生＊ɡla?＞＊la?＞jio音變,而"冶"的上古音爲＊laa?。也就是説,"與"和"冶"上古的聲母差別很大,不可能通假。只有當"與"發生＊ɡla?＞＊la?音變後,才會假借"冶"爲之。

2. 把没有語音關係的異文視爲通假

《大系》把没有語音關係的異文視爲通假的情況也不少。如"孚"聲系下"浮與焱"和"浮與秋"條:"《春秋九》:'衛獻公出亡,公子浮□□寧召子在位。'按,《漢書·古今人表》'浮'作'焱'。《史記·衛世家》'浮'作'秋'。"上古音"浮"爲＊bu,"焱"爲＊ɡlams,"秋"爲＊skhu。

二、把没有語音關係的兩字誤認爲通假字

由於《大系》採用的上古音系統有缺陷,所以其中收録的有些通假字的上古音並不近。也有可能是因爲《大系》作者認定通假關係時所採用的古音標準太寬泛,從而誤認通假。如"才"聲系下所收"載與忌":"清華三《周公之琴舞》:'嚴余不懈,業業畏載(忌)。(5～6)'"④上古音"載"爲＊zɯ?,"忌"爲＊ɡɯs。"才"聲系字未見有别的與見組通假的例子,因此"載"不可能假借爲"忌"。我們認爲"載"當假借爲"葸"。《論語·泰伯》:"恭而無禮則勞,慎而無禮則葸。"何晏集解:"葸,畏懼之貌。"漢揚雄《百官箴·執金吾箴》:"如虎有牙,如鷹有爪。國以自固,獸以自守。牙爪葸葸,動作宜時,用之不理,實反成災。""葸葸"指使人恐懼。《大戴禮記·曾子之事》:"人言善而色葸焉,近於不悦其言。"

"矛"聲系下"婺與須"條:"《占書》:'□受牽牛、婺(須女),其日丁,其辰□。'"⑤

---

① 鄭張尚芳《上古音系(第二版)》,上海教育出版社,2013年,第229頁。

② 白一平《關於傳統音韻學的一些問題》,出土文獻與古典學國際學術研討會論文,Yale-NUS College,新加坡,2016年4月7—9日。

③ 白一平《關於傳統音韻學的一些問題》。在白一平、沙加爾的上古音系統裏,ˤ表咽化,一、二、四等字都帶有ˤ。ˤ有抗腭化的作用,因此一、二、四等字在中古音裏没有腭化。

④ 白於藍《簡帛古書通假字大系》,福建人民出版社,2017年,第49頁。

⑤ 白於藍《簡帛古書通假字大系》,第139頁。

上古音"嫠"爲 *mugs，"須"爲 *so。"嫠"大概是"嫢"的訛寫字。

三、未區分通假字與異體字

《大系》在"凡例"第三條中説："通假字和異體字，用( )隨文注明。"我們認爲通假字和異體字體現的是不同的字際關係和字詞關係，不應混同，否則可能誤導音韻學者。如《大系》"久"聲系下收"枓與簋"："《鹿鳴之什》：'於粲洒掃，每食以枓(簋)。'"①此條有誤，阜陽漢簡《詩經·鹿鳴之什》"簋"作"𣏙"，即"朹"，而非"枓"。"朹"最早見於秦印，作"𣏙"。《古文字譜系疏證》認爲秦印"朹"假借爲"九"，表姓氏。② 銀雀山漢簡"朹"字作"𣏙"(簡570)。《説文》"簋"字古文作"𣏙"。上古音"簋"爲 *kʷ ɯʔ，"九"爲 *kuʔ。"朹"當爲秦方言字。

《大系》"久"聲系下收"匛與柩"："《倉頡篇》：'冢槨棺匛(柩)。'"③武威磨咀子二二號柩銘作"𣏙"，廿三號墓柩銘作"𣏙"，可證"匛"與"柩"確爲異體字。《説文》："柩，棺也。從匚、從木，久聲。𣏙，籀文柩。"宋本《玉篇》："匛，棺也。亦作柩。𣏙，籀文。"

《大系》"色"聲系和"矣"聲系下都收"頴與色"："《語叢一》：'食與頴(色)與疾。'"④"頴"字作"𣏙"(簡110)。裘錫圭在郭店楚簡《語叢一》注二二下曰："'食與'下一字疑是'頤'之訛字。"⑤李守奎認爲"頴"乃"色"字異體，從"頁""疑"省聲。《説文》"色"字古文"𣏙"所從之"𣏙"乃"𣏙"之訛變，所從之"彡"是累增的形旁，與《説文》"彣"及新附"彩"用意一致。⑥ 陳劍認爲"頴"與"頤"都是"容色"之"色"的專字，"𣏙"可能是爲"色彩"之"色"造的專字。⑦ 周波指出齊文字用"頴"、"𣏙"表示容色、顏色之"色"。⑧

《大系》"丩"聲系下收"朻與樛"："《周南》：'南有朻(樛)木。'""朻"字見於楚文字，作"𣏙"(曾侯乙墓竹簡212)，簡文"朻楑"即"朻奊"，指朻木做的俑。《説文》："朻，高木也。從木，丩聲。""樛"字見於秦文字，作"𣏙"(里耶秦簡8-135正)。"樛"在秦簡中用

① 白於藍《簡帛古書通假字大系》，第86頁

② 黄德寬主編《古文字譜系疏證》，商務印書館，2007年，第449頁。

③ 白於藍《簡帛古書通假字大系》，第86頁。

④ 白於藍《簡帛古書通假字大系》，第87頁。

⑤ 荆門博物館《郭店楚墓竹簡》，文物出版社，1998年，第200頁。

⑥ 李守奎《〈説文〉古文與楚文字互證三則》，《古文字研究》第24輯，中華書局，2002年，第468～469頁。

⑦ 陳劍《據戰國竹簡文字校讀古書兩則》，《戰國竹書論集》，上海古籍出版社，2013年，第457～465頁。

⑧ 周波《戰國時代各系文字間的用字差異現象研究》，綫裝書局，2013年，第147頁。

作姓氏或人名。《説文》：“樛，下曲曰樛。从木，翏聲。”宋本《玉篇》：“樛，居秋切。《詩》曰：‘南有樛木。’木下曲曰樛。”“朻，同上。《爾雅》曰：‘下句曰朻。’”從《説文》來看，“朻”與“樛”並非一字異體。從《玉篇》來看，“朻”與“樛”爲一字異體。《説文》“朻”與《玉篇》“朻”蓋爲同形字。

四、誤把同源詞當作通假字

　　同源詞指音義皆有緊密聯繫的一組詞，而通假字則是記録兩個音同或音近但詞義沒有聯繫的兩個詞。《大系》收録的通假字，有的其實是同源詞。如“保”聲系下“保與抱”條：“《老子》甲：‘視素保（抱）樸，少私寡欲。’按河上、王弼本及帛書本作抱。”①劉釗先生指出“保”字本有“抱持”義。郭店楚簡《老子》甲“保樸”之“保”就用作“抱持”義。② 既然“保”本用作“抱持”義，那麼就不必用通假來解釋了。

　　《説文》：“捊，引取也。从手，孚聲。抱，捊或从包。”《説文》：“褒，褢也。”徐鉉加按語曰：“今俗作抱，非是。抱與捊同。”段注：“《論語》：‘子生三年然後免於父母之懷。’馬融釋以懷抱，即懷褒也。今字‘抱’行而‘褒’廢矣。抱者，引堅也。”徐鉉和段玉裁都把“抱”作爲“捊”的異體。秦簡有“抱”字，作 （睡虎地秦簡《日書》甲 45 背三），簡文曰：“人過於丘虛，女鼠抱子逐人，張傘以嚮之，則已矣。”“抱”正用作“懷抱”義。王力《同源字典》收{抱（褒）}和{保}爲一組同源詞。③《釋名·釋姿容》：“抱，保也。相親保也。”上古音“保”和“抱”只有聲母清濁的不同。《尚書·召誥》：“夫知保抱攜持厥婦子，以哀吁天。”“保抱”同義連言。

五、誤把同義換讀當成通假

　　《大系》在凡例中説“同義換讀的字用〔 〕隨文注明”。不過書中把同義換讀當成通假的例子有不少。如：

　　“里”聲系下“郢與鄙”條：“《競公瘧》：‘□之臣，出矯於郢（鄙）。’”④“郢”和“鄙”的上古音並不近。“郢”爲＊rɯʔ，“鄙”＊prɯʔ。唐玄應《一切經音義》卷四七引《倉頡篇》：“國之

---

① 白於藍《簡帛古書通假字大系》，第 132 頁。
② 劉釗《郭店楚簡校釋》，福建人民出版社，2003 年，第 35～36 頁。
③ 王力《同源字典》，商務印書館，1982 年，第 244 頁。
④ 白於藍《簡帛古書通假字大系》，第 26 頁。

下邑爲鄆。”可見此處爲同義換讀,無需視爲通假。

“帝”聲系下“適與至”條:“《泰射》:‘又諾以商,適(至)乏,聲止。’”①今本《儀禮》“適”作“至”。

“卯”聲系下“窌與窖”條:“《天乙·自天》:‘此是有□大木,有窌(窖)深□☑’”“《節》:‘毋嚮室以兵,不可塞污壑井窌(窖)’”。②《説文》:“窌,窖也。从穴,卯聲。”徐鉉注音“匹皃切”。段注認爲“窌”當作“窌”,字从“穴”“丣聲”,力救切。訛从“卯”才有“匹皃切”一讀。“窌”即使讀“力救切”也與“窖”的讀音相距甚遠。《集韻·效韻》把“窌”當作“窖”的異體,故有“居效切”一讀。“窌”與“窖”是同義詞,語音上没有關係,只能視爲同義換讀。

《大系》“丩”聲系下“收與兜”:“《見威王》:‘舜擊讙收(兜),放之崇。’”③“收”與“兜”乃同義換讀。出土文獻和傳世典籍中都有人名同義換讀的例子。如傳世典籍《論語》“宰予”又作“宰我”,“予”與“我”就是同義換讀。清華簡三《良臣》第 6 號簡中“龠寺虐”即“管夷吾”,其中“寺”假借爲“夷”,“虐”假借爲“吾”,“龠”假借爲“鑰”,“鑰”與“管”乃同義換讀。

六、誤把訛混之字當作假借字

《大系》有時把訛混之字當作假借字。如“矣”和“㚔”在戰國楚文字裏訛混了。張富海認爲“矣”是“㚔”的訛體。④ 我們認爲“矣”的造字原理與“牟”相類。“牟”字甲骨文作“𡴂”(《合集》18274),秦文字作“𡴂”(高奴禾石權)。“矣”字作“🔲”(工吴王㪠狗劍)、“🔲”(上博一《孔子詩論》簡 2)。雖然我們未能看到更早的形體,但我們推測“矣”字下部本从“大”,上部和“𡴂”一樣从“口”。後來“口”變成“厶”,“大”變成“矢”。“矣”與“㚔”是訛混的關係而不是分化關係。楚文字中有一部分“矣”字或从“矣”之字其實是“㚔”的訛體。《大系》“矣”聲系下所收之例,如《曹沫之陳》:“是故矣(疑)陬敗,矣(疑)戰死。”“三行之後,苟見短兵,攼毋怠,毋使民矣(疑)。”《尊德義》:“可學也而不可矣(擬)也,可教也而不可若也,可從也而不可及也。”《皇門》:“乃惟有奉俟(癈)夫,是陽是繩,是

---

① 白於藍《簡帛古書通假字大系》,第 733 頁。

② 白於藍《簡帛古書通假字大系》,第 136 頁。

③ 白於藍《簡帛古書通假字大系》,第 180 頁。

④ 張富海《説“矣”》,《古文字研究》第 26 輯,中華書局,2004 年,第 502~504 頁。

以爲上，是授司事師長。"郭店楚簡《成之聞之》："勇而行之不果，其悇（疑）也夫往悇（矣）。"①徐在國等編《戰國文字字形表》"疑"字下收" "（上博一《孔子詩論》簡 15）、" "（郭店楚簡《成之聞之》簡 21）、" "（郭店楚簡《語叢二》簡 36）等形。我們認爲" "、" "皆當釋爲"懝"，其中 "（悇）即訛體。《説文》："騃，馬行仡仡也。从馬，矣聲。"段注云："騃騃與俟俟音義同。俟，大也。皆鉏里切。《方言》曰'癡，騃也'，乃讀五駭切。俗語借用之字耳。"段玉裁認爲"騃"讀"五駭切"是因爲俗語借用造成的，頗有道理。《字彙》："疾，與騃同。""疾"與"騃"是爲通假關係。我們認爲"疾"很可能本从"矣"。

又如，《大系》在"來"聲系下收"棶與棘"、"逨與救"、"逨與棘"、"救與仇"、"救與仇"、"救與戗"，②以下爲文例：

清華簡一《程寤》："惟王元祀正月既生霸，太姒夢見商廷惟棶（棘），廼小子發取周廷梓樹于厥間，化爲松柏棫柞。""棶"字作" "。

郭店楚簡《老子》乙本："閉其門，塞其兑，終身不侮。啟其兑，塞其事，終身不逨（救）。""逨"字作" "。馬王堆帛書《老子》乙本作"棘"。

郭店楚簡《緇衣》："《詩》云：'彼求我則，如不我得；執我救救（仇仇），亦不我力。'""救"字作" "。今本《禮記・緇衣》"救"作"仇"。上博簡《緇衣》作"戗"。

郭店楚簡《緇衣》："《詩》云：'君子好救（仇）。'"上博簡《緇衣》作"救"。"救"字作" "。

從"來"聲系字的中古聲母來看除了"麥"爲明母字、"誺"爲徹母字外，其餘皆爲來母字。《説文》："狾，犬張斷怒也。从犬，來聲。讀又若銀。"段注："此从犬來會意。聲字衍。當删。"我們認爲段注可信，"狾"不从"來"聲。因此"來"聲系字不會和見組字通假。《大系》所收"來"聲系通假例，除了上引諸例外，其餘的有"來"聲系内通用、與"里"聲系通假以及"逨與邰"、"勅與飾"、"㜝與李"、"㜝與翼"。上古音"里"爲 $*$rɯʔ，"邰"爲 $*$lɯɯ，"飾"爲 $*$lʰjɯg，"李"爲 $*$rɯʔ，"翼"爲 $*$lɯg。

劉釗先生指出："在古文字中，'來'、'束'二旁常常相混。在楚簡文字裏，'來'、'求'二旁也相混。'逨'疑即'逑'字。"③陳劍亦指出"救"不从"來"，而从"𣐈"。"𣐈"是從" "分化而來。"𣐈"進一步分化出"棗"。" "及从" "之字在篆隸中遭到淘

① 白於藍《簡帛古書通假字大系》，第 90～91 頁。
② 白於藍《簡帛古書通假字大系》，第 28～30 頁。
③ 劉釗《郭店楚簡校釋》，第 34 頁。

汰,被"求"聲字兼併了。① 北大簡《老子》"棶"作"來"。整理者注云:"'棶'爲'來'之訛,隸書'來'、'求'形近易混。疑'來'先訛爲'求',再變爲'救'。'逨'、'來'應讀爲'勑'。"② 我們認爲清華簡《程寤》"",郭店簡《緇衣》""、"",上博一《緇衣》""所從所謂"來"字,皆從"棶"訛變而來。甲骨文"棶"字作""(《合集》19875)、""(《合集》17444)。""演變成"",""變成"棶"。

《大系》"來"聲系下"陸與陵"條下收楚帛書"山陸(陵)"、上博二《容成氏》"山陸(陵)"、上博四《柬大王泊旱》"陸(陵)尹"、上博五《弟子問》"延陸(陵)季子"等例子。"陸"字作""(楚帛書)、""(《容成氏》簡 18)、""(《柬大王》簡 20)、""(《弟子問》簡 2)。西周金文"陵"字作""(陵父日乙罍)、""(陵鼎)、""(三年瘕壺)。楚系文字"夌"皆變作"",可視爲變形音化从"來"聲。《大系》沒有備注,直接放在"來"聲系下,稍有不妥。

七、未能注意聯綿詞用字的特殊性

聯綿詞也是研究上古音的材料之一。古文字資料中也有不少聯綿詞。聯綿詞用字的特點就是一詞多形。它們跟一般的通假字在性質上是不同的。通假字之間有本字和借字的關係,但聯綿詞的不同用字之間無所謂本字與借字,都是用來記音的。但有些學者在談聯綿詞的語音關係時似乎忽略了這個問題,把它們跟一般的通假字混爲一談,因此割裂了聯綿詞之間的語音關係,不去區分它們到底是雙聲聯綿詞,還是疊韻聯綿詞,抑或是雙聲兼疊韻聯綿詞。《大系》也存在這個問題,如"黽勉",阜陽漢簡《詩經·邶風》作"汅沒",《大系》將它們分成兩條:"汅與黽"、"沒與勉"。③ "黽勉"、"汅沒"都是雙聲聯綿詞,故"汅"與"黽"、"沒"與"勉"都只是聲母相同,韻母是沒有關係的。《大系》是按韻部來編排的。它這樣處理,會讓人誤以爲"汅"與"黽"、"沒"與"勉"的韻母也有關係。又如"皋陶"的異文,典籍中或作"咎陶"、"咎繇",郭店楚簡《窮達以時》作"㿾繇"(簡 3)、《唐虞之道》作"㿾采"(簡 12),上博二《容成氏》作"㿾垌"(簡 29)、"咎咎"(簡 32)、"㿾秀"(簡 34),清華三《良臣》作"咎囚"。這個人名是疊韻聯綿詞,《大系》"缶"聲系下收"垌與陶"、"繇"聲系下收"繇與陶"、"秀"聲系下收"秀與陶"、"采"聲系下收"采與陶"、"囚"聲系下

① 　陳劍《據郭店簡釋讀西周金文一例》,《甲骨金文考釋論集》,綫裝書局,2007 年,第 20~38 頁。

② 　北京大學出土文獻研究所《北京大學藏西漢竹書(貳)》,上海古籍出版社,2012 年,第 130 頁注〔六〕。

③ 　白於藍《簡帛古書通假字大系》,第 849 頁。

收"囚與陶"、"咎"聲系下收"咎與陶"。① 如果把這幾組字當作通假字,就直接影響到
"陶"的聲母構擬。因爲"咎"、"囚"都是見組字,"陶"的上古聲母就會被構擬成 *gl-,而從
"陶"與"舀"聲系的關係來看,"陶"的上古聲母當爲 *l-。

結　語

　　綜上所述可見,《大系》在字詞關係的處理方面尚有不少需要改進的地方。由於篇
幅有限,本文僅舉數例,旨在拋磚引玉,希望學者在利用《大系》研究上古音的時候能夠
注意這些問題,避免盲從。

①　白於藍《簡帛古書通假字大系》,第 131、147、165、177 頁。

也談"貣"與"貸"的分化合流

趙　岩

東北師範大學文學院

"貣"與"貸"二字是什麼關係? 二者在不同時期是如何記詞的? 古今學者有過很多討論。《説文》貝部載:"貣,從人求物也。""貸,施也。"這揭示了"貣"與"貸"所記之詞的語義曾呈反向關係。清代段玉裁提出:"代、弋同聲,古無去、入之別,求人施人,古無貣、貸之分。由貣字或作貸,因分其義,又分其聲。如求人曰乞,給人之求亦曰乞,今分去訖、去旣二音。又如假、借二字,皆爲求者、予者之通名。唐人亦有求讀上入、予讀兩去之説,古皆未必有是。貣別爲貸,又以改竄許書,尤爲異耳。經史内貣、貸錯出,恐皆俗增人旁。"①一方面,肯定了"貸"由"貣"分化而來,另一方面,指出早期文獻應以作"貣"爲是,"貸"字爲後人所改。冀小軍進一步提出:"'貣'字本兼指借入和借出二義。後加'人'旁分化出'貸'字,以'貣'表示借入,以'貸'表示借出。……不過,這種分化並未成功。古書中常見以'貸'字表示借入或乞求的例子。"②上述討論多是根據傳世文獻得出的,冀小軍雖使用了睡虎地秦簡作爲材料,不過關於兩個字"分化並未成功"的結論所依據的仍是傳世古書。劉豔娟在秦漢簡帛文獻語料庫的基礎上進一步對"貣"與"貸"兩個字的記詞變化作了討論,對二者變化的過程勾勒得相對更爲清晰。③ 但是,由於對一些字料、語料的認識不同,我們認爲相關問題仍有可以進一步討論的地方。

---

① 〔清〕段玉裁《説文解字注》,中華書局,2013 年,第 282～283 頁。

② 李學勤主編《字源》,天津古籍出版社,2012 年,第 568 頁。

③ 劉豔娟《秦漢簡帛文獻用字習慣考察二則》,《語言科學》2018 年第 6 期,第 663～669 頁。以下所引劉豔娟的觀點皆出自此文,不再一一出注。

一、"貣"與"貸"的分化時間

　　"貣"字出現較早,①"貸"字的出現則相對較晚。劉豔娟已指出在里耶秦簡與岳麓書院藏秦簡所載秦律令中才看到"貸"字,但未言明"貣"與"貸"分化的具體時間。這兩種文獻的年代相對較爲清晰。整理者指出里耶秦簡的鈔寫年代在秦王政二十五年(前222)至秦二世二年(前 208)。② 岳麓書院藏秦簡所載秦律令見於《岳麓書院藏秦簡(肆)》與《岳麓書院藏秦簡(伍)》,二書語言文字的使用情況多符合秦統一六國後的特點。③ 其中,可以明確時間的"貸"字最早用例如下:

(1) 廿六年七月庚戌,廥舍守宣、佐秦出稻、粟米二斗以貸居貲士五巫濡留利,積六日,日少半斗。　　　　　　　　　　　　　　　　(里耶④ 9-1903＋9-2068)

從該例看,至晚到始皇二十六年(前 221)七月,"貸"字已經出現。此例中的"貸"記錄"出貸"義。稍晚一些的例子還有一些,如:

(2) 廿六年後九月辛酉,啟陵鄉守枯、佐□、稟人贈出麥四斗以貸貧毋種者貞陽不更佗。　　　　　　　　　　　　　　　(里耶 9-533＋9-886＋9-1927)

此例中的"貸"也是記錄"出貸"義。我們知道,秦統一六國建立秦朝正是在始皇二十六年,因此,"貸"字至晚在秦朝建立之初就已出現。

　　其他出土文獻材料也見有"貸"字,如古陶文有"𧵐"字,高明、葛英會據吳大澂的意見釋爲"貸"。⑤ 這一意見是正確的,上部的"止"形應該是"戈"形的變體。不過該陶器時代不明,"貸"字文義也無從考證。

---

① 先秦及漢初的"貣"字或从貝从戈,或从貝从弋,這裏將其作爲一個字來討論。劉豔娟認爲"貣字最早見於春秋時期的金文材料中",這是比較謹慎的。商代甲骨文中可見 𠭁、𫓧 等字形,《甲骨文編》《續甲骨文編》《甲骨文可釋字形總表》等釋爲"貣"字,《新甲骨文編》則未收。這些字形在甲骨文中的記詞情況不明,暫存疑。
② 湖南省文物考古研究所《里耶秦簡(壹)》,文物出版社,2012 年,第 4 頁。
③ 田煒《論秦始皇"書同文字"政策的内涵及影響——兼論判斷出土秦文獻文本年代的重要標尺》,《"中研院"歷史語言研究所集刊》第 89 本第 3 分,2018 年,第 19～20 頁。
④ 爲敘述方便,本文所引用的簡帛文獻辭例出處均用簡稱,對應如下:里耶——里耶秦簡;岳麓叁——岳麓書院藏秦簡(叁);岳麓肆——岳麓書院藏秦簡(肆);岳麓伍——岳麓書院藏秦簡(伍);岳麓《爲吏》——岳麓書院藏秦簡《爲吏治官及黔首》;張家山《算數書》——張家山漢簡《算數書》;張家山《二年》——張家山漢簡《二年律令》;銀雀山《晏子》——銀雀山漢簡《晏子》;走馬樓壹——長沙走馬樓三國吳簡(壹);五一廣場——長沙五一廣場東漢簡牘。此外,爲排版方便,所引辭例中的一些文字採用寬式隸定。
⑤ 高明、葛英會《古陶文字徵》,中華書局,1991 年,第 224 頁。

有兩個相關字形需要注意。《古文字類編(縮印增訂本)》"貸"字字頭下收録了一個字形,圖版作"𩜁",①從食從貣。該字形見於羅福頤編撰的《古璽彙編》0304 號戰國璽印,②璽文作"酀遲𩜁廚",黄德寬認爲"𩜁廚"應讀爲"貸府",是借貸機構。③ 如果這一看法成立,記録借貸義的"貣"字可能在戰國時已發生字形的分化。不過,由於材料較少,我們還不知道這時"𩜁"字與"貣"字是否存在記詞上的區别,也不知道"借入"義與"借出"義是否已經分化。此外,《古璽彙編》0219 號、0278 號還可見到"飤"字,有學者認爲應讀爲"貸"。這一字形或是"𩜁"字的簡化,我們同樣也不清楚其記詞情況。

二、"貣"與"貸"的分化過程

劉豔娟認爲:"確實存在由'貣'或作'貸',因分其義,又分其聲的現象,但是在文字的實際使用過程中,'貣'、'貸'並未因爲意義不同而完全獨立使用。至少在秦代中晚期,二者仍有交叉使用現象。"如果仔細觀察語料的年代與性質,我們會發現其實"貣"與"貸"的交叉使用是有時間範圍的,最晚到秦代晚期,二者的分工已經明確。

爲行文方便,我們將秦簡中二者的分布情況列舉如表一。

表一 秦簡"貣"與"貸"的使用情況

	貣	貸
睡虎地秦簡	7	0
北大藏秦簡《教女》	1	0
里耶秦簡(壹)	7	11
里耶秦簡(貳)	17	10
岳麓書院藏秦簡《爲吏治官及黔首》	2④	0
岳麓書院藏秦簡《數》	3	0
岳麓書院藏秦簡(叁)	6	0
岳麓書院藏秦簡(肆)	11	7
岳麓書院藏秦簡(伍)	11	3

---

① 高明、涂白奎《古文字類編(縮印增訂本)》,上海古籍出版社,2014 年,第 1166 頁。

② 故宫博物院編,羅福頤主編《古璽彙編》,文物出版社,1981 年,第 53 頁。

③ 黄德寬主編《古文字譜系疏證》,商務印書館,2007 年,第 165 頁。

④ 岳麓書院藏秦簡《爲吏治官及黔首》77 號簡載"貣種食弗請"。"貣"字,整理者釋爲"貸"(參看朱漢民、陳松長主編《岳麓書院藏秦簡(壹)》,上海辭書出版社,2010 年,第 143 頁),據圖版實爲"貣"字。

睡虎地秦簡、北大藏秦簡《教女》及岳麓書院藏秦簡《數》,用"貣"而不用"貸"。一般認爲睡虎地秦簡鈔寫年代較早,多數早於秦代,這是没有問題的。田煒指出《教女》和岳麓書院藏秦簡《數》的用字習慣與秦代不符,鈔寫應早於秦代,[①]可從。翁明鵬對岳麓書院藏秦簡《數》也有類似的判斷。[②] 這三種文獻中未見"貸"字,是與我們前文對"貸"字出現時間的判定相合的。

里耶秦簡中的情況比較複雜。上述例(1)中"貣"與"貸"共見,説明"貸"字出現後書寫者曾有意識地區别使用二者。不過最初二者的分工並不穩定。一方面,在一定的時間内仍可見到用"貣"記録"出貸"義,如:

(3) 廿八年七月戊戌朔癸卯,尉守竊敢【言】之:洞庭尉遣巫居貸公卒安成徐署遷陵。今徐以壬寅事,謁令倉貣食,移尉以展約日。敢言之。七月癸卯,遷陵守丞膻之告倉主,以律令從事。逐手。即徐□入□。　　　　　　　　(里耶 8-1563)

(4) 徑脣粟米一石九斗少半。卅一年四月癸未朔□未,田官守敬、佐壬、稟人娙出貣居責索武昌士五𦟽。　　　　　　　(里耶 9-901＋9-902＋9-960＋9-1575)

(5) 徑脣粟米一石泰半斗。卅一年五月壬子朔己未,田官守敬、佐郤、稟人娙出貣罰戍公卒襄武宜都肰。　　　　　　　　　(里耶 9-763＋9-775)

(6) 卅一年六月壬午朔丁亥,田官守敬、佐郤、稟人娙出貣罰戍簪裊壞(襄)德中里悍。
　　　　　　　　　　　　　　　　　　　　　(里耶 8-781＋8-1102)

(7) 粟米一石九斗少半斗。卅三年十月甲辰朔壬戌,發弩繹、尉史過出貣罰戍士五醴陽同□録。　　　　　　　　　　　　　(里耶 8-761)

例(3)簡是一封官方文書,大體分爲兩部分。"七月癸卯"前爲第一部分,記載了名爲"竊"的代理遷陵縣尉發給縣廷的文書內容,請求縣廷命令倉借給名爲"徐"的人糧食,"徐"的身份是"居貸公卒"。"七月癸卯"後爲第二部分,同一日,遷陵縣守丞"膻之"將該請求轉給倉的主事者,命令其按律令規定處理該事。該文書表示"借出糧食"用"貣",而身份詞"居貸"則用"貸"字記録詞素。例(4)~(7)中的"貣"同樣記録借出義。

另一方面,"居貣/貸"與"貲貣"的詞素用字在一定的時間内也不穩定。所謂"居貣/貸",涉及秦的居作制度。秦時個人拖欠官府錢財,可以在官府勞作,以日計錢,以抵消所欠政府的錢財。秦簡中多見"居貲、贖、責(債)",即是這種制度的反映。據張金光的考察,"貲"指有罪被罰款或被罰物者,"贖"指犯法而按律被判爲贖一類罪者,"債"指損

① 田煒《論秦始皇"書同文字"政策的内涵及影響——兼論判斷出土秦文獻文本年代的重要標尺》,《"中研院"歷史語言研究所集刊》第 89 本第 3 分,第 18~21 頁。
② 翁明鵬《岳麓秦簡〈數〉的鈔寫年代考辨》,《出土文獻》第 14 輯,中西書局,2019 年,第 290~296 頁。

壞公物、虧欠公款或借貸官府公債者。① "居貸"應該是從官府借入了錢財無法償還,居作於官府以抵償所貸錢財的人,"貲貣"的性質與之類似。從例(1)可以看到,在始皇二十六年,"居貸"可寫作"居貣",類似的情況還見於:

> (8)【廿】八年三月庚申,啟陵鄉趙爰書:士五胸忍蘇溇居臺告曰:居貣,署酉陽,傳
> 送牽遷陵拔馬一匹,……【三月】庚申,啟陵鄉趙敢言之:上診一牒,敢言之。
> 見手。
> 　　　　　　　　　　　　　　　　　　　　　　　　　　　　(里耶 9-2346)

例(8)簡書於始皇二十八年(前 219)三月,而在書寫於同年的例(3)簡中則用"貸"字記錄這一詞素。在更晚些的始皇三十一年(前 216)正月的文書中仍可見到"貣"作詞素使用,如:

> (9)徑膚粟米一石九斗少半斗。卅一年正月甲寅朔丙辰,田官守敬、佐壬、稟人顯
> 出稟貲貣士五巫中陵免將。
> 　　　　　　　　　　　　　　　　　　　　　　　(里耶 8-764)

值得注意的是,在始皇三十三年(前 214),情況發生了變化。如上所述,該年十月之前的辭例中可見用"貣"字記錄借入或借出義,而在該年九月之後的辭例中,只見"貸"字被用作記錄借出義,②如:

> (10)粟米二石。卅【三年】九月戊辰【朔】乙酉,倉是、佐襄、稟人藍出貸【更】☒
> 　　　　　　　　　　　　　　　　　　　　(里耶 8-1660＋8-1827)

> (11)☒巳朔朔日,啟陵鄉守狐出貸適(讁)戍☐☒　　　　(里耶 8-1029)

例(10)簡書寫於始皇三十三年九月乙酉,辭例與例(4)～(7)大體相同,不過用字情況發生了變化,用"貸"記錄"借出"義。例(11)簡中的"貸"字用法相同。雖然該簡沒有明確記載書寫時間,但據里耶秦簡 8-769 及 8-1029 號簡,"狐"任職啟陵鄉守的時間在始皇三十五年八月,始皇三十五年八月是丁巳朔,與簡文所記殘留朔日正相合,因此,例(11)簡的書寫時間也應在始皇三十五年八月。

可與此互證的是《岳麓書院藏秦簡(肆)》。其中"貣"字均用來記錄借入義,"貸"字均用來記錄借出義,如:

> (12)芻稾積五歲以上者以貸,黔首欲貣者,到收芻稾時而責之,黔首莫欲貣,貣而
> 弗能索者,……
> 　　　　　　　　　　　　　　　　　　　　　　　(嶽麓肆 386)

同一律令中"貣"與"貸"二字共現,記載了如下信息:官府存儲五年以上的芻稾用來借

---

① 張金光《秦制研究》,上海古籍出版社,2004 年,第 553 頁。
② 秦曆以十月爲歲首,九月或後九月爲歲末。

貸,百姓想要借貸的,到收穫芻稾的時候向黔首索取其借貸的芻稾,百姓没有人想要借貸,借貸了而不能索取的……。《岳麓書院藏秦簡(肆)》的書寫時間不一,但"貣"與"貸"整齊劃一的使用情况説明,至少在某一時段内,"貣"與"貸"的分工已經穩定化。結合里耶秦簡的情况,也許二者分工的穩定肇始於始皇三十三年正月到九月之間。類似的還有1例:

> (13)泰上皇時内史言:西工室司寇、隱官、踐更多貣不能自給糧。議:令縣遣司寇
> 入禾,其縣毋(無)禾當貣者,告作所縣償及貸。西工室伐檊沮、南鄭山,令沮、
> 南鄭聽西工室致。其入禾者及吏移西工室。二年曰:復用。
>
> (嶽麓肆 329~331)

該例記載,秦莊襄王時内史指出:西工室管轄的司寇、隱官、踐更三類人,大多貧窮不能自己供給口糧。討論後提出:命令這三類人所屬的縣派遣司寇上交禾(以供給上述人),没有禾可以借貸的縣,告知上述三類人所勞作的縣補償並借貸。這裏出現"泰上皇"一詞,《史記·秦始皇本紀》:"二十六年……追尊莊襄王爲太上皇。"整理者據此指出:"此令稱'太上皇',後又有'二年'紀年,其鈔寫年代必不早於秦二世二年。"[1]這一推論應該是準確的。據此,在秦二世時期,"貣"與"貸"延續了之前分别記録借入、借出義的用法。

岳麓書院藏秦簡《爲吏治官及黔首》用"貣"而不用"貸",且"貣"可記"借出"義,如:

> (14)貣種食弗請。
>
> (嶽麓《爲吏》77)

例(14)講的是官吏不應做的一類事情,即借給他人種子、糧食不向上級報告,"貣"字記録"借出"義。該文獻用字用詞較爲複雜,既有"黔首"、"奴婢"等呈現秦代特徵的詞語,也有用"胃"記{謂}、用"賞"記{償}等呈現戰國時代特徵的字,因此我們還無法説清該文獻用"貣"到底是因爲書寫於戰國時期,還是因爲非官方書寫,或是其他原因。

綜合上述材料來看,"貣"與"貸"的分化較爲複雜,不是一蹴而就的。"貸"字分化出來後與"貣"字經歷了一個競爭、調整的階段。在始皇三十三年十月之前,二字記詞存在交叉。這一競爭的階段比較短暫,在始皇三十三年九月或稍早些,官方書寫已習慣分别用"貣"、"貸"二字記録借入、借出義。在秦二世二年或更晚的時間,仍在延續這樣的分工。要説明的是,以上結論主要是據公文及律令文獻得出的,因此主要代表官方文獻的書寫面貌。

---

[1] 陳松長主編《岳麓書院藏秦簡(肆)》,上海辭書出版社,2015年,第226頁。

三、"貣"與"貸"的合流過程

劉豔娟在統計了馬王堆漢墓帛書、張家山、銀雀山、鳳凰山、阜陽、北大、尹灣、武威等漢簡中"貣"與"貸"的使用頻率的基礎上提出:"西漢早期,'貣'讀作'貸'者僅 3 例,並且都是表示借入,'貸'表示借出。在西漢晚期材料中,不見'貣',僅有'貸',多見於簿籍文獻中,並且可兼表'從人求物'與'施也'二義。可見到了西漢時期,'貸'基本已經取代'貣',既可以表示借入,也可以表示借出。"這裏有兩點需要進一步説明。

一是西漢時期簡牘文獻中是否有"貣"的用例。劉豔娟所提到的西漢早期"貣"讀作義爲借入的"貸"的 3 例,均見於張家山漢簡《算數書》64~65 號簡所載的一則算例:

(15) 貣錢百,息月三。今貣六十錢,月末盈十六日歸,請息幾何? 得曰:廿五分錢廿四。術曰:計百錢一月,積錢數以爲法,直(置)貣錢以一月百錢息乘之,有(又)以日數乘之爲實,【實】如【法】得得息一錢。 (張家山《算數書》64~65)①

張家山漢簡《算數書》的文本鈔寫年代並不清晰。一般認爲該墓葬爲西漢早期墓葬,這是沒有問題的,這也是《算數書》文本鈔寫年代的下限。以往的研究主要討論了該書的成書時間,多數傾向於秦代或更早。② 成書時間只能提供鈔寫時間的上限,要弄清文本鈔寫年代,文本自身的用字、用詞習慣是更爲直接的證據。用字方面,《算數書》用"何"字記錄疑問代詞{何}、用"賣"字記錄賣出義的{賣}、用"諸"字記錄衆義的{諸}、用"予"字記錄給予義的{予}。我們曾指出"何"字代替"可"記疑問代詞{何}在戰國晚期可能就已發生,最晚在秦代後期的官方文書中這一更替已基本完成,並在漢初及之後被繼承。③ 陳斯鵬指

---

① 簡文中的"貣"字整理者釋爲"貸"字(參張家山二四七號漢墓竹簡整理小組《張家山漢墓竹簡〔二四七號墓〕》,文物出版社,2001 年,第 257 頁),據圖版,實爲"貣"字。

② 也有學者認爲是在漢代,不過目前來看主張成書於漢代的最爲主要的證據是算例《繒幅》61~63 號簡記載的"繒幅廣廿二寸",整理小組認爲此爲漢制,因爲張家山漢簡《二年律令》258 號簡載"販賣繒布幅不盈二尺二寸者,没入之",而睡虎地秦簡《秦律十八種·金布律》載"福(幅)廣二尺五寸"(張家山二四七號漢墓竹簡整理小組《張家山漢墓竹簡〔二四七號墓〕》,第 257 頁)。不過目前所見里耶秦簡所載秦代的制度與睡虎地秦簡《秦律十八種》並不完全相符,如徒隸的口糧供給制度等。因此,《算數書》關於繒幅的記載也有可能是秦國晚期或秦代時的制度,晚於《秦律十八種》的規定,並非一定是漢制。這樣看來認爲《算數書》成書於漢代證據不足。

③ 趙岩《"可盜所"還是"何盜所"》,《古文字研究》第 32 輯,中華書局,2018 年,第 601~610 頁。張再興、姜慧也曾討論這一問題,與我們的結論略有不同的是他們認爲"到了西漢早期簡帛文獻中,疑問代詞{何}已經迅速完成了從'可'到'何'的轉換定型過程"(參張再興、姜慧《基於出土文獻語料庫的疑問代詞{何}的用字定型過程研究》,《語言科學》2018 年第 4 期,第 422~433 頁)。

出:"賣字的創製,很可能即在秦代。"①里耶秦簡更名方記載秦代用"諸"代替"者"記錄
{諸},用"予"代替"鼠"記錄{予}。② 綜合這些用字習慣的年代性,該書的鈔寫年代要晚
到秦代。但鑒於秦及漢初很多的用字記詞習慣是一致的,《算數書》中以"貣"記{貸}是
秦代的記詞習慣還是漢初的,從其他字的記詞習慣看還無法確定。用詞習慣方面,《算
數書》中也沒有明確的具有漢代標誌特徵的詞語,這也使得我們無法說清《算數書》中以
"貣"記{貸}體現的是秦代還是漢初的用字習慣。

　　二是在漢代"貸"字兼記借入、借出義的時間。最晚在西漢早期之後,漢代簡牘中已
不見"貣"的用例,是不是"貸"在漢代早期之後就取代了"貣"記錄借入、借出義呢? 謹慎
來講,證據還不充足。我們所見出土文獻材料有限,穩妥的方法是先理清漢代"貸"字記
錄借入義的時間。然而,如劉豔娟所統計的,漢代早期的張家山漢簡、阜陽漢簡、鳳凰山
漢墓竹簡中的"貸"均記錄借出義,所以我們還無法確定"貣"與"貸"二字在漢代早期是
否延續了秦代晚期所呈現的分別記錄借入、借出義的分工。目前能找到的漢代出土文
獻材料裏"貸"字記借入義最早的例子,是銀雀山漢墓竹簡《晏子》中的一則辭例:

　　(16)……貸之謂嗇,積財不能分人獨自養之謂粦(吝),不能自養有(又)不能分人之
　　　　謂愛。　　　　　　　　　　　　　　　　　　　　　　　　　(銀雀山《晏子》588)③

傳世本《晏子·内篇》該句作:"稱財多寡而節用之,富無金藏,貧不假貸,謂之嗇。積多不能分
人,而厚自養,謂之吝。不能分人,又不能自養,謂之愛。"據其記載晏子所認同的君子行爲
"嗇",是指能夠衡量財產多少而適度使用,富者沒有收藏貴重的財物,貧者不向其他人借錢
物。由此該簡中的"貸"應是記錄借入義。銀雀山漢墓是漢武帝初年的墓葬,竹簡本《晏子》
的鈔寫年代必不晚於漢武帝時期。這說明最晚到漢代中期"貸"字已經兼記借入、借出義了。

四、傳世文獻中"貣"字的使用情況及相關問題

　　南北朝之前的傳世文獻中"貣"字用例極少,除上述《説文解字》外,具體見表二:

① 陳斯鵬《説"買"、"賣"》,《中國文字學報》第 7 輯,商務印書館,2017 年,第 101～107 頁。
② 該木方最早由張春龍、龍京沙公布(參張春龍、龍京沙《湘西里耶秦簡 8-455 號》,《簡帛》第 4 輯,上海古籍出版
　社,2009 年,第 11～15 頁),此處依據的是陳侃理補釋後的簡文(參陳侃理《里耶秦方與書同文字》,《文物》
　2014 年第 9 期,第 76～81 頁)。
③ 該簡中"貸"字的釋讀據整理者所作釋文,圖版並不清晰(銀雀山漢墓竹簡整理小組《銀雀山漢墓竹簡(壹)》,文
　物出版社,1985 年,第 98 頁)。蒙王輝提供該字的紅外圖版,是"貸"字無疑。另劉豔娟認爲"貸"記錄借出義
　在銀雀山漢簡中有 2 例,一見於《晏子》,一見於《陰陽時令》。《晏子》此例可明確爲"借入"義,《陰陽時令》中的
　例子爲銀雀山漢墓竹簡 1767 號簡所載:"……貸藩草之時也。"該句中的"貸"文意不明。

表二　南北朝之前傳世文獻"貣"與"貸"的使用情況

	貣	貸
《荀子》	1	3
《管子》	1	23
《史記》	1	13
《漢書》	9	55
《後漢書》	2	47

《管子》中的1例"貣"字見於《正》篇,《史記》中的1例"貣"字見於《宋世家》,均爲通假字,通"忒",分別記録變更義與差錯義。《荀子》中的1例作:

(17) 今有人於此,屑然藏千溢之寶,雖行貣而食,人謂之富矣。　　(《荀子·儒效》)

一般認爲此例中的"貣"字記録"求乞"義。結合出土文獻材料,西漢以前傳世文獻中記録借入義的"貣"字均如段玉裁所言被後人改爲了"貸"字。

值得注意的是,雖然"貣"與"貸"二字從出土文獻看合流較早,但在《漢書》《後漢書》等文獻中我們仍能看到"貣"字記録"借貸"義的用例,[①]如:

(18) 吳楚兵之起,長安中列侯封君行從軍旅,齎貣子錢家,子錢家以爲關東成敗未決,莫肯予。唯毋鹽氏出捐千金貸,其息十之。　　(《漢書·貨殖列傳》)

(19) 二月,司隸、冀州饑,人相食。敕州郡賑給貧弱。若王侯吏民有積穀者,一切貣十分之三,以助稟貸;其百姓吏民者,以見錢雇直。王侯須新租乃償。

(《後漢書·孝桓帝紀》)

(20) 減公卿以下奉,貣王侯半租。　　(《後漢書·孝桓帝紀》)

三個例子中"貣"均記録借入義,例(18)(19)中可見"貣"、"貸"二字共現,分工明確,分別記録借入、借出義。不過,用"貣"字記借入義並非兩書的常態,在兩書中多見用"貸"字記録借入義的用例,如:

(21) 春正月丁亥,詔曰:"夫農,天下之本也,其開藉田,朕親率耕,以給宗廟粢盛。民讁作縣官及貸種食未入、入未備者,皆赦之。"　　(《漢書·文帝紀》)

(22) 民或乏絕,欲貸以治產業者,均授之,除其費,計所得受息,毋過歲什一。

(《漢書·食貨志》)

(23) 詔貸王、侯國租一歲。　　(《後漢書·孝順孝沖孝質帝紀》)

---

① "貣"字在《漢書》中也有記録"求乞"義的用例,這裏不加贅述。

(24) 扶風人士孫奮居富而性吝,冀因以馬乘遺之,從貸錢五千萬,奮以三千萬與
之,冀大怒,乃告郡縣,認奮母爲其守臧婢,云盜白珠十斛、紫金千斤以叛,遂
收考奮兄弟,死於獄中,悉没貲財億七千餘萬。   (《後漢書·梁統列傳》)

尤其是例(23),與例(20)語境類似,卻用“貸”字。這少量的用“貣”字的情況與出土簡帛文獻用字情況並不一致。東漢簡牘不見“貣”字記録借入、借出義,只見“貸”字兼記借入、借出義的用法。劉豔娟的統計結果如下:“東漢時期簡牘材料中‘貸’共出現 7 次,見於張家界漢簡 1 次,讀作‘代’。長沙東牌樓漢簡 4 次,爲習字簡。甘谷漢簡 2 次,表示‘貸錢’,即借出義。整個東漢簡牘材料中,‘貸’用例較少。”可以補充一些例子。長沙五一廣場東漢簡牘中,“貸”字也兼記借入、借出義,如:

(25) 直錢二萬,先入一千,別券。後平復還敬券,不成。敬前詣都郵……會貸錢一
千雇租,不受敬先入錢。   (五一廣場 51)
(26) 貸主潁川舞陽都□□☑   (五一廣場 81)
(27) 永初元年八月庚子朔廿一日庚申,……廷移府記曰:男子王石自言,女子溏貞
以永元十四年中從石母列貸錢二萬,未   (五一廣場 106)

例(25)是一則法律案件,可以推測原告、被告的衝突源於對“一千錢”的性質認識不同,“敬”認爲“一千錢”是爲價值“二萬錢”的某物先付出的一部分,而“平”則認爲這是另外向敬借的錢,與“二萬錢”無關。[1] 因此例(25)中的“貸”字記録借入義。例(26)中的“貸主”,整理者釋爲“債權人”,[2]可從,“貸”字記録借出義。例(27)記載一個叫作“王石”的男人對官府説,一個叫作“溏貞”的女人在漢和帝永元十四年(102)時從“王石”的母親“列”處借錢 2 萬,“貸”字記録借入義。該簡書寫年代清楚,在漢安帝永初元年(107)。雖然例(25)(26)的書寫時代不清楚,但據整理者指出,五一廣場簡所見年號最早的是漢章帝章和四年(90),[3]最晚的是漢安帝永初五年(111),該批簡牘的時代主要爲東漢早中期和帝至安帝時期。[4] 據此,東漢早期、中期延續了之前“貣”與“貸”合流的用字習慣。

在長沙走馬樓三國吳簡中,“貸”字也兼記借入、借出義,如:

(28) 入嘉禾二年所貸還民限米三百七十五斛六斗三升。   (走馬樓壹 1680)

---

① 石洋對此例有不同的理解:“平是商賈,爲人狡猾,他與敬産生經濟糾紛之際,向人借錢 1000,用以支付雇傭的薪金。”(石洋《秦漢時期借貸的期限與收息周期》,《中國經濟史研究》2018 年第 5 期,第 26 頁)但對“貸”的解釋與我們相同。
② 長沙市文物考古研究所等編《長沙五一廣場東漢簡牘選釋》,中西書局,2015 年,第 179 頁。
③ 實際是漢和帝永元二年,屬年號延後現象。
④ 長沙市文物考古研究所等編《長沙五一廣場東漢簡牘選釋》,第 7 頁。

(29) 其廿九斛爲黄龍三年還民所貸米。　　　　　　　　　（走馬樓壹 3137）

(30) 入船師傅米貸建安廿六年限米卅四斛☐　　　　　　　（走馬樓壹 1843）

這三例都是官府的入米記録。前兩例中的"還民"與例(30)中的"船師"都是某種身份，也是借貸米的人，"船師"名爲"傅米"。例(28)中的"貸"記録借出義，例(29)(30)中的"貸"記録借入義。這是對東漢早期、中期用法的延續。

比較可知，《漢書》《後漢書》中少量用"貣"的情況，與文書日常書寫的實際面貌不同。以往一般認爲《漢書》與《史記》相比有用古字的地方，用"貣"記"貸"看來也屬此種情況。二書"貣"字用法存在與《説文解字》"貣"字用法相同之處，説明雖然漢代人日常書寫已慣用"貸"字，但東漢甚至更晚時有些人還是知道"貣"字的用法。

五、"貣"與"貸"合流的原因

"貣"與"貸"的分化是爲了分別記録借入、借出義，同時期發生類似分化的還有"買"與"賣"、"叚"與"假"，但很快"貣"與"貸"又合流了，類似的還有"叚"與"假"。問題是，"貣"與"貸"爲什麼又合流了呢？

首先要考慮的是文字的經濟律。原則上用更少的字記録詞語，就會使人們的識字任務減少，也有利於文本的書寫。但是，這還不足以解釋"貣"與"貸"的合流，因爲如果僅從文字使用的經濟律考慮，最初就没有必要分化出"貸"字。

還需要考慮的是在多數語境中，"貣/貸"記録的借入、借出義不借助字形也能加以判定，詞法、句法上有很多結構可以輔助判斷。詞法上，"貣/貸"作爲詞素的一些同義複合詞的出現，使得在一定語境中人們可以準確地分辨"貣/貸"是借入義還是借出義。如例(6)(7)中的"出貣"與例(19)中的"稟貸"，再如：

(31) ☐☐以財物私自假貸，假貸人罰金二兩。其錢金、布帛、粟米、馬牛殹，與盗同法。　　　　　　　　　　　　　　　　　　　　（張家山《二年》77）

(32) 吏六百石以上及宦皇帝而敢字貸錢財者，免之。　　　（張家山《二年》184）

"假貸"、"字貸"等結構的出現使"貸"字記録的詞義是清晰的。句法上，如例(27)中的"從＋某人或機構＋貸"等結構，"貸"是借入義。再如：

(33) 歸居室，心不樂，即獨撟(矯)自以爲五大夫馮毋擇子，以名爲僞私書，問矰，欲貣(貸)錢胡陽少内。　　　　　　　　　　　　　（嶽麓叁 225～227）

(34) 以利印封，起室把詣於矰，幸其耳(肯)以威貣(貸)學錢，即盗以買☐衣被兵，去，邦亡荆。　　　　　　　　　　　　　　　　　（嶽麓叁 227～228）

這兩例中,"貣+錢+機構/人"中的"貣"是借入義,而"貣+人+錢"中的"貣"則是借出義。① 不過,這一點也不能完全解釋"貣"與"貸"的合流,因爲"買"與"賣"在詞法與句法上也有區別特徵,但卻保留了用字上的差別。

我們認爲,"貣"與"貸"合流的最重要原因是借入義與借出義的整體性。雖然在某些語境中,借入義與借出義是能夠區分的,但有時二者卻渾然一體,不能辨別。如上文提到的"居貣/貸",很難講清作爲詞素的"貣"是借入義還是借出義。還有例(15)中的"貣錢百",理解爲借入義或是借出義都可。在這樣的語境中"貣"是没有方向性的。當人們嘗試爲"貣"、"貸"二字進行分工時,對於這樣的情況就很難處理。

語義的整體性使得"貣/貸"在語用上也呈現一些特徵。如"貣"、"貸"基本不連用成詞,因爲單獨的"貣/貸"足以記録"貣"與"貸"連用而能記録的意義。可以相比較的是"買"與"賣",文獻中常見"賣買"、"買賣",如:

(35) 關市律曰:縣官有賣買殹(也),必令令史監,不從令者,貲一甲。 (嶽麓肆 243)

(36) 令曰:諸從者有賣買而給(紿)人,與盜同灋,有(又)駕(加)其辠一等,耐辠以下有(又)罷(遷)之,從而奸,皆以强與人奸律論之。 (岳麓伍 291)

(37) 七日聽賣買以質劑。 (《周禮·天官·小宰》)

(38) 夫良商不與人爭買賣之賈,而謹司時。 (《戰國策·趙策三》"希寫見建信君"章)

(39) 莽知民怨,乃下書曰:"諸名食王田,皆得賣之,勿拘以法。犯私買賣庶人者,且一切勿治。" (《漢書·王莽傳》)

文獻中還能見到用連詞連接的"買"與"賣",卻未見"貣+連詞+貸",如:

(40) 金布律曰:有買及賣殹,各嬰其賈(價),小物不能各一錢者,勿嬰。

(嶽麓肆 117)

以上我們主要依據部分書寫年代相對明確的秦漢簡牘,通過對材料的進一步分析,補充論證了"貣"與"貸"二字在秦漢時期的分化合流過程。部分討論還很粗疏,希望得到方家的批評。

---

① 尹灣漢墓簡牘 YM6D10 背面載:"元延元年三月十六日,師君兄貸師子夏錢八萬,約五月盡,所子夏若□卿奴□□□□□□□承□□見者:師大孟,季子叔。"張顯成、周群麗認爲這是墓主向師子夏借錢的券書(參張顯成、周群麗《尹灣漢墓簡牘校理》,天津古籍出版社,2011 年,第 99 頁),從句法上判斷,該簡所述是師君兄借給師子夏錢八萬。類似的文例如居延新簡 E.P.T59:8 載:"貸甲渠候史張廣德錢二千,責不可得,書到驗問,審如猛言,爲收責言。謹驗問廣德,對曰:酒元康四年四月中,廣德從西河虎猛、都里趙武取穀錢千九百五十,約至秋予……"這個例子首句的"貸"從下文看可以明確是借出義。

秦簡牘中由多種原因共同造成的一字形表多音義現象初探*

翁明鵬

廣西師範大學文學院

業師陳斯鵬先生曾對楚系簡帛中由多種原因造成的一字形表多音義現象進行過考察。① 而我們在陳師的指導下研究秦簡牘字詞關係時，也發現造成秦簡牘中一字形表多音義現象的原因往往並不都是那麽單純的，或是由同源跟假借共同造成，抑或由假借跟訛字共同造成，有時又是由同源跟訛字共同造成，甚至還有由同源、假借、訛字三者共同造成。下面，我們分别來舉例説明。

一、由同源跟假借共同造成的一字形表多音義

例 1　疏—{疏}{梳}{蔬}

疏，《説文》㐬部："，通也。从㐬，从疋，疋亦聲。"秦簡牘"疏"作（睡簡《封診式》91）、（嶽伍 118）、（里博 10-1595Ⅱ）、（里貳 9-1888Ⅰ）等形，與《説文》同。據《説文》，疏之本義爲疏通，引申而有疏散、疏密、粗疏、疏解、疏陳、疏記、疏書等義。

秦簡牘"疏"即多用爲本義，如：

即疏書甲等名吏關（貫）諜（牒）北（背）。　　（睡簡《封診式》91～92）

---

* 本文是中國博士後科學基金第 68 批面上資助項目"秦簡牘中字形與音義相互關係之研究"（2020M680144）和教育部人文社會科學研究西部和邊疆地區項目"秦簡牘疑難字詞集釋彙考"（21XJC740004）的階段性成果。

① 陳斯鵬《楚系簡帛中字形與音義關係研究》，中國社會科學出版社，2011 年，第 93～119 頁。

用疏者,如故。 （嶽伍 118）

疏書吏、徒上事尉府者牘北（背）。 （里壹 8-1517Ⅰ～Ⅱ）

□ 陵鄉令倉毋罔（網）疏□……□ （里貳 9-1860Ⅱ）

秦簡牘"疏"還可記錄同源詞梳箆之｛梳｝：

澤沐長順,疏（梳）首三祑之,①衣數以之。 （北簡《教女》30）

以吾説之,紿（殆）類比（箆）疏（梳）。 （北簡《隱書》9）

梳之齒是疏的,故謂之"梳"。《釋名·釋首飾》："梳,言其齒疏也。"②

秦簡牘"疏"亦可表示蔬食之｛蔬｝：

疏（蔬）食蓄采。 （嶽壹《爲吏治官及黔首》20 貳）

疏食,廖繼紅先生認爲指粗糲的飯食,糙米飯,並引《論語·述而》"飯疏食飲水,曲肱而枕之,樂亦在其中矣"、《禮記·喪大記》"君之喪……士疏食水飲,食之無筭"孔穎達疏"疏,粗也;食,飯也。士賤病輕,故疏食。粗米爲飯,亦水爲飲"和《漢書·王崇傳》"去位家居,亦布衣疏食"爲説。③ 王輝先生讀爲蔬食,指草木的果實,並引《禮記·月令》"山林藪澤,有能取蔬食、田獵禽獸者,野虞教道之"鄭玄注"草木之實爲蔬食"、《墨子·雜守》"令民家有三年畜蔬食,以備湛旱、歲不爲"和《文子·上仁》"春伐枯槁,夏收百果,秋蓄蔬食,冬取薪蒸,以爲民資"爲證。④《嶽麓書院藏秦簡(壹—叁)釋文修訂本》注云:疏食,指蔬菜和糧食。蓄采,指蓄積和儲藏。⑤ 今按,"疏"當從王輝先生和《嶽麓書院藏秦簡(壹—叁)釋文修訂本》讀爲"蔬"。"疏（蔬）食蓄采"應是説蔬菜和糧食要注意蓄積和采集。

綜上,秦簡牘"疏"之表｛疏｝｛梳｝是因爲詞的同源孳乳,表｛蔬｝是由於語音假借。

---

① 澤沐,王寧先生引《廣雅·釋詁五》"膏、滑,澤也"爲説,認爲"澤沐"當即《詩·伯兮》之"膏沐",《集傳》:"膏,所以澤髮者;沐,滌首去垢也。"這句是説洗頭抹油使頭髮順滑。祑,王寧先生認爲此字當是从衣、次省聲,讀爲"鬒",《説文》:"用梳比也。"段注:"比者,今之箆字,古衹作比。用梳比謂之鬒者,次第施之也。凡理髮先用梳,梳之言疏也;次用比,比之言密也。《周禮·追師》'爲副編次',注云:'次者,次第髮長短爲之。'疑次即鬒。""梳首三鬒之"就是誇奬自己的頭髮稠密,梳頭的時候要多次梳理才完成。後來他又補帖説"這個字疑是後來字書中的'祂'字的或體,又作'袲',《唐韻》《集韻》皆訓'衣不展也',此假借爲'鬒'"。以上俱見王寧《讀〈善女子之方〉散札》,復旦大學出土文獻與古文字研究中心網,2014 年 12 月 18 日。今按,其説似有理。

② 參王力《同源字典》(《王力全集》第十三卷),中華書局,2014 年,第 167 頁。

③ 見廖繼紅《〈爲吏治官及黔首〉補釋》,簡帛網,2011 年 2 月 28 日。

④ 見王輝《簡帛爲臣居官類文獻整理研究》,中山大學博士學位論文,2012 年,第 116～117 頁;又氏著《嶽麓秦簡〈爲吏治官及黔首〉字詞補釋》,《考古與文物》2014 年第 3 期,第 74 頁。

⑤ 陳松長主編《嶽麓書院藏秦簡(壹—叁)釋文修訂本》,上海辭書出版社,2018 年,第 43 頁。

例2　立—{立}{位}{茳/莅}{粒}

陳斯鵬師曾對立、位、茳等字之間的關係進行過梳理,指出:

　　"立"字取象於正面站立於地之人形,乃爲記錄站立、樹立的{立}而造。站立之所即爲位,於是"立"加人旁分化出"位";人立於前,或者説位之出現,即爲茳臨,於是又分化出"茳"、"涖"、"莅"等字。從詞義系統的角度講,可以説{位}爲{立}的名詞形態,而{茳}又爲{位}的動詞形態。古音"立"爲來母緝部,"位"爲匣母物部,"茳"爲來母質部,也存在密切的聯繫。"位"、"茳"、"涖"、"莅"等字形都較"立"晚出許多,語言中的{位}和{茳}二詞一開始都和{立}一樣,使用"立"字形來表示。①

並列舉了許多楚系簡帛中"立"記錄{立}{位}{茳/莅}和"位"表示{位}{茳}的例子。② 秦簡牘的"立"在記錄{立}{位}{茳/莅}這三個同源詞上與楚系簡帛是一致的,不同的是,秦簡牘的"立"還可假借表示米粒、顆粒之{粒}。

秦簡牘"立"表{立}者如:

　　是_(是謂)棘鬼在焉,正立而貍(埋)。　　　　　　　　(睡簡《日甲》38 背壹)
　　丹立墓上三日。　　　　　　　　　　　　　　　　(放簡《志怪故事》3)
　　賢者自立,猷(猶)日月見也。　　　　　　　　(北簡《從政之經》9-037)

"立"表{位}者辭例如下:

　　賢鄙溉(既)斲(乂),禄立(位)有續孰瞀(懜)上?　(睡簡《爲吏之道》5 伍～6 伍)
　　徵立(位)甲乙卯未辰,主東方,時平旦,色青,主人殹(也)。

　　　　　　　　　　　　　　　　　　　　　　　(放簡《日乙》197 壹)

　　下婁(數)多者爲上立(位),賈市、行販有,諸羣美皆吉。　　(放簡《日乙》288)

"立"記錄{茳/莅}者如:

　　臨官立(莅)正(政)相宜也。　　　　　　　　　　(睡簡《日甲》32)
　　利以臨官立(莅)政,是胃(謂)貴勝賤。　　(睡簡《日乙》236 貳～237 貳)

甚至在同一句話中,"立"都可以同時記錄{立}和{茳/莅},如:

　　夫臨官立(莅)政,立庀(度)興吏(事)。　　　(北簡《算書甲種》04-151)

秦簡牘"立"假爲{粒}的用法目前僅見於北大秦簡:

---

① 陳斯鵬《楚系簡帛中字形與音義關係研究》,第68頁。
② 陳斯鵬《楚系簡帛中字形與音義關係研究》,第68～71頁。

津如（沰）立（粒）石之地。　　　　　　　　　　　　（北簡《算書甲種》04-154）①

立，韓巍先生注："'立'讀爲'粒'，'粒石'即礫石。本句是説與土工作業或農業有關的'相地'。"②龐壯城先生説："'津如（沰），指'水岸低窪處'，'立（粒）石'則爲乾燥之陸地，兩者應當對舉並列。"③按讀"立"爲"粒"正確可從。傳世古書中有"立"、"粒"相通之例。《詩·周頌·思文》："思文后稷，克配彼天。立我烝民，莫匪爾極。"鄭箋："立當作'粒'。……后稷播殖百穀，烝民乃粒，萬邦作乂。"孔疏："此'立我烝民'與《尚書》'烝民乃粒'④事義正同，故破'立'從'粒'。"段玉裁於《説文》米部"粒"下注曰："《詩》《書》之'粒'皆《王制》所謂'粒食'，始食艱食、鱻食，至此乃粒食也。"⑤

　　綜上，秦簡牘"立"字所以能表示｛立｝｛位｝｛莅/涖｝｛粒｝等多個音義，一是因爲同源孳乳，二是因爲語音假借。

例3　單—｛單公社組織｝｛單單薄、單層｝｛鄲｝｛憚｝｛癉｝｛戰｝

　　單，甲骨金文作 （《合集》137 正）、（《合集》34220）、（《合集》21457）、（《集成》6512，小臣單觶）、（《集成》625，曾子單鬲）等形，本象一種作戰或狩獵之器具，⑥《説文》吅部"單，大也。從吅甲，吅亦聲"顯係誤説。甲骨文有"東單"、"西單"、"南單"、"北單"等"四單"，于省吾先生認爲"單字應讀作臺，單、臺雙聲故通用。……商之四單即四臺，是在以商邑爲中心的四外遠郊"，⑦俞偉超先生經過綜合研究先秦兩漢的單、僤、彈，認爲殷商"單"既是地名，也是族名，而且還是一種王族或其支族的家庭公社組織

---

① 本句句讀依龐壯城先生，參氏著《北大秦簡〈魯久次問數於陳起〉考釋零箋（六則）》，簡帛網，2015 年 11 月 17 日。

② 韓巍《北大藏秦簡〈魯久次問數於陳起〉初讀》，《北京大學學報（哲學社會科學版）》2015 年第 2 期，第 33 頁注〔三一〕。

③ 龐壯城《北大秦簡〈魯久次問數於陳起〉考釋零箋（六則）》，簡帛網，2015 年 11 月 17 日。

④ 《尚書·皋陶謨》："暨稷播奏庶艱食、鮮食，懋遷有無化居。烝民乃粒，萬邦作乂。"《詩·周頌·思文》孔疏又引鄭玄注此曰："禹復與稷教民種澤物菜蔬難厄之食，授以水之衆鱻食，謂魚鼈也。粒，米也。乂，養也。衆民乃復粒食，萬國作相養之禮。"僞孔傳亦云："米食曰粒，言天下由此爲治本。"雖然《周頌·思文》之"立"古來即有學者認爲當從《史記·夏本紀》"衆民乃定，萬國爲治"訓爲定而不從鄭玄之説，然正如顧頡剛、劉起釪先生所云，就《皋陶謨》此處言"稷播奏庶艱食、鮮食"與上文言"益奏庶鮮食"，皆反復以民食爲言，則鄭注"粒"爲米，與此處全文文義相合。參顧頡剛、劉起釪《尚書校釋譯論》，中華書局，2005 年，第 439~440 頁。

⑤ 〔漢〕許慎撰，〔清〕段玉裁注《説文解字注》，上海古籍出版社，1988 年，第 332 頁。

⑥ 參于省吾主編，姚孝遂按語編撰《甲骨文字詁林》，中華書局，1996 年，第 3069~3080 頁；黃德寬編《古文字譜系疏證》，商務印書館，2007 年，第 2960 頁；季旭昇《説文新證（二版）》，藝文印書館，2014 年，第 105 頁。

⑦ 于省吾《甲骨文字釋林》，商務印書館，2010 年，第 131 頁。

之名。^① 今按，俞説當可信。又據俞著，"單"(後來又寫作"僤、彈、墠")這種公社組織在西周、春秋戰國和兩漢時期都普遍存在，甚至到了魏晉十六國時期在黄河流域的北方地區仍可以看到。

秦簡牘中亦出現了這種公社組織。請看下列簡文：

> 居二歲，沛告宗人、里人大夫快、臣，走馬拳，上造嘉、頡曰：沛有子婉所四人，不取(娶)妻矣。欲令婉入宗，出里單賦，與里人通歙(飲)食。快等曰：可。婉即入宗，里人不幸死者出單賦，如它人妻。 　　　　　　　　　　　(嶽叁 113～115)

整理者注："單，或作僤，鄉里的居民組織。……單賦係里人死亡時按照'人妻'等身份分派的醵資。"^②以地緣關係爲中心意義的、又主要是作爲國家機器所控制的一種居民聚落單位"里"出現於西周早期，而且那時"里"内的居民一定還保存著很嚴密的公社組織(即"單")。自從"里"出現以後，"單"、"里"是既有相同處而又有不同性質的兩個概念、兩種組織。^③ 從上引秦簡資料看，秦國^④社會中的"單"依然是"里"的下轄基層組織，且仍然還靠著血緣紐帶維繫(商代的"單"已如此^⑤)，因爲婉"出里單賦"的條件是她的丈夫沛必須要向宗人、^⑥里人大夫快、臣及一些在里中擔任行政職務的人申請讓婉"入宗"，入了宗即代表加入了由一個氏族或宗族組成的"單"。而俞偉超先生認爲："'單'字的本義，顯然與聚居無涉。"^⑦因此，"單"用爲公社組織名稱的{單}^⑧當是假借。

秦簡牘"單"還可表示單薄、單層之{單}，如：

> 命曰單薄之參(三)。 　　　　　　　　　　　　　　　(北簡《算書甲種》04-149)

---

① 俞偉超《中國古代公社組織的考察——論先秦兩漢的單—僤—彈》，文物出版社，1988 年，第 6～42 頁。

② 陳松長主編《嶽麓書院藏秦簡(壹—叁)釋文修訂本》，第 152 頁注⑥。

③ 參俞偉超《中國古代公社組織的考察——論先秦兩漢的單—僤—彈》，第 52～57 頁。今按，關於里單的性質，學界大致有三種意見(從略)，而南玉泉先生又認爲是一種純粹民間性質的互助組織，參看南玉泉《從嶽麓秦簡識劫婉案看秦國的匿訾罪及其鄉里狀況》，第七屆"出土文獻與法律史研究"學術研討會論文，湖南大學(長沙)，2017 年 11 月。李力先生在評議南文時認爲"單"到底是什麼樣的機構還可以再討論，並猜想它可能是民間的或者統一宗族以血緣爲關係形成，也可能基於某種契約合同關係建立的互助保險的組織關係，實際上是讓困難群衆能夠共渡難關、互相扶持，有點類似於現在單位工會裏面的互助擔保，但不太確定是否與合同契約有關。説見陳婉琴整理《嶽麓秦簡所見秦代社會與法律——第七屆"出土文獻與法律史研究"學術研討會會議紀要》，《出土文獻與法律史研究》第七輯，法律出版社，2018 年，第 299 頁。

④ 嶽叁"識劫婉案"發生在秦王政"十八年八月丙戌"(嶽叁 108)，時秦尚未統一。

⑤ 參俞偉超《中國古代公社組織的考察——論先秦兩漢的單—僤—彈》，第 41 頁。

⑥ 整理者注："宗人：同族人。"見陳松長主編《嶽麓書院藏秦簡(壹—叁)釋文修訂本》，第 152 頁注④。

⑦ 俞偉超《中國古代公社組織的考察——論先秦兩漢的單—僤—彈》，第 53 頁。

⑧ 因此{單}後來又寫作"僤、彈、墠"等形，故我們把它跟下文單薄、單複之{單}分成兩個音義。

衣絡袍一、絡單胡衣一。　　　　　　　　　　　　　　（里壹 8-439＋8-519＋8-537＋8-1899 Ⅱ）①

此{單}與"單"之本義亦無關，故也是假借用法。

此外，秦簡牘"單"又假借表示地名邯鄲之{鄲}、忌憚之{憚}和癉病之{癉}：

〖五十年〗，攻邯單（鄲）。　　　　　　　　　　　　　　　　　　　（睡簡《葉書》50 壹）

以正月取桃橐（蠹）矢（屎）少半升，置淳（醇）酒中，温，歛（飲）之，令人不單

（癉）病。　　　　　　　　　　　　　　　　　　　　　　　（周簡《病方及其他》313）

浴𡭔（帝）女，毋單（憚）虫𧌒校（咬）也。　　　　　　　　（北簡《醫方》4-263＋4-262）

周簡《病方》之"單"整理者認爲讀爲"憚"，所涉病方與《本草綱目》避瘟疫説合，陳偉先生認爲讀爲"癉"，是一種熱病，《秦簡牘合集：釋文注釋修訂本（叁）》即採陳説，②而周祖亮、方懿林、張雷諸先生仍從整理者釋讀，③方勇先生認爲整理者所引《本草》的"瘟疫"之説，是具有温熱病性質的急性傳染病，陳偉先生説的這種熱病"癉"也屬於瘟疫範疇，故陳説可從。④　今按，陳偉、方勇先生之説可從。若"單"讀爲"憚"，"憚病"就是述賓結構，"令人不單（憚）病"即讓人不用擔心害怕會染病，意義太泛。且本簡只給出了一種藥方，只能針對某一種疾病有效，不可能防治百病。故"單病"應該是一個偏正結構，特指某一種疾病，又根據語音綫索，這種疾病就是癉病。《黄帝内經·靈樞·歲露》"四月巳不暑，民多癉病"當即此。周簡《病方及其他》第 312 號簡又載有"下氣"方：

取車前草賓（實），以三指竄（撮），入酒若鬻（粥）中，歛（飲）之，下氣。

按，該藥方顯然只對病人不"下氣"這一種症狀奏效，語言形式也與治療"單病"的方子相似，亦可證"單病"確實是特指某一種病症，即癉病。其實，秦漢簡牘中多提到{癉}這種熱病，或用本字"癉"，或用假借字"單"、"戰"，⑤如：

除日：逃亡，不得，癉疾死。　　　　　　　　　　　　　　　　（放簡《日甲》14）

除日：逃亡，不得，癉疾死。　　　　　　　　　　　　　　　（放簡《日乙》15 壹）

---

① 綴合和釋文參見謝坤《〈里耶秦簡（壹）〉綴合（三）》，簡帛網，2016 年 11 月 17 日；謝坤《里耶秦簡所見逃亡現象——從"緣可逃亡"文書的復原説起》，《古代文明》2017 年第 1 期，第 49 頁。

② 以上參陳偉主編《秦簡牘合集：釋文注釋修訂本（叁）》，武漢大學出版社，2016 年，第 227～228 頁。

③ 周祖亮、方懿林《簡帛醫藥文獻校釋》，學苑出版社，2014 年，第 29 頁；張雷編著《秦漢簡牘醫方集注》，中華書局，2018 年，第 49 頁注〔5〕。

④ 方勇《讀睡虎地秦簡札記一則》，簡帛網，2018 年 11 月 2 日。

⑤ 張家山漢簡和馬王堆的醫方中還記録了一種叫黄疸的疾病，{疸}也是既可作"癉"（張家山《脈書》13、馬王堆《灸甲》31），又可作"單"（馬王堆《灸乙》13），但{疸}與{癉}不是一種病。

有癉病者,死。 (孔家坡漢簡《日書》14)

則五穀有菑(災),民多單(癉)疾。 (銀雀山漢簡貳《五令》1904)

癉疾即癉病。

"單"還可表示戰爭之{戰}:

利單(戰)伐,不可以見人、取(娶)妻、嫁女。 (睡簡《日乙》62)

黃德寬等先生認爲:"戰從單派生,故戰爭與狩獵每相隨,二事係同出一源。"① 上古音 "單"是端母元部字,"戰"爲章母元部字,端(舌頭音)、章(舌面音)二紐準雙聲,韻則疊 韻,"戰"需要用"單",故説二者爲同源詞當可信。

綜上所述,秦簡牘"單"字可以用來記録{單公社組織}{單單薄、單層}{鄲}{憚}{癉}{戰}等 多個詞有兩個方面的原因,一是假借,二是詞的同源派生。

二、由假借跟訛混共同造成的 一字形表多音義

例1 右一{右}{有}{君}

右,"又"之分化字,本義爲助佑。《説文》又部:"手口相助也。从又从口。" 後因"右" 多用爲左右字,故分化出"佑"來表示本義。

秦簡牘"右"即常常假借表示左右之{右},如:

廣衆心,聲聞左右者,賞。 (睡簡《法律答問》52)

弗更,井居左,囷居右。 (放簡《日乙》24 參下)

今此十二月子日皆爲平宿右行。 (周簡《日書》244)

它官徒輸官司空、泰匠、左司空、右司空者,皆作功。 (嶽肆 030)

此以右若左若干牒前對、請若前奏。 (嶽伍 118)

爲其丞劾(刻)印章曰右斡官丞。 (里壹 8-1831 Ⅰ)

犯難死在暴詔谿(溪)中,西首右卧。 (里貳 9-2346 Ⅱ)

其一居前左,一居後右。 (北簡《製衣》)

"右"還可假借表示有無之{有},如:

---

① 黃德寬主編《古文字譜系疏證》,第 2963 頁。

右(有)曰：昔者平公卜亓(其)邦尚毋(無)〖有〗咎而攴(枚)占神老。

（王簡《歸藏》302）

貞身右(有)苛(疴)疕。　　　　　　　　　　　　　　　（放簡《日乙》279）

秦簡《歸藏》之卦名"右"，傳本《歸藏》、帛書《周易》和今本《周易》俱作"大有"，[①]故"右"當讀爲"有"。"右"、"有"均爲匣母之部字，音同可通。

"右"亦可用爲君子之｛君｝：

甲子到乙亥是右〈君〉也，利以臨官立(涖)政。　　（睡簡《日乙》236 貳～237 貳）
庚失火，右〈君〉子兵死。　　　　　　　　　　　（睡簡《日乙》250）

秦簡牘"右"作 ![君]（睡簡《日乙》145），"君"作 ![君]，寫"君"時漏寫"又"中的豎筆即成了"右"。

綜上，秦簡牘"右"之表｛右｝｛有｝是因爲假借，表｛君｝則是由於字形訛混。

例 2　丈—｛丈｝｛仗｝｛肢｝

《説文》十部："![丈]，十尺也。从又持十。"據《説文》，"丈"即爲長度單位，引申則爲丈量。秦簡牘"丈"即多表此義，如：

垣北去小堂北脣丈。　　　　　　　　　　　　　　　（睡簡《封診式》79）
丈量斗甬(桶)。　　　　　　　　　　　　　（嶽壹《爲吏治官及黔首》65 壹）
芻稾廥、倉、庫實官積，垣高毋下丈四尺。　　　　　　　　（嶽肆 169）
絛布四丈七尺。　　　　　　　　　　　　　　　　　　（里壹 8-998）
縵三百廿五丈三尺四寸半寸。　　　　　　　　　　（里貳 9-2291 壹Ⅱ）

"丈"還可假借爲手杖、倚仗之｛仗｝，如：

以桑心爲丈(仗)，鬼來而毄(擊)之，畏〈是〉死矣。

（睡簡《日甲》32 背壹～33 背壹）

君子得賢士而丈(仗)之，猷(猶)乘良馬也。　　　（北簡《從政之經》9-026）

"丈"又可表示肢體之｛肢｝，如：

祠固用心腎及它丈〈支-肢〉物。　　　　　　　　（睡簡《法律答問》25）
鬭折脊頸骨，可(何)論？比折丈〈支-肢〉。　　　（睡簡《法律答問》75）

---

① 王明欽《王家臺秦墓竹簡概述》，艾蘭、邢文編：《新出簡帛研究——新出簡帛國際學術研討會論文集》，文物出版社，2004 年，第 33 頁。

《説文》支部：",去竹之枝也。从手持半竹。……,古文支。"可見小篆"支"、"丈"二字的區別在於手持之物。秦簡牘亦然,標準的"支"作(放簡《志怪故事》4)、(嶽壹《爲吏治官及黔首》15 壹)、(嶽叁 217)、(里壹 8-682)等形,而標準的"丈"則作(睡簡《日甲》33 背壹)、(里壹 8-913)等形。然此二字因形近而極易相混。秦簡牘{肢}多用"支"記録,然上揭三例表{肢}的"支"分別作、、,顯然已經訛成了"丈"。

綜上,秦簡牘"支"之表{丈}{仗}是由於假借,表{支}則是因爲文字訛混。

三、由同源跟訛字共同造成的
一字形表多音義

例 1　多—{多}{侈}{名}

多,甲骨金文作(《合集》202)、(《集成》3975,遫簋)等形,从重"肉"之形,徐中舒先生説古時祭祀分胙肉,分兩塊則多義自見。[1]《説文》多部：",重也。从重夕。夕者,相繹也,故爲多。重夕爲多,重日爲疊。……,古文多。"可見《説文》篆字與古文字一脈相承,唯將重"肉"誤析爲重"夕"。

秦簡牘"多"常用爲本義{多},如:

新地多盜,衷(中)唯毋方行新地,急急急。	(睡牘 6 背 V)
計脱實及出實多於律程。	(王簡《效律》)
丙丁雨,大旱,鬼神北行,多疾。	(放簡《日乙》154)
用水多少,次(恣)殹(也)。	(周簡《病方及其他》169)
黔首田實多其□	(龍 157)
田多百五十步,其欲減田。	(嶽貳 42)
五大夫馮毋擇敢多問胡陽丞主。	(嶽叁 215)
多言不用,如多耕而弗穜(種)。	(北簡《公子從軍》004)

秦簡牘"多"也可表示{侈},如:

宇多(侈)於西南之西,富。	(睡簡《日甲》16 背貳)
宇多(侈)於西北之北,絕後。	(睡簡《日甲》17 背貳)

---

① 徐中舒主編《甲骨文字典》,四川辭書出版社,2014 年,第 752 頁。

　　宇多（㚻）於東北之北，安。　　　　　　　　　　　　　　　（睡簡《日甲》18 背貳）

　　宇多（㚻）於東北，出逐。　　　　　　　　　　　　　　　　（睡簡《日甲》19 背貳）

　　宇多（㚻）於東南，富，女子爲正（政）。　　　　　　　　　（睡簡《日甲》20 背貳）

九店楚簡《相宅》篇"凡宮垅於西南之南，尻（居）之貴"（簡 48）、"垅於東北之北，安"（簡49）、"垅於西北，不利於子"（簡 50）等可與此參照。陳偉先生云秦簡之"多"和楚簡之"垅"疑皆讀爲"㚻"，指廣大、超常。① 李家浩先生説："《玉篇》土部：'垅，充是切，治土地名。'秦簡《日書》甲種相宅之書借'多'爲'垅'。"②陳偉等先生後來則認爲"多"或當讀爲"㚻"或"庬"。《説文》："庬，廣也。""庬於某方"，也許是説房屋在那個方向上較多或較廣，或在那個方向上廣出一部分。③ 今按，"多"讀爲"㚻"或"庬"可從。"多"、"㚻"、"庬"同源，"多"有大義（《吕氏春秋·知度》"窮而不知其窮，其患又將反以自多"高誘注："多，大。"），"㚻"、"庬"亦均有廣大之義。上古音"多"屬端母歌部，"㚻"、"庬"歸穿母歌部，紐爲端穿準雙聲，韻則疊韻，音近義通。④ 當然，就文字本義來説，則用"庬"爲妥（《説文》广部："庬，廣也。从广，㚻聲。"）。

　　"多"還可表示姓名之{名}，如：

　　子，鼠也。盜者兑（鋭）口，……多〈名〉鼠髁孔午郢。　　　　（睡簡《日甲》69 背）

　　丑，牛也。盜者大鼻，……多〈名〉徐善趚以未。　　　　　　（睡簡《日甲》70 背）

"名"訛作"多"集中出現在睡簡《日書》甲種《盜者》篇中。該篇主要是以十二地支與十二種事物相配來推斷盜者的外貌特徵、藏匿之所和姓名等，如"未，馬也。盜者長須（鬚）耳，……名建章丑吉"（睡簡《日甲》76 背）、"亥，亥，豕也。盜者大鼻而票（剽）行，……名豚孤夏穀□亥"（睡簡《日甲》80 背）等。秦簡牘"多"作 （睡簡《日甲》71 背），"名"作 （睡簡《日甲》74 背）。《説文》口部："名，自命也。从口，从夕。夕者，冥也。冥不相見，故以口自名。""多"爲重"肉"相疊，"名"爲"夕"、"口"相疊，"多"所從之"夕（肉）"與"名"所從之"夕"、"口"形體皆相近。"名"所從之"口"開口朝上，"夕"開口朝左下，若將"口"的朝向寫得與"夕"同，則"名"亦變成從重"夕"，重"夕"又與重"肉"同形，故"名"即訛成了"多"。

　　綜上，秦簡牘"多"之表{多}{庬}是因爲詞的同源孳乳，表{名}則是由於字形訛混。

---

① 陳偉《九店楚日書校讀及其相關問題》，《人文論叢（1998 年卷）》，武漢大學出版社，1998 年，第 157 頁。

② 湖北省文物考古研究所、北京大學中文系編《九店楚簡》，中華書局，2000 年，第 115 頁注〔一九七〕。

③ 陳偉等著《楚地出土戰國簡册[十四種]》，武漢大學出版社，2016 年，下册第 404 頁注〔18〕。

④ 參王力《同源字典》，第 462 頁；殷寄明《漢語同源詞大典》，復旦大學出版社，2018 年，第 564～565 頁。

例2　田—{田}{佃}{畋}{甲}{男}

田,甲骨文作⊞(《合集》33211)、⊞(《合集》33209)、⊞(《合集》33217)等,象田地阡陌交錯縱横之形。上古時期田獵與農田、田作的關係密切,有些時候田獵的目的是爲開墾農田作準備,同時也爲了更好地進行農業生產("爲田除害")。[①]故田獵、農田、田作三者均同源。[②]田獵之"田"後來分化出"畋"(《吕氏春秋·直諫》:"荆文王得茹黄之狗、宛路之矰,以畋於雲夢。"高誘注:"畋,獵也。"),田作之"田"則孳乳出"佃"(《詩·小雅·信南山》:"畇畇原隰,曾孫田之。"箋云:"今原隰墾辟,則又成王之所佃。"《釋文》:"佃,音田,本亦作田。"《史記·蘇秦列傳》:"南有碣石、鴈門之饒,北有棗栗之利,民雖不佃作而足於棗栗矣。"《漢書·韓安國傳》:"即上言方佃作時。"顏師古曰:"佃,治田也。音與田同。")。

秦簡牘"田"就可表示{田}{佃}{畋},其表{田}者甚夥,例如:

故騰爲是而脩(修)灋(法)律令、田令及爲閒私方而下之,令吏明布。

（睡簡《語書》4）

辛,不可殺雞,不利田邑。　　　　　　　　　　　　（嶽牘 1 背壹Ⅳ）

田廣一步,袤八則,爲畛。　　　　　　　　　　　　（郝牘 16Ⅰ）

田宇、池澤之事殹(也)。　　　　　　　　　　　　（放簡《日乙》268）

程田以爲臧(贜),與同灋(法)。　　　　　　　　　　（龍簡 133）

狠(墾)田少員。　　　　　　　　　　　　　　（嶽壹《黔首》69 貳）

廣六十步,從(縱)八十步,成田廿畮(晦/畝)。　　　　（北簡《田乙》7-020）

其表{佃}者亦不少,如:

丙,甲臣,橋(驕)悍,不田(佃)作,不聽甲令。　　　　（睡簡《封診式》37）

黔首不田(佃)作、不孝。　　　　　（嶽壹《爲吏治官及黔首》13 貳）

黔首不田(佃)作,市販,出入不時。　　　　　　　　（嶽伍 196）

不喜田(佃)作,不喜宦御,斿(遊)於天下。　　　　（北簡《袚除》04-119）

其表{畋}者如:

邑之斦(近)皂及它禁苑者,麛時毋敢將犬以之田(畋)。　（睡簡《秦律》5～6）

---

① 參裘錫圭《甲骨文中所見的商代農業》,《裘錫圭學術文集·甲骨文卷》,復旦大學出版社,2012 年,第 248—249 頁。

② 看王力《同源字典》,第 562～563 頁。

　　利以遮（蹠）①埜（野）外，可以田（畋）邋（獵）。　　　　　　　　　（睡簡《日甲》8 貳）

　　戊午生，好田（畋）邋（獵）。　　　　　　　　　　　　　　　　　（睡簡《日乙》246）

　　田（畋）邋（獵）得獲。　　　　　　　　　　　　　　　　　　　　（王簡《日書》290）

　　此外，秦簡牘"田"還可表示天干第一位之{甲}和男女之{男}：

　　丙及寅禾，田〈甲〉及子麥。　　　　　　　　　　　　　　　　　（睡簡《日乙》46 叁）

　　南里小田〈男〉子署稻五斗□▨　　　　　　　　　　　　　　　　（里貳 9-1622）②

睡簡《日乙》46 叁之{甲}作 ，明顯已經訛成了"田"。秦簡牘"甲"、"田"訛混有兩種可能的原因，一是隸變，一是受楚文字的影響。先看隸變。秦系非簡牘文字"甲"作 （新郪虎符）、（詛楚文《亞駝》）、（會稽刻石）等形，字中的環形下部是不封閉的，而經歷了隸變的秦簡牘"甲"則作 （睡簡《效律》9）、（睡簡《日乙》67）等形，環形下部封閉了起來。而自金文以降，"田"的形體變化並不大，均爲 （睡簡《效律》52）形。可見"甲"、"田"在隸變前的秦文字中形體區別仍然很大。隸變後，如果寫"甲"時中間那一筆不往下穿出，則變成了"田"字。再看受楚文字的影響。"甲"字金文雖有作 （《集成》2824，戜方鼎）、（《商周青銅器銘文暨圖像集成》2329，猷鼎）等與"田"字形近者，但中間的橫畫和豎畫多不與外框接觸，而"田"字中間的橫畫和豎畫則均與外框接觸，如 （《集成》4206，小臣傳簋）。至楚簡"甲"則有作 （包山楚簡 46）、（清華簡柒《越公其事》4）、（包山楚簡 186）、（包山楚簡 165）等形者，雖然多爲三面包圍狀，③但中間的橫畫和豎畫已有與外框接觸者，與"田"之作 （包山楚簡 151）、（包山楚簡 151）等形者接近。秦簡牘"田"之作 、（睡簡《法律答問》157）者也與包山楚簡 165 之"甲"酷似。睡虎地秦簡出土於楚國故地，"甲"誤作"田"很可能就是受到楚文字的影響。

　　里耶秦簡"某里小男子"、"小男子"均習見，如"成里小男子"（里壹 8-713）、"高里小男子"（里壹 8-1222）、"陽里小男子"（里壹 8-1972）、"小男子"（里壹 8-19 貳Ⅲ）、"南里小男子"（里貳 9-2177）等。在性別上，"小男子"與"小女子"（里壹 8-1546 有"南里小女子"，里壹 8-1549 有"陽里小女子"）相對，在年齡上則與"大男子"（里壹 8-894 有"審里大男子"）相對。故里耶秦簡牘校釋小組認爲里貳 9-1622 之"田"爲"男"之誤至確。"男"從田從力，"男"訛成"田"則是書手漏寫"力"所致，屬於訛別字中"別字是正字的一個部件（少

---

① 此從李家浩先生釋讀。九店楚簡《叢辰》簡 32 作"迉（蹠）四方埜（野）外"。參陳偉主編《秦簡牘合集：釋文注釋修訂本（貳）》，武漢大學出版社，2016 年，第 335 頁注〔37〕；陳偉等著《楚地出土戰國簡册［十四種］》，下册第 395 頁注〔37〕；湖北省文物考古研究所、北京大學中文系編《九店楚簡》，第 89～90 頁注〔一〇六〕。

② 釋文參里耶秦簡牘校釋小組（何有祖執筆）《〈里耶秦簡（貳）〉校讀（一）》，簡帛網，2018 年 5 月 17 日。

③ 陳斯鵬《楚系簡帛中字形與音義關係研究》，第 83 頁。

寫了)"①的這種類型。

綜上所述,秦簡牘"田"記録{田}{佃}{畋}是因爲詞的同源孳乳,記録{甲}{男}則是由於形體訛誤。

四、由同源、假借、訛字三種原因 共同造成的一字形表多音義

例1　支—{肢}{屐}{丈}

上文已提到秦簡牘中記録肢體之{肢}的"支"因與"丈"字形近而訛作"丈"的例子,然其中亦有不訛者,如:

> 妻悍,夫毆治(笞)之,夬(決)其耳,若折支(肢)指、胅體(體),問夫可(何)論?當耐。　　　　　　　　　　　　　　　　　　　　　　（睡簡《法律答問》79）
>
> 四支(肢)不用。　　　　　　　　　　　　　　　　　　　　　　（放簡《志怪故事》4）

此二{肢}分别作 **支**、**𢼋**,是"支"字。

此外,秦簡牘之"丈"也有訛成"支"者:

> 甲盜牛,盜牛時高六尺,毄(繋)一歲,復支〈丈〉,高六尺七寸,問甲可(何)論?當完城旦。　　　　　　　　　　　　　　　　　　　　　　（睡簡《法律答問》6）

此丈量之{丈}作 **支**,顯然也是"支"字。

另外,秦簡牘"支"還可假借表示屐履之{屐}:

> 履絜(紲)麤支(屐)。　　　　　　　　　　　　　　　（嶽壹《爲吏治官及黔首》15 壹）

"屐"從"支"得聲(《説文》履部:"屐,屩也。从履省,支聲。"),故可通假。履、紲、麤、屐均爲鞋類。

綜上,"支"表{肢}是因爲詞的同源孳乳,②表{屐}是由於語音通假,表{丈}則是因爲字形訛混。

例2　中—{中}{仲}{忠}{沖}{甲天干名}

"中"字甲骨金文異體衆多,主要有 **[圖]**（《集成》1714,中婦鼎）、**[圖]**（《合集》7363）、**[圖]**

（《合集》1064）等三種基本的類型。① 關於它的造字本義，前哲時賢多有探討，或説爲旌旗斿放之類，或説爲氏族社會中之徽識，或説象以旌旗測日影之形，或説爲測風向之工具。② 季旭昇先生綜合諸説，認爲"中"是一種戰爭及訓練用的工具，平日用以集合大衆，戰時用以集合軍事，還可以測日影、風向。③ 唐蘭先生研究"中"字形體演變最爲詳細，他把上揭三種"中"字形體看成是同一個字在不同發展階段的異體，🏳是最古的"中"，然後在垂直之綫中間加上一些點畫，雙鉤寫之，就變成了🏳，而🏳就是由🏳省變而來，並認爲：

> 余謂中者最初爲氏族社會中之徽識，《周禮·司常》所謂："皆畫其象焉，官府各象其事，州里各象其名，家各象其號。"顯爲皇古圖騰制度之孑遺。（《周禮》九旗以日月、交龍、熊虎、鳥隼、龜蛇等畫之，亦皆由圖騰蜕變而來。）此其徽識，古時用以集衆，《周禮·大司馬》教大閲，建旗以致民，民至，仆之，誅後至者，亦古之遺制也。盖古者有大事，聚衆於曠地，先建中焉，群衆望見中而趨附，群衆來自四方，則建中之地爲中央矣。列衆爲陳，建中之酋長或貴族恆居中央，而群衆左之右之，望見中之所在，即知爲中央矣。（若爲三軍，則中軍矣。）然則中本徽識，而其所立之地，恆爲中央，遂引申爲中央之義，因更引申爲一切之中。（如上下之中、前後之中、大小之中等。）④

裘錫圭先生同意黄德寬先生説，認爲🏳本是我國古代測風工具的象形字，🏳應爲🏳的後起字形，由🏳加中爲聲而成，可分析爲"从🏳、从中省聲"，並指出：

> 中的字形可分析爲在一根直綫的中部加一個指示符號（本應爲圓圈，書寫時多

---

① 相關字形可參看唐蘭《釋🏳》，《殷虛文字記》，上海古籍出版社，2016年，第75～77頁，又載氏著《唐蘭全集》第6卷，上海古籍出版社，2015年，第81～83頁（按，據整理説明〔劉雨先生撰〕，該書原爲1934年北京大學唐蘭先生手寫講義稿本的石印本）；黄德寬《卜辭所見"中"字本義試説》，《開啓中華文明的管鑰——漢字的釋讀與探索》，北京師範大學出版社，2011年，第147頁，原載《文物研究》第3期，黄山書社，1988年；裘錫圭《説〈盤庚〉篇的"設中"——兼論甲骨、金文"中"的字形》，復旦大學出土文獻與古文字研究中心編《出土文獻與傳世典籍的詮釋》，中西書局，2019年，第297頁，原文是提交給2017年10月14—15日在復旦大學召開的"出土文獻與傳世典籍的詮釋"國際學術研討會的論文。
② 參于省吾主編，姚孝遂按語編撰《甲骨文字詁林》，第2935～2943頁。
③ 參季旭昇《説文新證（二版）》，第62頁。裘錫圭先生認爲🏳（《合集》18730）即《考工記·匠人》用來指立之以測日影而正四方的木桿的"槷"字的表意初文，見氏著《試釋殷墟卜辭的"槷"字》，《古文字研究》第32輯，中華書局，2018年，第7～8頁。這樣看來，🏳還是理解爲測風向之工具較爲合適。詳裘錫圭《説〈盤庚〉篇的"設中"——兼論甲骨、金文"中"的字形》，《出土文獻與傳世典籍的詮釋》，第297～300頁。
④ 唐蘭《釋🏳》，《殷虛文字記》，第82～83頁；又載《唐蘭全集》第6卷，第88～89頁。

變爲橢圓,甲骨文爲了契刻方便又往往變爲方形),乃是表示"中"的一般意義的指事字。𠁩的出現應早於𤕫和𤕰,決非由𤕰簡化而成。𤕫所象之物當具有某種與"中"義有關的特點,所以即以"中"爲名。在語言層面上,作爲一種物名的"中",可以看作一般的"中"的一個滋生詞。……從字的本義看,𤕫和𤕰是一字的異體,𠁩則是另一個字。①

按,裘説正確可從。語言裏中央之{中}和伯仲之{仲}是同源詞。② 不過,甲骨文{中}{仲}雖然均可用𤕫和𠁩來記録,但其實已經出現了分化,即𤕫與{中}、𠁩與{仲}互爲習用對應字形和習用對應音義。③ 到了金文則𤕫專表{中}而𠁩專表{仲}。④ 戰國秦文字裏𠁩又可以表示{中}了,秦簡牘則只見𠁩不見𤕫,且反倒成爲了{中}的習用對應字形。

秦簡牘"中"表{中}者甚夥,兹舉數例如下:

> 宇四旁高,中央下,富。　　　　　　　　　　　　　　　　(睡簡《日甲》17 背壹)
>
> 盗青色,三人,其一人在室中,從東方入。　　　　　　　　　(放簡《日甲》23)
>
> 毆(驅)入禁苑中,勿敢擅殺。　　　　　　　　　　　　　　(龍簡 23)
>
> 夢身生草者,死溝渠中。　　　　　　　　　　　　　　　　(嶽壹《占夢書》22 貳)
>
> 丞遷大夫居雒陽城中能入貲在廷。　　　　　　　　　　　　(里壹 8-232)
>
> 前入蠶,毋令鼠居内中。　　　　　　　　　　　　　　　　(北簡《祠祝之道》06-004)

"中"亦可記録{仲},如:

> 昔者□小臣不逃(桃)唐而攴(枚)占中(仲)虺。　　　　　　(王簡《歸藏》523)

中(仲)虺,相傳爲奚仲之後,文獻通作"仲虺"。《左傳》定公元年:"薛之皇祖奚仲居薛,以爲夏車正,奚仲遷于邳,仲虺居薛,以爲湯左相。"《韓非子·難一》:"成湯兩用伊尹、仲虺。"《墨子·所染》:"湯染於伊尹、仲虺。"

"中"又可表示{忠}:

> 一曰中(忠)信敬上。　　　　　　　　　　　　　　　　　(睡簡《爲吏之道》7 貳)

---

① 裘錫圭《説〈盤庚〉篇的"設中"——兼論甲骨、金文"中"的字形》,《出土文獻與傳世典籍的詮釋》,第 297～299 頁。

② 又見王力《同源字典》,第 644～645 頁。

③ 參于省吾主編,姚孝遂按語編撰《甲骨文字詁林》,第 2943 頁。

④ 參容庚編著,張振林、馬國權摹補《金文編》,中華書局,1985 年,第 28 頁。

　　一曰中(忠)信敬上。　　　　　　　　　　　　　　　　　　　　(北簡《從政之經》9-014)

"中(忠)信敬上",嶽壹《黔首》作"忠信敬上"(28 殘)。黃德寬等先生認爲"忠"則取義於
中心,爲"中"之同源派生字。① 依此説,則"中"表{忠}也是同源孳乳。

　　"中"又可記録沖天之{沖}:

　　飛而中(沖)天,蒼〔蒼其羽〕。　　　　　　　　　　　　　　　　　(王簡《歸藏》)

沖,甲骨文作 (《合集》32906),戰國文字作 (《集成》2229,沖子鼎)、(《古璽彙
編》2952),多爲姓名用字,造意不是很清楚。《説文》水部:"沖,涌繇也。從水,中聲。讀
若動。"(依小徐本)直飛上天之{沖}應從水上湧搖動之義引申而來。"中(沖)天"文獻多
作"沖天",《吕氏春秋·重言》:"是鳥雖無飛,飛將沖天;雖無鳴,鳴將駭人。"《楚辭·九
歌·大司命》:"乘龍兮轔轔,高駝兮沖天。"《史記·滑稽列傳》:"此鳥不飛則已,一飛沖
天;不鳴則已,一鳴驚人。"或俗作"沖",《玉篇》彳部:"沖,俗沖字。"

　　秦簡牘"中"由於與"甲"字形近,偶爾成爲"甲"的訛字來表示甲乙之{甲}:

　　今中〈甲〉盡捕告之,問甲當購幾可(何)?　　　　　　　　　(睡簡《法律答問》136)

　　綜上所述,秦簡牘"中"之一字記録多詞有三個方面的原因,表{中}{仲}{忠}是詞的
同源孳乳,表{沖}應該是假借,記録{甲}則是形近訛混。

結　語

　　以上我們對秦簡牘中由多種原因共同造成的一字形表多音義現象進行了初步探
索,可見秦簡牘中一字形表多音義現象的確有複雜的一面。而秦簡牘中這樣的例子其
實很多,本文僅僅是舉例性質。在今後的研究中,我們也會不斷梳理和研究這些現象,
以期更加了解秦人用字寫詞的習慣和方式,同時也爲漢語字詞關係史的研究添磚加瓦。

引書簡稱表
睡簡　睡虎地秦墓竹簡
睡牘　睡虎地秦墓木牘
嶽牘　嶽山秦牘
郝牘　郝家坪秦牘
王簡　王家臺秦簡

① 參黃德寬主編《古文字譜系疏證》,第 1171 頁。

放簡　放馬灘秦墓竹簡

周簡　周家臺秦墓竹簡

龍簡　龍崗秦簡

里壹　里耶秦簡(壹)

里貳　里耶秦簡(貳)

里博　里耶秦簡博物館藏秦簡

嶽壹　嶽麓書院藏秦簡(壹)

嶽貳　嶽麓書院藏秦簡(貳)

嶽叁　嶽麓書院藏秦簡(叁)

嶽肆　嶽麓書院藏秦簡(肆)

嶽伍　嶽麓書院藏秦簡(伍)

北簡　北京大學藏秦簡

"疇"、"儔"字詞關係辨考

謝國劍

廣州大學人文學院、語言服務研究中心

就《現代漢語詞典》看，"疇"、"儔"似乎無特殊關係，《辭源》也未溝通二者。但是，《中文大辭典》《辭海》認爲"疇"通"儔"，前者據朱駿聲《説文通訓定聲》"疇"下"按耦耕並畔，故引申爲輩類之意。或曰此誼當爲儔字本訓"，後者據《荀子》楊倞注"疇與儔同"。《漢語大詞典》《漢語大字典》則認爲"種類；同類"的"疇"字後作"儔"，《古漢語常用字字典》亦同。此觀點當源自段玉裁《説文解字注》，人部段注"儔"字下曰："然自唐以前，用儔侶皆作疇，絶無作儔者……然則用儔者起唐初，以至於今。"又，田部"疇"字下云："蓋自唐以前無不用从田之疇，絶無用从人之儔訓類者。此古今之變，不可不知也。"①由上所述，可知段氏認爲"類"和"儔侶"義的"儔"唐以前只用"疇"，用"儔"始於唐初。《桂未谷説文段注鈔》②不同意段氏此論，"儔"字下："今按郭注《爾雅》：'鸝猶儔也。'是魏晉已用儔字，恐在唐以前矣。但《荀子注》不合，云疇當爲儔耳。"這裏認爲唐以前已有"儔"字並已完成這種"古今之變"，但同時指出這個觀點與《荀子》"草木疇生"的"疇"直至唐朝還作"疇"的情況又相矛盾。不過，與段注不同的是，《漢語大詞典》《漢語大字典》未明確指出這種"古今之變"到底發生於何時，只是籠統地稱之爲"後作"。

以上所述，可歸結爲三個問題：一、"疇"、"儔"二字是否存在某種關係？二、如果有關係，涉及這種關係的義項是否爲"類"和"儔侶"義？三、如果有關係，這種關係到底發生在什麼時候？

---

① 按：《荀子·正論》"故至賢疇四海"清盧文弨校曰："古以疇爲儔，楊注未是。"不知段氏是否受了盧氏的啟發。

② 按：張舜徽《愛晚廬隨筆》卷一"簿錄群書亦須辨僞"條認爲非桂馥撰。見張舜徽《愛晚廬隨筆》，華中師範大學出版社，2005年，第14頁。

　　在正式討論上述問題之前,先解決兩個問題。

　　一、《桂未谷説文段注鈔》所引郭注《爾雅》利用的是傳世文獻,不可靠。南朝梁顧野王《原本玉篇殘卷》言部"魗"字下引郭注《爾雅·釋詁》正作![疇字],而非"儔"。

　　二、段氏的"類"和"儔侣"義是否與上述大型辭書的"種類(類別);同類"義一樣呢?其實當略有不同。"種類(類別);同類"義可以對應"類"義,但無法對應"儔侣"義,雖然此義與"同類"義很近。所以,爲準確起見,段氏所述"疇"和"儔"的義項應該歸納爲"種類;同類,伴侣"義。①

　　先看東漢至唐五代語文辭書的情況。

(1) a. 疇,耕治之田也。　　　　　　　　　　　　　　　　　　　　　　　(《説文》田部)

　　 b. 儔,翳也。　　　　　　　　　　　　　　　　　　　　　　　　　　(《説文》人部)

(2) 孔注《尚書》云:"疇,類也。"王注《楚辭》云:"四人爲疇,二人爲匹。"

　　　　　　　　　　　　　　(慧琳《音義》卷十七《如幻三昧經》上卷音義"疇匹"下)

(3)《玉篇》曰:"儔,類也。"

　　　　　　　　　　(慧琳《音義》卷二十二《新譯大方廣佛花嚴經》卷第二十《十行品》之二
　　　　　　　　　　慧苑音義"靡所儔"下)

(4)《韻略》:"儔,匹也。"《廣雅》:"依也。"②

　　　　　　　　　　(慧琳《音義》卷十六《文殊師利所説不思議佛境界經》下卷音義"儔黨"下)

(5)《楚辭》:"誰可與兮匹疇。"王逸曰:"二人爲匹,四人爲疇。"疇亦類也,今或作儔。

　　　　　　　　　　(慧琳《音義》卷九《光贊般若經》第十卷玄應音義"疇匹"下)

(6) 儔,直由反。類也……又用疇字,直流反。類也,等也。

　　　　　　　　　　(日本小川睦之輔氏家藏本《新譯大方廣佛華嚴音義私記》
　　　　　　　　　　經第廿卷《十行品》第廿之下音義"所儔"下)

(7) 儔:同到反。翳,隱蔽也;疇也,類也。　　　　　(《篆隸萬象名義》亻部)

(8) 儔,又作疇。除流反。翳也,類也,隱也,依也,倫也,疋(匹)也。③

　　　　　　　　　　　　　　　　　　　　　　　　　　　　　(《新撰字鏡》亻部)

(9) 儔:侣;疇:田。　　　　(斯388《正名要録》"右本音雖同、字義各别例")

---

① 按:也許有人會覺得其中的"種類"義段氏未提供例證,其實不然。"(注)《漢書》者曰'疇,類也'",這就是"種類"義。因爲《漢書》訓"疇"爲"類"的只有一例,即《五行志》"帝乃震怒,弗畀洪範九疇"顏注:"疇,類也。九類即九章也。"且段氏所引《戰國策》"夫物各有疇"的"疇"也是"種類"義。

② 按:據王念孫《廣雅疏證》,未見此義。但唐《楊顯墓誌》"人有盡兮,禍福相儔"的"儔",當爲此義。

③ 按:原卷此處漏字,據文意補齊。

(10) a. 儔：直由反。類。古作翿字。　　（伯 2011《王仁昫刊謬補缺切韻》平聲尤韻）

　　　b. 疇：田疇。　　　　　　　　　　　　　　　　　　　　　　　　　　（同上）

(11) a. 儔：直由反，侶也。　　　　　（宋跋本《王仁昫刊謬補缺切韻》平聲尤韻）

　　　b. 疇：田疇。　　　　　　　　　　　　　　　　　　　　　　　　　　（同上）

以上例(1)，表明“疇”、“儔”本爲意義無關的兩字。

例(2)在一定程度上說明至遲從東漢開始“疇”可以用來表示“種類”和“同類”義。其中所引孔注《尚書》“疇，類也”的“類”，即“種類”義，王注《楚辭》“四人爲疇”的“疇”，則是“同類”義。

例(3)引《玉篇》，表明至遲在南朝梁大同九年(543)“儔”字就有了“同類”義。由此可知段玉裁據例(5)認爲用“儔”表“類”義始於初唐，不確。例(4)所引《韻略》也收有此義，也在一定程度上證明了這一點。此《韻略》或爲南北朝梁夏侯詠撰，或南北朝楊休之撰，或隋朝杜臺卿撰，[1]均比初唐早。

例(5)爲段氏所引，認爲是“同類”義的“儔”起於唐初的證據，但此例只能説明不晚於唐初。

例(6)溝通了類義的“儔”又可用“疇”字；例(7)在一定程度上反映出顧野王《玉篇》也溝通了“儔”、“疇”二字，並可與例(3)照應；例(8)則似乎認爲所有義項的“儔”都可用“疇”字。

例(9)～(11)，説明“田疇”義用“疇”、“同類或伴侶”義用“儔”的局面至遲在初唐已經形成。

再看東漢至唐五代石刻文獻用字實例。

在調查範圍之內，[2]我們窮盡統計了所有“種類；同類，伴侶”義的“疇”和“儔”字。現將調查結果羅列於下。有三點需要説明：一、唐五代時期“同類或伴侶”義的“儔”字太多，不再列出，只在表格中列出統計數字；二、有兩個例子句義無法讀通，不算在內；[3]

① 李新魁、麥耘《韻學古籍述要》，陝西人民出版社，1993 年，第 92～93 頁。

② 調查漢魏六朝石刻文獻，利用了“漢魏六朝碑刻資料庫”，中華書局 2018 年 12 月數字出版。調查隋唐五代石刻文獻，所據的石刻拓片主要來自《北京圖書館藏中國歷代石刻拓本彙編(9-36 冊)》(中州古籍出版社，1989 年)，《新中國出土墓誌(隋唐五代部分)》(河南卷一、二，陝西卷一、二，重慶卷，文物出版社，1994—2003 年)，《西安碑林全集(隋唐五代部分)》(高峽主編，廣東經濟出版社、海天出版社，1999 年)，《隋代墓誌銘彙編附考》(王其祎、周曉薇著，綫裝書局，2007 年)，《大唐西市博物館藏墓誌》(胡戟、榮新江主編，北京大學出版社，2012 年)。另，文中所引石刻文獻拓片，除特別説明，均見於上列文獻，不再一一注明出處。

③ 東漢《董園村一號墓曹氏家族墓磚》編號 42：“卒史 ▨。”北魏《比丘劉僧真等造像記》：“競業 ▨▨，室家和望。”

三、他人誤以"傳"爲"儔"字的例子,不算在內。①

  (12) 殷有三人,周訪九■壽。   (北魏《王禎墓誌》)

  (13) 河開八卦,洛載九■。   (北周《樂暢墓誌》)

  (14) 龜■頤粹,龍翰摛光。   (唐《董仁墓誌》)

  (15) 洪範九■之器連,咎繇三德之亮比。   (唐《吳善墓誌》)

  (16) 然則有靈允答,爰九■而式敘;無爲克成,超萬象而宏濟。

                    (唐《義福禪師碑》)

  (17) 稽以洪範、九■,天人之統,災變之異。   (唐《常無名墓誌》)

  (18) 我建中聖神文武皇帝,披八政以黜陟幽明,闡九■以惟新景命。

                   (唐《景教流行中國碑》)

  (19) 國□□□,英彦失■。   (東漢《北海相景君碑》)

  (20) 宗親外內,賞(黨)屬大小,及其■類、遠近、知識者,莫不悲愕、肝情淩碎者也。

                   (西晉《晉故處士成晃碑》)

  (21) 少配先夫爲■偶,內修家悔(誨)於婦道。 (西晉《晉牛登墓誌》)②

  (22) 爾乃衆靈雜遝(沓),命■嘯侶。   (東晉《洛神十三行》)

  (23) 自惟鴻源帝鄉,庇鄰雲液。議蹤翼親,論■懿胕。 (北魏《南石窟寺之碑》)

  (24) 瞻齊侶孟,望宋■姬。   (北魏《李慶容墓誌》)

  (25) 邑子茲歲盛,師徒普延年。同■兆劫壽,練質願更仙。

                   (北魏《王守令造像碑》)

  (26) 至於廣席■朋,語及平生,眷言家事,淚隨聲下。 (北魏《緱光姬墓誌》)

  (27) 先進罕得爲■,敵年莫與爲匹。   (北齊《李希禮墓誌銘》)

---

① 按:北齊《徐之才墓誌》"雕戈鏤鼎,方懸日月;舊里佳城,將■昆嗣"的■,羅振玉《滿洲金石志別錄》卷下錄作"傳",是。《漢魏南北朝墓誌彙編》《漢魏六朝碑刻校注》均錄作"儔",不確。北魏《元願平妻王氏墓誌》:"昭傳來昆,共味清塵。"北魏《王僧男墓誌》:"故鏤石刊號,詒之來昆云爾。"北齊《堯峻墓誌》:"題美窮泉,方傳後裔。"可資比勘。

② 按:拓片見趙君平、趙文成編《秦晉豫新出墓誌蒐佚》,國家圖書館出版社,2012年,第1冊第10頁。宗鳴安《碑帖收藏與研究》(陝西人民美術出版社,2008年,第252頁)亦有縮小拓片和介紹。釋文見毛遠明《漢魏六朝碑刻集釋》(數據庫),斷句爲:"少配先夫,爲儔隅內。修家悔於婦道,允恭法禮,孝誠姑舅。"不確。"隅"原拓作■,實爲"偶"字。

(28) 惟君聚義爲高,積仁成富。兼金百溢,然託非■,大國千乘,名言相伍。

　　　　　　　　　　　　　　　　　　　　　　　　　　　(北齊《薛廣墓誌》)

(29) 明明遠祖,穆穆張侯。興宗白水,列爵黃■。　　　(唐《張翌墓誌》)

(30) 紹先■之業,士識歸心;執危邦之權,人無駁議。　(唐《泉男生墓誌》)①

(31) 時河南令赫連、□陽令□元忠等,咸以公文吏之用,晉代劉穆之之■也。

　　　　　　　　　　　　　　　　　　　　　　　　　　　(唐《姜退碑》)

(32) 臨終有言,囑在知己。僕忝承■舊,敢忘平生。　　(唐《段廉墓誌》)

(33) 雖則同郡■舊,自知才器不如,平生忌君。　　　　(唐《沈浩豐墓誌》)

(34) 能忝■舊,敢讓其詞。　　　　　　　　　　　　　(唐《王之渙墓誌》)

(35) 師蕃邸■舊,早悟菩提,志行既精,勝因斯著。

　　　　　　　　　　　　　　　　(《唐荷恩寺故大德法津禪師(姚常一)塔銘》)

(36) 就先■之畎畝,敦老農之底績。　　　　　　　　　(唐《阿育王寺常住田碑》)

(37) 吾■之不息,公將其云□乎?　　　　　　　　　　(唐《田在卞墓誌》)

(38) 況余■敢不仰德述誌,銘其泉壤焉。　　　　　　　(己卯歲《能延褒墓誌》)②

(39) 悠ㄟ□□,珍■紀侣。　　　　　　　　　　　　　(東漢《北海太守爲盧氏婦刻石》)

(40) 追嵇阮以爲■,望異代而同侣。　　　　　　　　　(北魏《元飀墓誌》)

(41) 於是聲高海内,譽馳天下,當年絶侣,望古希■。　(北魏《元子正墓誌》)

(42) 望兹爲侣,匹此成■。　　　　　　　　　　　　　(北魏《元悕墓誌》)

(43) 懃(勤)强慎密,振古無■。　　　　　　　　　　　(東魏《穆景相墓誌》)

---

① 按:此據孫進己等編《東北古史資料叢編(三)》(唐卷,遼沈書社,1990年,第636頁)斷句。吳鋼主編《全唐文補遺》(三秦出版社,1994年,第1輯第62頁)、高福順等著《〈高麗記〉研究》(吉林文史出版社,2003年,第169頁)、楊軍等著《高句麗官制研究》(吉林大學出版社,2014年,第209頁)、譚淑琴主編《琬琰流芳:河南博物院藏碑誌集粹》(中州古籍出版社,2015年,第115頁)均與之同。但是,陳忠凱《唐三蕃將墓誌銘文之研究》(載西安碑林博物館編《碑林集刊(五)》,陝西人民美術出版社,1999年,第73頁)斷句不同,不取。李永强等主編《洛陽出土少數民族墓誌彙編》(河南美術出版社,2011年,第281頁)、趙振華《洛陽古代銘刻文獻研究》(三秦出版社,2009年,第547頁)、苗威《句麗移民研究》(吉林大學出版社,2011年,第284頁)均與陳忠凱同。

② 按:據其太歲紀年,此例的製作時間應爲五代時期。因爲就唐五代墓誌的情況來看,五代時期的墓誌才有單獨的太歲紀年格式。如"天成元年七月十四日左街内大德令儼書並篆"的《康贊峩墓誌》,其紀年内容爲:"及於太歲在丙戌六月二十三日薨於洛陽。"但在唐朝,哪怕是晚唐,如果有太歲紀年的話,也是附在皇帝年號之後一起紀年的。如《崔洧妾張紫虚墓誌》:"以咸通十四年太歲癸巳十月壬辰朔四日遘疾。"由此知此例"己卯"是指五代時期的"己卯",即公元919年。

(44) 情鑒資愛,難與爲▨。　　　　　　　　　　　　　（西魏《韋或妻柳敬憐墓誌》）

(45) 方之也未足云譬,比之也詎是其▨。　　　（北齊《叱烈延慶妻爾朱元靜墓誌》）

(46) 上天不弔,殲此良▨。　　　　　　　　　　　　（北齊《廣陵王元羽妻太妃墓誌》）

(47) 超乘擊劍之能,類中希伴;麾戈騎射之伎,舉世無▨。　　（北齊《狄湛墓誌》）

(48) 響曝都輦,價傾▨匹。　　　　　　　　　　　　　　　　（北齊《張海翼墓誌》）

(49) 爰生吾子,令問無▨。　　　　　　　　　　　　　　　　（北齊《賀蘭瑗墓誌》）

(50) 篤生偉器,獨步無▨。　　　　　　　　　　　　　　　　（北齊《韓裔墓誌》）

(51) 故幽閒貞一之操,無▨類以能方;織紝組紃之功,豈言辭所可喻。

（北齊《堯峻妻吐谷渾靜媚墓誌》）

(52) 雖曾閔之▨,弗之尚也。　　　　　　　　　　　　　　　（北齊《梁子彥墓誌》）

(53) 好士匪梁燕之▨,富學豈簡平之背(輩)。　（北齊《馮翊王高潤之修平等寺碑》）

(54) 囑(屬)神武命世,同茲創業,洪勳茂績,無▨而□。　　　（北齊《□昌墓誌》）

(55) 溫室之樹,方此非▨。　　　　　　　　　　　　　　　　（北周《若干雲墓誌》）

(56) 蹈顏冉而爲▨,躡韓彭而可輩。　　　　　　　　　　　　（隋《李和墓誌》）

(57) 棄予▨倫,來依狐兔。　　　　　　　　　　　　　　　　（隋《梁邕誌》）

(58) 忽襧衡而不數,輕許邵豈爲▨。　　　　　　　　（隋《李惠暨妻華氏誌》）

(59) 論公效績,與彼▨焉。　　　　　　　　　　　　　　　　（隋《李椿誌》）

(60) 比論哀痛,此外無▨。　　　　　　　　　　　（隋《劉相暨妻鄒氏誌》）

(61) 雖復應王多藝,匹此非▨;郭劇周人,方茲爲劣。　　　（隋《張喬誌》）

(62) ▨等嗟慕,涕泣興哀。　　　　　　　　　　　（隋《宮人陳花樹誌》）

例(12)(13)(15)(16)(17)(18)"九疇"和例(14)"龜疇",均來自《書·洪範》:"天乃錫禹洪範九疇,彝倫攸敘。"孔安國傳:"天與禹洛出書,神龜負文而出,列於背,有數至於九。"所以此"疇"皆爲"種類"義。

例(19)▨字殘,但仍然可見從田旁,據上下文意,當爲"同類或伴侶"義的"疇"字。

例(20)"疇類"、(21)"疇偶"、(26)"疇朋"、(48)"儔匹"、(51)"儔類"、(57)"儔倫"、(62)"儔等",皆爲同義連文。

例(22)(24)(27)(39)(40)(41)(42)(47)(53)(56)"疇(儔)"與"侶"或"匹"或"輩"或"朋"或"伴",相對成文。不過,其中例(24)"疇"已活用爲動詞,可理解爲"與……同類"義。其實這裏把"疇"理解爲"比"義亦可通,大概"疇"字的"比"義就由此類用法發展而來。《漢魏六朝碑刻校注》則理解爲"與……齊等"義,亦可通。考慮到"疇"字詞義的發展階段,這裏作爲"同類"義的活用來看待。

例(23)"論疇懿胕",與"議蹤翼親"對文。"翼親"可能受了"翼考"一詞的影響而産生的,爲親屬的美稱義,[①]"懿胕"爲"帝室微末之親"的美稱義。[②] 此例應是造碑者奚康生自述其身份與地位,即與北魏皇室同祖先,可與前文"鴻源帝鄉"相應,《奚智墓誌》亦云"始與大魏同先"。這樣看來,"論疇"的"疇"應理解爲"宗室、宗族"義,爲"疇"的"同類"義的引申義。

例(28),"然託"即"然諾"義,是説"兼金百鎰"不可與"然諾"相類。《全唐文·于志寧〈唐太傅蓋公墓碑〉》"懷清貞而(闕三字),重然諾而略兼金"可以比勘。"非疇"與"相伍"相對,爲"非類"義,所以"疇"爲"類"義。稍可留意的是,這個"疇"不是指人,而是指事物。例(60)"儔"也指事物。

例(29)"黃疇",應該是"黃帝的後裔"義。唐《張周抗妻何氏墓誌》:"其先黃帝之子,生而有文。見其手曰弓長,帝異之,並字錫爲張氏,謚名曰羅。長乃戰□□□□於國,封南陽白水侯,其氏興焉。"[③]由此知南陽白水張氏確實爲黃帝之後裔。此"疇"的"後裔"義,可視爲"同類"義的引申義。《唐代墓誌銘彙編附考》"黃"字標了專名號,應該也認爲指"黃帝"義。[④]

例(30)(36)"先疇",據《漢語大詞典》《辭源》等所釋,[⑤]則把"疇"理解爲"田疇"之"疇",但據上下文意,例(30)"先疇之業"是指出任武官,作"田疇"義解不通。例(36)"先疇之畎畝"的表述,其實已表明"先疇"無"畎畝"義,否則就涉語義重複了。而且,下面兩例"先疇"也不能理解成"祖先的田地"義。唐張説《東都酺宴》詩序:"朝榮舊德之序,野賴先疇之業。"據上下文意,此"先疇之業"不僅指"先人田畝之業",而應包括在野的各種行業。《全唐文·裴耀卿〈太子賓客贈太子太師竇希球神道碑〉》:"退讓致美,不忘於先疇;虛玄爲心,得之於先訓。"此"先疇"只能理解爲"先輩"而不是其他。還有作"先儔"的,《全三國文·邯鄲淳〈漢鴻臚陳紀碑〉》:"顯考以茂行崇冠先儔,季弟亦以英才知名當世。"《全唐文·權德輿〈祭户部員外叔父文〉》:"江南擁旄,主東諸侯。參佐之選,時稱先

---

① 按:據《漢語大詞典》,"翼考"爲先父之美稱,已見於西晉陸機詩。

② 按:此"胕"字,當爲"肺胕"的縮略。"肺胕"一詞,據王念孫《讀書雜志·漢書第八》"肺胕"條,爲"帝室微末之親"義。見王念孫《讀書雜志》,江蘇古籍出版社,2000年,第285頁。

③ 按:此例由復旦大學仇鹿鳴先生提供,拓片尚未正式出版。在此深表謝意。

④ 毛漢光《唐代墓誌銘彙編附考》,"中研院"歷史語言研究所專刊之八十一,第8册第315頁。

⑤ 按:《中文大辭典》《重編國語辭典修訂本》所釋亦同。另,朱起鳳《辭通》以爲"先疇"即"西疇",離本來之義更遠。見朱起鳳《辭通》,開明書店,1934年,上册第1032頁。

儔。”其實,“先儔”一詞來自班固,《西都賦》:“士食舊德之名氏,農服先疇之畎畝。”唐吕延濟《文選注》:“先疇,先人畎畝。”由吕注來看,對“先疇”的誤解至少從唐朝就已經開始了。王維《魏郡太守河北採訪處置使上黨苗公德政碑》:“於是横經左塾,力穡先疇,盡業農桑,大興庠序。”陳鐵民《校注》:“先疇:祖先的田地。班固《西都賦》:‘士食舊德之名氏,農服先疇之畎畝。’”①此“先疇”確實爲“先祖的田地”義,但該義由誤解《西都賦》而獲得,並非班固本義。

例(32)～(35)“疇舊”,據上下文,當爲“舊儔”義,即舊日結識的朋友義。如例(35)“師蕃邸疇舊”,趙超主編《新編續補歷代高僧傳》譯爲:“你是朕未登基時便結識的故人。”②是。又如唐劉肅《大唐新語》卷三:“有部人張懷道任河陽尉,與謙疇舊,餉一鏡焉。”又作“舊儔”。《全唐詩·武元衡〈聞相公三兄小園置宴以元衡寓直因寄上兼呈中書三兄〉》:“蘭菊回幽步,壺觴洽舊儔。”另有“僚舊”、“姻舊”、“朋舊”等,與“疇舊”一樣,當來自《論語·泰伯》“故舊”。

例(43)(49)(50)(54)(60)“無儔”的“儔”,據例(47)“無儔”可知當爲“同類或伴侶”義。

例(25)(31)(37)(38)(44)(45)(46)(52)(55)(58)(59)(61),據上下文意,不難理解其中的“疇(儔)”爲“同類或伴侶”義。

爲便於比較,我們把石刻文獻調查情況列簡表如下:

	東漢	兩晉	北魏	東魏、西魏	北齊	北周	隋	唐五代
疇(種類義)	0 例	0 例	1 例	0 例	0 例	0 例	1 例	5 例
疇(同類或伴侶義)	1 例	3 例	4 例	0 例	2 例	0 例	0 例	10 例
儔(同類或伴侶義)	1 例	0 例	3 例	2 例	10 例	1 例	7 例	64 例

由上表可知,“種類”義的“疇”,東漢至唐五代時期,北魏 1 例,隋朝 1 例,唐五代有 5 例,同義的“儔”未見。

“同類或伴侶”義的“疇”、“儔”,可分爲三個階段來敘述。

第一階段,東漢至兩晉時期,主要用“疇”字。此時段該義的“疇”4 例,同義的“儔”東漢 1 例。或問:東漢時期“疇”、“儔”各 1 例,是否可以説該時期二者的使用頻率基本持平呢? 我們以清乾隆四十二年至四十三年汪氏樓松書屋刊本宋洪适《隸釋》《隸續》所收碑刻爲限,檢索到該義的“疇”6 例,同義的“儔”未見。由此知東漢時期主要作“疇”,作

---

① 陳鐵民校注《王維集校注》,中華書局,1997 年,第 940 頁。

② 趙超主編《新編續補歷代高僧傳》,社會科學文獻出版社,2011 年,第 107 頁。

"儔"只是萌芽階段的偶然現象。況且，該石刻的出土時地不明，[1]不能排除爲僞刻的可能。

第二階段，北魏時期，大致平均使用"疇"、"儔"二字。此時段該義的"疇"4 例，同義的"儔"3 例，兩者的使用頻率基本持平。

第三階段，東魏、西魏到唐五代時期，主要用"儔"字。此時段該義的"疇"12 例，所占比例爲 13％，主要分布於北齊、唐五代兩個時段；同義的"儔"84 例，所占比例爲 87％，分布在東魏、西魏、北齊、北周、隋、唐五代各個時期，分布廣泛。就北齊看，"疇"和"儔"所占的比例分別是 17％和 83％；就唐五代看，所占比例分別是 16％和 84％。無論從數量、分布時段還是所占比例，都可知這個時段主要用"儔"。北齊該義的"疇"，應是二者基本完成替換之後的偶然沿用。唐五代該義的"疇"，大多應有某種原因而導致了沿用。比如"先疇"，共 2 例，此詞來自班固《西都賦》，見於《文選》，但因爲下文有"畎畝"字樣，以致唐人對該詞有了誤解，所以才一直沿用"疇"字。"疇舊"一詞，共 4 例，之所以襲用"疇"而不用"儔"，原因不明。"吾疇"、"余疇"各 1 例，出現於晚唐五代，也應該是有原因的。

利用上述調查結果，可對相關問題進行評價或解釋：

從第一階段的特點看，《古漢語常用字字典》"儔"字下"漢代以前，'儔'一般都寫作'疇'"的觀點，可信。但不僅漢代以前，三國兩晉時期應該也主要作"疇"。

從第二階段的特點看，例(25)，正處於北魏時期，《漢魏六朝碑刻校注》："同疇：本作'同儔'。"這是以今律古，不妥。而且，我們還可推知，北魏以前的傳世文獻中"同類或伴侶"義的"儔"，大都應該本作"疇"。這一點對以後處理該時段的異文，大有裨益。

從第三階段的特點看，《荀子》"草木疇生"的"疇"，唐楊倞所見尚作"疇"，這應該也是有原因的。或許和田疇間常生草木有關，或許和作爲諸子經典的《荀子》的影響力有關，[2]或許和此句亦見於《大戴禮記》有關，等等。

綜合東漢至唐五代時期的語文辭書和石刻文獻用字兩個方面的情況，可得以下結論："同類；伴侶"義的"疇"後主要作"儔"，這種變化大致始於東魏、西魏，北齊和唐五代等時期偶有沿用"疇"字的情況；"種類"義的"疇"並未演變成作"儔"。段注指出了這種"古今之變"，非常可貴，但在指出這種變化發生的時代和義項上不夠準確；朱駿聲引用他人觀點認爲二者或許是相通關係，這與《説文》相背，不可靠。當代大型語文辭書的有關義項當據改。

---

① 按：據毛遠明《漢魏六朝碑刻校注》，綫裝書局，2008 年，第 2 册第 80 頁。

② 按：如唐《吳福將墓誌》："公守分知足，無虧老氏之誡；德修意遠，寧慚荀子之言。"

主要參考文獻

辭海編輯委員會編《辭海(第 6 版彩圖本)》,上海辭書出版社,2009 年。

段玉裁《説文解字注》,上海古籍出版社,1988 年。

漢語大詞典編輯委員會、漢語大詞典編纂處編纂《漢語大詞典(縮印本)》,漢語大詞典出版社,1997 年。

漢語大字典編輯委員會編《漢語大字典(第 2 版)》,崇文書局、四川辭書出版社,2010 年。

何九盈等主編《辭源(第 3 版)》,商務印書館,2015 年。

羅振玉《滿洲金石志別録》,《羅雪堂先生全集(續編)》第十一册,大通書局有限公司,1989 年。

毛遠明《漢魏六朝碑刻校注》,綫裝書局,2008 年。

王力等原編,蔣紹愚等修訂《古漢語常用字字典(第 5 版)》,商務印書館,2016 年。

顔娟英主編《北朝佛教石刻拓片百品》,“中研院”歷史語言研究所,2008 年。

中國社會科學院語言研究所詞典編輯室編《現代漢語詞典(第 7 版)》,商務印書館,2016 年。

中文大辭典編纂委員會編《中文大辭典(第 8 版)》,中國文化大學出版部,1990 年。

趙超《漢魏南北朝墓誌彙編》,天津古籍出版社,2008 年。

朱駿聲《説文通訓定聲》,武漢市古籍書店,1983 年。

原刊《中國文字研究》2020 年第 2 輯

説甲骨文裏可能是"㠱"的字 *

吴麗婉

中山大學中文系

("古文字與中華文明傳承發展工程"協同攻關創新平臺)

對於"㠱"字,《漢語大字典》《字源》《古文字譜系疏證》等大型工具書均將字形源頭追溯到春秋金文。直至 2018 年,蔣玉斌先生在"古代漢語大型辭書編纂問題研討會"才指出,殷商甲骨文已有"㠱"字。[1] 蔣先生指出《合集》[2]2980 正、《合補》6542 反這兩版甲骨上都有"㠱"字(參圖一),他説:"兩相比較,我認爲可擬補爲 𝆺𝅥𝅯 、𝆺𝅥𝅯 的都是'㠱'字。不過兩辭所在均爲殘辭,其意義、用法都難以探討了。"[3]

《合集》2980 正(《佚存》810)　　　《合補》6542 反

圖一

---

*　本文爲國家社科基金青年項目"甲骨文對讀材料的收集、整理與研究"(20CYY040)、國家社科基金重大委託項目"清華大學藏甲骨的綜合整理與研究"(16@ZH017A4)階段性研究成果。

① 蔣玉斌《甲骨文待登録字"臣"、"㠱"釋説(提綱)》,"古代漢語大型辭書編纂問題研討會"論文,復旦大學,2018年 11 月 24—25 日。

② 本文引用著録書簡稱情況爲:《甲骨文合集》簡稱"《合集》"、《甲骨文合集補編》簡稱"《合補》"、《殷契佚存》簡稱"《佚存》"、《懷特氏等收藏甲骨文字》簡稱"《懷特》"、《中國社會科學院歷史所藏甲骨集》簡稱"《中歷藏》"、《英國所藏甲骨集》簡稱"《英藏》"、《殷契粹編》簡稱"《粹編》"、《小屯南地甲骨》簡稱"《屯南》"、《上海博物館藏甲骨文字》簡稱"《上博》"。

③ 蔣玉斌《甲骨文待登録字"臣"、"㠱"釋説(提綱)》。

　　此二字都有所殘損,蔣先生僅憑殘字的比較,就擬補出完整字形,並釋爲"姫",觀察力非常敏銳,著實佩服。從殘字筆畫看,蔣先生的分析可能是對的。除了這兩個殘字以外,甲骨文裏可能還有完整的"姫"字,下面試加以論述。

一、著録書中的"𦥑"

圖二

　　《合補》2531 反(圖二)上部刻有比較特殊的筆畫"𦥑"。此片的來源爲《懷特》917b,《懷特》釋文把此處釋作"……巳……𦥑……",[①]《甲骨文校釋總集》釋作"……子……𦥑……",[②]《殷墟甲骨文摹釋全編》只釋了"……子……",[③]右邊的"𦥑"不見於釋文。字編類工具書基本未收録此字形,只有《新甲骨文編(增訂本)》收録了右邊的"𦥑"。[④] 可見,大家都認爲這是兩個字。

　　從拓本上看,"子"和"𦥑"的刻寫位置挨得很近,而且"子"明顯比"𦥑""瘦小",像是"屈居"於"𦥑"之下。它們的位置關係與同版"御"字所從"午"旁跟"卩"旁的關係非常相似。如果是兩個不同的字,在正常情況下,字體大小應該差不多,而且字與字之間一般留有一定空間。從組合關係來看,把它看作一個字比看作兩個字要合適得多,這應該分析成一個從子從𦥑的字。

　　右旁"𦥑",甲骨文裏極少見。《合補》5395(《中歷藏》422 正彩照清晰)有一字寫作"𦥑",從𦥑從黽,上部偏旁與"𦥑"右旁顯然是同一字形。蔣玉斌先生在文中將"𦥑"與《合集》9188 反"𦥑"聯繫起來,認爲均是"黽"字,理由是"𦥑"字的上部與 [圖] (引者按:即《合集》35364"姬"字)所從輪廓相若,似乎'臣'也可以寫成𦥑"。[⑤] 除了《合集》35364的"姬"字以外,《合集》27547"姬"字作 [圖] ,"臣"旁刻寫作直筆狀,更是與"𦥑"的寫法接近。蔣先生把"𦥑"釋成"黽",是有一定道理的。"𦥑"有可能是"臣"字的異寫。

　　那麼,"𦥑"可以分析爲從子從臣。若此,這個字或許是"姫"字的異體。它和"姫"的區別僅在於前者從子,後者從巳。根據研究,我們知道"子"和"巳"是一字分化,關係

①　許進雄《懷特氏等收藏甲骨文集·釋文》,皇家安大略博物館,1979 年,第 45 頁。
②　曹錦炎、沈建華《甲骨文校釋總集》,上海辭書出版社,2006 年,第 7094 頁。
③　陳年福《殷墟甲骨文摹釋全編》,綫裝書局,2010 年,第 5504 頁。
④　劉釗主編《新甲骨文編(增訂本)》,福建人民出版社,2014 年,第 1049 頁。
⑤　蔣玉斌《甲骨文待登録字"臣"、"姫"釋説(提綱)》。

非常密切。

　　"♀(子)"象小兒正面之形,"♀(巳)"象小兒側面之形,徐中舒先生很早就指出"當爲一字,後來才分化爲子、巳兩個不同的字"。[1] 謝明文先生也指出"'子'、'巳'應係一字分化,在殷墟甲骨文中兩者已經基本分化完成,但仍保留兩者是一字分化的遺跡。……'巳'應該就是從'子'字分化而來。不過由甲骨文、金文來看,兩者字形在大多數情況下已有差別,這種差別有時還出現在同一條卜辭或同一篇銘文之中,因此我們認爲'子'、'巳'在殷墟甲骨文所處時代兩者已經基本分化完成,上文所列相關證據只是它們乃一字分化的遺跡。"[2]從甲骨金文看,"子"和"巳"確實有一些通用的例子,比如十二地支的"巳"借用"子"字表示;"保"字既可以寫作從人負子的 ♠、♠,也可以寫作從人負巳的 ♠ [3](《英藏》1149),謝明文先生在文中還列舉了其他例子,[4]可參看。《合集》18002 有一字作"♠(《粹編》1583 拓本作 ♠)",謝先生認爲此字從克從子,與膳夫山鼎(《殷周金文集成》02825)從克從巳的"♠"聯繫起來,看作一字異體。無疑是正確的。細審甲骨字形,上部作 ♠(《粹編》1583 拓本作 ♠,[5]《合集》拓本上的兩個小點可能是泐痕),是糅合了"子"和"巳"而成的字形。[6] 這也是"子"、"巳"一字分化的證據。此外,《屯南》2670 有一"♠"字,下旁似從巳,但"巳"的左邊多出一斜筆,表示的或許是小兒之手。如此,則這個偏旁也可以看作是"子"和"巳"的糅合體。《合集》6913 有一個用作國族名或人名的"♠",頗疑此字可能是"巳"字。這種寫法大概可以跟"子"字作"♀"、"♀"相比較,上部多加的四道豎筆表示小兒之髮。[7] 當然,這只是一種推測,還有待考證。

---

[1]　徐中舒《怎樣考釋古文字》,《出土文獻研究》第 1 輯,文物出版社,1985 年,第 216 頁。

[2]　謝明文《釋甲骨文中的"抱"——兼論"包"字》,原載《中國書法》2015 年第 11 期,第 133 頁;後收入氏著《商周文字論集》,上海古籍出版社,2017 年,第 42~43 頁。

[3]　王子楊先生對此字構形有精彩解説:"這種'保'字的寫法象背負褓褓之形,也可能是'褓(褓)'字的象形初文。由於嬰孩包裹於褓褓之中,所以未見雙手與腿腳之形,僅露出孩子的頭部。又用繩子或布帶將褓褓綁縛在成年人的身後(形體中的"彡"即是繩子之形)。"參王子楊《英國所藏甲骨綴合四例》,載《故宮博物院院刊》2012 年第 4 期,第 109 頁。

[4]　謝明文《釋甲骨文中的"抱"——兼論"包"字》,《商周文字論集》,第 43 頁。

[5]　《合集》20138、《合集》20980 正有一字作"♀",此字在《合集》20975 又作"♀",從辭例看,似乎都是祈雨的祭祀對象,雖然字形與從克從子之"子"相類,但可能只是同形的關係,而非一字。

[6]　從金文從克從巳之字看,把甲骨文的字形分析爲從克從巳,或許比從克從子更好一些。

[7]　劉釗主編《新甲骨文編(增訂本)》把"♠"與"♀"、"♀"、"♀"等均置於"皇"字下(第 20 頁)。♀、♀ 的字形一共五例,均寫作一豎筆,可見構形是很明確的,與"♠"寫法不同,不宜看作一字。

　　"子"和"巳"關係如此密切,把"𨑒"字所從"巳"旁替換成"子"旁,從古文字的構造規律來説,是非常有可能的。

二、民間甲骨上的"𨑒"

圖三

　　有一版民間所藏甲骨(圖三),[①]上面刻有一字,右旁與上述《合補》2531 反的字形完全相同,左旁作"𨑒"。這個字應該與"𨑒"是一字異體。

　　左旁"𨑒"應爲"巳"字。甲骨文常見的"巳"字作𨑒,頭部另有作圓形、橢圓形等狀。[②] 頭部作方形者,一般作"◻"形,而不作兩豎筆出鋒的"𝖴"形,照片上的"𨑒"與常見"𨑒(巳)"字寫法稍異。但甲骨文在刻寫過程中,很容易出現筆畫稍微逸出的現象,"◻"形的豎筆一旦稍逸,便成了出鋒的"𝖴"形。甲骨文中常有"◻"形逸出寫作"𝖴"形者,比如:

　　丁:　《合補》11025("武丁"之"丁")

　　　　　《合補》11022("武丁"之"丁")

　　祊:　《合集》35922("祖甲祊"之"祊")

　　　　　《合集》35925("祖甲祊"之"祊")

　　俘:　《合集》137 反　　　　　　《合集》764

　　好:　《合集》154　　　　　　　　《上博》49003.235

　　金文也有此現象。西周銅器叔旅簋(《商周青銅器銘文暨圖像集成續編》417)"子子孫孫"之"子子"作合文"","子"字豎筆亦逸出。

　　"巳"字寫作"𨑒",大概也是筆畫逸出的原因。這種逸出的現象,應是刻手在奏刀過程中的一種"偶然失誤",沒有什麼規律可言。

　　所以,這版民間甲骨上的字似可以分析爲從巳從臣,釋作"𨑒"。

──────────

① 照片來源:殷韻鄴風博客 http://blog.sina.com.cn/s/blog_9b6963d50102v6ax.html。
② 參李宗焜《甲骨文字編》,中華書局,2012 年,第 675～676 頁。

餘　論

把"[字形]"跟"[字形]"看作一個字,應該無誤。甲骨文常見的"臣"字多作帶有一定弧度的[字形]、[字形]等形,呈尖鋭狀,未見作"[字形]"者,把"[字形]"釋爲"𪊨",尚有孤證之嫌。但有"[字形]—[字形]"、"[字形]、[字形]—[字形]、[字形]"兩組字形的對比,把"[字形]"視爲"臣"的一種寫法,可能性就大很多了。[①] 至於"臣"字爲什麽寫作筆直的"[字形]",是爲了刻寫方便,還是其他原因,暫不可知。

如果對[字形]、[字形]的分析正確,就可以明確地把"𦥑"字的源頭追溯到甲骨文,同時也爲"子"、"巳"一字分化提供另一例證。這些字的辭例均殘損,用法不得而知,而且這版民間甲骨的真僞,大概是有爭議的,把它們釋爲"𦥑",是否一定正確,恐怕還有疑問。本文僅提出有釋"𦥑"的可能,能否進一步證實,有待其他新材料公布。

附: 對文中民間甲骨真僞的討論

文中所用民間甲骨非科學發掘所出,它的真實性是有疑問的。上面的字形可不可靠,也得打一個問號。

甲骨文仿刻大致可以分爲兩種。一種是字形刻寫拙劣,結構雜亂無章,没有構字理據,行款混亂,卜辭不通。這種仿刻的作僞痕跡明顯,容易辨出真假,早期的作僞水平低,多數是這種類型。另一種是刻寫規範,字形與真正的甲骨文字相近或相同,行款整齊,辭例可以通讀。這種仿刻多見於現代,是仿刻者在掌握了甲骨字形、辭例等知識和契刻方法以後仿刻出來的。這種仿刻多數有一個特點——依據著録書裏的字形和辭例而仿,辨僞難度很大,有時幾乎難辨真假。

如果"[字形]"字是仿刻的話,明顯屬於第二種,應該是從現成的甲骨文字仿刻而來,再厲害的仿刻者,恐怕也很難憑空捏造出這麽一個字形。可是,甲骨文中没有現存的可以用來仿刻的字形。文中已經提到,蔣先生在 2018 年才提出甲骨文中有"𦥑"字,而且所舉兩個字形都是殘字,不可能是根據殘字仿刻。與之相似的"[字形]",歷來都被拆分成兩個字,工具書中幾乎都找不到這個字形,仿刻者大概不可能從舊著録書中覓得此字形而仿。而且如果是仿刻,出於高度仿真的心理,仿刻者應該是"依樣畫葫蘆",把"[字形]"照

---

① 《英藏》1402 正有一字作"[字形]",右旁形狀似非羽翼形,而與"臣"非常接近,或有可能爲"𪊨"字異寫,把"臣"移至動物右旁。

刻過去,而不會把"子"改刻成"巳"而作" "(一般人恐怕難以知道"子"和"巳"的關係)。從各方面考慮,這版民間甲骨都找不到仿刻的證據,字形大概還是可靠的。

　　似乎還有另一種可能,也許它根據的底本是一片不見於著録書,流散民間的甲骨,仿刻者據此而刻。倘若如此,那它確實是一個僞字。雖是僞字,字形結構卻是真實的,仍具有一定參考價值。

祉及相關諸字釋讀補議

任家賢

華南師范大學文學院

一

祉字甲骨作𣎆,西周金文𣎆、𣎆,都是常用字,除了作人名外,有釋延、釋徙兩種意見,爭持不下。今天學界似乎都較傾向於釋延,但細審之仍不能無疑。故筆者不揣譾陋,略陳拙見。

劉心源説"祉舊釋延",是很早的意見;而分析則以郭沫若爲詳。《大系·小盂鼎》:

> 祉字屢見,卜辭中亦多見此字,均無義可説。案即《詩》《書》中所習見之虛詞誕字也。《説文》中與此形近之字凡三見,一爲辵字,云"乍行乍止也,從彳、止,讀若《春秋傳》(《公羊》宣二)曰'躇(字誤作辵,從傳文改正)階而走'"。一爲徙之重文。又一爲延字,篆作𨓍,從乀,乀謂"從彳引之",以廷、建諸字隸焉。然金文廷字多見,乀旁均作乚,石鼓文有騹字,……乀亦作乚,則是"從彳引之"之"乀",古實無此字,辵與延是一非二也。延讀丑連,辵讀丑略,亦一音之轉。徙即金文所習之見圖形文𣎆(觶文)若𣎆(尊文),乃會意字,示人足在街頭徙倚,並非從辵止聲(《説文》各本如此),亦非從辵、止(段注刪去"聲"字),斷無省作祉之理。許蓋誤會也。

釋徙之説,亦見於劉心源,而以楊樹達堅持最力,其説云:

> 甲文祉字從彳從止,事至顯明。此字明見於《説文》二篇下辵部謂是徙之或字,是也。……甲文之祉與徙之或體祉形體全同,而與延則相異也。……甲骨學者大都從之,不知其捨同形之字不用而別求他字之誤也。然安步延延之訓不能適用於

甲文之征雨也,於是又別求一从延之延字說之。①

從字形上說,郭說自有合理性。《説文》中的乏旁,確實有兩個來源,廷、建二字所从的乏即乚,而延字所从的乏即彳,延即征字。故郭氏認爲延就是征字,是有道理的;②而且從文例上說,釋延、讀延也對較多文例有利。③

然而《説文》將征作爲徙的重文,似乎也不能簡單地認爲是"誤會"而否定,金文中就有一類征的用法是釋延不易講通的,如:

> 王饗于大室,吕征于大室,王易吕秬鬯。　　　　　　　　(吕鼎,《集成》2754)
> 六月初吉癸卯,伊妍征于辛事。伊妍賞辛事秦金。　　　　(伊器,《集成》10582)

二器中的征,按延續義解均不協,故《銘文選》釋爲侑進。④ 然伊器文例與吕鼎相近,卻没有提到祭祀,侑進義置於伊器中就較爲突兀。此應從吳闓生釋徙。⑤ 不過,釋徙者多把徙訓爲"遷徙",於上下文未免捍格,甚至因此而最終放棄釋徙之説。⑥ 觀上下文,應是移步的意思。⑦ 征字象腳在路上行走之形,這固可表示《説文》訓延的長行義,自然亦可表

---

① 楊樹達《釋征篇後記》,《積微居甲文説》,上海古籍出版社,2007 年,第 26 頁。

② 然郭説謂乏與延一音之轉,視爲一字,則其可疑。乏,古文字中未見獨立成字;从乏之字又往往可單从止,可見乏旁乃止、彳複合而成,未必是一整體。然則《説文》以乏爲單字,其音義皆不知所據,未可僅憑《説文》而定乏、延爲一字。

③ 如甲骨中征屢與天象連言,稱"征風"、"征雨"、"征啟",或與疾病並提,如"王疒首勿征",釋徙都不易通讀,釋延、讀延,訓爲延續,則文從字順。楊樹達也覺得"征風"等徑釋徙不通,故另闢一解云:"疑征从止聲,征蓋假爲止也。……云止雨止雪止風止啟者,已雨已雪已風已啟時貞卜之辭也。上舉辭云:'貞征多雨?'又云:'貞征雨,不多雨?'足爲吾説之徵。《鐵雲藏龜》云'鳳(風)止',《殷契佚存》云'西畫,止雨',字皆作止,不作征,尤征當讀爲止之確證矣。"(《釋征》,《積微居甲文説》,第 25 頁)。按,《説文》云徙从止聲,征是徙字的重文,楊説讀爲止本此;但段玉裁已經指出从乏會意,非从止聲。從上古韻文和疊韻詞來看,止屬之部,徙屬歌部,相隔確亦甚遠(見陳復華、何九盈《古韻通曉》,中國社會科學出版社,1987 年,第 343 頁),征若即徙,當亦爲會意字而非形聲字。故楊讀爲止未安。

④ 見《銘文選·吕方鼎》注。按,唐蘭則釋爲贊禮,引《儀禮·覲禮》"擯者延之曰升"注:"從後詔禮曰延。"與《銘文選》引《儀禮·特牲饋食禮》"祝延尸"注"延,進,在後詔侑曰延"小異而意同。唐説見《西周青銅器銘文分代史徵》,上海古籍出版社,2016 年,第 353 頁。郭沫若則釋乏,讀爲蹃(見《大系》),辨已見上注。

⑤ 《吉金文録》一·一五,中國書店,2010 年。按,馬承源在《德方鼎銘文管見》(《文物》1963 年第 11 期)中亦將吕鼎中的征釋爲徙,至《銘文選》則改釋延,見上注。

⑥ 如原本堅持釋徙説的楊樹達,認爲釋徙"與此文情事不合",而改讀爲侍(見《吕鼎跋》《伊彝跋》,《積微居金文説》,中國科學院,1952 年,第 22、131 頁)。按所謂"情事不合",大約就是楊先生把徙按常見的"遷徙"義理解了。另,征讀侍仍基於征从止聲之説,辨已見上注。

⑦ 表移步義的征,用法與"各"頗相近;但是"各"多用於上對下,如"王各某所"、"侯各于耳"(《集成》6007),下對上則極少見(甲骨中未見。金文目前所見的有"斱各中〔仲,仲易〔賜〕斱喬,斱揚中〔仲〕休"〔《集成》5988〕,"榮各,王休易厈臣父榮喬"〔《集成》4121〕),而征的文例則均爲下對上。

示移步義，遷徙、改變等一類意思，應從此引申。只是後世習見遷徙、改變等義，移步義遂晦。吕鼎意謂吕移步至大室參與祭祀，伊器則謂伊娸移步至辛事之所而得賜金。

征釋徙尚有一證，多友鼎(《集成》2835)：

> 丁酉，武公在獻宫，乃命向父召多友，乃于獻宫，公親曰多友曰……

多友鼎稱“于獻宫”，字較征多一止旁，正是徙字，文例則與吕鼎全同，義亦一貫，故吕鼎、伊器之征應釋爲徙。[①]

釋延和釋徙都各有所適，二説似乎不應對立起來。事實上，延、徙的意義不但都可以由征的字形傳達，且上古延屬喻母元部，徙屬心母，韻雖有歸歌部、歸支部之異，[②]但支、歌二部的關係密切，而歌部與元部陰陽對轉，因此延、徙上古音極近。李孝定謂“竊疑辵征(徙)延延古本一字，及後孳乳寖多，音義各別”，[③]當是可信的。

不過，春秋之後六國文字中已有確釋的徙字，作遈。此字一般認爲可以上溯甲骨和西周金文，甲骨作，金文作、，故它們與征的關係是需要説明的。

甲骨中所見的，除了部分殘辭外，多見“～田”的詞例，李家浩先生讀爲“徙田”，裘錫圭先生則讀“選田”；而金文的，則裘、李二先生都讀爲與“選”古通的“纂”，表繼承義(見禹鼎、逨盤)。字在西周多數用爲“彤沙”之沙，春秋之後亦用以表“選”(《新收》1231)。由此可見，、在商周記録的詞很多，但没有明確表移步義的用例，從字形看亦非徙的本字。春秋之後，表示選的意義，除了用，還會增加攴(叔尸鎛)或廾(陳昉簋)旁，可能都是爲表“選”所造的專字；那麼遈字，很可能也是增加辵旁來表“徙”的專字。然則西周用征表示徙，春秋之後六國另造專字，就比較正常了。目前一般認爲《説文》的“徙”及或體征源於秦簡中的徙字“”；“”則一般分析爲遈之省，从辵、少聲，《説文》“徙”、“征”所从的“止”即“少”之訛。如果西周金文即有徙字及以征爲徙能成立的話，秦簡的、《説文》“徙”字及其或體征直接源於西周的可能性也是不能排除的。

二

征字表移步義與表延續義有較明顯的語境差別，從確定的文例來看，表移步義多徑

---

① 甲骨中亦有字，但文辭殘缺，未知與多友鼎的徙是否一字。

② 見陳復華、何九盈《古韻通曉》，第343頁。

③ 見李孝定《甲骨文字集釋》，“中研院”歷史語言研究所，1982年，第607頁“征”字按語。

接“(于＋)地點”,且其前無法指明有其他的行動;延續義則前後多接動作,有時前一動作可不出現,但亦可意推。結合這一標準,可以對一些解釋尚有遊移的文例作較爲確定的解釋。

甲骨和金文中有一些與祭祀有關的文例,如:

辛亥卜,貞:其衣。翌日其祉隣于室 　　　　　　　　　　　　　　(《合集》30373)

貞:翌丁酉祉屮于大丁 　　　　　　　　　　　　　　　　　　　(《合集》672 正)

翌癸亥,其祉于示癸 　　　　　　　　　　　　　　　　　　　　(《合集》22710)

武丁歲,祉至于上甲 　　　　　　　　　　　　　　　　　　　　(《合集》35440)

……神景祖乙妣乙祖乙妣癸,祉袀繫上母,咸,舁遣襠二, 𣎜 貝五朋……

　　　　　　　　　　　　　　　　　　　　　　　　　　　　　(《集成》2763)

馬承源認爲,“祉下之某祭名,就是表明不同次第的祭祀。凡云祉祭大都爲卜問翌日的,可見祉祭也可以是指次日改行的祭祀。祭祀對象的改變亦云祉”,以此支持祉當釋徙,表改變。[1] 其實這些祉後均接祭祀動詞(徑稱“祉于某”者,當是省略了動詞),應讀爲延。某種祭祀之後,延續以另一種祭祀,事實上也是可以表達出改變的意思的,不必釋徙。

金文中還有一些例子需要説明。如:

王在成周,祉武王襠自蠢,咸。 　　　　　　　　　(德方鼎,《集成》2661)

馬承源釋祉爲徙,“祉武王襠”意謂對武王改用襠祭。[2] 然何尊稱“隹王初遷宅于成周,復稟武王豐,襠自天”,是説王初遷至成周後,重新用武王的典禮,舉行襠祭,從天室開始,[3] 與德方鼎所述當爲一事。[4] 故“祉武王襠”應非改祭,祉仍是延續,[5]意謂在成周延續舊於葬所用的襠禮之意。

隹十又一月,井侯祉鯄于麥＝(麥,麥)易金,用乍鼎。 　　(麥方鼎,《集成》2706)

麥方盉説“井侯光夂吏麥,鯄于麥宮”,唐蘭將麥方盉、麥方鼎連排,當是認爲鼎銘與盉銘可連讀,故將麥方鼎的祉釋延,謂“有連續義”,可從。《銘文選》則讀鯄爲過,語譯爲邢侯步至麥所,祉字無釋。然盉銘與鼎銘,一曰鯄,一曰祉鯄,當以唐説爲優。

---

[1] 　楊樹達亦曾釋我方鼎的祉爲徙,見《舀鼎再跋》,《積微居金文説》,第 58 頁。

[2] 　馬承源《德方鼎銘文管見》,《文物》1963 年第 11 期。

[3] 　此從唐蘭《史徵》譯。

[4] 　此從李學勤説,見氏著《何尊新釋》,《中原文物》1981 年第 1 期。

[5] 　張玉金訓爲繼續進行之義(見氏著《德方鼎銘文續考》,《故宮博物院院刊》2004 年第 5 期),可從,但張説謂是對武王的祭祀,與何尊相結合來看,似略有差。

□事（使）乓小子豰以限訟于井弔：我既賣（贖）女（汝）五［夫效］父，用匹馬束
絲。限訴曰,衹則卑（俾）我賞（償）馬,效［父則］卑（俾）復乓（厥）絲［束］贄。效父衼
訴。贄曰,……用償征賣（贖）兹五夫,用百孚（鋝）。 （曶鼎,《集成》2838）

曶鼎征字楊樹達釋徙,謂"改以百鋝贖之"。① 今則多讀爲無義之虛詞誕。其實結合上
文,則亦應讀延,表延續,與麥方鼎同。上文説用了匹馬束絲贖買五夫,但實際只付了一
匹馬,絲則返還了原主,故續以償百孚贖此五夫。②

"延續"的意思,還發展出了一種較虛的用法,如《合集》38177:"丙子卜貞:翌日丁丑
王其振旅,征迺,不遘大雨?"保卣（《集成》5415）:"王令保及殷東或五侯,征兄六品。"③諸
家多讀爲《尚書》《詩經》裏的語詞"誕",從王引之説以爲無義之虛詞。④ 其實,這些征的
用法,並《詩》《書》中的這些"誕",都是用於兩事之間表示時間先後的副詞。⑤ 張玉金先
生已經作過討論,⑥兹不贅。

征字表"延續"和副詞的用法,從甲骨到金文顯然是一脈相承的;而表移步義,甲
骨中則尚無明確用例,目前所見均是西周中期才出現,可能是新引申的意思。春秋之
後,征字的用法一方面遠紹甲骨,仍表延續義,如王孫遺者鐘（《集成》261）"征永余
德",學者多將征讀爲語詞"誕",其實延、永同義,正好都表示長的意思。另一方面,又
有用作更爲虛化的發語詞,如魚顛匕（《集成》980）"曰𠂤有蚰匕",⑦此例在匕銘起首,
無義可説,只能理解成發語的虛詞。此外,征還有假借的用法,如新蔡簡有"征鐘",李家

① 楊樹達《曶鼎再跋》,《積微居金文説》,第 58 頁。
② 曶鼎此段的釋讀頗有分歧。或釋償爲還,意謂衹和效父讓限把馬和絲都還回去了,所以現在要用償百孚重贖
此五夫。然而償字所訓的"還"是賠償的意思,必是甲方有欠於乙方,如《左傳》定公三年載唐成公有好馬,子常
欲得而弗與,故被拘。唐人竊馬以獻,方得出,竊馬者曰:"君以弄馬之故,隱君身,棄國家。群臣請相夫人以償
馬,必如之。"限於此並無虧欠,無由説賠償。《商周古文字讀本》以爲酬報義,可從。
③ 金文類似文例還有:沫司徒簋（《集成》4059）"王來伐商邑,征令康侯啚于衛";宜侯夨簋（《集成》4320）"王省武
王、成王伐商圖,征省東或圖";師𢒠簋蓋（《集成》4214）"王在周,客新宫,王征正師氏,王乎師朕易師𢒠";臣諫
簋（《集成》4237）"隹戎大出［于軧］,井侯尃戎,征令臣諫□□亞旅處於軧"。
④ 見《經傳釋詞》卷六。
⑤ 王引之引述典籍文例時往往僅録"誕"字句,若補齊前文,這種關係就較容易看出,如:"矧今卜並吉,肆朕誕以
爾東征"（《尚書·大誥》）;"殷小腆,誕敢紀其敍"（《尚書·大誥》）;"越天棐忱,爾時罔敢易法,矧今天降戾于周
邦? 惟爾艱人,誕鄰胥伐於厥室"（《尚書·大誥》）;"不康禋祀,居然生子。誕寘之隘巷,牛羊腓字之。誕寘之
平林,會伐平林;誕寘之寒冰,鳥覆翼之"（《詩經·生民》）。
⑥ 張玉金《〈詩經〉〈尚書〉中"誕"字的研究》,《古漢語研究》1994 年第 3 期;《論甲骨文中表示兩事先後關係的虛
詞》,《古漢語研究》1998 年第 3 期。
⑦ 何琳儀認爲第二字是在征基礎上加丁聲。丁端母耕部,與喻母元部的延音亦極近,何説可信。

浩先生讀爲"棧鐘"。①

三

與徙相關的還有徣、造、徦三字。

徣字亦俱見於甲骨和金文,不過似應分別對待。甲骨此字作 [字形](《合集》21287),爲貞人名,且與徙有並見於一版者(《合集》20163、20165),當非一字。因甲骨的出字或作 [字形],故甲骨的徣字諸家多釋爲徣。另有衙字,與徣俱作貞人名,或是一字之異。

金文徣字作 [字形](矢令方彝)、[字形](矢令方彝)、[字形](班簋)等,釋讀則頗有分歧。高田忠周釋誕,郭沫若釋爲出之繁文,馬承源釋徣,陳夢家釋造。唐蘭初亦釋造,後改讀爲誕,釋字當與高田氏同。

金文徣釋爲出是據甲骨爲釋的,但馬承源已指出,金文的出字從不作 [字形];故此字所從與甲骨的 [字形] 恐怕不能類比。且釋"出"于文例中有難通者,如韋伯馭簋(《集成》4169)"隹(唯)王伐遶魚,徣伐淳黑",釋出就頗難理解。然而馬承源轉而認爲徣字的正體應是 [字形],右上並非從止而是象草木生長之形,故右旁當是茁字,則似亦流於臆測。②

釋爲造者,近年得到陳劍先生的支持,陳先生亦以寫作 [字形] 者爲正體,認爲止從不作 [字形] 狀,其右旁應與 [字形](頌鼎)等字所從相同,從止者乃是訛體,故支持釋造。③ 然而細察二者,[字形](頌鼎)、[字形](不易戈)等"造"字所從的 [字形] 上兩弧筆皆對稱;而 [字形] 所從的弧筆則皆相錯,後者實是止字的特徵。另外,雖然止字中豎一般是直立的,但作偏旁時亦有作斜出彎曲狀,如小臣宅簋(《集成》4201)"出"作 [字形],趞亥鼎(《集成》2588)"之"作 [字形],均與徣相類,故竊以爲釋造未安,仍應以釋徣爲是,高田氏説可從。從文例上看,徣多處於兩個動詞之間,楊樹達已經指出"審銘文詞義,用於兩事之間,與經傳遂字相近",④與徙用法相同。除了上引班簋和韋伯馭簋外,還如:

> 隹王大龠于宗周,徣饗萏京年。　　　　　　　　　(士上卣,《集成》5421)

---

① "征鐘"信陽簡又作"前鐘"。由於新蔡、信陽簡征、前互作,學者據上博五《弟子問》"前陵季子"即"延陵季子"(張光裕説),反推征字當讀延,此固不誤,然未足以否定征可釋徙之説耳。

② 馬承源《釋徣》,《古文字研究》第 15 輯,中華書局,1986 年。

③ 陳劍《釋造》,《出土文獻與古文字研究》第 1 輯,復旦大學出版社,2006 年。

④ 楊氏將此字釋徣並輾轉與遂字相通,固未必,但文義把握則較爲準確,見楊樹達《韋伯馭簋再跋》,《積微居金文説》,第 113 頁。

　　以乃族從父征，徙城衛父身。　　　　　　　　　　　　　　　（班簋，《集成》4341）

　　令矢告于周公宮，公令徙同卿事寮。

　　明公朝至於成周，徙令舍三事令。　　　　　　　　　　　　　（矢令方彝，《集成》9901）

　　王則奐柞伯赤金十鈑，徙賜祝見。　　　　　　　　　　　　　（柞伯簋，《近出》486）

因此，舊說徟與征是一字之異，應較爲可信。從表副詞的用法占大多數來看，徟有可能
是專門爲分化征表副詞用法而造的專字。至於班簋中的"唯民亡徟才，彝昧天命，故
亡"，筆者以爲應讀作"妄誕"。①

　　造字見鼂簋（《集成》4159），作🔲，銘云：

　　鼂造公=（公，公）易鼂宗彝一肆……

"鼂造公"應是"鼂造于公"的省略，此語例與伊器相仿，造字亦正是多友鼎之徙字疊加一
口旁，造與徙，和徟與征的變化恰好是平行的。這也可爲徟是征的異體添一旁證。陳劍
先生則認爲造與師同鼎（《集成》2779）"師同從，折首執訊，寽車馬五乘，大車廿，羊百卅，
用🔲王，羞於電"語例相同，🔲李零先生釋"造"，②故陳先生將造亦釋爲造。按🔲字
右旁確與頌鼎等的🔲字所從相近，但與徟、造字所從之别，已詳上文。故即使🔲可釋
造，也不宜將造亦釋爲造。

　　至於以下諸例：

　　信（冶）🔲乍（作）厇（厥）寶隩（尊）彝。　　　　　　　　　　　（《集成》6488）

　　弔（叔）🔲乍（作）𨚦（召）公宗寶隩（尊）彝。　　　　　　　　　（《新收》349）

　　史🔲乍（作）父癸寶隩（尊）彝。　　　　　　　　　　　　　　　（《集成》2326）

　　🔲🔲乍（作）寶𣪘（簋）。　　　　　　　　　　　　　　　　　　（《集成》3767）

陳先生將這些語例與"吕王🔲作内姬尊壺"及"某肇作某器"的文例類比，作爲徟與🔲
同的證據，此並讀爲肇。然而以上諸例，並不能排除其作人名的可能性。事實上即使如
《通鑑》亦將此字釋造，在以上諸器中仍是作爲器主名處理的。

　　徟字見叔趞父卣（《集成》5428），作🔲，銘云：

　　唯用諆徟女。

徟，《金文編》將之作爲徟字異體，恐未必。然此字在徟上增益了酉旁，或即從酉、徟

___

①　陳劍先生釋造，此處亦覺得"不太好理解"。郭沫若讀"民氓拙哉"，《銘文選》則讀"亡徟"爲"謀拙"。然亡與氓、
　　亡與謀相通，金文中鮮見，未必可信。唐蘭讀爲"無誕"（見《史徵》），意義剛好相反了，可謂未達一間。

②　李零《"車馬"與"大車"（跋師同鼎）》，《考古與文物》1992 年第 2 期。

聲。李學勤先生讀唪，[①]《銘文選》讀歔，均據徟从出（屮）聲立説，似皆未必。且二者皆
譯作“飲汝”，“使……飲”的意義似鮮見以唪、歔表示。《通鑑》釋延，或近是。其義
待考。[②]

---

①　見李學勤、唐雲明《元氏銅器與西周邢國》，《考古》1979 年第 1 期。李學勤認爲徟字即旟鼎（《集成》2704）之
　　（銘云“師楷～”），謂“右上並不从止”。然而將徟讀爲唪是建立在徟字从出聲的基礎上的，出即从止，故
　　李説恐自相矛盾。

②　陳劍先生亦將與徟、徟聯繫起來，以論證徟、徟不从止，並將徟按从造爲釋，讀爲酬。然字本身音義不
　　明，所从雖與徟相近，似亦難以作爲確定徟、徟所从的憑據。

金文中的"夙夜"與"朝夕"*

——兼談夙、宿之關係

陳英傑

首都師範大學文學院

("古文字與中華文明傳承發展工程"協同攻關創新平臺)

日本學者白川靜曾説:"'朝夕'與'夙夜'爲相似之語,若將二者分别言之,則'夙夜'用於祭事而'朝夕'用於政事。不過金文中有將'朝夕'用爲祭事的例子,如克盨:'其用朝夕享于皇祖考。'經籍中也有將'夙夜'用爲政事的例子,如《詩·小雅·雨無正》:'三事大夫,莫肯夙夜。邦君諸侯,莫肯朝夕。'意思是説:三事大夫,没有誰愿意忙於政事的。"白冰按語云:金文中也有將"夙夜"用爲政事的例子,如師嫠簋。[1] 這種判斷僅是就大致印象而言,並没有作周遍的考察與歸納,而且没有注意到與此相關聯的詞彙。得益於數字技術的發展,我們今天有可能對這些詞語的使用狀況進行窮盡考察,從定量的角度對其詞義使用情況作出更清晰的描述。

"夙"殷商甲骨文就有,表示時間指"夜盡將曉"之時,寫作 🖐(奴-夙)或 🖐(朹),朹西周金文已不見。在卜辭中,"夙"與"莫(暮)"或"夕"、"旦"等對貞,指的是一天中的不同時段。[2] 卜辭的"夕"可以指整個夜晚,也可以指一個具體的時段即"天黑後的掌燈時分"。[3]

---

* 本文所引器物出處,出自《殷周金文集成》者,直接標注編號;出自吳鎮烽《商周青銅器銘文暨圖像集成》者簡稱《銘圖》,出自《續編》者簡稱《銘續》,出自《三編》者簡稱《銘三》。時代標注用簡稱,如"西周早期"簡稱"西早"。

[1] 轉引自白冰《青銅器銘文研究——白川靜金文學著作的成就與疏失》,學林出版社,2007年,第266頁。

[2] 沈培《説殷墟甲骨卜辭的"朹"》,陳少峰主編《原學》第3輯,中國廣播電視出版社,1995年。另參田煒《西周金文字詞關係研究》,上海古籍出版社,2016年,第278~279頁。

[3] 參黃天樹《殷墟甲骨文所見夜間時稱考》,朱曉海主編《新古典新義》,臺灣學生書局,2001年;收入氏著《黃天樹古文字論集》,學苑出版社,2006年。黃師云:"夙字大約指下半夜至天明前之間的時段。"

卜辭中"亦"有"夜"的用法,但殷商甲骨文無"夜"字,"夜"始見於西周甲骨。① 卜辭中"朝"表示早上,與"暮"或"昏"對貞。② 但"夙"與"莫"、"夙"與"夕"、"朝"與"莫"等並未組合成詞。"夙"、"暮"對言或"夙"、"夜"對言,仍見於《詩經》,而"夙夜"成詞有 17 例。③ 古書中"夕"或與"朝"對言,但"朝夕"成詞更多見(或曰"旦夕"),《詩經》有 6 例(參表三)。十三經中"夙夜"絕大多數用例都來自《詩經》。

　　金文中"夙夜"與"夙夕"使用頻率差不多,二詞是等義的。但"夙夜"使用時間更長,使用地域更廣,"夙夕"未見戰國時期的用例。"朝夕"用例很少,由相關用例看,有的"用法"跟"夙夜"、"夙夕"是等義的,如伯狱及其同家族衛所作器,多使用"夙夕",但狱鼎(《銘圖》2329)使用了"朝夕"。伯或父鼎(《銘續》231)云:"宗人其用朝夕享事于敵(嫡)宗室,肇學前文人,秉德其井(型),用夙夜于帝(嫡)宗室。"文例相同的兩句,一用"朝夕",一用"夙夜",只能説是變文同義而避複。《詩經·小雅·雨無正》:"三事大夫,莫肯夙夜。邦君諸侯,莫肯朝夕。""朝夕"、"夙夜"同義,分別作解大概是不妥的。伯矧律簋(《銘三》455~456)"用廟(朝)夜康(享)于宗","朝夜"義同"夙夜"。"夙夜"在金文中已經不再指早晚,而是意義有所轉化指"日夜"(包括白天黑夜、日日夜夜)。而"朝夕"表義雖有轉化用法,但仍保留有"早和晚"的意思,而與"夙夜"並非等義。傳世文獻中亦是如此。"朝夕"用於宴饗,不見於"夙夜"或"夙夕"用例,應該跟"朝夕"的"早和晚"之義有關。"夙夜"與"朝夕"的區別並不在於使用的場合(祭事或政事)。

　　"宿"字商周金文很少見,郳子宿車盆(10337,春早)作 ,人名。《銘續》952 著録一件春秋中期的晉公盤,有"彊武魯宿"語,字作 。史宛爵(《銘圖》8564 西中)有 ,人名,或隸"宛"讀爲"宿"。"宿夜"一詞僅見於窒叔簋(《銘圖》5207,西晩,參圖一):"窒叔作豐姞慈旅毁,豐姞慈用宿夜享考(孝)于諏公,于窒叔倗友。"這是一個特殊的例子。該簋《殷周金文集成》未收,其形制與紋飾跟西周晩期的頌簋以及三門峽上村嶺虢國墓地所出春秋早期的簋近似,描繪或有失真。④ 此器著録於阮元《積古齋鐘鼎彝器款識》(6.12),又著録於劉體智《善齋吉金録》(7.82),容庚認爲是僞器。⑤ "宿夜"在十三經中僅見於《禮記·祭統》所記舞蹈名《武宿夜》,孔穎達正義引皇氏云:"武王伐紂,至於商郊,

---

① 寫作 。參劉釗主編《新甲骨文編(增訂本)》,福建人民出版社,2014 年,第 416 頁。

② 參黃天樹《殷墟甲骨文白天時稱補説》,《中國語文》2005 年第 5 期;收入氏著《黃天樹古文字論集》。

③ 根據"中研院"歷史語言研究所"漢籍電子文獻資料庫"檢索數據。

④ 參朱鳳瀚《中國青銅器綜論》,上海古籍出版社,2009 年,中册 1324 頁,下册 1561、1562、1566 頁。

⑤ 容庚云:"此器由善齋歸於余,乃審其僞。或尚有真器檀藏未出耶? 然《三代吉金文存》亦著録僞本矣。"對於《善齋》所録,云:"此仿《積古齋》(6.12)之器而僞。"參《商周彝器通考》,上海人民出版社,2008 年,第 164、175 頁。

停止宿,夜士卒皆歡樂歌舞以待旦,因名焉。"據此,《武宿夜》或可理解爲"武宿之夜","宿夜"不相連屬成詞。

圖一　窣叔簠器形及銘拓

　　秦簡中"宿"、"夙"用法有別,"夙"用法與金文相承,或"夙莫(暮)"連言,如睡虎地秦簡《秦律十八種》184 簡:"必書其起及到日月夙莫。"夙莫即夙暮,整理者注曰:"夙暮,朝夕。"①或"夙"、"莫(暮)"對言,如《日書甲種》78 簡背:"夙得莫(暮)不得。""宿"則爲止宿、宿衛、星宿等義。②

　　上博五《季庚子問於孔子》10 簡"夙興夜寐"字作🔲,相同辭例又見上博五《弟子問》22 簡。但上博二《民之父母》8 簡"夙夜"字則作🔲,从佀从辵。③ 上博簡"佀"有止宿、齊宿(齋戒獨宿)義,但也可借爲"夙"用,如上博三《周易》37 簡:"有攸往,佀(🔲)吉",傳世文本作"夙吉","夙吉"義即"早行乃吉"。④ 安徽大學藏戰國楚竹書《詩經》簡"夙夜"字均寫作"佀"(🔲、🔲)。⑤ 清華簡十《四告》32 簡"夙夜"字作🔲,⑥而清華簡三《周公之琴舞》3 簡和 6 簡的"夙夜"則作🔲、🔲。

---

① 王輝主編《秦文字編》(中華書局,2015 年,第 1102 頁)説同。

② 參張顯成主編《秦簡逐字索引(增訂本)》,四川大學出版社,2014 年。

③ 參李守奎、曲冰、孫偉龍《上海博物館藏戰國楚竹書(一——五)文字編》,作家出版社,2007 年,第 93、354 頁。其隸爲逪,認爲佀、辵借筆。禤健聰的定隸及對字形結構的分析與之相同,參《戰國楚系簡帛用字習慣研究》,科學出版社,2017 年,第 310 頁。徐在國認爲从止,隸爲㳇,參《上博楚簡文字聲系(一——八)》,安徽大學出版社,2013 年,第 853~855 頁。或隸爲逪,認爲从佀省聲,參周波《戰國時代各系文字間的用字差異現象研究》,綫裝書局,2012 年,第 112 頁。

④ 參上引沈培文引高亨説,第 107 頁。

⑤ 安徽大學漢字發展與應用研究中心編,黃德寬、徐在國主編《安徽大學藏戰國竹簡(一)》,中西書局,2019 年。見第 28、35、72、73、74 簡。《詩經·召南·小星》"夙夜在公",馬王堆帛書《繆和》引作"蚤(早)夜在公"。

⑥ 清華大學出土文獻研究與保護中心編,黃德寬主編《清華大學藏戰國竹簡(拾)》,中西書局,2020 年。

　　包山簡有一個用爲姓氏的字,寫作 ▢(139 簡),或認爲即宿氏,此字一般隷爲傻,而隷於"姠"字下;①或認爲其从弼得聲。② 楚簡中另有一字作 ▢、▢、▢、▢、▢、▢(包山簡卜筮祭禱類 197、199、201、229、231、233 號簡),又見於望山一號墓竹簡,作 ▢、▢(73、74 號簡),辭例均爲"有~於躬身與宫室",有"憂"、"戚"、"怫"等釋讀,現在多數意見認爲此字从佀得聲。③ 住宿或時間意義上的佀字在秦簡文字增宀作"宿",楚文字中則是佀下增夕。楚文字中在佀下增心則表憂感義,▢ 的結構應分析爲从心、傻聲。天星觀簡則有从心从囟之寫法:▢,佀省聲;另有一从心凤聲的寫法:▢。④ 這説明,在楚文字中,凤、佀已經是同音通用的兩個偏旁了。

　　包山簡那兩個用爲姓氏的字,一从夕,一不从,夕外偏旁有釋"宿"和"弼"二説。九店 56 號楚墓 53 號簡有字作 ▢(李守奎摹本,滕壬生摹作 ▢),⑤李家浩釋"弼",⑥其所在文句的意義尚不可解。楚文字中確定的"佀"未見从雙人者。从夕的 ▢ 字(何琳儀認爲从彳,是疊加聲符),上部若是"弼"旁,从夕之義不好索解,釋爲"凤"則比較直接。但從相關寫法看,包山簡用爲姓氏的字很可能是从弼的字,从夕的寫法大概是受到了佀或傻字的類化影響。

　　綜之,楚簡中表示{凤}使用"姠"和"佀、迺"(宿)來記録,以"佀"記録{凤}多於用"姠"記録{凤}的情况。"宿"詞義較廣,與"凤"通借,限於表時間的意義,而"凤"並不表示"宿"所表達的止宿、星宿等義。

　　《説文》"姠":"▢,早敬也。从丮。持事雖夕不休,早敬者也。▢,古文凤,从人、囟。▢,亦古文凤,从人、丙。宿从此。"這個説法倒是符合楚文字的用字情况,但對於"夕"旁的分析有誤,"夕"指的是黎明前掛在天空的月亮,表示時間尚早,而不是指天黑後的"夕"。《説文》"宿(宿)":"▢,止也。从宀,佀聲。佀,古文凤。""凤"的核心義素是"早","宿"的核心義素是"止宿",二字形義均有别。可以確定的是,二字戰國時期在表示時間的意義上已經通用,確鑿的、更早時期的通用資料尚缺乏。

---

①　滕壬生《楚系簡帛文字編(增訂本)》,湖北教育出版社,2008 年,第 664 頁;李守奎、賈連翔、馬楠《包山楚墓文字全編》,上海古籍出版社,2012 年,第 305 頁。後書認爲該字是"宿"字異體。35 簡用爲姓氏的字 ▢,亦有"弼"、"宿"二釋。

②　參朱曉雪《包山楚簡綜述》,福建人民出版社,2013 年,第 465~466 頁,另參第 178~180 頁。

③　參朱曉雪《包山楚簡綜述》,第 510~512 頁。

④　李守奎《楚文字編》,華東師範大學出版社,2003 年,第 627 頁。

⑤　李守奎隷佀釋宿,《楚文字編》第 457 頁。滕壬生同,《楚系簡帛文字編(增訂本)》第 690 頁。

⑥　湖北省文物考古研究所、北京大學中文系編《九店楚簡》,中華書局,2000 年,第 117 頁。

附表一　商周金文"夙夕"、"夙夜"、"宿夜"文例一覽表①

器名	時代與出處	文　例	備注
夙夕			
應公鼎	西早,2553	應公作寶尊彝,曰:奄以乃弟用夙夕齍享	祭事
曆鼎	西早,2614	曆肇對元德,考(孝)客(友)佳(唯)井(型),作寶尊彝,其用夙月(夕,𠂤)齍享	祭事
就覭甗	西中,《銘圖》3360	用夙夕追孝于朕文祖日己、朕文考日庚	祭事,銘泐
獸簋	西中,《銘圖》4695	獸肇夙夕明(盟)享,作文考日丁寶尊彝	祭事
伯百父簋	西中 3920	伯百父作周姜寶毁,用夙夕享	祭事
伯獄簋	西中,《銘圖》5275	其日夙夕用㗊醒(馨)香章(敦)示(祀)于㗊百神	祭事
伯獄簋	西中,《銘續》460	其日夙夕用㗊醒(馨)香章(敦)示(祀)于㗊百神	祭事
獄簋	西中,《銘圖》5315～5318,《銘三》520～521	其日夙夕用㗊𡩊(馨)香章(敦)祀于㗊百神	祭事
獄簋	西中,《銘續》457～459	其日夙夕用㗊𡩊(馨)香章(敦)祀于㗊百神	祭事
獄盨	西中,《銘圖》5676	其日夙夕用㗊𡩊(馨)香章(敦)祀于㗊百神	祭事
衛簋	西中,《銘圖》5368～5369,《銘續》462,《銘三》524	其日夙夕用㗊醒(馨)香章(敦)祀于㗊百神②	祭事
乖伯簋	西中,4331	用好宗朝(廟),享夙夕	祭事
虎簋蓋	西中,《銘圖》5399～5340	子子孫孫其永寶,用夙夕享于宗	祭事
伯善簋	西中,《銘三》487	伯善作文考尊彝,其萬年夙夕享孝于□	祭事
竈尊	西中,6005	用作辛公寶尊彝,用夙夕配宗	祭事
霝卣	西中,《銘圖》13273	霝肇諆作寶尊彝,用夙夕享考(孝)	祭事
霝尊	西中,《銘圖》11744	霝肇諆作寶尊彝,用夙夕享考(孝)	祭事
服尊	西中,5968	服肇夙夕明享,作文考日辛寶尊彝	祭事
瘋鐘	西中,246	瘋趞趞夙夕聖趣,追孝于高祖辛公、文祖乙公、皇考丁公龢鑄鐘	祭事
秦公鐘	春早,262	余小子,余夙夕虔敬朕祀,以受多福	祭事
秦公鎛	春早,267～269	余小子,余夙夕虔敬朕祀,以受多福	祭事
奄鼎	西早,《銘三》217	奄肇作寶尊鼎,用夙夕御公各(客)	政事
麥盃	西早,9451	用旇(奔)走夙夕嘏(贊)御事	政事
大盂鼎	西早,2837	夙夕𦉘(詔)我一人烝三(四)方	政事

① 簹鼎(《銘圖》2439,西晚)"夙"後銘文殘(現存銘文最後一句),附此.

② 金文中有"用日享"(祝簋,3630,西中)、"日用享于宗室"(乖伯簋,4331,西中)、"日用享孝"(邢南伯簋,4113,西中)、"克其日用𧇽"(小克鼎,2797,西晚)等說法,所以"日夙夕"是"日"和"夙夕"的疊牀架屋式表達。

續　表

器名	時代與出處	文　例	備注
師虎鼎	西中,2830	小子夙夕專由先祖剌(烈)德,用臣皇辟	政事
肈尊	西中,《銘三》1021	侯曰:"肈,夙夕明乃事。"	政事
瘐簋	西中,4170～4177	用辟先王,不敢弗帥用夙夕	政事
瘐鐘	西中,247～250	翼夙夕左(佐)尹氏	政事
瘐鐘	西中,252	今瘐夙夕虔敬卹乓死(尸)事	政事
追簋	西中,4219～4224	追虔夙夕卹乓死(尸)事	政事
閉簋	西中,《銘三》517～518	閉虔夙夕卹乓死(尸)事	政事
逨盤	西晚,《銘圖》14543,《銘續》1028	虔夙夕敬朕死(尸)事	政事
逨鐘	西晚,《銘圖》15634～15636	逨御于乓辟,不敢豕(惰),虔夙夕敬乓死(尸)事	政事
恆簋蓋	西中,4199～4200	用事,夙夕勿灋(廢)朕令	政事
親簋	西中,《銘圖》5362	女(汝)酒敬夙夕勿灋(廢)朕令	政事
蔡簋	西中,4340	敬夙夕勿灋(廢)朕令	政事
牧簋	西中,4343	敬夙夕勿灋(廢)朕令	政事
師克盨	西晚,4467～4468,《銘圖》5681	敬夙夕勿灋(廢)朕令	政事
皇盨	西晚,4469	敬夙夕勿灋(廢)朕命	政事
獄盤	西中,《銘圖》14799	用夙夕事	政事,册命
獄盉	西中,《銘圖》14531	用夙夕事	政事,册命
元年師旋簋	西晚,4279～4282	敬夙夕用事	政事
卅三年逨鼎	西晚,《銘圖》2503～2510	虔夙夕助()雍我邦小大獻/敬夙夕勿灋(廢)朕令	政事
毛公鼎	西晚,2841	虔夙夕助()我一人雍我邦小大獻/翼夙夕敬念王畏(威)不賜(易)	政事
作册封鬲	西晚,《銘圖》3037～3038	虔夙夕卹周邦,保王身	政事
梁其鐘	西晚,187、189、192	虔夙夕辟天子	政事
申仲獻簋	西晚,《銘三》523	獻尿(續)皇祖考虔夙夕不豕(惰)才(在)服	政事
壴卣	西早,5401	文考日癸,乃沈(沖)子壴作父癸肇宗尊彝,其以父癸夙夕卿爾百聞(婚)遘(媾)	兼事①

---

① 指兼有祭事和政事。

續　表

器名	時代與出處	文　例	備注
秦公鎛	春晚,270	叡尃明井(刑),虔敬朕祀,以受多福,糵穌萬民,唬夙夕剌剌趄趄	兼事
夙夜			
啟卣	西早,5410	作祖丁寶旅尊彝,用匄魯福,用夙夜事	祭事
晏鼎	西早,《銘續》195	夙夜用旨蠶公	祭事
伯姜鼎	西中,2791	用作寶尊彝,用夙夜明(盟)享于卲伯日庚	祭事
彧鼎	西中,2789	用作寶蠶尊鼎,其用夙夜享孝于毕文祖乙公,于文姁日戊	祭事
彧鼎	西中,2824	用作文母日庚寶尊蠶彝,用穆穆夙夜尊享孝妥福	祭事
彧簋	西中,4322	用夙夜尊享孝于毕文母	祭事
伯中父簋	西中,4023	伯中父夙夜事走考,用作毕寶尊殷	祭事
再簋①	西中,《銘圖》5213,《銘續》443~444	遣伯作再宗彝,其用夙夜享卲文神	祭事
再鼎	西中,《銘續》227	遣伯作再宗彝,其用夙夜享卲文神	祭事
再簋	西中,《銘圖》5214	遣伯遣姬易(賜)再宗彝……其用夙夜享卲文神	祭事
再簋	西中,《銘圖》5233	用作文考釐公尊彝,其萬年用夙夜明享	祭事
真卣	西早,《銘三》1137	真夙夜享于大宗,作父辛寶尊彝	祭事
伯偈父簋	西中,3995	伯偈父作姬麋寶殷,用夙夜享于宗室	祭事②
老簋	西中,《銘圖》5178	用作祖日乙尊彝,其萬年用夙夜于宗	祭事
作厥文祖尊	西中,5993	□作毕穆₌文祖寶尊彝,其用夙夜享于毕大宗,其用匄永福	祭事
伐簋	西中,《銘圖》5321	用作呂姜□寶尊殷,其用夙夜享于宗室	祭事
作文考盆	西中,《銘三》622	□作朕文考尊盆,其用夙夜用享孝于宗室	祭事
伯或父鼎	西中,《銘續》231	宗人其用朝夕享事于敵(嫡)宗室,肇學前文人,秉德其井(型),用夙夜于帝(嫡)宗室	祭事
倗伯簋	西中,《銘續》442	倗伯肇作内(芮)姬寶殷,其用夙夜享于毕宗,用享孝于朕文祖考,用匄百福,其萬年永寶,子子孫孫其萬年用,夙夜于毕宗用	祭事

---

① 《銘圖》5666著錄一件同銘再盨,姑附此。

② 宗室義即大宗之廟。參陳英傑《西周金文作器用途銘辭研究》,綫裝書局,2009年,第287、671頁。

器名	時代與出處	文　例	備注
仲旬人盉	西中,《銘續》981	仲旬人肇作剄姬寶盉,其用虱(夙)夜享于尋宗,用享考(孝)于朕文祖考,用匄百福,其萬年永寶,子子孫其萬年用,虱(夙)夜享考(孝)于尋宗用	祭事
仲筍人盤(與盉同人所作)	西中,《銘三》1218	仲筍人肇作剄姬寶般(盤),其用夙夜享于尋宗,用享考(孝)于朕文祖考,用匄百福,其萬年永寶,子子孫孫其萬年用,夙夜享考(孝)于尋宗用	祭事
叔妢簋	西晚,4137	用夙夜享孝于宗室	祭事
伯喜父簋	西晚,《銘三》496	伯喜父肇作倗母寶毀,用夙夜享孝于宗	祭事
竈乎簋	西晚,4157～4158	竈乎作寶毀,用即夙夜,用享孝皇祖、文考	祭事
曾季簋	春早,《銘三》494	自作寶毀,夙夜追孝于其考	祭事
伯康簋	西中,4160～4161	康其萬年眉壽,永寶茲毀,用夙夜無刢(怠)	祭事,廣義
效尊	西早,6009	效不敢不萬年夙夜奔走揚公休	政事
效卣	西早,5433	效不敢不萬年夙夜奔走揚公休	政事
師酉鼎	西中,《銘圖》2475	(王)曰:翩夙夜辟事我一人	政事
師望鼎	西中,2812	虔夙夜出內王命	政事
伯晨鼎	西中,2816	用夙夜事,勿瀫(廢)朕命	政事
師酉簋	西中,4288～4291	敬夙夜勿瀫(廢)朕令	政事
師酉盤	西中,《銘續》951	敬夙夜勿瀫(廢)朕命	政事
師虎簋	西中,4316	敬夙夜勿瀫(廢)朕令	政事
師㝐簋	西中,4324～4325	用事,敬夙夜勿瀫(廢)朕令	政事
師獸簋	西晚,4311	敬乃夙夜用事	政事
大克鼎	西晚,2836	敬夙夜用事,勿瀫(廢)朕令	政事
逆鐘	西晚,63	敬乃夙夜用鄂(屏)朕身,勿瀫(廢)朕命,毋彖(惰)乃政	政事
史牆盤	西中,10175	夙夜不彖(惰),其日蔑曆	政事
師裏簋	西晚,4313～4314	師裏虔不彖(惰)夙夜,卹尋牆(將)旎(事)	政事
番生簋蓋	西中,4326	鄂(屏)王立(位),虔夙夜	政事
復丰壺	春中,《銘圖》12447～12448	不彖(惰)夙夜,從其政事	政事
叔夷鐘	春晚,272	女(汝)不彖(惰)夙夜,宦執而政事	政事
叔夷鎛	春晚,285	女(汝)不彖(惰)夙夜,宦執而政事	政事
懷后石磬	春晚,《銘圖》19817	以虔夙夜才(在)立(位)	政事

續 表

器名	時代與出處	文 例	備注
中山王嚳鼎	戰中,2840	夙夜不解(懈)	政事
中山王嚳壺	戰中,9735	受賃(任)狋(佐)邦,夙夜篚(匪)解(懈)	政事
叔噩父簋	西中,4056～4058	叔噩父作鸞姬旅簋,其夙夜用享孝于皇君①	非祭事
魚卣	西中,《銘三》1139	魚不敢燹(擾)夙夜……	泛言

附録

魯伯念盨	春早,4458	念夙夙(興)用追孝	祭事
越王者旨於賜鐘	戰早,《銘圖》15417～15420	夙莫(暮)不貣(忒)	泛言

宿夜

窒叔簋	西中,《銘圖》5207	窒叔作豐姑慈旅簋,豐姑慈用宿夜享考(孝)于諆公,于窒叔倗友	祭事

附表二　商周金文"朝夕"文例一覽表

器名	時代與出處	文 例	備注
獄鼎	西中,《銘圖》2329	獄肇作朕文考甲公寶尊彝,其日朝夕用鶉(敦)祀于厇百申(神)	祭事
事族簋	西晚,4089	事族作寶簋,其朝夕用享于文考	祭事
善夫克盨	西晚,4465	用作旅盨,佳(唯)用獻于師尹、倗友、聞(婚)遘(媾),克其用朝夕享于皇祖考	祭事
仲殷父簋	西晚,3964～3970	仲殷父鑄簋,用朝夕享考(孝)宗室	祭事
伯或父鼎	西中,《銘續》231	宗人其用朝夕享事于敵(嫡)宗室,肇學前文人,秉德其井(型),用夙夜于帝(嫡)宗室	祭事
叔安父簋	西中,《銘續》440	叔安父作爲朕叔弟宗人寶簋,宗人其朝夕用享考(孝)于敵(嫡)宗室	祭事
史頙簋	西早,4030～4031	乙亥,王誥(誥)畢公,廼易(賜)史頙貝十朋。頙由于彝,其于之朝夕監	政事,廣義
大盂鼎	西早,2837	敬擁德叿(經),敏朝夕入諫	政事
伯句簋	西中,《銘圖》4989,《銘續》410	伯句作寶簋,其朝夕用盛稻、京(粱)、雀(穛),其用享于尹人眔倗友	宴饗

---

① "皇君"爲丈夫之生稱和尊稱。從宗法社會角度講,此銘可以看作廣義之政事。參陳英傑《西周金文作器用途銘辭研究》,第359頁。

續　表

器名	時代與出處	文　例	備注
伯䢅簋	西中,《銘圖》5100	伯䢅作寶𣪕,其朝夕用盛沴(粱)、稻、糕(穛),其用飤正、御㫃(事)、倗友、尹人	宴饗
伯武父鼎	西中,《銘圖》2189	伯武父作寶𣪊鼎,其朝夕用鄉(饗)倗友、聞(婚)遘(媾)于宗室	宴饗
先獸鼎	西中,2655	先獸作朕老(考)寶尊鼎,獸其萬年永寶用,朝夕鄉(饗)氒多倗友	宴饗

附録: 朝夜

| 伯刻律簋① | 西中,《銘三》455～456 | 伯刻建(律)作寶,用廟(朝)夜康于宗 | 康蓋讀爲享 |

附表三　"夙夜"、"朝夕"十三經用例統計

文獻	朝夕	夙夜
《孝經》		1例(引《詩》)
《左傳》	21例	4例(均爲引《詩》)
《禮記》	14例	4例
《儀禮》	5例	3例
《周禮》	2例	
《毛詩》	6例	17例
《尚書》	2例	7例(僞古文3例)

---

① 1978年山西絳縣橫水鎮橫北村西周墓地出土。

"蔑曆"新解

王志平

中國社會科學院語言研究所

　　西周金文"蔑曆"的釋讀,是一個歷久彌新的老課題,從清代金石學家阮元《積古齋鐘鼎彝器款識》開始,有關考釋層出不窮,據晁福林先生《金文"蔑曆"與西周勉勵制度》一文統計,"若謂有數十家之説,恐不爲過"。[①] 在晁文之後,又有多種新説問世,至今應當已有 40 餘家之多。

　　關於"蔑曆"一詞的考釋研究,邱德修先生彙集前人之説頗詳。[②] 但是誠如郭沫若所説,"釋者雖不乏爲,訖難令人首肯"。[③] 相對而言,除了具體的構形分析之外,"蔑"字的字形考釋一向没有疑問。"蔑",字或从禾,即《説文》訓爲"禾也"之"穖"。至於"蔑"字的具體讀法則仍不統一。單就字形而論,聚訟紛紜的主要是"曆"字。此字或釋"歷"(阮元等),或釋"曆"(劉節等),[④]或釋"曆"(于省吾等),[⑤]多數贊同釋"曆"(許瀚等)。[⑥] 雖然考

① 晁福林《金文"蔑曆"與西周勉勵制度》,《歷史研究》2008 年第 1 期。
② 邱德修《商周金文蔑曆初探》,臺灣五南出版社,1987 年。
③ 郭沫若《保卣銘釋文》,《考古學報》1958 年第 1 期;又《郭沫若全集・考古編》第 6 册,科學出版社,2002 年,第 156 頁。
④ 劉節《古代成語分析舉例》(《嶺南學報》第 10 卷第 1 期,1950 年)雖隸定爲"曆",但分析爲从厂,从秝或林,从曰;白川靜《再論蔑曆》(《歷史語言研究所集刊》51本 2 分,1980 年)亦分析爲从曰,"曆字从曰,从曰者爲本形,其作 ㅂ 者省,ㅂ 者載書之器,ㅂ 中有戴書,謂之曰,字或上横書稍啓開,曰者閲書曰述之義,《説文》以爲口氣上出之象,非也"。諸説與陳斯鵬等《新見金文字編》(福建人民出版社,2012 年)第 204 頁繫於日部之"曆"者不同。
⑤ 于省吾《釋蔑曆》,《東北人民大學人文科學學報》1956 年第 2 期;蔣大沂《保卣銘考釋》,《中華文史論叢》第 5 輯,中華書局,1964 年。于省吾先生認爲"曆"字从"口",金文"口"字往往因空加點,故"口"字中帶小點或小横者習見。
⑥ 唐蘭《"蔑曆"新詁》,《文物》1979 年第 5 期。

釋各不相同,但誠如管燮初先生所說,大致可以分爲兩派：一派主張从甘聲,即《説文》甘部："曆,和也。从甘,从厤。厤,調也。甘亦聲。讀若函。"另一派主張从秝聲,即"歷"字的意思。[①] 至於該字的讀法,就更五花八門了。

唐蘭先生曾經把有關字形和辭例圖列如下,頗便參考：[②]

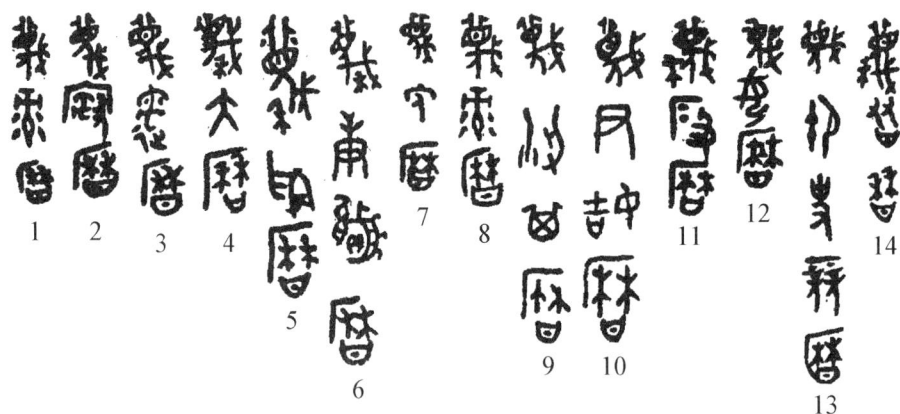

1. 录簋,《三代吉金文存》八、三五。　2. 甗鼎,同上四、十三　3. 遇甗,同上五、十二。
4. 大簋,同上八、四四。　5. 禹簋,同上六、四八　6. 庚嬴卣,同上十三、四五。
7. 兔卣,同上十三、四三。　8. 录卣,同上十三、十四。　9. 汈其鐘,《商周金文録遺》3。
10. 同上 97。　11. 段簋,《三代吉金文存》八、五四。　12. 臿卣,同上十三、四二。
13. 邾史競簋,同上八、三六。　14. 晉簋,同上八、五一。

圖一

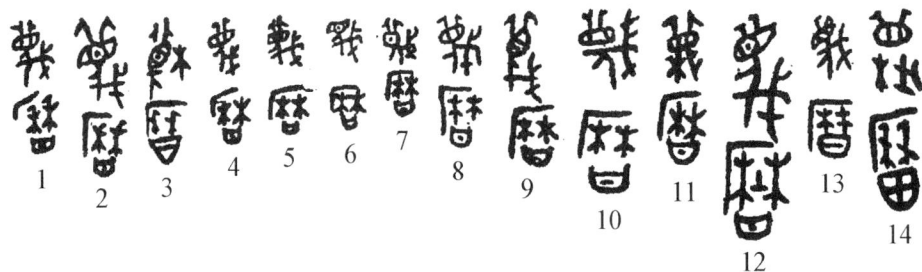

1. 長甶盉,《商周金文録遺》293。　2. 小臣謎簋,《三代吉金文存》九、十一。　3. 爰尊,同上十一、三六。
4. 夆衛鼎,同上三、二七　5. 競卣器,同上十三、四四。　6. 競卣蓋,同上。蔑作罰。
7. 師遽方彝蓋,同上十一、三七。　8. 趩尊,同上十一、三八。　9. 師艅簋,同上九、十九。
10. 師望鼎,同上四、三五。　11. 次尊,同上十一、三五。　12. 保卣蓋,《商周金文録遺》276。
13. 嬴氏鼎,拓本。　14. 毀簋,《三代吉金文存》八、四九。

圖二

---

① 管燮初《蔑曆的語法分析》,《古漢語研究論文集》,北京出版社,1982 年。

② 唐蘭《"蔑曆"新詁》,《文物》1979 年第 5 期。

　　從上二圖分析，“蔑”字有蔑、穢二體；①而“厤”字上部从秝或麻等（麻本當作从厂，从秝；秝字或作林或埜形）或秝，下部从甘、口或田。其字當即《説文》甘部之“厤”。

　　按《説文》甘部：“厤，和也。从甘，从麻。麻，調也。甘亦聲。讀若函。”段玉裁改篆形爲“厤”，改“从甘，从麻。麻，調也”爲“从甘、秝。秝，調也”。王筠《説文句讀》卷九也認爲“厤”篆“當依《繫傳》作厤”；注文之麻，“並當作秝。《繫傳》曰：音歷。稀疏匀調也”。從金文等文字來看，段玉裁、王筠所改甚是。金文此字上部从厂，从秝、林或埜，未見从广下林之“麻”字。因此，唐蘭先生認爲金文的“厤”與《説文》的“厤”並非一字，《説文》的“厤”字从“麻”不誤。② 這一説法看來並不成立。

　　最早把金文此字與《説文》的“厤”聯繫起來的是清代金石學家許瀚等。吳式芬《攈古録金文》卷三之一引許瀚説：“瀚按諸器銘篆皆作厤，其下體从甘，雖筆畫或小異，要非从日，从止也。《説文》甘部有‘厤’字，‘和也。从甘，从麻。麻，調也。甘亦聲。讀若函’。……則非歷字。”此外吳雲《兩罍軒彝器圖釋》卷六《周庚罷卣》云：“若依阮氏所釋，連文爲義，則不得分析用之。今按《説文》禾部有‘穢，禾也’，甘部有‘厤，和也。从甘，从麻。麻，調也。甘亦聲。讀若函’。……古文義簡，言穢則黍、稷、麥、粱皆該之矣。秝則調和膳食之宜也。……庚罷厤，則庚罷調和膳羞以進獻也。因進膳而賜貝，作器紀之，以彰寵賚也。”劉心源也據《説文》認爲，“厤者調味甘美，音義同甘。蔑，《周語》注云：‘猶滅也。’蔑厤者，言分其甘也。蔑某厤者，言分某以甘也。”（《奇觚室吉金文述》卷三）

　　古文字字典中，容庚等《金文編》置於《説文》小篆“厤”字頭下，而隸定爲“厤”，从秝。③ 周法高等《金文詁林》亦次於《説文》小篆“厤”字頭下，而隸定爲“厤”等。④ 戴家祥《金文大字典》則隸定爲厤，認爲：

　　　　厤或作厤。金文从木、禾兩旁通，如休或作庥，析字或作枂等。口或从日，于省吾認爲是因空加飾，別無二致。金文厤常和蔑字連用，或在兩字間介入人名及代名詞。對此，釋者很多，但都叫人難以完全贊同。⑤

　　而陳斯鵬等《新見金文字編》據新出倗伯再簋字形隸定爲“厤”。⑥

---

① 《新撰字鏡》認爲“穢”、“秫”字同；唐蘭先生認爲實際是一個字，作爲穀物是“穢，禾也”；作爲飼養是“秫，食馬以穀也”。張磊《新撰〈字鏡〉研究》（中國社會科學出版社，2012年）第86頁則認爲“穢”乃“秫”的聲旁替換俗字。
② 唐蘭《“蔑厤”新詁》，《文物》1979年第5期。
③ 容庚編著，張振林、馬國權摹補《金文編》，中華書局，1985年，第313頁。
④ 周法高等《金文詁林》，香港中文大學，1975年，第2894頁。
⑤ 戴家祥《金文大字典》，學林出版社，1995年，第2892頁。
⑥ 陳斯鵬、石小力、蘇清芳編著《新見金文字編》，第204頁。

　　按,此字也見於戰國楚文字。清華簡《繫年》"飛曆",整理者釋爲"畫廉"。[①] "曆"字簡文作"",整理者隸定無誤。但是對於該字的通假關係,整理者以"曆、廉同屬談部"解之。李學勤先生另外撰文補充論證道,"曆"字從"甘"聲,"廉"字從"兼"聲,古音相近通假。[②] "曆"、"甘"並爲見母字,"廉"爲來母字,所從之"兼"爲見母字,這可能是李先生立論的根據。

　　不難看出,清華簡的"曆"與金文的"曆"一脈相承,而簡文中讀爲談部的"廉",李先生認爲字從"甘"聲。其實,《説文》所謂的"甘亦聲。讀若函"與"廉"聲通假並不矛盾。《集韻》銜韻:"嗛,《説文》:'口有所銜也。'或作'咁'。"兼、甘互換聲符,可以通假。"廉"從"兼"聲,故可讀爲"曆"。其聲母本來就應當是 kl-、kr- 一類的複輔音。

　　金文"曆"字所從之秝或秝,或作厂下林或埜字之形。蔣大沂先生認爲林本作秝,厂下秝或林者,表示"歷歷可數者孳生在山崖的旁側",或增田者,表示"這歷歷可數者孳生在山崖旁側的田中";或增土者,表示"這歷歷可數者孳生在山崖旁側的土中",[③]純屬望文生義。嚴一萍認爲"此秝與稷字所加之禾同意,即和門之兩旌,非禾黍也。故亦從林","上加厂者,象軍壘之上有覆蓋可以舍也"。[④] 其説亦不明所以。而郭沫若《保卣銘釋文》則認爲:

　　　　"曆"字見《説文》,許慎謂曆從甘聲,讀若函,説者多以爲非,讀當從秝聲。然細審此銘,其字從厂從埜(古野字),與殷器小臣畬卣"貝唯蔑汝曆"同,可知殷末周初之文如是作,當是字之正體,則字本不從秝。從秝者乃後來之變體,不能據變體以釋初文,則主秝聲之説可不攻自破。字既從厂從埜,甘當是聲,當是壓之古文,示懸崖壓於野上。甘或作田者,示懸崖壓於田野之上。甘或作口者乃省文,甘字本從口。通觀銘文各例,此字殆假爲厭。蔑曆者即不厭或無斁。蔑某曆者不某厭也。蔑曆于某者不見厭於某也。[⑤]

　　郭沫若據早期字形,謂字本不從秝,"主秝聲之説可不攻自破"。其釋爲從厂從埜會意,從甘聲,即壓之古文。按,《説文》:"厭,笮也。從厂,猒聲。一曰合也。"段注:"竹部

① 清華大學出土文獻研究與保護中心編,李學勤主編《清華大學藏戰國竹簡(貳)》,中西書局,2011 年,第 142 頁注〔八〕。

② 李學勤《清華簡關於秦人始源的重要發現》,《光明日報》2011 年 9 月 8 日;又李學勤《初識清華簡》,中西書局,2013 年,第 141 頁。

③ 蔣大沂《保卣銘考釋》,《中華文史論叢》第 5 輯。

④ 嚴一萍《蔑曆古義》,《中國文字》第 10 册,1963 年。

⑤ 郭沫若《保卣銘釋文》,《考古學報》1958 年第 1 期;又《郭沫若全集·考古編》第 6 册,第 156 頁。

曰：笲者，迫也。此義今人字作壓。乃古今字之殊。土部壓訓壞也、実也。無笲義。"則壓迫之"厭"乃壓之本字，"厭"或用爲"厭足"之"厭"，此義與"猒"爲古今字。"壓"所從"猒"字與"甘"音近，小篆"猒"從"甘"即變形音化的結果。①

郭沫若以爲从厂从埶會意不妥。"曆"字从"林"、从"埶"都應當是添加聲符。林、甘、函古音相通。②"甘"聲與"林"聲可以通假。《史記·袁盎晁錯列傳》"噤口不敢復言也"，《漢書·晁錯傳》"噤"作"拑"。"噤"從"林"聲，可與從"甘"聲之"拑"通假。又《周禮·春官·大司樂》"歌函鐘"，鄭注"函鐘，一名林鐘"，《國語·周語下》《禮記·月令》"函鐘"作"林鐘"。則"林"、"函"可以通假。"林"、"埶"爲聲符替換。包山、葛陵楚簡有龜名"𱍒"，从黽、从林；③葛陵簡字又作"𱍒"，从黽、从埶；④"林"、"埶"顯然爲聲符替換。"林"、"埶"聲近，"埶"古本讀如"林"聲，"土"爲添加聲符。

"埶"字从林从土，"土"爲添加聲符。"埶"爲以母魚部，"土"爲透母魚部，聲韻並近。⑤趙國兵器銘文有"十五年守相杢波"，黃盛璋認爲即大將"廉頗"，⑥甚是。李家浩

---

① 劉釗《古文字構形學》，福建人民出版社，2006 年，第 112 頁。

② 林聲可與臨聲、監聲通假。《説文》："淋讀若林。"今本《周易·臨卦》，馬王堆帛書本通作林。《史記·匈奴傳》："大會蹛林。"《索隱》："姚氏案《李牧傳》：'大破匈奴滅襜襤。'林、襤聲相近。或以林爲襤也。"《史記·張釋之馮唐列傳》："滅澹林。"《索隱》："澹林，一本作襜襤。"説明"林"字或有談部的異讀，故可與諸談部字通假。藏緬語中緬語支的仙島語"樹根"kz_om^{55}＜*krom，或借自古漢語，説明"林"原本有*k-。從"林"聲之"禁"字上古音*krəm，與"林"相同。參見吳安其《漢藏語同源研究》，中央民族大學出版社，2002 年，第 93 頁；黃樹先《漢語核心詞"木"研究》，潘悟雲主編《高山流水：鄭張尚芳教授八十壽誕慶祝文集》，上海教育出版社，2014 年，第 150 頁。而雅洪托夫則以爲"林"的漢藏語同源詞作 ram（盧謝語），可以佐證"林"字確有談部的異讀。參見[蘇]謝·葉·雅洪托夫《上古漢語的開頭輔音 L 和 R》，《漢語史論集》，北京大學出版社，1986 年，第 156 頁。上古漢語"林"字的前上古音或爲談部字，故可與諸談部字通假。後來元音高化，*gram＞*grom＞*rəm，轉爲侵部字。

③ 張守中《包山楚簡文字編》，文物出版社，1996 年，第 199 頁；張新俊、張勝波《葛陵楚簡文字編》，巴蜀書社，2008 年，第 202 頁。

④ 張新俊、張勝波《葛陵楚簡文字編》，第 202 頁。

⑤ 鄭張尚芳先生認爲漢語的"土"、"吐"、"杜"分別對應泰文的 hlaax"大地"、raak"吐"、raak"根"，參見鄭張尚芳《漢語與親屬語言比較的方法問題》，《南開語言學刊》第 2 期，南開大學出版社，2003 年；又鄭張尚芳《鄭張尚芳語言學論文集》，中華書局，2012 年，第 820 頁。則"埶"*glag 從"土"聲*hlag 並不奇怪。而吳安其則認爲漢語"土"對應緬文 hrwɑm¹＜*khram?"泥巴"、景頗語 khum⁵⁵ pup⁵⁵"泥巴"、藏語 ɦdam bag"泥巴"、坎語（kham）gəm、nam"泥巴"、莊語武鳴話 naːm"泥巴、土"、侗語 naːm"泥巴、土"、水語 khəm"泥巴、土"等，原始漢藏語"土"、"泥"爲*C-nar 或*C-nam，可讀爲*C-lam。壇從"土"聲，《廣韻》徒古切，又音口含切，上古音*kham，應從古方言"土"得聲。參見吳安其《漢藏語同源研究》，中央民族大學出版社，2002 年，第 299 頁。

⑥ 黃盛璋《試論三晉兵器的國別和年代及其相關問題》，《考古學報》1974 年第 1 期；又黃盛璋《歷史地理與考古論叢》，齊魯書社，1982 年，第 89～147 頁。

先生認爲"杢"即"杢",是"埶"字簡省。《説文》炎部"燅"或作"鐪","燅"从"杢"聲,"鐪"从"炗"聲。《説文》見部:"覝,从見,炗聲。讀若鎌。"所以"杢"可讀爲"廉",韻部爲月談通轉。① 其説頗爲迂曲。

清華簡《程寤》3"社稷"之"社"即作"杢",古文字中"社稷"之"社"多从"示"、"杢"聲,證明"杢"字確从"土"聲。舊釋以爲"杢"即"杜"字,但究竟偏旁位置有上下與左右之不同,因此我們懷疑"杢"或即"埜"字之省。戰國文字中从"林"或省作从"木"。如楚系金文畲前鼎之"楚"字,或从"木";晉系貨幣文字"离石",从林之"離",或省从"木":②

楚	𣡌	畲前鼎	𣡌 畲前鼎
離	𣡌	《貨幣》14.206	𣡌 《貨幣》14.206

並其證。戰國中山王墓奸銮壺銘:"佳(唯)逆(朕)先王,茅(苗)蒐狟(畋)獵,于皮(彼)新杢,其遝(會)如林。"銘文"杢"字,多數學者釋爲"土"或"杜",③或釋爲"封"或"邦",④張政烺先生則疑爲"埜(野)"字之簡化。⑤ 野爲郊外百里之地。《世本》:"中山武公居顧(今河北省定縣),桓公徙靈壽(今河北省平山縣)。"張政烺先生認爲靈壽是中山國新都,其郊外則是新野。張先生既釋"杢"爲"埜(野)","新埜(野)"爲田獵之地,衡之壺銘,文從字順。而壺銘杢、林叶韻,證明"埜"字確从"林"得聲。"埜"應分析爲雙聲字,"林"、"土"皆聲。所以"杢"讀爲"廉"一點也不奇怪。

郭店簡《語叢二》50~51 有"𣎴"、"𣎴"、"𣎴"等字形,整理者或讀爲勢。⑥ 南越王墓車軎虎節銘文有"𨍮"、包山楚簡 12 有"𨍮"、上博簡《柬大王泊旱》16 有"𨍮"等字形,李家浩先生隸定爲"駐",認爲該字右旁即"埶"字省形,應釋爲"馹"。⑦ 所謂"駐"字

---

① 李家浩《南越王墓車軎虎節銘文考釋——戰國符節銘文研究之四》,《容庚先生百年誕辰紀念文集(古文字研究專號)》,廣東人民出版社,1998 年,第 662~671 頁。

② 何琳儀《戰國文字通論(訂補)》,江蘇教育出版社,2003 年,第 208 頁。

③ 朱德熙、裘錫圭《平山中山王墓銅器銘文的初步研究》,《文物》1979 年第 1 期;李學勤、李零《平山三器與中山國史的若干問題》,《考古學報》1979 年第 2 期;徐中舒、伍士謙《中山三器釋文及宮堂圖説明》,《中國史研究》1979 年第 4 期。

④ 于豪亮《中山三器銘文考釋》,《考古學報》1979 年第 2 期。

⑤ 張政烺《中山國胤嗣壺釋文》,《古文字研究》第 1 輯,中華書局,1979 年。

⑥ 荆門市博物館《郭店楚墓竹簡》,文物出版社,1998 年,第 206 頁。

⑦ 李家浩《南越王墓車軎虎節銘文考釋——戰國符節銘文研究之四》,《容庚先生百年誕辰紀念文集(古文字研究專號)》,第 662~671 頁。

右旁所从即郭店簡之字形。其實，"杢"字右邊加兩撇，可能是省形符號，①如"則"作
"𝌆"(郭店《老子乙》2)，"爲"作🐦之例，②加兩撇或爲疊文之意，即从二木之省。所
以，"杢"字及所从之"駐"字實際上都應分析爲从林省、从土之"墊"字。郭店簡《語叢二》
"杢"字爲从"墊"省形，南越王墓車駐虎節銘文、包山楚簡、上博簡《柬大王泊旱》"駐"字等
爲从馬从"墊"省形。《語叢二》之"墊"字應如白於藍説釋爲"圖"。③"墊"，以母魚部；"圖"，
定母魚部。韻母相同，聲母喻四歸定。至於諸"駐"字應讀爲"驛"。"驛"，以母鐸部；"墊"，
以母魚部。聲母相同，韻母魚鐸對轉。如此一來，似不必再輾轉讀爲"埶"、"駻"等。④

我們既知"曆"从"甘"聲，讀若函。按《説文》："甘，美也。从口含一。一，道也。"裘
錫圭《説字小記》"6. 説'去''今'"引俞樾《兒笘録》："甘字象形而非會意。於口之中作
一，其本義當爲含，一即所含之物也。"認爲"含"的初文大概是"甘"。⑤ 馬敍倫《説文解字
六書疏證》云：

> "甘"爲"含"之初文。含，從口，今聲。(《説文》)七篇"函"下曰："肣，俗函。"蓋
> 從肉今聲。含亦從今得聲。《禮記·月令》："羞以含桃。"《釋文》："含，本作函。"是
> 古甘、函同音，故甘讀若函也。⑥

此義亦即《説文》"嗛，口有所銜也。从口。兼聲"之"嗛"。《集韻》銜韻："嗛，《説文》：'口
有所銜也。'或作'咁'。"兼聲、甘聲可以通假。朱駿聲《説文通訓定聲》："誼與含略同。"
故甘、含、嗛或本係一字也。

而"曆"字一从"林"或"墊"聲，可讀爲"廉"。則此字顯然不从麻或秝聲。至於金文
作🜋(免卣)或🜊(保卣)則可分析爲雙聲字，甘、林或"墊"皆聲。而嬴氏方鼎作"🜌"，
聲符"甘"已訛爲从"日"，但仍保留另一聲符"林"。至於新出霸伯尚盂作"🜍"，⑦則又
省去"甘"聲，僅保留"林"聲。李學勤先生隸定爲"麻"。⑧

至於郭沫若分析的从墊(古野字)，其實也並沒有錯。"野"字古文本作"墊"，見於商周

① 何琳儀先生也認爲是省形符號，但以爲是"蓻"字省形。參見何琳儀《戰國文字通論(訂補)》，第253頁。
② 參見蘇建洲《〈上博(五)·姑成家父〉簡3"襖"字考釋》，簡帛網，2006年3月30日。
③ 白於藍《釋"杢"》，復旦大學出土文獻與古文字研究中心網，2010年7月9日。
④ 孟蓬生《"法"字古文音釋》文後蘇建洲跟帖於諸字以月、歌、魚、談部通假釋之。參見復旦大學出土文獻與古文字研究中心網，2011年9月8日。
⑤ 裘錫圭《説字小記》，《北京師院學報》1988年第2期；又裘錫圭《古文字論集》，中華書局，1992年，第648頁。
⑥ 馬敍倫《説文解字六書疏證》卷九，轉引自李圃《古文字詁林》第4冊，上海教育出版社，2001年，第770頁。
⑦ 山西省考古研究所大河口墓地聯合考古隊《山西翼城縣大河口西周墓地》，《考古》2011年第7期。
⑧ 李學勤《翼城縣大河口尚盂銘文試釋》，《文物》2011年第9期。

文字,從林從土,林亦聲。"埜"以母字,"廉"來母字。以母(l-)、來母(r-)關係密切。古文字中頗多l-、r-交替之例。秦代陶文"野"字,即從田、土,吕聲,葛英會據此認爲《説文》正篆"野"字、古文"壄"字所从之"予"聲並爲"吕"字訛誤。① "予"(以母魚部)、"吕"(來母魚部)即爲以母、來母l-、r-交替。② 又如《説文》:"櫙,積火燎之也。從木、火,酉聲。《詩》曰:'薪之櫙。'《周禮》:'以櫙燎祠司中、司命,祌,柴祭天神。或從示。"陳夢家認爲"櫙"字從木從火,即"尞"之古文,酉聲。③ 馬敍倫《説文解字六書疏證》卷十一也認爲:"此作 酉聲, 爲燎之初文,字見金甲文而字書無之。"顯然,"櫙"字亦當分析爲從"炗(尞)"、從"酉","酉"爲添加聲符。《説文》或體作"祌",與"尞"顯爲聲符替換。"酉",以母幽部;"尞",來母宵部。以母、來母爲l,r交替,幽部、宵部旁轉,關係還是很清晰的。④ 類似之例頗多。⑤ 其前上古音本爲談部字,故可讀爲談部字的"廉"。春秋青銅戈銘邗王是埜戈之"邗王是埜"(《集成》11263),一般認爲即吳王熟姑。⑥ "埜"、"姑"通假。而"姑"爲見母魚部,則"埜"亦應有見系之讀音。此與"冶"、"蠱"通假之例相似。而其前上古音聲母本當歸屬見系:

> 僞古文《尚書·武成》"放牛于桃林之野",《史記·周本紀》作"放牛于桃林之虛"。"虛",溪母魚部。

> 《易·繫辭上》:"冶容誨淫。"《釋文》:"冶,鄭、陸、虞、王肅作野。"而"冶"又通"蠱"。《史記·貨殖列傳》:"作巧奸冶。"《集解》引徐廣曰:"冶,一作蠱。"《文選》卷十七傅武仲(毅)《舞賦》:"貌嫽妙以妖蠱兮,紅顔曄其揚華。"五臣本"蠱"作"冶"。

---

① 葛英會《古陶文研習劄記》七《釋野》,北京大學考古系:《考古學研究(一)》,文物出版社,1992年;又葛英會《古漢字與華夏文明》,上海古籍出版社,2010年,第184~185頁。

② "裏"(來母之部)也有以母的讀法。《周禮·考工記·匠人》:"裏爲式,然後可以傳衆力。"注:"裏,讀爲已,聲之誤也。"《釋文》:"裏,音以。""已"、"以",以母之部。

③ 陳夢《古文字中之商周祭祀》,《燕京學報》第19期,1936年,第113頁。

④ 《四部叢刊》本《風俗通·祀典·風伯》"《周禮》:以祌燎祭風師。""祌燎"即"祌(櫙)燎"。《四部備要》《叢書集成初編》本作"柳",《周禮·春官·大宗伯》作"櫙"。《説文》:"栵,少楊也。從木,丣聲。丣,古文酉。"又《説文》"酉"字:"丣,古文酉。從卯。"曾侯乙墓漆箱蓋二十八宿"柳"作"酉"。"酉"、"柳"通假,即以母、來母交替。

⑤ 旌旗之旒或作斿,亦爲來母、以母交替。此類頗多,兹不贅。

⑥ 郭沫若《吳王壽夢之戈》,《光明日報》1950年6月7日;又郭沫若《奴隸制時代》,人民出版社,1954年,第130頁;羅常培《關於〈吳王壽夢之戈〉音理上的一點補充》,《光明日報》1950年6月21日;馬承源《商周青銅器銘文選(四)》,文物出版社,1990年,第364頁;董楚平《吳越徐舒金文集釋》,浙江古籍出版社,1992年,第87~88頁。而曹錦炎《從青銅器銘文論吳國的國名》(《東南文化》1991年第6期)則認爲邗王是埜戈之"是埜"決不是"壽夢",無論是從銘文角度還是從戈的形制來判斷,都可以證明其決非吳器。李夏廷《"邗王是野戈"雜議》(《故宮博物院院刊》2008年第6期)也依照器型學並對比相關資料,認爲該戈時代應爲春秋晚期,產地應爲晉國,可能是晉國爲某位吳王所作的贈品。"邗王是野"不會是壽夢,而應該是生活在春秋晚期的某位吳王。

《後漢書·馬融傳》:"兹飛宿沙,田開古蠱,鞏終葵。"李賢注:"《晏子春秋》曰:'公孫捷、田開彊、古冶子事景公以勇。'……蠱與冶通。"又《後漢書·張衡傳》:"咸姣麗以蠱媚兮,增嫮眼而蛾眉。"李賢注:"蠱音野,謂妖麗也。""蠱",見母魚部。

所以"埜(野)"本當歸屬見系談部字,後轉爲以母魚部字,由於聲韻並轉,故特添加"吕"或"予"字聲符。"予"聲字亦可與談部字通假。《爾雅·釋詁下》:"豫,厭也。"這是魚談部通轉的結果。①

依郭沫若說,此字本是"厭(壓)"字初文。我們懷疑其爲《說文》"厰"或"厱"字異體。《說文》:"厰,崟也。一曰地名。从厂,敢聲。"而《說文》:"崟,山之岑崟也。从山,金聲。"又,"岑,山小而高。从山,今聲。"又,"厱,石地也。从厂,金聲。"則"厰"本謂山石高崖之形聲字,金文用爲"獫狁"之"獫",郭店簡《語叢二》"厰生於禮,敬生於厰"則讀爲"嚴"。"曆"从厂,亦會山石高崖之意,从"甘"聲與此類似,从林或"埜"爲雙聲字。

"壓"字見上博簡《周易》,即謙卦之"謙"。整理者云:"'壓',《說文》所無,讀爲'謙',同'嗛'。"②字形作"",此字从厂、从土,兼聲,疑即《說文》之"隒,崖也。从自,兼聲。讀若儼"之"隒"。段注:"蓋平者曰厓,高起者曰隒。"

新出霸伯簋"曆"字作"",③从厂下从木从水,從辭例看即"曆",學者或隸定"厵",以爲"瀝"字的省簡。④ 其字亦當分析爲从水,麻省聲,或即"濂(瀸)"字異體。⑤

"曆"本从厂、从埜、从甘,埜、甘皆聲。後省作从厂、从林、从甘,林、甘皆聲。从林後訛爲从秝;金文从木、从禾無別,故从林或訛爲从秝。⑥ 後演變爲从麻、甘聲,即金文中之

---

① 參見孟蓬生《師寰簋"弗叚組"新解》,復旦大學古文獻與古文字中心網,2009 年 2 月 25 日;《楚簡所見舜父之名音釋——談魚通轉例說之二》,《簡帛》第 6 輯,上海古籍出版社,2011 年;"出言又(有)丨,利(黎)民所訓"音釋——談魚通轉例說之四》,《簡帛》第 7 輯,上海古籍出版社,2012 年;《"法"字古文音釋——談魚通轉例說之五》,《中國文字研究》第 16 輯,上海人民出版社,2012 年;《"孤竹"補釋——談魚通轉例說之六》,"漢語語言文字學國際研討會"論文,香港中文大學中文系,2012 年;《"竜"字音釋——談魚通轉例說之八》,復旦大學出土文獻與古文字研究中心網,2012 年 10 月 31 日。

② 馬承源主編《上海博物館藏戰國楚竹書(三)》,上海古籍出版社,2003 年,第 153 頁。

③ 山西省考古研究所大河口墓地聯合考古隊《山西翼城縣大河口西周墓地》,《考古》2011 年第 7 期。

④ 王保成《翼城大河口霸伯簋試解》,《中原文物》2013 年第 2 期。

⑤ 《說文》:"濂,薄水也。一曰中絕小水。从水,兼聲。"段注:"《玉篇》《廣韻》作'大水中絕小水出也',當是古人所見完本,後奪誤爲四字耳。謂大水中絕,小水之流而出也。"段注並據宋樓鑰《攻媿集》說以爲"瀸"爲"濂"之異體。""字从厂下水,象懸崖山溪之形。字或會意"大水中絕,小水出也"。从木或爲从"林"省聲,爲添加聲符。

⑥ 《說文》"曆,和也"、"麻,調也"之訓於古無徵,我們懷疑从秝或爲"兼"之省。《說文》:"兼,并也。从又持秝,兼持二禾,秉持一禾。""秝"从二禾,或即會并意,不必加又(手)乃知并也。若如此,則从"秝"即从"兼","兼"亦聲。

通行字。其後从"甘"字演變爲各種省形。其字形演變如圖三所示:

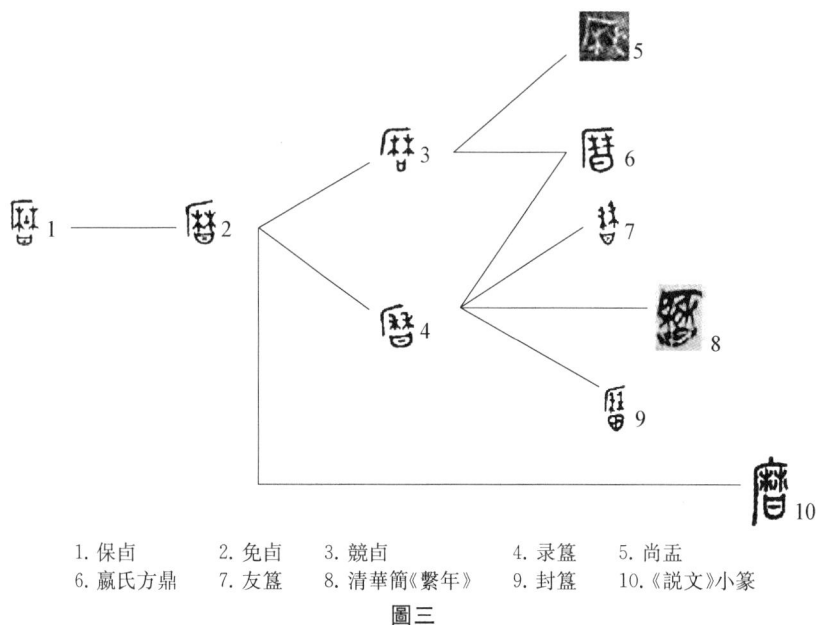

1. 保卣　　　　2. 免卣　　　　3. 競卣　　　　4. 録簋　　　5. 尚盃
6. 嬴氏方鼎　　7. 友簋　　　　8. 清華簡《繫年》　9. 封簋　10.《説文》小篆

圖三

2009 年 5 月,甘肅省慶陽合水縣何家畔鄉何家畔村西周墓地出土伯碩父鼎有"伯碩父、申姜其受萬福無疆,禖天子 "的銘文,由於除銹未盡,吳鎮烽《商周青銅器銘文暨圖像集成》將其釋爲"六",讀爲"曆";① 鞠煥文從之;② 陳劍先生釋爲"先",認爲"先"與"戀"古音極近,間接从"先"得聲之"睦",與"戀"都是明母幽部字,它們可以相通是没有問題的。③ 鞠煥文、付强據梁雲先生《隴山東側商周方國考略》文中所公布除銹後的銘文照片及摹本,④確證伯碩父鼎銘毫無疑問就是"莈天子光",幾乎與陳劍徵引的清華簡壹《皇門》"禖被先王之耿光"一句全同。⑤ 因此,陳劍先生也在網上跟帖中聲明此節全廢。

此外,清華簡《越公其事》簡 32、41 有字作" "、" ",整理者隸定爲"歷",簡 32 "其見農夫老弱及堇(勤)歷者,王必飲食之",整理者注:"堇,疑讀爲'勤'。歷,疑讀爲

——————————

① 吳鎮烽《商周青銅器銘文暨圖像集成》,上海古籍出版社,2012 年,卷 5 第 267 頁。

② 鞠煥文《金文"莈曆"新詁》,《古籍整理研究學刊》2017 年第 4 期。

③ 陳劍《簡談對金文"莈戀"問題的一些新認識》,復旦大學出土文獻與古文字研究中心網,2017 年 5 月 5 日;又《出土文獻與古文字研究》第 7 輯。

④ 梁雲《隴山東側商周方國考略》,《西部考古》第 8 輯,科學出版社,2015 年,第 100～117 頁。

⑤ 鞠煥文、付强《説伯碩父鼎銘中所謂的"六"及相關問題》,復旦大學出土文獻與古文字研究中心網,2017 年 8 月 15 日。

'厤',《説文》:'治也。'"①又簡 40～41:"凡城邑之司事及官師之人,乃無敢增歷其政以爲獻於王。"整理者注:"歷,從厤聲,讀爲益,皆錫部字。增益,增添,此處義爲虚誇。"②疑亦皆當讀爲"勞"。

我們知道,"曆"有"廉"字一讀,從音義分析,金文中似可讀爲"勞"。清華簡《筮法》中,與"坎"卦對應的字即作"勞"。李學勤先生指出:

> 坎,作"裝",即"勞"字,同於王家臺秦簡《歸藏》,輯本《歸藏》作"犖",《周易·説卦》第五章稱坎"勞卦也"。從這些,已可看出《筮法》經卦卦名近於《歸藏》。③

《清華大學藏戰國竹簡(肆)》正式出版後,整理者看法一以貫之:

> "裝",即"勞"字,卜辭金文習見。《説卦》第五章云坎,"勞卦也"。王家臺秦簡《歸藏》即作"裝",輯本則作"犖"。④

所謂的"裝",古文字習見。據我們研究,當隸定爲"㷡",可分析爲从卒、炊(燎)聲。"炊"爲"燎原"之"燎"的會意本字,後世易爲从火、寮聲之形聲字。"燎"行而"炊"廢矣。"㷡"是僚隸僕臺之"僚"的本字,本義指奴隸,出土文獻中讀爲"勞"。古文字中還有幾個从"炊"之字,讀並與"勞"、"燎"聲同,亦當分析爲从炊(燎)得聲。⑤

坎,溪母談部;"勞",來母宵部。按照通行觀點,兩字聲韻並遠,能有什麼關係呢?爲了弄清這一問題,我們有必要先從二者的聲母談起。

《説文》:"勞,劇也。"段玉裁注改"劇"爲"勮":"'勮',各本從刀作'劇',今訂從力。《文選·北征賦注》引《説文》:'劇,甚也。'恐是許書本作:'勮,用力甚也。'後因以爲凡甚之詞。又謂其字從刀耳。以俟明者定之。"嚴可均《説文校議》亦云:"《説文》無'劇'字,當作'勮'。"⑥按:段、嚴所校甚是。

與《説文》義訓類似,《爾雅·釋詁》:"勞,勤也。"舍人注:"勞,力極也。""勞"(來母宵部)訓"勮"(群母魚部)、"勤"(群母文部)、"極"(群母職部)等,共同點都是來母與群母的互訓,似乎顯示"勞"字也有見系一讀。

《説文》:"爍,治也。……讀若勞。療,或从尞。""尞",來母宵部;"樂",藥部字,有疑

---

① 清華大學出土文獻研究與保護中心編,李學勤主編《清華大學藏戰國竹簡(柒)》,中西書局,2017 年,第131 頁。
② 清華大學出土文獻研究與保護中心編,李學勤主編《清華大學藏戰國竹簡(柒)》,第 135 頁。
③ 李學勤《清華簡〈筮法〉與數字卦問題》,《文物》2013 年第 8 期。此外亦見李學勤《〈歸藏〉與清華簡〈筮法〉〈別卦〉》(《吉林大學學報》2014 年第 1 期),論述大同小異。
④ 清華大學出土文獻研究與保護中心編,李學勤主編《清華大學藏戰國竹簡(肆)》,中西書局,2013 年,第107 頁。
⑤ 王志平《説"㷡"》,《古文字研究》第 30 輯,中華書局,2014 年。
⑥ 《續修四庫全書》第 213 册,第 602 頁。

母、來母兩讀。"尞"、"樂"聲符替換,古可通假。《詩·大雅·板》"不可救藥",《左傳》襄公二十六年作"不可救療"。"藥"(以母藥部)从"樂"(疑母/來母藥部)聲。"爍"、"療"、"尞"、"勞"(來母宵部)與"樂"(疑母/來母藥部)聲通。

《説文》:"膋,牛腸脂也。从肉,尞聲。……脙,膋或从勞省聲。"《詩·小雅·信南山》:"執其鸞刀,以啟其毛,取其血膋。"鄭玄箋:"膋,脂膏。""膋"(來母宵部)即"膏"(見母宵部)之同源詞。①

《説文》:"遼,遠也。"《詩·小雅·漸漸之石》:"山川悠遠,維其勞矣。"鄭玄箋:"勞,廣闊。"孔穎達疏:"勞,廣闊……廣闊遼遠之字,當從遼遠之遼。而作勞字者,以古之字少,多相假借。"段注:"《小雅》:'山川悠遠,維其勞矣。'箋云:'其道里長遠,邦域又勞勞廣闊。'勞者,遼之叚借也。""勞"、"遼"(來母宵部)、"遠"(雲母元部合口)同源。

《説文》:"燎,放火也。从火,尞聲。"徐灝《説文解字注箋》:"尞、燎實一字,相承增火旁……今云放火者,後人改之。燎之本義爲燒艸木。""燎"、"燒"同源。《説文》:"燒,爇也。从火,堯聲。"《廣韻·笑韻》:"燒,放火。"而"燒"从"堯"聲。"尞"、"堯"聲可通假。《戰國策·魏策三》"秦繞舞陽之北",馬王堆帛書《戰國縱橫家書》"繞"(日母宵部)作"繚"(來母宵部)。而"繞"从"堯"(疑母宵部)聲,則"尞"(來母宵部)、"堯"(疑母宵部)聲通。

又犒(溪母宵部)、勞(來母宵部)同源,段注謂本字當作"槀"(溪母宵部),俗作"犒"。《周禮·秋官·小行人》:"若國師役則令犒檜之。"鄭玄注:"鄭司農云:'……槀當爲犒,謂犒師也。'玄謂師役者,國有兵寇以匱病者也,使鄰國合會財貨以與之。"《書·舜典》:"帝釐下土,方設居方,別生分類,作《汩作》《九共》《九篇》《槀飫》。"孔傳:"槀,勞也。飫,賜也。"

《管子·小匡》"犧牲不勞,則牛馬育",《國語·齊語》作"犧牲不略,則牛羊遂"。"勞"(來母宵部)、"略"(來母鐸部)通假,而"略"(來母鐸部)从"各"(見母鐸部)聲。

此外"功"(見母東部)、勳(曉母文部)、"勞"(來母宵部)同源;"勞"(來母宵部)、"苦"(溪母魚部)、"倦"(群母元部合口)同源。

以上是"勞"、"尞"聲與見系字聲母的膠葛。

至於韻母,是宵談對轉的關係。勞、尞聲通,而炎、尞聲通。《説文》引"《詩》曰:'憂心炎炎。'"今本《小雅·節南山》作"憂心如惔"。《釋文》:"'如惔',徒藍反,又音炎,燔

---

① 全廣鎮先生認爲漢語"僚/尞"對應藏語 grogs"朋友、伴侶",參見全廣鎮《漢語同源詞綜探》,臺灣學生書局,1996 年,第 129 頁。芮逸夫先生認爲,漢魏六朝時期的獠人即仡佬族(Klao)。本單稱"獠",後複輔音丟失,故又複稱"鳩獠"、"屈獠"、"獨獠"、"狤獠"、"犵獠"、"犵狫"等。參見芮逸夫《獠(獠)爲仡佬(犵狫)試證》,《歷史語言研究所集刊》第 20 本上册,1948 年;又《僚人考》,《歷史語言研究所集刊》第 28 本上册,1957 年。如諸説可信,則"獠"字古音即當爲 kr-/kl-一類的複輔音。可與本文的觀點互相印證。

也,《韓詩》作'炎',字書作'焱'。《説文》作'夭'字,才廉反,小熱也。"①"如惔"亦見《大雅·雲漢》:"如惔如焚。"《釋文》:"如惔,音談,燎也。《説文》云:'炎,燎也。'徐音炎。"②《説文》:"惔,憂也。从心。炎聲。《詩》曰:'憂心如惔。'"段注改爲"如炎":"《節南山》:'憂心如惔。'許所據作'憂心如炎',引之以眀會意也。……炎者,火光上也,憂心如之,故其字作惔。《雲漢》:'如惔如焚。'亦'如炎'之誤。《毛傳》曰:'惔,燎之也。'"③炎、惔,談部;燎,宵部。

又勞、牢聲通,而"牢"或通"廩"。《史記·平準書》:"願募民自給費,因官器作煮鹽,官與牢盆。"《集解》引如淳曰:"牢,廩食也。古名廩爲牢也。盆者,煮鹽之盆也。"《漢書·食貨志下》:"官與牢盆。"王先謙《補注》:"此是官與以煮鹽器作,而定其價直,故曰牢盆。""牢",來母宵部;"廩",來母侵部。

而林、廩(从"靣")、兼聲通。金文"林鐘"之"林"或作"䕻",林、靣皆聲。④《左傳》莊公八年"公孫無知虐于雍廩",《史記·齊太公世家》作"齊君無知游于雍林"。《廣雅·釋器》:"𥯤,罬也。"王念孫《疏證》以爲"𥯤"古通作"廩"。《公羊傳》文公十三年"翬公廩",而王應麟《周易鄭康成注·坤卦》引作"翬公溓"。而"曆"从"林"聲,讀爲"廉",則通"林"聲、"兼"聲之"曆"亦可通"牢"、"勞"。

此外,《説文》《玉篇》"野"並訓"郊外","郊",見母宵部;而埜从林聲,"林",來母侵部。"厥"、"嶘"並訓高崖,"厥"、"嶘",疑母談部;高,見母宵部。

至於其他宵談對轉例子甚多,詳見另文,⑤這裏暫不贅述。下面,我們整理一下有關諸字的諧聲通假關係:

曆 *kam
甘 *kam

① 《經典釋文》,上海古籍出版社,1985年,第307頁。"小熱",阮元《毛詩注疏校勘記》云:"《釋文校勘記》、通志堂本同。盧本'熱'作'爇',云:'爇,舊作熱,據《説文》改。'案:所改是也。"(《十三經注疏》,中華書局,1980年,第444頁)

② 《經典釋文》,第381頁。阮元《毛詩注疏校勘記》云:"唐石經、小字本、相臺本同。《正義》云:定本經中作'如惔如焚'。是《正義》本經中作'如惔如焚'也。《詩經小學》云:章懷注《章帝紀》引《韓詩》'如炎如燎',作'炎'爲善。《説文》:'炎,燎也。'《傳》云:'惔,燎之也。'蓋《毛》亦作'炎'也。上文'赫赫炎炎',本或作'惔',是其明證。"(《十三經注疏》,第565頁)

③ 段玉裁《説文解字注》,第513頁。朱駿聲《説文通訓定聲》也認爲:"此字後出,即炎字也。若訓憂,則《詩》兩如字不可通,後人正因《節南山》'憂心'而加心傍耳。"

④ 朱德熙、李家浩《鄂君啓節考釋(八篇)》,《朱德熙古文字論集》,中華書局,1995年,第198頁;劉釗《古文字構形學》,第83頁。

⑤ 所謂宵談對轉其實是韻尾-w與韻尾-m的交替。參見王志平《上古漢語韻尾-w的兩個來源》,待刊。

函 *gam

陳 *glam＞*ŋjam①

廉 *gram＞*ram

垄 *glag＞*glaw②

土 *hlag＞*hlaw③

林 *gram＞*grom＞*rəm

勞 *gragw＞*graw＞*raw

　　總之,按照我們的論證,"曆"即"厤(陳)",通"廉",可讀爲"勞"。

　　清代阮元《積古齋鐘鼎彝器款識》卷五《叔尊》曾認爲:"古器銘每言蔑歷,按其文皆勉力之義。是蔑歷即《爾雅》所謂蠠没,後轉爲密勿,又轉爲黽勉。"但吴雲《兩罍軒彝器圖釋》卷六《周庚罷卣》批評説:"若依阮氏所釋,連文爲義,則不得分析用之。"孫詒讓《古籀拾遺》卷中《叔尊》也説:"凡古書雙聲疊均連語之字,並以兩字聯屬爲文,不以它字參廁其間。如云'黽勉',不云'黽某勉';云'蠠没',不云'蠠某没';云'密勿',不云'密某勿'也。金刻蔑曆兩字連文者固多,然間有作'蔑某曆'者,……並以作器者之名著於'蔑曆'兩字間,若釋爲黽勉,……其不辭甚矣。"吴大澂《愙齋集古録・釋文賸稿》《説文古籀補》等亦有類似看法。所以聯綿詞的説法最不可信。

　　郭沫若《兩周金文辭大系考釋・小臣謎毀》:"讀蔑爲免,讀曆爲函,免函猶言解甲,引申之爲免除兵役。"而戴君仁《蔑曆解》認爲西周金文庚嬴卣之庚嬴明爲婦人,當是王妃,"解甲與免除征役,固不能施諸婦女也"。④

　　此外,還有釋爲明試、美和、懋勉、勵翼、揚曆、分甘、不厭、勉勵、巇蛤、不次、矜憐、嘉獎、宥過、簡閲、錫休、獎勉、懋懋、無厭等説,不一而足。⑤

　　"蔑曆"之釋讀雖機出萬端,但是其辭例及用法仍有不少共識。即使是讀爲曆者,有

----

① 閩方言中疑母或讀爲 g,疑前上古音亦如是。*g-＞*ŋ-可能是後起的變化。

② 語言學史上-ag＞-aw 是一種常見的音變現象。如古英語 saga＞saw;hagathorn＞hawthorn;dragan＞draw。參見[美]布龍菲爾德著,袁家驊等譯《語言論》,商務印書館,1985 年,第 500 頁。藏緬語中也有-g＞-w 的類似演變。參見龔煌城《從原始漢藏語到上古漢語以及原始藏緬語的韻母演變》,《漢藏語研究論文集》,第 217~223 頁。所以垄 *glaw(＜*glag)從林 *kram(＞*krom＞*krəm)聲就是某些古代方言中韻尾-w 與韻尾-m 交替的某種反映。

③ "土"字 *hlag＞*hlaw 的古音演變可參考"土"字孳乳爲"垚"*ŋlagw＞*ŋjaw,爲魚宵通轉。坫从"土"聲,《廣韻》一音口含切,上古音 *kham,也是韻尾-w 與韻尾-m 的交替。

④ 戴君仁《蔑曆解》,《輔仁學志》第 9 卷第 2 期,1940 年。

⑤ 參見邱德修《商周金文蔑曆初探》。

關推測，雖不中亦不遠。如吴東發云："歷，行也，事功也。"（《古籀拾遺》卷中《叔尊》）翁大年（祖庚）云："歷訓歷試，亦當訓功績。"（吴式芬《攗古録金文》卷三之二《師艅敦蓋》）現代學者如于省吾、趙光賢等先生雖分析爲从厤聲，也認爲"蔑歷"之"歷"是勞績之義，只是此義訓不見於古文獻而已。[①] 誠如陳小松所説，"蔑曆爲敘勛專用辭"，"蔑曆連用，施之於稱人，則爲敘功；施之於敘己，則爲敘績；其間字用者則爲敘某之功績，若美某之功歷也。"[②]

誠如管燮初先生《蔑曆的語法分析》一文所説，"一個詞語的解釋，至少要求它的詞彙意義同語法意義一致，能夠解釋所有同類的用例，於上下文義也能協調"。[③] 管燮初《蔑曆的語法分析》把"蔑曆"用法分爲三類：（1）蔑某曆；（2）蔑曆；（3）蔑曆於某。管燮初認爲"蔑曆"是後補結構，"曆"是"蔑"的補語，表示結果。[④] 而張延俊、吕曉薇《西周金文"蔑曆"的語法結構和意義》總結爲四種看法：（1）"蔑曆"爲聯綿詞，相當於"黽勉"；（2）"蔑曆"爲動賓短語，意思是"誇張……所積之功"；（3）"蔑曆"爲並列短語，意思是"勉勵和嘉獎"；（4）"蔑曆"爲動結式，意思是"嘉勉"。[⑤]

諸説之中，以勉勵和伐閲之説最爲可取。過去"蔑"讀爲"勉"，只有一聲之轉的音理證據，未見"蔑"、"勉"直接相通的辭例。范常喜《金文"蔑曆"補釋》據戰國楚簡材料中"穚、邁"，"蔑、蠆"相通假的現象，推測金文習語"蔑曆"中的"蔑"可讀作"勱"，訓爲勉勵。[⑥] 但是"蔑"、"勱"雖通，"曆"又何解呢？

張光裕據新發現的舀鼎銘文"叔 𠵲 父加舀曆"之説，認爲"加"與"嘉"通，"嘉"有表彰、嘉許、讚美之意。如《尚書·大禹謨》云："予懋乃德，嘉乃丕績。"《左傳》莊公十七年："秋，蔡季自陳歸於蔡，蔡人嘉之也。""加舀曆"可讀爲"嘉舀曆"，即褒獎"舀"的功績。"加"、"蔑"雖異，但從句式及内容對比，兩者用意應無大別。[⑦] "加舀曆"與"嘉乃丕績"句法相同，則"曆"、"績"當屬一類。

"蔑"或作"薎"。《正字通》艸部："蔑或作薎。从伐者，戍之變體也。"《漢書·司馬相如傳下》："薎蒙踴躍，騰而狂趡。"清孔廣居《説文疑疑》、朱駿聲《説文通訓定聲》並以爲"蔑"从"伐"聲。于省吾、唐蘭先生都指出，從古文字來看，甲骨文、金文"蔑"字並不从

① 于省吾《雙劍誃吉金文選》卷上之二《師望鼎銘》；趙光賢《釋"蔑曆"》，《歷史研究》1956 年第 11 期。
② 陳小松《釋古銘辭蔑曆爲敘勛專用辭》，《中和月刊》第 3 卷第 12 期，1942 年。
③ 管燮初《蔑曆的語法分析》，《古漢語研究論文集》。
④ 管燮初《蔑曆的語法分析》，《古漢語研究論文集》。
⑤ 張延俊、吕曉薇《西周金文"蔑曆"的語法結構和意義》，《長江學術》2013 年第 4 期。
⑥ 范常喜《金文"蔑曆"補釋》，復旦大學出土文獻與古文字研究中心網，2011 年 1 月 9 日。
⑦ 張光裕《新見舀鼎銘文對金文研究的意義》，《文物》2000 年第 6 期。

伐,于省吾認爲"烖"當是从戈、兂聲的形聲字。[1] 而唐蘭認爲,字象以戈斫人之脛,但西周穆王時期所从之"戈"已與"伐"有所混亂,金文競簋作""形,已象伐字。[2] 而嚴一萍則據甲骨文認爲,朱駿聲《説文通訓定聲》謂"烖"當从"伐"聲,可謂卓識。[3] 其實,金文訛爲从伐,也是變形音化的結果。孔廣居《説文疑疑》、朱駿聲《説文通訓定聲》以爲"烖"从"伐"聲,不是没有道理的。

此前,不少學者釋"烖曆"爲伐閲,如陳小松《釋古銘辭烖曆爲敘勛專用辭》即云:

> 竊以爲烖字應讀爲伐,《説文》以爲"从首、从戉",朱駿聲《説文通訓定聲》謂:"許説此字誤,當云从首、伐聲。"按:朱説極確。今檢金文及甲骨文字形,……但多从伐而無从戉之作,可證朱説之精。《史記·高祖功臣侯者年表》:"明其等曰伐,積日曰閲。"字亦作"閥"。《説文》新附:"閥,自序也。"《小爾雅·廣詁》:"伐,美也。"《左傳》莊廿八年傳"且旌君伐",成十六年傳"驟稱其伐",《晉語》"軍伐有賞"注:"功也。"《左》襄十二年傳:"小人伐其技以馮君子。"注:"自稱其能爲伐。"伐可施之于稱人,亦可施之敘己。
>
> "曆"即"歷"字,亦即"厤"字。《説文》:"厤,治也。"《東京賦》:"歷世彌光。"注:"經也。"即劉(師培)説所謂"即所行之事",可訓爲經歷,亦可訓爲治績。烖曆連用,施之於稱人,則爲敘功;施之於敘己,則爲敘績;其間字用者則爲敘某之功績,若美某之功歷也。[4]

黃公渚《周秦金石文選評注》以爲:

> 余謂烖乃伐之叚。曆,閲也,所積之功。伐猶誇也,伐録曆者,誇張録所積之功也。與《論語》"願無伐善者"、《左傳》"小人伐其技"句法同。

徐中舒《西周牆盤銘文箋釋》則云:[5]

> 烖曆,金文屢見,烖曆即閲歷也。此數千年相沿之成語,過去學者迄未得出適當的解答,則求之過深,反而失於眉睫。烖與伐同,《左傳》襄公十九年:"夫銘,天子令(命)德,諸侯言時計功,大夫稱伐。"此言古代作銘通例。只天子命之以德,不計功伐,諸侯言時計功,大夫稱伐,則互文見意,計功即稱伐也。《漢書·車千秋傳》千

---

[1] 于省吾《釋烖曆》,《東北人民大學學報》1956 年第 2 期;唐蘭《"烖曆"新詁》,《文物》1979 年第 5 期。

[2] 唐蘭《"烖曆"新詁》,《文物》1979 年第 5 期。

[3] 嚴一萍《烖曆古義》,《中國文字》第 10 册,1963 年。

[4] 陳小松《釋古銘辭烖曆爲敘勛專用辭》,《中和月刊》第 3 卷第 12 期。

[5] 徐中舒《西周牆盤銘文箋釋》,《考古學報》1978 年第 2 期。

秋"無他材能學術,又無伐閱功勞",李注:"伐積功也,閱經歷也。"蔑伐古入聲月韻,閱祭韻,月祭古去入合韻,故蔑伐又作閱。蔑曆、閱歷,只是古今語的不同。《左傳》桓公六年"大閱,簡車馬也",《周禮‧小宰》"聽師田以簡稽",鄭司農注:"簡閱也,稽計也,合也,合計其士之卒伍,閱其兵器,爲之要簿也。"孫詒讓釋云:"凡士卒姓名、部分、兵器種物,凡數皆著於簿書,謂之簡稽。"據此,知蔑、伐、閱皆有簡閱合計之義,蔑曆即簡閱其所經歷之功伐也。

蔣大沂也認爲,朱駿聲以伐爲蔑的音符,雖非確論,但正可見蔑和伐聲音的相通,再從蔑伐的字形來看,兩字都爲人旁植戈形,在結體時,有所植戈的援和人形稍有距離的,施行打擊征伐等動作所獲得的結果是有了功勞,功勞是光榮的,很容易掛在口頭自我宣傳,故又孳生自明其功,《論語‧憲問》集解引馬融說"伐,自伐其功",即是其例,人旁植戈形的蔑字,人形作努目揚眉狀,正肖人自明其功時,眉目飛揚的狀態,將自明其功善的範圍更擴大一點,則明他人的功善也謂之伐。[①]

論述最詳盡者當屬唐蘭先生,茲略闡發諸家之說。《說文新附》:"閥,閥閱,自序也。从門,伐聲。義當通用伐。"《後漢書‧韋彪傳》:"士宜以才行爲先,不可純以閥閱。"李賢注:"《史記》曰:'明其等曰閥,積功曰閱。'"按:《史記‧高祖功臣侯者年表序》:"古者人臣功有五品,以德立宗廟定社稷曰勳,以言曰勞,用力曰功,明其等曰伐,積日曰閱。""閥",今本作"伐"。

慧琳《一切經音義》八十五引《考聲》:"閥閱,表功業也。"《漢書‧車千秋傳》:"千秋無他材能術學,又無伐閱功勞。"顏師古注:"伐,積功也。閱,經歷也。"《論衡‧程材》:"儒生無閥閱,所能不能任劇,故陋於選舉,佚於朝庭。"也泛指門閥家世。《潛夫論‧交際》:"虛談則知以德義爲賢,貢薦則必閥閱爲前。"《顏氏家訓‧風操》:"江南人事不獲已,須言閥閱,必以文翰,罕有面論者。"有時也指功勞簿。《漢書‧朱博傳》:"檄到,齎伐閱詣府。"

其實,"伐"就是表功之義,引申爲矜誇。《玉篇》人部:"伐,自矜曰伐。"《左傳》襄公十三年:"小人伐其技以馮君子。"杜預注:"自稱其能爲伐。"古籍中有伐功、伐善、伐勞的記載。《史記‧太史公自序》:"續何相國,不變不革,黎庶攸寧。嘉參不伐功矜能。"《論語‧公冶長》:"願無伐善,無施勞。"《易‧繫辭上》:"勞而不伐,有功而不德,厚之至也。"也轉指功勞。《左傳》莊公二十八年"且旌君伐",杜預注:"旌,章也。伐,功也。"《漢書‧高帝紀上》:"(懷王)非有功伐,何以得專主約!"顏師古注:"積功曰伐。"

但是,"伐閱"之"伐"與"征伐"之"伐"可能並非同一來歷,由征伐引申爲功績,又引

---

① 蔣大沂《保卣銘考釋》,《中華文史論叢》第 5 輯。

申出表功這一詞義引申途徑稍嫌迂曲。新出霸伯簋有"蔑霸伯厤(曆/勞),事(使)伐"的記載,[1]"蔑"、"伐"同見,可見二者的來源和用法並不完全相同。

按照上文所述,"蔑曆"可以解釋爲伐勞。伐勞是一個動賓結構,這樣一來,無論是"蔑某曆"、"蔑曆"還是"蔑曆於某"都可以得到相對圓滿的解釋。至於朱其智認爲"蔑某曆"是雙賓語句,[2]按照我們的釋讀,其語法分析也就不能成立了。

釋"曆"爲"勞",可以回答以往難以解釋的一些問題。在金文中無論是以軍功或者祖蔭受王公等"蔑曆"者,尚可以功績解之;但某些受"蔑曆"者,寸功未立,如庚嬴卣之庚嬴以婦人受"蔑曆",師遽尊之師遽以饗禮受"蔑曆",均未有功勳而受褒獎,學者一向頗滋疑惑。今解爲伐勞,則受褒獎諸人無功勞也有苦勞,受賞賜恐亦其來有自矣。

---

① 山西省考古研究所大河口墓地聯合考古隊《山西翼城縣大河口西周墓地》,《考古》2011 年第 7 期;王保成《翼城大河口霸伯簋試解》,《中原文物》2013 年第 2 期。

② 朱其智《"蔑歷"新説》,《中山大學學報》2010 年第 6 期。

金文"蔑曆"及相關問題試解[*]

陳斯鵬

中山大學中文系

("古文字與中華文明傳承發展工程"協同攻關創新平臺)

商周金文常見的"蔑曆"組合的釋讀,是一個長期吸引並困擾研究者的疑難問題。不同的解釋方案,至今無慮數十種。近二十年,特別是近十年來,由於新出西周金文和戰國竹簡中出現了一些與之相關的新材料,引發了新一輪的研討熱潮,取得一些十分可喜的突破,但意見尚頗分歧。本文試圖在吸收已有意見合理成分的基礎上,略陳一得之愚,以助同仁討論之興。

一

金文"蔑曆"組合出現在上級對下級的勉勵、嘉獎的語境中(包括客觀描述和主觀願望兩種情形,而以前者爲主),這一點歷來是有共識的。我們以 A 代表上級,B 代表下級,可將其典型結構歸納爲如下幾種。

一式: A 蔑 B 曆(包含承前省 A 形式)

子曰:貝唯丁蔑汝曆。	(小子𤔲卣,《集成》05417)
王蔑庚嬴曆,錫裸 、貝十朋。	(庚嬴鼎,《集成》02748)
天君蔑公姞曆,使錫公姞魚三百。	(公姞鬲,《集成》00753)
侯蔑遇曆,錫遇金。	(遇甗,《集成》00948)
王蔑友曆,錫牛三。	(友簋,《集成》04194)
(穆王)蔑苟曆,錫鬱鬯。	(苟盤,《銘三》卷 3 第 367 頁)

* 本文爲國家社科基金重大項目"戰國文字詁林及資料庫建設"(17ZDA300)的階段性成果。

二式：A 蔑厤

王使孟聯父蔑厤，錫脡、牲大牢。 （任鼎，《新收》1554）

王使榮蔑厤，令狨邦。 （辭簋，《集成》04192）

王用弗忘聖人之後，多蔑厤錫休。 （師望鼎，《集成》02812）

三式：B 蔑厤 A

觥蔑厤伯大師。 （師觥鼎，《集成》02830）

敃蔑厤仲競父，錫赤金。 （敃尊，《集成》06008）

四式：B 蔑厤于 A

五侯誕覜六品，蔑厤于保。 （保尊，《集成》06003）

壽舅蔑厤于侯氏，錫傌馬卅匹。 （壽舅尊，《銘三》卷 3 第 84 頁）

屯蔑厤于亢衛。 （屯鼎，《集成》02509）

五式：B 蔑厤（包含承前省 B 形式）

小臣謎蔑厤，眔錫貝。 （小臣謎簋，《集成》04238）

次蔑厤，錫馬、錫裘。 （次尊，《集成》05994）

俞其蔑厤，曰錫魯休。 （師俞簋蓋，《集成》04277）

孝友史牆，夙夜不家，其曰蔑厤，牆弗敢沮，對揚天子丕顯休命。

（史牆盤，《集成》10175）

（稱）蔑厤，錫貝卅鋝。 （稱卣，《集成》05411）

其中“蔑”字或加“禾”旁作“穖”，或加“木”旁作“檆”，或加“人”旁作“儀”，這裏統一以“蔑”代表之。“厤”字也有多種不同寫法，特予揭示於下，並略梳理其閒之關係。

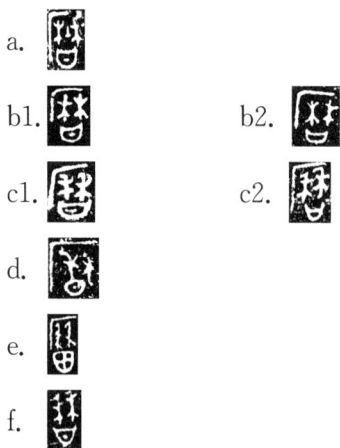

a.

b1. 　　b2.

c1. 　　c2.

d.

e.

f.

g.

h.

i.

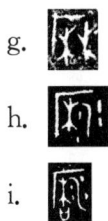

就已有材料來看，以上諸形以 a 類出現最早，从"厂"从"枺"从"甘"。b 類由 a 類省"⊥"符而成，"甘"形或作"口"。古文字中位於字的下方的"甘"形或"口"形，往往通用無別，所以此二形實可合併。理論上 a 類也應有从"口"的亞類，只是目前尚未出現而已。c 類由 b 類變二"木"爲二"禾"而成。其"甘"形訛變爲"日"即成 d 類，遂與後來的"曆"字同形（金文未見確定的用爲曆日義的"曆"字），古文字中類似的"甘"、"日"訛混可參"晉"、"習"等字。e 類爲 d 類的進一步訛變，"日"形變爲"田"。f 類是 c 類省"厂"而成。g 類則由 b 類省"甘"或"口"而成。g 類易其一"木"爲"水"即成 h 類。i 類可看作 h 類加"口"繁化，也可看作 b 類易其一"木"爲"水"。

此外，庚嬴鼎"曆"字作 ，或隸釋爲"厤"，但該銘文係翻刻，從"厂"旁豎畫向下長引，字之下部空虛來看，原銘當有"甘"或"口"符，或爲鏽掩，致使翻刻時未能體現。故此例應歸於 c 類。即目前尚不能確定西周"曆"有作"厤"形者，儘管這是可能的。

諸形中以 b、c 二類最爲常見。而 c 類正可與《説文》甘部的"曆"認同（詳見第四節的討論），所以本文統一用"曆"來表示之。

在上面歸納的幾種"蔑曆"組合中，一式"A 蔑 B 曆"爲最常見。二式"A 蔑曆"不出現 B，理論上存在兩種可能：（一）爲"A 蔑曆 B"之省；（二）爲"A 蔑 B 曆"之省。如任鼎的"孟聯父蔑曆"可理解爲"孟聯父蔑曆任"，也可理解爲"孟聯父蔑任曆"。三式"B 蔑曆A"實際上是一種不出現形式標志的被動句式，如師觀鼎的"觀蔑曆伯大師"即"觀蔑曆于伯大師"。此式加上被動標志"于"，便形成四式"B 蔑曆于 A"。五式"B 蔑曆"則爲受事主語句，這種結構中的"蔑曆"結合緊密，中間不容插入其他成分。

二

關於"蔑曆"的早期諸説，孫稚雛先生《保卣銘文匯釋》附録二、[1]邱德修先生《商周金

---

① 孫稚雛《保卣銘文匯釋》附録二，《古文字研究》第 5 輯，中華書局，1981 年；又收入《孫稚雛學術叢稿》，中山大學出版社，2018 年。

文蔑曆初探》》①都有較集中的引述。最近的比較深入討論此問題的文章,如陳劍先生的《簡談對金文"蔑懋"問題的一些新認識》②和王志平先生的《"蔑曆"新解》③等,對新舊諸説也多有述評。讀者可以參看。這裏不準備作全面的介紹和檢討,只就若干我認爲較爲關鍵之點展開論述。

首先,從上節所列"蔑曆"諸式看,二字可離可合,故釋讀的方案必須能同時滿足離、合兩種情況。清人吳雲《兩罍軒彝器圖釋》和孫詒讓《古籀拾遺》早已明確此點,並指出讀爲"蠠没"、"密勿"、"黽勉"等聯綿詞的説法不可信。王志平先生也重申了這一點。其實不獨聯綿詞,凡不可拆分的組合都是不合適的。所以,像李零先生近年提出的"伐矜"説,④也是不能考慮的了,因爲"伐矜"無法離析而代入"A 蔑 B 曆"的結構之中。

其次,"蔑曆"諸式的語法構成需要作進一步的分析,這有利於確定釋讀的方向。

過去最爲流行的意見,是把"曆"讀爲"歷",把一式"A 蔑 B 曆"理解爲 A 嘉勉 B 的行歷功績,這就意味著把"A 蔑 B 曆"看作"A 蔑 B 之曆",其中"蔑 B 曆"是動賓結構,"B"爲領格。近年王志平先生的"伐勞"説,季旭昇、黃錫全等先生之"蔑廉"説,⑤在語法理解上也同此。于省吾先生之"厲翼"説,⑥李零先生之"伐矜"説,則只著眼於連用的"蔑曆",將之理解爲並列式結構,此説自難以推及"A 蔑 B 曆"式。管燮初先生則認爲各種組合中的"蔑曆"都是動補式,"曆"表結果,讀爲"函"。⑦ 朱其智、張延俊、吕曉薇等先生則認爲"蔑 B 曆"是雙賓語結構,張、吕二氏還將"蔑曆"解釋爲"賞賜佳餚"。⑧ 陳劍先生也同意將"蔑 B 曆"分析爲雙賓語結構,認爲"蔑"與"被"義近,"曆"應讀爲"懋","A 蔑 B 懋"意爲"A 覆被 B 以勉勵","B 蔑懋"或"B 蔑懋(于)A",則爲"B 受到(A 的)勉勵"。諸家的語法分析頗爲分歧,這也是釋讀難以得出共識的一個主要原因。

我認爲下引一則材料有助於評判以上諸種語法分析的優劣:

① 邱德修《商周金文蔑曆初探》,臺北五南出版社,1987 年。

② 陳劍《簡談對金文"蔑懋"問題的一些新認識》,《出土文獻與古文字研究》第 7 輯,上海古籍出版社,2018 年。本文引用陳劍先生意見,均見此文。

③ 載本書。本文引用王志平先生意見,均見此及其《"飛廉"的音讀及其他》(李守奎主編《清華簡〈繫年〉與古史新探》,中西書局,2016 年)二文。

④ 李零《西周金文中的"蔑曆"即古書中的"伐矜"》,《出土文獻》第 8 輯,中西書局,2016 年。

⑤ 季旭昇《從〈清華貳·繫年〉談金文的"蔑曆(廉)"》,李守奎主編《清華簡〈繫年〉與古史新探》;黃錫全《由清華簡〈繫年〉的"廉"字説到金文的"蔑廉"》,"紀念徐中舒先生誕辰 120 周年國際學術研討會"論文,2018 年 10 月。

⑥ 于省吾《釋"蔑曆"》,《東北人民大學人文科學學報》1956 年第 2 期。

⑦ 管燮初《西周金文語法研究》,商務印書館,1981 年,第 63 頁。

⑧ 朱其智《"蔑曆(歷)"新説》,《中山大學學報(社會科學版)》2010 年第 6 期;張延俊、吕曉薇《殷周金文"蔑曆"的語法結構和意義》,《長江學術》2013 年第 4 期。

唯三月,王使伯考蔑尚曆,歸柔鬱、旁呭、臧,尚拜稽首。既稽首,延賓,贊,賓用虎皮稱,毀(饋?),用璋,奉(?)。翌日,命賓曰:"拜稽首,天子蔑其亡(無)曆,敢敏。"用璋。

(尚盂,《考古》2011 年第 7 期第 17 頁)

開頭的"王使伯考蔑尚曆"是普通的"A 蔑 B 曆"格式,但後面與此相呼應的"天子蔑其亡(無)曆"卻特別值得注意。李學勤先生説"這是尚自謙的話,説實際上没有什麼功勛",①是非常準確的理解。前後二句相勘合,至少可以得出兩點確定的認識:(一)在"A 蔑 B曆"中,"曆"是名詞性的,充當"蔑"的賓語;(二)在"A 蔑 B 曆"中,"曆"的主體歸屬只能是 B,因爲如果"曆"是由 A 發出的,這裏不可能用"無"予以否定。據此可以斷定,將一式"A 蔑 B 曆"看作"A 蔑 B 之曆"是最合理的。換言之,"蔑 B 曆"爲"動+定+中"結構。

然而,如果將"蔑"和"曆"之間的動賓關係直接套用到"蔑曆"連用諸式中去,除了二式"A 蔑曆"理解成"A 蔑 B 曆"之省尚可講通外,三式、四式、五式中的"B 蔑曆"理解成"B 被蔑 B 之曆",都難免有邏輯套疊纍贅之感,顯得不太自然。爲什麼這麼説?也許换一個角度來看,就會更加明白。被動式的"B 蔑曆于 A"理論上應可轉換成主動式的"A蔑曆 B",設若"蔑曆"爲動賓結構,那麼,就變成動賓結構再帶賓語了,這顯然不符合古漢語的一般規則。

上述主張"A 蔑 B 曆"爲雙賓語式的觀點,似乎有一個好處,即"B 蔑曆"中的"蔑曆"可比較自然地分析爲動賓結構,以保持所有"蔑曆"組合的解釋一致性。但其不能成立,已從上舉尚盂銘文的文例得以證明。持那種觀點的學者往往拿"A 錫 B 金—B 錫金"等辭例來同"A 蔑 B 曆—B 蔑曆"作比擬,現在看來也是有問題的,因爲"金"是由 A 向 B 發出的,而"A 蔑 B 曆"中的"曆"則是歸屬於 B 的,二者同形而不同質。主張"A 蔑 B 曆"和"蔑曆"爲動補式的觀點,實際上也基於二者爲同類語法結構的預設,而同樣被尚盂銘文所否定。那麼,這似乎也給了我們一個提示:"蔑"、"曆"二字在離和合的組合形式中,其語法關係可能是不一樣的,拋開語法同構的預設的束縛,或許能夠得出更好的答案。

因此,不妨試作一個假設,像以往不少學者那樣,仍將不被 B 間開的"蔑曆"假定爲並列結構。這樣可以避免將之視爲動賓結構帶來的邏輯和語法問題。然後,嘗試看看能否和已經確定的"動+定+中"結構"蔑 B 曆"取得協調的解釋。結果發現,將"曆"讀爲"勞"是一個最佳的方案。因爲"勞"既有動詞義慰勞、勞問、勞賞等,又有名詞義辛勞、勞績、功勞等,前者適可與大多數學者認同具有嘉獎、嘉勉一類意義的"蔑"組合成一個近義並列結構"蔑勞",而後者代入"蔑 B 勞"中,理解爲嘉獎某人的辛勞、勞績、功勞,顯

---

① 李學勤《翼城大河口尚盂銘文試釋》,《夏商周文明研究》,商務印書館,2015 年,第 116 頁;原刊《文物》2011 年第 9 期。盂銘"亡"字作 ![字形],毫無問題,或疑之,完全不必。

然也是再通順不過了。

回頭看二、三、四、五式中的文例,將"蔑勞"當作一個結合緊密的並列式動詞看待,確實要比視爲動賓結構自然許多。前面在分析二式"A蔑勞"時,提出兩種可能,即可補足爲"A蔑勞B"或"A蔑B勞",現在看來,應以前者更爲近是。像任鼎的"王使孟聯父蔑勞"和緐簋的"王使榮蔑勞"那樣,以第三人稱口吻作客觀敘述者,補足爲"王使孟聯父蔑任勞"和"王使榮蔑緐勞",固無不可;但師望鼎的"王用弗忘聖人之後,多蔑勞錫休",出自作器者師望自述,如將"多蔑勞"理解爲王多蔑我之功勞,便有自誇之嫌,實不合宜;而理解爲王多蔑勞我,只强調王蔑勞的行爲,而不突出我之有功勞,顯然更得臣下之體。屬於五式的史牆盤文例"孝友史牆,夙夜不象,其日蔑勞",正可相參。然則,從"蔑勞"結合的固定性考慮,任鼎、緐簋那種文例的"蔑勞",似也理解爲並列動詞"蔑勞"的賓語不出現即可,而沒有必要認爲是省了"蔑"的賓語或"勞"的修飾成分。

據我陋見所及,最先公開提出讀"曆"爲"勞"意見的是王志平先生的《"飛廉"的音讀及其他》,但此說似未引起學界的注意。王先生又作長文《"蔑曆"新解》申論其説。王先生讀"曆"爲"勞",是以清華簡《繫年》"飛廉"之"廉"寫作"曆"(🔲)爲語音綫索的。其説略謂:"曆"字即"陳"之異體,所從"甘"、"埜(野)"、"土"、"林"均有表音功能,可讀爲"廉",又可讀爲"勞",屬於音韻學上的"宵談對轉"的類例。他從"宵談對轉"的角度來溝通"曆"字的"廉"、"勞"二讀,我很贊同。他指出所謂"宵談對轉"的實質是唇音韻尾-w和-m的交替,也是很正確的。所謂"幽侵對轉"的原理也是如此。但我不同意他對"曆"字結構的分析。這裏只提一點,王先生將"曆"字早期寫法 🔲 中的 🔲 看成"埜(野)"(還有其他一些學者也持此觀點),是不可信的。陳劍先生已結合陳夢家、張亞初、周忠兵等先生的研究,正確地指出這個部件是"秝"的異體,其所從之"⊥"非"土",而是"牡"之初文。陳先生從"曆"字本以"秝(林)"爲聲符出發,讀"曆"爲"戀",頗覺直捷。唯其説在語法上的困難,已見前述,故也不可取。"曆"之造字本義,現在尚難以論定,但從其最早形體看,本從"秝(林)"聲應屬可信。而據此,實正有可與"勞"音相溝通之綫索。上古"矛"聲系與"卯"聲系通,如郭店楚簡《六德》簡12以"苗"爲"茅";①"卯"聲系又常通"牢",如楚簡用"留"、"㽞"、"瘤"等字爲"牢";②而"牢"復通"勞",《後漢書·應劭傳》"多其牢賞"李賢注:"牢,或作勞"。所以,"曆"直接讀爲"勞"應是可行的。

現在再來看"蔑"字的讀法。王志平先生申陳小松、黃公渚、徐中舒、唐蘭諸前輩讀"伐"之説,將所有的"伐勞"組合都視爲動賓結構。"伐"有夸美之義,古書且有"伐勞"、

---

① 參馮勝君《讀〈郭店楚墓竹簡〉札記(四則)》,《古文字研究》第22輯,中華書局,2000年。

② 參陳斯鵬《楚系簡帛中字形與音義關係研究》,中國社會科學出版社,2011年,第182~184頁。

"伐其勞"一類説法,似均對此説有利。但上文已説到,"蔑 B 勞"確屬動賓結構,但"B 蔑勞"中的"蔑勞"如果也理解爲動賓結構,則有邏輯與語法上的困難。那麽,如按我的理解略修正王説,將不插入"勞"的修飾語之"伐勞"分析爲並列結構的動詞,豈不是就可以消弭這一層疑慮了嗎? 然而,讀"伐"之説實際還存在明顯的障礙。試看下舉文例:

　　　唯十又一月初吉辛亥,公令繁伐于異伯,異伯蔑繁曆(勞),賓被廿、貝十朋,繁對揚公休,用作祖戊寶尊彝。　　　　　　　　　　　　　　　(繁簋,《集成》04146)

　　　佳十又一月,邢叔來兼鹽,蔑霸伯曆(勞),使伐用㫚(幬)二百,丹二糧,虎皮二。霸伯拜稽首,對揚邢叔休,用作寶簋,其萬年子子孫孫其永寶用。

　　　　　　　　　　　　　(霸伯簋,《考古學報》2018 年第 1 期第 102 頁)

謝明文先生和黄益飛先生都曾指出繁簋、霸伯簋的"伐"爲伐美義,①李愛民君對繁簋"伐"也有同樣的看法。② 此説自屬可信。③ 但黄、李二氏據此以支持讀"蔑"爲"伐"之説,而謝氏則相反地,據此認爲"蔑"不能讀"伐"。顯然,當以謝説爲是。"伐"、"蔑"均爲金文常見字,用字上從不交叉,不但"蔑勞"結構之"蔑"不作"伐",攻伐義之"伐"不作"蔑",現在更確定了伐美義之"伐"也不作"蔑",而且與"蔑勞"結構同見於一篇銘文之中,足證二者的區分是十分明晰的。

　　檢視以往"蔑"字諸説,應該承認,"厲"、"勘"、"勵"、"勉"一類讀法實屬最佳。主此説者以于省吾先生爲代表。近年,范常喜先生依據新出戰國竹書中"蔑"、"萬"二聲系多相通的現象,重申此説,認爲:"可以證明金文'蔑曆'中的'蔑'可讀作'厲'或'勘',訓爲勉勵。'勘'與'勉'音義俱近,有同源關係。"④其説甚是。由於"勘"字不多見,從與後世文獻對應的角度考慮,不妨就直接讀爲"勉"。這樣,將"勉"、"勞"代入"蔑曆"的各種組合,"勉某勞"即勉某人之勞,"勉勞"則爲並列動詞,無不文從字順。

　　並列動詞"勉勞"在古書中不乏其例,或倒其語序作"勞勉",可爲佐證:

　　　(禹)勘率吏民,假與種糧,親自勉勞,遂大收穀實。　　　(《後漢書·張禹傳》)

---

① 謝明文《金文叢考(三)》,鄒芙都主編《商周青銅器與先秦史研究論叢》,科學出版社,2017 年,第 49～51 頁;黄益飛《西周金文禮制研究》,中國社會科學出版社,2019 年,第 210～211 頁。

② 李愛民《2010 年以來新出商周金文的整理與研究》,中山大學博士學位論文,2019 年,第 322～325 頁。

③ 但黄先生解釋"使伐用幬二百,丹二糧,虎皮二"一句爲使霸伯以諸物"稱美己功",則不確。實應如謝明文先生所理解的,是邢叔使人用諸物來伐美霸伯。"使"後省略了兼語,其句式可參公姞鬲:"天君蔑公姞曆,使錫公姞魚三百。"

④ 范常喜《金文"蔑曆"補釋——兼談楚簡中兩處與"蔑"相關的簡文》,陳偉武主編《古文字論壇》第 2 輯,中西書局,2016 年。

天子以爲然而憐之,數勞勉顯。 　　　　　　　　　　　　(《漢書·石顯傳》)

宣因移書勞勉之曰…… 　　　　　　　　　　　　　　　　(《漢書·薛宣傳》)

朝廷嘉之,數璽書勞勉,委以西方事,令爲諸軍節度。 　(《後漢書·梁慬傳》)

　　陳劍先生指出,"勉勵、鼓勵"一類詞義可用於事後,也可用於事前;用於事前者係勉勵、鼓勵某人去做某事。所言甚是。今觀"勉勞"一詞,正不必全用於既有成績之後。如上引《後漢書·張禹傳》文,便是先勉勞吏民,然後吏民積極從事,才終於有大收成。金文"B蔑(勉)厤(勞)",很多是不明言前後事因的,還有一些接言 B 做某事的,其中不排除包含有事前勉勞某人去做某事的情況。

　　金文"蔑(勉)B厤(勞)"之"勉"還可與"寵"連用,例如:

　　用天子寵蔑(勉)梁其厤(勞),梁其敢對天子丕顯休揚,用作朕皇祖考蘇鐘。

　　　　　　　　　　　　　　　　　　　　　(梁其鐘,《集成》00189)

諸家釋文多於"寵"下點斷,不確,當從陳劍先生意見連下讀爲是。優寵義與嘉勉義相類,故可聯合爲用。對於下屬之"勞",既可"勉"之,也可"寵"之。《後漢紀·光武皇帝紀》:"上新即位,欲崇引親賢,優寵大臣,乃以山林之勞,封太尉喜爲節鄉侯,司徒訴爲安鄉侯,司空魴爲楊邑侯。"其中"優寵大臣,乃以山林之勞"云云,換言之,就是説優寵大臣們之勞。蔡邕《讓高陽鄉侯章》:"臣得微勞,被受爵邑,光寵榮華,耀熠祖禰。"(《全後漢文》卷七一)則是説以微勞而受到光寵。雖然不直接以動賓結構"寵某勞"出現,但至少也可以説明"寵"與"勞"的搭配是很自然的。

三

　　除了"蔑厤"組合之外,金文中另外一些"蔑"或"厤",分別讀"勉"、"勞",也是十分順適的。

　　先看"蔑"字單用的例子:

　　唯朕又(有)蔑(勉),每(敏)啟(肇)王休于尊白(皂-簋)。

　　　　　　　　　　　　　　　　　　　　　(天亡簋,《集成》04261)

　　壬寅,州子曰:僕麻,余錫帛、𧶻貝,蔑(勉)汝王休二朋。

　　　　　　　　　　　　　　　(僕麻卣,《考古與文物》1990 年第 5 期第 38 頁)

　　唯五月初吉,王在周,令作册内史錫免鹵百陵。免蔑(勉)靜女王休,用作盤盂,其萬年寶用。

　　　　　　　　　　　　　　　　　　　　　(免盤,《集成》10161)

告曰：王令盂以□□伐鬼方……盂又告曰：□□□□,乎(呼)蔑(勉)我征。

(小盂鼎,《集成》02839)

唯三月初吉丁亥,穆王在下減应。穆王饗醴,即邢伯、大祝射。穆王蔑(勉)長囟以逑即邢伯。邢伯氏彊不姦,長囟蔑(勉)曆(勞)。敢對揚天子丕杯休,用肇作尊彝。

(長囟盉,《集成》09455)

嗚呼,乃沈(沖)子妹克蔑(勉)、見厭于公休。

(它簋蓋,《集成》04330)

伯碩父、申姜其受萬福無疆,蔑(勉)天子光①。

(伯碩父鼎,《銘圖》卷5第267頁)

天亡簋的"有蔑",李學勤先生指出意思即有嘉,甚是。② 實即可讀"有勉",謂受到(王的)嘉勉。僕麻卣"勉汝王休二朋",意謂"我以王所休賜之貝二朋嘉勉你"。免盤"免勉靜女王休",意謂"免以王所休賜嘉勉靜女"。嘉勉往往包含物質獎勵。郭沫若先生雖曾讀免盤之"蔑"爲"勉",但訓爲勉力,並在"勉"字下斷句,實際上仍不得其解。③

小盂鼎"呼勉我征",意即"(王)呼令勉勵我去征戰",正與銘文前面所言"王令盂以□□伐鬼方"相呼應。長囟盉"穆王勉長囟以逑即邢伯",意謂"穆王勉勵長囟去執行'逑即邢伯'這項任務"。

還有一些"勉"應理解爲被動義的受勉勵、受勸勉。如它簋蓋的"妹克勉、見厭于公休",是作器者它的謙辭,意思是"我不能夠受勉勵、受勸勉于公的休美,也不能夠稱副于公的休美"。伯碩父鼎的"勉天子光",即"勉于天子之光",意思是"受勉勵、受勸勉于天子之光賞"。我說這類"勉"屬被動義,是從其語法意義來講的。袁金平、孟臻先生說伯碩父鼎的"蔑"是自勉,則是從其詞彙意義講的。④ 相對於以上諸例"蔑(勉)"之勉人,說這裏的"蔑(勉)"是自勉,當然也無不可。至於不少研究者將伯碩父鼎"蔑天子光"看作與"蔑B曆"同樣的結構,則是難以講通的。

再來看不與"蔑"搭配的"曆"字。

叔朕父加智曆,用赤金一鈞。

(智簋,《文物》2000年第6期第87頁)

此銘在通常出現"蔑"字的位置上,用了"加"字。張光裕先生讀爲"嘉",並據此肯定

---

① "光"字之釋,參袁金平、孟臻《新出伯碩父鼎銘考釋》,《出土文獻》第10輯,中西書局,2017年;鞠煥文、付强《説伯碩父鼎銘中所謂的"六"及相關問題》,復旦大學出土文獻與古文字研究中心網,2017年8月15日。

② 李學勤《"天亡"簋試釋及有關推測》,《三代文明研究》,商務印書館,2011年,第87頁;原刊《中國史研究》2009年第4期。

③ 郭沫若《兩周金文辭大系圖録考釋》,上海書店出版社,1999年,下册第91頁。

④ 袁金平、孟臻《新出伯碩父鼎銘考釋》,《出土文獻》第10輯。

"蔑"屬嘉獎一類意義的觀點。①　這種認識得到多數研究者的接受。現在,我們讀"蔑"爲"勉",正可相互支持。而"厤"讀爲"勞",文例尤爲允洽。"加"、"嘉"實爲同源詞,加贈、嘉獎,義實相通,故字作"加"作"嘉"均無不可。古書正有"加"或"嘉"與"勞"搭配之例,如:

以伯舅耋老,加勞,賜一級。　　　　　　　　　　　　　　　　　《左傳》僖公九年

加勞三皇,勵勤五帝,不亦至乎!　　　　　　　　　　　　　　　《漢書·揚雄傳》

漢嘉其勤勞,拜爲光禄大夫。　　　　　　　　　　　　　　　　《漢書·常惠傳》

"加(嘉)"與"勞"可離可合,"加勞"又可用於被動式,凡此皆與金文"勉勞"如出一轍。

與"勞"意義相近的詞,也多可言"嘉"。比如"績",張光裕先生曾舉《尚書·大禹謨》"嘉乃丕績"。又如"功":

王嘉季歷之功。　　　　　　　　　　　　　　　　　　　　　　　　《竹書紀年》

於是上嘉去病之功。　　　　　　　　　　　　　　　　　　　　《漢書·霍去病傳》

可見,旲簋"加旲厤"讀"加旲勞"或"嘉旲勞",是非常合適的。

四

近年新公布的清華簡中有幾個字跟金文"厤"字有關,不少關於"蔑厤"的新討論即由此引發。但諸家對這幾個字及其與金文"厤"字之關係的認識,並不一致,有必要在此略作考辨。

首先看最引人關注的清華簡貳《繫年》篇中用爲"飛廉"之"廉"的那個字。此字見於《繫年》第 14 號簡,凡 2 見,寫作 🔲、🔲。字形與本文第一節所列"厤"的 c1 類寫法毫無二致。因此,多數研究者即將之與金文"厤"字加以認同,並嘗試以此爲語音綫索來解讀金文之"蔑厤"組合。但也有學者持不同意見,如陳劍先生認爲,"此形上所從應即'廉'或'厤'字省體,並以之爲聲符",從而否認它與金文"厤"字的聯繫。對此,黃錫全先生有辯駁,可參看。②　我同意將 🔲 與"厤"字認同。陳先生指出楚簡文字中"兼"字中間穿插的"又"可省變爲二横,寫作 🔲,當然没有問題。但要説並此二横也可省去,則顯然缺乏有力的證據。"兼"字所從之"又"本承擔較重要的會意功能,其省變爲二横者,實仍

①　張光裕《新見旲簋銘文對金文研究的意義》,《文物》2000 年第 6 期。

②　黃錫全《由清華簡〈繫年〉的"廉"字説到金文的"蔑廉"》,"紀念徐中舒先生誕辰 120 周年國際學術研討會"論文,2018 年 10 月。

不失其示意作用(可與"并"寫作 相類比),若但作二"禾",則喪失了原本的造字理據了。如無確證,恐難信從。至於陳文用來支持其說的清華簡陸《鄭武夫人規孺子》的"厤"字,其實也有疑問(詳下)。

大徐本《説文》甘部:"曆,和也。从甘、从麻,麻,調也。甘亦聲。讀若函。"小徐本徐鍇曰:"麻音歷,稀疏勻調也。"即認爲字所从的所謂"麻"實際上是"秝"。後段玉裁《説文解字注》從而改篆作"曆"。過去由於缺乏可靠綫索,研究者對於金文"蔑曆"之"曆"是否即同於《説文》此字,長期不能達成共識。現在,一個與金文"蔑曆"之"曆"完全相同而且有明確讀音的字例出現了,正可對此予以檢驗。《繫年》"曆"讀爲"廉",古音屬來母談部,《説文》"曆"讀若"函",古音當在匣母談部(也有音韻學家歸侵部),還是比較接近的。所以,《繫年》"曆"字出來之後,多數研究者主張它與金文之"曆"和《説文》之"曆",三者爲同一個字。這應可信。當然,《説文》(包括徐鍇)對"曆"字的形和義的解釋均不可靠。比如從金文字形看,其所从"甘"或作"口",此類構件在古文字中多無音義功能,《説文》將"甘"解釋成義兼聲,當然是不對的。但儘管如此,《説文》保留其"讀若函"的古音,應是相傳有據的,相當寶貴。

這些新認識,爲金文"蔑曆"之"曆"的釋讀提供了比較可靠的語音綫索,具有重要的意義。據此,我們可以擺脱過去多往"秝"聲的"歷"那個方向求解的思維慣性,[①]而是應該從-m一類唇音韻尾的方向去考慮。不少學者想到像《繫年》那樣直接讀爲"廉",理解爲廉明。其語法上的問題,本文第二節已講過。我曾設想將"蔑廉"中的"廉"解釋爲動詞義廉察,這樣雖然可以避免語法上的問題,但廉察義與勉勵義也嫌不太相類。而更主要的是,"蔑 B 廉"在詞義上尤爲不理想,因爲從"蔑曆"組合的語境看,絕大部分應關乎事功,而非關乎德行,通通歸之於廉明,極不合理。我們主張讀"勞",從"曆"以"秝"爲聲的方向已可給出合理的解釋。如從"廉"音的角度考慮,"勞"、"廉"同屬來母,韻部爲宵談對轉,即唇音韻尾-w 和-m 的交替(參王志平先生説),同樣沒有障礙。

再來看看清華簡柒《越公其事》中的"歷"字。

乃以熟食脂醢脯臐多從。其見農夫老弱菫歷者,王必飲食之。其見農夫詑顡足見,顏色訓必而將耕者,王亦飲食之。　　　　　(《越公其事》簡 31～33)

凡邊縣之民及有官師之人或告于王廷,曰:"初日政(征)勿(物)若某,今政(征)重,弗果。"凡此勿(物)也,王必親見而聽之。察之而信,其在邑司事及官師之人則廢也。凡城邑之司事及官師之人,乃無敢增歷其政(征)以爲獻於王。

　　　　　　　　　　　　　　　　　　　　　　(《越公其事》簡 39～41)

---

① 當然,"秝"的形體來源與"曆"是否有關,尚可研究。從"曆"通"廉"和"勞"看,顯然有來母一讀,然則與"秝"雖韻部差別較大,但畢竟雙聲,二者存在流變關係的可能性似不能完全排除。姑志此以俟後考。

"歷"字原形作 （簡 32）、（簡 41）。整理者以爲从"厤"聲,讀"菫歷"爲"勤厤",引《説文》"厤,治也"爲説;讀"增歷"爲"增益"。① 劉剛先生認爲字从"兼"省聲,從而讀"菫歷"爲"饉歉",讀"增歷"爲"增歉",謂係偏義複詞,語義偏向於"增"。② 侯瑞華先生同意劉氏的字形分析,而讀二"歷"字爲"斂"。③ 陳偉先生贊成侯氏讀"增歷"爲"增斂"之説,而改讀"菫歷"爲"勤儉"。④ 陳劍先生則將簡文"歷"字同金文"曆"字的 類寫法聯繫起來,認爲是後者之省變,即二"木"變爲二"禾","止"訛同"土",省去"甘"形,從而讀"菫歷"爲"勤懋",讀"增歷"爲"增貿",理解爲或增加或改換。

陳劍先生對"歷"字來源的分析是合理的。讀"菫歷"爲"勤懋",文意固然也很通。但我們讀金文"曆"字爲"勞",移以讀簡文"菫歷"爲"勤勞",似乎更勝,蓋"勤勞"爲上古以來之成詞,書證甚多。略舉數例如下:

> 厥父母勤勞稼穡,厥子乃不知稼穡之艱難。　　　　　　　　（《尚書·無逸》）
>
> 昔公勤勞王家,惟予沖人弗及知。　　　　　　　　　　　（《尚書·金滕》）
>
> 君之惠也,敢憚勤勞?　　　　　　　　　　（《左傳》襄公三十一年）
>
> 不明臣之所言,雖節儉勤勞,布衣惡食,國猶自亡也。　　（《韓非子·説疑》）

簡文"勤勞"正是《無逸》篇所謂"勤勞稼穡"。簡文意謂,越王見農夫之老弱而猶勤勞於稼穡者,必飲之食之,以慰其勞。

至於"增歷",也自可讀"增勞",而無需別尋他解。《管子·小匡》:"無奪民時,則百姓富;犧牲不勞,則牛馬育。"尹知章注:"過用謂之勞。"正可爲簡文"增勞其征"作注腳。

"歷"字又見於清華簡捌《邦家處位》,其文例如下:

> 夫不啟(度)政者,印(抑)歷無訨,宔(主)賃(任)百叟(役),乃斀(斁)於亡。
>
> 　　　　　　　　　　　　　　　　　　　　　　（《邦家處位》簡 4)

整理者讀"歷"爲"歷",謂指任職,並謂"無訨"即"無訾",指未經過"訾相其質"的考察過程。⑤ 陳民鎮先生也讀"歷"爲"歷",但訓"察",又讀"訨"爲"疵",將"歷無疵"理解爲"無

---

① 清華大學出土文獻研究與保護中心編,李學勤主編《清華大學藏戰國竹書(柒)》,中西書局,2017 年,第 131、135 頁。

② 劉剛《試説〈清華柒·越公其事〉中的"歷"字》,復旦大學出土文獻與古文字研究中心網,2017 年 4 月 26 日。

③ 侯瑞華《〈清華柒·越公其事〉"歷"字補釋》,復旦大學出土文獻與古文字研究中心網,2017 年 7 月 25 日。

④ 陳偉《清華簡〈邦家處位〉零釋》,《中國文字》2019 年夏季號,萬卷樓圖書股份有限公司,2019 年。

⑤ 清華大學出土文獻研究與保護中心編,李學勤主編《清華大學藏戰國竹書(捌)》,中西書局,2018 年,第 131 頁。

從發現缺失".① 陳偉先生則讀"歷"爲"兼",釋"無咠"爲不可數計,謂"兼無咠,是説不將政務交付給下屬,同時掌管無數職事".②

今按,"無咠"爲古書成詞,陳偉先生之釋於文獻有據,可以信從。而"歷"字則仍可讀"勞"。"勞無咠"猶言"勞無度",簡文意謂,爲政者如不善於統籌,而是親任百役,勞碌無度,則將歸於敝亡。這樣的君主,便是"勞主"。《管子·七臣七主》云:"勞主不明分職,上下相干。"而"賢主"則異於是。《吕氏春秋·士節》云:"賢主勞於求人,而佚於治事。"

接著,我們來看看《鄭武夫人規孺子》的"厤"字。

> 君答邊父曰:"二三大夫不尚毋然,二三大夫皆吾先君之所付孫也。吾先君知二三子之不二心,用厤受(授)之邦。"　　　　　　(《鄭武夫人規孺子》簡 15~17)

"厤"字寫作 ,整理者釋讀爲"歷",訓"盡".③ 李守奎先生讀爲"兼"而未作解説.④ 陳劍先生然其説,並認爲此字所從"秝"形與《繫年》 字所從一樣,是"廉"或"廉"之省體,"厤"以之爲聲。但是,此字讀"兼",在文意上其實並不見得很好。陳先生的解釋是,"授邦"的對象"二三子"爲多數名詞,故用總括副詞"兼"來修飾。此説似可商。蓋以一人而統諸政事乃可謂"兼",而以邦政授之多人按理恐不宜言"兼",相反地,應言"分"爲是。《後漢紀·光武皇帝紀》云:"以公之威德,應民之望,收天下英雄而分授之。"言"分授",不言"兼授",可供參證。

今按,"厤"字可分析爲從"又",從"曆"的省體"秝"爲聲。"曆"既常讀爲"勞",此益以意符"又",正可視爲"勞"之後起本字。而簡文"厤"讀"勞",訓"煩勞",爲敬辭,"勞授之邦"謂以邦政相勞煩,語體色彩正甚恰當。

清華簡捌《治邦之道》簡 13 還見一"厲"字。文例如下:

> 古(故)毋慎甚戁(勤),服毋慎甚美,食毋慎甚㦅(?費?),故資裕以易足,用是以有餘,是以尃(敷)均於百姓之溓(兼)厲而愍者,故四封之中無堇(勤)袋(勞)懂(殭)病之人,萬民斯樂其道以彰其德。　　　(《治邦之道》簡 13+15⑤)

整理者讀"溓"爲"兼",讀"厲"爲"利",讀"愍"爲"愛",訓"者"爲"之",引《墨子·法儀》

---

① 陳民鎮《清華簡(捌)讀札》,清華大學出土文獻研究與保護中心網,2018 年 11 月 17 日。

② 陳偉《清華簡〈邦家處位〉零釋》,《中國文字》2019 年夏季號。

③ 清華大學出土文獻研究與保護中心編,李學勤主編《清華大學藏戰國竹書(陸)》,中西書局,2016 年,第 109 頁。

④ 李守奎《〈鄭武夫人規孺子〉中的喪禮用語與相關的禮制問題》,《中國史研究》2016 年第 1 期,第 13 頁。

⑤ 該篇 13、15 號簡内容相連屬,14 號簡爲衍簡,參清華大學出土文獻研究與保護中心編,李學勤主編《清華大學藏戰國竹書(捌)》,第 143 頁注釋〔五七〕。

"兼而愛之、兼而利之"爲釋。① 於語法恐不合。"溓厤而愍者"當是"百姓"之後置定語。

"厤"字寫作 ，結構與"歷"字極爲相似，只是意符"又"、"力"的交替，應可視爲一字之異體。倘上面對"歷"字的分析不誤，則"厤"自是"勞"字的另一寫法。整理者讀"溓"爲"兼"之説可從。兼者，重也。古書成語"衣不兼采"又作"衣不重采"，"食不兼肉"又作"食不重肉"，可證。然則簡文"兼勞"猶言"重勞"也。同篇簡 26："故萬民溓病，其粟米六擾損竭。"整理者讀"溓"爲"慊"，②實則也應讀"兼"，"兼病"與"兼勞"義近。《詩經·小雅·節南山》："不自爲政，卒勞百姓。"陳奂《傳疏》："勞，猶病也。""愍"與"兼勞"並列，其記録的詞義也應相類，然以其在楚簡中常見的讀法"愛"或"氣"代入均不適合。我懷疑此應讀爲"饑"或"飢"。古"既"、"幾"二聲系相通。③范常喜先生看過本文初稿後告訴我，此"愍"可能即憤慨之"慨"字，古書或作"愾"，這樣可與後面的"萬民斯樂其道以彰其德"相呼應。此説也有道理，特志此存參。

同篇又用"袋"字表"勞"，這不能成爲我們讀"厤"爲"勞"的障礙。戰國竹簡同篇中用不同字形記録一詞的現象非常普遍，不足爲異。如上博簡四《曹沫之陣》簡 36"陳功上賢，能治百人，史(使)長百人；能治三軍，思(使)帥"一句之中"使"用兩個完全無關聯的字形"史"和"思"來表示，就是和本篇用"厤"和"袋"表"勞"一樣的情況。這樣的例子尚多，無需贅舉。

過去大家熟知的以"袋"系列的字形記録"勞"，最早見於春秋時期的斜鎛、叔夷鐘等，戰國文字所見尤多。④ 而西周以上，則以"厤"系列字形表"勞"。二者在時代上恰有承接關係。現在，戰國竹簡中又出現用"厤"系列的"歷"來表"勞"，是一種存古現象；又在"厤"聲系的基礎上，另造出意符明顯的"歷"、"厤"。諸字形與東周時代主流的"袋"系列共存共用，體現出字詞關係的複雜性。

附記：王志平先生賜讀其大作《"蔑厤"新解》並惠允引用，范常喜、石小力、王輝、任家賢、蔡一峰、陳哲諸友審讀初稿並提出實貴意見，謹志謝於此！

原刊《出土文獻》2021 年第 3 期

---

① 參清華大學出土文獻研究與保護中心編，李學勤主編《清華大學藏戰國竹書(捌)》，第 142～143 頁。

② 參清華大學出土文獻研究與保護中心編，李學勤主編《清華大學藏戰國竹書(捌)》，第 147 頁。

③ 參張儒、劉毓慶《漢字通用聲素研究》，山西古籍出版社，2002 年，第 890 頁。

④ 甲骨文中有一作 、 等形的字，近出一些文字編將之歸在"勞"字條下(參李宗焜編著《甲骨文字編》，中華書局，2012 年，第 730 頁；劉釗主編《新甲骨文編〔增訂本〕》，福建人民出版社，2014 年，第 772～773 頁)。該字一般用於地名，它與春秋戰國用爲"勞"的"袋"字是否有關，尚待研究。

北坪子及羑河吳劍銘文合考*

單育辰

吉林大學考古學院古籍研究所

（"古文字與中華文明傳承發展工程"協同攻關創新平臺）

1983 年，山東沂水略蚍村北坪子一座春秋墓出土一枚吳劍，其上刻有銘文。① 李學勤先生在該劍剛公布時就對其作了釋文，爲"工盧王乍（作）元已用，□乂江之台，北南西行"。他說此劍應是當時流傳到該處的，並指出與此劍銘最相似者，爲淮南蔡家崗趙家孤堆出土的吳劍，②並說："（第九字）中間似有一豎筆，有些象'不'字，暫釋爲'乂'。'乂'，訓爲治、理。'台'，讀爲'涘'。'其乂江之涘'，意思是平定長江兩岸。"③

因吳國長銘劍罕見，所以此劍很受研究者重視。董楚平先生因此劍銘與《集成》11718 銘文極近似，懷疑此劍的"工盧王"即諸樊。④

何琳儀先生則釋讀爲："工（句）盧（吳）王，乍（作）元巳（祀），用冢乂，江之台（涘）。北南西行。""冢"字拓本很不清楚，何琳儀先生目驗原器，摹作"𩰲"，釋爲"塚"，又說第九字"釋'乂'應無疑問"，"塚乂"是"大治"的意思，並說它"似是一篇韻文"，"王"與"行"押陽部韻，"巳"與"台"押之部韻。⑤

---

* 本文受到 2021 年國家社科基金重點項目"清華簡佚《書》類文獻整理與研究"（21AYY017）的資助。

① 沂水縣文物管理站《山東沂水縣發現工盧王青銅劍》，《文物》1983 年第 12 期，第 11～12 頁。

② 趙家孤堆吳劍最先發表於安徽省文化局文物工作隊《安徽淮南市蔡家崗趙家孤堆戰國墓》，《考古》1963 年第 4 期，第 204～212 頁；後收錄於《集成》11718。

③ 李學勤《試論山東新出青銅器的意義》，《文物》1983 年第 12 期，第 21～22 頁；又載其《新出青銅器研究》，文物出版社，1990 年，第 252～253 頁。

④ 董楚平《吳越文化新探》，浙江人民出版社，1988 年，第 334 頁；又載其《吳越徐舒金文集釋》，浙江古籍出版社，1992 年，第 92～94 頁。

⑤ 何琳儀《句吳王劍補釋——兼釋冢、主、开、丂》，《第二屆國際中國古文字學研討會論文集》，香港：問學社有限公司，1993 年，第 249～263 頁。

　　施謝捷先生則釋爲:"工戲王乍(作)元巳(祀),用冢(重)其江之台(涘),北南西行。"他説:"'冢其'二字,在銘文照片中猶能分辨,原釋'其'爲'又',失之。"他把"冢"讀爲"重",認爲"重"、"加"義同,有"增益"的意思,"用重其江之涘"的意思是"用以增益拓展吳國長江兩岸的疆土"。[①]

　　董珊先生釋讀作:"攻(句)戲(吳)王乍(作)元巳(以-用),用冢其江之台(涘),北南西行。"並説:"古文字中的'巳'與'以'本是同字分化,'以'、'用'常常相通。因下文又有'用'字,此處寫作假借字'巳(以)',大概是爲了避免重複。"又説,"冢"的意思是治理、主宰。他也把此銘的"攻戲王"定爲諸樊。[②]

　　馬曉穩先生釋讀爲:"工盧王乍(作)元巳(祀)用冢(?)又江之台(涘),北南西行。"其釋文較諸家沒有新意,但他有一個比較重要的發現,他説:"該劍工盧王後無吳王名,與其他吳王劍格式不同。且銘文不少筆畫書寫順序也頗爲奇特。以'元'、'南'二字爲例,與太子諸樊劍相較,……'元'中人形似先寫一豎,下接弧筆,與一般'人'形寫法不同。'南'字中間豎筆斷開,分作兩次書寫。該劍莖身分界明顯,折肩呈直角,有脊,這種形制廣泛分布於燕國、兩周三晉、齊魯等北方地區,吳越罕見。從格式、文字、器形、出土地等角度考量,我懷疑該劍可能是北方地區仿製的,即春秋晚期其他國家製造的吳越劍贗品。"[③]查其銘文字體,確如馬先生所言"纖弱無力",與吳越所鑄劍銘之剛勁有力迥然不同,從各方面考慮,其爲其他國家仿造的可能性很高。

　　此劍後來收録於《集成》11665,其拓片也不算清晰,但可參照《吳越文字彙編》044、《集成(修訂本)》11665所附的摹本。參考各家意見,該劍銘可釋作"工(攻)戲(吳)王乍(作)元巳用冢其江之台北南西行",但諸家的讀法都不算通順,如何琳儀先生認爲它是一篇韻文,但"又"被施謝捷先生改釋爲"其"字後,韻文説顯然不確了;施謝捷先生把"用冢(重)其江之台(涘)"的"重"理解爲"增益",也不符合古書用字習慣;董珊先生則把"用冢其江之台(涘)"的"冢"理解爲治理、主宰,吳王何以只治理長江之兩岸,也難以理解。所以,雖然經過三十餘年的研究,北坪子吳劍銘距離讀懂還有一定距離。

　　2018年,河南湯陰庵上村羑河一座春秋墓又發掘出土一枚吳劍,宋鎮豪先生釋讀爲:"工戲王姑發者反自乍(作)元用巳(祀)用兹(劍),獲,莫敢御余。余處江之陽,台

①　施謝捷《吳越文字彙編》,江蘇教育出版社,1998年,第540~541頁。

②　董珊《吳越題銘研究》,科學出版社,2014年,第9~10頁。

③　馬曉穩《吳越文字資料整理與相關問題研究》,吉林大學博士學位論文,2017年,第155~157頁。

（以）北南西行。”①並説：“‘自乍（作）元用巳（祀）用豕（劍）’，即自己製作，用於祭祀和佩戴使用的寶劍。”這樣理解不是很順。首先，其所謂的“豕”作“▨”形，與“豕”無關，可與金文中的“龍”（如作龍母尊〔《集成》5809〕作“▨”、邵黛鐘〔《集成》226〕作“▨”）形比較，應該是“龍”字。其次，吳劍多在“元用”下斷讀，所以此劍也應在“元用”下斷讀。並且“獲”單讀成句，辭例也很奇怪。我們認爲，該劍銘文應斷讀爲：“工（攻）𧾷（吳）王姑發者坂（反）自乍（作）元用，巳（以）用龍隻（獲），莫敢御（禦）余。余處江之陽，台（以）北南西行。”“巳”疑讀爲“以”，後面的“台”也用爲“以”，二者應屬於有意避複。“龍”可讀爲“重”，“龍”來紐東部，“重”定紐東部，二字古音很近，“重獲”，大獲。

羑河吳劍銘文和前面已經提到過的趙家孤堆吳太子諸樊劍（《集成》11718）“工（攻）𢾫（吳）大（太）子姑發㫔反，自乍（作）元用，才（在）行之先，云用云隻（獲），莫敢卸（禦）余。余處江之陽，至于南北西行”非常接近。② 趙家孤堆劍是諸樊爲太子時所作，而羑河吳劍是諸樊爲吳王時所作，兩者文字也有所不同。

更可注意的是，羑河吳劍銘文也與北坪子吳劍銘文相近。在主語上，羑河吳劍作“工𧾷王姑發者坂”、北坪子吳劍作“工𢾫王”；羑河吳劍銘的“自乍”，北坪子吳劍銘省作“乍”；羑河吳劍銘比北坪子吳劍銘多“莫敢御余余處”數字，北坪子吳劍則省略爲“其”；還有一處不同，就是羑河吳劍銘的“龍”字，北坪子吳劍作“豕”，但“豕”古音端紐東部，“龍”古音來紐東部，“龍”、“豕”二字古音也很近，所以，它們表示的是同一個詞。那麼，羑河吳劍銘其實包含了北坪子吳劍銘的所有文字。

現在看來，北坪子吳劍其實有缺刻，對照羑河吳劍，它可復原爲：“工（攻）𢾫（吳）王乍（作）元[用]，巳（以）用豕[獲]，其江之[陽]，台（以）北南西行。”正是缺了“用”、“獲”、“陽”三個字，所以北坪子吳劍銘文一直無法讀通，在羑河吳劍沒有被發現之前，再聰明的研究者也難以想像。因爲北坪子吳劍是北方諸國仿製之物，並不具有實際的紀念意思，所以銘文的完整性並不被仿製工匠所在意。而董楚平、董珊等先生認爲北坪子吳劍的“工𢾫王”爲諸樊是正確的，不過正因爲它是仿刻，所以劍主人的歸屬也並不那麼重要了。

---

① 安陽市文物考古研究所《河南湯陰羑河東周墓地 M1 發掘簡報》，《中原文物》2019 年第 4 期，第 19～32 頁。
② 此劍更爲清晰的照片可參安徽博物館《安徽文明史陳列》，文物出版社，2012 年，第 152 頁。

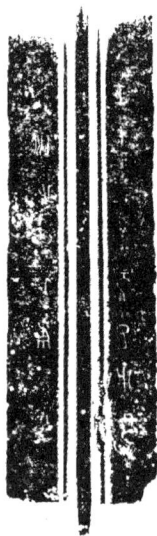

北坪子吳劍
(《集成》11665)

北坪子吳劍
(《集成》修訂本 11665)

趙家孤堆吳劍
(《集成》11718)

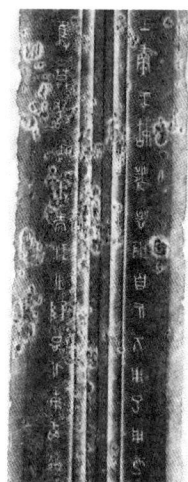

羑河吳劍
(《中原文物》2019 年第 4 期)

附圖

　　補記：小文的主要觀點最初以《夏餉鋪鄂國墓及羑河東周墓銅器銘文雜識》爲名，發表於簡帛網簡帛論壇(2019 年 10 月 14 日)，後來曹錦炎先生《河南湯陰新發現吳王諸樊劍考》(《中原文物》2019 年第 6 期，第 92～95 轉 121 頁)及李家浩先生《沂水工盧王劍與湯陰工盧王劍》(《出土文獻》2020 年第 1 期，第 52～55 頁)二文，均對北坪子及羑河吳劍銘文有過研究，但與小文都有較大不同，可以參看。

説 "耕"*

張富海

復旦大學出土文獻與古文字研究中心
("古文字與中華文明傳承發展工程"協同攻關創新平臺)

《詩·周頌·噫嘻》:"駿發爾私,終三十里。亦服爾耕,十千維耦。"《周頌·載芟》:"載芟載柞,其耕澤澤。千耦其耘,徂隰徂畛。"《周易·无妄》六二爻辭:"不耕穫,不菑畬,則利有攸往。"以上三例"耕"字,出現於《周頌》和《周易》這兩種西周時代的文獻,可知"耕"是一個比較古老的詞彙。除了"耕",上古漢語還有另外一個詞也表示耕田義,即"耤"。商代甲骨文"耤"字通常作 、 等形,①象人雙手執耒而耕,爲圖形式會意字。《説文》四下耒部:"耤,帝耤千畝也。"《國語·周語上》:"宣王即位,不籍千畝。"似乎"耤"專指帝王親耕,但從甲骨文字形和用法來看,"耤"的本義就是耕田,②傳世文獻中的用法是其特指義,詞義已縮小。與"耤"的情況不同,"耕"雖見於傳世西周文獻,卻不見於早期殷周古文字材料。"耕"字的早期字形及其演變過程,仍是一個值得探討的問題。

《説文》四下耒部:"耕,犁也。从耒井聲。一曰古者井田。"篆形作 (孫星衍刻本、中華書局影印陳昌治本)、(中華書局影印祁刻本《説文解字繫傳》)右從"丼",有誤,應改爲中間無點的"井"。《四部叢刊》影印北宋本《説文解字》作 ,《四部叢刊》影印述古堂影宋寫本《説文解字繫傳》作 ,均不誤。"耕"爲牙喉音字,與"刑"、"形"、"邢"、

---

* 本文爲國家社科基金冷門"絶學"和國別史等研究專項"基於古文字諧聲假借的漢語上古音研究"(19VJX115)、國家社科基金冷門絶學研究專項學術團隊專案"中國出土典籍的分類整理與綜合研究"(20VJXT018)的階段性成果。

① 劉釗主編《新甲骨文編(增訂本)》,福建人民出版社,2014年,第279頁。
② 裘錫圭《甲骨文中所見的商代農業》,《裘錫圭學術文集·甲骨文卷》,復旦大學出版社,2012年,第242、264～265頁。甲骨文中的用例,如《甲骨文合集》14正:"貞,乎(呼)雷耤于明。"

"荆"等字一樣,是从牙喉音字"井"得聲,而不是从齒音字"丼"(水井之"井")得聲。① "一曰古者井田",段玉裁《説文解字注》及王筠《説文解字句讀》據《韻會》校改作"一曰古者井田,故从井"。王筠《説文解字句讀》:"此説謂爲會意字。然井田之意甚廣,與耕不甚切,故列爲別説。"分析爲會意字,顯然不可信,"耕"爲形聲字無疑。《玉篇》田部:"畊,古文耕字。"从田井聲,應該是"耕"字替換意符的後起異體,並非古文(參見後文)。《古文四聲韻》另有从禾井聲的異體,性質相同。② "耕"這個字形迄今未見於先秦古文字,最早見於時代爲西漢早期的馬王堆漢墓帛書,原形作 耕 、 耕 、 耕 等,③从耒井聲,與《説文》小篆結構相同,其中第三形也是右从中間有點的"丼"。"耕"形雖然不見於先秦文字,但應能肯定爲戰國秦文字的寫法。秦文字"耤"、"耦"兩字都是从耒的形聲字,④"耕"的結構與之相同。

　　商代甲骨文的"爭"字作 𡩻 、 𡩻 、 𡩻 等形。⑤ 此字釋"爭",胡光煒《説文古文考》首倡,于省吾先生進一步論證之,差不多已成爲定論。他們釋"爭"的主要證據是西周金文"靜"字所从的"爭"旁的字形。胡氏只引了毛公鼎"靜"字所从之 𡩻,字形上的聯繫不夠緊密。于省吾《釋爭》:"周代金文無爭字,靜字所从之爭,如靜卣作 𡩻,靜弔鼎作 𡩻,靜殷作 𡩻。以上三器時期均在毛公鼎以前。 𡩻 之與 𡩻,只是 ∪ 形變爲向左下迤作 𠃊 形而已。至于古文字从 屮 與从 人 一也。秦公殷靜字从爭作 𡩻,爲《説文》所本。"⑥西周春秋金文中"靜"字所从的"爭"絕大多數如于省吾先生所舉作兩手持 𠃊 形,毛公鼎那樣从力形的寫法是比較罕見的例子,⑦應是後起的變體。將 𠃊 形變爲"力",表示相爭須用力之意。⑧ 最早的"靜"字見於商代晚期的靜生方彝,字形作 𡩻,⑨所从的"爭"似乎比西周金文更接近甲骨文一些。但甲骨文中的"爭"均作人名,無辭例可以確定其音義,其與殷周金文"爭"的字形也不完全相同,故釋"爭"可備一説,難以坐實,也難以徹底否定。《説文》四下爪部:"爭,引也。从爪又厂。"《説文解字繫傳》徐鍇云:"厂,所爭也。""爭"字象兩手爭引一物,即{爭}的本字。賈文先生認爲甲骨文"爭"以及金文"靜"字所从"爭"从

① 詳拙文《説"井"》,待刊。

② 也可能"禾"旁是"耒"旁的訛變。參李春桃《古文異體關係整理與研究》,中華書局,2016年,第302頁。

③ 劉釗主編《馬王堆漢墓簡帛文字全編》,中華書局,2020年,第491頁。

④ 張守中《睡虎地秦簡文字編》,文物出版社,1994年,第65頁。

⑤ 劉釗主編《新甲骨文編(增訂本)》,第261~262頁。

⑥ 于省吾《甲骨文字釋林》,中華書局,1979年,第90~91頁。

⑦ 參董蓮池《新金文編》,作家出版社,2011年,第623頁。

⑧ 參馮勝君《郭店簡與上博簡對比研究》,綫裝書局,2007年,第116頁。

⑨ 畢秀潔《商代金文全編》,作家出版社,2012年,第1735頁;陳斯鵬、石小力、蘇清芳《新見金文字編》,福建人民出版社,2012年,第156頁。

叞从力("力"爲農具耜的象形),是"耕"的本字(按即初文)。[1] 但實際上除了毛公鼎那樣的罕見字形外,甲骨文"爭"及金文"靜"字所从"爭"(特別是商代金文"靜"字所从)均明顯不从"力"(或説金文"靜"字所从之 🦶 形是"力"、"又"兩個偏旁筆畫共用,[2]不可信),故此説並不可信。劉洪濤先生同意甲骨金文中的"爭"爲"耕"的初文,只是糾正了賈文分析甲骨文字形的明顯錯誤,認爲甲骨文"爭"所从的 ∪ 是犁的象形初文。[3] ∪ 是犁,無法證明,故此説也很難取信於人。

除了"爭"字外,"靜"字也被個別學者認爲是"耕"之初文或異體。徐中舒説:"靜字从生从井从耒,象秉耒耕井田中而禾黍孳生之形,當爲耕之本字。"[4]其説殊牽强,亦不爲人所信。上引劉洪濤先生文認爲"靜"是从爭("耕"的表意初文)青聲,爲加注音符的"耕"字異體。按既然"爭"非"耕"字初文,"靜"當然也不會是"耕"字異體。

目前先秦古文字中能根據辭例確定讀爲"耕"的字只見於戰國楚簡,列舉如下:

1. 郭店簡《窮達以時》2 號簡:"坙(舜)畯(耕)於鬲(歷)山。"原形作 🦴。

2. 郭店簡《成之聞之》13 號簡:"戎(農)夫炗(務)飤(食)不強(强)呬(耕),糧弗足龛(矣)。"原形作 🦴。

3. 上博簡《周易》20 號簡:"不毲(耕)而穜(穫)。"原形作 🦴。

4. 上博簡《容成氏》13 號簡:"昔坙(舜)靜(耕)於鬲(歷)丘。"原形作 🦴。

5. 清華簡《保訓》4 號簡:"昔坙(舜)舊(久)复(作)小人,辟(親)劼(耕)于鬲(歷)茅。"原形作 🦴。

6. 清華簡《越公其事》30 號簡:"五政之初,王好蓐(農)工(功)。王辟自翻(耕),又(有)厶(私)舊(畦)。"原形作 🦴。

7. 清華簡《越公其事》32～33 號簡:"亓(其)見蓐(農)夫託(稽)顅(頂)足見,庖(顔)色訓(順)必(比)而牆(將)劼(耕)者,王亦酓(飲)飤(食)之。"原形作 🦴。

8. 清華簡《越公其事》33 號簡:"亓(其)見又(有)戔(列)、又(有)司及王右(左)右,先賠(誥)王訓而牆(將)劼(耕)者,王必與之坙(坐)飤(食)。"原形作 🦴。

---

[1] 賈文《説甲骨文"爭"——古代的耦耕》,《中國歷史文物》2005 年第 3 期。

[2] 何琳儀《戰國古文字典:戰國文字聲系》,中華書局,1998 年,第 820 頁。

[3] 劉洪濤《説"爭"、"靜"是"耕"的本字——兼説甲骨文"爭"表現的是犁耕》,《中國文字學報》第 8 輯,商務印書館,2017 年,第 116～121 頁。

[4] 徐中舒《耒耜考》,《中研院歷史語言研究所集刊》第二本第一分,1930 年 5 月,第 15 頁。

9. 清華簡《越公其事》35 號簡:"凡王右(左)右大臣,乃莫不劼(耕),人又(有)厶
(私)舊(畦)。"原形作 ![字形].

10. 清華簡《越公其事》35 號簡:"墨(舉)雩(越)庶民,乃夫婦皆掬(耕)。"原形
作 ![字形].

第 1 例 ![字形],整理者未釋,《郭店楚墓竹簡》此篇注〔三〕裘錫圭先生按語:"疑即'耕'
之異構。"[①]對於字形結構未作分析。黃德寬、徐在國徐先生分析爲从田爭省(省去爪),
"爭"爲聲旁。[②] 對第 2 例 ![字形] 的分析相同,也是"爭"省聲。白於藍先生認爲 ![字形] 是象手持
力(耜類農具)耕田的會意字, ![字形] 則是删去"又"旁後綴加了"口"形。[③] 李守奎先生將第 1
例隸定作"昧",第 2 例隸定作"唎"。[④] 按李守奎先生的隸定與原字形不符。"末"字从又
从 ,不从力,从力从又之形不宜直接隸作"末"。[⑤] 黃德寬、徐在國先生的
説法得到很多學者的贊同,似已成主流認識。[⑥] 這兩個字形除去"田"部分加上"爪"形後
(如第 3 例 ![字形])與楚簡中的"靜"所从的"爭"確實相同,如上博簡《緇衣》2 號簡的 ![字形],郭
店簡《老子甲》5 號簡的 ![字形]。[⑦] 但是,一方面"爭"與"耕"的聲母不同,"爭"是否有資格作
"耕"的聲旁是必須先予以懷疑的,另一方面字形上相同的未必就是同一個字,也完全可
能只是字形的混同或類化。楚簡中的"嘉"字所从也有相同的寫法,如清華簡《芮良夫
毖》20 號簡的 ![字形],《皇門》2 號簡的 ![字形],"加"旁與上舉兩個"靜"字所从"爭"旁分別相同。
那麼,也未嘗不可以説這兩個"耕"字从"加",但"耕"字顯然不會从"加"得聲。[⑧] 因此,白
於藍先生的觀點是正確的,郭店簡中的這兩個"耕"字只能分析爲會意字,是"耕"字比較

---

① 荆門市博物館《郭店楚墓竹簡》,文物出版社,1998 年,第 146 頁。

② 黃德寬、徐在國《郭店楚簡文字考釋》,《吉林大學古籍研究所建所十五周年紀念文集》,吉林大學出版社,
1998 年,第 103 頁;又收入黃德寬、何琳儀、徐在國《新出楚簡文字考》,安徽大學出版社,2007 年,第
7 頁。

③ 白於藍《〈郭店楚墓竹簡〉釋文正誤一則》,《吉林大學社會科學學報》1999 年第 2 期;收入氏著《拾遺録:出土文
獻研究》,科學出版社,2017 年,第 94 頁。

④ 李守奎《楚文字編》,華東師範大學出版社,2003 年,第 272 頁。

⑤ 參裘錫圭《甲骨文中所見的商代農業》,《裘錫圭學術文集·甲骨文卷》,第 243 頁;季旭昇《説文新證》,福建人
民出版社,2010 年,第 370 頁。

⑥ 高佑仁《釋古文字的"爭"及其演變脈絡》(《中國文字》新 35 期,藝文印書館,2010 年)不同意"爭"爲"耕"字初
文説,但贊同楚簡"耕"从"爭"聲。

⑦ 楚文字"靜"繼承了西周金文毛公鼎一類从"力"的寫法,與繼承西周主流寫法的秦文字不同。楚文字獨立的
"爭"字作 ![字形](此字形見清華簡《子儀》11 號簡),與"靜"字所从有所不同。

⑧ 語音上"耕"、"加"雙聲,並不比"耕"、"爭"疊韻差多少。

古的寫法。春秋金文 侯簋(《殷周金文集成》4562)中的 字,舊釋"男",白於藍先生據郭店簡"耕"字改釋爲"耕",①字形上很有道理,但此字在銘文中用作女子之名,不能確定音義,釋爲"男"在字形上也能成立。②

第5例 和第6例 ,是在"耕"的表意字上加注音符"井"而成的形聲字。 省去了手形, 所從的"力"旁省去了下端的筆畫。第3例 ,對比第5、6例的字形可知,應是省去了意符"田",且其右旁從上下兩個手形,與楚文字中的"靜"所從"爭"全同。這樣寫的"耕"字與楚文字中的"靜"字簡體已經混同。③ 上博簡《柬大王泊旱》22~23號簡:"命(令)尹子林䣋(問)於大宰(宰)子止:'爲人臣者亦又(有)靜(爭)虖(乎)?'大宰(宰)倉(答)曰:'君王元君=(君,君)善,夫=(大夫)可(何)兼靜(爭)?'"兩個讀爲"爭"的字,原形分別作 、,字形上完全可以釋爲"耕",但據辭例似只能釋爲"靜"(楚簡中{爭}多用"靜"字表示),是"靜"字省去"生"旁的簡體。省去"生"旁的"靜"字已見於西周金文小臣靜卣和肅卣。④ 第4例讀爲"耕"的字,本亦應作 形,寫作"靜"恐怕只能解釋爲因誤認爲"靜"字而誤書。

第7至10例的四個字形均在"力"旁下加尾形,應是飾筆(同篇31號簡"勸"字作 ,情況相同)。第7例所從"力"旁也省去了下端的筆畫。忽略尾形,可隸定爲"劧"和"㔀",也都是省去"田"旁的形聲字。

上列字形的共同點是都包含了"力"旁,"力"是耕田工具,構形上最爲關鍵,可以省去"田",也可以省去手形,但不能省去"力"。上文提到的《玉篇》中的"耕"字古文"畊",似乎是 形再省去"力"而成,實際上更可能是由從耒井聲的"耕"替換意符而來。

清華簡《命訓》13號簡:"事不 ,正(政)不成。"14號簡:"正(政)成則不長,事 則不攻(功)。"未隸定的兩個字對應《逸周書·命訓》的"震"。此字除去"來"旁的部分從力從田從手形,與第6例 除去聲旁"井"後的部分相同,是"耕"字的表意字(指除去"來"的部分)。程浩先生認爲《命訓》此字從"來"聲,讀爲"理",義爲治理,今本之"震"通"振",亦治理義。⑤ 其説

① 白於藍《〈郭店楚墓竹簡〉釋文正誤一則》,《吉林大學社會科學學報》1999年第2期;收入氏著《拾遺録:出土文獻研究》,第95頁。

② 參孫偉龍《楚文字"男"、"耕"、"靜"、"爭"諸字考辨》,《中國文字研究》第11輯,大象出版社,2008年,第130~132頁。孫文主張釋"男"。

③ 楚簡中不同字混同的例子,又如:"逐",既用爲追逐之"逐",又用爲"遒"的異體(鄔可晶《釋上博楚簡中的所謂"逐"字》,收入氏著《戰國秦漢文字與文獻論稿》,上海古籍出版社,2020年,第101~122頁)。

④ 董珊《山西絳縣橫水M2出土肅卣銘文初探》,《文物》2004年第1期。

⑤ 程浩《釋清華簡〈命訓〉中對應今本"震"之字——兼談〈歸藏〉、〈筮法〉的"震"卦卦名》,《出土文獻》第6輯,中西書局,2015年。

可從。此字從"耕"的表意初文,來聲,大概是表示治理田畝之理的專字。《詩·小雅·信南山》:"我疆我理,南東其畝。"是治理田畝可謂之"理"。

郭店簡《緇衣》11 號簡:"上好息(仁),則下之爲息(仁)也稱(爭)先。"從"禾"讀爲"爭"的字原形作 ,似乎可以看作 替換意符的異體。① 但語音上"耕"不能讀爲"爭",用"禾"作"耕"字的意符也不完全剴切。此字形與"嘉"字異體相混,有可能只是"靜"的省訛之形,而非"耕"字異體。

以上"耕"字最早也只能到春秋時代,早期殷周文字中的"耕"字仍闕如。我認爲,從造字理據考慮,商代甲骨文已經出現的"男"字可能本來是爲﹛耕﹜造的。《説文》十三下:"男,丈夫也。從田從力,言男用力於田也。"分析爲連讀成語的那一類會意字,不符合造字的本意。裘錫圭先生説:"'男'字象用力這種農具耕田,《説文》的解釋不完全正確。"② 《金文形義通解》説:"徐中舒曰:'男從力田,力字即象耒形。'其説可從。則'男'字象耒在田中耕作之意,然則其本義或非丈夫、男子之義,而當與耒田相關。"③按除去所引徐中舒説"力"象耒形有誤外,《金文形義通解》的説法大致可從,可修改爲:"男"字象用"力"在田中耕作之意,其本義非丈夫、男子之義,當與耕田相關。再進一步推斷,"男"的造字本義就是耕,④實即"耕"字的初文;其表示﹛男﹜,屬於早期表意字的一形多用現象。只有"男"字本來表示﹛耕﹜,才能轉而指耕的行爲主體;若直接造從田從力這樣一個字形來表示﹛男﹜,終覺不夠顯白,恐怕不合先民造字的常規。可與之類比者,如"帚"字:因爲婦女常執帚灑掃,故甲骨文中用"帚"字來表示﹛婦﹜,但"帚"顯然不是直接爲﹛婦﹜造的。不過,甲骨文中的"男"字用法不明,不能從辭例上證明爲"耕"字。

綜上所述,先秦古文字中早期的"耕"字是從田從力從手形的會意字,商代甲骨文中已經出現的從田從力的"男"字可能本來也是"耕"字,戰國文字出現從"井"聲的形聲字寫法,而秦文字用"耒"旁替換原來的"力"旁,形成從耒井聲的形聲字,遂與早期字形完全脱鉤。至於"爭"字,自有其獨立的來源和演變,與"耕"字本不相干。戰國楚文字中的"耕"字雖然與"爭"、"靜"有字形上的糾葛,但僅是單純的形體混同或類化,不能因此推論"耕"從"爭"聲或"爭"爲"耕"字初文。

---

① 　馮勝君《郭店簡與上博簡對比研究》,第 117 頁。

② 　裘錫圭《甲骨文中所見的商代農業》,《裘錫圭學術文集·甲骨文卷》,第 241 頁。

③ 　張世超、孫凌安、金國泰、馬如森《金文形義通解》,中文出版社,1996 年,第 3221 頁。

④ 　根據字形推測,"耕"這個詞或許本來專指用耜耕,而"耤"專指用耒耕。"耕"、"耤"爲同義詞而詞義有別,合乎語言的經濟原則。

說楚文字"叜"*

[日] 廣瀨薰雄

復旦大學出土文獻與古文字研究中心
("古文字與中華文明傳承發展工程"協同攻關創新平臺)

前 言

楚文字裏有一個寫作下列諸形的字：①

A: 包 94　 望二 7　 望二 10　 清《治政之道》37

此外還有三個從 A 的字：②

---

* 本文爲國家社科基金冷門絕學研究專項學術團隊專案"中國出土典籍的分類整理與綜合研究"(20VJXT018)
的階段性研究成果。

① 本組字形來源如下：

包：包山楚簡。湖北省荆沙鐵路考古隊《包山楚簡》，文物出版社，1991 年。

望二：望山二號墓竹簡。武漢大學簡帛研究中心、湖北省文物考古研究所、黄岡市博物館《楚地出土戰國
簡册合集(四)》，文物出版社，2019 年。

清：清華大學藏竹簡。清華大學出土文獻研究與保護中心編，李學勤主編《清華大學藏戰國竹簡(捌)》，
中西書局，2018 年(《治邦之道》)；清華大學出土文獻研究與保護中心編，黄德寬主編《清華大學藏戰國竹簡
(玖)》，中西書局，2019 年(《治政之道》)。

② 本組字形來源如下：

曾：曾侯乙墓竹簡。武漢大學簡帛研究中心、湖北省博物館《楚地出土戰國簡册合集(三)》，文物出版社，
2019 年。

新：新蔡葛陵楚簡。武漢大學簡帛研究中心、河南省文物考古研究所《楚地出土戰國簡册合集(二)》，文
物出版社，2013 年。

天：天星觀楚簡。滕壬生《楚系簡帛文字編》，湖北教育出版社，1995 年，第 1045 頁。

B(加攴旁)：　包77　　曾63　　曾67　　曾65　　新零377

C(加糸旁)：　望二2　　望二8　　望二23　　天

D(加人旁)：　清《治邦之道》24　　清《治邦之道》26

關於 A 的隸定，過去有“貣”和“叕”兩種意見。戰國文字中，“乘”的省體和“叕”混同，因此只看字形，這兩種隸定都能成立。要確定真正對的是哪一種隸定，需要搞清楚這個字的讀音和意思。然而，過去發現的這些字的用例都難以知道確切的音義，不少學者對這些字的解釋發表過意見，①令人不知所從。

清華簡《治邦之道》和《治政之道》的公布打破了這個僵局。《治邦之道》和《治政之道》原來是一篇文獻，②這部文獻中出現一例 A 和兩例 D，用法都相同，整理者對此有很好的解釋。參考這個例子，關於 A 的爭論可以結束了。《治邦之道》公開後，石小力先生在一次學術會議上宣讀過《戰國文字中 　 形的來源、混同與辨析》的學術報告，對 A～D 作了系統的分析。③ 石先生的結論都很可靠，只是因爲他論文的重點在於字形的解釋，而且討論的字不止 A～D 四字，在 A～D 的辭例方面還有一些值得討論之處。本文基於這個認識，首先看清華簡《治邦之道》《治政之道》中所見 A 和 D 的例子，進而對 A～C 其他的例子作解釋。

一、清華簡《治邦之道》《治政之道》中所見的例子

清華簡八《治邦之道》24～25 號簡(在此用△表示本文要討論的字，下同)：

> 皮(彼)上之所感：邦又(有)圎(瘴)役(疫)、水旱不皆(時)、兵廛(甲)聚(驟)记(起)、覞(盗)恖(賊)不爾(弭)、忘(仁)聖不出，谨(讒)人才(在)吳(側)弗智(知)、邦獄衆多、婦子△暇、市多豈(臺)、五穜(種)貴。

《治邦之道》26～27 號簡：

---

① 恕筆者在此不一一介紹以往研究成果，請參看曾憲通、陳偉武《出土戰國文獻字詞集釋》(中華書局，2018 年)“貣”字條(卷六，第 3108～3109 頁)、“叕”字條(卷三，第 1833～1834 頁)、“繽繽”字條(卷十三，第 6593～6594 頁)。

② 參看賈連翔《從〈治邦之道〉〈治政之道〉看戰國竹書“同篇異制”現象》，《清華大學學報(哲學社會科學版)》2020 年第 1 期。

③ 石小力《戰國文字中 　 形的來源、混同與辨析》，第一屆“出土文獻與中國古代史”青年學者工作坊論文，復旦大學出土文獻與古文字研究中心、復旦大學歷史系，2019 年 11 月。

亓（其）粟（粟）米六類（擾）敗（敗）渫（竭），則價（鬻）賈（賈）亓（其）臣筐（僕），△位亓（其）子弟，以量亓（其）帀（師）尹之諲（徵），而上弗智（知）虖（乎）？

清華簡九《治政之道》37～38號簡：

亓（其）民乃△立（位）賄貧（貸），亡（無）又（有）間發（廢）。古（故）萬民寋（竆）通（痛）①寒心，以憲（疾）于上②。

第一例中，"△"和"賄"連言；第二例中，"鬻賈"和"△位"並列；第三例中，"△位"和"賄貸"連言；可見"△"和"賄"是類似於"貸"、"鬻"、"賈"的商事行爲。我們看第一例，這段列舉"彼上之所感"（爲政者憂慮的事情），"婦子△賄"是其中的一項。第二例的"△位其子弟"的意思與"婦子△賄"基本相同。再看第三例，可以知道老百姓不斷地"△位賄貸"是生活貧困的表現。

《治邦之道》中，整理者把△隸定作"儧"，注〔一〇一〕云：

儧，讀爲"贅"。賄，疑讀爲"賈"。婦子儧賄，猶《淮南子·本經》所言"贅妻鬻子"。

《治政之道》中，整理者把△隸定作"賄"，注〔一三八〕云：

"賄"字楚簡習見，清華簡《治邦之道》有"邦獄衆多，婦子賄賄"。"賄"當與"賄"同義。"賄"與"賈"音義並通。賄位，似指買官求位。賈貸，買賣。焦贛《易林·鼎之》："坤，鄰叔賈貸，行祿多悔，利無所得。"或指重商輕農。又，"賄貸"或可讀爲"假貸"，《管子·輕重乙》："曲防之戰，民多假貸而給上事者，寡人欲爲之出賂，爲之奈何？"《晏子春秋·叔向問嗇吝愛之于行何如晏子對以嗇者君子之道》："稱財多寡而節用之，富無金藏，貧不假貸。"若此，則民被盤剝窮困。間廢，閒暇休息。

整理者把△讀爲"贅"，可謂卓識。有意思的是，這兩篇的整理者雖然對字義的解釋一致，但隸定不同，③可見整理者們通過《治邦之道》和《治政之道》的整理逐漸改變對△的看法。從讀音的角度看，如果要採用整理者的解釋，應該採用"賄"這一隸定才對。"贅"古音是章母月部，"叕"是端母月部，聲母都是舌音，韻部相同。如果認爲△从貝从

① 整理者注〔一三九〕云："寋，疑讀爲'均'，普遍、全面。……均通，全部。或疑'寋通'讀爲'竆痛'。"今按，當從或說。
② 憲，整理者讀爲"盡"，注〔一三九〕云："《書·酒誥》：'民罔不盡傷心。'"今按，憲疑讀爲"疾"。上博簡《緇衣》12號簡云："毋以辟（嬖）御憲妝（莊）后，毋以辟（嬖）士憲大夫、向（卿）傅（士）。"憲，今本作"疾"。清華簡八《治邦之道》7號簡"亡（無）憲以簦（熟）"，網友"海天遊蹤"指出此"憲"當讀爲"疾"（說見《清華八〈治邦之道〉初讀》，簡帛網簡帛論壇，2018年11月19日）。"疾于上"，憎恨爲政者。
③ 根據清華簡（八）和（九）的"本輯說明"，《治邦之道》整理報告的執筆者是劉國忠先生，《治政之道》整理報告的執筆者是李守奎先生。

乘,不能讀爲"贅"。以下,我們對△(A)採用"叕"這個隸定。

"叕"當是"贅"的異體字,"叕"和"贅"的關係與"啜"和"嚜"的關係是相同的。① 贅,《説文》貝部云:"以物質錢。从敖、貝。敖者猶放貝,當復取之也。"用現代的話説,贅是典質、典當。

整理者説"叕位"是買官求位的意思,這一點我們不敢苟同。從"儥位其子弟"這個例子看,"叕"和"位"都是動詞,而且"贅"和"買"是兩種性質不同的行爲,"贅"不能理解爲"買"的意思。"儥位其子弟"當是古書中所謂的贅子。《漢書·嚴助傳》云:

> 間者,數年歲比不登,民待賣爵贅子以接衣食。(如淳曰:淮南俗賣子與人作奴婢,名爲贅子,三年不能贖,遂爲奴婢。)

嚴助所説與《治邦之道》"其粟米六擾敗竭,則鬻賈其臣僕,儥位其子弟"很相似。如淳所説的淮南習俗也很好地反映"贅"的意思。

附帶講,整理者把"貦"讀爲"賈",但《治政之道》注〔一三八〕還講到"貦貸"讀爲"假貸"的可能性。石小力先生認爲"貦"从貝、叚聲,應即假錢之"假"的專造字。② 我們認爲石先生的意見可從,不僅"貦貸"之"貦",《治邦之道》《治政之道》中的"貦"都要讀爲"假"。從與"貦"連言的"儥(贅)"、"貸"看,"貦"應該不是單純的買賣。另外,《治邦之道》中已經有"儥"字,不大可能再用"貦"字表示"賈"這個詞。

二、包山楚簡中所見的"叕田"

包山楚簡中有"叕/斁田"一詞:

> 夐(爨)月辛未之日,赴命(令)人周甬受正李剅耴,以斁田於章或 邑。正義牢戠(識)之。77
>
> 九月己酉之日,苛腞訟聖豪之大夫輓(范)豎(豎)以叕田。　　邟逐公壽,義得爲李(理)。94

關於此"叕/斁田",過去有很多種解釋。從"斁"説的立場提出的解釋有"乘田"(擴大土地面積)説、"徵田"説、"賸田"(私自擴大土地面積)説。從"叕"説的立場提出的解釋有"贅田"(抵押土地)説、"輟田"(停耕)説、"畷田"(重修田間之道而正封疆,實指非法

---

① 《荀子·富國篇》:"墨子雖爲之衣褐帶索,嚜菽飲水,惡能足之乎?"楊倞注:"嚜,與啜同。"

② 石小力《戰國文字中 形的來源、混同與辨析》。

擴大田界)説、"掇田"(掠奪田地)説。^①

現在可以確定,"贅田"説是對的。在此看一下提出此説的何琳儀先生的考釋:

> "叕"與"贅"音近可通。《書·立政》:"虎賁綴衣。"《文選·西都賦》注引"綴"作
> "贅"。《公羊·襄十六》:"君若贅旒然。"釋文:"贅本又作綴。"《老子》第二十四章:
> "餘食贅行。"敦煌唐寫本"贅"作"餟"。《荀子·富國》:"嘬菽飲水。"注:"嘬與啜
> 同。"均其佐證。《説文》:"贅,以物質錢。从敖、貝。敖者猶放,謂貝當復取之。""斁
> 田"、"叕田"均讀"贅田",這涉及到戰國土地買賣,顯然十分重要。^②

何先生的考釋非常精闢,他引用的例子對"贅"的解釋都很有用,與清華簡《治邦之道》
《治政之道》"贅/價"的解釋能夠互證。

下面解釋一下案件的内容。94 號簡的内容比較簡單,這是由贅田引起的糾紛。可
能范曁以田地爲抵押向苛膭借了錢,但不肯交出田地,因此導致了糾紛。

77 號簡的内容很費解。"辻令人周甬受正李剴耴"是周甬"受"李剴耴的意思("正"
是官名)。此"受"有"受"(接受)和"授"(授予)兩種解釋,我們認爲當是接受的意思。包
山楚簡中還有"受+人"的説法,如 58 號簡:

> 東周之客嗇(許)罡(盈)遺(歸)俴(胙)於葳(咸)郢之歲九月戊午之日,宣王之
> 坮州人苛壟、羍(鄧)公欁之州人苛瘧、苛餵以受宣王之坮市之客苛适。執事人暴
> (早)莫(暮)救(求)适。三受不以出,阩門又敗。

在這個文書中,苛壟、苛瘧、苛餵三人"受"苛适,"三受不以出"的"三受"指的應該是此
三人。從"三受不以出"這句話看,"受"和"出"是相對的兩個詞,據此可知"受+人"之
"受"是接受的意思。也就是説,他們接受了苛适,苛适在他們那裏,因此執事人向他
們要人。

從"受"的用法看,周甬以章或邑的田地爲抵押,受到李剴耴這個人。如此説,似
乎周甬處於被動的地位,但實際情況應該相反。可能有人既没錢也没土地,無法生活,
因此以人爲抵押,獲得了周甬田地的使用權。如果這個理解不誤,這正是《治邦之道》所
謂"價位其子弟"的實例。

值得注意的是,77 號簡没有使用"訟"、"告"等與糾紛相關的詞。看來這枚簡不是訴
訟文書,而是贅田記録。

---

① 除了上引曾憲通、陳偉武《出土戰國文獻字詞集釋》"寶"字條和"斁"字條外,還可參看朱曉雪《包山楚簡綜述》,
福建人民出版社,2013 年,第 116～117 頁。

② 何琳儀《包山竹簡選釋》,《江漢考古》1993 年第 4 期。

三、遣策中所見的"鬢"、"斁"、"繼"

管見所及,遣策中所見的例子共有 24 例:曾侯乙墓竹簡有 7 例"斁",望山二號墓竹簡有 2 例"鬢"和 5 例"繼",天星觀楚簡有 10 例"繼",其用法都相同。我們根據辭例對這 24 例加以細分,首先從辭例完整、意思比較清楚的例子開始看,然後逐次討論其他例子。

曾侯乙墓竹簡的例子(其一)

我們首先要看的是曾侯乙墓竹簡的如下三例:

(1) 哀●還馭命(令)尹之一觱(乘)剴(輕)車:革夆(蓋)。齒輔。紛隊,紫組之斁。63

(2) 黃●齰(軒)馭郹君之一觱(乘)敏(畋)車:笮夆(蓋),紫裏,紫檢(錦)之純(純),紫繡之斁。65

(3) 所馭●坪夜君之敏(畋)車,新官贛桼(漆):算夆(蓋),紫裏,紫檢(錦)之純。繼(紛)隊,黿組之斁。67

以上三例是馬車的"夆"、"輔"、"隊"三個部件的記載。"夆"讀爲"蓋"。[①] "輔"、"隊"是何物,目前還沒有定論。例(1)中,"夆"、"輔"、"隊"都出現;例(2)中只有"夆";例(3)中出現"夆"和"隊"。

我們用例(2)説明簡文的意思。"紫裏,紫錦之純"是"蓋的裏面是紫色,用紫錦鑲邊"的意思,接著説"紫繡之斁"。從這個敘述順序看,"斁"只能是車蓋的裝飾。

要確定"斁"是什麼,如下例子可以參考:

王●魚軒:紫檢(錦)之裏。繼(紛)笮、革夆(蓋),屯劤(貂)定之瑶。貧(紛)隊,紫組之綏。齒甬。54

荅(?)尹●瘇馭畋車:劁輪。笮夆(蓋),笮鞁,紫裏,劤(貂)氈(貘)之瑶。訊隊,黿組之綏。71

以上兩例是"……隊,……綏"的例子,辭例與例(1)(3)"……隊,……斁"一致。不僅如此,54 號簡"紫組之綏"與例(1)"紫組之斁"、71 號簡"黿組之綏"與例(3)"黿組之

---

① 參看陳劍《釋"夆"及相關諸字》,《出土文獻與古文字研究》第 5 輯,上海古籍出版社,2013 年。

"斁"完全對應。整理者據此指出"斁"與"綏"爲同類物。① "綏"是下垂之纓飾，前引陳劍先生論文云："車蓋正或有'綏'即下垂之纓飾，如《淮南子·齊俗》云'大路龍旂、羽蓋垂綏'，《儀禮·既夕禮》'齊三采'鄭玄注云：'左右面各有前後，齊居柳之中央，若今宵車蓋上蕤矣。以三采繒爲之，上朱，中白，下蒼。''綏'、'蕤'並即'綏'，可證。"

漢代的圖像中可以看到這種裝飾車蓋的纓飾（圖一）。② "斁"、"綏"可能即圖中車蓋下垂的裝飾。

望山楚簡的整理者在解釋望山楚簡"黃縪組之纘"時説"（黃縪組之纘）當是用黃色的絲織物編織成的繩或帶"。曾侯乙墓竹簡的"紫組之斁"和"黿組之斁"也是"組"的，可見"斁"是縧帶狀裝飾，例如"紫組之斁"是用紫色的絲織物編織成的縧帶。這一點學界的看法是一致的，問題是這個字要讀爲

圖一

什麼。採用"寶"説的學者認爲這個字是"縢"的異體字，採用"贅"説的學者把這個字讀爲"綴"。現在可以確定後一種説法是對的。

上一節介紹的何琳儀先生論文所引《春秋公羊傳》襄公十六年的一段正是這種"綴"的例子：

【經】三月，公會晉侯、宋公、衛侯、鄭伯、曹伯、莒子、邾婁子、薛伯、杞伯、小邾婁子于溴梁。戊寅，大夫盟。

【傳】諸侯皆在是，其言"大夫盟"何？信在大夫也。何言乎信在大夫？遍刺天下之大夫也。曷爲遍刺天下之大夫？君若贅旒然。

當時，各國的國君雖然都參加了盟會，但沒有實權，成了盟會的裝飾品，因此説"君若贅旒然"（國君好像旌旗上的飄帶一樣成了裝飾物）。③《詩·商頌·長發》有"爲下國綴旒"一句，此"綴旒"與"贅旒"表示的應該是同一個詞。此外，《文選·羽獵賦》有"泰華爲旒，熊耳爲綴"一句，李善注云："綴，亦旒也。"④這也是"綴"和"旒"並列的例子。遣策中所見

---

① 湖北省博物館《曾侯乙墓》，文物出版社，1989 年，第 517 頁，考釋 121。

② 此圖採自林巳奈夫《漢代の文物》，京都大學人文科學研究所，1976 年，圖 7-44。

③ 在此採用了劉尚慈先生的白話文翻譯，見《春秋公羊傳譯注》，中華書局，2010 年，第 466 頁。

④ 這個例子是劉國勝先生指出的。參看劉國勝《楚喪葬簡牘集釋》，科學出版社，2011 年，第三章"望山 2 號楚墓遣册"注〔15〕（第 97 頁）。

的"贅/斁/繳"正是這個"贅/綴"。

曾侯乙墓竹簡的例子(其二)

其次看曾侯乙墓竹簡的如下三例:

(4) 衡、軛。鞁敗。繢(紛)絚。郗(漆)紳(靷)。鞁顯(韅)、靽,紫黃紡之繁。□□,
□珤,紫組之斁。64

(5) 衡、軛。顯(韅)、靽、鞁敗,紫录(綠)之繁。煴(韞)韋之𫟩,駓(犴)珤,紫繢之
斁。66

(6) 衡、軛。顯(韅)、靽,紫录(綠)之繁。訊鞍,鬸珤,鼀組之斁。115

例(4)是"紫組之斁",例(5)是"紫繢之斁",例(6)是"鼀組之斁",辭例與例(1)~(3)完全
一致,只是施加"斁"的部件不同而已。

例(5)和例(6)的"斁"是"𫟩/鞍"的裝飾。比較辭例,例(4)的釋文可以改爲"□【𫟩
(鞍)】,□珤,紫組之斁"。在此出現的衡、軛、靷、韅、靽都是繫駕馬或車用的部件,[1]"𫟩/
鞍"很有可能也是繫駕馬或車用的某種革帶。從這個角度看,整理者讀爲"鞌"的意見似
可從。[2]《説文》云:"鞌,馬鞁具也。""鞁,車駕具也。"遺憾的是,《説文》的説解過於籠統,
我們目前無法確知"鞌"的具體形狀和使用方法。[3]

曾侯乙墓竹簡的例子(其三)

曾侯乙墓竹簡中還有一例"斁":

(7) 新●安車:鼝輪。紫䋄(錦)之安。上軒,貁(貂)珤;下軒,駓(犴)珤,鼀組之
斁。50

此例中,"鼀組之斁"是用爲"下軒"的裝飾(也有可能是"上軒"和"下軒"的裝飾)。
"軒"是車廂兩旁的屏藩,[4]但爲何有上下之別,頗爲費解。李守奎先生説:"'上軒'、'下

---

[1] 參看林巳奈夫《中國古代車馬研究》,臨川書店,2018 年,第三章"先秦時代の馬車"二"繫駕法、御法";孫機《漢
代物質文化資料圖説(增訂本)》,上海古籍出版社,2008 年,30"車Ⅶ 馬車的組裝與繫駕法"。例如孫機先生
説"轅端用名鞙的革帶縛衡,衡中央用名靷的革帶縛軛;軛又在馬頸上","獨輈車上採用'軛—靷式繫駕法'。
這種車至少須駕兩匹服馬,在這兩匹馬所負之軛的内軥(即靠近輈一側的軥)上各繫一條靷繩……兩靷的後
端繫在車箱前的環上,再用一條粗繩將此環與軸相連接"(第 136 頁)。

[2] 湖北省博物館《曾侯乙墓》,第 507 頁,考釋 39。

[3] 王振鐸《東漢車制復原研究》(科學出版社,1997 年)、林巳奈夫《漢代の文物》、孫機《漢代物質文化資料圖説
(增訂本)》等著作都沒有提到"鞌"這個部件。

[4] 參看湖北省博物館《曾侯乙墓》,第 508 頁,考釋 47。

軒'很可能就是指'華蓋'而言。曾侯乙墓出土一柄華蓋,在同一蓋柄上裝有兩個傘蓋。曾侯乙墓48號簡安車上的'禣軒'頗疑即'重軒',即一柄上裝有兩蓋。"①然而,48號簡的"禣軒"是與"走"同時出現的:

    宮●廄尹馭安車:鄿輪。革弦(靷)。革走。禣軒,釼(貂)靶。……

此外,還有"醁"和"軒"分開出現的例子:

    宮廄敕(令)㝸所馭韠(乘)瞿:騰輪。畫赸(輨)。𤳆錯。革醁。弜(荓)。報,
    珚賠。囩(圓)軒,紡幓(褖),紫裏,釼(貂)靶。……4

據此可知"走"和"軒"是兩種不同的部件。如上所述,"走/醁"讀爲"蓋",因此我們不能同意李先生的看法。

　　王振鐸先生、林巳奈夫先生、孫機先生一致認爲漢代的軒車是如圖二那種馬車。② 看王振鐸先生搜集的例子,可知車廂兩旁的屏藩有時候分爲上下兩層。"上軒"、"下軒"或許分別指這種屏藩的上層和下層。

圖二

望山二號墓竹簡的例子

　　望山二號墓竹簡中所見的"緐/纘"有"黃繻組之緐/纘"和"組纘"兩種。這兩種"緐/纘"與曾侯乙墓竹簡"紫組之緐"、"龜組之緐"同樣是"組"成的緶帶狀裝飾,只不過是使用這些裝飾的物品有所不同而已。

　　先看辭例基本完整的例子:

　　(8) 亓(其)并(屏)榓(軨),丹砫綝之綌(褖),黃支(繻)組之纘卅=(三十)。2

　　(9) 丹砫綝之兩童(幢),黃支(繻)組之緐十又八。6~7③

　　(10) ☑□聯紾(縢)之軺軏,丹組之裏,坓(衛)雺(靈)光之純,黃支(繻)組之緐

①　李守奎《出土簡策中的"軒"和"圓軒"考》,《古文字研究》第22輯,中華書局,2000年,第198頁。
②　王振鐸《東漢車制復原研究》,第72~73頁、圖版拾玖~貳拾。林巳奈夫《漢代の文物》,第336~338頁。圖二採自《漢代の文物》圖7-22。孫機《漢代物質文化資料圖說(增訂本)》使用的"軒車"圖版(圖版24-3)與王、林二書不同,但其結論和根據與王、林二位基本相同。
③　6號簡和7號簡不一定可以連讀(參看湖北省文物考古研究所、北京大學中文系《望山楚簡》,中華書局,1995年,第118頁,考釋〔三三〕)。但筆者認爲,即使如此,此處簡文很有可能也是"丹砫綝之兩童(幢),黃支(繻)【組之緐】"。

八。10

(11) 琢偃(莚)、晉(薦)，皆綌(錦)純，丹硅紾之裏，黃緶(緟)組之繢。23

(12) 一大監(鑑)，紅緅之室，組繢。48

例(8)～(11)是"黃緶組之繢/繢"的例子，例(12)是"組繢"的例子。

例(8)的"并櫺"，整理者云："'并'似當讀爲屏蔽之'屏'。櫺即欄杆的孔格。古書又有'轠'字，亦作'軨'，專指車上的欄杆，是'櫺'的分化字。屏櫺疑即漢代人所謂的屏星，

幢

圖三

是車前屏蔽之物。"①"緄(褌)"是覆蓋并櫺的織物。② "黃緶組之繢"當是裝飾褌邊緣的飄帶，共有三十條。

例(9)的"童(幢)"是一種儀仗用的旗幟。③ "黃緶組之繢"是附在幢上的飄帶。圖三是漢代"幢"的例子，④邊緣確實垂下許多飄帶。

例(10)的"軡軥"，劉國勝先生把"軡"讀爲"軾"，並認爲"軡軥"屬覆軾之飾物，似可從。⑤

例(11)的"偃"和"晉"，李家浩先生讀爲"莚"和"薦"，都是車上用的席。⑥ "黃緶組之繢"是裝飾邊緣的飄帶。

例(12)，"監(鑑)"是鏡鑑之鑑，"紅緅之室"是銅鏡的套子，⑦"組繢"是裝飾套子的飄帶。

此外，望山二號墓竹簡中還有兩例"繢/繢"：

(13) ☒ 黃支(緟)組之繢，組繢。8

(14) ☒ 組之繢。27

---

① 湖北省文物考古研究所、北京大學中文系《望山楚簡》，第 116 頁，考釋〔一五〕。

② 參看范常喜《楚簡"⬥"及相關之字述議》，《簡帛探微》，中西書局，2016 年，第 109 頁。范先生所引《周禮·春官·巾車》云："王之喪車五乘：木車、蒲蔽、犬褌、尾櫜、疏飾。"鄭玄注："犬，白犬皮，既以皮爲覆笭，又以其尾爲割戟之毴。"賈公彥疏："犬褌，以犬皮覆笭者。"

③ 參看湖北省文物考古研究所、北京大學中文系《望山楚簡》，第 118 頁，考釋〔三二〕。

④ 圖版採自孫機《漢代物質文化資料圖說(增訂本)》圖版 39-7(第 177 頁)。林巳奈夫《漢代の文物》也把這張圖作爲"幢"的例子引用(圖 10-94)。

⑤ 劉國勝《楚喪葬簡牘集釋》，第 98 頁。劉國勝先生說"軥"疑與曾侯乙墓竹簡 48 號簡"豻加，綠裏"之"加"是同一個詞。此外，"豻加"還見於曾侯乙墓竹簡 48 號簡，"齊紫之加，綠裏"見於曾侯乙墓竹簡 76 號簡。

⑥ 李家浩《楚大府鎬銘文新釋》，《著名中年語言學家自選集·李家浩卷》，安徽教育出版社，2002 年。關於望山二號墓竹簡 23 號簡的考釋見於第 122～123 頁。

⑦ 湖北省文物考古研究所、北京大學中文系《望山楚簡》第 126 頁，考釋〔一〇八〕〔一〇九〕。

這兩例辭例不完整,"賫/纘"施於什麽物品,不得而知。

天星觀楚簡的例子

滕壬生先生在《楚系簡帛文字編》中介紹天星觀楚簡中所見的10例"纘":①

(15) 繼韋,綅組之纘。

(16) 縺鋞。繼韋,綅組之纘。

(17) 倜示,綅組之纘十又六。

(18) 繼安,素鄁組之纘。

(19) 童組之舅貝纘。

(20) 緟組之翾貝纘。

(21) 緑組之纘。

(22) ▨緑組之纘。

(23) 縺戈,緑組纘。

(24) 方組之纘。

這10例"纘"也是"組"的,可知是絲帶狀裝飾。例(15)(16)(18)是"韋"的裝飾,與曾侯乙墓竹簡的例子相同。例(23)是"戈"的裝飾。例(17)的"倜示"是何物,待考。其他的例子没有引用使用"纘"的物品,在此不討論。

四、其他的例子

目前可知的楚簡中還有幾例"賫"或从"賫"的字,目前難以確定其含義。爲了參考,在此一併介紹:

(1) 包山簡278號簡反:粂脰尹之人盧㥄(强)告絧(給)多命以賝賫。

(2) 江陵磚瓦廠楚簡1:□與仟門之里人一賫₌告僕,言胃(謂):某㝵(攝)與僕䠷(兄)之不□□□競(景)利而殺之。僕不敢不告②

(3) 新蔡葛陵楚簡零377:▨□₌數數▨

關於例(1)的解釋,雖然有些學者提出過意見,③但這些意見似乎都還不能視爲定

① 滕壬生《楚系簡帛文字編》,第1045頁。在此,對滕先生的釋文加標點引用。

② 圖版見於滕壬生、黄錫全《江陵磚瓦廠M370楚墓竹簡》,李學勤、謝桂華主編《簡帛研究二〇〇一》,廣西師範大學出版社,2001年。

③ 參看朱曉雪《包山楚簡綜述》,第503～504頁。

論。筆者也没有自己的看法,在此不討論。例(2)的"一鳌"是人名。例(3),根據整理者的釋文,兩個"散"字連續出現,但第二個字恐怕不是"散"。

　　除了楚簡的例子以外,古璽中有一例"鳌"。[①] 印文只有"鳌"一字,目前無法確定其意思。

---

① 　故宮博物院編,羅福頤主編《古璽彙編》,文物出版社,1981 年,5701。

楚璽"行录"新説*

石小力

清華大學出土文獻研究與保護中心

("古文字與中華文明傳承發展工程"協同攻關創新平臺)

《古璽彙編》第 0214 號收録了一方戰國官印,印面 2.9 釐米見方,陰文,有邊框,從風格看,屬於楚璽,此璽現藏首都博物館(圖一)。

圖一　行录之鉥

(《璽彙》0214)

《璽彙》所作釋文爲"行□之鉥",①第二字未釋,《古璽文編》列入附録未識字。②陳漢平據楚簡"绿"和古璽"禄"字釋該字爲"录",讀爲"禄",認爲"行禄之璽"爲當時禄官之印信。③黄錫全讀"行禄"。④吳振武先生據西周金文"录"字和漢印"禄"字,認爲該字從宀,從录,並據楚文字中常有一些字贅加"宀"旁的現象,認爲此字就是"录"字的異體,讀"行录"爲"衡鹿",爲掌管林麓之官,相當於西周中期同簋中的"林"⑤和《周禮》中的"林衡"。⑥從讀音上看,"行"和"衡"、"录"和"鹿"古音很近,且有相通的例證。

---

* 本文爲國家社科基金重大招標項目"楚文字綜合整理與楚文字學的構建"(18ZDA304)階段性成果。

① 故宮博物院編,羅福頤主編《古璽彙編》,文物出版社,1981年,第36頁。

② 故宮博物院編,羅福頤主編《古璽文編》,文物出版社,1981年,第499頁。

③ 陳漢平《古文字釋叢》,《出土文獻研究》,文物出版社,1985年,第237頁。

④ 黄錫全《古文字中所見楚官府官名輯證》,《文物研究》第7期,黄山書社,1991年。

⑤ "王命同左右吳大父嗣易、林、吳、牧,自淲東至于河,厥逆至于玄水"(《集成》4271,同簋)。

⑥ 吳振武《戰國璽印中的"虞"和"衡鹿"》,《江漢考古》1991年第1期,第87頁。

從文獻記載來看,衡鹿一職見於文獻記載。《左傳》昭公二十年:“山林之木,衡鹿守之。”孔穎達疏:“《正義》曰:‘《周禮》司徒之屬,有林衡之官,掌巡林麓之禁。’鄭玄云:‘衡,平也。平林麓之大小及所生者。竹木生平地曰林,山足曰麓。’此置衡鹿之官,守山林之木,是其宜也。”故吳説影響很大,後來的學者多從之。① 朱德熙先生曾指出,戰國齊官璽中的“桁”、“左桁”、“右桁”就是掌管山林的衡。② 這進一步加强了吳説的可信度。

後來又有與此印相關的古璽刊布,如《鶴廬印存》一書公布了一方楚璽“下蔡行录”(圖二),《录堂古璽印存》公布了一方楚璽“新安录鈢”(圖三),學者多與“行录之鈢”聯繫起來,認爲它們記録的“行录”、“录”表示的是一個職官。

圖二　下蔡行录　　　　圖三　新郪(安)录鈢③
(《鶴廬印存》104)　　　　(《录堂古璽印存》)

但是,仔細考察,吳説還是有一些問題。首先是把“行”讀“衡”,與當時的用字習慣不合。楚文字“衡”字多見,除了清華簡《封許之命》簡 6 一例用“珩”字來表示外,其他皆用“衡”或其省體“奐”來表示。《封許之命》是書類文獻,有較早的來源,用“珩”字來表示“衡”,乃是西周金文用字方法的遺留,並非戰國時期的用字習慣。楚國官印中“行”字多見,在其他官印中,都是用爲本字,未見讀爲“衡”者,如楚璽有“行府之鈢”(《璽彙》0128、0129)、“行府”(《鑒印山房藏古璽印菁華》3)、“六行府之鈢”(《璽彙》0130)、“行惪□鈢”(《璽彙》0134)、“行士鈢”(《璽彙》0165)、“行士之鈢”(《璽彙》0166)、“許行士鈢”(《璽彙》0167)、“上唐行宫大夫鈢”(《璽彙》0099)等,這些璽印中的“行”字,學者多認爲用作本字,與行旅有關。④

新出清華簡的公布,爲“行录”的釋讀提供了另外一個思路。清華大學藏戰國竹簡第九輯公布了一篇長篇政論《治政之道》,其中談到“興人不度”的後果時,文曰:

① 如施謝捷《古璽彙考》,安徽大學博士學位論文,2006 年,第 167 頁;黃德寬主編《古文字譜系疏證》,商務印書館,2007 年,第 1043 頁;吳曉懿《戰國官名新探》,安徽師範大學出版社,2013 年,第 84 頁;許慜慧《古文字資料中的戰國職官研究》,復旦大學博士學位論文,2014 年,第 194 頁;曹錦炎《古璽通論(修訂本)》,浙江大學出版社,2017 年,第 121 頁;程燕《戰國典制研究·職官篇》,安徽大學出版社,2018 年,第 646 頁。

② 朱德熙《釋桁》,《古文字研究》第 12 輯,中華書局,1985 年。

③ 轉引自蕭毅《古璽文分域研究》,崇文書局,2018 年,第 478 頁。

④ 最新的研究,可參看李家浩《戰國文字中的“宫”字》(《出土文獻與古文字研究》第 6 輯,上海古籍出版社,2015 年,第 258~259 頁)一文。

……[穜]不登,貟定倉{},是以不實,車馬不完,兵甲不修,其民乃寡以不正。₃₅

對於"{}定倉{}"一詞,整理者注釋:

> 定,即"庫"。府庫,《孟子·梁惠王下》:"凶年饑歲,君之民老弱轉乎溝壑,壯者散而之四方者幾千人矣;而君之倉廩實、府庫充,有司莫以告,是上慢而殘下也。"{},糧倉,典籍作"鹿"。《國語·吳語》:"市無赤米,而囷鹿空虛。"韋注:"員曰囷,方曰鹿。"①

定,從宀,正聲,該字又見於東周齊系金文,只不過把"宀"旁易作"广"旁,即"庫"字異體。② {},整理者訓爲糧倉,認爲即《國語·吳語》"囷鹿"之"鹿",甚確。{},從宀,录聲,其構字方式與"定"、"貟"是一致的,本義應該就指糧倉,是文獻"囷鹿"之"鹿"的本字,《國語》作"鹿"乃是借字。

據此,"行{}"之"{}"也應該用爲本字,指的是糧倉,"行{}"乃是給旅行之人提供糧食的倉廩,其性質與楚璽中的機構"行府"、"行宮"類似。"行{}之璽"應該是楚國中央設置的倉廩所用之印,"下蔡行录"則是下蔡設置的倉廩所用之印,與楚璽中的"行府"爲中央機構、"六行府之鈢"(《璽彙》0130)爲六地設置"行府"所用之璽是一樣的。"新安录璽"則是新安之地設置的倉廩所用之印。

黃錫全先生公布了一方私人收藏的楚璽,印文作"郢室之亯"(圖四)。亯,黃先生讀"穀",認爲"郢室之穀"是郢都宮室儲備穀物機構或倉廩所使用的璽印。③ 侯瑞華則懷疑"亯"可讀爲"录",與"行录之璽"之"录"一樣,表示的也是糧倉。④ 不論"亯"讀"穀"還是讀"录",這方印都跟糧倉有關。

圖四　郢室之亯

綜上,根據楚文字中"行"字的表詞習慣和清華大學藏戰國竹簡《治政之道》提供的"{}"字的表詞習慣,戰國楚官璽中舊讀作"衡麓"的職官"行{}"無需破讀,行,指行旅,

---

① 清華大學出土文獻研究與保護中心編,黃德寬主編《清華大學藏戰國竹簡(玖)》,中西書局,2019 年,第142 頁。
② 參趙平安《論東周金文"庅"當爲"庫"字異體——兼談幾件兵器的國別問題》,《民俗典籍文字研究》第 25 輯,商務印書館,2020 年。
③ 黃錫全《簡介兩枚新見楚官璽》,《出土文獻與古文字研究》第 6 輯。
④ 侯瑞華《楚璽文字補釋(四則)》,未刊稿。

稟,指倉廩,"行稟之璽"爲楚國中央設置的倉廩所用之印。根據用字習慣或字詞關係來釋讀戰國印章,明確其職掌,這應該是古璽研究取得突破的一個方向。倉廩府庫是國家重要的儲備機構,這些機構有著嚴格的管理制度,如戰國三晉古璽中有關於"倉"的官印,齊系璽印和陶文中有大量關於"廩"的官印,秦漢時代關於"倉"的印章和封泥數量衆多,現在我們又釋出了戰國時期楚國倉廩機構的印章,爲研究戰國時期的倉廩制度提供了重要的資料。

附記:本文觀點曾在清華大學 2020 年春季學期"戰國文字研究"課程上講授,2020 年 10 月 12 日提交在河南大學舉辦的"中國古文字研究會第二十三屆學術年會"(10 月 30 日至 11 月 2 日)。10 月 30 日,田煒先生看到議程表後,微信告知,他在一篇待刊稿《用字習慣對古文字文獻釋讀的影響——以戰國楚璽中的"行稟"爲例》中也討論到此問題,意見可能相同。我即以拙稿呈教,田先生也以其大作賜讀,果然大意相合,深感欣幸。田文論證更精彩,敬請讀者參看。

説郭店簡《語叢三》"四亡"與複姓"毋丘"[*]

蔡一峰

復旦大學出土文獻與古文字研究中心

古文字階段,否定詞"亡(無)"和"毋"詞性不同,前者基本作動詞,後者多爲副詞。秦漢文字情況有異,"毋"也能作動詞,"無"也有當副詞用,功能互有交叉。辨析其間有糾葛的語料,利用"亡"和"毋"字詞關係有共時相異、歷時相合的特徵,可以促進相關疑難問題的考釋。

先從郭店簡《語叢》第三篇中的"四亡"談起。

郭店簡《語叢》有四篇,各篇都是鈔寫在長度偏短的簡上,由成組類似格言的短語構成,體例與《説苑・談叢》《淮南子・説林》類似,内容各有特色。《語叢》第三篇(一般稱"《語叢三》")主要講君臣、父子、朋友之道以及孝、悌、仁、義等等,是比較典型的儒家道德著述。其中簡 64～65 有如下一段:

> 亡𡔥(意),亡古(固),[64上]亡義(我),亡必。[65上]

簡 64"古"下空一字,簡 65"必"字右下有方點,參酌文意即可斷定是上下分欄書寫。整理報告注釋援引裘錫圭先生按語,指出此句即是孔子的"四毋"。《論語・子罕》:"子絶四:毋意,毋必,毋固,毋我。"[①]

因有相似語句供對照,"𡔥(意)"、"古(固)"、"義(我)"和"必"的考釋不難落實,但"亡"字則有出入。整理者將四個"亡"都括注"毋",顯然是將簡本與傳本等同起來了,這

---

[*] 本文是國家社科基金重大項目"戰國文字詁林及數據庫建設"(17ZDA300)、中國博士後科學基金第 65 批面上資助(2019M651394)及第 14 批特别資助(2021T140132)的階段性成果。

① 荆門市博物館《郭店楚墓竹簡》,文物出版社,1998 年,第 214 頁。

自然是最簡單直截的處理方式,後來的研究者也多採取此法,①像《楚簡帛通假彙釋》《簡帛古書通假字大系》等幾種代表性的通假工具書也都收錄此例,認爲"亡"、"毋"相通。②李明曉先生謂簡文"亡"借作"毋"是禁勸性否定,③趙彤先生主張副詞"毋"是由動詞"無"演變而來,④這些意見也都立足在"四亡"讀爲"四毋"的基礎上。當然也有少數學者持不同看法,如龐樸先生認爲簡文"四亡"與《論語》"四毋"有同源關係。⑤ 施謝捷先生"郭店楚墓竹簡釋文"(未刊稿)作"亡(無)",是遵從"亡"的用字習慣。林志鵬先生讀"四亡"爲"四無",但又傾向於將其視作兩個省略承接連詞"則"的緊縮複句,即原本是"無意則無固,無我則無必(蔽)"。⑥

《語叢三》"四亡"與《論語·子罕》"四毋"確有聯繫,但並不意味著"亡"必須牽合而讀爲"毋"。我們認爲,戰國時"亡"和"毋"音義用法皆有差距,"四亡"、"四毋"各自作解亦能兩通,"四亡"讀"四無"是正確的。

《論語·子罕》"四毋"一句文眼在"絶"字,一般認爲是杜絶、戒絶。邢昺《注疏》云:"此章論孔子絶去四事,與常人異也。毋,不也。我,身也。"劉寶楠《正義》:"'毋'者,禁止之辭,毋即絶也。"所言皆有理。表禁辭的"毋"是副詞。上博簡《從政甲篇》簡15的"毋暴、毋虐、毋賊、毋貪"就是《論語·堯曰》第二章孔子所屏的"四惡",⑦這裏的"毋"也是相同的用法。《語叢》是格言類短句,沒有類似語境的限制,單就句法位置言,"亡"既可能是副詞也可能是動詞。"亡"沒有表禁辭的副詞用法,只能讀爲"無"。"四毋"之"毋"在其他古書中就有類似文段作"無",前人考據論之甚詳:

> 《儀禮·士昏禮疏》引《論語》"無必",又《鄉射禮疏》引《論語》孔子云:"君子無

① 如劉釗《郭店楚簡校釋》,福建人民出版社,2005年,第210、221頁;李零《郭店楚簡校讀記(增訂本)》,中國人民出版社,2007年,第194頁;陳偉等《楚地出土戰國簡册(十四種)》,經濟科學出版社,2009年,第258、262頁;武漢大學簡帛研究中心、荊門市博物館《楚地出土戰國簡册合集(一)·郭店楚墓竹簡》,文物出版社,2011年,第161、165頁;王志平點校《郭店楚墓竹簡〈語叢三〉》,北京大學《儒藏》編纂與研究中心《儒藏(精華編第二八二册)出土文獻類》,北京大學出版社,2020年,第311頁。

② 劉信芳《楚簡帛通假彙釋》,高等教育出版社,2011年,第420頁;白於藍《簡帛古書通假字大系》,福建人民出版社,2017年,第1018頁。

③ 李明曉《戰國楚簡語法研究》,武漢大學出版社,2010年,第170~171頁。

④ 趙彤《説"無"與"毋"及相關的古音問題》,"上古音與古文字研究的整合"國際研討會論文,澳門大學中國語言文學系、香港浸會大學饒宗頤國學院,2017年7月15~17日。

⑤ 龐樸《〈語叢〉臆説》,《中國哲學》第20輯,遼寧教育出版社,1999年,第328頁。

⑥ 林志鵬《讀〈論語〉"子罕言"、"子絶四"二章——兼談經典詮釋的方法》,《中國文化》第50期春秋號,中國文化雜誌社,2019年,第63頁。

⑦ 詳陳劍《上博簡〈子羔〉〈從政〉篇的竹簡拼合與編連問題小議》,《文物》2003年第5期。

必,無固,無我。"既以記者詞爲孔子言,複加"君子"二字,略"毋意"二字。又《既夕疏》:"君子不必人,意者義取孔子云'無必,無固'之言也。"亦以爲孔子言。其"毋"字三《疏》皆作"無"。《説文繫傳》引孔子曰:"毋固,毋必。"亦謂孔子言,而上下易置。《朱子文集·答吳晦叔》曰:"孔子自無此四者,'毋'即'無'字,古書通用耳。《史記·孔子世家》正作'無'字也。"今本《史記》與《論語》同爲"毋"。①

程樹德《論語集釋》引宋人鄭汝諧《論語意原》:"子之所絶者,非意必固我也,絶其毋也。禁止之心絶,則化矣。"程氏按曰:

> 此解最勝,恰合聖人地位。蓋僅絶意必固我,此賢者能之。惟聖人乃能并絶其毋。姑以佛學明之,能不起念固是上乘功夫,然以念遺念之念亦念也,并此無之,乃爲無上上乘。程子以此"毋"字非禁止辭。《四書或問》云:"絶非屏絶之絶,蓋曰無之盡云爾。"《朱子文集·答吳晦叔書》曰:"絶四有兩説:一説孔子自無此四者,一説孔子禁絶學者毋得有此四者。然不若前説之明白平易也。"楊敬仲作《絶四説》:"'毋'改爲'無',不以爲止絶學者之病,遂塞萬世入道之門。"楊氏以不起意爲教學者宗旨,故云然也,然尚不若鄭説之鞭辟入裏。

程樹德以"無"立意誠爲卓見,此説也恰是對竹簡"四亡(無)"的極佳詮解。戒絶斷絶,換言之就是使之無,"無意,無固,無我,無必"意謂没有憑空揣測,没有拘泥固執,没有唯我獨是,没有絶對肯定。由四個分句組成,措辭與"四毋"有異但主旨實一,皆文通意順。同篇簡48～49"思亡疆,思亡期,思亡邪,思亡不由我者","亡"皆讀"無",用字也完全一致。

"亡"、"無"、"毋"都是古漢語常用的否定詞,其中"亡"、"無"通常認爲是表示同一個詞。吕叔湘先生曾説"毋亦作無,字形雖異,音讀不殊,傳世經籍亦多彼此互爲異文,故得視爲一個語詞之兩種寫法方式,無須辨析"。② 這是就傳世典籍而言,置於出土文獻則顯片面。"亡(無)"、"毋"在不同時期材料中用法有差異,古文字階段"亡(無)"基本作動詞,"毋"多作副詞,到秦漢文字階段有明顯變化,秦簡"毋"大量用作動詞讀爲"無",漢簡"無"也能作副詞用,二字出現職務交互集中的現象。③

---

① 詳見程樹德撰,程俊英、蔣見元點校《論語集釋》,中華書局,1990年,第573～575頁。下引程説皆出此著,不另出注。

② 吕叔湘《論毋與無》,《漢語語法論文集(增訂本)》,商務印書館,1984年,第73頁。

③ 詳大西克也《論"毋"、"無"》,《古漢語研究》1989年第4期;趙彤《説"無"與"毋"及相關的古音問題》。沈培先生也指出西周金文裏"亡"和"無"都是動詞,没有明確作副詞之例,見沈培《試論西周金文否定詞"某"的性質》,《歷史語言學研究》第7輯,商務印書館,2014年,第45～58頁。

"亡"、"毋"不同源。卜辭"亡"就有用如有無的"無",韻部魚陽對轉。"毋"、"母"本是一字,甲骨文作"母"(或與"女"同形)。學者多將"毋"歸魚部,主要是根據古書"毋"、"無/無"相通的證據,又由於母字"母"在之部,認爲很可能還有之部一讀。①至於兩讀間怎樣遞嬗演進,學者間有不同看法。大西克也和趙彤兩位先生都傾向於否定詞"毋"是來自"無",但無確據。裘錫圭先生認爲,先秦秦漢虛詞往往因爲語氣輕重緩急而發生分化,"毋"與"勿"原來可能是由一語分化。②裘説是有道理的,"毋(ə)"、"勿(ət)"與"不"(ə)、"弗"(ət)語音上正可相互印證,後者王力先生已指出是同源詞,③它們在甲骨文時代也都已經出現。既然"毋(ə)"由來已久,淵源有自,就未必只能是"無(a)"的弱讀了。六國文字"毋"、"母"單用無別,作聲旁時也通用,多讀之部字,當時這批材料中"毋"讀之部仍是慣用讀音,和陽部字"亡"固然是涇渭分明的。尤可注意,在上述兩種通假工具書中,"亡"、"毋"發生關係也僅此《語叢三》一例,可見是非同尋常。因此,從文獻、用字、漢語史等角度衡量,可以斷定《語叢三》的"四亡"絶不必遷就《論語·子罕》而讀作"四毋"。④

　　據"亡"、"毋"的聯繫,還能進一步推進對複姓"毋丘"的認識。

　　"毋丘"是個稀見姓氏,東漢毋丘長(《後漢書》卷六十四)、三國魏名將毋丘儉(《三國志·魏書二十八·毋丘儉》)等都是此姓的代表人物。"毋丘"古書或作"毌丘",究竟是"毌"還是"毋",是姓氏學的一大公案,至今仍衆説紛紜,不一而足。目前持"毌丘"者似仍占主流,像《漢語大詞典》《漢語大字典(第二版)》《辭海》《辭源(第三版)》等通行的工具書都採"毌丘"爲説,可見影響之深。但"毌丘"並沒有得到出土文獻的證實。秦漢

---

① 大西克也(《論"毋"、"無"》,《古漢語研究》1989 年第 4 期)、潘悟雲(復旦大學中華文明資料中心東亞語言資料中心網站"漢語上古音構擬"查詢系統)等歸之部。白一平(William H. Baxter, *Zhou and Han Phonology in the Shijing*, *Studies in the Historical Phonology of Asian Languages*, ed. by William G. Boltz and Michael C. Shapiro, Amsterdam: J. Benjamins Publishing Company, 1991)則主張"母"、"毋"都在侯部,之部音是侯部異化的結果,徐丹(《也談"無"、"毋"》,《語言科學》2007 年第 3 期)從之。白一平、沙加爾(William H. Baxter and Laurent Sagart, *Old Chinese: A New Reconstruction*, Oxford University Press, 2014, p.242)的新構擬方案"毋"仍歸侯部。該論對相關古文字材料的分析多有問題,立論基礎恐不可靠,故此不取,詳論可參周波《"侮"字歸部及其相關問題考論》,《古籍研究》2008 年第 2 期。

② 裘錫圭《翼城大河口西周墓地出土鳥形盉銘文解釋》,《中國史研究》2012 年第 3 期。

③ 王力《同源字典》,商務印書館,1982 年,第 102 頁。

④ 若今本《論語·子罕》是承自秦漢文字的鈔本,可能"四毋"本就應讀作"四無"。《論語·先進》"有棺而無槨"、《顏淵》"居之無倦,行之以忠","無"平壤貞柏洞 364 號墓出土的竹簡本皆作"毋"(簡 22、30)。研究者認爲這批簡與定州漢簡幾乎是同時代的,説詳李成市、尹九龍、金慶浩《平壤貞柏洞 364 號墓出土竹簡〈論語〉》,《出土文獻研究》第 10 輯,中華書局,2011 年,第 190、192 頁。

印、漢簡等倒是屢見以"毋丘"爲姓者,如"毋丘得"(《秦代印風》①第 174 頁)、"毋丘胡傷"(《戎壹軒藏秦印珍品展》②006)、"毋丘臧"(同上 039)、"毋丘長"(《璽印姓氏徵》③卷上)、"毋丘調"(《伏廬藏印》④第 102 頁)、"毋丘翁君"(同上第 103 頁)、"毋丘欣"(《盛世璽印録•續三》⑤099)、"毋丘游"(尹灣漢墓 7 號簡牘)、"毋丘孫"(肩水金關漢簡 73EJT24：414)等,卻不作"毌丘"。有古文字學者指出,"毌丘"的"毌"是"毋"的誤字,⑥這是正確的。其中以施謝捷先生的論説最值得注意:

> 漢印有以"毋丘"爲姓者,如"毋丘調•毋丘翁須"兩面印、"毋丘長公•大幸"兩面印,戰國古璽有以"亡丘"爲姓者,如"亡丘雗"等。又漢印中"毋智"、"毋澤",在古璽中作"亡智"、"亡澤",足見"毋丘"與"亡丘"爲同一複姓之不同寫法。作"毌丘"當誤。

所謂複姓"亡丘"出自"亡丘雗"(《璽彙》⑦4140)和"亡丘匜"(《璽彙》4141)兩方戰國古璽,風格皆屬三晉系。施先生説"毋丘"與"亡丘"是"同一複姓之不同寫法"十分準確,但若由此生發出"亡丘"音近讀爲"毋丘",或"亡"、"毋"相通則有問題。

"亡丘"、"毋丘"都應讀爲"無丘"。以"亡"爲"無"和以"毋"爲"無"與它們各自所在文字材料的用字屬性相對應,前者是戰國文字,後者是秦漢文字,都一並指向"無"。清人張澍《姓韻》考曰"無丘氏,此姓諸書無,今補。北齊殘造塔記銘碑陰有邑子無丘貴姜、無丘雙姜",又於"无"姓條處案云"无,即無字,與毋同。《姓苑》有此姓,而鄭樵《氏族略》復引无妻、无弋,非也,今并入無字韻","无丘氏,諸書無此姓,今補。東魏季仲旋修孔子廟碑陰有无丘宗"。⑧ 近出的《中華姓氏源流大辭典》收"无(無)丘"條亦有言"即毋丘氏"。⑨

① 許雄志主編《秦代印風》,重慶出版社,1999 年。
② 張小東《戎壹軒藏秦印珍品展》,西泠印社,2015 年。
③ 羅振玉《璽印姓氏徵》,羅繼祖主編,王同策副主編《羅振玉學術論著集》第六集,上海古籍出版社,2010 年,第 151 頁。
④ 陳漢第《伏廬藏印》,上海書店出版社,1999 年。
⑤ 吳硯君主編《盛世璽印録•續三》,書法出版社,2020 年。
⑥ 如吳金華《〈三國志校詁〉外編》,《古文獻研究叢稿》,江蘇教育出版社,1995 年,第 221 頁引施謝捷先生説(下引施説即出自此文);劉釗《古文字中的人名資料》,《吉林大學學報》1999 年第 1 期,第 64～65 頁;劉樂賢《尹灣漢墓簡牘姓名研究三則》,《簡帛研究二〇〇一》,廣西師範大學出版社,2001 年,第 476 頁。
⑦ 故宮博物院編,羅福頤主編《古璽彙編》,文物出版社,1981 年,下文皆簡稱"璽彙"。
⑧ 張澍著,徐興海、袁憲、張天池校點《姓韻》,三秦出版社,2003 年,第 198、200 頁。
⑨ 徐鐵生《中華姓氏源流大辭典》,中華書局,2014 年,第 577 頁。

前文已有總結,古文字階段"亡(無)"作動詞,秦漢文字"毋"也能作動詞讀爲"無"。根據"無丘"不同時期材料的兩種寫法可以推斷,此"無"應是取義於有無的"無"。上文言及施謝捷先生以古璽"亡智"、"亡澤"而漢印作"毋智"、"毋澤"證之,道理正在於此。"亡智"、"毋智"都讀"無智",其義自不待言。"亡澤"、"毋澤"還有不少異文,如古璽有"亡鐸"(《璽彙》3666),秦漢印有"毋擇"(《伏廬藏印》第 25 頁)、"無擇"(《湖南古印萃珍》①第 83 頁),古書有"無澤"、"毋懌"、"亡擇"等,施謝捷先生認爲都是取自古書屢見的"無斁",即無厭之義。② 此外,戰國還有"亡畏"(包山簡 176,《璽彙》1628、2674),漢印作"毋畏"(《珍秦齋古印展》③174、《古鉥印精品集成》④第 304 頁),都讀"無畏";古璽有"亡忌"(《璽彙》0855、1385、2506、2596),秦漢印作"毋忌"(《秦代印風》第 162 頁、《鶴廬印存》第 241 頁、《印典》⑤三第 1798、2243 頁),都讀"無忌";又古璽有"亡陞(地)"(《璽彙》2163),秦印作"毋地"(《十鐘山房印舉》⑥第 261 頁、《秦代印風》第 102 頁、《盛世璽印錄·續三》124、《秦印文字彙編〔增訂本〕》⑦第 484 頁),都讀爲"無地"。上舉數例都是人名,複姓也有完全平行的情況。《漢書·貨殖傳》"毋鹽氏",古書或作"無鹽",姓氏書皆有收,是以齊邑無鹽爲氏,戰國齊兵器有"亡鹽右戈"(《集成》⑧10975、10976),"亡鹽"就是"無鹽"。⑨《左傳》襄公四年"無終子嘉父"之"無終"氏,古書或作"毋終",後世字書姓氏書皆有收,舊山戎國部落名,晉三孔布作"亡綜"(《貨系》⑩2460)。⑪ 商金文有族名"亡終",裘錫圭先生認爲就是《左傳》戎狄族名"無終"。⑫

古代還有複姓"曼丘",如《廣韻》引《孟子》"齊有曼丘不擇"、《漢書·高帝紀》"曼丘臣"等。顏師古注曰:"曼丘、毋丘本一姓也,語有緩急耳。曼,音萬。"錢大昕《聲類》卷三"姓之異者"下詞條"曼邱即毋邱"亦收顏注。郭晉稀《疏證》:"曼爲陽韻,收前鼻音,毋陰

① 陳松長《湖南古印萃珍》,上海辭書出版社,2008 年。
② 施謝捷《古璽印文字考釋五篇》,《南京師大學報》1996 年第 4 期,第 125 頁;施謝捷《説岳麓秦簡的人名"毋澤"》,《中國文字學報》第 7 輯,商務印書館,2017 年,第 126～130 頁。
③ 蕭春源《珍秦齋古印展》,澳門市政廳,1993 年。
④ 莊新興《古鉥印精品集成》,上海古籍出版社,1998 年。
⑤ 康殷、任兆鳳《印典》,河北美術出版社,1989 年。
⑥ 陳介祺《十鐘山房印舉》,人民美術出版社,2011 年。
⑦ 許雄志《秦印文字彙編(增訂本)》,河南美術出版社,2021 年。
⑧ 中國社會科學院考古研究所《殷周金文集成(修訂增補本)》,中華書局,2007 年。
⑨ 黃盛璋《燕、齊兵器研究》,《古文字研究》第 19 輯,中華書局,1992 年。
⑩ 汪慶正主編《中國歷代貨幣大系·先秦貨幣》,上海人民出版社,1988 年。
⑪ 朱華《略談"無終"三孔布》,《中國錢幣》1987 年第 3 期。
⑫ 裘錫圭《裘錫圭學術文化隨筆》,中國青年出版社,1999 年,第 68～69 頁。

韻,無鼻音,故語有緩急也。"又按曰:"《小爾雅·廣詁》:'曼,無也。'無毋通作,經傳中所習見。曼訓無自可通於毋矣。"①郭氏所訓甚有理致,若此説不誤,亦可爲"毋丘"即"無丘"再添一證。

複姓"無丘"以地名爲氏,由上述"無智"、"無斁"、"無畏"、"無忌"、"無地"、"無鹽"、"無終"等比對,取義也不言自明。舊羅振玉在《璽印姓氏徵序》中主張璽印"於丘"、"魚丘"、"虞丘"、"吾丘"都是"毋丘"的異文,②顯失之過寬。今有研究者懷疑《漢書》"吾丘壽王"的"吾丘"讀"毋丘",或認爲"亡丘"、"毋丘"讀"牧丘"云云,③都是忽略了諸字間形音義層次關係的猜測,亦不可據。

---

① 錢大昕撰,郭晉稀疏證《聲類疏證》,上海古籍出版社,2019 年,第 953～954 頁。

② 羅振玉《璽印姓氏徵》,羅繼祖主編,王同策副主編《羅振玉學術論著集》第六集,第 54 頁。

③ 黄人二《上博五〈競建内之〉和〈鮑叔牙與隰朋之諫〉試釋》,《戰國楚簡研究》,上海古籍出版社,2012 年,第 105 頁;尉侯凱《"毋丘"辨》,中國文字學會第十屆學術年會論文,鄭州大學,2019 年 10 月 11—14 日。

清華簡"㦷"字試解 *

李美辰

廣州中醫藥大學基礎醫學院

清華簡第五册《封許之命》篇是周初封建許國的文書。簡文詳細記載了吕丁就國時周王禮贈的"薦彝"。"薦"有進獻義,"薦彝"應是周王贈送給吕丁的用於祭祀的一組彝器。現將文例摘録如下:

> 贈尔馬(薦)彝,厰□朕妣,龍豆(鬲)、繍(璉)、雚(鑵)、鉦、考弓(勺)、盤、監(鑑)、鎃(鑒)、皿、周(雕)匼(簠)、鼎(鼎)、盨(簋)、釾(舭)、鎾(卣)、㦷(格)。

（清五《封許》簡6～7）

該句中整理者已釋字有豆(鬲)、繍(璉)、盤、監(鑑)、鼎(鼎)、盨(簋)、雚(鑵)、鎾(卣)、鎃(鑒)等字。其中,雚字可讀爲"鑵",即是"罐";鎾字從"晉"得聲,與"卣"同屬喻母幽部,可讀爲"卣";鎃(鑒)爲一種盂。"鉦"字整理者疑讀爲同屬耕部的"鎣",係一種盆形容器。① 謝明文先生將史獸鼎(《銘圖》2423)""字隸定爲"鼪","鉦"從正得聲,"鼪"亦從正得聲,又同爲酒器之屬,故簡文"鉦"即金文中的"鼪",是"爵"形器的一種別稱。② 又"匼"字整理者讀爲"匚",指受物之器,謝氏指出,"匼"從匚從金,應是指青銅食物器中的簠,即用於盛黍稷的器皿。③ "釾"字整理者讀爲

---

* 本文係廣東省哲學社會科學規劃學科共建項目"《清華大學藏戰國竹簡》(1—10册)釋文簡注"(GD20XZW10)階段性研究成果。

① 清華大學出土文獻研究與保護中心編,李學勤主編《清華大學藏戰國竹書(伍)》,中西書局,2015年,下册第121～122頁。
② 謝明文《談談青銅酒器中所謂三足爵形器的一種別稱》,《出土文獻》第7輯,中西書局,2015年,第4～13頁。
③ 謝明文《談談青銅酒器中所謂三足爵形器的一種別稱》,《出土文獻》第7輯,第4～13頁。

"觥",字在簡文中寫作"",石小力先生認爲字應隸定作从金从卯,①可從,但具體爲何字待考。"盟"字整理者指出應是一種酒器,劉偉浠先生據于省吾先生的觀點"盟則無蓋也"推知爲鍾鉌一類的酒器,即方形壺。② 至於簡文"者弓",尚未有確切的説法,本文略去不談。

據上可知,以上"薦彝"類器物是以食器、水器、酒器組成,這與西周早期墓葬出土器物組合大體類似。唯末"忞"字,整理者讀爲"格",認爲是指置放器物的皮架,故列於諸器之下。③ 王寧先生認爲字當讀爲"笒",爲盛物之筐,用於盛器,故列於後。④ 按:以上兩種説法似均未安,整理者認爲"格"爲皮格義,這個詞義見於《字彙》木部,其義出現較晚,且爲木製皮架,不屬於青銅;⑤王寧先生讀爲"笒",爲一種盛器的竹筐,但目前所見西周册命金文以及傳世文獻賜命類賞賜物中未見此種器物,且既是"薦彝","忞"應該是食器、酒器或水器的一種。我們認爲,此處應該是一種青銅酒器,當爲"斝"。理由如下:

首先,"忞"字从各得聲,屬見母鐸部,斝屬見母魚部,二字聲韻相近。王國維先生《説斝》篇中指出:"斝爲爵之大者,故名曰斝。斝者,假也,大也。古人不獨以爲飲器,又以爲灌尊。"⑥《周禮·春官·鬱人》篇有"大祭祀,與量人受舉斝之卒爵而飲之。"鄭注:"斝,受福之嘏,聲之誤也。"孫詒讓《正義》指出:"斝,器名。"並引段玉裁云:"《説文》嘏从古叚聲,斝从斗而象形。二字古音皆在魚模部,皆讀如古,故鄭君就其聲類而易其字。"⑦《儀禮·士冠禮》有句作"孝友時格",鄭注:"今文格爲嘏。"彭林先生將"格"訓爲"至"。⑧ 以上兩例鄭注雖被後來學者證明不確,但也可説明"斝"與"叚"、"叚"與"格"音近。《説文》:"假,非真也。从人,叚聲。一曰至也。《虞書》曰:'假于上下'。"《方言》卷一:"佫,至也。邠、唐、冀、兖之間曰假,或曰佫。"佫,郭璞注:"古格字。"故假、格可通,可證斝、各二字音近,或可通用。

其次,通過梳理青銅斝的定名之源與"斝"字字形源流,未發現兩周、戰國時期的"斝"字或表示"斝"的字形。關於"斝"這個器物的定名,最早始於宋代,王國維先生指

---

① 武漢大學簡帛網簡帛論壇《清華五〈封許之命〉初讀》,石小力先生於 18 樓發帖。

② 劉偉浠《清華大學藏戰國竹簡五疑難字詞集釋及相關問題研究》,福建師範大學碩士學位論文,2017 年,第 39～40 頁。

③ 清華大學出土文獻研究與保護中心編,李學勤主編《清華大學藏戰國竹書(伍)》,下册第 123 頁。

④ 王寧《讀〈封許之命〉散札》,復旦大學出土文獻與古文字研究中心網,2015 年 4 月 28 日。

⑤ 這一點蒙范常喜先生在筆者博士論文預答辯時指出,此致謝忱。

⑥ 王國維《觀堂集林(外二種)》卷三《説斝》,河北教育出版社,2001 年,第 68～70 頁。

⑦ 孫詒讓《周禮正義》,中華書局,2013 年,第三册第 1494～1495 頁。

⑧ 彭林譯注《儀禮》,中華書局,2012 年,第 30 頁。

出:"曰爵、曰觚、曰觶、曰角、曰斝,古器銘辭中均無銘文,宋人但以大小之差定之。"①《説文》:"斝,从𠄔从斗,冂象形。與爵同意。"甲骨文"斝"字作"🀄"(《合集》09544 正),後人誤認作"散",羅振玉先生指出,《韓詩説》諸飲器只有散而無斝,今傳世古酒器只有斝而無散,疑散就是斝。② 王國維③、李孝定④、容庚⑤三位先生均從其説。朱鳳瀚先生認爲羅氏之説雖不無道理,但斝字是否即如羅氏所言由"🀄"形訛變而來,其演變過程缺環較多,難以肯定。⑥ 季旭昇先生以爲斝、散聲紐不同,似乎不太可能誤斝爲散。疑斝、散爲同一器的不同名稱,因方言或其他原因,語音不同,於是小變字形來表示。⑦ 吴偉先生據斝的出土情況及形制指出斝、散字形本身相近,商稱斝而周稱散,實則爲一物。⑧ 今按:"斝"字最早見於甲骨文,寫作"🀄(🀄)"(《合集》19791),爲象形字。商代金文中寫作"🀄"(《集成》16.10495),而西周金文、戰國文字未見。舊釋爲"散"之字寫作"🀄",與商周金文"🀄"類似,二字是否有關,尚待進一步證明。目前在戰國文字中未見明確的"斝"字。據《封許》篇內容可知,文章所記應是西周早期史實,清華簡又是戰國中期以楚國文字鈔寫的文獻,可能此時楚人已經不識早期文字中的"斝"字,故書手在鈔寫時借用與"斝"音近的"㪍"字來記寫,這也是可以説通的。

再次,從考古實物來説,簡文中"斝"字用"㪍"來表示,也可能與"斝"這一器物的發展變化消亡有關。現在學界一般將口沿立兩柱、長頸、鼓腹、三足、體側有鋬的器物命名爲斝。⑨ 就目前考古資料看,青銅"斝"始見於二里頭文化四期(即商代早期),流行於商至西周早期,自西周中期不見。⑩ 這也就解釋了爲什麼"斝"字不見於西周金文以及戰國文字。斝是三足器,且三足多中空,容庚先生認爲其用途是温酒,與角、爵同。⑪ 陳佩芬先生認爲斝就是用來盛秬鬯和鬱金草的灌器,斝上的雙柱起到掛過濾囊口的作用。⑫ 朱

① 王國維《觀堂集林(外二種)》卷三《説觚》,第 70~72 頁。
② 羅振玉《羅雪堂先生全集》三編(二)《增訂殷虛書契考釋》,臺灣大通書局,1968 年,第 519~520 頁。
③ 王國維《觀堂集林(外二種)》卷三《説斝》,第 68~70 頁。
④ 李孝定《甲骨文字集釋》,《"中研院"歷史語言研究所專刊》之五十,1965 年,第 4108 頁。
⑤ 容庚、張維持《殷周青銅器通論》,收錄於《容庚學術著作全集》,中華書局,2012 年,第 45 頁。
⑥ 朱鳳瀚《中國青銅器綜論》,上海古籍出版社,2009 年,第 168 頁。
⑦ 季旭昇《説文新證》,臺北藝文印書館,2014 年,第 346 頁。
⑧ 張懋鎔主編,吴偉著《中國古代青銅器整理與研究·青銅斝卷》,科學出版社,2015 年,第 27 頁。
⑨ 張懋鎔主編,吴偉著《中國古代青銅器整理與研究·青銅斝卷》,第 27 頁。
⑩ 關於青銅斝的發展和消亡,可參看張懋鎔主編,吴偉著《中國古代青銅器整理與研究·青銅斝卷》,第 130 頁。
⑪ 容庚、張維持《殷周青銅器通論》,第 45 頁。
⑫ 陳佩芬《夏商周青銅器研究》,上海古籍出版社,2002 年,第 12 頁。

鳳瀚先生根據出土斝中外底多有煙熏痕跡，内裏有白色水鏽，也認爲斝確是可以受熱温酒的酒器。① 吴偉先生綜合各家説法，結合傳世文獻及出土實物，指出青銅斝的功用是隨著時代的發展而變化的。商代早期和中期，青銅斝體量小，主要在宗廟祭祀中用來和酒與慮酒。商代晚期，青銅斝形制發生變化，體量較大，主要被用來盛酒，但温酒功能是一直存在的。② 關於青銅斝的消亡，吴偉先生也作了很好的總結，認爲是多種因素疊加的結果：首先青銅斝功能的演變導致其地位下降，在青銅斝成爲盛酒器後，與尊、卣、壺等器類的功能重疊，在禮器中的地位逐漸下降，數量也就大爲減少；其次，青銅斝是殷人而非周人的傳統器類，基本只在周貴族中流行；再者，西周初年，統治者吸取商人嗜酒亡國的教訓，對飲酒進行嚴格控制，西周早期，除了商遺民少量保留使用青銅斝外，在周人的墓葬中基本没有發現青銅斝出土，青銅斝在西周中期就退出了歷史舞臺。③《封許》篇整理者指出，簡文成書於成王時期（西周早期），④這也與青銅斝出現的時期大體相合。

周王朝通過分封，建立了許多諸侯國，分封諸侯是通過册命之禮來實現的。《封許之命》就是這樣一篇册命文書。文書上記録了周王的命辭，所賜之物表明吕丁被授予的權利和地位。此時青銅斝作爲西周早期貴族所用之器，作爲賞賜物放進"薦彝"之中也是很有可能的。加之簡文中"㲋"與"鎦（卣）"共同書寫於"薦彝"類器物之後，説明此時青銅斝與卣的功用已大致相同，爲盛酒器。將"㲋"書於最末，也説明了青銅斝這類器物的地位在"薦彝"類器物中已經不高了。這也可與"㲋"釋爲"斝"互相印證。因此，基於以上三點，我們認爲"㲋"當讀爲"斝"，是一種青銅酒器。

綜合各家説法，重新整理《封許》篇"薦彝"句釋文如下：

贈尔廌（薦）彝，斸□豚𧎿，龍鬻（鬲），緐（璉）、雚（鑵）、鉦（爵）、耇㝍（勺）、盤、監（鑑）、鐢（鋬）、䀇（壺）、周（雕）匼（篚）、鼑（鼎）、盌（簋）、鉚、鎦（卣）、㲋（斝）。

① 朱鳳瀚《中國青銅器綜論》，第169頁。

② 張懋鎔主編，吴偉著《中國古代青銅器整理與研究·青銅斝卷》，第31頁。

③ 張懋鎔主編，吴偉著《中國古代青銅器整理與研究·青銅斝卷》，第130～131頁。

④ 清華大學出土文獻研究與保護中心編，李學勤主編《清華大學藏戰國竹書（伍）》，下册第121～122頁。

清華簡第九册釋讀筆記

王　輝

山東大學文學院

清華簡第九册自 2019 年發布以來,學者討論頗多,意見多集中於網絡。筆者在搜集整理現有意見時,發現部分詞語尚有可説。以下擬對其中八處提出個人新見,祈方家指正。文中引用清華簡各册整理者意見,均逕出頁碼,不詳注。清華簡第八册《治邦之道》與第九册《治政之道》應屬同一篇,其中的一則亦予納入。

一、失執

清華九《治政》簡 11:"上愚則下失執,失執則惟古,惟古則生智,衆多智則反敝政。政之不道則上失位,其失則弗可興。"整理者注:"執,依據。失執,失去行事的依據。"(第135 頁注 44)

今按,"執"未見有訓作依據者。"執"當即執持,"失執"猶言失控。"上愚則下失執",即在上者如果愚鈍的話,在下者就會失去控制,身、心均不能爲上所用。因此就會思古之道而生智("惟古"爲整理者解釋,第 135 頁注 44)。簡 13 曰:"彼上聖則衆愚疲,愚疲則聞命,聞命則服以可用。"所説情況與此相反。清華六《鄭武》簡 9:"昔吾先君使二三臣,抑早前後之以言,思群臣得執焉。"整理者引《莊子·達生》"吾執臂也"成玄英疏"執,用也"作解(第 107 頁注 28),其説可從。"群臣得執"與此處"下失執"義正相反。

二、兼專諸侯

清華九《治政》簡 13～14:"彼上聖則衆愚疲,愚疲則聞命,聞命則服以可用。威以彌篤益者。夫以兼專諸侯,以爲天下儀式。是以不刑殺而攸中治,諸侯服。""專",整理者讀爲“撫”，引《説文》之訓“安也”爲釋（第 136 頁注 57）。或謂讀爲“布”，指布命；①或謂讀爲“敷/傅”，《廣雅·釋詁三》：“傅，治也。”②

今按，“甫”、“無”聲系字並無確切可通之例，且簡 26 有“撫”字作“𢰅”。另外，細揆前後文意，均在講述以德服人，安撫、治理諸侯於此並不合適。《説文》寸部：“尃，布也。”古書散布之義多用“敷”，簡文此處似不必讀爲“布”。“兼敷諸侯”指在上者之聖德，不僅使民衆聞而偃服，同時又在諸侯中傳播散布，因此爲天下所效法（儀式）。《左傳》僖公二十五年：“求諸侯，莫如勤王。諸侯信之，且大義也。繼文之業。而信宣於諸侯，今爲可矣。”《史記·蒙恬列傳》：“以其君爲不明，以是籍於諸侯。”司馬貞《索隱》曰：“言其惡聲狼籍，布於諸國。”誠信宣於諸侯，惡名布於諸侯，均與簡文用法類似。簡 19～20“聲以益厚，聞以益彰，諸侯萬邦率嘉之”，與此處意近。

三、考免𧖟惠

清華九《治政》簡 19～20：“彼其輔相、左右、邇臣皆和同心，以一其智，聲以益厚，聞以益彰，諸侯萬邦率嘉之，則考免𧖟惠以立事之。”“考免𧖟惠”，整理者讀爲“孝勉晏惠”（第 138 頁注 76）。或謂“𧖟”讀爲寬，“寬惠”乃古人成詞。③

今按，古書多言孝親忠君，此處所事顯是君主，讀“考”爲“孝”並不合適。當讀爲“巧”，楚簡多見。“巧”此處用作褒義，相同用法如清華六《管仲》簡 25“夫佞者之事君，必前敬與考（巧），而後僭與諂”，“巧”與“敬”並列，且意思與“僭、諂”相反。“免”讀爲“勉”可從。上博六《用曰》簡 12“訛非考免，慎良以稼穡”，未知二者意思是否相同。

“𧖟”與“晏”、“寬”暫無可通之實例，且古書“寬惠”一詞常指上對下，用於此處不妥。楚簡“𧖟”多與“宛”相通。如上博一《詩論》簡 8“小𧖟”即《詩經》中的《小宛》篇，上博二《容成氏》簡 38“取其兩女𥤷、𧖟”，對應今本“琰、琬”，上博六《鄭壽》簡 3“左尹𧖟”即“郤宛”。疑此處當讀爲“婉”，《説文》女部：“婉，順也。”古書“婉”不僅可以指女子温婉，還可以是一般的和順。如《國語·晉語七》：“文敏者導之則婉而入，果然者諗之則過不隱。”《韓詩外傳》卷三：“四行在乎民，居則婉愉，怒則勝敵。”《列子·湯問》：“人性婉而從，物不競不爭。”清華六《鄭武》簡 2“故君與大夫𧖟焉，不相得惡”，“𧖟”整理者亦讀爲“晏”（第

---

① 子居《清華簡九〈治政之道〉解析（中）》，中國先秦史網，2019 年 12 月 15 日。

② 參看簡帛網簡帛論壇《清華九〈治政之道〉初讀》，“my9082”説，2019 年 11 月 26 日。

③ 參看簡帛網簡帛論壇《清華九〈治政之道〉初讀》，“紫竹道人”説，2019 年 11 月 27 日。

106 頁注 7),單育辰讀爲"婉",[1]可從。"惠"亦順從之義。《爾雅·釋言》:"惠,順也。"故訓例多不贅舉。"婉惠"義近連用。

簡文"諸侯萬邦率嘉之,則巧勉婉惠以竝事之",意即諸侯萬邦並巧勉婉惠事之。

四、奉民之務

清華九《治政》簡 33～35:"苟其興人不度,其廢人必或不度。起事必或不時,奉民之務。大宮室,高臺述,深池廣宏,造樹關守、陂塘,土功無既。……不登,府庫倉鹿,是以不實,車馬不类,兵甲不修,其民乃寡以不正。"(第 129 頁)"奉",整理者讀爲妨,又説"起事逢遇民務即妨害民務"(第 142 頁注 122)。

今按,"方"、"丰"聲系字罕見相通之例。楚簡"奉"多有讀爲"逢"者,如上博一《詩論》簡 25"《有兔》不奉(逢)時",上博二《從政甲》簡 8"而不智則奉(逢)災害",清華五《湯丘》簡 5"適奉(逢)道路之祟",等等。此段標點當作"苟其興人不度,其廢人必或不度,起事必或不時。奉(逢)民之務,大宮室,高臺述……"。古書民務、民事多與生産勞作有關,《管子·君臣》順小民以務,尹注:"順用其務農也。"《孟子》"民事不可緩也",趙岐注:"當以政督趣,教以生産之務也。"《鹽鐵論·力耕》:"故衣食者民之本,稼穡者民之務也。""逢民之務,大宮室……",即在民衆有生産之務時,大興土工,造成的結果是府庫不實等。如此則文從字順。《管子·五輔》:"今工以巧矣,而民不足於備用者,其悦在玩好。"尹注曰:"悦玩好則民務末作,故備用不足。"所言與簡文相當。

五、自 麗

清華九《治政》簡 40～41:"……陷之于大難。難之既及,則又自麗焉。彼不知其失,不圖中政之不治、邦家之多病、萬民之不恤,則又欲大啟闢封疆,以立名於天下。"整理者注:"自,疑指王公。麗即'離',讀爲'罹'。"(第 144 頁注 147)或謂"自"指國君。[2]

今按,本篇有"上下麗(離)志"(簡 3)、"削人之封疆,麗(離)人之父子兄弟"(簡 16),均直接釋爲"離",此處亦當如此。"難之既及,則又自離焉",即災難降臨時,在上者又自顧離開。

① 單育辰《清華陸〈鄭武夫人規孺子〉釋文商榷》,復旦大學出土文獻與古文字研究中心編《出土文獻與傳世典籍的詮釋》,中西書局,2019 年,第 124～125 頁。

② 子居《清華簡九〈治政之道〉解析(下)》,中國先秦史網,2019 年 12 月 29 日。

六、敼路室

清華八《治邦》簡 22:"敼路室,攝坭梁,修谷澨,釿(順)舟航,則遠人至,商旅通,民有利。""敼路室",整理者注曰:"敼,讀爲'謹',《廣韻》:'絜也。'或説讀爲'堇',《説文》:'涂也。'路室,客舍。《周禮·遺人》:'凡國野之道,十里有廬,廬有飲食,三十里有宿,宿有路室,路室有委。'賈疏:'路室,候迎賓客之處。'"(第 145 頁注 87)魏棟認爲讀"謹"是,但意思當爲謹慎地做。① 或謂"敼"即勤之異體,亦用如勤之義。②

今按,"敼"與"攝"、"修"、"順"對應,應爲具體動作措施,整理者思路合理。上博一《緇衣》簡 4"敼惡以御民淫"、簡 17"慎於言而敼於行","敼"均讀爲"謹"。然"謹"之義項似未有適合於此處者。《故訓匯纂》收録《急就篇》王應麟補注、《廣韻·隱韻》"謹,絜也",③似整理者所本。查《急就篇》卷四"不肯謹慎自令然",《補注》曰:"謹,絜也;慎,誠也。於文心真爲慎。"顯係隨文發揮。"謹絜"、"謹潔"一詞見於東漢以後古書,是謹敬潔淨之義。宋以後韻書中"謹,絜也"、"謹,潔也"之訓或因此而來,並無確切根據。

"敼"字從"攴",或是"攂"之異體。《説文》手部:"攂,拭也。"段注本改作"攂,飾也",曰:"飾,各本作拭,今正。又部曰:馭者飾也。巾部曰:飾者馭也。飾、拭正俗字。"桂馥亦曰:"拭也者,拭當爲飾,通用飾。"④《玉篇》手部:"攂,清也。""攂路室",即清掃裝飾客舍。簡 13"古毋慎甚敼,服毋慎甚美,食毋慎甚𡧛",第一句似有缺文,"敼"意思待考。

七、内于兇人之言

清華九《廼命二》簡 1:"廼命暉因羣父兄昆弟,曰:各自定也。共民毋淫,内于兇人之言哉。"整理者謂"内"讀爲退,"退"字《説文》重文作"衲"(第 177 頁注 2)。或謂"内"讀爲入。⑤

今按,"退"、"入"於意均不通順。"内"當讀爲納,"納于兇人之言"即採納兇人之言,類似用法如《漢書·五行志下》載梁孝王"納於邪臣羊勝之計,欲求爲漢嗣"。此承前之

---

① 魏棟《清華簡〈治邦之道〉篇補釋》,《清華大學學報》2018 年第 6 期。

② 子居《清華簡八〈治邦之道〉解析》,中國先秦史網,2019 年 5 月 10 日。

③ 參看宗福邦、陳世鐃、蕭海波主編《故訓匯纂》,商務印書館,2003 年,第 2144 頁,"謹"字條義項 17。

④ 段、桂説參看丁福保《説文解字詁林》,中華書局,2014 年,第 13 冊第 11810 頁。

⑤ 子居《清華簡九〈廼命二〉解析》,中國先秦史網,2020 年 3 月 21 日。

"毋"字言之,即不要採納兇人之言。

八、大丘有祏

清華九《禱辭》簡 13 祝禱對象有"大丘又石、君夫、君婦",又石,整理者讀爲"有祏"(第 182 頁),可從,《説文》示部:"祏,宗廟主也。"然"大丘有祏"是何意,未有解釋。

今按,新蔡簡甲三 21 等有"昭告大川有汾",袁金平認爲"有"相當於助詞"之",[1]其説可從。"大川有汾"亦爲祭禱對象,其中"有"字用法應與簡文同。"大丘有祏"猶大丘之祏,即大丘之神主。

---

① 袁金平《新蔡葛陵楚簡"大川有汾"一語試解——兼論上古漢語中"有"的特殊用法》,《語言學論叢》第 42 輯,商務印書館,2010 年。

説 "冪"*

史大豐

棗莊學院文學院

《毛詩·鄘風·牆有茨》"中冓之言",《毛傳》訓"中冓"爲"内冓",鄭箋釋爲"宫中所冓成",只有較早的今文詩學的魯、韓二家(魯最早)把"中冓"解釋爲"中夜",清代學者陳喬樅云:

> 以"中冓"爲"中夜",魯、韓訓同。《廣雅》:"冪,夜也。"《玉篇》:"冪,夜也。《詩》曰'中冓之言',中夜之言也。字亦作冓。"皆用魯、韓之義。"冪"字作"冓"者,韓、毛二家之文。《毛詩》"冓"又作"溝",並見《釋文》。《漢書》"冓"字不从宀,此後人順毛改之耳。①

又:

> 《玉篇》又云"冪,本亦作冓。"臧鏞堂曰:此雖不言《韓詩》,然與《釋文》引合,則爲《韓詩》無疑。喬樅謂魯家亦訓"中冓"爲"中夜",見《漢書·文三王傳》晉灼注,是魯詩之説與韓詩同。②

即便是三家均訓"冓"爲"夜",也不能讓人消除疑惑,因爲從字面上看,"冓"和从"冓"聲之字無論如何也訓不出"夜"這個義項來,現在知道安大簡《詩經》之《甬·牆有蒺藜》作"中彔之言"(其中"彔"作上夕下录的寫法,清華簡中均隸定爲彔,應該更準確),才明白爲什麽魯、韓二家詩訓"中冓"爲"中夜",③因爲在殷墟卜辭裏就用"彔"指夜晚,《牆

---

* 本文係國家社科基金重大項目"中華簡帛文學文獻集成及綜合研究"(15ZDB065)的階段性成果。

① 陳壽祺、陳喬樅《魯詩遺説考》,《續修四庫全書》第76册,上海古籍出版社,2002年,第92頁。
② 陳壽祺、陳喬樅《韓詩遺説考》,《續修四庫全書》第76册,第545頁。
③ 安徽大學漢字發展與應用研究中心編,黄德寬、徐在國主編《安徽大學藏戰國竹簡(壹)》,中西書局,2019年,第128~129頁注3。

有茨》是《鄘風》中的一篇,而鄘本是殷商的舊地,此地的詩歌裏保存著殷商古語也是合理的。黄德寬認爲,"中彔"這個詞可以寫作"中冓"、"中寠",在詩中也就是"中夜"之義。①

"彔"這個字,在傳世典籍中毫無蹤影,在出土的戰國楚簡文獻裏卻屢見不鮮,郭店簡、上博簡、清華簡、安大簡中均有,可以説它在戰國楚文字中還是一個常用的字。在目前能見到的楚簡書中,它主要有兩個用義:

一是和殷墟卜辭一樣用爲"夜"義,如清華簡《尹至》"～至在湯"。清華簡三《周公之琴舞》簡 13 云:"余～(逯)思念,畏天之載。"整理者注:"彔,字見甲骨文,指晚上的某一段時間,……字疑讀爲'逯',《廣韻》:'謹也。'"②懷疑這裏也該訓"夜",類似《孔叢子·居衛》:"夜思之,晝行之"。

二是用爲"禄"。如郭店簡《魯穆公問子思》"～爵"(3 見),上博四《曹沫之陳》簡 21"凡畜群臣,貴賤同止,～(禄)毋怀(負)",均用爲"禄"。

在出土的簡帛文獻中,"录"、"禄"、"彔"均可用爲{禄},可見這四個字的讀音是相同的;③清華簡《管仲》簡 26 言"昏寠以行","寠"字整理者括讀"彔","'寠'字從录聲,疑讀爲'逯',《方言》卷十二:'逯,行也。'"④裏面的"寠"括讀"彔"應該可從,訓"夜","昏彔"就是秦漢人所説的"昏夜","昏夜"是漢代典籍中很常見的詞彙,如《漢書·公孫劉田王楊蔡陳鄭傳》"萬年獨留,昏夜乃歸"、《雋疏于薛平彭傳》"至昏夜,罷去"、《匡張孔馬傳》"優人管弦鏗鏘極樂,昏夜乃罷",等等。這説明"寠"、"彔"因爲音同,也是通假字。更大的可能是"寠"就是"彔"的或體,其從"宀"就和"宵"字也從"宀"一樣,《説文》:"宵,夜也。從宀,宀,下冥也;肖聲。"本義爲"夜"的"彔"也可從"宀",自然也是情理之中的。

但是"彔"怎麽會變成"冓(遘)"或"寠"實在讓人不好理解,整理者認爲是音近通假的關係,就像《周易》裏的"蠱"(見紐魚部)在秦簡本《歸藏》裏作"亦"或"夜"(餘紐鐸部)的情況類似。

就目前的傳世文獻資料看,漢代諸家詩師説不同,可根據的《詩》的傳本很可能是同一個,就是在齊地流傳的某個在秦火中倖存下來的古本。這也很容易理解,就像漢代的

① 黄德寬《論新出戰國楚簡〈詩經〉異文及其價值》,《安徽大學學報(哲學社會科學版)》2018 年第 3 期,第 71～77 頁。

② 清華大學出土文獻研究與保護中心編,李學勤主編《清華大學藏戰國竹簡(叁)》,中西書局,2012 年,第 141 頁注 79。

③ 白於藍《簡帛古書通假字大系》,福建人民出版社,2017 年,第 670～671 頁。

④ 清華大學出土文獻研究與保護中心編,李學勤主編《清華大學藏戰國竹簡(陸)》,中西書局,2016 年,第 117 頁注 61。

今文《尚書》學一樣,雖然有大小歐陽、夏侯等諸學,也不過都是出自伏生一家而已,他們的《尚書》文本自然也都是出自伏生的那一個文本。正因爲他們用的是同一個傳本,所以各家的文字大同小異,即使是文字有異,也都是同音字相假,不會有很大的差別,這都是在流傳中産生的文字通假現象,派別不同會用字有異,即便同是一家詩,用字也會有差別,就以《毛詩》的"中冓"而言,據《釋文》"冓"或作"遘",説明還有的《毛詩》傳本是作"中遘"的。

可是把漢代傳本的《詩》和安大簡本一比就知道其文字差距之大,僅以《牆有茨》篇而言,安大簡本是作"牆有蒺藜",雖然説"茨"就是"蒺藜",可就用字而言顯然就是個巨大的差別,按理説漢代那麽多家詩、那麽多傳本,總該也有作"蒺藜"的吧? 事實是没有,漢代的傳本都是作"牆有茨";再以"中冓"而言,《毛詩》或作"遘",阜陽漢簡本作"講",《玉篇》引《詩》作"寱","遘"、"講"、"寱"都是從"冓"聲,實際上差距不是很大,絶没有一家寫作"录"或從"录"聲字的,即便是訓"冓"爲"夜"的魯、韓兩家照舊還是"冓"或"寱"。

可問題在於魯、韓兩家的訓釋很讓人不解,他們訓"冓"爲"夜",現在從安大簡本來看固然很準確,可上面也説過,就字而言,"冓"或從"冓"之字,無論如何也訓不出"夜"義來,這大概也是《毛傳》把"中冓"解釋爲"内冓"的原因;鄭玄本身也是訓詁大師,他也不從魯、韓之説,而是説"内冓之言,謂宮中所冓成頑與夫人淫昏之語","中冓"的釋義是因襲《毛詩》,也没把"冓"往"夜"義上考慮,他只接受了《韓詩》"中冓之言"爲"謂淫僻之言也"的説法,説明他也是因爲知道"冓"或從"冓"聲之字根本不可能有"夜"訓解。

再來看看傳本的用字,都有自己的義項,如"冓,交積材也"、"遘,遇也"、"講,和解也"(並《説文》),它們的含義都和聲旁"冓"字的含義有關聯,可"寱"《説文》中不收。從秦漢的出土文獻看,秦漢時期就有的字《説文》裏没收的也很多。《説文》裏面訓"夜"的字只有個"宵",當是本自《爾雅·釋言》。可從《説文》以後,"寱"就在字書裏常見,如:

《廣雅·釋詁四》:"寱、昔、闇、暮,夜也。"

《玉篇·宀部》:"寱,夜也。《詩》'中寱之言',中夜之言也。"

《廣韻·去聲·五十候》:"寱,夜也。"

《集韻·平聲四·十九候》:"寱,夜也。"又《去聲八·五十候》:"寱,《博雅》:'夜也。'《詩》'中寱之言'。"

《類篇·宀部》:"寱,夜也。"

《龍龕手鑑·宀部》:"寱,夜寱也。"(疑第二個"寱"字衍。)

從三國時期的張揖《廣雅》一直到宋遼時期的字書韻書裏,"寱"都是訓"夜",没有別的義項,很單純。可到了明代字書就變了,如:

《正字通·宀部》:"寠,室深密處。本作冓。"

《篇海·宀部》:"寠,室深密處。《詩》曰:'中寠之言。'亦作冓。"

《字彙·宀部》:"寠,室深密處。"

很明顯,從三國到宋遼,對於"寠"的解釋實際上是用魯、韓二家《詩》訓,而且是唯一的解釋;到了明代就改從了《毛傳》,所謂"室深密處"其實就是對《毛傳》"内冓"的進一步解釋。這樣就可以明白許慎《説文》裏爲什麼不收"寠"字,因爲許慎是古文家,他崇尚的是古文經,古文經的《毛詩》裏作"冓"或"遘",這兩個字他都收了,而"寠"字僅見於今文詩學,它唯一的義訓"夜"也是古文經的毛詩學不承認的,自然他就把這個字捨棄了。那麼也可以證明,漢代的魯、韓二家《詩》的"中冓"本來應該是作"中寠",而且"寠"字僅用於此而訓"夜",再没有其他用義了,別的凡是從"冓"聲的字,均没有訓"夜"的,所以這事不好解釋。

這裏面的原因,可能在上面提到的清華簡《管仲》中用"祿"爲"彔"上找到答案:傳世典籍中這兩個字形都無蹤跡可尋,也就是這兩個字形在秦漢間就被廢棄不用了,因爲到了秦漢間的通語是"夜",没有"彔"這種説法了;而爵禄、福禄字都寫作"禄",自然這兩個字形會被廢棄。但是,前面説到,漢代的三家詩所用的是同一個古本,這個古本中相當於"彔"的字是寫作"寠"的,而這個"寠"應該是"祿"字的或體,它是從宀冓聲,在古文字中從來紐字得聲者讀見紐音、從見紐字得聲者讀來紐音均常見,[1]侯、屋二部也是嚴格的陰入對轉關係,自然,從宀冓聲的"寠"亦可讀若"祿",就是"彔"的異體字。

正因爲魯、齊、韓三家的舊師説知道這個字本是"祿(彔)",故訓"夜"。但是漢代人失去了"寠"的正確音讀,就改讀了"冓"聲,阜陽漢簡作"講",《毛詩》作"冓"或"遘"就是這麼來的。這種事情也毫不奇怪,如裘錫圭所言:"形聲字的讀音有時會由於聲旁或同從一聲的其他形聲字的讀音的影響,發生不合於古今音變規律的變化。"[2]"寠"字顯然就是受"溝"、"構"、"購"、"講"等"冓"聲字的影響而改讀若"冓"。魯、韓二家可能也是讀"冓",但不改舊師説仍訓"夜",恐怕他們屬於"師云亦云",自己也是知其然而不知其所以然,因爲"冓"和從"冓"聲之字均無"夜"義。《毛詩》因爲晚出,既失去了"寠"的正確音讀,又覺得三家的古師説無據,所以就改訓"内冓"了。《毛詩·大雅·桑柔》第十二章:

大風有隧,有空大谷。

維此良人,作爲式穀。

---

① 黄焯《古今聲類通轉表》,上海古籍出版社,1983 年,第 41～43 頁例。

② 裘錫圭《文字學概要》,商務印書館,2013 年,第 170 頁。

維彼不順，征以中垢。

馬瑞辰《毛詩傳箋通釋》：

"征以中垢"，《傳》："中垢，言闇冥也。"《箋》："征，行也。"瑞辰按：《韓詩外傳》引《詩》曰："往以中垢。"冥行也。往與征字異而義同，或以形近而誤。王尚書謂"征以中垢"猶言"行以得詬"，説詳《經義述聞》。胡承珙曰："垢，塵垢也。《小雅》曰：'維塵冥冥。'故《傳》云'言闇冥也'。"今按"中垢"猶言内垢，與《鄘風》"中冓"爲内冓同義，冓即垢之假借。①

王先謙《詩三家義集疏》卷三中釋《牆有茨》之"中冓之言"：

《漢書·文三王傳》谷永《疏》云："帝王之意，不窺人閨門之私，聽聞中冓之言。"晉灼曰："魯詩以爲夜也。"據此，魯、韓義同。"冓"當爲"寴"之借字。《廣雅·釋詁》："寴、昔、閻、暮，夜也。"《玉篇·宀部》："寴，夜也。《詩》曰'中冓之言'，中夜之言也。"又云："寴本亦作冓。"谷永學魯詩，所引"中冓"當作"中寴"，今傳作"冓"，蓋後人順毛改之。《廣雅》訓"寴"爲"夜"，以"寴"與"閻"同義，是'中寴之言'猶言中夜閭昧之言，故韓説於"中夜"下申成之曰"淫僻之言也"。"中冓"二字相連爲訓。《桑柔》"征以中垢"，《傳》"中垢，言闇冥也"，與"中冓"義合，蓋"垢"、"寴"古字通也。②

根據馬、王之説，《桑柔》裏的"中垢"就是《牆有茨》的"中冓"或"中寴"，《毛傳》訓"闇冥"，其實就是沿用了今文魯、韓詩學的"夜"訓，"中垢"即"中寴"亦即"中夜"。否則，和"冓"與從"冓"聲之字一樣，"后"或從"后"聲之字也訓不出"夜"義來。很明顯，這個"垢"本來也是該作"寴"，也就是"寐"字。再從該章的用韻上看，是用的屋部韻："谷"、"穀"、"寐"都是屋部字，雖然作"垢"可以是侯、屋對轉爲韻，可總不如作"寐"協和；《桑柔》第九章也是用屋部韻，是以"鹿"、"穀"、"谷"爲韻，"鹿"、"寐"古音同（來紐屋部），這恐怕不是巧合可以解釋的。所以，《桑柔》這裏的"垢"字本亦應作"寴"，即"寐"字，也是因爲漢代"寴"讀從"冓"聲，才通假爲"垢"，而其義訓還是"夜"，《毛傳》的"闇冥"就是"夜"義的引申。

要之，根據安大簡《詩經》可知，漢代傳本的《詩經·牆有茨》中的"中冓"本當作"中寴"，"寴"是"寐"的異體字，亦即"寐"字，是"夜"義；《大雅·桑柔》中的"中垢"也當作"中寴"，王先謙云"'中垢'言闇冥，與《牆有茨》'中寴'音義皆同"，是也。是漢代時把"寴"字改讀若"冓"，才有了"冓"、"遘"、"講"、"垢"等異文，均非《詩》之舊。

① 馬瑞辰《毛詩傳箋通釋》，中華書局，1989 年，第 972 頁。
② 王先謙《詩三家義集疏》，《續修四庫全書》第 77 册，第 458～459 頁。

秦漢璽印人名考析(續九)

魏宜輝

南京大學文學院

一

秦漢璽印人名中有"徒得"之名,如"狄徒得"(《七砣平房藏秦私印》第 299 頁,圖一·1)、"公孫徒得"(《秦代印風》第 211 頁,圖一·2)、"徒得"(《十鐘山房印舉》3·25,圖一·3)、"徐徒得"(《新編全本季木藏陶》1101,圖一·4)、"衞(衛)徒得-臣忠"(《十鐘山房印舉》14b·06,圖一·5)。作爲人名的"徒得",我們認爲當讀作"途得"。"徒"、"途"古音皆爲定母魚部字,音同可通。文獻中亦有二字相通的辭例。《太玄·夷》:"或飫之徒。""徒"通"途"。①

圖一

"途得"即"路途所得"之義。漢印及漢簡中多見有"道得"之名,如"樂道得"(《十鐘山房印舉》17·41,圖二·1)、"冬道得-臣道得"(《絜齋古印存》,圖二·2)、"李道得"(《蘇州博物館藏璽印》155,圖二·3)、"孫道得"(《肩水金關漢簡》73EJT10:201,圖二·4)。② "途得"與"道得"之名的取義是相同的。

———————————

* 本文爲國家社科基金一般項目"戰國秦漢簡帛文獻用字綜合研究"(17BYY131)的階段性成果。

① 張儒、劉毓慶《漢字通用聲素研究》,山西古籍出版社,2002 年,第 347 頁。

② 甘肅簡牘保護研究中心等編《肩水金關漢簡(壹)》,中西書局,2011 年,第 271 頁。

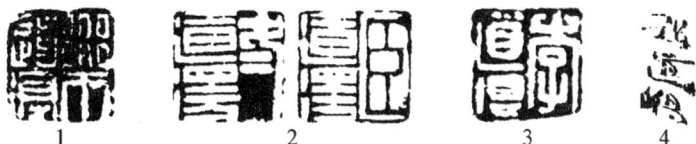

圖二

二

《虛無有齋摹輯漢印》2903 收錄有漢穿帶印"姚孟友-臣孟友"(圖三)。

圖三

作爲人名的"孟友",我們認爲當讀作"明友"。"明"、"孟"古音皆爲明母陽部字,可以通用,古書中多見"明"、"孟"相通的例子。① "明友"之名於漢印中常見,如"燕明(明)友印"(《匋齋藏印》446)、"毛明(明)友印"(《印典》第 1794 頁)、"食明(明)友印"(《故宮歷代銅印特展圖錄》74)、"曹明(明)友"(《洛泉軒集古璽印選萃》411)、"朱明(明)友印"(《虛無有齋摹輯漢印》3590)、"牟明(明)友印"(《金薤留珍》書集 20)、"尹朙(明)友印"(《秦漢印統》6·34)。②

"明"、"猛"二字古音相同,亦可以通用。"明友"在漢代又寫作"猛友",如《漢書·平帝紀》中所載"酈明友",在《漢書·高惠高后文功臣表》中作"猛友"。漢印中"明友"寫作"猛友"的例子也很多見,如"露猛(明)友印"(《中國璽印集粹》1164)、"王猛(明)友印完封發之"(《十六金符齋印存》第 183 頁)、"堂猛(明)友印"(《鶴廬印存》第 237 頁)、"迎猛(明)友印"(《十鐘山房印舉》19·32)、"司馬猛(明)友"(《十鐘山房印舉》26·09)、"張猛(明)友印"(《鐵雲藏印》第 425 頁)、"劉猛(明)友印"(《金薤留珍》圖集 35)、"王猛(明)友印"(《魏石經室古璽印景》第 100 頁)、"石猛(明)友印"(私人收藏)。③ "猛"從"孟"得聲,因此"孟友"與"猛友"一樣,也是"明友"的同名異寫。

---

① 高亨纂著,董治安整理《古字通假會典》,齊魯書社,1989 年,第 321 頁。

② 漢印文字中"明"字寫作"明"或"朙"。施謝捷指出"朙"爲"明"字異體。參見施謝捷《〈漢印文字徵〉及其〈補遺〉校讀記(一)》,《出土文獻與古文字研究集刊》第 2 輯,復旦大學出版社,2008 年,第 303 頁。

③ "漢印石姓集萃","盛世成馨"公衆號,2019 年 11 月 19 日。

三

《虛無有齋摹輯漢印》1690 收録有漢穿帶印"强邤郖-臣邤郖"(圖四)。

圖四

作爲人名的"邤郖",我們認爲可能讀作"不其"。"邤"字從"不"聲,爲"邳"字的早期寫法。"郖"字當從"臣"得聲。"臣"、"其"二字古音讀音關係密切。古書中有從"臣"聲之字與"其"及從"其"聲之字相通的例子。李家浩有專文論及,這裏轉引他所舉的例證。《書·微子》:"今爾無指告予,顛隮,若之何其?"《史記·宋世家》裴駰《集解》引鄭玄注曰:"其,語助也。齊魯之間聲如姬。"《史記·田仲敬完世家》所載人名"田臣思",司馬貞《索隱》引《戰國策》作"田期思"。按傳本《戰國策·齊策一》作"田臣思",與《史記》同。錢大昕、黃丕烈皆認爲"臣"是"臣"之誤。"臣"、"期"音近可通。①

九店 56 號墓竹簡簡 43~44 記載了與"武夷"相關的内容,其中簡 43 有這樣的内容(簡文採用寬式隸定):

〔□〕敢告□綫之子武夷:爾居復山之邔,不周之野,帝謂爾無事,命爾司兵死者。……

簡文中"復山之邔"的"邔"字,李家浩讀作"基"。② 其説可信。

據此來看,"邤郖"讀作"不其"在讀音上是可以説得通的。據《漢書·地理志》,"不其"爲琅邪郡之縣,"邤(不)郖(其)"之名當取自地名。

四

2021.1.5 逸雲軒古璽印微拍展示有漢穿帶印"丘與之-丘叔"(圖五)。其中"與"字,

---

① 李家浩《九店楚簡釋文與考釋》,湖北省文物考古研究所、北京大學中文系編《九店楚簡》,中華書局,2000 年,第 105 頁,注釋 165。

② 李家浩《九店楚簡釋文與考釋》,湖北省文物考古研究所、北京大學中文系編《九店楚簡》,第 105 頁,注釋 165。

微拍釋文誤作"興"。①

圖五

作爲人名的"與之",我們認爲應讀作"赦之"。"與"字古音爲喻母魚部字,"赦"字爲書母鐸部字,二字讀音關係很近,可以相通。出土文獻中有从"與"聲之字與"赦"字相通的辭例。郭店楚簡《成之聞之》篇簡 39 之"型丝亡懇"與今本《尚書·康誥》之"刑兹無赦"相對應。② 廖名春、李零、李學勤指出"懇"當讀作"赦"。③ 上博簡《仲弓》篇簡 7 有"惑(宥)忲(過)懇皋(罪)",簡 10 有"惑(宥)忲(過)嬰皋(罪)"。"懇"、"嬰"字,陳劍讀作"赦"。④ 其説可信。

戰國秦漢人名中有一類雙字名,如"舍之"、"釋之"、"捐之"、"置之"、"棄之",⑤這類雙字名前一字表示"捨棄"義,後面加"之"字。我們認爲"赦之"亦屬於此類人名。"赦"有"捨棄"義。《左傳》宣公十二年:"左右曰:'不可許也,得國無赦。'"《爾雅·釋詁》:"赦,舍也。"郭璞注:"舍,放置。"《説文》支部:"赦,置也。"段玉裁注:"'赦'與'捨'音義同,非專謂赦罪也。後'捨'行而'赦'廢,'赦'專爲赦罪矣。"

五

《古玉印集存》236 著録了漢玉印"劉先臣"(圖六)。

圖六

---

① 2021.1.5 逸雲軒古璽印微拍,"逸雲軒文化"公衆號,2020 年 12 月 31 日。

② 荆門市博物館《郭店楚墓竹簡》,文物出版社,1998 年,第 170 頁,注釋 33 裘錫圭按語。

③ 參見武漢大學簡帛研究中心、荆門市博物館編著《楚地出土戰國簡册合集(一):郭店楚墓竹書》,文物出版社,2011 年,第 85 頁。

④ 參見俞紹宏、張青松編著《上海博物館藏戰國楚簡集釋》第三册,社會科學文獻出版社,2019 年,第 167 頁。

⑤ 以"舍之"爲名的例子有"荆(刑)舍之"(《香港中文大學文物館藏印續集一》56)、"方生舍之"(《封泥彙編》第 185 頁)、"周舍之-周長孺"(《絜齋古印存》),以"釋之"爲名的例子有"事釋之"(《赫連泉館古印存》第 92 頁)、"吕釋之"(《史記·吕太后本紀》)、"郭釋之"(《肩水金關漢簡》73EJT29:113),以"捐之"爲名的例子有"張捐之"(《樂只室古璽印存》第 2 頁)、"扈捐之印-臣捐之"(《秦漢印典》第 711 頁)、"徐捐之"(《肩水金關漢簡》73EJT9:137),以"置之"爲名的例子有"韓置之-臣置之"(《二百蘭亭齋古銅印存》第 82 頁)、"置之"(《古鉨印精品集成》第 166 頁),以"棄之"爲名的例子有"王棄之"(《漢書·景武昭宣元成功臣表》)。

作爲人名的"先臣",我們認爲當讀作"藎臣"。"先"字古音爲心母文部字,"藎"爲邪母真部字,二字讀音關係相近,可以相通。曾侯乙編鐘銘文中,"姑洗"之"洗"寫作"犙"或"犙"。裘錫圭、李家浩指出,"犙"字應从"先"聲,可以與"洗"相通。"先"屬文部,"聿"屬真部,二部古音相近。"犙"大概也是"藎"、"飼"一類兩半皆聲的字。① 從曾侯乙編鐘銘文的辭例來看,"先"讀作从"聿"聲的"藎"在讀音上應該是沒有問題的。

《詩·大雅·文王》:"王之藎臣,無念爾祖。"朱熹集傳:"藎,進也,言其忠愛之篤,進進無已也。"本謂王所進用之臣,後引申指忠誠之臣。《平盦攷藏古璽印選》收錄有漢印"藎臣私印"(圖七),此印即是以"藎臣"爲名的例子。

圖七

秦漢璽印人名中還見有"忠臣"、"貞臣"、"誠臣"之名,其取義與"藎臣"相類,如"吳忠臣印"(《十鐘山房印舉》18·02)、"公孫忠臣"(《十鐘山房印舉》26·08)、"馴忠臣"(《十六金符齋印存》第312頁)、"高忠臣印"(《漢銅印叢》第87頁)、"賈忠臣"(《湖南省博物館藏古璽印集》338)、"茅忠臣印"(《漢印之美專題展》63)、"殷貞臣印-殷長君印"(《虛無有齋摹輯漢印》2922)、"趙誠臣"(《戎壹軒藏秦印珍品專題展》37)、"誠臣"(《文雅堂輯秦印》182)。

六

漢印中有"果耐"之名,如"召果耐印"(《十鐘山房印舉》18·11,圖八·1)、董(董)果耐(《虛無有齋摹輯漢印》0467,圖八·2)。作爲人名的"果耐",我們認爲當讀作"果能"。

1　　2

圖八

"能"、"耐"古音皆爲泥母之部字,可以相通。《禮記·樂記》:"故人不耐無樂,樂不

---

① 裘錫圭、李家浩《曾侯乙墓鐘、磬銘文釋文與考釋》,湖北省博物館編《曾侯乙墓》上册,文物出版社,1989年,第554~555頁。

耐無形,形而不爲道,不耐無亂。"鄭玄注:"耐,古書能字也。"《管子·入國》:"聾盲、喑啞、跛躄、偏枯、握遞不耐自生者,上收而養之。"《論衡·明雩》:"況雨無形兆,深藏高山,人君雩祭,安耐得之?"這兩處文中的"耐"字也都讀作"能"。

以"耐"表示{能},在出土漢代文獻中也很常見。定州漢簡《論語》簡 394"……子道三,我無耐焉:……","耐"今本《論語》作"能"。① 馬王堆帛書《五行》篇 82 列:"兄弟不相耐(能)者,非无(無)所用説(悦)心也,弗遷於兄弟也。""耐",整理者讀爲"能"。② 居延新簡 EPF22:80~81:"迺二月壬午病加兩脾雍(臃)種(腫),匈脅支滿,不耐食飲,未能視事,敢言之。"③"不耐食飲"亦當讀作"不能食飲"。今本《詩經·檜風·匪風》"誰能亨魚",海昏侯墓漢簡《詩經》471 作"誰耐薌魚"。④

《甘氏集古印正》第 105 頁收錄有漢印"駱果能"(圖九)。"果耐"爲"果能"的同名異寫。

圖九

七

天眷堂第 21-1-1 期璽印微拍預展展示有漢印"趙然巳"(圖十)。⑤

圖十

作爲人名的"然巳",我們認爲當讀作"熱巳"。"然"字古音爲日母元部字,"熱"字爲日母月部字,二字音近可通。今本《老子》:"躁勝寒,靜勝熱。"與"熱"對應之字,郭店楚

---

① 河北省文物研究所定州漢墓竹簡整理小組《定州漢墓竹簡·論語》,文物出版社,1997 年,第 69 頁,注釋 32。

② 湖南省博物館、復旦大學出土文獻與古文字研究中心編纂,裘錫圭主編《長沙馬王堆漢墓簡帛集成(肆)》,中華書局,2014 年,第 79 頁,注釋 9。

③ 張德芳《居延新簡集釋(七)》,甘肅文化出版社,2016 年,第 456 頁。

④ 朱鳳瀚主編《海昏簡牘初論》,北京大學出版社,2020 年,第 106 頁。

⑤ 天眷堂第 21-1-1 期璽印微拍預展,"天眷堂文化"公衆號,2021 年 1 月 5 日。

簡《老子乙》簡 15 作"然"。[①] 以"然"字表示{熱}的例子亦見於郭店楚簡《太一生水》篇簡 3～4、望山 M1 楚墓竹簡簡 43、天星觀楚簡。[②] {已}在戰國秦漢時代往往用"巳"來表示，"已"爲"巳"之後起分化字。

《古封泥集成》2635 收録漢封泥"周熱巳(已)"(圖十一·1)，《古封泥集成》2634 收録漢封泥"臣熱巳(已)"(圖十一·2)。"熱巳"之"熱"指热症，即陽氣亢盛的病症，後多指身體發燒。《左傳》昭公元年："陰淫寒疾，陽淫熱疾。"《素問·刺瘧》："足少陰之瘧，令人嘔吐甚，多寒熱，熱多寒少，欲閉户牖而處，其病難已。""熱巳"即热症病愈。在病症字後加"巳(已)"字的雙字人名在戰國秦漢璽印中非常多見，如"病巳(已)"、"疾巳(已)"、"癃巳(已)"等。

圖十一

出土漢代文獻中多見以"炅"字來表示{熱}的辭例，這種情況也見於漢印人名用字，如"與炅(熱)巳(已)"(《秦漢印典》第 207 頁，圖十一·3)即是如此。"然巳"、"炅巳"皆爲"熱巳"的同名異寫。

八

施謝捷《説嶽麓秦簡的人名"毋澤"》一文展示有一人所用的五方私印(圖十二)："煖珠"、"妾煖朱(珠)"、"妾魏(魏)煖珠"、"妾巍(魏)煖珠"、"妾魏(魏)煖珠"。[③]

圖十二

施文已經指出，"朱"、"珠"同音通假。作爲人名的"煖朱"、"煖珠"，我們認爲可能讀作"玩珠"。"煖"字古音爲泥母元部字，"玩"字爲疑母元部字，二字讀音關係較近，可以

---

① 荆門市博物館《郭店楚墓竹簡》，第 118 頁。

② 荆門市博物館《郭店楚墓竹簡》，第 125 頁；湖北省文物考古研究所北京大學中文系編《望山楚簡》，中華書局，1995 年，第 72 頁；朱曉雪《天星觀卜筮祭禱簡文整理》，簡帛網，2018 年 2 月 2 日。

③ 施謝捷《説嶽麓秦簡的人名"毋澤"》，《中國文字學報》第 7 輯，商務印書館，2017 年，第 130 頁。

相通。古書中有"元"字與"爰"字相通的辭例可以作爲旁證。《史記·高祖功臣表》"厭次侯元頃"，《集解》引徐廣曰："《漢書》作爰類。"①

《虛無有齋摹輯漢印》3589 收錄了"朱 珠印"（圖十三）。""字施謝捷釋作"美"。② 我們認爲""也有可能是"弄"字的一種變體。弄珠，即玩弄珠玉。珠玉爲貴富之物，取名"弄珠"大概是希望子嗣富貴。③ "玩珠"之名的取義與"弄珠"正相類似。

圖十三

九

天眷堂第 21-3-2 期璽印微拍預展展示了漢穿帶印"段蓋呂-[肖形]"（圖十四）。④

圖十四

作爲人名的"蓋呂"，我們認爲可能讀作"闔閭"。"蓋"、"闔"皆從"盍"聲，可以相通。"閭"從"呂"聲，亦可相通。"闔閭"爲春秋吳王，《呂氏春秋》《白虎通》將其列爲春秋五霸之一。"闔閭"，文獻中又或作"闔廬"（見《公羊傳》《史記》《呂氏春秋》《左傳》《國語》《戰國策》《新序》及北大漢簡《周馴》篇⑤）、"蓋廬"（張家山漢簡《蓋廬》篇⑥）。

劉釗指出，歷代都有大量的因仰慕古代名人而起名的例子，如起名"禹湯"、"堯舜"、"彭祖"、"倉頡"、"子夏"、"子路"等即是。⑦ 以"蓋（闔）呂（閭）"爲名，亦屬於這種情況。

人名"蓋呂"的取義，我們認爲還存在另外一種可能性，或讀作"蓋閭"。秦漢人名中有

① 高亨纂著，董治安整理《古字通假會典》，第 157 頁。

② 施謝捷編著《虛無有齋摹輯漢印》，京都藝文書院，2014 年，第 609 頁。

③ 魏宜輝《秦漢璽印姓名考析十題》，《出土文獻》第 9 輯，中西書局，2016 年，第 263 頁。

④ 天眷堂第 21-3-2 期璽印微拍預展，"天眷堂文化"公衆號，2021 年 3 月 7 日。

⑤ 北京大學出土文獻研究所編《北京大學藏西漢竹書（叁）》，上海古籍出版社，2015 年，第 127 頁。

⑥ 張家山二四七號漢墓竹簡整理小組編著《張家山漢墓竹簡（二四七號墓）》，文物出版社，2001 年，第 275 頁。

⑦ 劉釗《古文字中的人名資料》，《古文字考釋叢稿》，嶽麓書社，2005 年，第 367 頁。

"蓋衆"、"蓋郎"、"蓋都"、"蓋宗"之名,劉釗歸入"卓爾不群"類人名。① "蓋"爲"蓋過、超過"之義,"蓋衆"即蓋過衆人。"蓋郎"讀作"蓋廊","廊"指廊廟、朝廷,"蓋廊"可以理解爲蓋過朝中之人。"蓋都"指蓋過都城之人,"蓋宗"指蓋過宗族之人。漢代人名中還有"蓋邑"之名,如"棪蓋邑印>棪子發印"(《中國璽印集粹》1399)、"馮蓋邑"(《樂只室古璽印存》第63頁)、"王蓋邑印-王子文印"(《璽印集林》第223頁)、"朹蓋邑-臣蓋邑"(《香港中文大學文物館藏印續集三》274)、"馮蓋邑-白[肖形]"(《盛世璽印録》393)、"勝蓋邑印"(《虛無有齋摹輯漢印》2057)、"刑蓋邑"(《懸泉漢簡》I90DXT0116②:46),取義與"蓋都"類似。

"閭"指里巷之門,亦引申指里巷。"蓋閭"之"閭"當指里巷之人,"蓋閭"即蓋過里巷之人,取義出類拔萃。

十

2021.1.31逸雲軒古璽印微拍展示有漢穿帶印"羊官仁印-千秋万(萬)歲"(圖十五)。②

圖十五

作爲人名的"官仁",我們認爲當讀作"官人"。張傳官指出,"人"、"仁"古通,漢印中常見人名"聖人"或作"聖仁",文獻中的人名"它仁"(或"他仁")即"它人"(或"他人")之異寫。③ 以"仁"來表示{人}的用字在漢印私名中有"張聖仁(人)印"(《十鐘山房印舉》18·19,圖十六·1)、"吕聖仁(人)印"(《虛無有齋摹輯漢印》1529,圖十六·2)、"魏(魏)長卿-魏(魏)路仁(人)"(私人收藏,圖十六·3)④、"王居仁(人)印"(《吉金齋古銅印譜》第86頁,圖十六·4)、"程問(聞)仁(人)印"(《金薤留珍》書集15,圖十六·5)。⑤

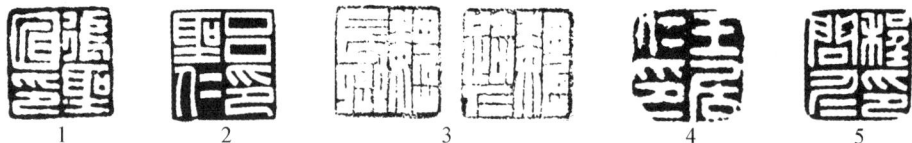

圖十六

① 劉釗《古文字中的人名資料》,《古文字考釋叢稿》,第371頁。
② 2021.1.31逸雲軒古璽印微拍,"逸雲軒文化"公衆號,2020年1月26日。
③ 張傳官《〈急就篇〉校釋與新證》,復旦大學博士學位論文,2012年,第203～204頁。
④ "賞精品漢印——魏姓集萃","盛世成馨"公衆號,2016年7月15日。
⑤ 魏宜輝《秦漢璽印姓名考析(續五)》,《出土文獻》2020年第2期,第112頁。

　　官人，即爲官之人、官吏。《左傳》哀公三年：“百官官備，府庫慎守，官人肅給。”《荀子·强國》：“士大夫益爵，官人益秩，庶人益禄，是以爲善者勸，爲不善者沮。”楊倞注：“官人，群吏也。”以“官人”爲名，體現了人們希望子嗣爲官顯達的願望。

參考璽印陶文文獻

〔明〕甘暘輯，徐敦德校訂《甘氏集古印正》，西泠印社出版社，2000年。

〔明〕羅王常編《秦漢印統》，明萬曆三十六年（1608）吳氏樹滋堂刻本。

〔清〕陳介祺編《十鐘山房印舉》，中國書店，1985年。

〔清〕端方輯，虞人、華蒉釋文《匋齋藏印》，福建人民出版社，2016年。

〔清〕何昆玉藏輯《吉金齋古銅印譜》，上海書店，1989年。

〔清〕劉鶚輯《鐵雲藏印》，《劉鶚集》（下册），吉林文史出版社，2007年。

〔清〕汪啟淑集印、徐敦德釋文《漢銅印叢》，西泠印社出版社，1998年。

〔清〕吳大澂藏輯《十六金符齋印存》，上海書店，1989年。

〔清〕吳雲編集《二百蘭亭齋古銅印存》，西泠印社出版社，1983年。

高絡園編《樂只室古璽印存》，上海書店，1999年。

故宮博物院編《金薤留珍》，故宮博物院影印，1971年。

顧榮木編《鶴廬印存》，榮寶齋出版社，1998年。

湖南省博物館編《湖南省博物館藏古璽印集》，上海書店，1991年。

金懷英編《秦漢印典》，上海書畫出版社，1997年。

康殷、任兆鳳主輯《印典》，中國友誼出版公司，2002年。

林樹臣編《璽印集林》，上海書店，1991年。

劉凱、張虓主編《七砳平房藏秦私印》，黑龍江美術出版社，2020年。

羅振玉編《赫連泉館古印存》，上海書店出版社，1998年。

商承祚輯《契齋古印存》，1936年番禺商氏鈐本。

施謝捷編著《虛無有齋摹輯漢印》，京都藝文書院，2014年。

施謝捷、王凱、王俊亞編著《洛泉軒集古璽印選萃》，京都藝文書院，2017年。

蘇州博物館編《蘇州博物館藏璽印》，文物出版社，2010年。

孫慰祖主編，蔡進華、張健、駱錚編《古封泥集成》，上海書店出版社，1994年。

臺北故宮博物院編輯委員會編輯《故宮歷代銅印特展圖録》，臺北故宮博物院，1987年。

王人聰編著《香港中文大學文物館藏印續集三》，香港中文大學文物館，2001年。

王人聰編著《香港中文大學文物館藏印續集一》，香港中文大學文物館，1996年。

吳君硯編著《盛世璽印録》，京都藝文書院，2013年。

吳幼潛編《封泥彙編》，上海古籍書店，1984年。

西泠印社美術館編《漢印之美專題展》，西泠印社美術館，2015年。

許雄志主編《秦代印風》,重慶出版社,1999 年。

張小東編《戎壹軒藏秦印珍品專題展》,西泠印社美術館,2015 年。

張小東輯《文雅堂輯秦印》,北京文雅堂,2016 年。

周進編《魏石經室古璽印景》,上海書店,1989 年。

周進集藏,周紹良整理,李零分類考釋《新編全本季木藏陶》,中華書局,1998 年。

莊新興編《古鈢印精品集成》,上海古籍出版社,1998 年。

[日]加藤慈雨樓輯《平盦攷藏古璽印選》,日本臨川書店,1980 年。

[日]菅原一廣輯《中國璽印集粹》,東京二玄社,1996 年。

《儀禮》鄭玄注"通假古文"新證舉隅[*]

范常喜

中山大學中文系

("古文字與中華文明傳承發展工程"協同攻關創新平臺)

引　言

　　《儀禮》有今古文之分,《史記·儒林列傳》云:"諸學者多言禮,而魯高堂生最本。《禮》固自孔子時而其經不具,及至秦焚書,書散亡益多,於今獨有《士禮》,高堂生能言之。"《漢書·藝文志》載:"漢興,魯高堂生傳《士禮》十七篇,訖孝宣世,后倉最明,戴德、戴聖、慶普皆其弟子,三家立於學官。"此乃今文《儀禮》的來源。《漢書·藝文志》又云:"《禮古經》者出於魯淹中及孔氏,學七十篇,文相似,多三十九篇。"劉敞曰:"'學七十篇'當作'與十七篇文相似'。五十六卷除十七,正多三十九也。"又:"武帝末,魯共王壞孔子宅,欲以廣其宮,而得古文《尚書》及《禮記》《論語》《孝經》凡數十篇,皆古字也。"《漢書·景十三王傳》:"河間獻王德以孝景前二年立,修學好古,實事求是。從民得善書,必爲好寫與之,留其真,加金帛賜以招之。……獻王所得書皆古文先秦舊書,《周官》《尚書》《禮》《禮記》《孟子》《老子》之屬,皆經傳説記,七十子之徒所論。其學舉六藝,立《毛氏詩》《左氏春秋》博士。修禮樂,被服儒術,造次必於儒者。山東諸儒多從而遊。"這是古文《儀禮》的來源。①

　　及至東漢末年,鄭玄注《儀禮》時兼採今古文,"從今文則《注》內疊出古文,從古文則《注》內疊出今文","皆逐義强者爲之"。鄭玄注中這些古文材料爲我們提供了當時古文經的一些重要綫索,所以前修時賢對此均較爲重視。關於《儀禮》鄭注當中今古文異同

＊　本文爲教育部、國家語委甲骨文等古文字研究與應用專項重點項目"戰國文字資料中心與研究平臺建設"(YWZ-J019)、國家社科基金重大項目"戰國文字詁林及數據庫建設"(17ZDA300)的階段性成果。

① 參見王國維著,黃愛梅點校《王國維手定觀堂集林》,浙江教育出版社,2014年,第172～173頁。

的疏證,清儒已做了相當細密的工作,如李調元《儀禮古今考》、程際盛《儀禮古文今文考》、徐養原《儀禮古今文異同》、宋世犖《儀禮古今文疏證》、嚴可均《儀禮古今文異同說》(存佚不詳)、胡承珙《儀禮古今文疏義》、陳光煕《禮經漢讀考》等。① 但由於時代所限,清人大多只能搜羅傳世古籍及字書中相關的異文材料來對這些今古文進行疏證,個別研究者也利用當時所能見到的殘存石經、碑別字以及商周金文予以補述,但由於當時出土材料極爲有限,所以這些疏證工作雖然取得了一些創獲,仍不免有隔靴之憾。

當代研究《儀禮》鄭玄注今古文的成果主要有:高明《據武威漢簡談鄭玄〈儀禮〉今古文》②《從出土簡帛經書談漢代的今古文學》③、楊天宇《鄭玄校〈儀禮〉兼採今古文異文的三原則》④、史傑鵬《〈儀禮〉今古文差異釋例》⑤、張富海《漢人所謂古文研究》⑥、劉大鈞《今、帛、竹書〈周易〉古經文字考》⑦、徐剛《古文源流考》⑧等。這些成果共同的特點是在研究過程中,較多地利用了二十世紀出土的古文字材料,從而給《儀禮》鄭注古文的研究輸入了新的血液,但限於研究側重點的不同,上述研究成果並未對《儀禮》鄭注中的"古文"材料進行通盤考察,有些在研究過程中存在一些疏失。

有鑑於此,我們曾撰成《鄭玄注"古文"新證》一文,在全面搜集的基礎上,共得鄭注《儀禮》今古異文 328 組,並根據今文與古文之間的形音義關係,參考諸家研究成果,將這些今古文分作音同或音近、形訛、義近和其他四大類進行了全面新證,基本明確了鄭玄注《儀禮》古文的性質與時代層次。⑨ 本文即在該論文的基礎上,著重擇取其中《儀禮》部分音同或音近的通假"古文",從用字習慣的角度對此類"古文"使用的時代層次進行考察,並對鄭玄注《儀禮》時所據古文本的真實面貌略作補述。

通假古文是指《儀禮》鄭注"古文"與"今文"之間屬於音同或音近的通假關係,此類"古文"所占比重最大,共計 199 組。根據其通用的時代特徵,又可以分爲三個小類:與戰國用字不合與秦漢用字相合者,與戰國秦漢用字相合者,無法確知時代層次者。後面

---

① 參見王鍔《三禮研究論著提要》,甘肅教育出版社,2001 年,第 194、198、200、204 頁。
② 高明《據武威漢簡談鄭玄〈儀禮〉今古文》,《傳統文化與現代化》1996 年第 1 期。
③ 高明《從出土簡帛經書談漢代的今古文學》,《考古與文物》1997 年第 6 期。
④ 楊天宇《鄭玄校〈儀禮〉兼採今古文異文的三原則》,《鄭州大學學報(哲學社會科學版)》2003 年第 5 期。
⑤ 史傑鵬《〈儀禮〉今古文差異釋例》,《古籍整理研究學刊》1999 年第 3 期。
⑥ 張富海《漢人所謂古文研究》,北京大學博士學位論文,2005 年;後改名作《漢人所謂古文之研究》,於 2007 年由綫裝書局出版。
⑦ 劉大鈞《今、帛、竹書〈周易〉古經文字考》,載氏著《今帛竹書〈周易〉綜考》,上海古籍出版社,2005 年,第 1～110 頁。
⑧ 徐剛《古文源流考》,北京大學出版社,2008 年。
⑨ 范常喜《鄭玄注"古文"新證》,中山大學博士學位論文,2007 年。

兩類對於推定“古文”的時代層次没有太大幫助,故此第一類“與戰國用字不合與秦漢用字相合者”最有參考價值。經初步考察,共得這類通假古文 30 例。本文集中對這 30 例通假古文作一新證。需要説明的是,我們所説的這類“與戰國用字不合與秦漢用字相合者”的“古文”還可再分爲兩類情況:一類是通假古文不見於目前所見出土戰國及以前的文字材料,但見於出土秦漢文字材料;另一類是通假古文在出土戰國秦漢文字材料中都找不到相應的用例,但通過綜合考察古文的始見年代等情況,可以間接推定通假古文屬於漢代甚至更晚一些的用字習慣。

由於古文《儀禮》的主體出自漢初魯淹中和“孔壁”,據此可知當爲戰國時齊魯系文字的鈔本,①因此在選擇出土文獻進行新證時,其時代上限主要以春秋戰國時期的文字材料爲參照。不過,爲了更好地説明個別用字習慣的演變過程,也會用到一部分西周金文。古文經轉寫成漢代隸書今文的工作從西漢古文經發現之後既已開始,《史記·儒林列傳》:“孔氏有古文《尚書》,而安國以今文讀之,因以起其家。”後來隨著王莽、劉歆等的提倡,轉寫後的古文經漸列於學官,遂與今文經分庭抗禮,直到東漢末年鄭玄遍注群經,兼採今古文爲止。② 據此可以推測,古文經轉寫成今文的時代大體是西漢初中期,後又經不斷傳鈔,直到東漢末年。所以,我們選擇出土文獻的時代下限是東漢,材料主要集中在西漢中前期的馬王堆漢墓簡帛文字③和銀雀山漢簡文字④等。如果以上文字材料無法達到新證效果,則輔之以較晚一些的文字材料,如居延漢簡⑤、武威漢代醫簡⑥等。

文中所據《儀禮》鄭注均依《十三經注疏》⑦,所用出土材料加注簡稱,材料出處及簡稱表附於文末,個別材料用當頁加注的形式注明出處。因限於篇幅,文中所引例句未整

---

① 參見楊澤生《孔壁竹書的文字國別》,《中國典籍與文化》2004 年第 1 期。

② 參見葛志毅《今古文經學合流原因新探——漢代博士制度與今古文經學合流之淵源》,《北方論叢》1995 年第 1 期;楊天宇《略論漢代今古文經學的鬥爭與融合》,《鄭州大學學報(哲學社會科學版)》2001 年第 2 期。

③ 馬王堆一、三號漢墓下葬年代相近,三號墓下葬於文帝十二年(前 168),一號墓下葬年代稍晚於三號墓數年。參見湖南省博物館、湖南省文物考古研究所編著《長沙馬王堆二三號漢墓·第一卷:田野考古發掘報告》,文物出版社,2004 年,第 237~238 頁。

④ 從字體來看,銀雀山漢簡當在西漢文景時期至武帝初期(前 140—前 118)鈔寫完成。參見吳九龍、畢寶啟《山東臨沂西漢墓發現〈孫子兵法〉和〈孫臏兵法〉等竹簡的簡報》,《文物》1974 年第 2 期。

⑤ 據居延簡中的紀年簡推測,居延漢簡大體是西漢中晚期至東漢早期的材料,以宣帝時期爲多。參見中國簡牘集成編輯委員會編《中國簡牘集成(標注本)》第九册之“本卷説明”,敦煌文藝出版社,2001 年,第 2 頁;中國社會科學院考古研究所編《居延漢簡甲乙編》,中華書局,1980 年,下册第 298~319 頁。

⑥ 武威漢代醫簡屬東漢早期鈔本,參見甘肅省博物館、甘肅武威縣文化館《武威旱灘坡漢墓發掘簡報》,《文物》1973 年第 12 期。

⑦ 阮元等校刻《十三經注疏》,中華書局,1980 年影印本。

句引録;所引出土材料,一般以整理者所釋爲準,同時就自身目力所及,參考相關研究成果稍作調整;爲減少造字,在不影響論述的前提下,凡與所論之字無關者,所用出土材料釋文從寬。

通假古文新證

01. 熏　纁

《士冠禮》:"爵弁服:纁裳、純衣、緇帶、韎韐。"注:"今文纁皆作熏。"

《士昏禮》:"納徵,玄纁束帛,儷皮,如納吉禮。"注:"今文纁皆作熏。"

按:西周金文中一般都用"熏"爲"纁",如:

> 毛公鼎(《集成》2841):虎冟(幦),熏(纁)裏。
>
> 三年師兑簋(《集成》4319):虎冟(幦),熏(纁)裏。

戰國早期的曾侯墓出土竹簡中多用"瓗"爲"纁",如:

> 曾侯乙簡 23:屯瓗(纁)組之綏。
>
> 曾侯乙簡 25:屯瓗(纁)組之綏。

漢簡及三國吳簡中也用"熏"爲"纁",如:

> 馬王堆《遣一》278:"竽律、印熏衣一。"整理者注:"熏即'纁'字,《説文·糸部》:'纁,淺絳也。'"[1]
>
> 望城坡木楬 C:4:白綺繡、沙綺、熏[2]綺、熏繡、青縠複前襲九……熏綺繡、沙綺繡合騎衣三,熏綺繡熏縠複襦二。
>
> 北大四《妄稽》36:絳熏(纁)贊芘(紫),丸(紈)冰絹霜。
>
> 武威《儀禮·特牲》48:熏(纁)裏。
>
> 高榮木方:熏(纁)繒四束。[3]

綜上可知,自西周金文至漢代簡帛甚至東吳衣物疏木牘中均用"熏"爲"纁",故"纁"

---

① 湖南省博物館、中國科學院考古研究所編《長沙馬王堆一號漢墓》,文物出版社,1973 年,下集第 151 頁。

② 發掘報告釋作"薰",伍堯堯、蔣文等先生改釋作"熏",今從之。參見長沙市文物考古研究所、長沙簡牘博物館《湖南長沙望城坡西漢漁陽墓發掘簡報》,《文物》2010 年第 4 期,第 33 頁;伍堯堯《讀長沙望城出土木楬簽牌札記》,復旦大學出土文獻與古文字研究中心網,2010 年 5 月 13 日;蔣文《長沙望城出土木楬簽牌釋文補正》,《語言研究集刊》第 11 輯,上海辭書出版社,2013 年,第 313 頁。

③ 江西省歷史博物館《江西南昌市東吳高榮墓的發掘》,《考古》1980 年第 3 期,第 227 頁。

似晚出之字,《説文》系部收有"繡"字。由此推測,"古文"作"繡"可能是漢及以後的用字習慣。

02. 禮 醴

《士冠禮》:"皆如冠主,禮於阼。"注:"今文禮作醴。"

《聘禮》:"禮於朝。"注:"今文禮爲醴。"

《聘禮》:"禮玉、束帛、乘皮。"注:"今文禮皆作醴。"

《聘禮》:"禮,不拜至。"注:"今文禮爲醴。"

《士昏禮》:"授,如初禮。"注:"古文禮爲醴。"

《聘禮》:"不禮。"注:"古文禮作醴。"

按:從鄭玄注可知,有時古文以"禮"爲"醴",有時以"醴"爲"禮"。"禮"字較早見於戰國楚簡,但從西周金文到戰國楚簡中一般多用"豊"表示"禮",如:

安大一《詩經》8~9:樂也君子,福禮(履)俀(綏)之。

安大一《詩經》9~10:樂也君子,福禮(履)城(成)之。

麥方尊(《集成》6015):王乘于舟,爲大豊(禮)。

何尊(《集成》6014):復禀武王豊(禮),祼自天。

中山王𡱁壺(《集成》9735):不用豊(禮)宜(儀)。

郭店《緇衣》24:齊之以豊(禮),則民又(有)懽(歡)心。

上博二《民之父母》4:豊(禮)之所至者,樂亦至安(焉)。

清華六《管仲》18~19:及句(后)辛之身,其童(動)亡(無)豊(禮),亓(其)言亡(無)宜(義)。

"醴"較早見於周代金文,秦漢簡中承用,但似未見用作"禮"之例,如:

三年𤼈壺(《集成》9726):佳(唯)三年九月丁子(巳),王才(在)奠(鄭),鄉(饗)醴。

鄭楙叔賓父壺(《集成》9631):奠(鄭)楙弔(叔)賓父乍(作)醴壺,子子孫孫永寶用。

穆公簋蓋(《集成》4191):鄉(饗)醴于大室。

睡虎地《日書乙》239~240:乙亥生,利酉(酒)醴。

馬王堆《合陰陽》103:過醴津,陵勃海。

漢代簡帛中多用"醴"、"體"爲"禮",也可徑用"禮",如:

馬王堆《老子甲》158:言以喪禮居之也。

馬王堆《衷》40 下：陰陽合德而剛柔有膿(禮)。

張家山《奏讞書》178：禮者君子學也，盜者小人之心也。

銀雀山《孫臏兵法》257：式禮樂，垂衣常(裳)，以禁爭抌(奪)。

銀雀山《晏子》561～562：令祝宗薦之上下，意者體(禮)可奸(干)福乎？

武威《儀禮・士相》3：某不足以習禮。

西漢晚期及東漢鏡銘中可用"禮"爲"醴"，如：

烏獸紋博局鏡：駕非(飛)龍，無〈乘〉浮雲，上大山，見神人，食玉英，飲禮(醴)全(泉)，宜官秩，葆(保)子孫。①

烏獸紋博局鏡：上華山，見神人。官宜秩，保子孫。食玉英，飲禮(醴)泉。駕非(飛)龍，乘浮雲。②

綜合上述材料推測，尤其是從漢代鏡銘中"禮"、"醴"相通用的情況來看，古文用"醴"爲"禮"似是漢代用字習慣。

03. 盥　浣

《士冠禮》："贊者盥于洗西。"注："古文盥皆作浣。"

《鄉射禮》："奠爵于篚下，盥洗。"注："古文盥皆作浣。"

按："盥"較早見於春秋金文，如：

夆叔盤(《集成》10163)：夆弔(叔)乍(作)季攺(妃)盥般(盤)。

齊侯匜(《集成》10283)：齊侯乍(作)朕(媵)寬圖孟姜盥盂。

春秋金文中多用"湓"、"盤"、"朕"爲"浣"，③如：

徐王義楚盤(《集成》10099)：郐(徐)王義楚擇其吉金，自乍(作)湓(浣)盤。

中子化盤(《集成》10137)：自乍(作)盤(浣)盤。

魯少司寇盤(《集成》10154)：魯少嗣(司)寇封孫宅乍(作)其子孟姬嫛朕(浣)般(盤)也(匜)。

戰國楚簡中用"关"、"洪"爲"浣"，如：

清華二《繫年》115、116：灼(趙)关(浣)。

---

① 王綱懷《三槐堂藏鏡》，文物出版社，2004 年，第 83 頁。

② 參見湖南省博物館《長沙金塘坡東漢墓發掘簡報》，《考古》1979 年第 5 期。

③ 參見李家浩《信陽楚簡"澮"及從"关"之字》，《中國語言學報》1982 年 1 期，第 189～199 頁；收入氏著《著名中年語言學家自選集・李家浩卷》，安徽教育出版社，2002 年，第 194～211 頁。

信阳楚簡 2-08：一洸（浣）盘。

信阳楚簡 2-09：一洸（浣）帕（巾）。

"浣"較早見於鳳凰山漢簡和武威漢簡《儀禮》，如：

鳳凰山 M8·94：浣（盥）槃一。

武威《儀禮·特牲》13：及賓浣（盥）。

武威《儀禮·少牢》18：主人浣（盥）。

武威《儀禮·少牢》43：上佐食浣（盥）。

不過，值得注意的是，武威漢簡《儀禮》也用"涫"和"盥"，如：

武威《儀禮·有司》8：降涫（盥）。

武威《儀禮·有司》8：卒涫（盥）。

武威《儀禮·有司》35：涫（盥）洗爵。

武威《儀禮·燕禮》17：盥洗角觶。

綜上可知，"浣"似晚出之字，古文作"浣"當是漢代的用字習慣。

04. 柄　枋

《士冠禮》："加柶，面枋。"注："今文枋爲柄。"

《士昏禮》："皆南枋。"注："今文枋作柄。"

《少牢饋食禮》："覆之南柄。"注："古文柄皆爲枋。"

按："枋"較早見於戰國金文，用作"方圓"之"方"，如：

盄蚉壺（《集成》9734）：枋（方）數百里。

上博三《亙先》8：先又（有）囩（圓），安（焉）又（有）枋（方）。

不過值得注意的是，戰國楚簡中"病"多從"方"得聲，如：

郭店《老子甲》36：貴（得）與貢（亡）簹（孰）疕（病）？

包山楚簡 207：疕（病）腹疾。

清華五《湯在啻門》15：起（起）事亡（無）穫，疕（病）民亡（無）古（故）。

清華八《治邦之道》26：古（故）萬民溓（慊）疕（病）。

秦漢簡帛中多可用"枋"、"秉"、"楺"、"方"等爲"柄"，如：

睡虎地《日書甲》65 背壹～66 背壹：以莎荓、牡棘枋（柄），熱（爇）以寺（待）之，則不來矣。

馬王堆《經法》52 下：執六枋(柄)以令天下。

銀雀山《守法守令》838：長斧、連梃、長椎，枋(柄)七尺。

睡虎地《日書甲》36-1 背：以棘椎桃秉(柄)以敲其心，則不來。

馬王堆《遣一》279：大扇一，錦周㧬(緣)、鞔秉(柄)。

銀雀山《孫臏兵法》366：弩者，將也。弩張楝(柄)不正，偏强偏弱而不和。

馬王堆《木星占》6：嘒星，有兵，得方(柄)者勝。

武威漢簡《儀禮》“枋”、“柄”並用，如：

武威《儀禮·有司》15：却右手執匕枋。

武威《儀禮·有司》16：二手執桃匕枋扱汁。

武威《儀禮·特牲》33：南柄(枋)。

武威《儀禮·少牢》13：南柄(枋)。

綜合上述材料推測，尤其是從秦漢簡帛材料中兩者直接相通的材料來看，古文作“枋”極有可能是漢代的用字習慣。

05. 聶 攝

《士冠禮》：“加皮弁，如初儀。再醮，攝酒。”注：“今文攝爲聶。”

《有司》：“司宫攝酒。”注：“今文攝爲聶。”

按：戰國竹簡中可用“聶”、“𣝗”、“㮚”、“㲎”等爲“攝”，如：

上博七《吳命》6：咎(舅)生(甥)之邦。聶(攝)周子孫，佳(唯)舍(余)一人所豊(禮)。

曾侯乙簡 99：屯紫魚之聶(攝)。

曾侯乙簡 62：豻簚，貍𦋺之𣝗(攝)。

信陽楚簡 2·15：帛㮚(攝)。

郭店《緇衣》45：《寺(詩)》員(云)：“朋友卣(攸)㲎_(攝，攝)以悷(威)義(儀)。”

曾侯乙簡整理者指出：“簡文‘聶’當讀爲‘攝’。《儀禮·既夕》‘貳車白狗攝服’，鄭玄注：‘攝，猶緣也。’‘𣝗’從與服飾有關的‘市’旁，可能是當緣飾講的‘攝’的專字。從‘木’‘耶’聲的‘㮚’即‘欇’字的異體，亦當讀爲‘攝’，訓爲緣。”[①]

漢代簡帛包括武威漢簡《儀禮》中也多用“聶”爲“攝”，如：

---

① 裘錫圭、李家浩《曾侯乙墓竹簡釋文與考釋》，湖北省博物館編《曾侯乙墓》，文物出版社，1989 年，第 503 頁，注 15。

馬王堆《五星占》7下：營室聶（攝）提挌（格）始昌。

張家山《二年律令》407：當繇（徭）戍而病盈卒歲及繫（繫），勿聶（攝）。

北大二《老子上經》35：蓋聞善聶（攝）生者，陵行不避蒙（兕）虎，入軍不被兵革。

武威《儀禮·有司》1背：司宫聶（攝）酒。

而"攝"較早見於漢簡和漢碑，如：

北大四《妄稽》31：踵長於跗，脚（腳）廢攝（躡）糀（屍）。

居延新簡 E.P.T4：78：攝食候長候史私馬廿匹。

居延新簡 E.P.T8：1A：居攝二年二月。

《漢碑·張遷碑》：惟中平三年，歲在攝提。

綜合上述材料推測，古文用"攝"爲"聶"當是漢代的用字習慣。[1]

06. 某　謀

《士冠禮》："某有子，某將加布於其首。"注："古文某爲謀。"

按：代詞"某"在戰國至秦漢簡帛材料中比較多見，但均不用"謀"，如：

清華三《祝辭》1：句兹某也發陽（揚）。

九店楚簡 43：含（今）日某牆（將）欲飲（食），某敢以亓（其）妻上妻女（汝）。

睡虎地《效律》27～28：及籍之曰："某廥禾若干石，倉嗇夫某、佐某、史某、稟人某。"

周家臺《病方》349～350：某以壺露、牛胙，爲先農除舍。先農筍（苟）令某禾多一邑，先農枊（恆）先泰父食。

馬王堆《病方》379/369：某【不】幸病癃。

居延新簡 E.P.T59：118：秩上大夫某年某月日除。

武威漢簡《儀禮》中指代"某人"時也用"某"而不用"謀"，如：

武威《儀禮·士相》1：某也願見。

武威《儀禮·士相》4～5：某既得見。

武威《儀禮·少牢》2：皇祖伯某。

武威《儀禮·泰射》44：子與某子射。

---

① 值得注意的是居延簡中"攝"字亦作"耺"，當即此處今文"聶"之省。參見中國科學院考古研究所編《居延漢簡甲編》，科學出版社，1959年，第898頁。

"謀"似晚出之字,周代金文中多用"某"、"誨"、"愳"爲"謀",一直到秦簡中還用"某"爲"謀"。如:

> 禽簋(《集成》4041):周公某(謀),禽祀(祝)。
>
> 王孫遺者鐘(《集成》261):誨(謀)猷不(丕)飤(飭)。
>
> 中山王䲨鼎(《集成》2840):愳(謀)慮皆從。
>
> 睡虎地《爲吏之道》34-2:某(謀)不可遺。

戰國楚簡中多用"惎"、"愳"、"母"、"誨"、"晋"爲"謀",如:

> 上博二《容成氏》37:湯乃惎(謀)戒求叝(賢)。
>
> 郭店《緇衣》22:君不與小愳(謀)大,則大臣不悬(怨)。
>
> 清華七《子犯子餘》7:天豊愳(謀)褐(禍)於公子。
>
> 清華一《程寤》9:人甬(用)女(汝)母(謀)。
>
> 清華八《邦家之政》6:不内(納)誨(謀)夫。
>
> 清華六《鄭武夫人》13:大夫聚晋(謀)。

"謀"較早見於秦漢簡,如:

> 睡虎地《日書甲》22-2 正:成日,可以謀事。
>
> 周家臺《日書》142-2:氏(是)謂小勢(徹),利以羈謀。
>
> 銀雀山《六韜》702:凡謀之道,周微爲主。
>
> 馬王堆《繫辭》45 下:人謀鬼謀,百姓與能。

《說文》"謀"字古文作🔲、🔲,亦即前列楚簡中的"晋"和"愳"。綜合上述材料推測,古文用"謀"爲代詞"某"似是漢代用字習慣。

07. 獲　護

《大射》:"獲者興。"注:"古文獲皆作護,非也。"

按:西周金文及戰國楚簡中多用"隻"爲"獲",如:

> 史密簋(《銘圖》05327):周伐長必,隻(獲)百人。
>
> 陳璋壺(《集成》9703):陳璋内(入)伐匽(燕)亳邦之隻(獲)。
>
> 九店楚簡 M56·31:以田獵,隻(獲)。

"獲"較早見於秦簡,漢簡中承之,如:

> 睡虎地《十八種》35:已獲上數。
>
> 居延新簡 E.P.F22:187A:甲渠鄣候獲叩頭死罪敢言之。

"護"字似晚出,漢代簡牘中常見,如:

> 居延新簡 E.P.T52:229:甲渠鄣候護詣門下叩頭叩。

> 敦煌漢簡 MC.932B:甲午千秋隊長護敢言之。

武威漢簡《儀禮》中多見"獲"字,也多見用"護"爲"獲"之例,如:

> 武威《儀禮·泰射》62:北面請澤獲于公。

> 武威《儀禮·泰射》72:澤獲皆如初。

> 武威《儀禮·泰射》49:授護(獲)者,退立于西方。護(獲)者興,共而玘(俟)。

> 武威《儀禮·泰射》50:護(獲)者坐而護(獲)。

綜合上述材料推測,古文用"護"爲"獲"似當是漢代用字習慣。

08. 眉 麋微

《士冠禮》:"眉壽萬年。"注:"古文眉作麋。"

《少牢饋食禮》:"眉壽萬年。"注:"古文眉爲微。"

按:"眉壽"一詞多見於兩周金文,個別見於戰國楚簡,但未見一例作"麋壽"者,如:

> 追毁(《集成》4223):用祈匄釁(眉)壽,永令(命)。

> 魯大左司徒元鼎(《集成》2592):其萬年釁(眉)壽,永寶用之。

> 王子午鼎(《集成》2811):用祈釁(眉)壽。

> 清華二《繫年》11~12:立亓(其)弟子釁(眉)壽。

> 清華二《繫年》12:殺子釁(眉)壽。

出土材料中用"麋"爲"眉"較早見於秦簡,漢代出土材料中沿襲了這一用法,而且比較多見,如:

> 睡虎地《法律答問》81:或與人鬬,縛而盡拔其鬚麋(眉),論可(何)殹(也)?

> 睡虎地《封診式》52~53:以三歲時病疕,麋(眉)突,不可智(知)其可(何)病。

> 放馬灘《墓主記》:其狀類益、少麋(眉)、墨,四支(肢)不用。[1]

> 馬王堆《養生方》208/207:我須(鬚)麋(眉)溉(既)化,血氣不足。

> 馬王堆《雜禁方》11:取其左麋(眉)直(置)酒中,飲之。

> 尹灣《神烏賦》122:亡烏怫(沸)然而大怒,張目陽(揚)麋(眉),[挾]翼申(伸)頸。

---

[1] 參見何雙全《天水放馬灘秦簡綜述》,《文物》1989 年 2 期;李學勤:《放馬灘簡中的志怪故事》,《簡帛佚籍與學術史》,江西教育出版社,2001 年,第 167~175 頁。

武威醫簡 68：六十日須麋(眉)生。

張家山《脈書》15：四節疟如牛目,麋(眉)突(脱)。

阜陽《詩經》69：齒如會(瓠)諔(犀),湳(蠑)首蛾麋(眉)。

《漢碑·景君碑》：不永麋(眉)壽,棄臣子兮。

綜合上述材料推測,古文用"麋"爲"眉"當是漢代用字習慣。武威漢簡《儀禮·少牢》33"牛(眉)壽萬年",用"牛"爲"眉",頗爲怪異,待考。

此外,戰國秦漢簡帛中有幾例用"娍"、"散"、"微"、"浼"爲"媚"、"楣"、"湄"者,但未見用作"眉壽"之"眉",如：

清華六《鄭武夫人》7～8：娍(媚)妯之臣躬(躬)共(恭)亓(其)顏色,盅(掩)於其考(巧)語,以亂大夫之正(政)。

安大一《詩經》44：公之散(媚)子,從公于歎(狩)。

安大一《詩經》49：所畏(謂)殹(伊)人,才(在)水之浼(湄)。

上博七《武王踐阼》2：踰(逾)堂散(楣)。

九店楚簡 M56·13 上："散於卯。"整理者注："'散'即'微'字所从的聲旁。此建除名,秦簡《日書》楚除甲種作'媚'(《睡虎地秦墓竹簡》釋文誤釋爲'贏'),乙種作'贏'。'散'、'媚'古音相近,可以通用。例如：《儀禮·少牢饋食禮》'眉壽萬年',鄭玄注：'古文……眉爲微。'《左傳》莊公二十八年《經》'冬,築郿',《公羊傳》《穀梁傳》'郿'皆作'微'。秦簡文字……'贏'、'媚'二字字形有相似之處,乙種的'贏'當是'媚'字之誤。"①

馬王堆《雜禁方》2～3：欲微(媚)貴人,埈(塗)門左右方五尺。

北大四《妄稽》61：與女(汝)微(媚)於容(奥),甯微(媚)於竈。

由此可知,古文用"微"爲"眉壽"之"眉"當非戰國時用字習慣,②不排除其爲漢代用字的可能。

09. 止　趾

《士昏禮》："皆有枕,北止。"注："止,足也,古文止作趾。"

按："止"當爲"趾"之初文,從戰國楚簡一直持續到漢代簡帛,均用"止"爲"趾",如：

---

① 湖北省文物考古研究所、北京大學中文系編《九店楚簡》,中華書局,2000 年,第 67 頁,注〔三四〕。

② "眉壽"可讀作"彌壽",即滿壽、全壽、終壽的意思。參見沈培《釋甲骨文、金文與傳世典籍中跟"眉壽"的"眉"相關的字詞》,《出土文獻與傳世典籍的詮釋——紀念譚樸森逝世兩周年國際學術研討會論文集》,上海古籍出版社,2010 年。

上博三《周易》48：□其止(趾)，亡咎，利羕(永)貞。

上博九《卜書》2：牊(兆)女(如)卬(仰)首出止(趾)，而屯(純)不困郎(膚)，是胃(謂)狕(施)。

清華六《鄭武夫人》14：母(毋)乍(措)手止(趾)。

清華六《管仲》4：止(趾)不正則心卓(違)。

張家山《二年律令》135：斬奴左止(趾)。

馬王堆《繫辭》42下：《易》曰：構(屨)校滅止(趾)，無咎也者，此之胃(謂)也。

秦漢簡帛中還多用"指"爲"足趾"之"趾"，如：

睡虎地《封診式》88～89：其頭、身、臂、手指、股以下到足、足指類人，而不可智(知)目、耳、鼻、男女。

馬王堆《殘片》5：……在足指若……。

張家山《引書》57～58：左手句左足指；……右手句右足指，力引之，三而已(已)。

《説文》無"趾"字，出土戰國秦漢材料中亦暫未見，因此"趾"字應是後出之字，因此，古文作"趾"可能是漢及以後的用字習慣。

10. 妥 綏

《士相見禮》："凡言，非對也，妥而後傳言。"注："古文妥爲綏。"

按：西周到戰國金文及楚簡中多用"妥"爲"綏"，楚簡中亦或用"侒"爲"綏"，如：

寧簋蓋(《集成》4021)：用妥(綏)多福。

鄭井叔鐘(《集成》22)：用妥(綏)賓。

清華一《程寤》7：妥(綏)用多福。

清華一《祭公》10～11：亦兆(美)悉(懋)妥(綏)心。

安大一《詩經》8～9：樂也君子，福禮侒(綏)之。

"綏"字較早見於戰國楚簡，但並不用作表示"安撫"義，而是用來指繩綏，如：

曾侯乙簡2：屯繡組之綏。

包山楚簡277：一覭，組綏。

望山楚簡M2·60：組綏。

漢代多用"綏"爲"安撫"義，如：

居延新簡E.P.T50：28：甲渠候官綏和元年八月財物簿。

《漢印》第十三·6：綏仁國尉、綏平集卿、綏民長印

《漢碑·張遷碑》：克岐有兆，綏御有勳。

此外，武威漢簡《儀禮·特牲》17"主人拜綏(妥)尸"，其中用"綏"爲"妥(綏)"。綜合以上材料，尤其是漢代習用"綏"表示"安撫"義來推測，此處鄭注古文作"綏"當爲漢代用字習慣。

11. 終 衆

《士相見禮》："凡與大人言，始視面，中視抱，卒視面，毋改，衆皆若是。"注："今文衆爲終。"

按：周代金文及戰國楚簡中多用"冬"、"中"、"宇"、"昏"等爲"終"，亦或徑用"終"。如：

榮作周公簋(《集成》4241)：克奔走上下，帝無冬(終)令(命)于有周。

對罍(《集成》9826)：用匄眉壽敬冬(終)。

頌鼎(《集成》2827)：畯臣天子，霝(令)冬(終)。

黃子盤(《集成》10122)：黃子乍(作)黃孟姬行器，則永祐福，霝(令)宇(終)霝(令)复〈後〉。

曾侯乙勺(《集成》9928)：曾侯乙作持用冬(終)。

上博一《孔子詩論》23：冬(終)虖(乎)不猒(厭)人。

郭店《老子甲》11：慎昏(終)女(如)始，此亡敗事矣。

郭店《語叢一》49：又(有)終又(有)絡(始)。

"衆"用作"終"見於漢代簡帛材料，如：

馬王堆《老子甲》143：是以君子衆(終)日行，不離其甾(輜)重。

銀雀山《晏子》595：過(禍)始弗智(知)也，過(禍)衆(終)弗智(知)也，吾何爲死？

敦煌漢簡 HH.1448：制詔：皇大(太)子，朕體不安，今將絶矣！與地合同，衆(終)不復起。……審察朕言，衆(終)身毋久(已)，蒼蒼之天不可得久視，堂堂之地不可得久履，道此絶矣！[1]

綜上可知，古文用"衆"爲"終"當是漢代用字習慣。此外，此句在武威《儀禮·士相》12號

---

[1] 釋文參見嘉峪關市文物保管所《玉門花海漢代烽燧遺址出土的簡牘》，甘肅省文物工作隊、甘肅省博物館編《漢簡研究文集》，甘肅人民出版社，1984年，第16頁。

簡作"終皆如是"。簡本中其他用"終"之處也不用"衆"爲之。由此可證,鄭玄將"衆"按本字解之,認爲"衆謂諸卿大夫"純屬誤會。[①] 此外,今本《詩經·螽斯》"螽斯羽"在安大簡《詩經》簡10作"衆(蠜)斯之羽"。[②] 由此推測,漢代用"衆"爲"終"當是這類用字習慣的傳承。

12. 伸　信

《士相見禮》:"君子欠伸。"注:"古文伸作信。"

按: 戰國楚簡"信"字多見,但並不用爲"伸",如:

> 郭店《忠信之道》1:不忍(欺)弗智(知),信之至也。
>
> 上博一《性情論》22:未言而信,又(有)尨(媺)情者也。

用"信"爲"伸"較早多見於漢代簡帛,如:

> 馬王堆《病方》30:身信(伸)而不能詘(屈)。
>
> 銀雀山《孫子兵法》122:詘(屈)信(伸)之利,人請(情)之理,不可不察也。
>
> 張家山《引書》57:信(伸)左足,右股危坐。
>
> 張家山《引書》101:雞信(伸)以利肩婢(髀)。

但到了東漢時候的碑刻材料,則已多用"伸",如:

> 《漢碑·孟孝璩碑》:恨不伸志,翻揚隆洽。
>
> 《漢碑·趙寬碑》:深惟皇考,懿德未伸。

此外,此句在武威漢簡《儀禮·士相見禮》12號簡作"君子吹申(伸)",以"申"爲"伸"。綜合上述材料推測,此處古文用"信"爲"伸"似當是漢代用字習慣。

13. 早　蚤

《士相見禮》:"問日之早晏。"注:"古文早作蚤。"

按: 戰國文字中"早"作"曩"、"杲",如:

> 中山王𰹥鼎(《集成》2840):慮(吾)先考成王曩(早)弃羣臣。
>
> 郭店《老子乙》1:夫唯嗇,是以杲(早)。
>
> 郭店《語叢四》13:曩(早)與智愚(謀)。

用"蚤"爲"早"較早見於秦漢簡帛,如:

---

① 參見范常喜《〈儀禮·士相見禮〉"衆"、"終"今古文辨》,《孔子研究》2007年第3期。

② 安徽大學漢字發展與應用研究中心編,黃德寬、徐在國主編《安徽大學藏戰國竹簡(一)》,中西書局,2019年,第78頁。

睡虎地《封診式》82：不智(知)盜者可(何)人及蚤(早)莫(暮)。

孔家坡 108～109：有爲而禺(遇)雨，命曰央(殃)蚤(早)至。

馬王堆《老子乙》71/245 下：物壯而老，胃(謂)之不道，不道蚤(早)巳(已)。

馬王堆《十問》78：亓(其)受天氣也蚤(早)，亓(其)受地氣也葆。

張家山《奏讞書》117：毛何故不蚤(早)言請(情)？

銀雀山《守法守令》867：不蚤(早)知。

北大二《老子》50：物壯則老，謂之不道，不道蚤(早)已。

居延新簡 E.P.T44：37A：十月庚戌蚤(早)食入。

武威《儀禮·士相》12：君子吹(欠)伸，問日之蚤(早)晏，以食俱告。

綜合上述材料推測，古文作"蚤"當與漢代用字習慣相合。①

14. 曳　抴

《士相見禮》："執玉者，則唯舒，武舉前曳踵。"注："古文曳作抴。"
按：用"抴"爲"曳"較早見於漢代簡帛，周代金文及戰國簡帛中未見用例，如：

馬王堆《周易》26 上：初六〈九〉二：抴(曳)亓(其)綸(輪)。

武威《王杖詔書》8：雲陽白水亭長張熬，坐毆抴(曳)受王杖主。②

漢簡中也用"諜"、"渫"、"袽"、"莁"等爲"曳"，如：

居延新簡 E.P.T65：42A：物器抴諸户分之魚肉怒不取。

馬王堆《周易》75 上：見車恝，亓(其)牛諜(曳)，亓(其)人天且執(劓)。

銀雀山《孫臏兵法》243：挾莁(曳)環涂夾擊其後。

阜陽《周易》178：……車渫(曳)，其牛絜(觢)，其人天且劓。

阜陽《詩經》112：弗袽(曳)弗溜(婁)。

"曳踵"之"曳"在武威漢簡《儀禮·士相見禮》16 號簡作"肆"，亦不作"抴"。綜合這些材料推測，"抴"似晚出之字，古文作"抴"可能是漢代用字習慣。

15. 茅　苗

《士相見禮》："在野，則曰'草茅之臣'。"注："古文茅作苗。"
按："苗"較早見於西周金文，秦漢簡承用，但並不用作"茅"，如：

---

① "早"與"蚤"之間的關係亦可以參見裘錫圭《文字學概要》，商務印書館，1988 年，第 187 頁。

② 武威縣博物館《武威新出王杖詔令册》，甘肅省文物工作隊、甘肅省博物館編《漢簡研究文集》，第 35 頁。

苗姦盨(《集成》4374)：苗姦乍(作)盨。

睡虎地《十八種》144：居貲贖責(債)者歸田農,種時、治苗時各二旬。

定州《六韜》0745：吾聞有苗雨血沾朝衣,是非有苗。

"草茅"之"茅",戰國楚簡直接用"茅",或用"卯",並不用"苗",如：

郭店《唐虞之道》16：舜居於茅＝(艸茅)之中而不惪(憂)。

上博二《子羔》5：堯之取舜也,從者(諸)卉茅之审(中)。

郭店《六德》12：唯(雖)才(在)中(草)卯(茅)①之中。

秦漢簡中"茅"亦用本義,如：

放馬灘《日書甲》33：以亡,盜從東方人,復從出,臧(藏)野林草茅中。

睡虎地《十八種》195：它垣屬焉者,獨高其置劦厝及倉茅蓋者。

銀雀山《晏子》600：求也,請筑(築)新室,以茅萩(茨)之。

武威漢簡《儀禮·士相見禮》第 16 號簡中此字亦作"茅"。由此推測,此處古文作"苗"可能是漢及以後的用字習慣。胡承珙指出《洛陽伽藍記》中魏碑"茅茨"作"苗茨",②亦可參看。

16. 資　齎

《聘禮》："問幾月之資。"注："古文資作齎。"

按：西周金文中多用"劑"、"僃"爲"齎",如：

麥方尊(《集成》6015)：劑(齎)用王乘車、馬金勒、冂衣、巿、舄。

晉侯蘇編鐘(《銘圖》15308)：王寴(親)僃(齎)晉侯穌(蘇)毉玾一卣。③

"資"較早見於戰國楚簡,字作"欰",呈左右結構,不過楚簡及戰國晚期金文中仍用"瘠"、"晉"、"湆"等爲"資",如：

上博四《曹沫之陳》17：母(毋)炁(愛)貨欰(資)、子女。

清華八《治邦之道》13：古(故)欰(資)裕以易足,甬(用)是以有余(餘)。

上博四《柬大王》18：邦家大旱,疝(因)瘠(資)智於邦。

郭店《緇衣》10：晉(資)冬旨(祁)滄(寒)。

① 參見馮勝君《讀〈郭店楚墓竹簡〉札記(四則)》,《古文字研究》第 22 輯,中華書局,2000 年。

② 胡承珙《儀禮古今文疏義》,《續修四庫全書》第 91 册,上海古籍出版社,1995—2002 年,第 516 頁。

③ 馬承源《晉侯穌編鐘》,《上海博物館集刊》第 7 期,上海書畫出版社,1996 年,第 11 頁。

鄂君啓舟節(《集成》12113)：内(入)淯(資)。

"齎"、"資"二字較早多見於秦漢簡帛文獻,而且可用"齎"爲"資",用"資"爲"齎"、"齊"等,如：

睡虎地《十八種》103：皆没入公,以齎(資)律責之。

睡虎地《法律答問》202：視檢智(知)小大以論及以齎(資)負之。

馬王堆《老子甲》147：善人之齎(資)也。不貴其師,不愛其齎(資),唯(雖)知(智)乎大眯(迷)。

馬王堆《老子乙》189上：服文綵(采),帶利劍,猒(厭)食而齎(資)財……

馬王堆《稱》152下：因地以爲齎(資),因民以爲師。

張家山《二年律令》289：賜棺享(椁)而欲受齎(資)者。

睡虎地《爲吏之道》47-3：處如資(齎)。

銀雀山《六韜》670：大(太)公望曰：資(齎),□□君天地之經、四時之所生、仁聖之道、民機……

武威《儀禮・甲服》2：資(齊)衰之絰也。

綜合上述材料推測,古文用"齎"爲"資"可能是秦漢時期的用字習慣。此外,《周禮・天官・外府》"共其財用之幣齎",注："鄭司農云：齎或爲資,今禮家定齎作資。玄謂齎、資同耳。"可以參看。

17. 肆　肄

《聘禮》："問大夫之幣,俟于郊爲肆。"注："肆,猶陳列也。古文肆爲肄。"

按：周代金文及戰國楚簡中多用"隬"、"緯"、"悌"、"鍏"、"聿"、"遙"、"弟"、"祴"、"褘"等爲"肆",[1]如：

鼄簠(《集成》4159)：公易(賜)鼄宗彝一隬(肆)。

大盂鼎(《集成》2837)：率緯(肆)于酉(酒)。

中山王𰯀鼎(《集成》2840)：尔母(毋)大而悌(肆)。

洹子孟姜壺(《集成》9730)：鼓鍾一鍏(肆)。

郘黛鐘(《集成》231)：大鐘八聿(肆)。

郭店《五行》34：悳(直)而述(遂)之,遙(肆)也。遙(肆)而不畏劈(强)語(禦),果也。

---

[1]　關於"肆"字可以參見沈培《説郭店楚簡中的"肆"》,《語言》第2卷,首都師範大學出版社,2001年。

郭店《語叢二》24：帒(肆)生於易，容生於帒(肆)。

清華五《厚父》10：慎禩(肆)祀。

清華五《厚父》13：民曰佳(惟)酉(酒)甬(用)禩(肆)祀。

清華五《厚父》4：禩(肆)祀三后。

漢代簡帛中用"肂"、"殔"、"緆"、"泄"、"隸"等爲"肆"，如：

馬王堆《縱橫家書》265：願大國肂(肆)意於秦，不穀將以楚佳(隹——徇)韓。

北大四《妄稽》7：勺乳繩縈，坐肂(肆)於席。

銀雀山《尉繚子》521：賈無不離其殔(肆)宅，士大夫無不離其官府。

馬王堆《老子乙》21/195 上：直而不緆(肆)，光而不眺(耀)。

馬王堆《五行》20/189：不直不泄(肆)，不泄(肆)不果。

武威《儀禮•泰射》85：東蒜(隸——肆)。

此外，本句中的"肆"在武威漢簡《儀禮•少牢》12 號簡中作"肂"。綜合上述材料推測，古文用"肂"爲"肆"可能當是漢代用字習慣。

18. 述　術

《士喪禮》："筮人許諾，不述命，右還，北面。"注："古文述皆作術。"

按："術"字較早見於秦漢簡帛，此時亦可用"述"爲"術"，如：

睡虎地《爲吏之道》37-2：術(怵)惕(惕)之心，不可【不】長。

馬王堆《九主》49/400：臣主同術爲一，以笇(策)於民。

銀雀山《孫子兵法》172 正：戰於反山之原，右陰，順術，倍(背)衝，大威(滅)有之。

張家山《算術書》4：乘分之術曰：母乘母爲法，子相乘爲實。

睡虎地《日書甲》130 正：凡民將行，出其門，毋(無)敢顧，毋止。直述(術)吉，從道右吉，從左咎。

馬王堆《經法》30 下：然而不知王述(術)，不王天下。

此外，今本《少牢饋食禮》"遂述命曰"之"述"，在武威漢簡《儀禮•少牢》簡 2 作"術"。綜合上述材料可知，"術"字較爲晚出，所以古文用"術"爲"述"似是漢代及以後的用字習慣。

19. 既　餼

《聘禮》："既致饔，旬而稍，宰夫始歸乘禽，日如其饔餼之數。"注：古文既爲餼。

按：周代金文戰國楚簡中“既”字常見,并不用其他字爲之,如：

寓鼎(《集成》2756)：隹(唯)二月既生霸丁丑。

三年師兑簋(《集成》4319)：余既令(命)女(汝)疋(胥)師龢父。

叔夷鎛(《集成》285)：余既專乃心。

郭店《六德》20：既生畜之,或(又)從而爻(教)誨之。

清華一《楚居》4：室既成,無以内(納)之。

清華七《越公其事》61：王卒既備(服)。

“餼”字較晚出,早期文字材料中罕見,至秦漢簡中還多用“氣”爲“餼”,如：

睡虎地《十八種》169：縣嗇夫若丞及倉、鄉相雜以封印之,而遺倉嗇夫及離邑倉佐主稟者各一户,以氣(餼)人。

睡虎地《日書甲》62-2 背：凡鬼恆執匱以入人室,曰“氣(餼)我食”云,是是餓鬼。

張家山《二年律令》214：其受恆秩氣(餼)稟,及求財用年輸,郡關其守。

銀雀山《晏子》541：出氣(餼)事者兼月。

值得注意的是,戰國楚簡中常用“既”或从“既”之字爲“氣”,如：

上博二《民之父母》7：而旻(得)既(氣)塞於四海(海)矣。

上博七《凡物甲》4：五既(氣)竝至,虗(吾)系(奚)異系(奚)同?

上博二《容成氏》29：乃食(辨)侌(陰)昜(陽)之氣(氣),而聖(聽)亓(其)訟獄。

郭店《唐虞之道》11：脂膚血既(氣)之青(情)。

郭店《老子甲》35：心使既(氣)曰勥(强)。勿(物)壯則老,是胃(謂)不道。

包山楚簡 236：既腹心疾,以走(上)既(氣),不甘飤。

漢簡中則可用“氣”爲“既”,如：

北大五《荆決》6～7：津橋氣(既)行,願欲中音(意)。

北大二《老子》121～122：聖人無責(積),氣(既)以爲人,己俞(愈)有;氣(既)以予人,己俞(愈)多。

銀雀山《論政論兵》1545：參(三)聲氣(既)全,五菜(彩)必具。

銀雀山《論政論兵》1573：皮(彼)氣(既)貴氣(既)武。

綜合上述材料尤其是漢簡中用“氣”爲“既”推測,古文用“餼”爲“既”可能是漢代用字習慣。

20. 待 俟持

《公食大夫禮》："左人待載。"注："古文待爲持。"

《大射》："皆止于西堂下次而俟。"注："今文俟作待。"

按：早期文字材料中似未見"持"字，春秋戰國金文及戰國楚簡中多用"㞢"、"㫳"、"寺"等爲"持"和"待"，如：

上曾大子鼎（《集成》2750）：用孝用亯（享），既穌無測，父母嘉寺（持），多用旨食。

曾侯乙鐘（下一1，《集成》286）：曾侯乙乍（作）㫳（持）。

郭店《老子甲》25：亓（其）安也，易㞢（持）也。

上博二《從政甲》12：㫳（持）善不猒（厭）。

郭店《性自命出》1：㞢（待）勿（物）而句（後）复（作），㞢（待）兌（悦）而句（後）行。

上博一《性情論》1：寺（待）勿（物）而句（後）乍（作），寺（待）兌（悦）而句（後）行。

上博二《從政乙》5：君子弜（强）行，以㫳（待）名之至也。

"持"字較早見於漢代帛書，但同時也借"揑"、"市"、"寺"等爲之，可見當時"持"字可能尚不流行，如：

馬王堆《老子甲》55：亓（其）安也，易寺（持）也。

馬王堆《縱橫家書》172～173：秦兩縣（懸）齊、晉以持大重，秦之上也。

馬王堆《十問》54：俗人芒生，乃持（恃）巫醫。

馬王堆《老甲》106：揑（持）而盈之。

馬王堆《十六經》47上/124上：除民之所害，而寺（持）民之所宜。

馬王堆《老子乙》206下：市（持）而琛（寶）之。

秦漢簡帛中偶見用"持"爲"待"，但也多用"侍"、"寺"爲"待"，如：

北大五《荆決》27：玄蠪（龍）在淵，雲持（待）[1]才（在）天。

武威《儀禮·燕禮》18：勝（媵）爵者執觶（觶）持（待）于洗南。

睡虎地《封診式》12：與里人更守之，侍（待）令。

睡虎地《日書甲》66-1背：熱（蓺）以寺（待）[2]之，則不來矣。

---

[1] 也有學者懷疑此處"持"當讀爲"恃"，參見龐壯城《北大漢簡〈陰陽家言〉、〈雨書〉、〈荆決〉、〈六博〉考釋零箋》，簡帛網，2015年11月19日。

[2] 劉釗先生將此處"寺"字讀作"持"，參見劉釗《讀秦簡字詞札記》，《簡帛研究》第2輯，法律出版社，1996年；後收入氏著《古文字考釋叢稿》，岳麓書社，2005年，第311頁。

马王堆《十六經》92 上：以寺(待)逆兵。

武威《儀禮·泰射》24：寺(待)于洗南。

張家山《脈書》53：虛而實之，諍(靜)則侍(待)之。

銀雀山《六韜》749：往者不可及，來者不可侍(待)。

銀雀山《孫子兵法》137：火可發於外，毋寺(待)於内，以時發之。

"俟"字較早見於戰國楚簡，但用作"癡"。漢簡中亦見此字，但同時亦用"忯"或"寺"為"俟"，如：

清華一《皇門》11：乃佳(惟)又(有)奉俟(癡)①夫。

武威《儀禮·士相》13：則俟君之食。

武威《儀禮·士相》13～14：卒爵而俟。

武威《儀禮·泰射》44：偶忯(俟)於次比。

武威《儀禮·泰射》81：退忯(俟)于序端。

由此可以推知，古文用"持"為"待"似應是漢代用字習慣。此外，《周禮·夏官·服不氏》："射則贊張侯，以旌居乏而待獲。"注："杜子春云：待當為持，書亦或為持。乏讀為匮乏之乏，持獲者所蔽。"可與此處古文相對參。

"俟"字似晚出，且少見用作"待"之例，故此推測古文作"俟"當是漢及以後的用字習慣。不過"俟"與"待"音義並近，馬王堆《繫辭》35 下："重門擊柝，以族〈挨—俟〉旅客。"其中的"族〈挨—俟〉"今本作"待"。武威《儀禮·泰射》42："總弓矢、楅，皆適次而寺。"與今本之古文"俟"今文"待"相對應之字作"寺"，可以參看。

21. 論　倫

《公食大夫禮》："倫膚七。"注："今文倫或作論。"

按：由鄭玄注可知，此處今文"倫"、"論"兩作，而古文作"倫"。"倫"、"論"二字似均較晚出，戰國文字中二字均用"侖"來表示，如：

中山王嚳鼎(《集成》2840)：侖(論)其德，眚(省)其行，亡不順道。

上博二《性情論》9：聖人比亓(其)頪(類)而侖(論)會之。

郭店《尊德義》1：尊惠(德)義，明虘(乎)民侖(倫)，可以為君。

"論"、"倫"二字較早見於秦漢簡帛，此時亦可用"論"為"倫"，如：

---

① "俟"讀為"癡"，參見復旦大學出土文獻與古文字研究中心研究生讀書會《清華簡〈皇門〉研讀札記》，復旦大學出土文獻與古文字研究中心網，2011 年 1 月 5 日。

睡虎地《十八種》17：其非疾死者，以其診書告官論之。

馬王堆《明君》420：故曰論材而讎（酬）職，論功而厚□□□□□□。

銀雀山《孫臏兵法》403 正：立官則以身宜，賤令以采章，乘削以倫物。

北大三《陰陽家言》3：宜春不春，萬物皆失其論（倫）。

北大四《妄稽》1：鄉黨莫及，於國無論（倫）。

武威《儀禮·少牢》10 背：雍人論（倫）膚九，實于一鼎。

綜合上述材料推測，古文用"倫"可能當是漢代用字習慣。

22. 環　還

《士喪禮》："布巾，環幅，不鑿。"注："古文環作還。"

按："環"、"還"二字較早見於周代金文，戰國楚簡承用之，但似未見二者相通之例，如：

毛公鼎（《集成》2841）：玉環。

高卣（《集成》5431）：唯還在周。

包山楚簡 213：備玉一環。

郭店《成之聞之》38：不還大暊，文王复（作）罰。

"還"、"環"相通較早見於秦漢簡帛，武威漢簡《儀禮》中還多用"瓗"爲"還"，如：

里耶秦簡 J1（9）3A 面："以環（還）書道遠。"馬怡先生指出："'環'，讀爲'還'。睡虎地秦簡《秦律雜鈔·公車司馬獵律》：'虎未越泛藪，從之，虎環（還），貲一甲。'《儀禮·士喪禮》：'布巾環幅。'鄭玄注：'環，古文作還。''環書道遠'，返還文書的道路遙遠。"[1]

馬王堆《病方》101：取井中泥，以還（環）封其傷，已（已）。

張家山《蓋廬》41：皮（彼）必去，將有環（還）志。

銀雀山《守法守令》978：戰而失其將吏，及將吏戰而死，卒獨北而環（還），其法當盡斬之。

北大三《趙正書》1：昔者，秦王趙正出斿（遊）天下，環（還）至白（柏）人而病。

武威《儀禮·特牲》2：筮者許若（諾），瓗（還），即席，西面坐，刲[2]者在南。

武威《儀禮·泰射》60：兼挾乘矢，皆内瓗（還），南面揖。

---

① 馬怡《里耶秦簡選校（連載二）》，簡帛網，2005 年 11 月 18 日。

② 釋"刲"參見沈文倬《禮漢簡異文釋（二）》，《文史》第 34 輯，中華書局，1992 年，第 123 條。

綜合上述材料推測,古文用"還"爲"環"似當是秦漢時用字習慣。此外,《周禮·冬官·匠人》:"經涂九軌,環涂七軌,野涂五軌。"注:"故書環或作輾。杜子春云:當爲環,環涂謂環城之道。"可以參看。

23. 淺　翦

《既夕禮》:"加茵,用疏布,緇翦,有幅,亦縮二橫三。"注:"翦,淺也。……今文翦作淺。"

按:戰國楚簡中用""、""爲"淺",如:

郭店《五行》46:深,莫敢不深,(淺),莫敢不(淺)。

郭店《性自命出》22:芺(笑),豊(禮)之淺=(淺澤)也。

清華六《子產》1:(淺)以諍(信)罙(深)。

"翦"字較早見於戰國陶文,不過只是獨字。① 漢代出土材料中"翦"字較爲常見,但未見用作"淺",如:

馬王堆《縱橫家書》58～59:臣將令陳臣、許翦以韓、梁(梁)問之齊。

銀雀山《論政論兵》1148:所胃(謂)善戰者,善翦(剪)斷之,如□會挩者也。

《漢印》第四·4:臣翦。

《漢碑·曹全碑》:武王秉乾之機,翦伐殷商。

神獸鏡:脩翦又兮報善陰。②

漢代簡帛中偶用"輚"爲"淺",也可用"淺"、"劗"、"㦚"等爲"剪"或"翦",如:

馬王堆《脈法》3/74～4/75:膿深而砭(砭)輚(淺),謂上〈之〉不逮,一害;膿輚(淺)而砭(砭)深,胃(謂)之過,二害。

馬王堆《十六經》104 下:劗(翦)亓(其)髮而建之天,名曰之(蚩)尤之旍(旌)。

阜陽《詩經》S007:"㦚勿揬。"胡平生先生注:"《甘棠》三章:'蔽芾甘棠,勿翦勿拜。'第一字上半部原殘,今據殘畫補出。㦚,毛作'翦',《毛詩釋文》云:'《韓詩》作刜。'《漢書·韋玄成傳》載劉歆廟議引《詩》'翦'作'鬋';又蔡邕撰劉鎮南碑頌云:'蔽芾甘棠,如公聽訟,周人勿刜。'王先謙云,《魯詩》亦作'刜',又作'鬋'。《説苑》

---

① 參見高明、葛英會《古陶文字徵》,中華書局,1991 年,第 191 頁。劉釗先生認爲西周金文中的"戩伐"即文獻中的"翦伐"。參見劉釗《利用郭店楚簡字形考釋金文一例》,《古文字研究》第 24 輯,中華書局,2002 年;後收入氏著《古文字考釋叢稿》,第 140～148 頁。

② 劉東亞《介紹兩面古代銅鏡》,《中原文物》1981 年第 2 期。

《白虎通》引《詩》作'翦'。王云：知魯又作'翦'。按：翦、剗、鬋、戔，古音相近可通。"①

綜合上述材料推測，古文用"翦"爲"淺"似即漢時用字習慣。

24. 厄　軶

《既夕禮》："楔，貌如軶，上兩末。"注："今文軶作厄。"

按：金文、戰國楚簡至秦簡中"軶"多作"厄"或"戹"，暫未見作"軶"之例，如：

> 录伯威簋蓋（《集成》4302）：金厄（軶）。
>
> 曾侯乙簡 64：衡戹（軶）。
>
> 睡虎地《法律答問》179："者（諸）侯客來者，以火炎其衡厄（軶）。"炎之可（何）？當者（諸）侯不治騶馬，騶馬蟲皆麗衡厄（軶）靮轝（轝）轅軶（靮），是以炎之。

《説文》車部有"軶"字。據此推測，古文作"軶"似當爲漢及以後用字習慣。

25. 惡　堊

《既夕禮》："主人乘惡車。"注："古文惡作堊。"

按："惡"字較早見於戰國楚簡，秦漢簡帛亦用之，如：

> 上博一《緇衣》4：歔（謹）惡以虖（禦）民淫，則民不惑。
>
> 睡虎地《語書》1：民各有鄉俗，其所利及好惡不同，或不便於民，害於邦。
>
> 馬王堆《病方》328/318：男子惡四，丹一，并和。

但楚簡中絶大多數情況下用"亞"爲"惡"，而且這種習慣一直延續到漢代簡帛，如：

> 上博一《緇衣》1：亞＝（惡惡）女（如）亞（惡）衖（巷）白（伯）。
>
> 上博一《緇衣》18：能大丌（其）頂（美）而少（小）丌（其）亞（惡）。
>
> 馬王堆《十六經》96 下：夫地有山有澤，有黑有白，有美有亞（惡）。
>
> 馬王堆《老子乙》180 下：人之所亞（惡），唯孤、寡、不穀。
>
> 馬王堆《養生方》54：削予木，去其上笭亞（惡）者，而卒斬之。
>
> 銀雀山《六韜》681：同請（情）相成，同亞（惡）相助，同好相趨。

秦漢簡中也用"惡"、"晉"爲"堊"，如：

---

① 胡平生、韓自强《阜陽漢簡〈詩經〉研究》，上海古籍出版社，1988 年，第 40 頁。此句在安大簡《詩經》28 作"勿戔（剗）勿掇（剟）"。參見安徽大學漢字發展與應用研究中心編，黃德寬、徐在國主編《安徽大學藏戰國竹簡（一）》，第 87 頁。

睡虎地《日書甲》88-1 背：其後必有別,不皆(偕)居,咎在惡(堊)室。

北大一《蒼頡》34：瓦蓋焚(棼)櫨,晉(堊)溉(墍)幔(獲)杅。

"堊"字較早見於漢簡,但一般寫作"墺",①如：

居延漢簡 270.27：載墺至八日還到署後千人。

居延新簡 E.P.T68：217：隊(燧)長殷詣官封符載墺。

居延新簡 E.P.T59：6：堁塢不塗墺。

《説文》土部收有"堊"字。綜合上述材料推測,"堊"字似後出,古文用"堊"爲"惡"似是漢時用字習慣。

26. 幕幦冪　幂密

《既夕禮》："白狗幦"。注："古文幦爲幂。"

《公食大夫禮》："簠有蓋幂。"注："幂,巾也,今文或作幕。"

《少牢饋食禮》："皆有幂。"注："今文幂作冪。"

《士冠禮》："設扃鼏。"注："古文鼏爲密。"

《士昏禮》："設扃鼏。"注："鼏皆作密。"

《公食大夫禮》："設扃鼏。"注："古文鼏皆作密。"

《士喪禮》："取鼏,委于鼎北,加扃,不坐。"注："古文鼏爲密。"

《士喪禮》："鼏用疏布。"注："今文鼏皆作密。"②

《士喪禮》："扃鼏。"注："古文鼏爲密。"

《士虞禮》："左人抽扃、鼏、載。"注："古文鼏爲密。"

《士虞禮》："皆設扃鼏。"注："古文鼏作密。"

《特牲饋食禮》："北面,北上,有鼏。"注："古文鼏爲密。"

《特牲饋食禮》："佐食升肵俎,鼏之,設于阼階西。"注："古文鼏皆作密。"

《少牢饋食禮》："設扃鼏。"注："古文鼏皆爲密。"

《有司》："設扃鼏。"注："古文鼏爲密。"

按：金文中多用"冟"爲"幂"、"幎",如：

三年師兌簋(《集成》4319)：虎冟(幂)熏(纁)裏。

毛公鼎(《集成》2841)：虎冟(幎)熏(纁)裏。

---

① 劉釗《漢簡"堊"字小考》,載氏著《書馨集：出土文獻與古文字論稿》,上海古籍出版社,2013 年,第 198～214 頁。

② 據《校勘記》知此處"今文"當爲"古文"之誤。

牧簋(《集成》4343)：虎冟(幎)熏(纁)裏。

戰國曾侯乙墓竹簡中，多用"鞎"爲"禩"，如：

曾侯乙簡 45：鼾(玕)鞎(禩)，录(綠)裏。

曾侯乙簡 117：三乘路車，屯脓(虎)鞎(禩)。

漢代簡帛中一般多用"冥"、"冀"、"幕"爲"幎"，如：

馬王堆《病方》119：冥(幎)甕以布。

馬王堆《病方》241/228：即冀(幎)以布。

武威《儀禮·少牢》11 背：皆有幕(幎)。

武威《儀禮·燕礼》5：請執幕(幎)者。

武威《儀禮·泰射》5：蓋幕(幎)加勺。

而"幎"即"幎"之異體，因此"幎"似晚出之字，古文用"幎"爲"幦"、"幕"等當爲漢時用字習慣。

"冪"較早見於東周金文，如：

國差螮(《集成》10361)：齊邦冪(謐)靜安盜(寧)。

秦公簋(《集成》4315)：冪宅禹迹十又二公。

"密"則較早見於周代金文，但字形作"窑"、"窒"、"窒"等，如：

趙簋(《集成》4266)：窑(密)弔(叔)右趙即立(位)。

史密簋(《銘圖》05327)：王令(命)師俗、史窒(密)曰：東征。

高密戈(《集成》11023)：高窒(密)皀(造)戈。

真正的"密"字較早見於秦漢簡，如：

睡虎地《爲吏之道》5-1：微密鐵(纖)察。

馬王堆《周易》36 上：六五：密雲不雨，自我西茭(郊)。

銀雀山《孫子兵法》148：賞莫厚於閒，事莫密於閒。

漢代簡帛中可用"璧"或"密"爲"冪"，如：

馬王堆《二三子問》10 下/103 下～11 上/104 上：鼎王〈玉〉坒(璧[1]—冪)，大吉，無不利。

---

[1]　湖南省博物館、復旦大學出土文獻與古文字研究中心編纂，裘錫圭主編《長沙馬王堆漢墓簡帛集成(叁)》，中華書局，2014 年，第 45 頁。

武威《儀禮·少牢》11 背：皆設扃鼏(鼏)。

武威《儀禮·特牲》6：北面北上，有鼏(鼏)。

武威《儀禮·特牲》9：舉鼎鼏(鼏)，告絜。

武威《儀禮·特牲》13～14：及執事舉魚、腊鼎，除鼏(鼏)。

武威《儀禮·特牲》14：佐食升甈(胏)，鼏(鼏)之。

武威《儀禮·有司》1：乃設扃鼏(鼏)，陳鼎于門外，如初。

武威《儀禮·少牢》11 背：卒脀，皆設扃鼏(鼏)。

武威《儀禮·少牢》13 背：主人出迎鼎，除鼏(鼏)。

綜合上述材料可知，用"鼏"爲"鼏"似是漢代用字習慣。

27. 毛　髦

《既夕禮》："馬不齊髦。"注："齊，翦也。今文髦爲毛。"

按："毛"字較早見於西周金文，但大多並不用作"毛髮"之義，如：

班簋(《集成》4341)：以乃師右比毛父。

孟簋(《集成》4163)：朕文考眔毛公遣中(仲)征無需，毛公易(賜)朕文考臣，自乒工。

戰國楚簡中則可用"毛"爲"毛髮"、"毛皮"之義，亦可用"𦙄"①爲"髦"，如：

曾侯乙簡 46：墨毛之首。

曾侯乙簡 86：朱毛之首。

安大一《詩經》84、85：淋(髧)皮(彼)兩𦙄(髦)。

秦漢簡帛中，"毛"基本上沿襲了戰國楚簡中的用法，如：

睡虎地《日書甲》47-3 背：燔馨及六畜毛邎(鬣)其止所，則止矣。

馬王堆《十問》6～7：及夫馭(髮)末，毛脈乃遂。

馬王堆《雜療方》5：取桃毛二升，入□中撓□。

"髦"較早見於漢碑，其異體"髳"亦見於漢碑和漢簡，如：

《漢碑·白石神君碑》：惟山降神，髦士挺生。

《漢碑·鄭固碑》：□□見于垂髦，年七歲而夭。

---

① 整理者隸定作"𦙄"，參見安徽大學漢字發展與應用研究中心編，黃德寬、徐在國主編《安徽大學藏戰國竹簡(一)》，第 126 頁。

武威醫簡 44：班(斑)旄(蝥)十枚,地膽一枚,桂一寸。

綜合上述材料可知,"旄"似晚出之字,古文用"旄"爲"毛"似是漢時用字習慣。

28. 播　半

《士虞禮》："尸飯播餘于篚。"注："古文播爲半。"

按：戰國楚簡中多用"翻"、"釆"爲"播",如：

> 郭店《緇衣》29：《吕坓(刑)》員(云)："翻(播)坓(刑)之迪。"
> 上博一《緇衣》15：《吕型(刑)》員(云)："釆(播)型(刑)之由(迪)。"

"播"字較早見於秦簡,漢帛書沿用,但偶亦用"番"、"半"爲之,如：

> 睡虎地《封診式》77：其穴壤在小堂上,直穴播壤,被(破)入内中。
> 馬王堆《十問》56：坡(彼)生之多,尚(上)察於天,下播於地,能者必神。
> 馬王堆《十問》49 上/126 下：天道壽壽,番(播)于下土,施于九州。
> 馬王堆《十問》76～77：后稷(稷)半(播)鞣(稷),草千歲者唯韭,故因而命之。

"半"字較早見於春秋時期金文,後世出土材料中沿用,但多用爲"一半"之義,在秦漢簡中偶亦用作"畔"或"判",如：

> 秦公簋(《集成》4315)：一斗七升大半升。
> 睡虎地《法律答問》64：頃半(畔)"封"殹(也),且非是？
> 馬王堆《周易》27 上：半(磐)遠(桓),利居貞,利建矦。
> 阜陽《周易》481：卜半(判)君,非良。

綜合上述材料推測,古文用"半"爲"播"似是漢時用字習慣。此外,《周禮·春官·大司樂》："凡六樂者,文之以五聲,播之以八音。"注："故書播爲藩。"可與此相參看。

29. 餞　踐

《士虞禮》："獻畢未徹乃餞。"注："古文餞爲踐。"

按：春秋金文及戰國楚簡中用"潛"、"替"、"墫"、"遂"、"俴"、"盞"等爲"踐",如：

> 越王勾踐劍(《集成》11621)：越王欮(勾)潛(踐)自乍(作)用鐱(劍)。
> 越王勾踐之子劍(《集成》11594)：戉(越)王敂(勾)替(踐)之子。
> 清華二《繫年》44：累(盟)者(諸)侯於墫(踐)土。
> 清華七《越公其事》26：雩(越)王句戔(踐)牁(將)忑(恁)遑(復)吴。
> 清華七《越公其事》8：曰(以)觀句戔(踐)之曰(以)此八千人者死也。

清華六《子產》：6：行豊(禮)後(踐)政又(有)事。

上博七《吳命》8：箸(敦)爲帀(師)徒，盞(踐)矍(履)陸(陳)坔(地)。

包山楚簡 202：虞(且)雀(爵)立(位)遲遂(踐)。

包山楚簡 238：由左尹尨遂(踐)遑(復)尻。

"踐"較早見於秦簡，漢初帛書中沿用，但也常用"淺"、"賤"、"戔"等爲之，如：

周家臺《病方》337：即令病心者南首臥，而左足踐之二七。

馬王堆《十六經》1 上/78 上～1 下/78 下：踐立(位)履參，是以能爲天下宗。

馬王堆《縱橫家書》251：君不如北兵以德趙，淺(踐)乿(亂)燕國。

馬王堆《繆和》64 上：天下吳爲強，以戉(越)戔(踐)吳，其銳者必盡。

"餞"字較早見於戰國楚簡，用作"餐"，如：

安大一《詩經》77～78：皮(彼)君子可(兮)，不傃(素)餞(餐)可(兮)。

綜合上述材料可見，出土材料中暫未見用"踐"爲"餞"之例。我們懷疑"踐"似後出之字，古文用"踐"爲"餞"可能是漢時用字習慣。此外，《周禮·春官·司尊彝》："其朝踐用兩獻尊。"注："故書踐作餞。杜子春云：餞當爲踐。"此處"故書"與"古文"恰相反，可以參看。

30. 臡議　儀

《有司》："其脊體，儀也。"注："今文儀皆作臡，或爲議。"
按：周代金文及戰國楚簡中一般都用"義"、"宜"、"我"來表示"儀"，如：

麥方尊(《集成》6015)：用舝(恭)義(儀)寧侯。

叔向父禹簋(《集成》4242)：共(恭)明(明)德，秉威義(儀)。

中山王䗊壺(《集成》9735)：不用豊(禮)宜(儀)。

上博一《孔子詩論》22：丌(其)義(儀)一氏(只)，心女(如)結也。

上博二《民之父母》11：亡(無)體之豊(禮)，威我(儀)尼=(遲遲)。

郭店《緇衣》2：悐(儀)㞷(刑)文王，萬邦乍(作)孚。

清華三《琴舞》6：不易畏(威)義(儀)，才(在)言佳(惟)克。

清華八《攝命》19：佳(唯)龏(龔)威義(儀)。

這種情況還一直延續到漢代簡帛，用"義"或"樣"爲"儀"，如：

馬王堆《稱》2 上/144 上：有義(儀)而義(儀)則不過，侍(恃)表而望則不惑。

馬王堆《胎產書》4：當是之時，未有定義(儀)。

馬王堆《五行》184：其宜（儀）一氏（兮）。

武威《儀禮》特牲 26：如主人義（儀）。

武威《儀禮》泰射 96：如初義（儀）。

馬王堆《繫辭》23 下～24 上：是故《易》有大（太）恆（極），是生兩橤（儀），兩橤（儀）生四馬（象）。

"儀"較早見於漢簡，如：

定州《六韜》2202：禮儀之爲國也。

居延新簡 E.P.T65.83：七月乙丑妻儀自取。

武威《儀禮·士相》2：某非敢爲儀。

武威《儀禮·有司》49：其衆，儀也。

綜合上述材料推測，"儀"似晚出之字，古文作"儀"似是漢代的用字習慣。此外，《周禮·地官·大司徒》："以儀辨等，則民不越。"注："故書儀或爲義。杜子春讀爲儀，謂九儀。"可與此處"古文"相對參。

餘　論

以上主要是利用當前所見出土文獻材料，對鄭玄注《儀禮》30 例通假古文作了一個簡單的新證。這些古文全部集中在"與戰國用字不合與秦漢用字相合者"之例。通過上述的疏證，我們可以對《儀禮》鄭注古文的性質和時代層次作進一步的補述。以前人們對《儀禮》鄭注古文性質和時代的探討大多據《史記·儒林列傳》和《漢書·藝文志》的記載，但言古文出於孔壁，或並謂出於魯淹中及河間獻王所得，對"古文"的具體情形則罕有涉及。如賈公彥："遭于暴秦燔滅典籍，漢興求録遺文之後，有古書今文。《漢書》云，魯人高堂生爲漢博士，傳《儀禮》十七篇，是今文也。至武帝之末，魯恭王壞孔子宅，得古《儀禮》五十六篇，其字皆以篆書。是爲古文也。"[①]丁晏："《儀禮》十七篇，漢高堂生所傳者爲今文，孔壁所得者爲古文。"[②]胡培翬："是則鄭注所謂今文者，乃小戴本；所謂古文者，則前書云：古經出於魯淹中者也。"[③]

但是，隨著二十世紀以來出土文獻的不斷出現，今人對《儀禮》鄭注古文及其與今文

① 賈公彥《儀禮疏·士冠禮》，阮元校刻《十三經注疏》，中華書局，1980 年影印本，第 946 頁。

② 丁晏《儀禮釋注·序》，《續修四庫全書》第 93 册，第 237 頁。

③ 胡培翬《儀禮正義·士冠禮》，《續修四庫全書》第 91～92 册，第 598 頁。

之間的關係也有了更爲具體的認識。諸家大都認爲《儀禮》鄭注古文已非戰國時古文原本,只是在細節上有些不同,如:沈文倬先生認爲鄭玄所據古文本當爲"以今讀古並隸寫之時,頗有今文滲入而成今古錯雜並用之本。"①張富海先生則認爲"這種版本的祖本當然是用古文鈔寫的,但早已被轉寫爲隸書。轉寫時,會保留古文的一些字形結構或用字特點,也會摻入當時的寫法。"②劉大鈞先生則認爲是"隸古定"之後的本子,"正如我們今天以楷書摹寫上海博物館所藏竹書上的文字,對竹書所作的摹寫整理一樣,古文本上的很多文字已經是'就古文體而隸定之'的古文字。"③

　　通過上述我們對 30 例《儀禮》通假古文的新證可知,這些通假古文通用的時代基本上可推定爲漢代,④據此將鄭玄注《儀禮》時所據"古文"本定爲漢時用當時隸書寫成的本子是可以成立的,所以張富海先生的觀點基本符合實際。因此鄭玄注中所保留的諸種"古文"材料不宜籠統納入"傳鈔古文"研究的範圍。⑤

引用材料簡稱出處一覽

西周至春秋

《集成》　　　中國社會科學院考古研究所編《殷周金文集成》,中華書局,1984—1994 年。

《銘圖》　　　吳鎮烽主編《商周青銅器銘文暨圖像集成》,上海古籍出版社,2012 年。

戰國

曾侯乙簡　　湖北省博物館編《曾侯乙墓》,文物出版社,1989 年。

信陽楚簡　　河南省文物研究所編《信陽楚墓》,文物出版社,1986 年。

包山楚簡　　荆沙鐵路考古隊《包山楚簡》,文物出版社,1991 年。

望山楚簡　　湖北省文物考古研究所等編《望山楚簡》,中華書局,1995 年。

九店楚簡　　湖北省文物考古研究所等編《九店楚簡》,中華書局,2000 年。

安大一　　　安徽大學漢字發展與應用研究中心編,黃德寬、徐在國主編《安徽大學藏戰國竹簡(一)》,中西書局,2019 年。

　　　　　　《詩經》

---

① 沈文倬《〈禮〉漢簡異文釋》,《宗周禮樂文明考論》,杭州大學出版社,1999 年,第 245 頁。

② 張富海《漢人所謂古文研究》,北京大學博士學位論文,第 316 頁。

③ 劉大鈞《今帛竹書〈周易〉綜考》,前言第 2 頁。

④ 虞萬里先生曾全面探討《三禮》鄭注中的"字之誤",得出的結論是"鄭注'字之誤'各組異文大多在漢隸字結構下發生訛混。"這與我們此處的結論相一致。參見虞萬里《〈三禮〉鄭注"字之誤"類徵》,《國學研究》第 16 卷,北京大學出版社,2005 年,第 202 頁。

⑤ 何琳儀先生在談到"傳鈔古文"時認爲,其内容包括"傳世的各種經傳注疏中"的"古文"。參見何琳儀《戰國文字通論(訂補)》,江蘇教育出版社,2003 年,第 34 頁。

上博一　　馬承源主編《上海博物館藏戰國楚竹書(一)》,上海古籍出版社,2001年。
　　　　　《孔子詩論》《緇衣(紂衣)》《性情論》

上博二　　馬承源主編《上海博物館藏戰國楚竹書(二)》,上海古籍出版社,2002年。
　　　　　《民之父母》《子羔》《從政甲(從政甲篇)》《從政乙(從政乙篇)》《容成氏》

上博三　　馬承源主編《上海博物館藏戰國楚竹書(三)》,上海古籍出版社,2003年。
　　　　　《周易》《互先》

上博四　　馬承源主編《上海博物館藏戰國楚竹書(四)》,上海古籍出版社,2004年。
　　　　　《柬大王(柬大王泊旱)》《曹沫之陳》

上博七　　馬承源主編《上海博物館藏戰國楚竹書(七)》,上海古籍出版社,2008年。
　　　　　《吳命》《武王踐阼》《凡物甲(凡物流行甲篇)》

上博九　　馬承源主編《上海博物館藏戰國楚竹書(九)》,上海古籍出版社,2012年。
　　　　　《卜書》

郭店　　　荆門市博物館編《郭店楚墓竹簡》,文物出版社,1998年。
　　　　　《老子甲(老子甲篇)》《老子乙(老子乙篇)》《緇衣》《五行》《唐虞之道》《忠信之道》《成之
　　　　　聞之》《尊德義》《性自命出》《六德》《語叢一》《語叢二》《語叢四》

清華一　　清華大學出土文獻研究與保護中心編,李學勤主編《清華大學藏戰國竹簡(壹)》,中西書
　　　　　局,2010年。
　　　　　《祭公》《皇門》《程寤》《楚居》

清華二　　清華大學出土文獻研究與保護中心編,李學勤主編《清華大學藏戰國竹簡(貳)》,中西書
　　　　　局,2011年。
　　　　　《繫年》

清華三　　清華大學出土文獻研究與保護中心編,李學勤主編《清華大學藏戰國竹簡(叁)》,中西書
　　　　　局,2012年。
　　　　　《琴舞》《祝辭》

清華五　　清華大學出土文獻研究與保護中心編,李學勤主編《清華大學藏戰國竹簡(伍)》,中西書
　　　　　局,2015年。
　　　　　《湯在啻門》《厚父》

清華六　　清華大學出土文獻研究與保護中心編,李學勤主編《清華大學藏戰國竹簡(陸)》,中西書
　　　　　局,2016年。
　　　　　《鄭武夫人(鄭武夫人規孺子)》《子產》《管仲》

清華七　　清華大學出土文獻研究與保護中心編,李學勤主編《清華大學藏戰國竹簡(柒)》,中西書
　　　　　局,2017年。
　　　　　《子犯子餘》《越公其事》

清華八　　清華大學出土文獻研究與保護中心編,李學勤主編《清華大學藏戰國竹簡(捌)》,中西書
　　　　　局,2018年。

《攝命》《治邦之道》《邦家之政》

秦代

放馬灘　甘肅簡牘博物館、武漢大學簡帛中心編，陳偉主編《秦簡牘合集(四)·放馬灘秦墓簡牘》，武漢大學出版社，2014 年。

《墓主記》《日書乙(日書乙篇)》

周家臺　湖北省荆州市周梁玉橋遺址博物館編《關沮秦漢墓簡牘》，中華書局，2001 年。

《病方》《日書》

睡虎地　睡虎地秦墓竹簡整理小組編《睡虎地秦墓竹簡》，文物出版社，1990 年。

《語書》《十八種(秦律十八種)》《效律》《法律答問》《封診式》《爲吏之道》《日書甲(日書甲種)》《日書乙(日書乙種)》

漢代

馬王堆　裘錫圭主編《長沙馬王堆漢墓簡帛集成》，中華書局，2014 年。

《周易》《二三子問》《繫辭》《繆和》《衷》《縱横家書(戰國縱横家書)》《老子甲(老子甲本)》《老子乙(老子乙本)》《五行》《九主》《明君》《經法》《十六經》《稱》《脈法》《病方(五十二病方)》《胎産書》《養生方》《雜療方》《遣一(一號墓遣策)》《十問》《合陰陽》《雜禁方》《五星占》《木星占》、殘片

銀雀山　銀雀山漢簡整理小組編《銀雀山漢墓竹簡(壹)》，文物出版社，1985 年；銀雀山漢簡整理小組編《銀雀山漢墓竹簡(貳)》，文物出版社，2010 年。

《孫子兵法》《孫臏兵法》《尉繚子》《晏子》《六韜》《守法守令(守法守令等十三篇)》《論政論兵(論政論兵之類)》

北大一　北京大學出土文獻研究所編《北京大學藏西漢竹書[壹]》，上海古籍出版社，2015 年。

《蒼頡》

北大二　北京大學出土文獻研究所編《北京大學藏西漢竹書[貳]》，上海古籍出版社，2012 年。

《老子上經》

北大三　北京大學出土文獻研究所編《北京大學藏西漢竹書[叁]》，上海古籍出版社，2015 年。

《趙正書》

北大四　北京大學出土文獻研究所編《北京大學藏西漢竹書[肆]》，上海古籍出版社，2015 年。

《妄稽》

北大五　北京大學出土文獻研究所編《北京大學藏西漢竹書[伍]》，上海古籍出版社，2014 年。

《荆決》《陰陽家言》

張家山　張家山二四七號漢墓竹簡整理小組編《張家山漢墓竹簡[二四七號墓]》，文物出版社，2001 年。

《二年律令》《奏讞書》《脈書》《算術書》《引書》

孔家坡　湖北省文物考古研究所等編《隨州孔家坡漢墓簡牘》，文物出版社，2006 年。

阜陽《詩經》　胡平生、韓自强《阜陽漢簡詩經研究》,上海古籍出版社,1988 年。

阜陽《周易》　韓自强《阜陽漢簡〈周易〉研究》,上海古籍出版社,2004 年。

定州《六韜》　河北省文物研究所定州漢墓竹簡整理小組《定州西漢中山懷王墓竹簡〈六韜〉釋文及校注》,《文物》2001 年第 5 期。

鳳凰山　　　湖北省考古研究所編《江陵鳳凰山西漢簡牘》,中華書局,2012 年。

武威　　　　中國科學院考古研究所等編著《武威漢簡》,文物出版社,1964 年。
　　　　　　《儀禮》《王杖詔書》

武威醫簡　　甘肅省博物館等編《武威漢代醫簡》,文物出版社,1975 年。

尹灣　　　　連雲港市博物館等編《尹灣漢墓簡牘》,中華書局,1997 年。
　　　　　　《神烏賦》

居延漢簡　　簡牘整理小組編《居延漢簡》(壹—叁),臺北"中研院"史語所,2014—2016 年。

居延新簡　　張德芳主編《居延新簡集釋》(一—七),甘肅文化出版社,2016 年。

敦煌漢簡　　張德芳《敦煌馬圈灣漢簡集釋》,甘肅文化出版社,2013 年。

《漢印》　　　羅福頤編《漢印文字徵》,文物出版社,1978 年。

《漢碑》　　　高文《漢碑集釋》,河南大學出版社,1997 年。

　　附記：本文曾於 2019 年 10 月 25—27 日,在浙江大學漢語史研究中心舉辦的"首屆漢語字詞關係學術研討會"上宣讀,得蒙與會學者賜正,特此致謝。

《禮記》"苛政"與《左傳》"無成"新證*

岳曉峰

浙江大學考古與文博系

一、苛政

《禮記・檀弓下》："夫子曰：'何爲不去也？'（婦人）曰：'無苛政。'夫子曰：'小子識之！苛政猛於虎也。'"對於"苛政"的訓釋，大致有兩種觀點：一類認爲"政"當讀爲"征"，王引之《經義述聞》卷十四《禮記》"無苛政"條云："政讀曰征，謂賦税及徭役也。誅求無已則曰苛征。"①此説影響甚大，如鄭濤即從王氏之説，認爲"'苛政'即'苛征'，應釋爲'繁重的賦税和徭役'"。② 另一類觀點則認爲"苛政"即暴政，如王力就直接將"苛政"訓爲"暴政"。③ 陳夢兮又結合戰國竹簡材料，指出"政"作本字讀，"苛政"即暴政。④ 不過，陳説所云"'苛政'具體是指過多使用刑罰"，則未達一間。

實則"政"應作本字讀，"苛政"即煩苛的政事或法令。現論證如下。

（一）新近公布的清華簡捌《邦家之政》正好有兩例與"苛政"相關的材料：

(1) 亓（其）政平而不甕（苛）　　　　　　　　　　　（清華簡《邦家之政》4）

(2) 亓（其）政甕（苛）而不達　　　　　　　　　　（清華簡《邦家之政》8～9）

---

* 本文爲浙江省哲學社會科學冷門絶學重點資助課題一般項目"清華簡語類文獻綜合研究"（20LMJX08YB）成果。

① 王引之《經義述聞》，江蘇古籍出版社，2000 年，第 327 頁。

② 鄭濤《釋"苛政"》，《中國語文》1997 年第 4 期，第 316 頁。

③ 王力《古代漢語》，中華書局，1962 年，第 192 頁。趙克勤等又對訓"苛政"爲"暴政"的合理性作了詳細分析。可參看趙克勤、許嘉璐《談〈古代漢語〉（王力主編）文選的注釋原則——兼答薛正興同志》，《社會科學戰綫》1981 年第 4 期，第 325 頁。

④ 陳夢兮《以出土文獻重論"苛政"之"苛"》，《漢字漢語研究》2018 年第 1 期，第 95 頁。

　　例（1）整理者注："政平，政事平和。《左傳》昭公二十年：'是以政平而不干，民無爭心。'《孟子·離婁下》：'君子平其政。'""政平"，整理者訓爲"政事平和"，可從。① "苛"，整理者未注。"苛"與"平"對舉，當釋作"煩苛"義。例（2）"達"訓"通達"，"苛"與"達"語義相對，也可釋爲"煩苛"義。"政苛而不達"，即政令煩苛而不通達。其文義與《淮南子·主術》篇"法令察而不苛"正相反。又，《新序·雜事第五》"孔子北之山戎氏"章，載《禮記·檀弓下》之事云："其政平，其吏不苛……夫政之不平而吏苛，乃甚於虎狼矣！"《經義述聞》"無苛政"條認爲"政"本當讀爲"征"，則此文中用作"政事"之"政"乃誤解誤用。② 今據清華簡《邦家之政》，可知"政"、"苛"自可連用。因此，《雜事第五》之"政"並非"征"字誤用，仍當以從本字讀爲是。

　　（二）另外，楚簡中"苛"訓"煩苛"義者，還有如下三例：

　　（3）达（去）蟲（苛）而行柬（簡）　　　　　　　　　　　　（上博簡《容成氏》19）
　　（4）亓（其）生賜羕（養）也，亓（其）死賜妝（葬），达（去）蟲（苛）匿（慝），是以爲名。

　　　　　　　　　　　　　　　　　　　　　　　　　　（上博簡《容成氏》33）
　　（5）今君之貪惛蟲（苛）匿（慝）　　　　　　　　　　　　（上博簡《競公瘧》6）

　　例（3）"蟲（苛）"訓"煩"，與"簡"反義對言。《論語·雍也》："仲弓問子桑伯子，子曰：'可也簡。'"朱熹《集注》云："簡者，不煩之謂。"③例（4）"蟲匿"，整理者云："即'苛慝'，指煩苛暴虐。如《左傳》昭公十三年'苛慝不作'。"《左傳》昭公十三年原文爲："苛慝不作，盜賊伏隱，私欲不違，民無怨心。"④"苛慝"，楊伯峻注："苛，瑣細煩細；慝，邪惡污穢。"⑤《容成氏》"蟲（苛）匿（慝）"一詞當從整理者之説，指"煩苛暴虐"之義。例（5）整理者認爲"蟲"讀爲"苛"，煩瑣；"匿"通"慝"，有"邪惡"義。⑥ 可從。從文義來看，上博簡《容成氏》《競公瘧》三處"蟲（苛）"，理解爲"煩苛"是可信的。

　　（三）"苛"訓"煩苛"義，又屢見於出土秦漢文獻，如：

　　（6）安靜毋苛　　　　　　　　　　　　　　　（睡虎地秦簡《爲吏之道》6 壹）

---

① 清華大學出土文獻研究與保護中心編，李學勤主編《清華大學藏戰國竹簡（捌）》，中西書局，2018 年，第 123 頁。《左傳》"政平而不干"之"政"，楊伯峻以"政令"訓之。見楊伯峻《春秋左傳注（修訂本）》，中華書局，2016 年，第 1577 頁。

② 石光瑛則認爲"平"訓爲"公平"，"苛"義爲"苛刻"，"政"讀如字。見劉向編著，石光瑛校釋，陳新整理《新序校釋》，中華書局，2017 年，第 715～716 頁。

③ 朱熹《四書章句集注》，中華書局，1983 年，第 83 頁。

④ 馬承源主編《上海博物館藏戰國楚竹書（二）》，上海古籍出版社，2002 年，第 276 頁。

⑤ 見楊伯峻《春秋左傳注（修訂本）》，第 1499 頁。

⑥ 馬承源主編《上海博物館藏戰國楚竹書（六）》，上海古籍出版社，2007 年，第 177 頁。

(7) 察人所疾,不作苛心。　　　　　　　　（馬王堆帛書《周易經傳·昭力》4 上）

(8) 苛而不巳(已),人將殺之。　　　　（馬王堆帛書《十六經·行守》58 下/135 下）

(9) 賦斂重,强奪人者,攻之。刑正(政)危,使民苛者,攻之。

（張家山漢簡《蓋廬》50～51）

(10) 爲人君者,不可以信讒,信讒則苛民,苛民則正(政)乳(亂)。

（北大漢簡《周馴》13）

例(6)整理者注:"苛,煩苛。"①該句也見於岳麓秦簡壹《爲吏治官及黔首》簡 48"安情(靜)毋苛"。例(10)云"苛民則政亂",《淮南子·主術》又有"政苛則民亂"之語。上引諸例秦漢簡帛中的"苛",也都作"煩苛"義解。

綜上,傳世及出土文獻中"苛"訓爲"煩苛"義是常訓,且多與政事或法令有關。② 尤其是清華簡《邦家之政》之例,與《禮記》"苛政"語義正可對應。因此,《禮記》的"苛政"也當以訓作"煩苛的政事或法令"爲宜。雖然在表"煩苛"義時,楚簡用"蠆"字,秦簡用"苛"字,這僅是秦楚不同國别文字系統用字習慣的差異。"漢承秦制",漢代繼續沿襲了秦語中"苛"字的這一用法。

二、無成

《左傳》襄公八年云:"子展曰:……五會之信,今將背之,雖楚救我,將安用之? 親我無成,鄙我是欲,不可從也,不如待晉。"杜注:"晉親鄭。楚欲以鄭爲鄙邑而反欲與成。言子駟不可從。"杜注認爲親鄭的是晉國,欲以鄭爲鄙邑的則是楚國。王引之《經義述聞》引王念孫之説云:"言楚之親我,有始無終,而其心且欲以我爲鄙邑,故楚不可從,不如待晉也。"③二王認爲親鄭、鄙鄭及不可從者均當爲楚國。楊伯峻、竹添光鴻從之。④ 吳柱也認爲:"'親我'、'鄙我'所省略之主語皆楚國,'不可從'所省略的賓語亦楚國。"⑤

---

① 睡虎地秦墓竹簡整理小組《睡虎地秦墓竹簡》,文物出版社,1990 年,第 168 頁。見該書"釋文注釋"部分。

② 清華簡叁《赤鵠(鵠)之集湯之屋》簡 9 有"是思(使)句(后)之身蠆蠆(惡)",清華簡捌《心是謂中》簡 5 又有"蠆疾才(在)畏(鬼)",就文義而言,此兩例"蠆"或與表"疾病"義的"疴"有關。楚簡中"蠆"字"煩苛"、"疾病"兩義同時並存,二者的語義關係還可進一步探討。

③ 王引之《經義述聞》,第 432 頁。

④ 楊伯峻云:"楚之親我將無好結果,反欲以我爲其邊鄙縣邑,不可從楚。"見楊伯峻《春秋左傳注(修訂本)》,第 1051 頁。竹添光鴻也認爲:"是楚親我終無成也。親我無成,則鄙我是欲。勢之所必至,故楚不可從也。"見竹添光鴻《左傳會箋》,漢京文化事業有限公司,1984 年,第 45 頁。

⑤ 吳柱《〈左傳〉考釋七則》,《語言研究》2016 年第 1 期,第 103 頁。

趙生群則認爲杜、王二説各有長短,"親我"、"鄙我"者均爲晉國。①

我們也認同二王所云親鄭、鄙鄭及不可從者都是楚國的觀點。不過,就對"親我無成"的理解而言,王念孫認爲"楚之親我,有始無終",竹添光鴻云"是楚親我終無成也",楊伯峻云"楚之親我將無好結果",後兩者觀點實同於王氏"有始無終"之説。吴氏則認爲"親我無成"即"親我無誠","成"爲"誠"之古字,"誠"訓"誠心"。其説恐未爲確詁,此處"成"當作本字讀,仍以王念孫訓"終"之説爲是。"無成"實爲先秦文獻常見詞,没有結果、没有成功之義。

"無成"一詞,《左傳》中尚有多處用例,如:

(11) 謀之多族,民之多違,事滋無成。 (襄公八年)

(12) 衆怒難犯,專欲難成,合二難以安國,危之道也……專欲無成,犯衆興禍,子必從之。 (襄公十年)

(13) 晉邢侯與雍子爭鄐田,久而無成。 (昭公十四年)

(14) 君若待于曲棘,使群臣從魯君以卜焉。若可,師有濟也……若其無成,君無辱焉。 (昭公二十六年)

(15) 魯君守齊,三年而無成……二子皆圖國者也,而欲納魯君,鞅之願也,請從二子以圍魯。無成,死之。 (昭公二十七年)

例(11)楊伯峻注云:"滋,益也。謂事更難成功。"②楊注將"無成"訓作没有成功是貼切的。例(12)"無成"與"難成"相應,更能説明其當訓爲没有成功。例(13)"久而無成",謂久而無果。例(14)"無成"與"可"相對,"可"謂成功,"無成"即没有成功義。例(15)乃晉范獻子對固請納魯昭公的宋子梁、衛北宫貞子所言,句中兩例"無成",也當以没有成功解之。

《左傳》文中還有"有成"一詞,襄公三十年子産曰:"無欲實難。皆得其欲,以從其事,而要其成。非我有成,其在人乎?"楊伯峻注曰:"其意謂國事之成敗,在于主政者之用人。"③"有成"與"無成"語義正相反,楊注即以"成功"之義訓之。

"無成"也屢見於楚簡,如:

(16)(君子)不惠(仁)則亡(無)以行正(政),不敬則事亡(無)成。

(上博簡《從政甲》6～7)

---

① 趙生群《〈左傳〉疑義新證》,人民文學出版社,2013年,第234頁。

② 楊伯峻《春秋左傳注(修訂本)》,第1050頁。

③ 楊伯峻《春秋左傳注(修訂本)》,第1305頁。

(17) 正(政)用迷矞(亂),獄用亡(無)成。　　　　　　　　　　(清華簡《皇門》11)

(18) 天猶畏矣,豫(舍)命①亡(無)成。　　　　　　　　　　(清華簡《芮良夫毖》15)

楚簡中"亡"常讀爲"無",如例(17)今本《逸周書·皇門》即作"命用迷亂,獄用無成"。以上三例楚簡"亡(無)成",也均可釋爲不能成功或沒有結果。

另,清華簡伍《湯在啻門》簡 13～14 云:"惪(德)濬明執信以義成,此胃(謂)屶(美)惪(德),可以保(保)成;惪(德)変(變)亟執諼以亡成,此胃(謂)亞(惡)惪(德),唯(雖)成或(又)澀(瀆)。"整理者認爲"亡"與簡文所云"義"相對,訓作"荒亡迷亂","瀆"訓"敗亂"。② 王寧則認爲"義"當讀爲"宜",適當之意;"亡"同"無"。③ 我們認爲當以整理者原釋爲是。該篇簡 15～17 又云"讠(起)事亡(無)穫,疒(病)民亡(無)古(故),此胃(謂)亞(惡)事","正(政)㐄(禍)矞(亂)以亡(無)崇(常),民咸解體自卹(恤),此胃(謂)亞(惡)正(政)","型(刑)㰱(重)以亡(無)崇(常),此胃(謂)亞(惡)型(刑)","惡事"、"惡政"、"惡刑"句中的"亡穫"、"亡故"、"亡常"之"亡"均讀爲"無",但尚不能由此推定"亡成"也當讀爲"無成"。《論語·衛靈公》:"子曰:'君子義以爲質,禮以行之,孫以出之,信以成之。君子哉!'"朱熹《集注》云:"義者制事之本,故以爲質幹……成之必在誠實,乃君子之道也。"④《湯在啻門》中的"義"可與《衛靈公》文義相參照,都是以符合禮義標準爲制事之本,故簡文"亡"與"義"正相對,表示"成功"的某種方式。

---

① 簡文"豫命",整理者趙平安釋爲"舍命","指發布號令而言"。見清華大學出土文獻研究與保護中心編,李學勤主編《清華大學藏戰國竹簡(叁)》,中西書局,2012 年,第 152 頁。王瑜楨改釋作"予命","謂上天賜予我們的天命"。見王瑜楨《清華大學藏戰國竹簡(三)·芮良夫毖》釋讀》,《出土文獻》第 6 輯,中西書局,2015 年,第 189 頁。本文從整理者原釋文。

② 見清華大學出土文獻研究與保護中心編,李學勤主編《清華大學藏戰國竹簡(伍)》,中西書局,2015 年,第 146 頁。

③ 王寧《讀〈湯在啻門〉散札》,復旦大學出土文獻與古文字研究中心網,2015 年 5 月 6 日。

④ 朱熹《四書章句集注》,第 165 頁。

據古文字材料談《楚辭》中
用爲句首助詞的"汩"*

侯乃峰

山東大學文學院

在古代漢語中,作爲動詞的"曰"字,一般是訓解爲:(一)言、説;(二)叫做、稱爲;(三)爲、謂、是。今傳本《楚辭》中,相應的文例皆可見到,列舉如下:

(一)言、説

1. 僉曰:"何憂?"(《天問》)

2. 往見太卜鄭詹尹曰:"余有所疑,願因先生決之。"詹尹乃端策拂龜,曰:"君將何以教之?"(《卜居》)

3. 漁父見而問之曰:"子非三閭大夫與? 何故至於斯?"屈原曰:"舉世皆濁我獨清,衆人皆醉我獨醒,是以見放。"(《漁父》)

4. 帝告巫陽曰:"有人在下,我欲輔之。魂魄離散,汝筮予之。"(《招魂》)

(二)叫做、稱爲

1. 朕皇考曰伯庸。(《離騷經》)

2. 名余曰正則兮,字余曰靈均。(《離騷經》)

(三)爲、謂、是

如《楚辭》中篇章末尾常見的"亂曰"的"曰",又如《九章·抽思》中的"少歌曰"、"倡曰"的"曰",即可看作是這個義項。當然,由於作爲動詞的"曰"字的上述諸義項之間具有詞義引申演變關係,第三種文例"亂曰"、"少歌曰"、"倡曰"的"曰"看作是"言、説"、"叫做、稱爲"之義,也是可以講通的。

---

* 本文係國家社科基金重大項目"出土簡帛文獻與古書形成問題研究"(19ZDA250)階段性成果。

　　"曰"字的以上實詞義項進一步虛化,就産生了作爲語助詞的用法。這種語助詞既可以用於句首,也可以用於句中,一般無實際意義。用於句首的"曰"可以稱爲"句首語助詞",古人或稱爲"發語辭(詞)"或"發端詞";用於句中的"曰"可以稱爲"句中語助詞"。

　　用作句首語助詞的"曰"字,例如《詩經·秦風·渭陽》:"我送舅氏,曰至渭陽。"《詩經·豳風·七月》:"嗟我婦子,曰爲改歲,入此室處。""朋酒斯饗,曰殺羔羊。"《詩經·大雅·抑》:"天方艱難,曰喪厥國。"

　　用作句中語助詞的"曰"字,例如《詩經·豳風·東山》:"我東曰歸,我心西悲。"《詩經·小雅·角弓》:"雨雪瀌瀌,見晛曰消。"陸德明《經典釋文》"曰消"條云:"音越,下同。韓詩作聿。劉向同。"①《詩經·魏風·園有桃》:"彼人是哉,子曰何其?"鄭玄箋云:"彼人,謂君也。曰,於也。不知我所爲憂者,既非責我,又曰君儉而嗇,所行是其道哉。子於此憂之何乎?"清人劉淇《助字辨略》卷五"曰"字條下云:"此'曰'字在句中,語助辭也。鄭箋訓'子曰'之'曰'爲'於',亦語辭,不爲義也。"②

　　在今傳本《楚辭》中,用在句首的"曰"字多見。文例列舉如下:

　　1. 曰鯀婞直以亡身兮,終然殀乎羽之野。　　　　　　　　　(《離騷經》)
　　2. 曰兩美其必合兮,孰信脩而慕之?　　　　　　　　　　　(《離騷經》)
　　3. 曰勉遠逝而無狐疑兮,孰求美而釋女?　　　　　　　　　(《離騷經》)
　　4. 曰勉陞降以上下兮,求矩矱之所同。　　　　　　　　　　(《離騷經》)
　　5. 曰遂古之初,誰傳道之?　　　　　　　　　　　　　　　(《天問》)
　　6. 吾使厲神占之兮,曰有志極而無旁。終危獨以離異兮,曰君可思而不可恃。

　　　　　　　　　　　　　　　　　　　　　　　　　(《九章·惜誦》)
　　7. 曰吾怨往昔之所冀兮,悼來者之愁愁。　　　　　　(《九章·悲回風》)
　　8. 曰道可受兮,不可傳。　　　　　　　　　　　　　　　　(《遠遊》)

　　當然,與作爲動詞的"曰"字諸義項之間的關係同樣的道理,由於作爲句首語助詞的"曰"字是從具有實詞義的"曰"字引申演變而來的,所以上面所列舉的用在句首的"曰"字,是否用爲句首語助詞,還需要具體分析。在上舉某些文句中,將"曰"字理解爲"言、説"之義,也是可以講通的。例如,"曰鯀婞直以亡身兮,終然殀乎羽之野"一句,緊接在"女嬃之嬋媛兮,申申其詈予"之後,大多數楚辭研究者都將"曰"字之後的內容看成是"女嬃"之詈辭(責備之言),即把"曰"字理解爲"言、説"之義,也是可以的。又如,"曰兩

────────────

① 〔唐〕陸德明撰,黃焯斷句《經典釋文》,中華書局,1983年,第88頁。
② 〔清〕劉淇著,章錫琛校注《助字辨略》,中華書局,1954年,第256頁。

美其必合兮,孰信脩而慕之"、"曰勉遠逝而無狐疑兮,孰求美而釋女"、"曰勉陞降以上下兮,求矩矱之所同"三句,接在"索藑茅以筳篿兮,命靈氛爲余占之"之後,則將這三句看成是"靈氛"的占辭,"曰"字理解爲靈氛"言、説",也可以講通文意。同樣,"吾使厲神占之兮,曰有志極而無旁"一句,自然也可以將"曰"字後的"有志極而無旁"看成是"厲神"的占辭。

但是,《楚辭》中某些文句的"曰"字已經開始虛化,具有了句首語助詞的性質,卻是可以肯定的。例如,《天問》首句"曰遂古之初,誰傳道之"的"曰"字,與《尚書·堯典》開篇"曰若稽古"以及史牆盤銘文首句"曰古文王"(《殷周金文集成》10175)的"曰"字,在文句中的位置與語法功能上顯然非常近似。又如,姜亮夫先生在訓解"曰勉遠逝而無狐疑兮"句時,即認爲:"曰,猶《尚書》之粤,《詩經》之爰,語詞也。"但他緊接著又指出:"蔣驥(引按:指清人蔣驥所著《山帶閣注楚辭》)以爲再言'曰'者,叮嚀之詞,亦通。"①在判定詞性與詞義時躊躇不定,這恰好體現出"曰"字正處於虛化過程中所具有的語法特徵。

再如,《九章·悲回風》"曰吾怨往昔之所冀兮,悼來者之愁愁"的"曰"字,有學者直接理解爲"言、説"。如蔣驥云:"曰者,與二子相語之詞。"文懷沙云:"曰,我(屈原自指)説。"蘇雪林:"曰,是屍體好像説話。"楊胤宗:"曰者,自言也。"也有不少學者將其看成是與《楚辭》中常見的總結全篇的"亂曰"之作用相同或類似。如汪瑗云:"此又結通篇之意,故以'曰'字更端之,若亂辭是也。或云上當脱一'亂'字,未知其審。"林雲銘云:"此二句上加一'曰'字,因合前後己意而總言之,以別上文也。"陳本禮:"曰者,亂詞也。注家均連上文作屈子自己解説之詞,誤也。"郭沫若:"原文只存一'曰'字,當是'亂曰'之殘,故譯爲'尾聲'。"王泗原:"'曰'下面二節的意思,是發理詞指,總撮其要。"當然,也有學者將其看成是語詞或者具有發語詞的性質。如劉夢鵬:"曰者,別於上文而更舉之詞。"馬其昶:"曰者,語辭。"姜亮夫:"曰,更端之辭也,屈子賦詩已畢,更繼前而言也。"②

將此句中的"曰"字直接理解爲"言、説",似乎把問題簡單化了。因全篇都是屈原表露心跡之辭,似乎毋需加"曰",讀者自然就會明白是屈原之語。或者換句話説,全篇都是屈原之語,每一句之前都可以加"曰"字,爲何僅在此句之前加"曰"字呢。

至於將其看成是與《楚辭》中常見的總結全篇的"亂曰"之作用相同或類似,乍看之下好像很有道理,但仔細分析之後就會發現,這個説法恐怕也是有問題的。

首先,《九章》所含的九章文辭,並不是每章的末尾都有"亂曰"的。九章中,除去《悲回風》章之外的八章,第二章《涉江》、第三章《哀郢》、第四章《抽思》、第五章《懷沙》的末

① 姜亮夫《重訂屈原賦校注》,《姜亮夫全集(六)》,雲南人民出版社,2002年,第84頁。
② 崔富章、李大明主編《楚辭集校集釋》,湖北教育出版社,2003年,第1882~1884頁。

尾都有"亂曰",而第一章《惜誦》、第六章《思美人》、第七章《惜往日》、第八章《橘頌》的末尾都是沒有"亂曰"的。此或可證明《悲回風》章的末尾並非必然要有"亂曰"的。

其次,細繹以"亂曰"作結尾的四章,其"亂曰"部分文辭的韻腳都是獨立韻段,與"亂曰"之前文句的韻段截然分開。如第二章《涉江》"亂曰"之前"人"、"身"押真部韻,"亂曰"之後"遠"、"壇"押元部韻;第三章《哀郢》"亂曰"之前"慨"、"邁"物月合韻,"亂曰"之後"時"、"丘"、"之"押之部韻;第四章《抽思》"亂曰"之前"同"、"容"押東部韻,"亂曰"之後"潭"、"心"押侵部韻;第五章《懷沙》"亂曰"之前"暮"、"故"鐸魚通韻,"亂曰"之後"汩"、"忽"押物部韻。而《悲回風》章"曰"字之後的文句,卻是和上文通爲一韻的:

> ┄┄┄┄┄┄┄┄┄
> 觀炎氣之相仍兮,窺煙液之所積。
> 悲霜雪之俱下兮,聽潮水之相擊。
> 借光景以往來兮,施黃棘之枉策。
> 求介子之所存兮,見伯夷之放迹。
> 心調度而弗去兮,刻著志之無適。
> 曰吾怨往昔之所冀兮,悼來者之愁愁。
> 浮江淮而入海兮,從子胥而自適。
> 望大河之洲渚兮,悲申徒之抗迹。
> 驟諫君而不聽兮,任重石之何益?
> 心絓結而不解兮,思蹇産而不釋。

其中,"曰"字之前的"積"、"擊"、"策"、"迹"、"適"押錫部韻,"曰"字之後的"愁"、"適"、"迹"、"益"也押錫部韻,前後文句聯屬爲同一韻段。至於末二句"心絓結而不解兮,思蹇産而不釋",韻腳字爲"釋",有學者看成是錫鐸合韻。[①] 宋人洪興祖《楚辭補注》云:"一本無此二句。"[②]陸侃如指出:"這二句本是《哀郢》裏的句子,後人誤加於此。依《楚辭章句》例,凡已注過的文句,皆不再注。若《悲回風》原文確有此二句,則當説,'皆已解於《哀郢》之中。'今則不然,還是逐字加注,且與《哀郢》之注一字也不差。此可證明這是後人把《哀郢》的原文及注釋照鈔於此的。當删去。"聞一多、郭沫若、文懷沙、于省吾、吳孟復、蔣天樞等學者均贊同此説,認爲此處原本無此二句。[③] 這種看法應該是可信的,"心絓結而不解兮,思蹇産而不釋"二句當删去。如此,《悲回風》章中的這段文字,

---

① 王力《楚辭韻讀》,上海古籍出版社,1980 年,第 54 頁。

② 〔宋〕洪興祖撰,黃靈庚點校《楚辭補注》,上海古籍出版社,2015 年,第 253 頁。

③ 崔富章、李大明主編《楚辭集校集釋》,第 1888～1889 頁。

"曰"字之前與之後的文句都是押錫部韻,與其他章以"亂曰"開頭則另起一個韻段迥然有別,可證此處的"曰"與其他章的"亂曰"應當不屬於同一性質。這樣的話,上述第三種意見,即將《悲回風》章中此處的"曰"字看成是語詞或者具有發語詞的性質,就是最具合理性的説法了。無論如何,《楚辭》中的"曰"字已經逐步虛化,開始具有了句首語助詞(或稱"發語詞")的性質,是可以肯定的。有學者認爲《楚辭》中的"曰"字只有"説"和"稱爲"兩個義項,①嚴格説來是不夠確切的。

今傳本《楚辭》中,還出現了一個從"曰"得聲的"汩"字,戰國時期的文本部分共有五例,按照出現的先後順序列舉如下:

1. 汩余若將不及兮,恐年歲之不吾與。　　　　　　　　　　　　　　（《離騷經》）
2. 不任汩鴻,師何以尚之?　　　　　　　　　　　　　　　　　　　（《天問》）
3. 傷懷永哀兮,汩徂南土。　　　　　　　　　　　　　　　　　　（《九章・懷沙》）
4. 亂曰:浩浩沅湘,分流汩兮。　　　　　　　　　　　　　　　　（《九章・懷沙》）
5. 亂曰:獻歲發春兮,汩吾南征;菉蘋齊葉兮,白芷生。　　　　　　　　（《招魂》）

《楚辭詞典》將以上第二例"不任汩鴻"、第四例"分流汩兮"的"汩"注音爲"gǔ",將"不任汩鴻"的"汩"訓解爲"治理;疏濬",將"分流汩兮"的"汩"訓解爲"水疾流貌";其餘三例"汩余若將不及兮"、"汩徂南土"、"汩吾南征"的"汩"字,注音爲"yù",訓解爲"疾速貌"。②

第二例"不任汩鴻"、第四例"分流汩兮"的"汩"字,根據上下文意來判斷,注音和訓解應該是沒有問題的,可以不論。"汩余若將不及兮"、"汩徂南土"、"汩吾南征"的"汩"字,注音爲"yù",當是源自宋人洪興祖《楚辭補注》中的注音:"汩,越筆切。"③將此"汩"字訓解爲"疾速貌",也是古今研究《楚辭》的學者絶大多數都認同的觀點。例如,以"汩余若將不及兮,恐年歲之不吾與"句爲例,王逸注云:"汩,去貌,疾若水流也。言我念年命汩然流去,誠欲輔君,心中汲汲,常若不及。又恐年歲忽過,不與我相待,而身老耄也。"劉良注云:"汩,疾也。言歲月行疾,若將追之不及。"洪興祖補注:"汩,越筆切。《方言》云:'疾行也。南楚之外曰汩。'"朱熹集注:"汩,于筆反。……汩,水流去疾之貌。言己之汲汲自脩,常若不及者,恐年歲不待我而過去也。"錢杲之:"汩,水流疾貌。"④

然而,仔細分析"汩余若將不及兮"這句話,如果將句首的"汩"字訓解爲"疾速貌",

---

① 袁梅編著《楚辭詞典》,山東教育出版社,2000年,第274～275頁。

② 袁梅編著《楚辭詞典》,第70、270頁。

③ 〔宋〕洪興祖撰,黃靈庚點校《楚辭補注》,第8頁。

④ 崔富章、李大明主編《楚辭集校集釋》,第94頁。

就會發現其句法其實是很彆扭的。按照一般的句法結構，"余若將不及兮"文意已足；"汩"訓解爲"疾速貌"，作爲一個形容詞放在"余若將不及兮"之前，似乎很是罕見。對此，有學者也給出了解釋。如明人汪瑗《楚辭集解》即認爲："首句倒文耳，本謂'余汩汩乎若將不及'也。屈子多以'余'字倒在下，不能盡出，讀者詳之。"①究其實，這種解釋恐怕也是難以令人信服的。《楚辭》中"余"字前有動詞之例可以找到，如《九章·哀郢》"曼余目以流觀兮"、《九章·抽思》"傷余心之懮懮"、"覽余以其脩姱"等句。但"余"字前加形容詞之例，全書中似乎除了此句之外就見不到了。

根據以上對《楚辭》中"曰"字的考察以及對古文字材料中"汩"字的認識(見下文)，我們認爲，"汩余若將不及兮"的"汩"就應當讀爲"曰"，在此文句中也是作爲句首語助詞出現的。《説文》水部："汩，治水也。從水，曰聲。""汩"從"曰"得聲，讀爲"曰"自然順理成章。其實，明清之際的學者王夫之早已提出過這種説法。王夫之在其所撰的《楚辭通釋》中即指出："汩，聿也，語助詞。音越筆反。若將不及，志業既正，欲及時利見也。"②上文所引《詩經·小雅·角弓》"雨雪瀌瀌，見晛曰消"之"曰"，韓詩作"聿"；可知王夫之將"汩"訓釋爲"聿"的意思，正是認爲《楚辭》"汩余若將不及兮"的"汩"當訓解成作爲句首語助詞的"曰"。依此類推，其他兩句"汩徂南土"、"汩吾南征"中的"汩"字也應當如此理解，上下文意才更加順暢。王夫之《楚辭通釋》中對"汩徂南土"未作注解，在"汩吾南征"句下也注解云："汩，于筆切，聿也。"③其説應該是正確的。然後來研究《楚辭》的學者對王夫之之説似乎未曾注意，這是很可惜的。"汩(曰)徂南土"即"徂南土"，"汩(曰)吾南征"即"吾南征"。《説文》辵部："迌(徂)，往也。"《爾雅·釋詁》："徂，往也。""徂南土"即是往南土，是一個動賓結構。《説文》辵部："延(征)，正行也。"《爾雅·釋言》："征，行也。""吾南征"即是吾南行，是一個主謂結構。之所以此句用"征"字，當是變文以與下句"白芷生"的"生"字諧韻。"徂南土"、"吾南征"兩句本身文意已足，故可以判定句首的"汩(曰)"屬於句首語助詞無疑。古書中類似的句式，如元代吳萊撰《淵穎集》卷七《礄溪銘》："自彼東海，曰徂周原。"又如《穆天子傳》卷三："西王母又爲天子吟曰：'徂彼西土，爰居其野。……'"其中的"野"字，《山海經·西山經》郭璞注引作"所"。"野"、"所"上古音皆屬於魚部，與上句的"土"諧韻。但從文意上來看，作"所"似乎更好些。"徂彼西土"，"彼"與"西土"爲同位語，"徂彼西土"即"徂西土"，句法結構與"徂南土"一致。下句"爰居其野"，其中的"爰"用法同"曰"，也是無義的發語詞，當是爲了句式整齊對稱而添加。《爾雅·釋詁》："粤、于、爰，曰也。""曰"、"爰"加在詩

---

① 〔明〕汪瑗集解，〔明〕汪仲弘補輯，熊良智、肖嬌嬌、牟歆點校《楚辭集解》，上海古籍出版社，2017年，第6頁。

② 〔清〕王夫之撰，楊新勛點校《楚辭通釋》，上海古籍出版社，2018年，第4頁。

③ 〔清〕王夫之撰，楊新勛點校《楚辭通釋》，第129、235頁。

賦類文句的動賓結構之前,皆當看作句首語助詞,多是爲了句式整齊的需要而添加的,一般無實際意義。此外,後世仿寫屈賦,文辭也套用楚辭,由此出現的使用"汨"字之例,也應當讀爲"曰"字,其用法也應當如此理解。如《後漢書・馮衍傳》中馮衍所作之《顯志賦》云:"甲子之朝兮,汨吾西征。"東晉庾闡《涉江賦》曰:"撫檝中流,汨徂西土。"所用"汨"字都應當是仿寫屈賦楚辭而産生的用辭。

王説之正確,我們還可以從出土的古文字材料中找到證據加以佐證。研究先秦兩漢文獻的學者衆所周知,同時代的文獻,往往會使用相同或類似的詞彙。《楚辭》一書前面的篇章,主要是戰國末期屈原的作品。屈原是楚國人,其所作詩賦的文辭自然會浸染有戰國時期楚地的特色。而現在出土的戰國楚簡,其鈔寫年代與屈原所處的時代相差不遠,則其所使用的字詞應該與《楚辭》中的詞彙具有較大的可比性。

上海博物館藏戰國楚竹書中,見有如下字形:

1.   2.   3.   4.   5.   6.   7.

諸字所在的辭例如下:(各字在簡文中以～代替)

1. 可得而聞歟? 孔子～:"亡聲之樂,氣志不違……"　　　　(上博二《民之父母》簡 10)

2、3. 孔子退,告子贛曰:"吾見於君,不問有邦之道,而問相邦之道,不亦惄(?)乎?"
　　子贛～:"吾子之答也何如?"孔子～:"如訊(?)。"　　　(上博四《相邦之道》簡 4)

4. 食肉如飯土,飲酒如澆,信乎? 子贛～:"莫親乎父母。死不顧生,可言乎? 其信
　　也。"　　　　　　　　　　　　　　　　　　　　　　　(上博五《弟子問》簡 8)

5. 聞之～　　　　　　　　　　　　　　　　　(上博七《凡物流形(甲本)》簡 15)

6. 史蒥～:"可(何)胃(謂)畺(强)? ……"　　　　　(上博九《史蒥問於夫子》簡 9)

7. 夫子～:"善才(哉)! ……"　　　　　　　　　　(上博九《史蒥問於夫子》簡 9)

根據簡文上下文意,此字相當於"曰",應當是諸家所公認的。但此字形體之分析,卻頗多歧説。陳劍先生在 2005 年 11 月於復旦大學出土文獻與古文字研究中心學生所做《民之父母》釋文本上曾批注:"此字還見於《相邦之道》(請看裘老師那份釋文)。陳斯鵬曾告訴我,他懷疑此字是'巛',讀爲'曰'。我則懷疑此字可能是'𡿆'或'汨',象水流也,讀爲'曰'。"我們認爲陳劍先生的這個看法應該是正確的,並曾對此説加以補充論證,且進一步將這種構形現象歸納爲古文字的"減體象形"現象(即看成是"水"之省形)。① 陳劍先生釋此字爲"汨"讀爲"曰"之説,似乎並未被出土文獻學界的研究者所公認。設若上文所討論的今傳本《楚辭》

---

① 侯乃峰《楚簡文字"減體象形"現象舉隅——兼談楚簡"汨"字》,《漢語言文字研究》第 1 輯,上海古籍出版社,
2015 年,第 202～207 頁。

中的"汨"用爲"曰"之説可信,則出土戰國楚簡中以"汨"爲"曰",與傳世本《楚辭》之用字習慣恰好可以相互印證,也可以反過來證明釋此字爲"汨"讀爲"曰"之説應當是可信的。我們甚至懷疑,今傳本《楚辭》屈原所作之賦中,那三例用爲句首語助詞的"汨(曰)"字,戰國鈔本原本就是根據楚系古文的用字習慣寫成上博簡中那種"水"字的減省之形的。秦朝統一之後,實施"書同文"政策,戰國古文被廢,這種寫法的"汨"字形自然也在廢棄之列。後來在傳鈔過程中,鈔寫者將此類罕見的古文字形改寫成了其時通用的字形,但他們當時仍然知道此古文字形當釋爲"汨"字,故在今傳本《楚辭》中保留了用爲句首語助詞的"汨(曰)"字。由於字形寫成"汨",後世的學者就字爲訓,導致對其含義的注解頗多異説。殊不知,這些"汨"字其實都應當根據戰國楚系古文的用字習慣讀爲"曰";之所以寫成"汨"字形,當是後世鈔寫者據戰國楚系古文字形加以轉寫的結果。

　　或許有人會提出疑問:"曰"字是一個常見字,在戰國楚簡中也很多見(大都是正常寫法的"曰"字形),且其本身的寫法也並不複雜,古人爲何要使用這麼一個今天看起來顯得很怪異的假借字"汨"呢? 我們認爲,這也許和古人在鈔寫過程中遇到重出字時的"避複"心理有關。關於商周青銅器銘文中所見的"避複"現象,徐寶貴先生曾進行過專門研究。[①] 戰國楚簡的鈔手,似乎也有這種"避複"心理。即,遇到上下文有重複出現之字時,則改變其中某個重見字的字形寫法,以使得文字參差,顯得富於變化。如上引上博四《相邦之道》簡 4 中,前面"告子贛曰"的"曰"寫成正常的"曰"字形,而後兩個"曰"皆寫成那種"水"字的減省之形的"汨(曰)"字形。今傳本《楚辭》中,"汨余若將不及兮"句與上文"名余曰正則兮,字余曰靈均"句相隔不遠,"曰"字重複出現;"汨徂南土"句與上一章《抽思》的"亂曰"以及本章的"亂曰"都相隔不遠,"曰"字也是重複出現;"汨吾南征"句緊接在"亂曰"之後,"曰"字也是重複出現。三個"汨"字,都具備與"曰"字重見的條件,因而也當具有"避複"的可能性。

　　綜上所述,今傳本《楚辭》中,"汨余若將不及兮"、"汨徂南土"、"汨吾南征"的"汨"字,當據王夫之之説,讀爲"曰",理解爲句首語助詞。上海博物館藏戰國楚竹書中所見的"水"之減省之形、讀爲"曰"之字,也當以釋成"汨"爲確。設若以上所論不誤,則出土戰國楚簡文獻與傳世的《楚辭》文本,二者在文本的傳鈔時代與流行地域上具有内在的統一性,其用字習慣也正好可以相互印證。

2018 年 10 月初稿
2021 年 3 月 30 日修改定稿

---

① 徐寶貴《商周青銅器銘文避複研究》,《考古學報》2002 年第 3 期,第 261~276 頁。

利用楚系簡帛用字校讀《楚辭》述評*

楊鵬樺

廣東第二師範學院文學院

出土文獻字詞關係、用字習慣的相關研究,有助於傳世古書的校讀。[①] 如古書"新證"的代表人物于省吾,其"'新證'諸書所揭,多有涉及字詞關係者";[②]又如裘錫圭撰有系列文章論述出土文獻對校讀古籍的作用,[③]"其中用字方法一項,尤爲先生所著力强調"。[④] 黄伯思《校定楚詞序》:"蓋屈宋諸騷,皆書楚語、作楚聲、紀楚地、名楚物,故可謂之楚詞。"[⑤]戰國楚系簡帛與《楚辭》(特別是其中屈、宋之作)在時代和地域上相合,兩者用字的相似度應該比較高。在楚系簡帛大量公布之初,即有學者發現其中一些特殊用字能從《楚辭》中找到痕跡。典型的如楚簡常以"卉"表{草},[⑥]而《楚辭·離騷》"何所獨無芳草兮"、"覽察草木其猶未得兮"、"使夫百草爲之不芳"和"何昔日之芳草兮"的"草",均有版本作"卉"。[⑦] 因

---

* 本文爲教育部人文社會科學研究規劃青年基金項目(21YJC740071)、廣東省普通高校青年創新人才類項目(2021WQNCX059)、廣東第二師範學院高等教育教學改革項目(2021jxgg03)的階段性成果。爲簡練行文,姓名後不再加"女士"、"先生"等稱謂。
① 馮勝君《二十世紀古文獻新證研究》(齊魯書社,2006 年)第二章第二節即爲"利用出土文獻中所體現的通假規律及用字習慣校讀古書"。
② 田煒《西周金文字詞關係研究》,上海古籍出版社,2016 年,第 10 頁。
③ 如《考古發現的秦漢文字資料對於校讀古籍的重要性》《談談地下材料在先秦秦漢古籍整理工作中的作用》《閱讀古籍要重視考古資料》《簡帛古籍的用字方法是校讀先秦秦漢古籍的重要根據》等,均收入裘錫圭《中國出土古文獻十講》(復旦大學出版社,2004 年)及《裘錫圭學術文集·漢語文字與古文獻卷》(復旦大學出版社,2012 年)。
④ 陳斯鵬《楚系簡帛中字形與音義關係研究》,中國社會科學出版社,2011 年,第 326 頁。
⑤ 黄伯思《校定楚詞序》,《宋本東觀餘論》,中華書局,1988 年,第 344 頁。
⑥ 禤健聰《戰國楚系簡帛用字習慣研究》,科學出版社,2017 年,第 54 頁。
⑦ 洪興祖《楚辭補注》,中華書局,1983 年,第 35、36、39、40 頁。徐廣才有論,詳其著《考古發現與〈楚辭〉校讀》,綫裝書局,2009 年,第 127～128 頁。

此,近幾十年來,陸續有利用楚系簡帛用字校讀《楚辭》成果出現。

　　此前,陳桐生、蘇建洲、徐廣才、崔恆華、周建忠、代生、湯漳平等曾專門梳理過利用出土文獻研究《楚辭》的成果,①另有一些文章針對具體篇目作過綜述。② 其中,蘇、徐二先生著作均述及利用楚系簡帛用字校讀《楚辭》的部分成果。不過,專門述評這類成果的文章目前仍未見到;而蘇、徐二先生的相關述評發表已逾十年,其間楚系簡帛新材料、《楚辭》校讀新觀點續有發表,也值得再作總結。

　　【《離騷》篇名】 "騷"字何義歷來眾說紛紜。③ 陳劍據望山一號墓楚簡以"蚤"表{尤}、郭店簡《尊德義》以"蚤"表{郵}且"郵"與"尤"古書常通用等,認爲"離騷"之"騷"本寫作"蚤",用爲"尤","離尤"即"遭到責怪"一類意思,漢人在將戰國楚文字轉寫爲隸書時,根據自己的用字習慣將之誤認爲"蚤"(漢隸多以"蚤"爲"蚤"),後變爲"騷"。④ 徐廣才指出《楚辭》多次出現"尤",且有兩個"離尤",認爲"偏偏在篇題誤爲'騷',這多少有些令人懷疑"。⑤ 邴尚白除了表達類似疑問外,另提出四點商榷意見:一是目前未見誤認楚文字"蚤"爲"蚤"之例;二是"屈作之中,《離騷》是最有名的代表作,應是宋玉等人傳布的主要篇章,漢人更尊之爲'經',是否會不知其原本篇名而誤認寫錯,也就相當令人懷疑";三是陳先生既認爲"騷"難以引申出"憂"、"愁"等義,又說漢人因"離蚤"無義而改作"離騷",但"漢代人是否會由一個字面上沒有意義的篇題,轉寫改換成另一個可能也沒有意義的篇題,就不能不令人起疑了";四是"騷"有異文作"慅",顯示《離騷》篇題原本就寫作從'蚤'或'叟'得聲的'騷'或'慅',而非寫成'蚤'。'騷'、'慅'都可以通假作

① 陳桐生《二十世紀考古文獻與楚辭研究》,《文獻》1998 年第 1 期;蘇建洲《出土文獻對〈楚辭〉校詁之貢獻》,《中國學術年刊》第 27 期,臺灣師範大學國文學系,2005 年;徐廣才《考古發現與〈楚辭〉校讀》,第 8～21 頁;崔恆華、周建忠《出土文獻與楚辭研究》,湯漳平主編《出土文獻與中國文學史研究》,河南人民出版社,2010 年;代生《考古發現與楚辭研究——以古史、神話及傳說爲中心的考察》,南京大學博士學位論文,2011 年,第 1～16 頁;湯漳平《近百年來出土文獻與楚辭研究綜述》,《閩江學院學報》2018 年第 6 期。

② 湯漳平《出土文獻與〈楚辭·離騷〉之研究》,《中州學刊》2007 年第 6 期;郭常斐《出土文獻與〈楚辭·九歌〉研究》,《雲夢學刊》2010 年第 2 期;李曉瓊《出土文獻與〈楚辭·九歌〉近十年之研究》,《楚雄師範學院學報》2008 年第 11 期;朱啟迪、温慶新《對 20 世紀以來的出土文獻與〈楚辭·九歌〉相關研究的反思》,《銅仁學院學報》2012 年第 3 期;李秀強《出土文獻與〈楚辭·九歌〉研究》,煙臺大學碩士學位論文,2018 年。以上前三篇文章,又見於湯漳平主編《出土文獻與中國文學史研究》。

③ 崔富章、李大明主編《楚辭集校集釋》,湖北教育出版社,2003 年,第 34～42 頁。

④ 陳劍《據楚簡文字說"離騷"》,《戰國竹書論集》,上海古籍出版社,2013 年;原載謝維揚、朱淵清主編《新出土文獻與古代文明研究》,上海大學出版社,2004 年。劉楊《從出土文獻看〈離騷〉篇題解》(《殷都學刊》2016 年第 2 期)亦主此說,但僅僅引用陳文對"蚤"、"蚤"關係的論述,未交代其結論。

⑤ 徐廣才《考古發現與〈楚辭〉校讀》,第 32 頁。

'慅','慅'爲憂愁之意"。①

案,將"騷"聯繫"慅",似始於《廣雅》"慅,愁也"王念孫疏證:"慅者,《陳風·月出》篇'勞心慅兮',釋文云:'慅,憂也。'……《史記·屈原傳》'離騷者,猶離憂也','騷'與'慅',亦同義。"②

【《離騷》"依前聖以節中兮,喟憑心而歷兹"】 黃靈庚認爲:"節,本作斷,形訛也。考楚簡文斷字作劆,亦《説文》之古文,與節字形似,因誤以作節字。斷中、折中義同。"③蘇建洲贊成其説。④ 徐廣才引郭店《成之聞之》"節"作"劆"、《六德》"斷"作"劆",認爲兩者"訛混的可能性比較大。黃説似可信從"。⑤

案,黃説仍當存疑。一是兩字字形雖有相似度,但恐怕不足以致誤,目前也未見其訛誤實例;二是先秦秦漢古書似未見義同"折中"的"斷中"。由於《九章·惜誦》有"令五帝以折中兮",揚雄《反離騷》有"將折衷虖重華",因此不少學者將《離騷》這個"節"往"折"的方向靠攏,或曰"節中"即"折中"(林雲銘等),或讀"節"爲"折"(朱駿聲等)。⑥ 但古書所見"節"字義項並無與"折"等同者(學者亦未能舉出用例),且二者缺乏通假例證。文懷沙、高亨、何劍熏等認爲"節中"指節制中情;詹安泰認爲指適切中情,舉《吕氏春秋》"欲有情,情有節。聖人修節以止欲,故不過行其情"爲佐證。⑦ 考慮到"依前聖以節中兮"前文説"衆不可户説兮,孰云察余之中情。世並舉而好朋兮,夫何煢獨而不予聽",後文爲"喟憑心而歷兹",都體現出作者不被理解的憤懣之情,則節制、適切中情的説法較爲可信。

【《離騷》"皇剡剡其揚靈兮,告余以吉故"】 王逸注:"剡剡,光貌。"蘇建洲根據楚系簡帛以"劆"表{列}(見上博三《周易》簡49)、以"劆"表{洌}(見上博三《周易》簡45)等現象,認爲:"《離騷》的'剡'顯然應釋爲'烈'。'皇剡剡',是輝煌光大,神光耀眼貌。"⑧

【《離騷》"恐鵜鴂之先鳴兮,使夫百草爲之不芳"】 黃靈庚説:"從前的注釋,都把鵜

① 邴尚白《出土文獻校讀〈楚辭〉商榷四例》,《靜宜中文學報》第12期,靜宜大學中國文學系,2017年,第3~8頁。
② 王念孫著,張其昀點校《廣雅疏證(點校本)》,中華書局,2019年,第335頁。
③ 黃靈庚《楚辭異文辯證》,中州古籍出版社,2000年,第66頁。
④ 蘇建洲《出土文獻對〈楚辭〉校詁之貢獻》,第4頁。
⑤ 徐廣才《考古發現與〈楚辭〉校讀》,第93頁。
⑥ 還有在"節"、"中"之間增字作解的,如錢澄之説"節其大過,以合於中",王夫之説"節剛柔得中",林仲懿説"制裁事理,以協於中",可不論。諸説俱見崔富章、李大明主編《楚辭集校集釋》,第327~331頁。
⑦ 崔富章、李大明主編《楚辭集校集釋》,第328、331頁。
⑧ 蘇建洲《出土文獻對〈楚辭〉校詁之貢獻》,第14~15頁。

鵙鵙鳴而百草不芳當作實事。其實,這是屈原的心理感受,鵙鵙鳴也不能使百草不芳。恐、使相對爲文。使,通作思,楚簡通用。……思,是憂愁的意思。……這句是説恐鵙鵙先鳴,因而憂彼百草不芳,是指心理上聯想。"①

案,此説仍有一些疑點。首先,楚系簡帛雖已有不少以"思"表{使}的例子,②但並無以"使"表{思}之例,因此"使,通作思"的可能性很小,如果仍要以"思"作解,只能假設《離騷》原本作"思",被後人錯誤地讀作"使";其次,"百草爲之不芳"的"爲之"其實也表達了鵙鵙先鳴和百草不芳的因果關係,僅僅讀"使"作"思"並不能消解這一關係。黄先生將後句串講作"因而憂彼百草不芳",似以"因而"解"爲之",但如果要這麽理解,原文應該是"爲之思夫百草不芳";③再次,在"思夫百草爲之不芳"中,"思"應該是個及物動詞(或者可以用作"以……爲思"),黄先生説"憂彼百草不芳",用的其實是"憂"的"擔憂"(或"以……爲憂")義,但"思"雖可表"憂思"、"憂愁",但未見"擔憂"之類含義。對這兩句的關係,以王念孫的説法最爲通達:"《離騷》言此者,以爲小人得志,則君子沈淪;野鳥羣鳴,則芳草衰謝。此乃假設爲文,不必實有其事,亦如《九章》云'鳥獸鳴以號羣兮,草苴比而不芳'耳,豈謂鳥獸羣號之時,實有不芳之草哉?"④因此"使"字不必另求他解。

【《九歌·雲中君》"思夫君兮太息,極勞心兮忡忡"】 王逸説"哀念懷王暗昧不明,則太息增歎,心每忡忡,而不能已也",似以"每"釋"極";⑤曹海東讀"極"作"亟",謂指屢次。⑥ 徐廣才結合楚系簡帛"亙(𠄣)"兼表{亟}{極}的現象,懷疑此"極"本寫作"亙",讀爲"恆"。⑦ 劉文軍也以"恆"作解。⑧

【《九歌·河伯》"靈何爲兮水中,乘白黿兮逐文魚"】 王逸注:"逐,從也。"趙平安結合文意及楚簡以"逐"形表{遯}的現象,認爲此處"逐""也應該理解爲遯,可能是戰國文字用字特點的孑遺"。⑨

①　黄靈庚《出土文獻與當下的〈楚辭〉研究》,《雲夢學刊》2016 年第 3 期,第 45 頁。
②　禤健聰《戰國楚系簡帛用字習慣研究》,第 288～289 頁。
③　當然,《離騷》此句也有版本無"爲"字(崔富章、李大明主編《楚辭集校集釋》,第 602 頁),若依此版本,則黄説不存在這個疑點。然而從黄先生的表述看,他是以有"爲"字的版本爲依據的。
④　王念孫著,張其昀點校《廣雅疏證(點校本)》,第 864 頁。
⑤　洪興祖《楚辭補注》,第 59 頁。
⑥　曹海東《〈楚辭〉解詁四則》,《語言研究》2004 年第 2 期,第 104 頁。
⑦　徐廣才《考古發現與〈楚辭〉校讀》,第 145～149 頁;徐廣才、張秀華《利用出土文獻校讀〈楚辭〉五則》,《古漢語研究》2009 年第 2 期,第 6～7 頁。
⑧　劉文軍《〈楚辭〉校考五則》,《廣西職業技術學院學報》2012 年第 6 期,第 75～76 頁。
⑨　趙平安《試説"遯"的一種異體及其來源》,《安徽大學學報(哲學社會科學版)》2017 年第 5 期,第 89 頁。

【《天問》"禹之力獻功,降省下土四方"】 "力"字向無確詁。① 陳劍藉助清華壹《金縢》簡 6 和清華叁《説命上》簡 2 以"力"表﹛陟﹜、②清華叁《周公之琴舞》簡 2 以"劮"表﹛陟﹜等,將"禹之力獻功"之"力"讀作"陟","'陟獻功'即登天獻功於天帝之所"。③順帶而及,《天問》下文又有"啟棘賓商〈帝〉,九辨九歌",④"小狐"認爲"棘"應與《金縢》之"力"一樣讀作"陟","啟棘賓商〈帝〉"指"夏啟死後賓于天帝";⑤徐廣才亦主此説,有詳證。⑥

【《天問》"啟代益作后,卒然離蠥。何啟惟憂,而能拘是達"】 這裏涉及益和啟的傳説,"拘"和"達"向來難解。王夫之説:"《竹書紀年》載,益代禹立,拘啓禁之,啓反起殺益以承禹祀。蓋列國之史,異説如此。……拘,囚禁也。達,逸出興師也。"⑦後來譚介甫、金開誠、游國恩等也認爲"達"用逃脱之類含義,聞一多、湯炳正等以《方言》訓"逃"之"偐"當之。⑧ 徐廣才考慮楚簡以"達"表"逸",認爲"達"是"達"之誤。他同時提到"如果原文作達,達和蠥同爲月部韻,相押毫無問題。如果原文如我們所説作逸,逸爲質部韻,則是月質合韻",並列舉月部與質部字相通,以及《楚辭》中元、真合韻的例子來證明月質合韻没有問題。⑨

案,"達"原本押韻無問題,視作"達(逸)"之誤後反而要用合韻解釋,而《楚辭》他處未見月質合韻,⑩則徐説仍有討論空間。再往前推,"達"是否要理解作逃脱,也是有疑問的。王夫之説《竹書紀年》載"益代禹立,拘啓禁之,啓反起殺益以承禹祀",但查古本及

① 崔富章、李大明主編《楚辭集校集釋》,第 1104~1107 頁。

② 《説命上》之例從張富海《讀清華簡〈説命〉小識》,復旦大學歷史系、復旦大學出土文獻與古文字研究中心編《簡帛文獻與古代史——第二屆出土文獻青年學者國際論壇論文集》,中西書局,2015 年,第 42 頁。

③ 陳劍《結合出土文獻校讀古書舉隅》,賈晉華等編《新語文學與早期中國研究》,上海人民出版社,2018 年,第 309~311 頁。

④ "商"爲"帝"之誤,見朱駿聲《説文通訓定聲》,中華書局,1984 年,第 905 頁。

⑤ 復旦大學出土文獻與古文字研究中心研究生讀書會《清華簡〈金縢〉研讀札記》(復旦網 2011 年 1 月 5 日)文後評論第 21 樓,2011 年 1 月 10 日。

⑥ 徐廣才《〈天問〉新箋三則》,《古籍整理研究學刊》2014 年第 2 期,第 50~51 頁。

⑦ 王夫之《楚辭通釋》,上海人民出版社,1975 年,第 53 頁。

⑧ 崔富章、李大明主編《楚辭集校集釋》,第 1113~1114 頁。其中湯炳正等的意見出自《楚辭今注》(上海古籍出版社,2012 年),據該書序言,《天問》的注釋由李大明執筆。

⑨ 徐廣才《考古發現與〈楚辭〉校讀》,第 191~193 頁;徐廣才、張秀華《利用出土文獻校讀〈楚辭〉五則》,第 7~8 頁。

⑩ 華學誠主編《文獻語言學》第 8 輯(郭錫良編著《漢字古音表稿》專輯),中華書局,2018 年,第 108、150 頁。

今本《竹書紀年》,[1]均未見類似表述。[2] 對益、啟之事著墨較多的《孟子·萬章上》《韓非子·外儲說右下》《戰國策·燕策一》《史記·夏本紀》《史記·燕召公世家》《吳越春秋·越王無余外傳》《越絕書·吳内傳》等,也無益拘啟之類説法。然則將"達"理解作逃脱,似僅剩"拘"的限制,但"拘"又未必用拘禁義。總之,並無多少證據支持"達"指逃脱的説法,那麼它是"达(逸)"之誤且後者與"蠥"爲月質合韻的可能性就更低了。

　　【《天問》"昏微遵迹,有狄不寧"】 王國維指出"微"指王亥之子上甲微,"有狄"指殺王亥之有易,"遵迹"即"率循其先人之迹"。[3] 陳斯鵬進而藉助楚簡以"昏"表{聞}的用字習慣,認爲"昏微遵迹"即"聞微遵迹",二句"蓋言:聞知上甲微'遵迹',有狄氏乃恐懼不寧。……如果聯繫事情的前因後果來看,甚至可以認爲'遵迹'直接含有從其先人足迹往有狄之地復仇的意思。於是,有狄聞之自然不能寧處"。[4] 楊允、楊闊、李鋭也將"昏"讀作"聞"。[5]

　　【《天問》"初湯臣摯,後兹承輔"】 據王逸注,此二句"言湯初舉伊尹,以爲凡臣耳。後知其賢,乃以備輔翼承疑,用其謀也"。[6] 但"兹"字之義難解。羅恰據清華柒《越公其事》多處以"兹"表{使},認爲《天問》此處亦讀"使",[7]於義甚佳。此用法還見於清華叁《祝辭》、清華伍《厚父》、清華陸《鄭文公問太伯》等,《左傳》亦有用例,[8]值得關注。

　　【《九章·惜誦》"所作忠而言之兮,指蒼天以爲正"】 前一句朱熹《楚辭集注》作"所非忠而言之兮",謂"所者,誓詞"。[9] 聞一多認爲:"'所非忠而言之'猶言儻所言之不實

---

① 完整的十三卷古本《竹書紀年》在明代前已散逸,今所謂"古本"多據清人朱右曾所輯;明代出現的二卷本《竹書紀年》被稱作"今本"(或"近本"),内容多屬附益。詳程平山《百年來〈竹書紀年〉真僞與價值研究述評》,《中國史研究動態》2011 年第 6 期。

② 朱右曾輯,王國維校補,黃永年校點《古本竹書紀年輯校》,遼寧教育出版社,1997 年;王國維撰,黃永年校點《今本竹書紀年疏證》,遼寧教育出版社,1997 年;方詩銘、王修齡校注《古本竹書紀年輯證(修訂本)》,上海古籍出版社,2005 年;范祥雍訂補《古本竹書紀年輯校訂補》,上海古籍出版社,2018 年。洪興祖、朱熹亦引《竹書紀年》説此句,但都只引到"益爲啟所殺",且認爲啟殺益之事不可信。

③ 王國維《殷卜辭所見先公先王考》,《觀堂集林》,中華書局,1959 年,第 418~422 頁。

④ 陳斯鵬《楚系簡帛中字形與音義關係研究》,第 331~332 頁。

⑤ 楊允、楊闊《出土文獻視野下的"上甲微"考論》,《渤海大學學報(哲學社會科學版)》2012 年第 3 期,第 75 頁;李鋭《〈楚辭·天問〉上甲微事跡新釋》,《史學史研究》2015 年第 3 期,第 5~6 頁。熊賢品《〈楚辭·天問〉"昏微遵迹"與商先公世系問題》(《殷都學刊》2016 年第 3 期,第 16~20 頁)亦贊同此讀。

⑥ 洪興祖《楚辭補注》,第 115 頁。

⑦ 羅恰《利用古文字材料校讀古書三則》,"第二屆古文字與出土文獻語言研究學術研討會"論文,西南大學,2017 年 10 月。

⑧ 石小力《上古漢語"兹"用爲"使"説》,《語言科學》2017 年第 6 期。

⑨ 朱熹《楚辭集注》,上海古籍出版社、安徽教育出版社,2001 年,第 72 頁。

也。後人不達所字之誼，乃以非作形近，又涉下文‘作忠以造怨’之語，而改非爲作。"①顏世鉉考慮到楚簡"亡"、"作"形近混用的現象，認爲"作忠"可能原爲"亡（無）忠"，"亡"、"非"爲同義異文。②

【《九章·懷沙》篇名】 "懷沙"自古難解，史傑鵬、禤健聰鑒於楚系文字中{沙}常用"屖"、"遟"等記録，而它們又與"徙"密切相關，認爲"懷沙"本寫作"懷遟"，實即"懷徙"，意謂傷懷流徙。③

【《九章·悲回風》"愁鬱鬱之無快兮，居戚戚而不可解"】 黄靈庚説："（包山、上博、新蔡等）楚簡文字材料多以凥爲處，……‘居’字古文作‘凥’，與‘処’字形似，古書多相訛。……‘処戚戚’之‘処’，讀如《詩·雨無正》‘鼠思泣血’之‘鼠’，鄭箋：‘鼠，憂也。’或作‘癙’字，《正月》‘癙憂發癢’，《毛傳》：‘癙、癢，皆病也。’（引案：當作"癙憂以癢"和"癙、癢，皆病也"）……《吕氏春秋》卷八《仲秋記·愛士篇》‘陽城胥渠處’，高注：‘處，猶病也。’即‘癙’的假借。"④徐廣才不贊同此説，原因是"居（引案：當指"凥"）、処兩個字字形並不接近"，且"居"和"癙""一爲見母，一爲書母，聲母距離較遠，通假也比較困難"。⑤

案，黄説有啓發性也有不足，而徐先生的反駁似乎不夠中肯。一是"凥"與"処"雖不能説"形似，多相訛"，⑥但"凥"在楚系簡帛多用作{處}，在傳世文獻中卻常與"居"相聯繫，⑦《楚辭》此處仍有可能本作"凥"表{處}，卻被傳者誤認爲"居"；二是被黄先生讀作"癙"的是"処（處）"而非"居"，"癙"、"処（處）"上古都是齒音魚部字，具備通假條件。故其説不宜完全否定。可以再作訂補的是，《吕氏春秋》高注"處，猶病也"的疑點頗多，"處"恐怕仍表居處義，⑧不宜作爲"處"、"癙"相通之證。倒是《詩·召南·江有汜》有"其

---

① 聞一多《楚辭校補》，巴蜀書社，2002年，第64頁。

② 顏世鉉《從"形訛"和"通假"論古代史料的校讀》，《古文字與古代史》第一輯，"中研院"史語所，2007年，第551～552頁。

③ 史傑鵬《關於屈原的〈懷沙〉（上）》，《南方都市報》2013年3月5日；史傑鵬《關於屈原的〈懷沙〉（下）》，《南方都市報》2013年3月7日；史傑鵬《從楚文字"沙"字的寫法試解"懷沙"的意思》，"中國文字學會第七届年會"論文，吉林大學，2013年9月；禤健聰《〈懷沙〉題義新詮》，《文史》2013年第4輯。

④ 黄靈庚《簡帛文獻與〈楚辭〉研究》，《文史》2006年第2輯，第50頁。其《屈賦楚簡補證》（《雲夢學刊》2005年第1期，第33頁）已有此説，表述略異。説又見黄靈庚《楚辭與簡帛文獻》，人民出版社，2011年，第7～8頁。

⑤ 徐廣才《考古發現與〈楚辭〉校讀》，第281～282頁。

⑥ 其糾葛多由音、義造成，詳見曾憲通《楚帛書文字新訂》，吉林大學古文字研究室編《中國古文字研究》第1輯，吉林大學出版社，1999年，第89～90頁；湖北省文物考古研究所、北京大學中文系編《九店楚簡》，中華書局，2000年，第112頁。

⑦ 曾憲通、陳偉武主編，秦曉華撰《出土戰國文獻字詞集釋》卷十四，中華書局，2018年，第6941～6945頁。

⑧ 許維遹《吕氏春秋集釋》，中華書局，2009年，第191～192頁。又，若依高注則"處"讀"癙"，爲朱駿聲首倡，見《説文通訓定聲》，第438頁。

後也處”,“處”與首章“悔”相應,聞一多疑讀爲“瘋”,訓憂。①

【《九辯》“今脩飾而窺鏡兮,後尚可以竄藏”】 洪興祖指出“今,一作余”。② 黄靈庚説“楚簡今字通作躬。《周易·蹇》六二:‘王臣蹇蹇,匪躬之故。’《戰國楚竹書》(三)作‘王臣訐訐,非今之古’。是其證。躬,猶身也,我也。……後未審‘今修飾’爲‘躬修飾’,而改今作余”,③後來重申此説,又舉上博七《凡物流形》以“舲”表{窮}佐證。④

案,今本蒙卦“不有躬”和渙卦“渙其躬”的“躬”,上博三《周易》均作“躳”;而蹇卦的“躬”,不僅在上博本中作“今”,馬王堆《二三子問》亦作“今”,且解作“非言獨今也,古以(已)壯〈肰(然)〉也”。⑤ 如此,上博三《周易》蹇卦的“今”應該也要以本字作解,那麼就不存在“楚簡‘今’通作‘躬’”。另外,就《九辯》文意來講,“今”也不必讀破。湯炳正等《楚辭今注》將後句“可以”讀作“何以”,指出:“二句謂小人如今自我修飾,窺鏡目賞,但以後將何以逃藏本來面目?”⑥從上下句“今”與“後”對舉,以及“脩飾”、“竄藏”等體現的貶義色彩(這與前後文提到的“多私”、“雷同”、“炫曜”、“壅蔽”、“暗漠”等用語相類)來看,其説可以信從。如果是“余”或“躬”,則變成了作者稱自己“脩飾”、“竄藏”,與上下文也頗多扞格。至於“今”一本作“余”,應該是誤字,隸楷時期有些“余”寫作“佘”即“ ”、“ ”,⑦與“今”之作“ ”、“ ”⑧只差兩點,可能致誤。

以上收録的都是提出新觀點的成果,總體來看,雖有部分可再商榷,但有不少還是優於前論或者可備一説的。還有一些補證舊説的成果:

【《離騷》“紛吾既有此内美兮,又重之以脩能”】 “能”有異文作“態”,不少學者認爲應取後者,徐廣才舉上博二《容成氏》簡 29 以“能”表{態},爲此説增加楚文字例證。⑨

① 聞一多《詩經新義》,《聞一多全集(神話編·詩經編上)》,湖北人民出版社,1993 年,第 283 頁。

② 洪興祖《楚辭補注》,第 194 頁。

③ 黄靈庚《屈賦楚簡補證》,第 34 頁。

④ 黄靈庚、張曉蔚《楚辭簡帛義證札記》,《中國文化研究》2010 年春之卷,第 147 頁;黄靈庚《楚辭簡帛義證》,《中國楚辭學》第 16 輯,學苑出版社,2011 年,第 238 頁。

⑤ 湖南省博物館、復旦大學出土文獻與古文字研究中心編纂,裘錫圭主編《長沙馬王堆漢墓簡帛集成(叁)》,中華書局,2014 年,第 43 頁。

⑥ 湯炳正等《楚辭今注》,第 217~218 頁。

⑦ 徐中舒主編《秦漢魏晉篆隸字形表》,四川辭書出版社,1985 年,第 73 頁;王平主編《中國異體字大系·楷書篇》上海書畫出版社,2008 年,第 18 頁。

⑧ 佐野光一編《木簡字典》,雄山閣出版株式會社,1985 年,第 39 頁;王平主編《中國異體字大系·楷書篇》,第 16 頁。

⑨ 徐廣才《考古發現與〈楚辭〉校讀》,第 45 頁。

【《天問》"湯謀易旅，何以厚之"】　前人從上下文敘述順序出發，認爲"湯"不當指商湯，其中朱熹認爲"湯"爲"康"之誤，指少康；①劉盼遂也持誤字之説，指出"湯古文作唐。……'唐'，古文亦作暘，皆與康相近，故'康'轉寫爲'湯'矣"。② 徐廣才鑒於楚簡有以"湯"表"唐"、以"康"表"湯"之例，認爲《天問》此"湯"與"康""應該是通用關係"。③ 近年何家興亦以楚簡"湯"、"康"關係釋之。④

【《天問》"穆王巧梅，夫何周流"】　"梅"本或作"挴"、"痗"等。"巧梅"之義衆説紛紜，其中劉永濟謂即"巧牧"，"穆王好遊，又得良馬及善御之人，故世稱其巧牧"；聞一多説"梅、挴並當爲埆，……即牧字"；蔣天樞認爲"牧，養也，司也。謂穆王善於治理天下"。⑤ 蘇建洲爲此説補充楚系簡帛用字例證，如上博二《容成氏》簡 52 以"畜"表｛牧｝。⑥

【《九章·哀郢》"過夏首而西浮兮，顧龍門而不見"】　"西浮"與此篇所敘路綫方向相反，諸家多作調停，而郭在貽讀"西"爲"迅"，舉《説文》"訊"古文作"誶"爲證。⑦ 陳送文補充楚系簡帛用例，如上博四《相邦之道》簡 4 以"誶"表｛訊｝、上博五《姑成家父》簡 1 以"誶"表｛迅｝等。⑧

另外，利用某字在楚系簡帛中的新見義項去解釋《楚辭》相應之字，也是很好的思路。如《離騷》"屯余車其千乘兮，齊玉軑而並馳"之"軑"，前人有錮、轄、輪、輨等説，⑨董珊考證認爲楚簡"釱"指車書，而"軑"的本義即爲車書，《離騷》正用此義；⑩又如《九歌·大司命》"君迴翔兮以下，踰空桑兮從女"，"空桑"爲山名，一般將"踰"理解爲越過，黃靈庚、張曉蔚鑒於楚簡不少"逾"字取降下義，認爲《大司命》"踰"字亦然。⑪

目前，《楚辭》仍有不少疑難問題，相信未來還能利用楚系簡帛用字現象等提出更多更好的解決方案。

① 崔富章、李大明主編《楚辭集校集釋》，第 1151～1153 頁。
② 劉盼遂《天問校箋》，《劉盼遂文集》，北京師範大學出版社，2002 年，第 8 頁。
③ 徐廣才《考古發現與〈楚辭〉校讀》，第 203 頁。
④ 何家興《出土文獻與〈楚辭〉校讀（三則）》，《南通大學學報（社會科學版）》2018 年第 5 期。
⑤ 崔富章、李大明主編《楚辭集校集釋》，第 1208、1209 頁。
⑥ 蘇建洲《出土文獻對〈楚辭〉校詁之貢獻》，第 43 頁。
⑦ 崔富章、李大明主編《楚辭集校集釋》，第 1435～1438 頁。
⑧ 陳送文《據出土材料校讀〈楚辭〉六則》，《湖南師範大學社會科學學報》2015 年第 3 期，第 151 頁。
⑨ 崔富章、李大明主編《楚辭集校集釋》，第 681～682 頁。
⑩ 董珊《楚簡中從"大"聲之字的讀法（一）》，簡帛網，2007 年 7 月 8 日；董珊《楚簡中從"大"聲之字的讀法》，《簡帛文獻考釋論叢》，上海古籍出版社，2014 年。
⑪ 黃靈庚、張曉蔚《楚辭簡帛義證札記》，第 144 頁。説又見黃靈庚《楚辭簡帛義證》，第 235 頁。

《韓非子》校讀札記一則 *

王凱博

漢字文明傳承傳播與教育研究中心、鄭州大學文學院

《韓非子·十過篇》有下面一段文字：

> 平公曰：“清角可得而聞乎？”師曠曰：“不可。昔者黃帝合鬼神於泰山之上，駕象車而六蛟龍，畢方並鎋，蚩尤居前，風伯進掃，雨師灑道，虎狼在前，鬼神在後，騰蛇伏地，鳳皇覆上，大合鬼神，作爲清角。今主君德薄，不足聽之，聽之將恐有敗。”

“進掃”，《論衡·紀妖》、《風俗通義·聲音》、《後漢書·班固傳》李賢注、《文選·班孟堅〈東都賦〉》李善注等，《北堂書鈔》卷一六、《太平御覽》卷七九與卷五七九、《玉海》卷七八等類書所引同，《事類賦》卷一一引作“清途”。

顧廣圻《韓非子識誤》曰：“‘進’當作‘迅’。”王先慎曰：“《論衡》《御覽》引並作‘進’，無作‘迅’者，顧説非。《事類賦》引作‘清途’，疑後人改之，非《韓子》原文也。”① 陳奇猷案云：“掃即除垢之意。《淮南·原道訓》：‘使風伯掃塵。’應各從本書。”②

“進掃”，其異文“清途”（也可比較《淮南子》“掃塵”、《文選》“掃途”③）與“灑道”語法結構相同，呈對舉關係，頗合古人文法。但“進掃”之“掃”表示動詞除垢，“進掃”連動式④與

---

* 本文爲國家社科基金重大項目“楚系簡帛文字職用研究與字詞合編”（20&ZD310）、第 65 批中國博士後科學基金項目“戰國時代新見通今詞的歷時用字研究”（2019M652599）階段性成果。

① 〔清〕王先慎撰，鍾哲點校《韓非子集解》，中華書局，1998 年，第 69 頁。

② 陳奇猷校注《韓非子集釋》，上海人民出版社，1974 年，上冊第 176 頁；陳奇猷校注《韓非子新校注》，上海古籍出版社，2000 年，上冊第 211 頁。

③ 《淮南子·原道》“令雨師灑道，使風伯掃塵”，又《文選·應璩〈與從弟君苗君冑書〉》“風伯掃途，雨師灑道”，其前後文雖與《十過》不同，卻皆以動賓短語“掃塵”、“掃途”與“灑道”相對，亦可爲校釋“進掃”之助。

④ 或注云“風神一路向前掃除塵埃”（《韓非子》校注組《韓非子校注》，江蘇人民出版社，1982 年，第 86 頁注 14），即其證。

"灑道"、"清途"、"掃塵"、"掃途"動賓式相對,似嫌未協。

地下發現的先秦秦漢文字資料對校釋"進掃"一詞有所啟示。上博楚簡《競建内之》9～10號簡"公身爲亡(無)道,儷芌(華)倗(孟)子以駝(馳)於倪(郳)市","儷"字原簡寫作■,即被整理者誤釋成"進"。① 乍看此形輪廓與"進"相似,"亻"、"彳"只差一撇,加之"售"下部不細察辨而誤認作"止",則整字釋"進"。後來趙平安先生指出,■右邊與《三德》10號簡"毋漼(甕)川"之"漼"(原簡寫作■)所從相同,從而將■正確改釋爲"儶(儷)",讀爲"擁"。②

睡虎地秦簡《秦律十八種·田律》4號簡"春二月,毋敢伐材木山林,及雍(甕)隄水不〈泉〉",張家山漢簡《二年律令·田律》249號簡"春夏毋敢伐材木山林,及進〈甕〉隄水泉",兩者可對照,"雍"、"進"是一組異文,需要解釋。李學勤先生指出"進隄水泉"之"進"顯然應是"雍"字之誤。③

安大楚簡本《詩經》39號簡"害(曷)不藏(肅)雒",即今傳本《詩·召南·何彼襛矣》"曷不肅雝"。整理者注釋"雒"云:

> "雒",簡文作"■",從"缶"("苦以"之"苦"作"■"),"隹"聲,疑"甕(罋)"之異體。今本《周易》井卦"甕敝漏"之"甕",馬王堆帛書本作"唯",上博楚簡本作"隹",可資佐證。④

整理者比照傳本《詩》句與《周易》有關異文,懷疑"雒"當是"甕(罋)"字異體,是很有道理的;但分析"雒"以"隹"爲聲符,則嫌與"甕/罋"古音關係懸隔,很難通假。按新蔡楚簡有寫作■(甲三182-2)、■(零16)的兩個"鑴"字,安大簡■與之比較,便不難推斷"雒"其實當是由此類"鑴"的寫法省訛而來。⑤

---

① 馬承源主編《上海博物館藏戰國楚竹書(五)》,上海古籍出版社,2005年,第26、175頁。

② 趙平安《"進芌倗子以馳於倪廷"解》,簡帛網,2006年3月31日;趙平安《上博藏楚竹書〈競建内之〉第9至10號簡考辨》,《出土文獻研究》第8輯,上海古籍出版社,2007年,第9～13頁;後收入其《新出簡帛與古文字古文獻研究》,商務印書館,2009年,第260～266頁。

③ 李學勤《簡帛佚籍與學術史》,江西教育出版社,2001年,第111頁。

④ 安徽大學漢字發展與應用研究中心編、黃德寬、徐在國主編《安徽大學藏戰國竹簡(一)》,中西書局,2019年,第96頁注釋〔三〕。

⑤ 汲冢竹書《穆天子傳》卷四有"鼃",用於地名"重鼃"中,它後被收進一些辭書,謂"音未詳"(如《康熙字典》《中華大字典》),或謂"鼃,當以讀音近雍"(王貽樑、陳建敏校釋《穆天子傳匯校集釋》,中華書局,2019年,第173頁)。按"鼃"左旁似爲"缶",整字可釋"罋"。"罋"、"鑴"異體同字,甚或可疑原簡"鼃"本就寫作"鑴",因爲"邕"所从"邑"形由"售"所从"吕"形訛變而來,後世"雍"、"雒"其實一字(參季旭昇《說文新證》,藝文印書館,2014年,第288頁)。

　　至於注釋中提到的《周易》井卦"甕"與其異文"唯"、"隹"之間的關係,何琳儀先生解釋:"'雍'本作'雔'形,與'唯'形近致訛。"①這組異文也正可作爲"售"與"隹"形容易發生混訛的佳證之一。

　　據上述數例,筆者頗疑《十過》"進掃"之"進"也可能是"儺"或某個"售"聲字之誤識或省訛。所謂"進",其本所應表示之詞是〔擁〕,"掃"則可能由"帚"誤衍"扌"旁而成。②然則"進掃"原當爲"擁帚"矣。

　　"帚"指帚篲、掃帚,是名詞,"擁帚"與古籍所見"擁篲/彗"、"擁帚彗"意同,表示清掃道路。③ 如:

　　　《史記・孟子荀卿列傳》:"如燕,昭王擁彗先驅,請列弟子之座而受業,筑碣石宮,身親往師之。"

　　　《史記・高祖本紀》:"後高祖朝,太公擁篲,迎門卻行。"

　　　《漢書・揚雄傳下》:"或枉千乘於陋巷,或擁帚彗而先驅。"

　　　《論衡・別通》:"燕昭爲鄒衍擁篲,彼獨受何性哉?"

　　　《中論・審大臣》:"……所如之國,靡不盡禮郊迎,擁篲先驅,受爵賞爲上客者,不可勝數也。"

　　　《後漢書・申屠蟠傳》:"蟠獨歎曰:'昔戰國之世,處士橫議,列國之王,至爲擁篲先驅,卒有阬儒燒書之禍,今之謂矣。'"

　　這樣校讀之後,"擁帚"與"清途"、"掃塵"、"掃途"不但表意相同,且與相垺的"灑道"皆爲動賓短語,更合古人屬辭之例。④

---

① 何琳儀《帛書〈周易〉校記》,《周易研究》2007 年第 1 期,第 5 頁。

② 可能發生在訛爲"進"後。

③ 《楚辭・九歌・大司命》:"令飄風兮先驅,使涷雨兮灑塵。"從下面舉例看,"先驅"實暗指擁篲/彗先驅。此從側面説明將《十過》"進掃"校釋爲"擁帚"是可取的。

④ 《吳越春秋》卷四《闔閭内傳》"子胥、孫武、白喜留,敗楚師於雍澨","雍"字有的版本誤爲"淮"(參張覺《吳越春秋校證注疏》,知識産權出版社,2014 年,第 108 頁)。"進掃"之"進"也可能是隸楷文字階段"雍"或某"雍"聲之字訛變後的産物。

"蚖"、"虺"關係補説[*]

李桂森　江蘇師範大學國際學院

劉洪濤　江蘇師範大學語言科學與藝術學院

《中國語文》2019 年第 5 期刊登韓小荆、陳琦二先生《佛經中的"蚖"和"虺"》一文（以下簡稱"韓文"），[①]對表示毒蛇義的"蚖"、"虺"二字的關係作了很好的研究。但是由於作者没有注意利用出土先秦兩漢文獻中的相關資料，致使一些論斷出現失誤，特爲補證如下。

一、"蚖"字的字際關係

文獻中"蚖"字至少有三種不同用法，可以表示三個不同的詞。

其一是"螈"字異體，一種蜥蜴類動物。《爾雅·釋魚》："蠑螈，蜥蜴。"陸德明《經典釋文》："螈，音原。《字林》作'蚖，五丸反'，云：'蠑蚖，蛇醫也。'《説文》同。"《説文》虫部："蚖，榮蚖，蛇醫，以注鳴者。从虫，元聲。"《玉篇》虫部："蚖，魚袁切。蠑螈。螈，同上。"又作"虺"。《説文》虫部："虺，虺以注鳴。《詩》曰：'胡爲虺蜥。'从虫，兀聲。"王筠《説文句讀》："案陸璣以虺蜴與蠑螈爲一物，但水陸異名耳。竊疑'虺'、'蚖'即是一字，兩注皆云'以注鳴'。'元'即从'兀'聲。"[②]章太炎《文始》卷二："據《釋魚》蠑螈（蚖之俗字）即蜥蜴，例以'元'从'兀'聲，則'虺'、'蚖'亦一字。'雖，似蜥蜴而大。从虫，唯聲。'古音如

*　本文爲教育部人文社科青年項目"出土文獻參照下的《説文》釋義牽合字形現象研究"（20YJC740021）、國家社科基金一般項目"出土文獻參照下的古漢字同音合併研究"（18BYY134）、國家社科基金重大項目"楚係簡帛文字職用研究與字詞合編"（20&ZD310）階段性成果。

① 韓小荆、陳琦《佛經中的"蚖"和"虺"》，《中國語文》2019 年第 5 期。

② 王筠《説文解字句讀》，中華書局，1988 年，第 530 頁。

'唯',亦皆'虺'字。'虺'、'蚖'、'雖'皆'虫'之變異字。"①北京大學藏漢代醫簡有"病大伏、蠟、畸、螯之動如蚖蝎〈蝎〉者",②字即作"蚖"。

其二是"黿"字異體,即大鼈。《史記·太史公自序》:"少康之子,實賓南海,文身斷髮,黿鱓與處。"索隱本作"蚖鱓",云:"蚖鱓,元黿二音。"《淮南子·覽冥》"蛇鱓著泥百仞之中,熊羆匍匐壍巖",王念孫《讀書雜志》:"蛇當作'蚖','蚖'與'黿'同。'鱓'與'鼉'同。言蚖鱓(徒何反)且伏於深淵而不敢出,況蛇鱓(音善)之類乎!今本'蚖'作'蛇'者,涉上下文'蛇鱓'而誤。"③按《老子》五十章王弼注"夫蚖蟺以淵爲淺而鑿穴其中,鷹鸇以山爲卑而增巢其上",此本自《荀子·法行》"夫魚鼈黿鼉猶以淵爲淺而堀穴其中,鷹鳶猶以山爲卑而增巢其上"和《大戴禮記·曾子疾病》"鷹鶽以山爲卑而曾巢其上,魚鼈黿鼉以淵爲淺而歷穴其中",可知"蚖蟺"應讀作"黿鼉"。馬王堆漢墓帛書《十問》85~86行有"舉梟癭〈雁〉鵠蕭〈鷫〉相(鷞)、蚖檀(蟺)魚螯(鼈)、奠(蠕)勤(動)之徒,胥食而生者也","蚖檀"最新整理本讀爲"蚖蟺"而無説,④亦應讀爲"黿鼉","黿鼉魚鼈"連用,代表水游動物,跟"梟雁鵠鷫鷞"等飛行動物相對,再加上"蠕動之徒"代表陸生動物,正好該括所有動物品類。上揭《荀子·法行》《大戴禮記·曾子疾病》等以"黿鼉"對"鷹鳶"、"鷹鶽"等,與之同例。又作"鼋鱓"。《韓詩外傳》卷八:"處江海之陂,與鼋鱓魚鼈爲伍。""黿"寫作"蚖"、"鼋",跟"鼉"寫作"蟺"、"鱓"、"鱓"同例,屬義近形旁通用。

其三爲"虺"字異體,一種毒蛇。《老子》五十五章"蜂蠆虺蛇不螫",郭店楚簡甲本33號簡作"蜲蠆=(蠆蟲)它(蛇)弗蠆(螫)",⑤馬王堆漢墓帛書甲本36行作"逢(蜂)癘(蠆)蝦(虺)蛇弗螫",⑥乙本16~17行作"蠢(蜂)癘(蠆)虫蛇弗赫(螫)",⑦北大漢簡本48號簡作"逢(蜂)蠆蚖蛇弗赫(螫)"。⑧銀雀山漢簡《三十時》1739號簡有類似説

---

① 章太炎《文始》,浙江圖書館校刊《章氏叢書》本,1917年,第41頁。

② 北大醫簡尚未公布,此據李家浩《關於〈靈樞〉一處文字的校讀》(待刊)轉引。

③ 王念孫《讀書雜志》,《續修四庫全書》影印本,上海古籍出版社,1995年,第491~492頁。

④ 湖南省博物館、復旦大學出土文獻與古文字研究中心編纂,裘錫圭主編《長沙馬王堆漢墓簡帛集成》,中華書局,2014年,第2冊第210頁,第6冊第149頁。

⑤ 荊門市博物館《郭店楚墓竹簡》,文物出版社,1998年,第5、113頁。

⑥ 湖南省博物館、復旦大學出土文獻與古文字研究中心編纂,裘錫圭主編《長沙馬王堆漢墓簡帛集成》,第1冊第99頁,第4冊第4頁。

⑦ 湖南省博物館、復旦大學出土文獻與古文字研究中心編纂,裘錫圭主編《長沙馬王堆漢墓簡帛集成》,第1冊第143頁,第4冊第195頁。

⑧ 北京大學出土文獻研究所《北京大學藏西漢竹書(貳)》,上海古籍出版社,2012年,第48、131頁。

法，作“蜼蠆不螫”。[1] 裘錫圭先生帛書甲本注釋〔九五〕説：“北大本整理者已指出‘蚖’有‘虺’義(《北大》131：〔一〕。此‘蚖’與‘螈’字異體‘蚖’爲同形字)。‘兀’、‘元’上古音月、元對轉，‘虺’與‘蚖’也應該是由一字分化的。”[2]其説甚是。“蚖”、“虺”、“螝”、“𧌒”、“蜼”爲一字之異體，皆以“虫”爲形符，特聲符不同耳。“螝”爲“虺”之異體，《顔氏家訓·勉學》云：“吾初讀《莊子》‘螝二首’，《韓非子》曰‘蟲有螝者，一身二兩口，爭食相齕，遂相殺也’，茫然不識此字何音……後見《古今字詁》，此亦古之‘虺’字。”“蜼”爲“虺”之異體，《周禮·春官·司尊彝》“蜼彝”鄭玄注引鄭司農曰：“蜼，讀爲蛇虺之‘虺’。”“𧌒”爲“虺”字異體，雖不見於文獻故訓，但“畏”、“鬼”本爲一字分化，古音相近，“螝”能爲“虺”之異體，“𧌒”當然也能爲“虺”之異體。文獻中“蚖”、“虺”、“螝”、“𧌒”、“蜼”尚有表示其他動物的用法，皆可視爲同形字。阜陽漢簡《蒼頡篇》C15號簡有“蛟龍蚖蛇”，[3]北大漢簡《蒼頡篇》29號簡作“蛟龍虫蛇”，[4]“虫”爲古“虺”字，可證此“蚖”亦爲“虺”字異體。馬王堆漢墓帛書《五十二病方》87行有病方名“蚖”，[5]應爲“蚖食人胻股”方，是承上一病方“蛭食人胻股”而省，整理者引《名醫别録》“蚖，蝮類，一名虺”，謂是毒蛇，[6]顯然也是“虺”字異體。“蚖”、“虺”本是一字之異體，二形一詞，但音隨字轉，二字因聲旁不同而讀音不同，遂變爲二形二詞。秦漢璽印陶文也常見“蚖”字，皆用作人名，[7]古代有人名“仲虺”(《左傳》定公元年)、“孔虺”(《左傳》襄公三十一年)、“蕩虺”(《左傳》文公十六年)等，可證此“蚖”也是“虺”字異體。戰國文字中又有“𬣳”字，作、等形，共兩見：一見於爰子𬣳鼎銘“爰子𬣳之飤繁”(《殷周金文集成》2239)，[8]用作人名；一見於安徽大學藏戰國竹簡《詩經》7號簡“我

---

① 銀雀山漢墓竹簡整理小組《銀雀山漢墓竹簡(貳)》，文物出版社，2010年，第87頁。參楊安《〈銀雀山漢墓竹簡·佚書叢殘〉集釋》，吉林大學碩士學位論文，2013年，第265頁。

② 湖南省博物館、復旦大學出土文獻與古文字研究中心編纂，裘錫圭主編《長沙馬王堆漢墓簡帛集成》，第4册第25頁。

③ 中國簡牘集成編輯委員會《中國簡牘集成》，敦煌文藝出版社，2005年，第14册第297頁。

④ 北京大學出土文獻研究所《北京大學藏西漢竹書(壹)》，上海古籍出版社，2015年，第47、97頁。

⑤ 湖南省博物館、復旦大學出土文獻與古文字研究中心編纂，裘錫圭主編《長沙馬王堆漢墓簡帛集成》，第2册第72頁。

⑥ 湖南省博物館、復旦大學出土文獻與古文字研究中心編纂，裘錫圭主編《長沙馬王堆漢墓簡帛集成》，第5册第231頁。

⑦ 王輝主編《秦文字編》，中華書局，2015年，第1856頁；單曉偉《秦文字字形表》，上海古籍出版社，2017年，第595頁；李鵬輝《漢印文字字形表》，安徽大學博士學位論文，2017年，第1150頁。

⑧ 中國社會科學院考古研究所《殷周金文集成(修訂增補本)》，中華書局，2007年。

馬饒遺",①今本《詩經・周南・卷耳》與之對應的文句作"我馬虺隤",安大簡整理者注〔十〕說:"饒,從'它'、'元',即'虺'字異體。此種寫法的'虺'見於楚爰子虺鼎(《集成》二二三九),唯偏旁位置與'饒'字相反。《説文・虫部》:'虺,虺以注鳴。《詩》曰:"胡爲虺蜴。"從虫,兀聲。''它'是'蛇'的象形初文,'虫'是'虺'的象形初文,二字形、義皆近;'兀'、'元'本是一字之分化。故'虺'可以寫作從'它',從'元'(《秦印文字彙編》第二五五頁'虺'字頭下所收五字,'兀'旁都寫作'元')。"②這一論斷基本可從,唯把"虺"本義看作蜥蜴可商。其實這個"虺"的本義是毒蛇,其異體以"它(蛇)"爲意符再合適不過。"饒"這個形體只能是表示毒蛇義之"虺"的異體,不能是表示蜥蜴或大鼇義之"虺"的異體。在傳世文獻中"虺"也有作表毒蛇義之"虺"的異體的例子,如韓文所舉出的賈誼《新書・耳痹》"燕雀剖而虺蛇生"。

根據上面的論述,可以看出,"虺"在先秦秦漢時代至少可以作"蜓"、"鼀"和"虺"的異體,代表三個不同的詞,它們彼此不存在關聯,本質上是同時同形字關係。從現有資料來看,"虺"表毒蛇義出現得最早,使用的頻率最高,應該是它的常用義,另外兩種意義產生得較晚,也不常用。韓文認爲"虺"之毒蛇義是後起的,是文字"形近相亂"對詞義系統產生影響的一個典型例子,不符合事實。

二、"虺"、"虺"的字形關係

"虺"、"虺"二字的關係,韓文提出三種可能:一是"虺"增一筆又改變偏旁位置變作"虺",二是"虺"減一筆又改變偏旁位置變作"虺",三是"元"、"兀"古音相近,作爲聲符可以替換。韓文認爲"元"減一筆作"兀","不符合書法要求均衡美觀的書寫規律",從而排除第二種可能;又認爲"元"、"兀"古音相近是在上古時期,但"二字中古音相去甚遠,後代沒有人會把'兀'、'元'看作同音聲符互換,故不能以古律今",從而排除第三種可能;那就只剩下第一種可能,即由"虺"增一筆變作"虺","虺"是後起的訛形。

韓文討論的主要是中古時期的佛經文獻,用中古音作爲語音標準當然沒有問題。但是根據上文所述,"虺"、"虺"二字並不是僅存於中古時期佛經文獻中的文字現象,二字的交涉普遍存在於出土和傳世先秦秦漢文獻中,是一個普遍的文字學現象。韓文因爲沒有注意到上述出土先秦秦漢文獻中豐富的"虺"字資料,遂否定傳世先秦秦漢文獻

---

①　安徽大學漢字發展與應用研究中心編,黃德寬、徐在國主編《安徽大學藏戰國竹簡(壹)》,中西書局,2019 年,第 8、74 頁。

②　安徽大學漢字發展與應用研究中心編,黃德寬、徐在國主編《安徽大學藏戰國竹簡(壹)》,第 75～76 頁。

中的相關資料,例如認爲上舉《新書·耳痺》之"虺"是訛字,這才得出錯誤的結論。既然"虺"、"虵"二字的交涉可以追溯到先秦秦漢時期,用上古音作爲語音標準就是非常必要的。其實在韓文之前,裘錫圭先生就已指出,"'兀'、'元'上古音月、元對轉,'虵'與'虺'也應該是由一字分化的",這是確論。

學者雖多已指出"虺"、"虵"爲一字之分化,但何者爲母字,何者爲分化字,卻鮮有論及。韓文大概是學術界第一次明確討論這個問題的,推進了相關研究。但韓文否定"虺"爲母字"虵"爲分化字的理由"不符合書法要求均衡美觀的書寫規律",顯然不能成立。文字分化的主要目標是能夠準確區分字形,均衡美觀並不是必要條件。無論是增一筆還是減一筆,都能實現準確區分字形這一目標,只能具體情況具體分析。

如上文所述,"虺"字最早可以追述到戰國秦系文字,表毒蛇義。其異體"虺"出現在戰國楚寫本《詩經》上,考慮到古書從形成到流傳需要一段不短的時間,那麼"虺"字的出現時代完全可以上推到春秋甚或西周時期。出土戰國秦漢文字資料中未見"虵"字,但在傳世先秦秦漢古書中卻比較常見。傳世古書中用"虵"的字,在可以對讀的出土文獻中不是作"虺",就是作它的異體"蚖"、"蝝"、"蜼"等,這些異體在傳世文獻中也多有遺留,皆已見上文。另外,傳世文獻中"虵"多存在異文,例如人名"仲虵",《荀子·堯問》作"蘦",《大戴禮記·虞戴德》作"傀",《史記·殷本紀》作"壨",索隱本又作"壘",皆是通假字;再如上揭《詩·周南·卷耳》"我馬虵隤",三家詩作"瘓",《易林·賁之小過》亦作"瘓"。這些異文似乎能説明今傳先秦秦漢文獻中的"虵"字很可能本不作"虵",作"虵"是根據後世用字習慣改的。

"髡"與"髨"的關係,跟"虺"與"虵"的關係相近,可以輔助判斷後二者的關係。《説文》髟部:"髡,鬀髮也。从髟,兀聲。髨,或从元。"以"髡"爲正體,"髨"爲或體。但朱駿聲認爲"从元省聲,或不省",[1]則以"髨"爲正體。出土秦漢文字資料"髡"都从"元"作,秦代如睡虎地秦簡《法律答問》72、103、104 號簡,[2]西漢時期如北大漢簡《反淫》44 號簡、居延漢簡 40.1、117.32、560.2A、居延新簡 EPT51.470、EPT56.280A、EPS4T2.25、EPS4T2.100、肩水金關漢簡 73EJT8:11、73EJT37:522、敦煌馬圈灣漢簡 789 號簡等,[3]東漢時期如

① 朱駿聲《説文通訓定聲》,中華書局,1984 年,第 715 頁。
② 陳偉主編《秦簡牘合集〔壹〕:睡虎地秦墓簡牘》,武漢大學出版社,2014 年,第 1049、1057～1058 頁。
③ 北京大學出土文獻研究所《北京大學藏西漢竹書(肆)》,上海古籍出版社,2015 年,第 102 頁;李瑤《居延舊簡文字編》,吉林大學博士學位論文,2014 年,第 603 頁;白海燕《居延新簡文字編》,吉林大學博士學位論文,2014 年,第 667 頁;任達《〈肩水金關漢簡(壹)文字編〉》,吉林大學碩士學位論文,2014 年,第 229 頁;韓鵬飛《〈肩水金關漢簡(肆·伍)〉文字整理與釋文校訂》,吉林大學碩士學位論文,2019 年,第 900 頁;張德芳《敦煌馬圈灣漢簡集釋》,甘肅文化出版社,2013 年,第 121、301 頁。

五一廣場簡牘 347 號牘、刑徒磚銘文等,①甚至三國時期長沙走馬樓吳簡和六朝時期碑刻文字仍然如此,②直到唐代才"髠"、"髡"二形並作。③ 這說明"髡"字的產生和通行一定是更早的,且處於絕對統治地位,"髠"字在隋唐以後才逐漸通行起來。

　　情況相似的還有"輨"與"輓"字。《說文》車部:"輨,車轅耑持衡者。从車,元聲。"傳世文獻基本作"輓",例如《論語·爲政》"小車無輓"。張參《五經文字》卷下云:"輨、輓,音月,轅端。上《說文》,下見《論語》及《釋文》。相承隸省。"④朱駿聲也認爲"輓"是省體。⑤ 出土先秦秦漢文獻中尚未發現"輨"、"輓"二字,但在清華大學藏戰國竹簡《封許之命》中借"元"爲之,其 5~6 號簡云"路車:蔥衡,玉璥,鸞鈴,素旗,朱笰元,馬四匹",整理者疑"元"應讀爲"輨"。⑥ "輨"應該是在"元"上加"車"旁形成的。這說明"輨"字的產生應該比"輓"早,跟"蚖"、"髡"二字的情況相合。

　　有些从"兀"之字雖然在傳世文獻中不見有从"元"的異體,但是根據古文字確實存在从"元"的異體。例如北大漢簡《蒼頡篇》61 號簡"嶵巒岑崩,阮嵬陀阮",⑦"阮"字阜陽漢簡《蒼頡篇》26 號簡和水泉子漢簡《蒼頡篇》暫 28 號簡也都作"阮",⑧北大漢簡整理者注:"《說文》:'阢,石山戴土也。'段玉裁注曰:'《釋山》曰:"石戴土謂之崔嵬。"然則崔嵬一名阢也。'《玉篇》亦曰:'阢,崔也。''阢'亦可寫成'阮'。'元'、'兀'二字爲一字之分化,直至春秋、戰國在寫法上仍常有互作現象,此點早已有學者指出。所以雖然在秦代以後'兀'已漸從'元'字中分化出來,但在漢初將小篆字體的《蒼頡篇》作隸定時,還是將可能讀成'阢'字的這個字寫成'阮'。"⑨整理者認爲"阮"即"阢"可從,但認爲這是秦代用字習慣的繼承則不可信,上揭"蚖"、"髡"諸例說明兩漢時期諸从"兀"之字還寫作从"元","阢"字寫作"阮"形正符合這一規律,是漢代用字習慣的真實反映。再如"阢隉",傳世文獻"阢"字又作"兀"、"仉"、"杌"、"虺"、"卼"、"軏"等,皆从"兀"。上海博物館藏戰

---

① 長沙市文物考古研究所等《長沙五一廣場東漢簡牘(壹)》,中西書局,2018 年,第 167、300 頁;殷蓀《中國磚銘文字徵》,上海書畫出版社,1996 年,第 3065~3069 頁。

② 王保成《三國吳簡研究》,安徽大學博士學位論文,2013 年,第 653 頁;毛遠明《漢魏六朝碑刻異體字典》,中華書局,2014 年,第 492 頁。

③ 臧克和主編《漢魏六朝隋唐五代字形表》,南方日報出版社,2011 年,第 740 頁。

④ 張參《五經文字》,中華書局,1985 年,第 64 頁。

⑤ 朱駿聲《說文通訓定聲》,第 715 頁。

⑥ 清華大學出土文獻研究與保護中心編,李學勤主編《清華大學藏戰國竹簡(伍)》,中西書局,2015 年,第 40、118、120~121 頁。

⑦ 北京大學出土文獻研究所《北京大學藏西漢竹書(壹)》,第 55 頁。

⑧ 劉婉玲《出土〈蒼頡篇〉文本整理及字表》,吉林大學碩士學位論文,2018 年,第 239 頁。

⑨ 北京大學出土文獻研究所《北京大學藏西漢竹書(壹)》,第 129 頁。

國竹簡《柬大王泊旱》23＋18 號簡“唯必三軍有大事，邦家以軒轝，社稷以危與”，[1]陳劍先生把“軒轝”讀爲“阢陧”。[2] 上古音“元”屬疑母元部，“軒”屬曉母元部，二字古音極近，此可證“阢”本應是从“元”的，這種意義的“阢”大概本來也有“阮”若“杬”一類寫法。

“元”、“兀”二字的分化過程，也可證明這一點。古文字“元”作 𠑺（《集成》5278），字形象人突出頭部之形，本義是首。字形上部的圓點變作一横作 𠑹（《甲骨文合集》19642 正），[3]隸定即是“兀”形；上部再加一點或一横作 𠑺（《合集》27894）、𠑹（《合集》4855），即是“元”形。從現有資料來看，商代甲骨文中“元”形即已占據統治地位，只有歷組、賓組等早期甲骨文間或作“兀”形，大概是早期寫法的孑遺；[4]西周金文中基本都作“元”形；[5]春秋末戰國時期又出現作“兀”形的寫法，在吳越文字和三晉文字中比較常見，[6]在楚文字中僅個別作“兀”，例如清華簡《繫年》凡五見皆作 𠑺，[7]可能跟書寫習慣有關。周寶宏先生説：“西周金文不見兀字，因爲兀、元爲一字，不必使用兀字。到了春秋戰國之際的侯馬盟書、春秋吳王劍銘文已經出現兀字，可以看作是元字之省，仍然用爲元字，古文字在東方六國文字裏多用簡省之形，兀、元仍然不能區分爲兩個字。”[8]這種看法是十分正確的，春秋戰國時期的“兀”不是直接繼承自早期甲骨文，而是在西周春秋“元”形的基礎上省寫一横畫而來，產生的時代較晚。因此，“蚖”、“髨”、“軏”等形聲字最早應該都假借“元”字爲之，後來分別加“虫”、“髟”、“車”等偏旁成爲形聲字，春秋戰國之後因“元”有省體“兀”而產生“虺”、“髡”、“軏”等異體，兩漢以後逐漸取代了从“元”的正體。“蚖”字之所以被“虺”字取代，應該還有它職務過多，用這個異體來分擔一部分職務的原故。“蚖”字的三個職務，毒蛇義後全都交給“虺”，大黿義後全都交給“黿”，它就只表蜥蜴義，被認作“蚖”字的正體。

① 馬承源主編《上海博物館藏戰國楚竹書（四）》，上海古籍出版社，2004 年，第 67、62、215、210 頁。

② 陳劍《戰國竹書論集》，上海古籍出版社，2019 年，第 130 頁。

③ 中國社會科學院歷史研究所《甲骨文合集》，中華書局，1978—1983 年。

④ 李宗焜《甲骨文字編》，中華書局，2012 年，第 22 頁；劉釗主編《新甲骨文編（增訂本）》，福建人民出版社，2014 年，第 2 頁。

⑤ 董蓮池《新金文編》，作家出版社，2011 年，第 2～5 頁；張俊成《西周金文字編》，上海古籍出版社，2018 年，第 1～2 頁。

⑥ 施謝捷《吳越文字彙編》，江蘇教育出版社，1998 年，第 103 頁；湯志彪《三晉文字編》，作家出版社，2013 年，第 8～10 頁。

⑦ 清華大學出土文獻研究與保護中心編，李學勤主編《清華大學藏戰國竹簡（貳）》，中西書局，2012 年，第 247 頁。

⑧ 李學勤主編《字源》，天津古籍出版社，2012 年，第 756～757 頁。

傳鈔古文研究四題 *

劉偉浠

福建師範大學文學院

　　傳鈔古文(下文簡稱爲"古文")是指經過漢以後人們輾轉傳寫而保存的古文字資料,分爲篆體古文和隸定古文,前者主要保存在《説文》《汗簡》《古文四聲韻》《集篆古文韻海》《訂正六書通》及三體石經等,後者保存在《廣韻》《集韻》《龍龕手鑑》《字彙》等。本文考證了古文"靈"、"无"、"論"、"魄"四字的來源,不當之處,祈方家教正!

一、古文"靈"

　　古文"靈"作:

(四 2·22 庶)①

此形爲"虛",李春桃提出兩種可能,他説:"'虛、靈'讀音不近,不屬於通假關係。古文有兩種可能:一種是'虛'字誤植到'靈'字下,蓋因'虛、靈'連用而誤收。《訂正六書通》(136 頁)'靈'字下不收相關形體,但《集篆古文韻海》(2·19)有該形,並釋爲'靈',從校勘上不好判定。另一種可能是'靈、虛'義近換用,《漢書·王莽傳中》:'毋將虛。'顔師古注:'虛,謂虛靈也。'可見'靈、虛'義近。"②段凱謂第二種可能暫備一説。③

　* 本文得到 2017 年度國家社科基金重大項目"戰國文字詁林及資料庫建設"(17ZDA300)及 2018 年度國家社科基金"冷門'絶學'和國别史等研究專項"項目傳鈔古文資料全編與傳鈔古文研究(2018VJX081)的資助。

① 本文標注《汗簡》《古文四聲韻》《集篆古文韻海》中古文出處簡稱從 2006 年綫裝書局出版的徐在國《傳鈔古文字編》,如"四 2·22 庶"指《古文四聲韻》卷二第 22 頁的王庶子碑。

② 李春桃《古文異體關係整理與研究》,中華書局,2016 年,第 397 頁。

③ 段凱《〈古文四聲韻〉(卷一至四)校注》,華東師範大學博士學位論文,2018 年 6 月,第 482 頁。

按,中古"靈"常訛作"虛",曾良指出:"'靈'的俗字作'霊',因'虛'字的'虍'旁俗或寫'雨',故'霊'與'虛'的俗字相似。"①此説甚確,"虛"隋白仵貴墓誌作 霊 ,②與"靈"僅一筆之差,"亚"、"业"形近相混,如"湿"《正字通》水部作"湿"。他還舉若干異文,唐夫人段氏墓誌銘"虛源派深",大唐故安王墓誌之銘作"派發靈源",宋磧砂大藏經本《弘明集》卷三宗炳《答何承天書難白黑論》"僧貌而天虛",日本《大正藏》本作"僧貌而天靈"。我們還可以舉出兩例,如:

《水經注》卷五:"應瑒《靈河賦》曰:'資靈川之遐源。'"案:"靈近刻訛作虛。"③

戴震《方言疏證》卷十三:"唏,虛幾反,聲也。"案:"注内虛各本多訛作靈。"④

漢以來"虛"、"靈"相亂是普遍的現象,古文以"虛"表"靈"並非六國文字用法,其篆形乃據隸楷訛俗字所撰。

二、古文"无"

古文"无"作:

无(四 1 · 24 道)

王丹指出此形爲《説文》"无"奇字 无 的訛變,與《説文》"堯"古文 㚎 變爲 兟 (四 4 · 29 籀)相類。⑤ 段凱認爲:"從字形來看與古文'旡'形體同,可能是'无'字訛變,也可能是字頭'无''旡'形近而夏辣誤置。"⑥

按,古文爲"无",元代《古老子》碑和《訂正六書通》上平聲五模韻"無"亦録該形。⑦王説存在可能,但秦漢出土篆文材料中"无"、"无"多見,似未見二者互作的例子。段説可從,但未提出相關證據。我們懷疑是以隸作篆的結果,中古隸楷"无"、"无"混同,《道德經》書刻者根據隸楷體"无"的訛體"无"轉刻成篆體 无 。古文已有類似例子,唐李陽

① 曾良《俗字及古籍文字通例研究》,百花洲文藝出版社,2006 年,第 42、100～102 頁。

② 秦公、劉大新《廣碑別字》,國際文化出版社,1995 年,第 350 頁。"雨"、"虍"訛同,梁春勝亦有提及,參氏著《楷書部件演變研究》,綫裝書局,2013 年,第 228～230 頁。"靈"《字彙補》虍部及東海廟碑作"虗"。

③ 〔魏〕酈道元《水經注》,清武英殿聚珍版叢書本。

④ 〔清〕戴震撰,楊應芹、諸偉奇主編《方言疏證(修訂本)》,黃山書社,2010 年,第 3 册第 212 頁。

⑤ 王丹《〈汗簡〉〈古文四聲韻〉新證》,上海古籍出版社 2015 年,第 130～131 頁。

⑥ 段凱《〈古文四聲韻〉(卷一至四)校注》,第 185 頁。

⑦ 碑文見〔宋〕杜從古撰、丁治民校補《集篆古文韻海校補》,中華書局,2013 年,第 216 頁。

冰書謙卦碑"六四：无不利，撝謙"的"无"作：

《六書通摭遺》上平聲五模韻"無"引"謙卦"亦作，此形當是轉録李陽冰所書，與古文無異，正好相互印證，古文"堊"作（四4·6尚），此形原爲"至"，但上部訛成"无"。漢以來"无"寫成"旡"十分普遍，如碑刻"无"作：

（後晉權君妻崔墓誌）　　（唐李皋妻墓誌）

（北齊無量義經）　　（隋王昕造像）①

再如敦煌斯4272《楞伽師資記》"修行六度，而旡所行"和《涅槃經》"旡内六入，旡外六塵"的"旡"也是"无"字。②《古今雜劇》《白袍記》《目連記》《金瓶梅》《嶺南逸事》等均把"无"寫作"旡"。③《隸辨》引漢張遷碑、史晨後碑的"既"字分別作、，顧藹吉曰："《説文》既從旡，徐鉉曰：'今隸變作旡。'與无字不同，碑訛從无，《經典釋文》序例云：'將无混旡便成兩失。'"④中古"无"寫成"旡"已是約定俗成，梁春勝認爲這類字是"古代寫、刻本文獻（尤其是寫本）中比較常見的現象，應當不是書寫者無意致誤，而應該是一種書寫者有意爲之而不以爲誤的特殊的誤字"。⑤

三、古文"論"

"論"《集篆古文韻海》4·27有一形作：

A.

該形歸屬去聲二十六恩韻，諸家皆未論及。古文"論"字又有以下形體：

B. （四1·36庶）　（四1·36庶）　（並海1·19）　（海4·27）

① 臧克和主編《漢魏六朝隋唐五代字形表》，南方日報出版社，2011年，第913頁。
② 曾良《隋唐出土墓誌文字研究與整理》，齊魯書社，2007年，第238頁。張涌泉、梁春勝亦舉若干"无"、"旡"互作的例子，可參張涌泉《漢語俗字叢考》，中華書局，2000年，第87～88頁；梁春勝《楷書部件演變研究》，第103～104頁。
③ 劉復、李家瑞《宋元以來俗字譜》，"中研院"歷史語言研究所，1930年，第51頁。
④ 〔清〕顧藹吉《隸辨》，中華書局，1986年，第127頁。
⑤ 梁春勝《楷書部件演變研究》，第5頁。

B 爲"刺",《汗簡》3·37 有形作 ,郭忠恕未釋,形同 B。鄭臧公之孫鼎有"刺"字,黄錫全、李祖才據古文讀作"睔(或綸)",①其説可從。

　　對於 A 形,主要有兩種可能性。其一,A 由 B 所訛,主要是上部 ╰╯ 訛成 ▽。曾侯乙鐘的"刺"作 、,顯然後者爲前者所訛,後者左部與《訂正六書通》上平聲八真韻的"論"字 (奇字)形同,並把下部筆畫拉直即成 A。其二,若根據字形,A 與古文"昆"形同,古文"昆"作:

(汗 3·34 碧)　　(四 1·36 碧)　　(海 1·18)

這類形體源於楚簡,作:

(郭店簡《六德》28)　　(清華簡《越公其事》68)

從形體上看,上揭"昆"形與 A 基本無别,下加平直的横筆,○ 與 ▽ 同,楚簡中間填實。"昆"、"侖"讀音十分接近,馬王堆帛書《縱横家書》230、231"此代馬、胡狗不東,綸山之玉不出"的"綸",《長沙馬王堆漢墓簡帛集成》讀"昆",注:

> 《説文》訓"青絲綬"的"綸"字,古音爲見母文部,此字中古與"鰥"字音韻地位全同(山攝山韻合口二等見母字),"鰥"與昆弟之"昆"的本字"𦾓"同從"𥮊"聲,"鰥"字也常與從昆聲之字通用(參看高亨纂著、董治安整理《古字通假會典》,齊魯書社,一九八九年,第一二二頁);孔家坡漢簡《日書》所記的神話人物"鯀"寫作"綸",劉樂賢指出"綸"是"綸"的寫誤(《釋孔家坡漢簡〈日書〉中的幾個古史傳説人物》,《中國史研究》二○一○年第二期,第一○六～一○九頁),其説甚是(郭店簡"鯀"字即通"倫",參看白於藍〔2002:885〕)。"鯀"與"昆"皆爲見母文部合口一等字。凡此可見西漢時代"綸"字有與"昆"極近甚至完全一致的讀音。近出北大西漢簡《老子》第六十六章"有物綸成",整理者指出與"綸"相當之字馬王堆帛書本《老子》作"昆",傳世本作"混","綸"、"混"音近可通(北京大學出土文獻研究所編《北京大學藏西漢竹書〔貳〕》,上海古籍出版社,二○一二年,第一五六頁)。其説可從。日本學者御手洗勝曾據古書及從侖聲之字的讀音指出,"崑崙"一詞原來可能是"崑"而重言讀爲"崑崙","崙"可能讀如 KL-二重聲母(《崑崙傳説之起源》,廣島大史學研究紀念論叢,轉引自韓國方善柱《崑崙天山與太陽神"舜"》,《大陸雜誌》語文叢書第三輯第二册《哲學·宗教·神話》,大陸雜誌社,一九七五

① 黄錫全、李祖才《鄭臧公之孫鼎銘文考釋》,《考古》1991 年第 9 期,第 857 頁。

年,第五一三頁)。①

其語音上的論述可從,《集韻》混韻:"睧,或从昆。"古文借"昆"表"論"。二説似可並存。

四、古文"魄"

古文"魄"作:

（四5·19老）

王丹"疑由故字(容8)、(季11)類形體移篆形變,故音義同迫"。② 李春桃認爲是"歺"字,"上部稍訛,故難以辨識,釋'故'説不確。《尚書·顧命》'哉生魄',薛本作'生歺',可證'歺'與'魄'相通"。③ 林聖峰承認李説較有理,又提出另一假設,可隸作從"白"、"歺",可能是糅合"魄"、"歺"二形而成的異體,"'魄'、'歺'二字於典籍有通用之例,符合文字'糅合'的條件",但又承認字書未見從"白"、"歺"之字,難以確實論斷。④

按,《廣金石韻府》《六書分類》《集鐘鼎古文韻選》及元代《古老子》碑文所引字形相同,《訂正六書通》引作,⑤皆是承襲《古文四聲韻》的。李春桃之所以認爲是"歺",可能是因爲比古文"白"底部多了一橫,而否定二者爲一形之變,但古文"歺"作、、等形與相差太遠。鄙意以爲古文爲"故",爲"白"的另一種變體,古文字已有"白"字底部贅加一橫的,中山王兆域圖(《集成》10478)"執宫"的湯餘惠釋爲"白",讀作"帛",他説:

> "執帛"屢見於古書,"執帛"的"帛"本來是臣下奉獻於王的贄禮之一,《周禮·夏官·射人》所謂"三公執璧,孤執皮帛,卿執羔,大夫雁"即是。其後,"執帛"又作爲一個複合詞一變而爲孤卿的別名,《史記·曹相國世家》:"楚懷王以沛公爲碭郡長,將碭郡兵。於是乃封參爲執帛,號曰建成君。"《集解》:"張晏曰:'孤卿也。'或曰楚官名。"

---

① 湖南省博物館、復旦大學出土文獻與古文字研究中心編纂,裘錫圭主編《長沙馬王堆漢墓簡帛集成(叁)》,中華書局,2014年,第250頁。

② 王丹《〈汗簡〉〈古文四聲韻〉新證》,第113頁。

③ 李春桃《古文異體關係整理與研究》,第189頁。

④ 林聖峰《傳鈔古文構形研究》,臺灣花木蘭文化出版社,2015年,第283～284頁。

⑤ 相關字形見徐在國、黃德寬《古老子文字編》,安徽大學出版社,2007年,第264頁。

其説是，"白"讀作"帛"符合古文字用字習慣，且文例通暢，"執帛皮"、"執帛"多見，如《大戴禮記·朝事》"執帛皮以繼小國之君"、《史記·樊酈滕灌列傳》"賜爵執帛"、《漢書·王莽傳》"執玉帛者萬國，諸侯執玉，附庸執帛"等。其後他又解釋字形：

> 晚周私名璽姓氏有"郋"字，作 明、郋、郋 等形，《璽編》統釋爲"郋"，極富見地。值得注意的是，末例白旁寫法和前考 𣬸 形相近，差别只在 𣬸 和 ━ 之間又增一短豎相連接。①

湯説基本得到學界公認，②在底部加一横作飾筆是古文字的常見現象，他舉"室"、"向"等爲例，又如"佃"作 𤰝（《璽彙》2543），"鞱"作 𩫏（包山簡 259）等。貨幣及古璽也見"白"字該變體，如：

白：𣬸（《貨系》3861）③

柏：𣂂（《璽考》324）④

郋：𧾷（《璽彙》2216）

何琳儀説"白"字："或訛作 日 與 日 形混，或加飾筆作 𣬸、𣬸、𣬸。"⑤𣬸 與 𣬸 當爲一字，古文中間由横筆變爲圓點，"白"作 𣬸（四 5·19 孝），"珀"作 𩾇（海 5·25），該現象在其他古文中也很常見，如"日"作 ☉（汗 3·33），"目"作 𣬸（汗 2·16），又作 𣬸（四 5·5 汗）。《訂正六書通》的 𣬸 形當爲 𣬸 一類形體之訛。金文人名有"叡"字，叡己觚作 𣬸、𣬸（《集成》6845、6846），從"又"、"白"，呈左右結構，《集成》釋爲"拍"，⑥爲古文

---

① 湯餘惠《關於 𣬸 字的再探討》，《古文字研究》第 17 輯，中華書局，1989 年，第 219～220 頁。

② 《戰國文字字形表》收在"白"字條。徐在國、程燕、張振謙《戰國文字字形表》，上海古籍出版社，2017 年，第 1126 頁。

③ 季旭昇謂："晉刀'成白'，幣文多見，皆作'白'之常形，惟 3861 此文於'白'下增'一'形，《貨系》因此改釋爲'且'，不可從。"説見氏著《説文新證》，臺灣藝文印書館，2014 年，第 626 頁。

④ 可對比清華簡《程寤》簡 1"柏"字 𣂂。《程訓義古璽印集存》1-154 號印 𣬸 里道，𣬸 原釋"相"，"相里"是複姓，劉洪濤認爲該字右部即"白"，"柏里"即複姓"百里"，郭店簡《窮達以時》簡 7 作"白里"。程訓義《中國古印：程訓義古璽印集存》，河北美術出版社，2007 年，第 51～52 頁；劉洪濤《古璽文字考釋四則》，《中國文字研究》第 18 輯，上海書店出版社，2013 年，第 89 頁。原釋未必誤，該形比上述"白"形中部多一横筆，"相"作 𣬸（《璽彙》4563）、𣂂（上博簡《昔者君老》1），均是"目"下加横筆，同書 1-151 號古璽已有人名"相里中月"，"相里"也是複姓，《通志·氏族略·以官爲氏》："相里，咎繇之後爲理氏。"

⑤ 何琳儀《戰國古文字典：戰國文字聲系》，中華書局，1998 年，第 601 頁。

⑥ 中國社會科學院考古研究所《殷周金文集成（修訂增補本）》，中華書局，2007 年，第 5 册第 3954 頁。《殷周金文集成引得》注"同拍，故，迫"，參見張亞初《殷周金文集成引得》，中華書局，2001 年，第 417 頁。

的前身,古文字左右結構或上下結構無別。周原出土的一件師湯父鼎有人名作,李峰引該鼎時隸作"絈",[1]左部與上揭古璽"白"形同,此字當釋作"絈",《考古圖》《歷代鐘鼎彝器款識法帖》亦録牧敦此字,作,但缺釋。[2] 總之,古文借"敀"表"魄",在構形和用字方面是没問題的。

附記:本文原題爲《傳鈔古文研究六題》,曾於 2019 年 5 月提交中國文字博物館舉辦的"紀念甲骨文發現 120 周年第七屆中國文字發展論壇",現有所刪改。

---

① 李峰《青銅器和金文書體研究》,上海古籍出版社,2018 年,第 100 頁。
② 中華書局編《宋人著録金文叢刊初編》,中華書局,2005 年,第 57、392 頁。

顔師古《漢書注》古今字二題 *

張青松

漢字文明傳承傳播與教育研究中心西南地區研究基地、
貴州師範大學文學院

古今字就是歷時的同詞異字現象。顔師古注《漢書》,目的是幫助時人閲讀,因此,他從唐代用字的實際情況出發,把唐代習用的字稱爲"今字",而之前表達過同一詞項,但是唐代已經不再繼續使用的字稱爲"古字"。

本文分爲兩個部分:第一部分,簡單介紹《漢書注》指認古今字的術語。第二部分,簡單評介《漢書注》轉引前人指認的古今字。

一、《漢書注》指認古今字的術語

(一) 古、古文

1. 某,古某字

用"某,古某字"來指認古今字,是顔師古在《漢書注》中最主要的表述方式。

例1 芔/卉

《漢書·司馬相如傳上》:"藰莅芔歙。"師古曰:"芔,古卉字也,音諱。"

2. 某,古文某字

用"某,古文某字"來指認的古今字,僅有"旤/禍"、"旽/萌"2組。

＊ 本文得到國家社科基金一般項目"歷代注列古今字多維組群研究"(18BYY142)和古文字與中華文明傳承發展工程經費資助,謹致謝忱。

例 2　禍/禍

《漢書·五行志上》:"數其禍福,傳以《洪範》。"師古曰:"禍,古文禍字。"

3. 某,古文作某

用"某,古文作某"來指認的古今字,僅有"睿/容"1 組。

例 3　睿/容

《漢書·五行志中之上》:"貌曰恭,言曰從,視曰明,聽曰聰,思曰容。"應劭曰:"容,通也,古文作睿。"

(二) 今

1. 某,今某字

用"某,今某字"來指認的古今字材料,僅有"綫/線"、"据/據"2 組。

例 4　綫/線

《漢書·高惠高后文功臣表》:"降及孝成,復加卹問,稍益衰微,不絕如綫。"晉灼曰:"綫,今線縷字也,音先戰反。"

例 5　据/據

《漢書·揚雄傳下》:"旁則三摹九据,極之七百二十九贊,亦自然之道也。"晉灼曰:"据,今據字也,據猶位也,處也。"

2. 某,今作某

用"某,今作某"來指認的古今字材料,僅有"惟/濰"1 組。

例 6　惟/濰

《漢書·地理志上》:"嵎夷既畧,惟、甾其道。"師古曰:"嵎夷,地名也,即陽谷所在。畧,言用功少也。惟、甾,二水名。皆復故道也。惟水出琅邪箕屋山,甾水出泰山萊蕪縣。惟字今作濰,甾字或作淄,古今通用也。"

此外,還有 1 次使用術語"後某字改作某"。

例 7　番/鄱

《漢書·陳勝項籍傳》:"吕將軍走,徵兵復聚,與番盜英布相遇。"師古曰:"番即番陽縣也。於番爲盜,故曰番盜。番音蒲何反。其後番字改作鄱。"

二、《漢書注》轉引前人指認的古今字

據筆者初步統計,《漢書注》共指認古今字 476 例,其中顏師古本人指認的"古今字"共 444 例,[①]轉引前人指認的古今字共 32 例。轉引具體情況列舉如下。

韋昭 1 例: 北/背。

如淳 2 例: 顇/悴;甿/萌。

應劭 3 例: 耏/耐;睿/容;觝/戹。

孟康 3 例: 或/堪;[②]身/娠;妥/綏。

晉灼 20 例: 泜/(柢)〔坻〕;厝/錯;隼/堆;統/綆;戲/麾;沫/靧;鞿/羈;柬/簡;据/據;摺/拉;迣/列;迣/迾[③];谾/豅;廑/勤;嬗/禪;禮/禪;僂/竦;羍/轄;鱻/鮮;綫/線。

晉灼引張揖 1 例: 劗/翦。

晉灼引許慎 1 例: 訢/欣。

魚豢 1 例: 洛/雒

舉例評述如下。

例 8　北/背

《漢書·高帝紀上》:"田榮歸,沛公、項羽追北,至城陽,攻屠其城。"服虔曰:"師敗曰北。"韋昭曰:"古背字也。背去而走也。"師古曰:"北,陰幽之處,故謂退敗奔走者爲北。《老子》曰'萬物向陽而負陰',許慎《説文解字》云'北,乖也',《史記·樂書》曰'紂爲朝歌北鄙之音','朝歌者不時,北者敗也,鄙者陋也',是知北即訓乖,訓敗,無勞借音。韋昭之徒並爲妄矣。"

按: 韋昭認爲"追北"之"北"是"背"的古字,軍隊敗走就是背離逃跑。顏師古認爲"北"本身就有敗走之義,無須破讀,故斥之以妄。

王念孫《讀書雜志·漢書第一·高紀》:"念孫案:《説文》:'北,乖也。從二人相背。'《廣雅》曰:'背,北也。'(北音背)則北爲古背字明矣。""北"字本象二人相背之形,爲乖背之背的初文。假借爲南北之北。大概由於這種假借義最常用,後來便又追增"肉"旁造

① 本世紀以來,顏師古"古今字"相關研究論著不斷出現,但這些論著對顏師古"古今字"術語的認識及其使用頻度的統計各不相同。

② 參見張青松《古今字研究必須重視出土文獻與古文字研究成果——以顏師古〈漢書注〉古今字字際關係研究爲例》,《漢字漢語研究》2021 年第 1 期;人大複印資料《語言文字學》2021 年第 8 期全文轉載。

③ 參見張青松《顏師古〈漢書注〉古今字研究與辭書編纂》,《阜陽師範大學學報(社會科學版)》2020 年第 3 期。

爲"背"字以表乖背之背,以"北"字專門表示南北之北。

例 9　戲/麾

　　《漢書·竇田灌韓傳》:"嬰去,戲夫。"晉灼曰:"戲,古麾字也。"師古曰:"招麾之令出也。《漢書》多以戲爲麾字。"

按:《史記·魏其武安侯列傳》作"麾"。《説文》手部:"麾,旌旗,所以指麾也。从手,靡聲。"《廣韻》支韻許爲切:"亦作麾。"《漢書》"麾"字凡 11 見。例如《韓彭英盧吳傳》:"張耳、韓信未起,即其臥,奪其印符,麾召諸將易置之。"《張陳王周傳》:"誠各去兩短,集兩長,天下指麾即定矣。"同卷:"乃顧麾左右執戟,皆仆兵罷。"《樊酈滕灌傅靳周傳》:"沛公如廁,麾噲去。"《揚雄傳下》:"所麾城〔揮〕〔撕〕邑,下將降旗。""麾下"凡 6 見,例如《張耳陳餘傳》:"耳乃佩其印,收其麾下。餘還,亦望耳不讓,趨出。耳遂收其兵。餘獨與麾下數百人之河上澤中漁獵。"

《説文》戈部:"戲,三軍之偏也。一曰兵也。从戈,䖍聲。"《漢書》"戲"字凡 99 見,其中讀爲"麾"的"戲"字凡 18 見。顏師古一般使用破讀的方法來溝通"戲"、"麾"之字際關係。"戲讀曰麾"凡 6 見,例如《韓彭英盧吳傳》:"居戲下,無所知名。"師古曰:"汎在旌戲之下也。戲讀曰麾,又音許宜反。"偶爾在"曰"字前加"亦"字,例如《竇田灌韓傳》:"蚡乃戲騎縛夫置傳舍。"師古曰:"戲讀亦曰麾。謂指麾命之而令收縛夫也。""讀與麾同"凡 2 見,例如《竇田灌韓傳》:"獨兩人及從奴十餘騎馳入吳軍,至戲下,所殺傷數十人。"師古曰:"戲,大將之旗也,讀與麾同,又音許宜反。"間或使用直音法。例如《匈奴傳下》:"賜安車鼓車各一,黃金千斤,雜繒千匹,戲戟十。"師古曰:"戲戟,有旗之戟也。戲音許宜反,又音麾。""戲下"凡 13 見。例如《陳勝項籍傳》:"於是羽遂上馬,戲下騎從者八百餘人,夜直潰圍南出馳。"師古曰:"戲,大將之旗也,音許宜反,又音許爲反。《漢書》通以戲爲旌麾及指麾字。"

總之,顏師古謂"《漢書》多以戲爲麾字"基本上是可信的。

例 10　訢/欣

　　《漢書·萬石衞直周張傳》:"僮僕訢訢如也,唯謹。"晉灼曰:"許慎云:'古欣字也。'"師古曰:"晉説非也。此訢讀與誾誾同,謹敬之貌也,音牛巾反。"

按:《説文》言部:"訢,喜也。从言,斤聲。"段注:"按此與欠部欣音義皆同。《萬石君傳》:'僮僕訢訢如也。'晉灼引許慎曰:'訢,古欣字。'[1]蓋灼所據《説文》訢在欠部欣下,云

---

[1]　《史記·萬石君列傳》:"僮僕訢訢如也,唯謹。"集解:"駰按:晉灼曰:'許慎曰:訢,古欣字。'韋昭曰:'聲和貌。'"

古文欣从言。"《説文》言部:"誾,和説而諍也。从言,門聲。"段注:"《論語·鄉黨》孔注:
'侃侃,和樂皃。誾誾,中正皃。'《先進》皇侃亦云爾。按:侃侃爲和樂者,謂侃侃即衎衎
之假借也。誾誾爲中正者,謂和悦而諍,柔剛得中也。言居門中,亦有中正之意。"

今謂"从言,門聲"當作"从門、从言,言亦聲"。言,上古音爲疑母,元部。① 誾,上古
音爲疑母文部。② 訢,上古音爲曉母文部。③《説文》犬部:"狋,犬吠聲。从犬,斤聲。"段
注:"《九辨》:'猛犬狺狺而迎吠。'王注:'讒佞謘呼而在側也。'狺即狋字。""狋"變換聲符
作"狺",恰好可以作爲"訢"、"誾"相通的佐證。

左塚漆桐"訢行",高佑仁讀"慎行",④傅修才讀"謹行"。⑤ 今謂傅説可從。"訢"即
"謹"字異構。"訢"是曉母文部字,"謹"是見母文部字。楚簡{謹}習用"菫"字,亦有用
"斤"字者。上博五《季庚字問於孔子》簡7:"夫義(儀)者,吕(以)斤(謹)君子之行也。"
若"訢(謹)"確可讀作"慎",應視爲同義換讀現象。

{謹}與{誾}同源,{誾}是{謹}的分化詞。作爲"欣"字異構的"訢"與"謹"字異構的
"訢"是同形關係。

必須指出的是,有些古今字前人已經指認,但顏師古未予説明。

例11　尊/貶

《漢書·司馬相如傳上》:"此不可以揚名發譽,而適足以尊君自損也。"師古曰:
"尊,古貶字。"

按:《文選·司馬長卿〈上林賦〉》:"此不可以揚名發譽,而適足以覑君自損也。"郭璞
注引晉灼曰:"覑,古貶字也。"⑥文淵閣《四庫全書》本李善注《文選》作"尊",文淵閣《四庫
全書》本與《四部叢刊》本六臣注《文選》作"覑"。《文選考異》:"案:'覑'當作'尊',各本
皆譌。其字上'臼'下'寸',在《説文》巢部。今《漢書》作'尊',亦譌也。《史記》作'貶',
與五臣同。""覑"、"覑"、"覑"、"尊"均一字之變。根據李善注,晉灼已經指認"尊,古
貶字"。

① 唐作藩《上古音手册(增訂本)》,中華書局,2013年,第181頁。
② 唐作藩《上古音手册(增訂本)》,第189頁。注云:"狺誾,從'言'聲,有的古音學家歸元部。"
③ 唐作藩《上古音手册(增訂本)》,第174頁。
④ 高佑仁《〈荆門左冢楚墓〉漆棋局文字補釋》,第十九屆中國文字學全國學術研討會宣讀論文,嘉南藥理科技大學,2008年5月24—25日。
⑤ 傅修才《左塚漆桐文字補釋(三則)》,陳偉武主編《古文字論壇》第1輯(曾憲通教授八十壽慶專號),中山大學出版社,2015年。
⑥ 梁蕭統編,唐李善注《文選》,上海古籍出版社,1986年,第361頁。

《説文》貝部:"貶,損也。从貝从乏。"《宋本玉篇》貝部:"貶,碑檢切,減也,損也。"本義爲"減少"。《周禮·秋官·朝士》:"凡報仇讎者,書於士,殺之無罪,若邦凶荒札喪寇戎之故,則令邦國都家縣鄙慮刑貶。"鄭玄注:"貶,猶減也。"引申爲"降職"。《詩·大雅·召旻》:"兢兢業業,孔填不寧,我位孔貶。"毛傳:"貶,隊也。"孔穎達疏:"民既不安,其我王之位又甚貶退,言其卑微與諸侯無異也。"引申爲"貶低,謙退"。《穀梁傳》莊公元年:"不言氏姓,貶之也。"《孔子家語·在厄》:"子貢曰:'夫子之道至大,故天下莫能容夫子。夫子盍少貶焉?'"

《説文》巢部:"𡜏,傾覆也。从寸,臼覆之。寸,人手也。从巢省。杜林説:以爲貶損之貶。"段玉裁改篆爲𡜏,並在"从巢省"前補"臼"字,注云:"臼者,巢之省。以手施於巢,傾覆之意也。……按解云从寸从臼,而各本篆體作𡜏,誤。今依《玉篇》《廣韻》《集韻》《類篇》更正。"《宋本玉篇》《廣韻》《集韻》《類篇》均作"寽"。徐灝箋云:"蓋此篆隸變爲叟,與俗書老叟無別,故後人改从寸作寽,因並改許説耳。……段氏遽改篆作𡜏,亦輕率也。"[1]

《字彙》臼部有"寽"無"寽"。《正字通》臼部:"寽,貶本字。《相如傳》:'寽君自損。'《韻會》譌作寽。《集韻》寽、貶亦作賧,夶非。"又同部:"寽,寽字之譌。"《康熙字典》從之。《漢語大字典》遂以"寽"爲正體。

趙平安認爲徐灝對段玉裁的批評是中肯的。他進一步認爲,兇、寽原只是一字異體,小篆一分爲二;[2]甲骨文作𠂤(《前》7.38.1)、𢆶(《合集》8501),𠂤很可能是箅的本字。[3] 其説可從。

例12　頻/俯;𢼸/攀

《漢書·司馬相如傳上》:"頻杳眇而無見,仰𢼸橑而捫天。"師古曰:"頻,古俯字也。杳眇,視遠貌。𢼸,[4]古攀字也。橑,椽也。捫,摸也。言臺榭之高,有升上之者,俯視則不見地,仰攀其椽可以摸天也。橑音老。捫音門。"

《漢書·揚雄傳上》:"纍既𢼸[5]夫傅説兮,奚不信而遂行?"晉灼曰:"𢼸,慕也。《離騷》曰:'説操築於傅巖兮,武丁用之而不疑。'"[6]師古曰:"𢼸,古攀字。既

---

① 徐灝《説文解字注箋》,《續修四庫全書》本。

② 趙平安《從寽字的釋讀談到寽字的來源》,《中國文字學報》第 1 輯,2008 年。

③ 趙平安《釋甲骨文中的"𠂤"和"𢆶"》,《文物》2000 年第 8 期。

④ 𢼸,清光緒五洲同文局石印本《漢書》作"拜"。

⑤ 𢼸,清光緒五洲同文局石印本《漢書》作"㱾"。

⑥ 婁機《班馬字類》引晉灼曰:"𢼸,慕也,古攀字。"

攀援傅説,何不信其所行,自見用而遂去?"

按:"𢱭橑"《史記·司馬相如列傳》作"攀橑"。《文選·司馬長卿〈上林賦〉》:"頼杳眇而無見,仰𢱭橑而捫天。"善曰:"《聲類》曰:'頼,古文俯字。'《説文》曰:'頼,低頭也。'《楚辭》曰:'遂儵忽而捫天。'晉灼曰:'𢱭,古攀字也。'捫,摸也。橑音老。捫音門。"①

根據李善注,《聲類》已經指認'頼,古文俯字',晉灼已經指認"𢱭,古攀字"。

《字彙》丿部:"乑,魚音切,音吟,衆立也。○又古作攀字。揚子雲《反騷》:'纍既乑夫傅説兮,奚不信而遂行。'言既攀援傅説,何不信其所行,自見困而遂行也。'○从三人。"《正字通》丿部:"乑,似字重文。……與從作从別。又揚雄《反騷》:'纍既乑夫傅説兮,奚不信而遂行。'注:'晉灼曰:乑,慕也。'顔師古曰:'乑,古攀字。言既攀援傅説,何不信其所行,令見困遂去也。'……《反騷》本作从,用古從字,譌作乑。攀,古篆作𢱭,从兩手上引,象形。乑非訓慕,𢱭非同乑甚明。"

《正字通》認爲《反騷》"乑"是"从"字之譌,非是。《字彙》所見《反騷》"乑"乃"𢱭"字誤隸,《漢語大字典》根據《字彙》收録同"攀"的"乑"字。"𢱭"晉灼訓慕也,顔師古以爲古攀字,並是也。仰慕與攀援(即追攀,謂趕上前人的成就)義近。

例13　髊/髓;䯏/髓

　　《漢書·揚雄傳下》:"腦沙幕,髊余吾。"師古曰:"腦塗沙幕地,髊入余吾水,言其大破死亡。髊,古髓字。"

按:《文選·楊子雲〈長楊賦〉》:"腦沙幕,䯏余吾。"服虔曰:"破其頭腦,塗沙幕也。余吾,水名。《北山經》曰:'北鮮之山,多馬,鮮水出焉,而北經余吾水。'"應劭曰:"在朔方北。鄭氏曰:'折其骨,使䯏膏水也。'《通俗文》曰:'骨中脂曰䯏,古髓字。'""髊"與"䯏"乃一字異寫。據李善《文選注》,《通俗文》已經指認古今字"髊(䯏)/髓"。

---

① 梁蕭統編,唐李善注《文選》,第367頁。《四部叢刊》本《六臣注文選》:"俯(善本作"頼")杳眇而無見,仰攀橑(老)而捫(門)天。"李善注引晉灼曰:"仰,古舉字也。"參見梁蕭統編,唐李善、呂延濟、劉良、張銑、李周翰、呂向注《六臣注文選》,中華書局,1987年影印本,第159頁下欄~160頁上欄。足利藏明州本《文選》:"俯(善本作古文"頼")杳眇而無見,仰攀橑(老)而捫(門)天。"李善注引晉灼曰:"仰,古舉字也。"參見梁蕭統選編,唐呂延濟、劉良、張銑、李周翰、呂向、李善注《日本足利學校藏宋刊明州本六臣注文選》,人民文學出版社,2008年,第528頁。按:蔣志遠《唐以前"古今字"學術史研究》(北京師範大學博士學位論文,2011年),據《四部叢刊》本收録古今字"仰/舉",又將"橑"的直音字"老"屬入正文,並非。

漢文佛經用字與大型字典編纂 *

真大成　潘潔妮

浙江大學漢語史研究中心

漢文佛經卷帙繁多,字量巨大,用字情況紛繁複雜,其中有不少用字現象不見或少見於中土文獻。以《漢語大字典》(下文簡稱"《大字典》")、《中華字海》(下文簡稱"《字海》")爲代表的大型字典在編纂時限於當時條件對漢文佛經的用字情況措意不夠,以致出現漏收字頭、失收用法、誤釋音義等弊病,因而就大型字典編纂和修訂而言,應進一步了解和把握漢文佛經的用字情況,全面收集、整理漢文佛經的用字材料並充分利用。具體而言,漢文佛經用字對於字典編纂大約有補充失收的字頭、釋讀音義"未詳"字、訂正誤釋、補充義項或用法、提供例證、提前例證及闡明音義來源等方面的作用,下面依次舉例説明。

一、補充失收的字頭

漢文佛經中有不少奇僻罕見之字,未被《大字典》《字海》等大型字典收錄。利用漢文佛經用字材料,可以補充字典失收之字頭。

01. 澄

高麗藏本《經律異相》卷二〇《選擇遇佛善誘捨於愛欲得第三果》:"人有七藏處:一謂風藏、二生藏、三熟藏、四冷藏、五熱藏、六見藏、七欲藏,是諸藏中欲藏最堅,依止涕唾、澹澄膿血、筋骨皮肉、心肝五藏、腸胃屎尿。"

資福藏本北涼曇無讖譯《悲華經》卷四《諸菩薩本授記品之二》:"無有洟唾、便利之患痰澄汗淚,亦無寒熱。"

---

* 本文是國家社科基金項目"基於出土文獻的魏晉南北朝隋唐漢語字詞關係研究"(18BYY140)的階段性成果。

《大字典》《字海》失收"澹"字。可洪《新集藏經音義隨函録》(下文簡稱"《隨函録》")卷五《悲華經》音義"澹澹"條:"上徒甘反,下於禁反。心上水也。正作痰癊。"又卷一〇《大智度論》音義"澹澹"條:"上徒甘反,下於禁反。並俗。"又卷二〇《舍利弗阿毗曇論》音義"哑澹"條:"上序延反,下於禁反。正作涎瘧[癊]也。"同卷"涎澹"條:"於禁反。俗。""澹"即"癊"字。"痰癊"爲同一類疾病,與"水"有關,故可从"氵",如"痰"或作"淡"、"澹","癊"自然也可作"澹"。"澹"爲"癊"之俗字。

02. 閼

大正藏本金剛智《吽迦陀野儀軌上》:"各面甚可怖畏長相,見人可閼惑。"①

《大字典》《字海》失收"閼"字。"閼"當即"迷"字。佛經常用"迷悶"一詞,表示昏迷、迷茫,如高麗藏本劉宋求那跋陀羅譯《雜阿含經》卷二三:"時王聞是語,憂惱迷悶擗地。"高麗藏本吳支謙譯《菩薩本緣經》卷上《毘羅摩品》:"王即答言:'汝不知耶! 我之薄祐,汝父輔相不幸薨殞,大地傾喪,人民擾動,我爲之憂,其心迷悶。'"由於"迷"、"悶"連文,"迷"受"悶"字影響,發生偏旁類化,亦从"門"作"閼"。

03. 挈

高麗藏本東晉竺曇無蘭譯《泥犁經》:"泥犁中復有群駱獸,共取人挈食齡齛,毒痛不可忍,過惡未解故不死,泥犁勤苦如是。"高麗藏本劉宋沮渠京聲譯《佛説諫王經》:"載之出城,捐於曠野,飛鳥走獸摑挈食之。"

《大字典》《字海》失收"挈"字。高麗藏本《泥犁經》之"挈",資福藏、普寧藏、嘉興藏本作"裂"。"挈"當即"裂"之異構。可洪《隨函録》卷二《大寶積經》音義"擘挈"條:"上博厄反。兩手分破。"又卷一三《泥犁經》音義"挈食"條:"上音列。""挈"即"裂"字,故直音"列"。"裂"表分裂、撕裂,其義與"手"密切相關,因此改換形符"衣"爲"手";當然也可能是受其上字形符的影響而發生類化。

04. 蟊

高麗藏本後漢支婁迦讖譯《道行般若經》卷六《阿惟越致品》:"所斐服衣被淨潔,無垢坋無蟊蟓,身中無八十種虫。"資福藏、普寧藏、嘉興藏、日本宮内廳藏毗盧藏本皆作"蚤蝨",聖語藏本作"蟣蝨"。

高麗藏本梁曼陀羅仙譯《寶雲經》卷五:"若有蟻子、蚊、蚋、蠅、蟊、毒蝎之處,即時捨去,不住於中。"

---

① 底本爲久安三年寫東寺寶菩提院三密藏藏本。

高麗藏本符秦僧伽跋澄等譯《尊婆須蜜菩薩所集論》卷十《偈品首》："照明除拂去者，猶如龍象尾拂蚊虻蠅蟗，皆能拂去。"

《大字典》《字海》失收"蟗"字。可洪《隨函録》卷二《道行般若經》音義"蟗蝨"條："上子老反。"又卷一二《提婆菩薩釋楞伽經中外道小乘涅槃論》音義"蠅蟗"條："子老反。"又卷一四《處處經》音義"蟗蚊"條："上音早，下音瑟。正作蚤蝨也。"可洪所見經文作"蟗"，今本皆作"蚤"。"蟗"當爲"蚤"之增旁俗字。

05. 堐

高麗藏本宋翔公譯《佛説濡首菩薩無上清淨分衛經》卷上："而海汪洋，包羅弘廣，含受萬物，淵懿博泰，無邊無崖，大水澹滿，諸德神龍而皆居之，衆生巨體所依長育。""崖"，聖語藏本作"堐"。

《大字典》《字海》失收"堐"字。可洪《隨函録》卷一《光讚般若經》音義"堐底"條："上五街反。"又卷八《十住斷結經》音義"山堐"條："五街反。"又卷一〇《大智度論》音義"山堐"條："五街、五奇二反。正作崖。"可洪所見經文作"堐"，今本皆作"崖"。"堐"當爲"崖"之增旁俗字。

06. 嘯

高麗藏本姚秦竺佛念譯《出曜經》卷一七《雜品》："時梵志婦蓬頭亂髮，以土自坌，裂壞衣裳，坐地嘯哭。"

卍新續藏經本清果性集《佛祖正傳古今捷録》"五祖黃梅弘忍大師"條："破頭山上千株樹，晝夜風嘯萬竅通。"

《大字典》《字海》未收"嘯"字。"號"本別有意符"号"，[1]"嘯"即"號"的更增意符異體字。

07. 絣

高麗藏本後秦弗若多羅共羅什譯《十誦律》卷三七《雜誦中調達事》之二："綴已或有不直，佛言：'處處拼拼。'""拼"，資福藏、普寧藏、嘉興藏作"絣"，日本宮内廳舊宋本作"抨"，聖語藏本作"絣"。

《大字典》《字海》未收"絣"字。《説文》手部："抨，撣也。"改換聲符作"拼"。經中"拼拼"指拼彈墨繩。"抨(拼)"因可指彈墨繩，故又改從"糸"旁作"絣(絣)"。

---

[1] 《説文·号部》："号，痛聲也。从口，在丂上。"段玉裁注："凡嘑號字古作号……今字則號行而号廢矣。"

08. 縪

　　高麗藏本東晉佛陀跋陀羅共法顯譯《摩訶僧祇律》卷八《明三十尼薩耆波夜提法之初》："作衣時應餘人相助,浣染牽截,絣鐆卻刺,刺橫刺長,刺緣施紐,煮染染衣,作淨已受持。""絣",資福藏、普寧藏、嘉興藏、日本宮內廳舊宋本作"縪"。

　　《大字典》《字海》未收"縪"字。《廣雅•釋詁二》："幽,絣也。"王念孫疏證："絣亦縫也,語之轉也。《燕策》云:'妻自組甲絣。'蓋絣訓爲縫,因謂縫甲之組爲絣也。""鐆"本指縫衣針,《廣韻•覃韻》："鐆,所以綴衣。"經中用作動詞,指縫。"絣鐆"同義連文。"縪"即"絣"改換聲旁之異體。

09. 駬

　　高麗藏本北魏慧覺等譯《賢愚經》卷七《梨耆彌七子品》："遣一使者至舍衛國,送駬馬二匹,而是母子,形狀毛色,一類無異,能別識者實爲大善。"

　　《大字典》《字海》未收"駬"字。"駬",崇寧藏、資福藏、普寧藏、嘉興藏作"牸"。《廣雅•釋獸》："牸,雌也。"王念孫疏證："《玉篇》:'牸,母牛也。'《易林•訟之井》云:'大牡肥牸,惠我諸舅。'《說苑•政理篇》:'臣故畜牸牛,生子而大,賣之而買駒。'或通作字。《史記•平準書》:'衆庶街巷有馬,阡陌之閒成群,而乘字牝者儐而不得聚會。'是母馬亦謂之牸也。"慧琳《音義》卷五三《起世因本經》音義"牸牛"條引《文字釋要》："凡牛羊之雌者曰牸。"雌性的牛、馬、羊等動物均可謂"牸"。"駬"、"牸"異文同字。經文言母馬,故改"牛"從"馬"作"駬"。

10. 炰

　　高麗藏本北魏慧覺等譯《賢愚經》卷四《出家功德尸利苾提品》："寒地獄中,受罪之人,身肉氷燥,如燋豆散,腦髓白爆,頭骨碎破百千萬分,身骨劈裂,如炰箭鉏。"

　　《大字典》《字海》未收"炰"字。"炰",宮本作"刨"。據此異文,"炰"當即"炮"之訛字。"炰"同"炮",把帶毛的肉用泥裹住在火上燒烤。"炰"、"刨"音同(蒲交切),經中"炰"當讀作"刨",《玉篇•刀部》："刨,削也。"

二、釋讀音義"未詳"字

　　《大字典》《字海》等大型字典中有一些標注音義"未詳"之字,漢文佛經正有這些字的用例,可藉助語境或其他材料考得其音義。

11. 魖

　　資福藏本馬鳴菩薩造,後秦鳩摩羅什譯《大莊嚴論經》卷一二第六五:"於其頸上繫枷羅毗羅鬘,魁魖摇作惡聲鈴,衆人侍衛器仗圍遶持至塜間。"

　　高麗藏本姚秦鳩摩羅什譯《集一切福德三昧經》卷上:"何等爲十? 謂解無我、忍於無命、不疑無人、緣法無常、於諸生處如地獄想、觀四大如毒蛇、觀入如空聚、觀陰如魁魖、流出諸有想、樂修解脱。"

　　資福藏本姚秦鳩摩羅什譯《集一切福德三昧經》卷中:"離魁魖、刀杖、火毒等畏,離諸師子、虎豹、熊羆及多勒叉、狐狼、蟒蛇、猫鼠、百足毒蛇、蚰蜒、王賊等畏。"

　　《大字典》未收"魖"字,《字海》"魖"字條:"音桂,義未詳。見《直音篇》。"(頁 1609)"魖"即"膾"之换旁異體字。佛經中"魁膾"往往連言,"膾"受"魁"字影響,發生偏旁類化,改從"鬼"旁。[1]

12. 瘲/癈

　　高麗藏本元魏慧覺等譯《賢愚經》卷一〇《達起精舍品》:"足指按地,地皆震動。城中伎樂,不鼓自鳴。盲視聾聽、啞語僂申、癃瘲拘癖,皆得具足。"

　　高麗藏本梁寶唱等集《經律異相》卷三引《賢愚經》:"足指案地,地皆震動。城中伎樂,不鼓自鳴。盲視聾聽、啞語僂伸、癃癈拘癖,皆得具足。"

　　《大字典》《字海》均未收"瘲"字。《大字典》未收"癈"字,《字海》"癈"字條:"音鼉。義未詳。見《龍龕》。"(頁 1115)"癈"即"殘"字,高麗藏本梁僧祐撰《釋迦譜》卷三引《賢愚經》:"足指按地,地皆震動。城中伎樂,不鼓自鳴。盲視聾聽、啞語僂申、癃殘拘癖,皆得具足。"正作"殘"字。"癃殘"連文習見於佛經,"殘"受"癃"字影響,亦從"疒"旁作"癈"。"瘲"則爲"癈"之形近訛字。

13. 溇

　　高麗藏本姚秦竺佛念譯《菩薩處胎經》卷五《善權品》:"譬如衆源陂池,五河駛流,各各有名,悉歸于海,便無本名。""駛",知恩院本作"溇"。又卷六《無明品》:"黑報衆生等,墜墮三塗難;高下隨駛水,漂流厄難處。""駛",資福藏、普寧藏、嘉興藏、宮本作"駛",知恩院本作"溇"。

　　《大字典》未收"溇"字,《字海》"溇"字條:"音史。義未詳。見《龍龕》。"(頁 549)表示疾速義的"駛"常通作"使",如三國吳維祇難等譯《法句經》卷下《塵垢品》:"網莫密于痴,

---

愛流駛乎河。”“駛”，聖本作“使”。姚秦竺佛念譯《出曜經》卷二八《心意品》：“是故說曰：三十六駛流，并及心意漏。”“駛”，宋、元、明本作“使”。姚秦聖堅譯《睒子經》：“王行駛疾，觸動草木，蕭蕭有聲。”“駛”，元本作“使”。“駛”、“使”異文而通。“駛/使”常用於表示水流疾速的語境中，故在通假字“使”的基礎上增益“氵”旁作“溁”。

可洪《隨函錄》卷九《菩薩處胎經》音義“溁水”條：“上音使，速也，正作駛[駛]。”可洪所見本作“溁水”，與知恩院本同。可洪《隨函錄》卷一七《鼻奈耶律》音義“流溁”條：“所吏反。”可洪所見本作“流溁”，今本作“流駛”。

三、訂正誤釋

對於一些罕見又缺少例證的字，古代語文辭書的釋義本就不可靠或者是錯誤的，當今大型字典又承其誤；利用漢文佛經用字材料，或可訂正。

14. 螼

《大字典》“螼”字條：“蟲名。《集韻·侵韻》：‘螼，蟲名。’”（頁 3089）《字海》“螼”字條：“qín 音秦。一種蟲。見《集韻》。”（頁 1213）

資福藏本隋闍那崛多譯《佛本行集經》卷二六《向菩提樹品中》：“或作豬形，或驢騾形、象形、馬形、駱駝、牛、羊、羖羝、犀兕、水牛、狐、兔、犛牛、狙玃、摩竭、鯨、鶼、師子、虎、狼、熊、羆、螼猚、獼猴、豺豹、野干、狸狗。”“螼”，高麗藏本作“禽”。可洪《隨函錄》卷一四《佛本行集經》音義“螼猚”條：“上丑知反。獸名。正作蜗、勜、螭三形。”又卷八《觀佛三昧海經》音義“水螼”條：“丑知反。正作螭。”可洪所見本作“螼”，今本作“螭”。又卷一三《起世因本經》音義“虬螼”條：“上巨幽反，下丑知反。虬螼，無角龍也。”可洪所見本作“螼”，今本作“螭”。依據佛經及音義，可明“螼”實即“螭”的訛俗字。《集韻》釋作“蟲名”，大約並無依據，見字從“虫”而臆解。[①]《字彙·虫部》：“螼，渠今切，音禽，蟲名。”亦承其誤。[②]

玄應《音義》卷一九《佛本行集經》音義出“禽貘”條，玄應所見本與高麗藏本同，“禽”當即“螼”之省。

四、補充義項或用法

漢文佛經中不少字的用法獨特，但這些獨特的義項或用法又未被大型字典收錄；而

---

① 《字彙·虫部》：“螼，渠今切，音禽，蟲名。”

② 《正字通·虫部》：“螼，螭字之訛。舊注音禽，蟲名，誤。”《龍龕手鏡·虫部》：“螼，俗；螭，正。丑知反。無角龍也。”

大型字典的特點在於"全",不僅單字要收列齊全,單字的用法也應儘可能收釋周備,這樣方稱美備。

15. 呴

　　資福藏本隋闍那崛多譯《佛本行集經》卷二九《魔怖菩薩品下》:"或如盛夏牛王唱<u>呴</u>,或復作聲,如尸婆獸。"

　　資福藏本唐道世撰《法苑珠林》卷三六引《十州記》:"宮第北門有大樹,與楓木相似而芳香,聞數百里,名爲反魂樹。扣樹能有聲如牛<u>呴</u>,聞者駭振伐。"

上例"唱呴",高麗藏本作"唱吼";下例"牛呴",高麗藏本作"牛吼"。"呴"與"吼"異文同字。"呴"爲"吼"的換聲旁異體字。《大字典》"呴"字條未收這種用法(頁 642)。《字海》"呴"字條:"同'呴'。見《篇海類編》。"(頁 384)"呴"是多音多義字,《字海》僅謂"呴"同"呴",其實音義依然不明,據佛經材料,則可確定"呴"同"呴",實際上就是同"吼"。

16. 瘟

　　高麗藏本西晉竺法護譯《如來興顯經》卷二:"如大寶珠名曰安衆,所處年歲,若放雨時,衆生即悉而得安隱,休息諸<u>瘟</u>。"

　　高麗藏本劉宋慧簡譯《佛母般泥洹經》:"五百除饉女陳辭如上,佛亦可之也,爲説身患生、死、憂、悲、苦、不如意、<u>瘟</u>之難,無欲清淨空不願無相滅度之安若干淨品。"

以上兩例"瘟",資福藏、普寧藏、徑山藏本均作"惱"。可洪《隨函錄》卷一三《佛母般泥洹經》音義"意瘟"條:"音惱。""惱"即"惱"。《龍龕手鏡·疒部》:"瘟,音惱。"所謂"音惱(惱)",實指"瘟"即"惱"字。[①] "惱"指煩惱、愁悶,讓人心情不暢,與病症相類,故改從"疒"旁。"惱"字"或從三止"(參看慧琳《一切經音義》卷四《大般若波羅蜜多經》"髓惱"條),"瘟"就是"從三止"之"惱"的別構。據此,《大字典》《字海》"瘟"字條均可再補一項用法:同"惱",煩惱。

17. 誤

　　資福藏本西晉竺法護譯《生經》卷一《佛説鼈獼猴經》:"時與一鼈以爲知友,親親相敬,初不相<u>誤</u>。"

　　高麗藏本失譯《菩薩本行經》卷下:"於時龍王欲至天上會於釋所,龍王持婦囑宮中五百婇女,無得嬈惱觸<u>誤</u>其意。"

---

① 　參看鄭賢章《龍龕手鏡研究》,湖南師範大學出版社,2004 年,第 347 頁。

高麗藏本隋闍那崛多譯《佛本行集經》卷四三《優波斯那品下》:"父王此是惡知識,今者詐現知識形,自行邪道復誤人,下賤愚癡何所別。"

上引諸例"誤"用作"忤"。"誤"用作"忤",一種可能是音同(《廣韻》五故切)通用,另一種可能是"忤"改換聲旁作"悞",與表錯誤義的"悞"同形,由於表錯誤義的"悞"或作"誤",故而表忤逆義的"悞"類推也作"誤"。《大字典》《字海》"誤"字條下未收列這種用法,可據佛經補。

18. 誨

高麗藏本三國吳康僧會譯《六度集經》卷七《禪度無極章》:"安以無極之福堂,尋復追誨,懼其處福爲之憍蕩,恣縱惡心還處三塗,亦榮禄之禍,非常苦空之變以誡之也。"

高麗藏本西晉竺法護譯《決定總持經》:"誨過守節,勸助德本,威儀禮節,不違道教。"

高麗藏本姚秦竺佛念譯《出曜經》卷二二《親品》:"智人所習自審明矣,設有愆咎,即能誨過,猶馬躞躞,加之杖策,然後調伏。"

上引諸例"誨"用作懊悔之"悔"。

19. 悔

高麗藏本舊題東晉僧伽提婆譯《增壹阿含經》卷一一《善知識品》:"世尊何故以此教悔我? 我今當思惟此義。"

高麗藏本《大寶積經》卷一五西晉竺法護譯《淨居天子會之一》:"若法師如法教悔,常違反師語。"

資福藏本姚秦竺佛念譯《鼻奈耶》卷一〇:"夫悔責比丘有五法,先自無瑕,然後責彼……"

上引諸例"悔"用作教誨之"誨"。"誨"、"悔"二字通用,其因可能有二,一是二字音同(荒内切)相通,二是"言"、"忄(心)"旁通用,"誨"、"悔"互成異體。《大字典》《字海》"誨"字條和"悔"字條下均未收列上述用法,據佛經可補:"誨"用同"悔","悔"用同"誨"。

20. 灌

資福藏本東晉僧伽提婆譯《中阿含經》卷一七《長壽王本起經》:"彼尊者等至於晡時,若有先從宴坐起者,見水瓶、澡灌空無有水,便持行取。"

資福藏本舊題東晉僧伽提婆譯《增壹阿含經》卷四《護心品》:"聽諸比丘隨所須

物三衣、鉢盂、鍼筩、尼師壇、衣裳、法澡<u>灌</u>,及餘一切沙門雜物,盡聽弟子家取之。"

資福藏本北涼曇無讖譯《悲華經》卷五《諸菩薩本授記品》之三:"爾時梵志以左耳中所著寶環持與手龍,右耳寶環持與陸龍,所坐寶床持與水龍,所用寶杖與虛空龍,純金澡<u>灌</u>與妙音龍。"

"灌"同"罐"。蓋佛經中"罐"常與"澡"連文,受此影響而改從"氵"作"灌"。可洪《隨函錄》卷五《大悲分陀利經》音義"澡灌"條:"古乱反。正作罐。"《大字典》《字海》"灌"字條未收此用法,可據佛經補。

21. 濩

高麗藏本失譯《師子月佛本生經》卷一:"持戒生天梯,破戒爲<u>濩</u>湯,我見持戒人,光明莊嚴身。"

高麗藏本姚秦竺佛念譯《出曜經》卷一四《利養品》:"時遍節會,新歲垂至,家家縛豬,投於<u>濩</u>湯,舉聲號喚,馬母告子:'汝等頗憶酥煎麥不乎? 欲知證驗,可往觀之。'"

宮本姚秦竺佛念譯《菩薩從兜術天降神母胎説廣普經》卷六《無明品》:"形體腥臊醜,如豬臥深溷;宛轉入<u>濩</u>湯,死而復更生;愚癡本所造,受報如影響。"

高麗藏本元魏吉迦夜共曇曜譯《付法藏因緣傳》卷三:"令一惡人名曰耆梨,立大<u>濩</u>湯鐵丸刀劍。"

"濩"同"鑊"。佛經屢見"鑊湯"連文例,"鑊"受"湯"的影響,也改從"氵"作"濩",與表"雨流霤下"之"濩"同形。《大字典》《字海》"濩"字條未收此用法,可據佛經補。

22. 瀑

高麗藏本東晉僧伽提婆譯《中阿含經》卷四〇《梵志品阿蘭那經》:"猶如山水,<u>瀑</u>浪流疾,多有所漂,水流速駃,無須臾停。"

高麗藏本舊題東晉僧伽提婆譯《增壹阿含經》卷一五《高幢品》:"是時,夜半有大黑雲起而作大雨,連若大河,極爲<u>瀑</u>溢。"

高麗藏本姚秦竺佛念譯《出曜經》卷二《無常品》之二:"汝等比丘當明此理,大海江河猶有枯竭,萬刃大魚曝脊在外,況是少水而不然乎? 或有時溝澗<u>瀑</u>雨溢滿?"

高麗藏本唐玄奘譯《大般若波羅蜜多經》卷五六七《法界品之一》:"又如火大悉能枯竭諸濕物類,甚深般若波羅蜜多亦復如是,皆能枯竭諸漏<u>瀑</u>流,令永不起。"

上述諸例"瀑"同"暴"。"暴"寫作"瀑"同樣是受上下字"氵"旁影響從而發生類化的結果。《大字典》《字海》"瀑"字條未收此用法,可據佛經補。

23. 嘟/郁

高麗藏本後漢安世高譯《太子慕魄經》卷一:"哽噎涕泣,悲懷嘟呷,感戀靡逮。"

高麗藏本吴支謙譯《未生冤經》卷一:"王受天中天恩,具照宿殃,不敢愠望,不懼大山燒煮之罪,中心在佛及諸弟子,坐臥敬忽,即叉手稽首:'今日命絶,永替神化。'嘟呷哽咽,斯須息絶。"

高麗藏本西晉竺法護譯《濟諸方等學經》:"當爾之時,諸來衆會咸皆郁呷,流淚于面。"

《廣韻·屋韻》於六切:"噢,噢呷,悲也。""郁"也爲於六切,"噢"改从聲旁"郁"作"嘟"。"嘟"有時或省作"郁"。《大字典》《字海》"嘟"字條未指出"嘟"同"噢",可據佛經補。

五、提供例證

某些字僅存藏於古代字書、韻書,在中土文獻中似難覓得用字實例,但在漢文佛經中卻可以見到用例,可據以爲大型字典提供例證。

24. 豿

《大字典》"豿"字條:"zhuó 獸名。《玉篇·犬部》:'豿,獸,豹紋。'《集韻·藥韻》:'豿,獸名。出陽山,狀如豹而無文。'《山海經·西山經》:'(厹陽之山)其獸多犀、兕、虎、豿、牸牛。'一説同'豹'。《正字通·犬部》:'豿,即豹字。豹之省作豿,猶貀之省作犳。'"(頁1430)《字海》"豿"字條:"(一) zhuó 音濁。一種獸,像豹,没有花紋。見《集韻》。(二) bào 音報。同'豹'。見《正字通》。"(頁491)

《正字通》《大字典》《字海》指出"豿"同"豹",但無例證。佛經有"豿"字用例,佛經音義亦收釋之,可證成"豿"即"豹"字。高麗藏本北涼曇無讖譯《大方廣三戒經》卷上:"多種雜類,所謂:師子、虎豿、象馬、騏驎、熊羆、麏鹿、青牛、水牛、殺狋、獼猴,是等衆獸止住其中。""豿",資福藏、普寧藏、嘉興藏本作"豹"。高麗藏本南朝宋寶雲譯《佛本行經》卷四《廣度品》:"鸚鵡及孔雀,犲豿并維羅。"大正藏本《續高僧傳》卷二五"釋明恭":"昔在俗,是隋高下豿騎,與伴三人膂力相似,而時所忌。""豿騎"即"豹騎"。[①] 慧琳《音義》卷八三《大唐慈恩寺三藏法師玄奘傳》音義"黑豿"條:"傳從犬作豿,俗字。"可洪《隨函録》卷三《大集月藏經》音義"虎豿"條:"補皃反。"今本作"虎豹"。又卷一五《摩訶僧祇律》音義"豿

---

① 《通典·職官十》:"隋開皇十八年,置備身府。煬帝即位,改左右備身府爲左右驍衛府,所領軍士,名曰豹騎。"

皮"條:"上正作狍。"今本作"豹皮"。又卷二一《佛本行讚》音義"狖狖"條:"下補皃反。"今本作"犲狖"。"補皃反"即"豹"音。

25. 侒

《大字典》未收"侒"字,《字海》收"侒"字:"同'佞'。見朝鮮本《龍龕》。"(頁 73)均無例證。

"侒"同"佞",古今辭書均未舉出用字實例。佛經中頗多"侒"字用例,如資福藏本西晉支法度譯《善生子經》:"爲於不可爲,不利造侒語。"高麗藏本西晉法炬譯《羅云忍辱經》:"清濁異流,明愚異趣,忠侒相讐,邪常嫉正。"高麗藏本失譯《般泥洹經》卷上:"何等八?……四不欺讒侒飾惡罵。"高麗藏本姚秦鳩摩羅什譯《彌勒大成佛經》卷一:"深著五欲,嫉妬諂侒,曲濁邪僞,無憐愍心,更相殺害。"

26. 尛

《大字典》"尛"字條:"同'麼'。《龍龕手鑑·小部》:'尛',同'麼'。"(頁 611)《字海》"尛"字條:"同'麼'。見《字彙補》。"(頁 706)均無例證。

佛經中有"尛"字用例。高麗藏本三國吳支謙譯《梵網六十二見經》:"譬如工捕魚師若捕魚弟子,持尛目網,下著小泉中。"可洪《隨函錄》卷一三《梵網六十二見經》音義"尛目"條:"上莫果反。細小也。正作麼。"

高麗藏本西晉竺法護譯《順權方便經》卷上《分衛品》:"我不堪任,猶如一切野狐狸兔衆鹿尛蟲,不能當任師子獸王,不能獨步,而現其前師子吼也。"玄應《音義》卷八《順權方便經》音義"麼虫"條:"經文作尛,近字也。"

高麗藏本後秦鳩摩羅什譯《大智度論》卷四八釋《四念處品》:"若聞濕尛字,即知諸法牢堅如金剛石。"玄應《音義》卷九《大智度論》音義"濕麼"條:"論文作尛,此猶俗字也。"

27. 鷍

《大字典》"鷍"字條:"同'梟'。《龍龕手鑑·鳥部》:'鷍','梟'的俗字。"(頁 4958)《字海》"鷍"字條:"同'梟'。見《龍龕》。"(頁 1691)均無例證。

佛經中有"鷍"字用例。高麗藏本宋求那跋陀羅譯《央掘魔羅經》卷二:"譬如鷍鳥,從久遠來,無有慚愧,不報恩養,以宿習故,今猶不捨。"佛經中"梟"或寫作"梟",高麗藏本東晉僧伽提婆譯《中阿含經》卷四《波羅牢經》:"又復見王收捕罪人,反縛兩手,打鼓唱令,出南城門,坐高標下而梟其首。""梟",資福藏本作"梟"。可洪《隨函錄》卷一二《中阿含經》音義"而梟[梟]"條:"正作梟。"高麗藏本東晉僧伽提婆譯《中阿含經》卷一二《天使經》:"或生貫高標上,或梟其首耶?"可洪《隨函録》卷一二《中阿含經》音義"或梟"條:"正作梟。""梟"、"梟"音義俱遠,大約是形近訛混通用,玄應《音義》卷一七《出曜論》音義"梟其首"條:"字或作梟。……二形通用。""鵂"顯然是在"梟"字基礎上衍生而來的字形。①

28. 壐

《大字典》"壐"字條義項②:"同'鹵'。"(頁 4911)《字海》"壐"字條義項②:"同'鹵'。"(頁 1676)均無例證。

佛經有"壐"字用例。高麗藏本北涼曇無讖譯《大般涅槃經》卷三三《迦葉菩薩品》之一:"如三種田,一者渠流便易,無諸沙壐、瓦石、棘刺,種一得百。"又卷三九《憍陳如品》之一:"不聞阿羅邏仙人變迦富羅城作壐土耶?"可洪《隨函録》卷四《大般涅槃經》音義"沙壐"條:"郎古反。确薄之地也,鹹土也。正作滷也。""壐"即"滷(鹵)"字。

29. 悏

《大字典》"悏"字條:"同'嫉'。《篇海類編·身體類·心部》:'悏,同嫉。'"(頁 2505)《字海》"悏"字條:"同'嫉'。見《詳校篇海》。"(頁 603)均無例證。

佛經有"悏"字用例。高麗藏本失譯附秦録《大乘悲分陀利經》卷一《入一切種智行陀羅尼品》:"自不慳悏,慳悏衆生,勸使布施令住其中。"高麗藏本失譯《摩訶衍寶嚴經》:"心有四曲,菩薩當除。云何爲四?……三者,他所得利心生慳悏。"高麗藏本劉宋求那跋陀羅譯《雜阿含經》卷三八:"大龜者,謂五蓋;麁麁者,謂忿恨;肉段者,謂慳悏。"高麗藏本北涼浮陀跋摩共道泰等譯《阿毗曇毗婆沙論》卷三一《使犍度一行品上》:"猶如有一端嚴女人,他人見已,或起敬心,或起欲心,或起恚心,或起悏心,或起厭心,或起悲心,或起捨心。"玄應《音義》卷一八《雜阿毗曇心論》音義"爲嫉"條:"古文誋、㥪、悏三形,同。""女"旁與"忄(心)"旁每多通用,故"嫉"或作"悏"。

六、提前例證

有些字,字典列舉的例證時代過晚,易使讀者對這個字的産生時代發生誤判;漢文佛經中的用例時代較早,有助於提前例證,從而明晰該字源流。

① 高麗藏本符秦僧伽提婆共竺佛念譯《阿毗曇八犍度論》卷三〇:"諸持戒者,諸衆生如是見如是語,彼淨脱出,若持牛戒、守狗戒、鹿戒、象戒、禿梟戒、裸形戒,故曰諸持戒也。""梟",聖本作"驍"。高麗藏本北涼曇無讖譯《腹中女聽經》:"女人常畏人,譬如鵂梟、蛇虺、蝦蟇,不敢晝日出,常畏人。""梟",宮本作"鵂"。頗疑"驍"、"鵂"均"鵂"字之訛。

30. 禰

《大字典》“禰”字條:“除災求福之祭。《廣韻・琰韻》:‘禰,禰禳。’《遼史・禮志三》:‘將行,牝牡麃各一爲禰祭。’明周在浚《大梁守城記》:‘至唱巫禰咒,褻謔嫚罵,窮古今兵法之變。’”(頁 2580)《字海》“禰”字條:“音演。爲驅邪除災進行祭祀。見《類篇》。”(頁 991)

高麗藏本吴康僧會譯《六度集經》卷七《禪度無極章》:“諸天禰王,一國無知。所以然者,欲令太子早得佛道。”

高麗藏本姚秦佛陀耶舍共竺佛念等譯《四分律》卷二八《一百七十八單提法》之五:“若比丘尼,故自手斷人命,若持刀與人,教死、讚死、勸死,若與非藥,若墮人胎、禰禱、呪詛煞,若自作、若教人作,彼非比丘尼、非釋種女。汝是中盡形壽不得犯。”

31. 涱

《大字典》“涱”字條:“同‘漲’。《玉篇・水部》:‘涱,大水也。’《集韻・漾韻》:‘漲,水大貌。或省。’《字彙・水部》:‘涱,與漲同。’清藍鼎元《儀封先生傳》:‘俄而雨息涱静,星斗燦爛如晝,遂渡黄河,舟人皆大喜,相慶賀,先生亦不以爲意也。’”(頁 1757)《字海》“涱”字條:“同‘漲’。字見《集韻》。”(頁 546)

高麗藏本東晉佛陀跋陀羅共法顯譯《摩訶僧祇律》卷八《明三十尼薩耆波夜提法》之初:“一時夏水漲,比丘受欲來應羯磨,爲水所漂出界去,殆死得出。”“漲”,聖語藏本作“涱”。

高麗藏本姚秦竺佛念譯《出曜經》卷三《無常品下》:“時有大水暴涱駛流,盡漂没死無存活者。”

高麗藏本北涼曇無讖譯《大般涅槃經》卷八《如來性品》之五:“是迦隣提及鴛鴦鳥,盛夏水涱,選擇高原,安處其子,爲長養故,然後隨本,安隱而遊。”

32. 鵚

《大字典》“鵚”字條:“〔鵚鶖〕也作‘秃鶖’。鳥名。《廣韻・屋韻》:‘鵚,鵚鶖,鳥也。’《本草綱目・禽部・鵚鶖》:‘鵚鶖、扶老、鴜鶩。凡鳥至秋,毛脱秃。此鳥頭秃如秋毨,又如老人頭童及扶杖之狀,故得諸名。《説文》作“秃鳺”。’清蒲松齡《日用俗字・禽鳥章》:‘杜宇可憐長吐血,鵚鶖堪愛在吞蝗。’”(頁 4941)

資福藏本姚秦竺佛念譯《出曜經》卷一七《觀品》:“觀諸持戒者,或有梵志奉持禁戒,或持烏戒,舉聲似烏,或持鵚梟戒,隨時跪拜効鵚梟鳴,或持鹿戒,聲響似鹿。”“鵚梟戒”也稱“秃梟戒”、“土梟戒”,“鵚”即“秃”的增旁異體字。

七、闡明音義來源

某些字的音義雖然見載於辭書，但其來源不甚明晰；它在漢文佛經中的使用實例，有助於爲闡明這些音義的來源提供綫索。

33. 釵

《大字典》"釵(chā)"字條："音叉。兵器。《篇海類編·珍寶類·金部》：'釵，兵器。'"（頁 4492）《字海》"釵"字條未收此音。

"釵"本音楚佳切(chāi)，指婦女的一種首飾。"chā"音後起，此音來源可從佛經用字窺其一斑。佛經中"釵"又是表示一種武器或器具的"叉"（初牙切 chā）的增旁異體字，如資福藏本東晉竺曇無蘭譯《五苦章句經》卷一："獄卒名阿傍，牛頭人手，兩腳牛蹄；力壯排山，持鋼鐵釵。"資福藏本東晉竺曇無蘭譯《鐵城泥犁經》卷一："阿鼻摩泥犁城有四門，周匝四千里，中有大釜長四十里，泥犁旁釵刺人而内之，如是無央數中皆有火，人遙見之皆恐怖戰慄。"資福藏本後秦鳩摩羅什譯《大智度論》卷一六："醶沸水滿中，羅刹鬼獄卒以罪人投中，如廚士烹肉；人在鑊中，腳上頭下，譬如煮豆熟爛，骨節解散，皮肉相離；知其已爛，以釵釵出，行業因緣，冷風吹活。"高麗藏本《弘明集》卷一三王該《日燭》："閻王領閱卒傍執釵，三抈一奮百千累羅。""釵"既然是"叉"的異體字，自然又音"chā"。音楚佳切(chāi)之"釵"和音初牙切(chā)之"釵"乃是一組同形字。

34. 憿

《大字典》"憿(jī)"字條："疾速。《集韻·錫韻》：'憿，疾也。'"（頁 609）《字海》"憿"字條未收此義。

"憿"本音古堯切(jiǎo)，《説文·心部》："憿，幸也。"《集韻·錫韻》吉歷切(jī)："憿，疾也。"這一音義晚出，字典也未能舉出實際用例，來歷令人費解。不過據佛經中"憿"用同"激"的情況，似可看出一些端倪。

"憿"在佛經中可以用同"激"。資福藏本西晉竺法護譯《鴦崛摩經》卷一："即詣前樹四衢路側，悲怒憿憤。""憿憤"即激憤。高麗藏本西秦聖堅譯《太子須大拏經》卷一："母聞太子辭别如是，即感憿悲哀。""感憿"即感激。高麗藏本姚秦鳩摩羅什譯《成實論》卷一○《隨煩惱品》："若爲訾毀此人，故稱讚餘人，如言汝父精進汝不及也，名爲憿切。""憿"，資福藏本作"激"。

《廣韻·嘯韻》古弔切："激，水急。又古歷切。"《錫韻》古歷切："激，疾波也。""激"表急疾義有古弔切、古歷切兩音，由於"激"、"憿"同從敫聲，古弔切與古堯切音近，人們發生錯誤類推,以爲"憿"也有古歷切一音、表急疾義。

　　上文爲説明問題僅舉三十餘例。實際上,體量如此龐大的漢文佛經的用字材料是極爲豐富的,我們應該全面系統地收集、整理和分析,並充分運用到大型字典的編纂與修訂工作中去,如此方能使字典收字與釋義均臻於美備。此項工作仍大有可爲。

唐代墓誌訛混俗字例釋*

梁春勝

河北大學文學院

訛混是指在漢字發展演變過程中,原本不同的構形經由訛變從而趨於混同的現象。這種現象在漢字史的各個時期都普遍存在,唐代墓誌也不例外。經過歷代學者的整理與研究,唐代墓誌中的訛混俗字有不少已得到準確釋讀,但不識或誤釋的字也還很多。本文選取 22 例試作考釋。不當之處,敬請方家指正。

1. 唐楊智積墓誌:"於穆祖考,工劍工書。舞于華陛,静柝穹廬。"(《唐彙》464)①

按:"于"拓本作"",據文意當是"干"字。"干"俗書或與"于"相混,如南齊明曇憘墓誌"巨沴干紀"之"干"作""(《校注》3/123)②,是其比。"舞干"與"静柝"相對,指以文德感化敵人,從而使其歸順。《書・大禹謨》:"帝乃誕敷文德,舞干羽于兩階,七旬,有苗格。"即出此。唐張彦墓誌:"貞觀年中,屬以海貉憑深,風夷負險,舞干中序,未格七旬。"(《洛續》62)③"舞干"義同,可以比參。此處是説誌主祖考文武雙全,佐助帝王修文德以來遠人,因而邊疆安寧無事。《附考》(7/96)④、《唐彙續》(129)⑤、《補遺》(5/138)⑥皆録作"於",乃是誤上加誤。

---

* 本文爲國家社科基金重點項目"唐代墓誌疑難字考釋"(18AYY017)的階段性成果。

① 周紹良、趙超主編《唐代墓誌彙編》(簡稱"《唐彙》"),上海古籍出版社,1992 年。

② 毛遠明《漢魏六朝碑刻校注》(簡稱"《校注》"),綫裝書局,2009 年。

③ 毛陽光《洛陽流散唐代墓誌彙編續集》(簡稱"《洛續》"),國家圖書館出版社,2018 年。

④ 毛漢光《唐代墓誌銘彙編附考》(簡稱"《附考》"),"中研院"史語所,1983—1995 年。

⑤ 周紹良、趙超主編《唐代墓誌彙編續集》(簡稱"《唐彙續》"),上海古籍出版社,2001 年。

⑥ 吴鋼主編《全唐文補遺》(簡稱"《補遺》")第一至九輯,三秦出版社,1994—2007 年。

2. 唐樂玄墓誌:"父昉,隨驃騎將軍。英略内融,雄情外發,克展戎昭之節,威宣致過之勳。拔勇氣於風雲,振武功於偏旅。"(《唐彙》525)

按:"拔"拓本作" <img> ",據文意當是"狀"字俗寫。"拔"、"狀"俗書相混,皆可寫作此形。前者如東魏李挺墓誌"拔茅以彙"之"拔"作" <img> "(《北圖》6/86)①。後者如魏常岳等造像記"觀狀難周"之"狀"作" <img> "(《校注》7/120),東魏王僧墓誌"狀之冬日"作" <img> "(《北圖》6/35)。此處據文意當是"狀"字。"狀勇氣於風雲",謂其勇氣蓬勃,如風雲不絕。若釋作"拔",則文意難通,故非是。《附考》(8/39)、《補遺》(5/154)同誤。

3. 唐竇誕墓誌:"曳綬八坐,飛繶九棘。禁衛總戎,藩條述職。藟雲曜采,培風矯翼。世號忠貞,朝推亮直。"(《補遺》2/96)

按:"藟"拓本作" <img> ",據文意當是"爾"字俗寫。"爾"讀作"躡","躡雲"指上躡浮雲。《漢書》卷二二《禮樂志》載《郊祀歌·天馬》:"爾浮雲,晻上馳。"顏師古注引蘇林曰:"爾音躡,言天馬上躡浮雲也。"即出此。此處以天馬躡雲而上馳、大鵬乘風而振翅,比喻誌主奮發有爲。隋長孫璥墓誌:"爾雲驕足,搏風矯翰。"②唐于孝顯碑:"鶱鶱如積風之運鵬,昂昂如爾雲而迤驦。"(《北圖》11/90)亦皆用此二典,可以比參。《咸陽碑石》③、《咸陽文物志》④、《新中國出土墓誌·陝西壹》⑤、《補編》(2164)⑥、《渭城文物志》⑦亦皆録作"藟"而無説。《新編》(20/13847)⑧、《唐彙續》(44)録作"蕭",非是。

4. 唐長孫君妻段簡璧墓誌:"祖文振,隨兵部尚書、光禄大夫、尚書右僕射、北平襄侯。雅道弘深,高情峻嶷,總兵機於上府,變朝化於中臺。"(《補遺》2/111)

按:"變"拓本作" <img> ",據文意當是"燮"字俗訛。"燮"俗書或與"變"相混,如魏元誨墓誌"燮正彝倫"之"燮"作" <img> "(《北圖》5/145),魏元祉墓誌"燮鼎調時"作" <img> ",⑨《可

① 北京圖書館金石組編《北京圖書館藏中國歷代石刻拓本匯編》(簡稱《北圖》),中州古籍出版社,1989年。
② 劉文《陝西新見隋朝墓誌》,三秦出版社,2018年,第12頁。
③ 張鴻傑主編《咸陽碑石》,三秦出版社,1990年,第29頁。
④ 時瑞寶、鄧霞《咸陽文物志》,陝西人民出版社,1992年,第216頁。
⑤ 中國文物研究所等《新中國出土墓誌·陝西壹》,文物出版社,2000年,下册第32頁。
⑥ 陳尚君輯校《全唐文補編》(簡稱《補編》),中華書局,2005年。
⑦ 張德臣《渭城文物志》,三秦出版社,2007年,第237頁。
⑧ 周紹良主編《全唐文新編》(簡稱《新編》),吉林文史出版社,2000年。
⑨ 齊運通、楊建鋒《洛陽新獲墓誌二〇一五》,中華書局,2017年,第22頁。

洪音義》"燮"或作"<img>"（《可研》749）①，皆其比。此處"燮朝化"指燮理朝廷的政教和風化。"總兵機於上府"對應兵部尚書一職，"燮朝化於中臺"對應尚書右僕射一職。動詞"燮"常與表教化義的賓語搭配，如隋楊雄墓誌："九年，册授司空、上柱國，王如故。論道經邦，燮理神化，秉鈞邁德，翼亮王猷，任光槐鉉，義同舟檝。"②唐劉君妻賈令珪墓誌："夫迷神宣室，亢天問以昭靈；燮化台階，聯帝戚而膺慶。"（《北圖》14/36）皆可比參。《昭陵碑石》③、《唐彙續》（59）、《新編》（20/13887）、《新中國出土墓誌·陝西壹》、④《補編》（1825）亦皆録作"燮"而無説。

5. 唐張寶墓誌："充訹既泯，寵辱斯融。裘兒率冶，箕密乘弓。"（《唐彙》136）

按："兒"拓本作"<img>"，據文意當是"完"字俗寫。"完"俗書或與"兒"相混，如魏李璧墓誌"規借完典"之"完"作"<img>"（《北圖》4/97），隋朱幹墓誌"聊効屈完"作"<img>"，⑤隋甯贙碑"脩備繕完"作"<img>"（《北圖》10/25），唐王翼墓誌"禁司完葺"作"<img>"（《北圖》30/147），《干祿字書》"完"俗作"<img>"，⑥皆其例。《禮記·學記》："良冶之子，必學爲裘；良弓之子，必學爲箕。"孔穎達疏："積世善冶之家，其子弟見其父兄世業鉤鑄金鐵，使之柔合以補治破器，皆令全好，故此子弟仍能學爲袍裘，補續獸皮，片片相合，以至完全也……善爲弓之家，使幹角撓屈調和成其弓，故其子弟亦覩其父兄世業，仍學取柳和軟撓之成箕也。""裘完率冶，箕密乘弓"即出此，"完"、"密"對文同義。句謂誌主能繼承祖先事業。《附考》亦録作"兒"而無説（2/259）。《新編》（20/13874）、《補遺》（2/106）皆録作"貌"，則是誤上加誤。

6. 唐劉文墓誌："元首肬股，義無闕一。泰由任得，否因任失。"（《補遺》5/170）

按："肬"拓本作"<img>"，據文意當是"肱"字俗寫。俗書"厶"或作"口"，故"厷"旁訛作"右"，如魏諮議元弼墓誌"股肱皇儲"之"肱"作"<img>"（《北圖》3/41），北齊王謨墓誌"股肱大業"作"<img>"，⑦皆其例。"右"俗書又與"古"相亂，故"肱"進一步俗寫作"肬"。如魏元液墓誌"股肱增愴"之"肱"作"<img>"（《北圖》5/136），北齊高叡修定國寺塔銘碑

①　韓小荆《〈可洪音義〉研究——以文字爲中心》（簡稱《可研》），巴蜀書社，2009 年。
②　趙文成、趙君平《秦晉豫新出墓誌蒐佚續編》，國家圖書館出版社，2015 年，第 203 頁。
③　張沛《昭陵碑石》，三秦出版社，1993 年，第 121 頁。
④　中國文物研究所等《新中國出土墓誌·陝西壹》，下册第 35 頁。
⑤　趙君平、趙文成《秦晉豫新出墓誌蒐佚》，國家圖書館出版社，2012 年，第 82 頁。
⑥　〔唐〕顏元孫《干祿字書》，紫禁城出版社，1992 年，第 23 頁。
⑦　安陽市文物考古研究所、安陽博物館編著《安陽墓誌選編》，科學出版社，2015 年，第 3 頁。

"入作股肱"作"䏦"(《北圖》7/61),唐霍寬墓誌"同氣有姜肱之睦"作"肱"(《北圖》11/179),皆其比。"肱股"即"股肱"。《河東出土墓誌録》①、《唐彙續》(205)亦皆録作"䏦"而無説。《補編》録作"股"(2182),非是。"股"俗書確可作"䏦",如東魏韓彦墓誌"永爲股肱"之"股"作"䏦",②隋□㑊昂墓誌"錐股求英"作"䏦"(《隋彙》5/293)③,《可洪音義》"股"或作"䏦"(《可研》459),《廣韻·姥韻》"䏦"同"股",④皆其例。但此處據文意,則只能釋作"肱",而不可釋作"股"。"䏦"一形可兼二職,須據文意確定正字。

7. 唐劉文墓誌:"坦□平原,四□華麗。代有行隆,芳名無替。"(《補遺》5/170)

按:第二個缺字拓本作"望",《河東出土墓誌録》《補編》録作"望",可從。"行"拓本作"行",據文意當是"汙"(今作"污")字俗訛。"于"旁俗作"亍",如魏奚真墓誌"山宇長淪"之"宇"作"字"(《北圖》4/156),北齊高叡修定國寺塔銘碑"淄渥不汙"之"汙"作"汙"(《北圖》7/61)。"氵"旁俗書與"亻"旁相亂,如北齊賈寶墓誌"溘爾還冥"之"溘"作"傝",⑤隋楊渙墓誌"霄寒露泣"之"泣"作"位",⑥唐嚴君妻鄭金墓誌"鹽浴桑津"之"浴"作"俗"(《北圖》12/52)。因此,"汙"俗寫可作"行"。"汙隆"是盛衰、興替之義,"代有汙隆"即世有盛衰,正合於文意。《藝文類聚》卷一三佚名《晉簡文帝哀策文》:"時有汙隆,道無屈伸。"唐劉知幾《史通》卷五《載文》:"夫國有否泰,世有汙隆,作者形言,本無定準。""代有汙隆"與"時有汙隆"、"世有汙隆"表意相同,可以比參。《河東出土墓誌録》《唐彙續》《補編》亦皆釋作"行",但"行隆"不辭,故非是。

8. 唐程君妻周氏墓誌:"望桂魄而齊明,方楚珵而共潤。久敬超於蔡媛,如賓越於並姬。"(《唐彙》437)

按:"並"拓本作"並",據文意當是"孟"字俗訛。魏韓顯祖等造塔像記"邑子孟文貴"之"孟"作"益"(《北圖》5/199),北齊趙征興墓誌"字孟舉"作"崗"(《校注》9/230),《可洪音義》"孟"或作"益"(《可研》586),字形皆與"並"形近,俗書因而致混。"孟姬"指東漢梁鴻妻孟光。《後漢書》卷八三《梁鴻傳》:"每歸,妻爲具食,不敢於鴻前仰視,舉案齊眉。"即出此。唐王君妻張惠墓誌:"久敬超於冀氏,如賓越於鴻妻。"(《北圖》13/31)

①	李百勤《河東出土墓誌録》,山西人民出版社,1994年,第6頁。
②	趙君平、趙文成《秦晉豫新出墓誌蒐佚》,第48頁。
③	王其禕、周曉薇《隋代墓誌銘彙考》(簡稱《隋彙》),綫裝書局,2007年。
④	〔宋〕陳彭年等《廣韻》,北京市中國書店,1982年,第245頁。
⑤	安陽市文物考古研究所、安陽博物館編著《安陽墓誌選編》,第9頁。
⑥	趙文成、趙君平《秦晉豫新出墓誌蒐佚續編》,第167頁。

唐爨君妻張端墓誌："久敬超於敞婦,如賓溢於梁妻。"(《北圖》13/85)唐王羅墓誌："夫人段氏……久敬超於郤氏,如賓越於鴻妻。"(《北圖》14/45)亦皆用孟光之典,可以比參。《附考》(6/365)、《補遺》(6/304)亦皆照録原形而無説。

9. 唐宮君妻秦沖墓誌："貞龜啓非,良筮□期,泉堂既敝(敞),□駕方之。風翩翩兮裔裔,輪肅肅兮馳馳。"(《唐彙》364)

按:"非"拓本作"非",據文意當是"兆"字俗訛。"兆"俗書或與"非"相混,如《篆隸萬象名義·目録》"兆"寫作"非"(4),①敦煌俗字"桃"或作"桃",②《龍龕手鏡·見部》"覜"俗作"覗",③《四聲篇海·非部》"㲠"俗作"非",④皆其例。"啓兆"指用龜甲占卜,龜甲顯示出預示吉凶的兆文。唐司空儉墓誌："玄龜啓兆,白鶴開塋。"(《隋唐五代墓誌匯編》陝西 3/121)⑤唐劉其雲墓誌："令龜啓兆,神告休祥,遠日百期,豈敢違卜。"⑥"貞龜啓兆"與"玄龜啓兆"、"令龜啓兆"文意相同,可以比參。《補遺》亦録作"非"而無説(6/290)。《附考》疑當作"扉"(5/340),不可從。

10. 唐郭君妻宗氏墓誌："母儀玉亮,婦德金聲。冀採芳誶,宗子思寧。"(《唐彙》379)

按:"誶"拓本作"誶","訊"、"誶"俗書皆可寫作此形。前者如魏元楨墓誌"大訊群言"之"訊"作"誶"(《北圖》3/30),北齊徐徹墓誌"擒魁執訊"作"誶"(《北圖》7/80)。後者如《龍龕手鏡·言部》"誶"俗作"誶"。⑦故須據文意確定正字。此處據文意當是"訊"字俗寫。"芳訊"指美好的言語。《文選》卷二八陸機《長安有狹邪行》："余本倦游客,豪彥多舊親。傾蓋承芳訊,欲鳴當及晨。"劉良注："傾蓋,新相逢者。芳訊,美言也。"卷二五謝瞻《於安城答靈運》："綢繆結風徽,烟熅吐芳訊。"李周翰注："芳訊,芳言也,謂贈詩也。"皆其例。"芳誶"則不辭,故釋作"誶"非是。《附考》(6/1)、《新編》(20/14112)、《補遺》(7/265)同誤。

① 〔日〕釋空海《篆隸萬象名義》,影印日本《崇文叢書》本,中華書局,1995 年。

② 黃征《敦煌俗字典》,上海教育出版社,2005 年,第 400 頁。

③ 〔遼〕釋行均《龍龕手鏡》,影印高麗本,中華書局,1985 年,第 344 頁。

④ 〔金〕韓道昭《改併五音類聚四聲篇海》(簡稱《四聲篇海》),《續修四庫全書》第 229 册影印明成化刻本,第 389 頁下欄。

⑤ 《隋唐五代墓誌匯編》編輯委員會《隋唐五代墓誌匯編》,天津古籍出版社,1991—1992 年。

⑥ 中國文物研究所等《新中國出土墓誌·河北壹》,文物出版社,2004 年,上册第 104 頁。

⑦ 〔遼〕釋行均《龍龕手鏡》,第 49 頁。

11. 唐王羅墓誌:"祥下貞淑,慶流吳俊。比德山高,侔才玉潤。"(《唐彙》365)

按:"吳"拓本作"吴",據文意當是"英"字俗訛。"英俊"指才德出衆之人。唐竺君妻蓋氏墓誌:"秀逸霞端,才侔玉潤。祥下貞淑,<u>慶流英俊</u>。"(《北圖》12/62)唐田玉墓誌:"秀逸霞端,才侔玉潤。祥下貞淑,<u>慶流英俊</u>。"[1]唐王君妻張惠墓誌:"秀逸霞端,才侔玉閏。祥下貞淑,<u>慶流英俊</u>。"(《北圖》13/31)唐程君妻周氏墓誌:"秀逸霞端,才侔玉潤。祥下貞淑,<u>慶流英俊</u>。"(《北圖》14/165)皆可比參。魏兗州刺史元弼墓誌"山桂彫英"之"英"作"莫"(《北圖》5/149),北齊王氏道俗百人造像記"海望英儒"作"莫",[2]字形與"吳"形近,"英"蓋因此而訛作"吳"。《附考》(5/332)、《補遺》(4/356)亦照録原形而無説。

12. 唐崔勛墓誌:"夫人梁氏,稟禮叶和,範宣閨則,外融淑令,内秉明德,何傷修短,漢疾遺流,舜華先落,逝水長歸,佳城夜臺,永同窆穸。"(《唐彙》2152)

按:"漢"拓本作"漢",據文意當是"隙"字俗訛。"阝(阜)"旁俗書或與"氵"旁相亂,如《玉篇殘卷·阜部》"限"寫作"浪"(538),《危部》"危"字下釋文"阢"寫作"沆"(511),[3]《篆隸萬象名義·土部》"埝"字下釋文"陷"寫作"泊"(7a),《禾部》"程"字下釋文"限"寫作"浪"(150a),《多部》"夅"字下釋文"陳"寫作"涑"(207a),皆其例。唐張君妻萇妙姿墓誌"隙駟難留"之"隙"作"漢"(《北圖》13/116),是其切證。"隙疾遺流"謂時光飛逝,如白駒過隙,如逝水東流。《新編》(22/15435)、《補遺》(1/307)亦照録原形而無説。

唐崔振妻鄭轔墓誌:"乃心入禪門,言合真潨。净煩惱器,絶妄想牙。"(《洛續》477)"真潨"費解。"潨"拓本作"潨",據文意當是"際"字俗訛,亦是"阝(阜)"旁訛作"氵"。"真際"是佛教語,指真理的境地,義猶"真如"。句謂誌主歸心佛門,言合佛理。

13. 唐許雄墓誌:"惟君箕□降靈,山河□氣,舍精鎏鋈,吐曜璣珠。"(《洛續》81)

按:"舍"拓本作"舍",據文意當是"含"字俗訛。"含"俗書或與"舍"相混,如隋曹大墓誌"含芳玉藥"之"含"作"舍"(《隋彙》4/296),唐盧勤禮墓誌"光含潤玉"作"舍"(《洛續》60),《博雅音》"醃"音烏含反,舊本"含"或誤作"舍",[4]皆其例。"含精"與

---

① 洛陽市文物工作隊《洛陽出土歷代墓誌輯繩》,中國社會科學出版社,1991 年,第 197 頁。

② 顏娟英主編《北朝佛教石刻拓片百品》,"中研院"史語所,2008 年,第 214 頁。

③ 〔梁〕顧野王《玉篇(殘卷)》,《續修四庫全書》228 册影印日本《東方文化叢書》本。

④ 〔清〕王念孫《廣雅疏證》,中華書局,2004 年,第 409 頁下欄。

“吐曜”相對,謂藴含精氣,“鋈鋈”指極精美的金屬,“含精鋈鋈,吐曜璣珠”是稱讚誌主如精金、珠玉,天生美質。

14. 唐許雄墓誌:“幼懷辯李之奇,□從捧檄之操。鄙陶潛之命駕,壯王子之赴湌。大唐武德元年,勑授相州安陽縣令。是時白波尚擾,紫極未安。渾湌爲徙帑之流,殷衛是殘凶之黨。”(《洛續》81)

按:兩“湌”字拓本作“”、“”,據文意皆當是“塗”字俗訛。“塗”俗書或與“湌”相混,如北齊道政等造像記“多塗汲引”之“塗”作“”(《校注》9/153),隋裴鴻墓誌“塗殫力盡”作“”(《隋彙》1/342),皆其例。

“陶潛之命駕”指陶潛任彭澤令,不爲五斗米折腰,辭官而歸,事見《晉書》卷九四《陶潛傳》。“王子”指漢代王尊。《漢書》卷七六《王尊傳》:“遷益州刺史。先是,琅邪王陽爲益州刺史,行部至邛郲九折阪,歎曰:‘奉先人遺體,奈何數乘此險!’後以病去。及尊爲刺史,至其阪,問吏曰:‘此非王陽所畏道邪?’吏對曰:‘是。’尊叱其馭曰:‘驅之! 王陽爲孝子,王尊爲忠臣。’”“王子之赴塗”即出此。“鄙陶潛之命駕,壯王子之赴塗”,謂誌主鋭意仕進,不屑陶潛之退隱,而壯王尊之知難而進也。

“渾塗”即滿路。《文選》卷六左思《魏都賦》:“漢罪流禦,秦餘徙帑。”李善注:“《廣雅》曰:帑,餘也。”“徙帑”即出此,指因罪流徙之人。武德元年九月,李密爲王世充所敗,被迫投唐,誌主應當就是在李密投唐後被委任爲相州安陽縣令。其時相州尚處在李唐、王世充、竇建德爭奪之下,故稱其地“渾塗爲徙帑之流”。

15. 唐盧瓚墓誌:“祖率更府君諱赤松,速森唐誥。”(《洛續》111)

按:“速”拓本作“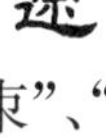”,當是“速”字俗寫,“速”同“迹”。“迹”《説文》籀文作“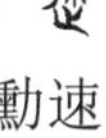”,隸定作“速”。俗書“朿”、“束”二旁相亂,故“速”俗書與“速”相混,如漢楊統碑“勳速藐矣”之“速”作“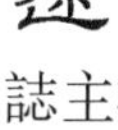”,[①]是其證。此處“迹”指事迹、功績,“迹森唐誥”指事迹在唐廷詔誥中多次出現。誌主祖父盧赤松,官至太子率更令,見《舊唐書》卷八一《盧承慶傳》,其墓誌亦已出土。[②]

同誌下文:“懿哉名速滿世,可謂歿而不朽矣。”“速”拓本作“”,亦當是“速(迹)”字俗寫。“名迹”指聲名與業績。

① 〔清〕顧藹吉《隸辨》,影印清玉淵堂刻本,中華書局,1986 年,第 182 頁上欄。

② 趙君平《邙洛碑誌三百種》,中華書局,2004 年,第 56 頁。

16. 唐鄭烈墓誌:"起家孝廉擢弟,拜陵州井陘縣尉。"(《洛續》189)

按:"陘"拓本作"**研**",當是"研"字俗寫。漢趙寬碑"研機篇籍"之"研"作"**研**"(《北圖》1/170),是其比。據《舊唐書》卷四一《地理志四》劍南道"陵州"下云:"隋隆山郡。武德元年,改爲陵州,領仁壽、貴平、井研、始建、隆山五縣。"陵州下正有井研縣,是其證。唐陵州下無井陘縣,井陘縣屬恆州,故將其字釋作"陘"非是。《漢語大字典》收有"研",音 dǎn,是方言字,象以石擊水聲,與"研"字俗寫"研"同形異字。

17. 唐杜表政妻裴氏墓誌:"壽年已考,從祿于男。將崇捧檄之榮,奄次泣壞之禍。"①

按:"壞"拓本作"**壞**",據文意當是"璝"字俗訛。"玉"、"土"二旁俗書相混,故"璝"或訛作"壞",如東魏蕭正表墓誌"以璝奇命世"之"璝"作"**璝**"(《校注》8/125),唐張明俊墓誌"璝奇秀朗"作"**壞**"(《陝考》97),皆其比。《左傳》成公十七年:"初,聲伯夢涉洹,或與己瓊瑰食之,泣而爲瓊瑰盈其懷,從而歌之曰:'濟洹之水,贈我以瓊瑰。歸乎歸乎,瓊瑰盈吾懷乎?'懼不敢占也。還自鄭,壬申,至于貍脤而占之,曰:'余恐死,故不敢占也。今眾繁而從余三年矣,無傷也。'言之,之莫而卒。""璝"同"瑰","泣璝"即出此,代指死亡。《珍稀墓誌百品》亦錄作"壞"而無説。②

18. 唐尹元繜墓誌:"宜家令淑,有聲慈孝。討論墳典,因依釋教。別葬奉遺,同域投予。"(《洛續》225)

按:"予"拓本作"**予**",據文意當是"弔"字俗寫。"投弔"本是"投書弔祭"義,亦泛指弔祭,如《水經注》卷三八《湘水》:"屈原懷沙自沈于此,故淵潭以屈爲名。昔賈誼、史遷皆嘗逕此,弭檝江波,<u>投弔</u>於淵。"北周庾信《和王少保遙傷周處士》:"遂令從渭水,<u>投弔</u>往江濱。"《全唐詩》卷四七張九齡《九月九日登龍山》:"<u>投弔</u>傷昔人,揮斤感前匠。"劉禹錫《重至衡陽傷柳儀曹》引:"後五年,余從故道出桂嶺,至前別處,而君沒於南中,因賦詩以<u>投弔</u>。"《全唐文》卷六一九劉全白《唐故翰林學士李君碣記》:"全白幼則以詩爲君所知,及此投弔,荒墳將毀,追想音容,悲不能止。"皆其例。唐崔葛墓誌"彼蒼不弔"作"**予**"(《隋唐五代墓誌匯編》陝西 4/59),《可洪音義》"弔"或作"**予**"(《可研》420),字形皆與"予"相混,可以比參。"弔"與上文"孝"、"教"押韻,若作"予"則失韻。

唐安範墓誌:"遂使吹樓之下,人銜絮酒之杯;偃月之前,鶴申儀予之禮。"(《唐彙續》

①　毛遠明、李海峰《西南大學新藏石刻拓本匯釋》,中華書局,2019 年,第 200 頁。

②　胡戟《珍稀墓誌百品》,陝西師範大學出版社,2016 年,第 127 頁。

307）“予”拓本作“予”，據文意亦當是“弔”字俗訛。《晉書》卷六六《陶侃傳》：“後以母憂去職。嘗有二客來弔，不哭而退，化爲雙鶴，沖天而去，時人異之。”“鶴申儀弔之禮”即出此。《補遺》（7/320）、《新編》（21/14547）亦皆録作“予”而無説。

19. 唐孟師墓誌：“天不遺德，忽如過隙。日居月諸，俄成永夘。高春（春）景落，崦嵫日迥。霧結松青，霜凝草白。縑緗易朽，銘芳玄石。”（《附考》6/176）

按：《附考》指出“迥”字失韻，是也。“迥”拓本作“迥”，據文意當是“迫”字俗訛。“高春景落，崦嵫日迫”，以日薄西山，喻指人至暮年。唐韓才墓誌：“既而崦嵫日迫，逢尚齒之仁；蒲柳容衰，屬崇年之化。”（《北圖》12/24）唐孫廣墓誌：“崦嵫日迫，閬川東注。勒頌泉扃，芳聲永固。”①《全唐文》卷九二三葉法善《乞回贈先父爵位表》：“臣崦嵫日迫，泉壤無幾。”皆其比。此處“隙”、“白”、“迫”爲陌韻字，“夘”、“石”爲昔韻字，《廣韻》陌昔同用，故將其字釋作“迫”亦合於押韻規律。羅振玉《芒洛冢墓遺文四編》卷三②、《唐彙》（408）録作“迥”，《新編》（20/14141）、《補遺》（6/299）録作“迥”，亦皆失校。

20. 唐崔平墓誌：“文王孫子，本枝百代。彼美人子，則唯其裔。”（《西南》227）③

按：“子”拓本作“子”，據文意當是“兮”字俗寫。“兮”俗書常與“子”相混，如魏馮迎男墓誌“如可（何）顧兮，不遂心匈（胸）”之“兮”作“子”（《北圖》4/104），魏元廞墓誌“于嗟驎兮”作“子”（《北圖》5/103），唐安延墓誌“碧霧起兮昏泉扃”作“子”（《北圖》12/87），皆其例。《詩·邶風·簡兮》：“彼美人兮，西方之人兮。”“彼美人兮”乃用《詩經》成句。

21. 唐畢識墓誌：“彡□之美，嘉聲遠被。”（《西南》309）

按：“彡”拓本作“彡”，據文意當是“洋”字俗寫。“氵”、“彡”二旁俗書或相混，如隋陰雲墓誌“據有漳鄴”之“漳”作“章”（《隋彙》1/111），隋洺州南和縣澧水石橋碑“斜眺衡漳”作“章”（《北圖》9/114），S.343《文樣·亡姚文》“愛河奔浪”之“浪”作“㫰”（《英藏》1/141a）④，《可洪音義》“濟”或作“㳂”（《可研》500），《龍龕手鏡·彡部》“浮”俗作“彣”（188），皆其例。缺字拓本作“ﾞ”，當是重文符號。“洋洋”謂衆盛貌。《文選》卷三八張

① 孫繼民《河北新發現石刻題記與隋唐史研究》，河北人民出版社，2006年，第290頁。
② 新文豐出版公司編輯部《石刻史料新編》第1輯第19冊，臺北新文豐出版公司，1982年，第14217頁下欄。
③ 毛遠明《西南大學新藏墓誌集釋》（簡稱“《西南》”），鳳凰出版社，2018年。
④ 中國社會科學院歷史研究所等《英藏敦煌文獻（漢文佛經以外部分）》（簡稱“《英藏》”），四川人民出版社，1990—1995年。

悛《爲吳令謝詢求爲諸孫置守冢人表》:"興滅加乎萬國,繼絶接于百世,雖三五弘道,商周稱仁,洋洋之美,未足以喻。"張銑注:"言國家興滅繼絶,雖三皇五帝之行大道,湯武之稱仁,衆盛之美,不足比也。"《晉書》卷八三《袁瓌傳》:"況今陛下以聖明臨朝,百官以虔恭莅事,朝野無虞,江外謐静,如之何泱泱之風,漠然無聞,洋洋之美,墜於聖世乎!"《文苑英華》卷五七二李嶠《爲王方慶讓鳳閣侍郎表》:"伏乞矜臣難奪之志,體臣不移之愚,特停過恩,改命賢哲,則濟濟之詠,復聞於聖朝,洋洋之美,不專於曩載。"皆可比參。

22. 唐劉中禮墓誌:"我皇帝痛肘腋之喪葛豐,悲腹心之失子玉。興安得士之歎,動何嗟及之悲。撫凡廢朝,攝帛贈賻。"①

按:"凡"拓本作"凡",據文意當是"几"字俗寫。"撫几"又作"撫机",指拍擊几案,常用以表示哀痛。如《晉書》卷四五《劉毅傳》:"太康六年卒,武帝撫机驚曰:'失吾名臣,不得生作三公!'"《唐大詔令集》卷六三《册贈楊再思并州大都督文》:"而運同過隙,悲深撫几,興言軫悼,載想謨猷。"《舊唐書》卷九七《張説傳》:"言念忠賢,良深震悼。是使當宁撫几,臨樂徹懸,罷稱觴之儀,遵往襚之禮。"唐元襄墓誌:"太夫人在堂,五昆弟在側,撫几長慟,感于路人。"(《北圖》28/159)皆其比。"几"俗書或與"凡"相混,如隋趙芬碑"兼賜几杖、衣服、被褥、板輿等"之"几"作"凡",②S.2053V《禮記音》"几"寫作"凡"(《英藏》3/221),《篆隸萬象名義·手部》"抈"字下釋文"几"寫作"凡"(57a),《可洪音義》"几"或作"凡"(《可研》493),皆可比參。

① 趙力光編《西安碑林博物館新藏墓誌彙編》,綫裝書局,2007年,第860頁。
② 〔唐〕許敬宗編《文館詞林》,影印日藏弘仁本,日本古典研究會,1969年,第148頁上欄。

《六書略》四版本文字對勘選記(二)*

林志强

福建師範大學文學院

　　《六書略》是鄭樵《通志·二十略》之一。根據王樹民《通志·二十略》前言所述,《通志》全書及《二十略》單行本,有元、明、清各種刊本存世,1995 年中華書局所出王樹民點校的《通志·二十略》(簡稱"王本"),即據有關古本校正,因此王樹民點校之本是比較完善的刊本,但仍然存在訛誤之處。我們以王本爲底本,再參照 1987 年中華書局根據商務印書館萬有文庫十通本影印出版的《通志》(簡稱"文庫影本①")、1990 年上海古籍出版社以明代陳宗夔校刊本爲底本影印出版的《通志略》(簡稱"上影本")和 1976 年臺灣藝文印書館以 1935 年北京大學影印的元至治本爲底本影印出版的《六書略》(簡稱"藝文本"),重新對《六書略》進行校勘,希望整理出一本更爲完善的《六書略》。本文以《六書略》中的"會意"、"轉注"和"諧聲"部分爲範圍,根據有關材料,從字形、字音、字義和釋文等不同角度,羅列若干字例,以窺見《六書略》各本的文字訛誤和用字不同情況。

一、據字形結構的分析確定訛誤之例

　　會意字和形聲字是由字符組合而成的,有些文字的訛誤情況,我們通過漢字結構的

---

* 本文爲國家社科基金冷門"絕學"和國別史等重大研究專項項目(2018VJX081)、全國高校古委會項目(2021)的階段性成果。

① 此本來源甚早。《六書略》"玄"字見於"燕"字條、"玄"字條、"衒"字條、"玗"字條、"乳"字條、"畜"字條、"念"字條、"玭"字條,共 11 見,其中有三個"玄"字改作"元",即象形字部分"燕"字條引《説文》"玄鳥也"之"玄",會意字部分"玗"字條"子玄切"之"玄","畜"字條引《淮南子》"玄田爲畜"之"玄",文庫影本皆作"元",乃避諱所致。據此可知此本之底本應該來源於宋代。宋人避諱甚嚴,因趙匡胤之父名玄朗,故"玄"改爲"元"或"真"(參見陳垣《史諱舉例》,上海書店出版社,1997 年,第 112 頁)。

分析,即可知其訛誤所在。如:

"毒"字从"毐",王本、上影本誤作"毒"。"番"、"宷"、"龗(糞)"諸字皆从"釆",各本或誤作"采"。"孚"字从"爪",上影本誤作"瓜"。"龗"、"棄"从"幸",各本或誤作"華"。"暴"、"承"从"収",各本或誤作"收"。"楙"从"枺",上影本、王本誤作"林"。"湏"字从"水",文庫影本、上影本、藝文本字頭誤从"彡"作"須"。"瘅"字所从之"皐"的下部作"辛",王本、藝文本訛爲"幸"。① "攸"、"寇"、"旻"、"夏"、"楙"諸字皆从"攴",各本均誤作"支"。按"攴"、"支"相混的現象很多見,古文字即有之,如金文"鼓"字既有从攴者,亦有从支者,②《説文》承之有"鼓"、"鼓"二形,故楷體隸定之字"攴"、"支"相混,亦淵源有自矣。

在《諧聲第五》序中,鄭氏有所謂"引類以計其目",指的是按照漢字部首來計算各自部首下的形聲字數量。其部首應是按照《説文》部首順序,故有些字可以根據《説文》部首校訂之,其中不少都是形近而誤。如"鬥"誤作"門","尢"誤作"求","欠"誤作"欠"等,此不贅舉。

根據字形判斷訛誤的情況,有時還要參看篆文、古文、奇字的隸定寫法,如:

"敖"字條云:"牛刀切。《説文》:'出遊也。从出,从放。'篆作'敖'。"按,"敖"、"敖"非一字,此"敖"當爲"敖"字之誤;"敖"字篆書作" 𢼊 ",可隸定爲"敖"。"楙"字古文作"枺",上影本誤作"救",王本誤作"枚"。"悉"字古文作" 𢝔 ",王本、藝文本作"恩",屬於隸古定;文庫影本、上影本則誤作"恩"。"倉"奇字作"仺",上影本誤作"全"。"定",《集韻·徑韻》:"古作正。"各本誤作"正"。"孚"字古文作"釆",各本皆作"孚",訛不成字。"屋"字條云:"籀作'屋',或作'臺'。"據《説文》,"籀作'屋'"之"屋"爲"屋"之誤,"或作臺"之"臺"爲"臺"之誤。"禮"字條云:"古作'禮'。"各本同。此"禮"與字頭字形相同,非是。按《説文》"禮"之古文作"礼",故此"禮"爲"礼"之誤。

有些字的各本之間,其訛誤過程似乎可以看到一些邏輯的關係。如:

"興"字條引《説文》:"起也。从舁,从同。同力也。"其中之"舁",王本、文庫影本、上影本均作"羿",藝文本作"𢍏"。按"舁"字上部本从臼,藝文本作"𢍏",上部乃由"臼"字的左右相向變爲同向,"羿"當由"𢍏"再變而來。"宝"字條引《説文》:"宗廟宝祐。""廟"字王本作"庿",是《説文》古文;藝文本作"廎",爲"庿"之俗寫;上影本則進一步訛成了"廣"。"愔"字《集韻》"伊淫切",文庫影本、藝文本作"伊滛切","滛"當爲"淫"字之誤;

---

① 按"瘅"又是"瘅"字之訛,其中之"皐"爲聲符,説見王引之《康熙字典考證》疒部。
② 參見容庚《金文編》,中華書局,1985年,第329頁。

"滛"近於"滛"，王本遂又誤作"伊滛切"。①

有些字的訛誤情況似乎比較複雜，需要進一步考證。如"坪"字條云："蒲兵切。地平也。或書作'聖'。"各本同。據《集韻》《類篇》等書，"坪"字或書作"圣"，變左右結構爲上下結構而已，與"聖"字之形差別甚大，無由直接訛誤作"聖"。深思之，當與"聖"的俗寫有關。"聖"字俗書有作"亜"者，乃由"聖"的草書 圣、圣、圣 等形楷化而成。②"坪"字或作"圣"，與"聖"的俗書"亜"頗爲接近，刻本誤"圣"爲"亜"，又轉爲正體之"聖"，故有此訛誤。又如"夨"字條云："昨木切。矢鋒也。或作'矣'。"各本同。按"矣"爲"疑(疑)"之省體，非"夨"字異寫。俗字"山"、"止"偏旁相混，"夨"又作"屵"，故"夨"字可能是"屵"字之誤。顧藹吉在《隸辨》中説："(止)亦作山，與从山之字無別。"③同類的例子，如"困"字既寫作"宋"，也寫作"朱"；"動"字既寫作"埀"，也寫作"埀"；"歸"字既从"止"作"㱕"，又从"山"作"㟢"，等等。因此把"夨"之或體定爲"屵"，"矣"乃"屵"之誤，在道理上是完全説得通的。但因爲《六書略》與《類篇》《集韻》有密切的關係，如果參考此二書，這裏的"矣"應是"虍"字之誤，而非"屵"字之誤。《類篇》五下："夨虍：昨木切。矢鋒也。或作'虍'。"釋文與《六書略》全同。《集韻》"或作"亦爲"虍"。

二、據字義分析確定訛誤之例

有些文字的訛誤，除了考慮字形，還要參稽字義。如"舔"字條云："託盍切。歠也。或从習。又託協切，犬小舔。"其中"犬"字，王本、上影本作"大"。按"舔"當即"䑛"字。《説文》："䑛，歠也。"徐鍇《繫傳》："謂若犬以口取食也。"據此，當以作"犬"爲是。《類篇》作"犬小舐"。"欇"字條引《博雅》："枝也。"與《類篇》同。按《廣雅·釋器》："欇，杖也。"《集韻·葉韻》："欇，《博雅》：'杖也。'"故"枝"乃"杖"之誤。"褱"字條云："乃可切。袞褱，衣皃。"王本注云："汪本'袞'作'裒'，據元本、明本、于本、殿本改。"④按下"袞"字條云："袞褱，衣皃。"《玉篇·衣部》亦云："袞褱，衣好皃。"據此，汪本之"裒"當即"袞"字之誤(王本"袞"字條注亦云："汪本'袞'作'裒'。")此處當作"袞褱，衣皃。"《類篇》正作"袞褱，衣皃"。又按，"褱"作爲"褒"的異體，有"衣襟寬大"之義，但單用，如"褱衣博帶"，似未見於"袞褱"。"懭"字文庫影本、上影本、藝文本云："苦晃切。懭恨，意不得也。"據《集

---

① "奸"字條云："犯淫也。""淫"字藝文本、王本作"滛"，也是同樣的錯誤。

② 參見林志强《古本〈尚書〉文字研究》，萬卷樓圖書股份有限公司，2015年，第95頁。

③ 顧藹吉《隸變》，北京市中國書店，1982年，第803頁。

④ 見《通志·二十略》，中華書局，1995年，第299頁。

韻·蕩韻》:"懭悢,意不得也。"則"恨"乃"悢"字之誤,二者僅一點之别。《類篇》正作"懭悢,意不得也"。"希"字條云:"疏巾也。从爻,从巾。"上影本作"疏中也","中"當爲"巾"之誤。按"希"的"疏巾"之義,古籍未聞。"希"有"疏"義(見《論語·先進》"鼓瑟希"皇侃疏),其字从"巾","疏巾"之説,有形義理據。"希"字《説文》未見,此條當係鄭氏自創新釋,與《類篇》《集韻》皆不同。

三、據字音分析確定訛誤之例

據字音分析來確定訛誤,主要是反切的問題。《六書略》各本反切誤字甚多,要根據字書的讀音來糾正反切用字的錯誤。如"聿"字"對鄰切",《廣韻》作"將鄰切",則"對"乃"將"之誤。"晶"字"黑角切",《廣韻》"莫角切",《類篇》《集韻》皆作"墨角切",則"黑"爲"墨"之誤。"㰌"字上影本、王本作"夫涉切",《類篇》作"失涉切",則"夫"爲"失"之誤。"愉"字上影本、王本作"容未切",《類篇》作"容朱切",則"未"爲"朱"之誤。"嶼"即"衄"字,《廣韻》"女六切",王本作"文六切",則"文"爲"女"之誤。"員"字上影本、藝文本、王本皆作"子禮切",《類篇》作"于權切",則"子"爲"于"之誤,"禮"爲"權"之誤。"麤"字各本皆作"食胡切",《廣韻》"倉胡切",《類篇》"凔胡切",則"食"爲"倉"、"凔"之誤皆有可能;考慮到《六書略》與《類篇》的關係,當以作"凔"爲是。"哭"字上影本作"火廻切",文庫影本作"火迴切",《類篇》《集韻》皆"火迴切",則"廻"、"迴"皆"迴"之誤。"衮"即"套"字,上影本、王本作"切號切",《類篇》"叨号切",則"切"爲"叨"之誤。"礨"字各本作"虚冬切",《類篇》同,《字彙》"盧容切,音龍",《康熙字典》"《廣韻》力冬切,《集韻》盧冬切",則"虚"爲"盧"之誤。"找"即"划"字,"舟進竿謂之划",上影本作"胡爪切",《集韻》"胡瓜切",則"爪"爲"瓜"之誤。"一乳兩子"之義的"㺜"字,各本作"數省切",《類篇》《集韻·線韻》作"數眷切","省"當爲"眷"之誤。[1] "繇"字條文庫影本云:"渠飯切。絮中小繭。"《集韻·寢韻》"絮中小繭"之"繇",音"渠飲切",則"飯"爲"飲"字之誤。[2] "扴"字《集韻》"敞尒切"。"尒"字王本作"尒",異體;上影本作"尒",文庫影本作"含",皆誤。"砕"字《類篇》《集韻》"子末切",上影本作"子宋切",則"宋"爲"末"字之誤。"罃"《類篇》《集韻》"咨林切",文庫影本、上影本、王本作"容林切",則"容"爲"咨"字之誤。"掣"字《類篇》《集韻》"郎達切",上影本作"即達切",則"即"爲"郎"字之誤。"祏"《類篇》《廣韻》"常隻

---

① 按,"一乳兩子"之義的"㺜"即"孿"之異體,字書音"所眷切"、"生患切"、"嗇患切",又音"吕患切"、"力員切"、"婁眷切"等。後世多讀後者之音。

② 按,"繇"字《廣韻》"呼典切",此爲常見之音。"渠飲切"當爲别音别義,與《説文》"讀若唫唫"之"唫"同音。

切",各本作"常焦切",則"焦"爲"隻"字之誤。"鈴"字《類篇》《集韻》"郎丁切",文庫影本作"節丁切",則"節"爲"郎"字之誤。

"忬"字條"苦怪切"之"苦",各本作"若","廳"字條"苦謗切"之"苦",上影本、王本作"若";"罋"字條"匹各切"之"各",王本、上影本作"名"。有一對聯寫道,"'若'不撇開終是'苦','各'能捺住即成'名'",乃以漢字筆畫的變化來闡發人生哲理。《六書略》各版本"苦"、"若"相混,"各"、"名"相混,正爲此聯提供了文字訛誤的例證。

有些反切用字的訛誤沒有直接的證據,需要稍作分析考證。如"紗"字條云:"于達切。小意。"其音"于達切",頗可疑。按"小意"之"紗",《集韻》"于遥切"(《類篇》誤作"千遥切")。其字又作"紗",《集韻》"伊堯切"。據此推測,"于達切"之"達",或爲"遘"字之誤。

以上都是根據被切字的讀音來糾正反切用字的錯誤,也有是根據反切來糾正被切字的錯誤的。如"葉"字條云:"卉,穌合切。"各本同。按"卉"與"蘇合切"之音不符,當爲"卅"字之誤。象貌部分的"爕"字,音"敷文切",乃錄自《類篇》。① 此當是"爕"的同義字"焚"字之音。

四、《六書略》釋文對勘舉例

《六書略》對文字形義的分析,參照《類篇》《集韻》等字書,或沿用許慎《說文解字》。鄭氏對《說文》和各書的引用,有全引,亦有節引;有明引,亦有暗引;有承襲,亦有自創。其中或有訛誤,亦有頗具價值者,需要具體分析。下面列舉若干條,以窺見一斑。

"漁"字條引《說文》云:"澱滓濁泥。"王本注云:"《說文》澱滓濁泥,按此文與'漁'字釋義無關,《說文》'漁'字下亦無此文,不知何故錯置于此。"②按"澱滓濁泥"爲《說文》"淤"字釋文,《六書略》當爲誤置。"雒"字條引《說文》云:"鶺鶺別名。"按"雒"同"雀"。《集韻·藥韻》:"雀,《說文》:'依人小鳥也。'或從鳥。"《說文》無"鶺鶺別名"之說,《六書略》無據,或"說文"二字爲衍文。

"憼"字條云:"居慶切。《說文》:'肅也。'或從心。"王本注云:"《說文》十下心部'憼'字下作'敬也',夾漈避宋諱改作'肅'。"③按此條與《類篇》十下"憼"字同,未必是夾漈避宋諱。"憼"字已從心,末尾"或從心"爲多餘。《集韻·映韻》將"敬憼憼"合爲字頭,云:

① 見《類篇》十中"爕"字條。
② 見《通志·二十略》,第318頁。
③ 見《通志·二十略》,第318頁。

"《説文》：'肅也。'或从心。""肅也"者，"敬"之義也；"或从心"者，"憨"字也。如果只取其中之"憨"爲字頭，而釋文照搬，就會多餘"或从心"三字。

　　"祋"字條引《説文》云："殳也。或説，城郭市里高掛羊皮，有不當入而欲入者，暫下以驚牛馬曰祋，故从示殳。"其中"掛"字，《説文》作"縣（懸）"，《類篇》《集韻》同，《六書略》作"掛"，乃同義替換之例也。象形字部分"犬"字條引《説文》"狗之有縣蹏者也"之"縣"字，《六書略》作"垂"，亦屬同類。"敵"字條引《説文》云："醜也。一曰，老女。"此"老女"，各本無異，《集韻》《類篇》同。《説文》作"老嫗"。段注："婦人之老者曰嫗。"此亦同義替換也。

　　"甚"字條引《説文》云："尤安樂也。从甘、匹。匹，耦也。"其中"从甘、匹。匹，耦也"句，《類篇》作"从甘、甘，匹，耦。"上言《六書略》與《類篇》關係密切，但此條顯然有修訂調整。此句小徐本作"从甘、甘，匹，耦也"。大徐本作"从甘，从匹，耦也"。段注本作"从甘，从匹。匹，耦也"，注云："匹，各本誤'甘'，依《韻會》正。"這説明，《六書略》對《類篇》所作的修訂調整是合理的。段氏"依《韻會》正"，其實可以依更早的《六書略》。

　　"紽"字條云："質力切。《説文》：'作布帛之總名也。樂浪挈令織，从糸从式。'徐鉉曰：'挈令，蓋律令之書也。'"王本注曰："《説文》作布帛之總名也，按此文見《説文》十三上糸部，爲'織'字之釋文，今誤置於'紽'字下。"[1]按《六書略》此條節録自《類篇》，《類篇》十三上把"織"、"紽"合爲一條，其釋文云："質力切。《説文》'作布帛之總名也'，'樂浪挈令，从糸从式'。徐鉉曰：'挈令，蓋律令之書也。'……"其中的"作布帛之總名也"屬於"織"的釋文；"樂浪挈令（織），从糸从式"則屬於"紽"的釋文。《六書略》除"令"後多一"織"字外，其餘與《類篇》全同。但《六書略》只以"紽"爲字頭，故有不合。其實"織"、"紽"在"布帛總名"的意義上應當屬於異體字，《正字通》曰："紽，同織。"段注解釋"樂浪挈令織"曰："樂浪，漢幽州郡名也。挈，當作絜；絜，刻也。樂浪郡絜於板之令也，其織字如此。録之者，明字合於六書之法，則無不可用也。"從這個角度説，《六書略》把對"織"的解釋糅合到"紽"字中，也無不可。

　　"某"字條云："謨杯切。果名。《説文》：'枏也。'又莫後切。酸果也。"其中"枏也"，各本同。按《説文》："某，酸果也。从木从甘。"並無"枏也"之釋。《類篇》六上"梅楳某槑"下曰："謨杯切。果名。《説文》：'枏也。'可食，亦姓。或作楳、某、槑，亦書作槑、梅。又母罪切。梅伯，紂諸侯。某、槑，又莫後切。酸果也。"《集韻·灰韻》"梅楳某槑"下曰："果名。《説文》：'枏也。'可食，亦姓。或作楳、某、槑，亦書作槑。"把《六書略》與《類篇》和《集韻》比較，"枏也"之釋是三者共同之點，可見三者關係密切。但《集韻》所録，止於

---

① 　見《通志·二十略》，第318頁。

中間，特別是末後的"酸果也"三字，只見於《類篇》，可見《六書略》的釋文顯然是節録《類篇》，它與《類篇》的關係更爲密切。又"訔"字條云："居之切。忌也。又渠記切。《説文》：'妄也。'引《周書》：'上不訔于凶德。'"按《説文》："訔，忌也。从言其聲。《周書》曰：'上不訔于凶德。'"並無"妄也"之釋。《類篇・三上》"訔謀"下曰："居之切。忌也。或作謀，又並渠記切。《説文》：'妄也。'引《周書》：'上不訔于凶德。'"與《六書略》幾乎全同，且"妄也"之説，不見於其他字書。此條材料更能證明《六書略》與《類篇》具有十分密切的關係。

"斠"字條云："竹角切。《説文》：'斟也。斠或从丮、畫。'"按"畫"字，文庫影本、上影本、藝文本作"書"，形近而誤。王本作"畫聲"，注云："'畫'原作'書'，'聲'字脱，據《説文》十四上斤部改補。"①其説乃據段注本《説文》，與大小徐本不同。② 按段氏據《玉篇》改篆，左从畫，右从丮，字作斠，並注云："大徐作从畫从丮，篆體作斠，今依《玉篇》正。畫聲猶豎聲也。"③其説頗有理趣。蔣冀騁曰："按，段説是。徐灝説：'戴(氏)侗曰，斟木使應規巨繩墨之謂斠。灝按，豎讀如斗，故斠从豎聲，而斠用斠爲聲，蓋古音斠讀如鐸也。鼎臣不知而妄删聲字。斠从畫聲，原本誤作斠。段訂是也。'"④但段氏所據从"畫"的"斠"字只見於《玉篇》斤部，⑤《玉篇》丮部的"斠"字仍然从"畫"，⑥段氏棄而不顧，此其一；以"畫"爲聲符，乃段氏新加，徐灝承之，大小徐《説文》皆以爲會意，《六書略》亦歸爲會意，此其二；《六書略》對文字的解釋，與《類篇》《集韻》等書的關係十分密切，《類篇》《集韻》引《説文》對"斠"的解釋，與《六書略》無異，此其三。因此王本以後出之段氏改篆本校對《六書略》，未必符合《六書略》之舊。

"灋"字條云："刑也。从水，平準也。从廌，觸不直者去之。""廌"，上影本、文庫本、王本同，只有藝文本作"廌"，當以作"廌"符合原本。按此條解釋，來源於《説文》，但包含著鄭氏的新發展。他以"平準"釋"从水"之義，以"觸不直者"釋"廌"之義，以"去之"釋"去"之義，同時把"廌"和"去"合爲一個字符"廌"，是其獨特之處。《類篇》《集韻》所引《説文》，或同大徐，或同小徐，惟鄭氏之説與衆不同。大徐本《説文》："灋，刑也。平之如水，从水。廌所以觸不直者去之，从去。"小徐本作"灋，刑也。平之如水，从水。廌所以觸不直者去之"，末無"从去"二字；段注本作"灋，刑也。平之如水，从水。廌所以觸不直

① 見《通志・二十略》，第 299 頁。

② 大徐本《説文》作："斟也。……斠，斠或从畫、从丮。"小徐本作："斠或从丮、畫。"

③ 見段玉裁《説文解字注》，上海書店出版社，1992 年，第 717 頁。

④ 見蔣冀騁《説文段注改篆評議》，湖南教育出版社，1993 年，第 105 頁。

⑤ 見《宋本玉篇》，北京市中國書店，1983 年，第 315 頁。《龍龕手鑑》斤部亦有从畫的"斠"字。

⑥ 見《宋本玉篇》，第 128 頁。

者去之,从厝去",末作"从厝去"三字,各有不同。鄭氏有所本,亦有所創新。當然,隨著出土材料的增多,過去認爲是會意字的"瀍"字也可能是从"去(盍)"聲的形聲字。[①] 此是後話。

以上各條説明,《六書略》之撰,多有參考《類篇》《集韻》諸書,既有疏漏,亦有整合調整乃至自創新説者,需要仔細甄別和研究,方能明其所以。校訂之難,衆所共知。以上所列,自有不確甚至錯誤者,懇請博雅君子有以正焉。

---

① 參見裘錫圭《説字小記·説"去""今"》,《裘錫圭學術文集·金文及其他古文字卷》,復旦大學出版社,2012 年,第 418 頁;裘錫圭《談談古文字資料對古漢語研究的重要性》,《裘錫圭學術文集·語言文字與古文獻卷》,第 42 頁;宋保《諧聲補逸》亦曰:"瀍,从水、从厝,去聲。重文作法,去聲。《廣雅疏證》'法'字注云'去聲'。保謹案:法字去聲,猶狋怯劫娀从去聲也。"(轉引自丁福保《説文解字詁林》十上"瀍"字條,中華書局,1988 年,第 9680 頁)日本學者白川靜指出"瀍"字从水,"慶"聲,"慶"又以"去"爲聲,實際上亦以"去"與"瀍"聲相諧(白川靜《漢字之起源》,引自周法高《金文詁林補》,臺北"中研院"歷史語言研究所,1982 年,第 2649~2650 頁);清華簡《命訓》簡 12"瀍"字作 ,以往未見,其字从厝、从盍,簡 15"瀍"字作 ,从厝、从去,與从"盍"者爲異體,説明"瀍"讀爲盍(去)聲是有根據的(參見顏世鉉《説簡本〈緇衣〉"瀍"與"厝"的關係》,《中國古文字研究會第二十一屆年會散發論文集》;劉偉浠《〈清華大學藏戰國竹簡(五)〉疑難字詞集釋及相關問題研究》,福建師範大學碩士論文,2017 年)。

清代鈔本戲曲疑難字考釋舉隅

李偉大

中山大學中文系

清代鈔本戲曲中疑難字夥多，給文獻的閱讀和整理帶來了一定困難，本文對其中四則疑難字進行考釋，以就正於方家。

一、食

1.《清車王府藏曲本》第 43 冊《劉公案·江寧府》：“到像有，千愁萬慮在心中，獨對銀燈**食**著枕，借燈光，杏眼更顯水令令。”（240/2/c1）[1]

按：“**食**”字人民文學出版社點校本《劉公案》校作“時”。[2] 以“食”爲“時”的同音借字，誤，“時著枕”不辭。今謂“食”爲“包”之訛字，“包”之行草書或作“**包**”、“**乞**”，“食”之草書或作“**乞**”、“**包**”，[3]二者相近。鈔者遇“**包**”字，誤以爲“食”之草體，將其還原爲“食”。“包”又是“抱”之俗省，曲本中省略部件的情況常見，如“鋪”省作“甫”、“鍋”省作“咼”、“銀”省作“艮”等，不一而足。“獨對銀燈抱著枕”正言女子孤寂之狀。

二、花

2.《群羊夢》卷三：“常言爲臣忠盡命，非到花卒怎見心？”（未刊 70-254）又卷五：“可

---

① 爲方便覆案及節省篇幅，本文隨文標明頁碼。《清車王府藏曲本》（以下簡稱“《曲本》”）每頁上下兩欄，每欄又各分三豎欄，240/2/c1 指第 240 頁下欄之第 3 豎欄第 1 行；“未刊 70-254”指《未刊清車王府藏曲本》第 70 冊第 254 頁；“綏 42-227”指《綏中吳氏藏鈔本稿本戲曲叢刊》第 42 冊第 227 頁；“俗 223-101”指《俗文學叢刊》第 223 冊第 101 頁；“影 1-292”指《皮影戲影卷選刊》第 1 冊第 292 頁。

② 燕琦校點《車王府曲本·劉公案》，人民文學出版社，1990 年，第 16 頁。

③ 本文所引草書皆據中國書店編《草書大字典》，中國書店，1983 年。

憐千里充軍,令人猶如刀攪。幸而免死得逃生,鄧州隱<u>花</u>賊又找。"(未刊 70-417)

　　按:此二例中"花卒"、"隱花"皆不辭。今謂二"花"皆"蒼"之譌。"倉"俗或作"仑",如《目蓮記》《嶺南逸事》中"倉"作"仑","搶"作"抡","蒼"作"苍"。① "花"俗或作"苍",《董解元西廂記》卷一:"東風驚落滿庭苍,玉人不見朱扉亞。"②《篇海類編》卷十《花木類‧草部》:"苍,音花,義同,俗用。"③鈔者見"苍(蒼)"字,以爲是"花"之俗寫,乃錯誤還原爲"花"。《群羊夢》二例中"花(蒼)"皆記音,"花卒"即"倉卒","隱花"即"隱藏",《包公案》卷三:"你我將他屍首隱蒼暗處,大量神鬼難測。"(影 1-292)《群羊夢》卷四:"願君路上多保重,奈性寧心且隱苍。"(未刊 70-316)又卷五:"自你被護幽州地,每夜焚香告花穹。"(未刊 70-445)"花穹"即"蒼穹"。《仙桃會》卷二:"我不免隱身蒼形,暗進番營。"(俗 223-101)皆可比勘。

三、护

　　3.《金蝴蝶》第十四部:"大哥,聞聽人言雙柏寒搶州护縣,大肆倡狂。"(未刊 63-25)

　　4.《曲本》第 31 册《施公案‧黃興莊》:"霸占人家房子地,便自搶护女裙衩。"(428/2/b3)

　　5.《施公案‧故城縣》:"下面的,一齊答應不怠慢,揎拳护袖抖威風。"(438/1/c4)

　　按:"护縣"、"搶护"、"护袖"難解。今謂"护"乃"擄"之俗寫。《小英傑》第三本:"我兒保慶也被护,貪生怕死不英奎。"(綏 42-227)此《俗文學叢刊》本作"擄"(俗 197-265)。《集韻‧姥韻》:"擄,虜掠。""护縣"即"擄縣",《閔玉良》第四部:"目下年景多荒亂,黎民百姓不得安。皆因朱溫黃巢反,更有那巨齒青梅兩座山。搶州擄縣逞兇惡,攔路劫財習自然。"(未刊 69-257)"搶护"即"搶擄",《閔玉良》第五部:"男女婁羅無其數,搶擄軍民甚可憐。"(未刊 69-365)《曲本》第 44 册《壽榮華》第二部:"時常下山搶擄百姓。"(25/2/c2)"擄"爲"擄"之譌。《泥馬渡江‧可部》:"往常搶挧猶能擋,今番事大現攻關。"(未刊 64-359)"搶挧"記"搶擄"音,該例《俗文學叢刊》本《泥馬渡江》正作"搶护"(俗 233-9)。《包公案》卷四:"奉旨你把饑振,不該挧搶花容。"(影 1-479)"挧搶"即"擄搶",《漢語大字典》"擄"條:"用同'挧'。《兒女英雄傳》第二十五回:'姑娘一壁廂説著,一壁廂便把袖子高高的擄起,請大家驗明。'"《鎮

①　劉復、李家瑞《宋元以來俗字譜》,文字改革出版社,1957 年,第 29、66、101 頁。"蒼"的俗字有兩種,一爲"苍",一爲"苍",參看李樂毅《簡化字源》,華語教學出版社,1996 年,第 26 頁。

②　〔金〕董解元:《古本董解元西廂記》,古典文學出版社,1957 年。

③　〔明〕宋濂撰,〔明〕屠隆正訂:《篇海類編》,載《續修四庫全書》第 230 册,上海古籍出版社,2002 年,第 87 頁。另,《漢語大字典》"苍"條:"苍,同花。"引上兩例字形皆作"苍",未知所據版本。《漢語大字典》另有"苍"字,爲"'蕌'的類推簡化字"。

冤塔》第三部："莫説你是京裏來的，就是梗子地裏趕出來的，我也是要护你倆把毛！著槍，雜種！"（未刊 76-26）"护"即"擄"，記"抒"義。《三賢傳》卷二："苦了佳人蘆鳳英，渾身灘軟疼難過。护開青絲頭髮開，鮮血淋淋粉面破。"（俗 185-173）"护開"當即"抒開"。《龍門陣》第二部："如此婁羅們扎住村外，不准护造，違令者斬。"（俗 199-96）《太原府》卷五："老夫一時憤怒，説我閨女出閣，休來护皂，將周郡丞攢出府外去了。"（俗 191-430）"护皂"即"擄皂"，記"羅唣"音。例 5 中"护袖"即"擄袖"，《曲本》第 44 册《壽榮華》第一部："張三仗著氣力大，挽拳擄袖賭鬥爭。"（6/1/c6）又第二部："書生一傍無名動，急忙忙，护袖揎拳把話明：父親教子應該令，你若不伏有災星。"（17/1/c7）①

王國珍已發現《綴白裘》中"护"是"擄"的俗字，"'戶'代替'虜'乃保留其外部輪廓簡化。與此類似，構字部件'盧'也常用'戶'代替。"②曾良先生據明清小説語料已指"护"爲"擄"之俗字，並指出，"'虜'、'盧'同音，故'擄'俗寫爲'护'。"③正是"盧"、"蘆"、"爐"等先簡作"庐"、"芦"、"炉"等形，④受此影響，"擄"才簡作"护"，"盧"、"虜"形音皆近，"擄"作"护"是在"盧"、"蘆"等字類推作用下改換聲旁的結果。可資比勘的是，"擄"又或換聲旁作"𢲸"，《小英傑》一本："玉香小姐身被𢲸，蘇醒多時又還魂。"（俗 197-72）《定唐·代部》："我妹妹被番兵𢲸去，獻與耶律太子代回本國。"（未刊 64-57）或作"护"，《曲本》第 31 册《施公案·黃興莊》："衆家奴一齊答應，吵呐了一聲喊，揎拳护袖，七手八腳全奔了賀人傑來了。"（390/2/a6）又寫作"护"，《定唐·長部》："今有太子李現龍被护北番，非卿不能解救。"（未刊 64-127）又《泥馬渡江》第三部："當今二帝被护，宋家尚有御弟，你何不早早救他出宫？"（俗 233-287）"被护"即"被擄"。

《太原府》卷六："程咬金窗外聽見了，不由心中大動怒，這狗官胡言亂語混嚼毛。攢拳胡袖往裏闖，蘇士元拉住老黑袍。"（俗 191-498）本例鈔者不識"护"爲"擄"之俗，又以"胡"記"护"。《小英傑》一本："還得你倆大交戰，平胡掃护功第一。"（俗 197-56）又第六本："令下一聲驚番护，不日班師早還朝。"（俗 197-474）二例中"护"記"虜"音。

四、牙

6.《龍門陣》第四部："已將小扇送入上房，放在妝盒之内，又盗來小姐的繡鞋一支，

---

① 值得注意的是，從字迹上看，《壽榮華》以上兩例非同一人所鈔，故字有不同。
② 王國珍《〈綴白裘〉俗字探析》，《湖州師範學院學報》2018 年第 5 期。
③ 曾良《明清小説俗字研究》，商務印書館，2017 年，第 115 頁。
④ 三字宋元以來即已出現，參看李樂毅《簡化字源》，第 164～166 頁。

代奴放在他書箱之内。得咧，事已作妥，褚貴▢玉蕊，我叫你二人：明槍容易躲，暗箭最難防。"(俗199-34)

按：例中"▢"字難識。"褚貴"、"玉蕊"爲二人名，"▢"是"呀"之俗寫，全句當斷爲"褚貴呀，玉蕊"。俗書口旁在左時，常居字之左上角，這種寫法古已有之，如《馬王堆漢墓帛書》中"唯"作"▢"，①敦煌文獻中"唱"作"▢"，②《可洪音義》中"唄"作"▢"③等。這種寫法影卷中更常見，且口旁往往與右邊部件併合，使得整字重組，如《追印》第三本："等本帥當著衆將説明你的罪過，▢你死而無怨。"(俗203-209)《前鎖陽》卷四："哼，只可怎生好？▢，有了！"(俗200-340)《雙龍璧》第二部："▢，大家著手抬著抬著。"(俗188-114)《四平山》卷四："我今正年輕，你也正▢▢。此事天配成，月老早撮合。"(俗204-421)"▢▢"即"嬌娥"之記音。《雙龍璧》第二部："啊，他嘴裏咕咕▢▢罵的更重咧。"(俗188-114)"咕咕▢▢"即"咕咕嚷嚷"。《龍門陣》第六部："叫聲妹夫兒，聽我對你講。」有事慢慢説，不必使尖▢。"(俗199-460)《追印》第四本："(人家也是好心吔。)▢好心哪！活丟醜！"(俗203-358)"▢"乃"啥"之俗，又《追印》第四本："(上旦)矬賊，著刀！」扞！(急上矬，白)金光金光，他咋不金光呢？(上旦)著刀！」又來咧，扞哦！(殺，旦下，矬白)呀，對呀，丫頭没了鏡子咧，怕他作▢？"(俗203-374)《龍門陣》第四部："山城上，把馬撒。聲如虎▢，好似天塌。"(俗199-273)《對綾衿》第三部："老人家請！」可走罷▢。"(俗206-225)"罷▢"即"罷喲"。"口"手書又常寫作兩點，《雪月雙珠》第五部："▢，他是一男，我是一女，非親無故，怎麼背法呢？"(俗190-55)"▢"即"咳喲"。《平西册》第三部："只個賢婿，老漢還有一事奉托與你▢。"(俗207-416)"▢"亦"喲"字。再如《雪月雙珠》第五部："哭哭▢▢開言道，悲悲切切罵媒婆。"(俗190-17)又："裏面有人嗎？開門來，開門來。」是誰扣門▢？不像我外甥女兒聲音，代我出去看來。"(俗190-29)又《雪月雙珠》第七部："急忙收了分身法，出了帥府▢如雷。"(俗190-223)"▢"即"喊"字。《小英傑》第五本："叫你▢搭你就咱搭。"(綏42-343)《全忠孝》第五部："哦，小姐，▢主僕機關已漏，他兄妹方才暗地商議，必無好事。"(俗219-333)《警世奇緣》首部："媽▢，方才聽得丫環説前庭有山賊到此，不知爲著何事？"(俗192-316)"▢"即"吔"字。《前鎖陽》卷一："咳，我的兒拉！」母親▢！"(俗200-21)"▢"即"哪"。《平西册》第一部："鐵槊驚神鬼，鋼叉▢人

---

① 臧克和《漢魏六朝隋唐五代字形表》，南方日報出版社，2011年，第303頁。

② 黄征《敦煌俗字典(第二版)》，上海教育出版社，2019年，第78頁。

③ 韓小荆《〈可洪音義〉研究——以文字爲中心》，巴蜀書社，2009年，第348頁。

魂。"（俗 207-246）此爲"唬"字。《反天宫》第三部："是人命苦不 [句] 我，未從行步覺著難。"（俗 226-188）" [句] "記"像"音。又或作" [尚] "，《兩郎山》第二部："忽然一陣沉雷 [尚] ，雲霧迷漫太陽遮。"（俗 218-167）又重組作" [帕] "，《唱本一百九十册》寶文堂板《王金川得狀元》："鳥槍一 [帕] 不要緊，這才嚇壞女嬋娟。"" [帕] "即"响"字，刻工不識如" [尚] "者，寫樣時將該字重組爲" [帕] "。又《平西册》第三部："只個話兒拉，不是那們説，可老漢一年比一年老 [丑] ，趁著有我只口氣，把倆丫頭開放出去也完了。"（俗 207-416）" [丑] "即"呀"字，"呀"是影戲中常用語氣詞，記"咧"音，其例再如《全忠孝》第三部："若不叫我爹爹，光你可就行呀？那可等著與我抱孩子吧。」可不是煞呢。」（上丑生）哥哥嫂子在上，小弟有禮 [呀] 。"（俗 219-83）

　　"呀"亦作" [牙] "，《平西册》第三部："媽 [牙] ，你可別説我壞心眼 [牙] 。"（俗 207-450）《兩郎山》第二部："我就不信，扒著門縫望裏一看，果然像鬼 [牙] ，老爺！"（俗 218-149）又："你今請我是算帳？」是 [牙] 。"（俗 218-170）《全忠孝》第六部："我猜郡馬一定是忠心不退，還暗自與國家出力。」非也 [牙] 非也，我想千歲現在此地，英州離太原切近，倘若達子犯境……"（俗 219-366）此皆爲例 6 中" [牙] "爲"呀"之確證。

語流音變和聯綿詞的讀音[*]

趙 形

北京大學中文系

由於音節之間的相互影響而發生的同化、異化等語音變化是語言史上常見的現象。比如：拉丁語的 octo"八"在意大利語中變成了 otto，c[k] 被後邊的 t 同化；[①]拉丁語的 peregrinus"外來者"在意大利語中變成了 pellegrino，第一個 r 被異化爲 l。[②] 漢語是單音節語，語音演變的條件一般來自音節內部，由於音節之間的相互影響而引發的語音變化往往屬於語流音變的範疇。聯綿詞是漢語中比較特殊的一種詞彙類型，是由雙音節語素構成的。聯綿詞由於兩個音節的組合是固定的，由音節之間相互影響而發生的語流音變就具備了固定下來的可能性。一些漢字在聯綿詞中的讀音與其他場合的讀音不同，其中有些很可能同語流音變相關。本文即嘗試從語流音變的角度探討幾個讀音比較特殊的聯綿詞。疊音詞雖然不一定是單語素，但是與聯綿詞有很多共同點，也在本文的討論範圍之內。

一、町畽（町疃）

《詩·豳風·東山》："町畽鹿場，熠燿宵行。"《釋文》："町，他典反，或他頂反。字又作町，音同。畽，本又作疃，他短反。町畽，鹿迹也。字又作墥。"

"町"字《廣韻》有四個讀音。銑韻："他典切，鹿迹。"青韻："他丁切，田處。"迴韻："徒

---

* 本文的寫作得到陳劍、蔡一峰、陳哲三位先生的幫助，謹致謝忱！文中錯誤之處均由筆者負責。

① Lyle Campbell（坎貝爾），*Historical Linguistics: An Introduction*（《歷史語言學導論〔第三版〕》），Edinburgh University Press，2013，p.24.

② Lyle Campbell，*Historical Linguistics: An Introduction*，p.26.

鼎切，田畝。""他鼎切，田畖。"《集韻》多出兩個讀音。迥韻："都挺切，田畝謂之町。"梗韻："丈梗切，除地爲埊也。"

　　鹿迹義《釋文》他典、他頂兩音，而《廣韻》《集韻》均只他典一讀，其他字書、韻書大都如此，兹不贅引。"町"從"丁"聲，古音當在耕部，按耕部的演變規律不當有銑韻的讀音。《廣韻》《集韻》除他典切一讀外，其他幾個讀音都在梗攝，符合耕部的演變規律。

　　"疃"字《廣韻》作"疃"，吐緩切，與《釋文》音同。《集韻》又有他東切一讀。《説文》亦作"疃"，田部："禽獸所踐處也。《詩》曰：'町疃鹿場。'从田，童聲。"段玉裁注："十四部，此音之轉也，古音蓋在九部。"重聲、童聲皆當在東部，按照東部的演變規律不當有緩韻的讀音，所以段玉裁認爲是發生了音轉。

　　"町疃"從《廣韻》音來看似乎是雙聲兼疊韻的聯綿詞，但是從諧聲來看上古並不同部。孫玉文認爲"町疃"原來只是雙聲聯綿詞，後來變成雙聲兼疊韻聯綿詞。[1] "町疃"兩字讀音特殊可能是語流音變造成的，我們推測音變的過程如下：[2]

$$t^h eŋ t^h oŋ \rightarrow t^h ent^h oŋ \rightarrow t^h ent^h on \rightarrow t^h ient^h uɑn$$

這個過程分爲幾個步驟：一、"町"字的韻尾-ŋ被"疃"字的聲母 t^h-同化爲舌尖鼻音-n，從而由耕部轉入真部；二、由於"町"字的同化，"疃"字的韻尾也變成-n；三、"疃"字由於韻尾的變化轉入元部，並按照元部的韻母結構重新調整後變入中古的緩韻。[3]

　　《説文》足部："蹯，踐處也。从足，斷省聲。"段玉裁注："此與疃同義。田部曰：'疃，禽獸所踐處也。'王逸《九思》：'鹿蹊蹯蹯。'亦作蹯。"可見漢代"疃"字元部的讀音已經比較穩固了，所以出現了從"斷"聲的寫法。

二、睘睘（趨趨）

　　《詩·唐風·杕杜》："獨行睘睘。"《釋文》："睘，本亦作煢，又作㷋，求營反，無所依也。"

　　《説文》目部："睘，目驚視也。从目，袁聲。《詩》曰：'獨行睘睘。'"段玉裁注："按，

---

[1]　孫玉文《先秦聯綿詞的語音研究》，《上古音叢論》，北京大學出版社，2015 年，第 192~234 頁。

[2]　本文擬音主要依照殷國光、龍國富、趙彤《漢語史綱要（第二版）》，中國人民大學出版社，2016 年。特別之處另行注明。

[3]　雅洪托夫提出上古元部本身有圓脣元音，"疃"字上古音就是 $t^h on$。參看雅洪托夫《上古漢語的脣化元音》，《漢語史論集》，北京大學出版社，1986 年，第 53~77 頁。依照本文的系統，"疃"字變成 $t^h on$ 後自然會併入讀音最近的 $t^h uɑn$，所以不依圓脣元音説同樣可以解釋這個問題。

袁聲當在十四部。《毛詩》與‘青、姓’韻,是合音也。”段玉裁《六書音均表‧詩經韻分十七部表》弟十一部:“睘,本音在弟十四部。《詩‧杕杜》合韻‘菁、姓’字。一作‘熒熒’,則在本韻。”江有誥《詩經韻讀》於本篇韻腳未圈“睘”字,注:“《文選》注引作‘熒熒’,當從之。”①“睘”從袁聲,當在元部,睘聲字也多在元部,所以段、江都認爲“睘”字古音不當在耕部。段認爲《杕杜》“睘”韻“菁、姓”是合韻,江認爲“睘”不入韻,作“熒”方入韻。

《説文》走部:“趟,獨行也。从走,勻聲。讀若熒。”徐鍇《繫傳》:“《詩》云‘獨行熒熒’,本作此趟字。”段玉裁注:“《唐風》‘獨行熒熒。’毛曰:‘熒熒,無所依也。’熒聲、勻聲合音冣近,故熒、趟同義。”馬瑞辰《毛詩傳箋通釋》卷十一:“瑞辰按,《説文》:‘趟,獨行也。讀若熒。’此《詩》‘睘睘’之正字。”②

綜上,獨行字當作“趟”,作“睘”爲借字。“趟”從勻聲,古音在真部,而《廣韻》“趟”、“睘”均爲渠營切,不符合真部的演變規律。我們推測這也是由於疊音詞發生了特殊的語流音變,過程如下:

$$gwjengwjen \rightarrow gwjeŋgwjen \rightarrow gwjeŋgwjeŋ$$

這個變化經過了兩個步驟:一、前一音節的韻尾-n 被後一音節的聲母 g 同化爲舌根鼻音-ŋ;二、由於疊音的作用,後一音節也被同化爲-ŋ 韻尾。經過這個變化,“趟”的讀音便由真部轉入耕部,並按耕部的演變規律變入清韻。

三、提提(折折)

《禮記‧檀弓》:“吉事欲其折折爾。”注:“安舒貌。《詩》云:‘好人提提。’”《釋文》:“折,大兮反,安舒兒,注同。”《廣韻》杜奚切,與《釋文》音同。

《詩‧魏風‧葛屨》:“好人提提。”傳:“提提,安諦也。”《釋文》:“提,徒兮反。”

錢繹《方言箋疏》卷二“嫢笄孾㛔,細也”條:“山井鼎《七經孟子攷文》:古本‘提提’作‘折折’。案,《釋文》於經文出‘折折’,云‘大兮反,注同’。則注引《詩》本作‘折折’,後人以《詩》本作‘提’,遂改‘折’爲‘提’也。”③

安大簡《葛屨》“提提”字作“定”。整理者謂:“《毛詩》作‘提提’,《爾雅》疏引作‘媞媞’,《白帖》引作‘褆褆’。上古音‘定’屬定紐耕部,‘提’、‘媞’、‘褆’屬定紐支部,並音近

---

①　江有誥《音學十書》,中華書局,1993 年,第 44 頁。

②　馬瑞辰《毛詩傳箋通釋》,中華書局,1989 年,第 348 頁。

③　錢繹《方言箋疏》,中華書局,1991 年,第 65 頁。

可通。"①雖然支部與耕部屬於對轉關係,但是此處爲何會發生對轉卻不容易解釋。根據上引錢説,《詩經》古本或即作"折",所以我們懷疑這個"定"字是省去斤旁的"折"字的形訛。對比本篇的"定"和《小星》的"折":

定(《葛屨》)　　折(《小星》)

古文字中"中"與"止"容易相混,比如"剶"有訛作"劃"的。②《小星》的"折"字上面的"中"中"凵"形寫得比較平直,與"宀"相近。古文字中"折"字所從的兩個"中"還有對置的:

翏生盨(《集成》4459·1)

上邊這個"中"就更容易與"宀"相混。這種情況下,假如"折"字省去"斤"旁,③就有可能被誤鈔成"定"。

如果"折折"的最初的寫法,《釋文》音大兮反顯然是受了今本《詩經》作"提提"的影響,而由"折折"到"提提"則很可能也是由於語流音變造成的:

diatdiat(折折)→diaddiat→diadiat→diedie(提提)

這個音變首先是前字的韻尾-t被後字的聲母 d 同化爲濁音,然後音節中間的-dd-又單音化(degemination)了。這種音變非常常見,比如拉丁語的 mittere"放"在西班牙語中變爲 meter。④ 北京話中"杉木"讀成 shāmù 也是同樣的例子。⑤ 接下來的變化也是由於疊音詞的原因,後一音節也被同化爲相同的讀音,然後元音高化轉入支部,所以寫作"提提"。⑥

四、坎坎(籨籨)

《詩·魏風·伐檀》:"坎坎伐檀兮。"《釋文》:"苦感反,伐檀聲。"《陳風·宛丘》:"坎

---

① 安徽大學漢字發展與應用研究中心編,黄德寬、徐在國主編《安徽大學藏戰國竹簡(一)》,中西書局,2019 年,第 138 頁。

② 參看陳劍《郭店簡〈六德〉用爲"柔"之字考釋》,《戰國竹書論集》,上海古籍出版社,2013 年,第 97～105 頁。

③ 比如郭店簡《性自命出》的"斯"字皆省"斤"旁。

④ Lyle Campbell, *Historical Linguistics: An Introduction*, p.38.

⑤ 李榮《語音演變規律的例外》,《音韻存稿》,商務印書館,1982 年,第 107～118 頁。

⑥ 按照鄭張尚芳和白一平、沙加爾的上古音系統,"折"字的元音上古就是 e。本文的系統中,e 是支、錫、耕三部的元音,而"折"在月部,不能是 e。參看鄭張尚芳《上古音系(第二版)》,上海教育出版社,2013 年;白一平、沙加爾《上古漢語新構擬》,上海教育出版社,2020 年。

其擊鼓。"《釋文》:"苦感反。坎坎,擊鼓聲。"《小雅·伐木》:"坎坎鼓我。"《釋文》:"坎坎,如字。《説文》作'竷',音同,云'舞曲也'。'"坎坎"當爲敲擊聲,可以指伐木聲,也可以指鼓聲。

　　《説文》夊部:"竷,繇也,舞也。樂有章,从章,从夅,从夊。《詩》曰:'竷竷舞我。'"段玉裁注改作"竷竷鼓我",謂:"今《小雅·伐木》作'坎坎',毛無傳。而《陳風》曰:'坎坎,擊鼓聲也。'《魏風》傳曰:'坎坎,伐木聲也。'《魯詩·伐檀》作'欿欿'。疑'竷竷鼓我'容取三家,與毛異。"

　　安大簡《伐檀》"坎"作"歁"、"墊"。"歁"及从歁之字楚簡多見,所从之"欠"或繁化爲"次"(安大簡的寫法實際从"次"),曾侯乙墓竹簡又有作"卂"的。陳劍已經指出,"歁"就是見於西周金文的"𩜶",爲"竷"和"貢"共同的表意初文,所从之"欠"是由"卂"訛變來的,"竷"字右旁是從加"止"形的"卂"訛變來的。①

　　《説文》貝部:"贛,賜也。从貝,竷省聲。"徐鉉曰:"竷非聲,未詳。"《廣韻》"贛"字古送切,"竷"字苦感切,所以徐鉉認爲"竷非聲"。王國維《史籀篇疏證》:"案,竷讀若苦感反,乃後人以《説文》引《詩》'竷竷鼓我',今《詩》作'坎坎',故以坎音讀之。實則竷字當从夅聲(與坎字相通假,乃由雙聲字故)。贛从竷聲。且竷既从夅,又从夊,繁複殊甚,必後起之字。古竷字只當作夅。贛、醋二字以之爲聲。"②

　　據上文,"竷"實際上是"贛"的異體,古音當在東部,不當有苦感切的讀音。王國維的意見可取,"竷"字苦感切的讀音是因爲與"坎坎"的異文而冒讀了"坎"字的音。那麼,"坎坎"爲何又寫作"竷竷"呢? 我們認爲也是語流音變造成的,音變的過程與"罣罣"相似:

$$k^homk^hom(坎坎) \rightarrow k^hoŋk^hom \rightarrow k^hoŋk^hoŋ(竷竷)③$$

首先是前一音節的韻尾-m被後一音節的聲母 k^h-同化爲舌根鼻音-ŋ,然後由於疊音的作用後一音節的韻尾也被同化爲-ŋ,所以就可以借音近的東部字"竷"來記録這個詞。

　　與前面幾例不同的是,雖然字面上已經用"竷竷"來記録這個詞,但是相沿的仍然是侵部的讀音,一種可能是侵部的讀音一直有所傳承,另一種可能就是王國維所説的受今本《詩經》作"坎坎"的影響。此外,古文字資料中从"歁"之字除了用作"貢"、"恐"等東部

---

① 陳劍《釋西周金文的"竷(贛)"字》,《甲金文考釋論集》,綫裝書局,2007年,第8~19頁。

② 王國維《史籀篇疏證》,《王國維遺書》,上海古籍出版社,1983年,第六册第二十一至二十二頁。

③ "坎"、"竷"有歸談部和侵部兩種意見,本文歸侵部。侵部可能有圓脣元音,雅洪托夫認爲是-um,但是我們認爲元音可能較開,所以寫作-om。

字以外,也有用作"坎"、"黔"等侵部字的。① 似乎說明此字侵部的讀音很早就已經擴大到"坎坎"以外的場合。還有一種可能,就是另有一個從"欠"聲的"歁"字,在字形上與本從"甘"的"歁"字混同了,造成使用上的混亂。

五、究究(梏梏)

《詩·唐風·羔裘》:"自我人究究。"《釋文》:"究究,九又反。《爾雅》云:居、究究,惡也。"

安大簡《羔裘》"究究"字作"舉"。整理者謂:"'舉','梏'之初文。上古音'梏'屬見紐覺部,'究'屬見紐幽部,音近可通。"②

本章韻腳爲"裘、究、好",押幽部。從押韻的角度來看,當從今本作"究究"。簡本用覺部"梏"字很可能也是語流音變造成的:

kjukju(究究)→kjukkju→kjukkjuk(梏梏)

這個音變與"折折"相反,首先是雙音化(gemination),即詞中的-k-分化成-kk-。這種變化同樣是常見的音變,比如拉丁語的 republica "共和國"在意大利語中變成repubblica。③ 俞敏也討論過漢語中類似的例子,比如"顆東"kʰuatuŋ(即"蝌蚪")寫作"活東"kʰuattuŋ。④ 同樣,由於疊音詞的原因,後一音節也被同化爲相同的讀音。"梏梏"不見於傳世文獻,這種讀法沒有流傳下來,應該是受押韻的影響,讀作覺部押韻不夠和諧。

結　語

語流音變是自然語言中常常發生的現象,由於漢語的單音節性和漢字不直接表音的特點,漢語中的語流音變現象不容易被記錄下來。聯綿詞(包括疊音詞)由於其特殊性,語流音變有可能固定下來並反映在文字上或者是經師的注音當中,聯綿詞當中一些看似不合乎一般規律的讀音有可能就是語流音變造成的。

---

① 參看蔡一峰《〈清華簡(伍)〉字詞零釋四則》,《簡帛研究二〇一六(春夏卷)》,廣西師範大學出版社,2016 年,第 29～35 頁。

② 安徽大學漢字發展與應用研究中心編,黃德寬、徐在國主編《安徽大學藏戰國竹簡(一)》,第 147 頁。

③ 特拉斯克《語音學和音系學詞典》,語文出版社,2000 年,第 114 頁。

④ 俞敏《古漢語裏面的連音變讀(sandhi)現象》,《俞敏語言學論文集》,商務印書館,1999 年,第 343～362 頁。

　　傳統音韻學的"對轉"、"通轉"等學說揭示了一些語言現象,但是對於現象背後的音理還缺乏進一步的解釋。我們認爲語流音變是造成對轉、通轉的原因之一,並嘗試從這一角度對一些特殊的語言現象作出解釋。本文討論了五個例子,是否都能成立還有待於進一步的檢驗。

"鄭重"、"珍重"辨説

——兼談詞語異形對詞義訓釋的價值

吴吉煌

中山大學中文系

一、"鄭重"用爲"珍重"前説辨正

就已知的文獻來看,"鄭重"最早見用於《漢書》:

> 《漢書·王莽傳》:"改元爲初始,欲以承塞天命,克厭上帝之心,然非皇天所以鄭重降符命之意。"顔師古注:"鄭重,猶言頻煩也。"

關於"鄭重"前賢多有論説。相關討論主要集中在以下幾個方面:其一,特別拈出《漢書·王莽傳》及顔師古注,強調"鄭重"本表"頻繁"義。第二,辨析具體辭例中"鄭重"的意義,指出後代文獻中有將"鄭重"用爲"珍重"的情況。第三,探討表"頻繁"義的"鄭重"的詞源。① 下文主要討論"鄭重"、"珍重"詞形混用的相關問題。

對於"鄭重"用於表"珍重"義,明代學者已明確指出:

> 明方以智《通雅》卷五:鄭重,即珍重之轉,《漢》注"頻煩",猶言殷勤也。《漢·王莽傳》稱"非皇天所以鄭重降符命之意",注云:"鄭重,猶言頻煩也。"《顔氏家訓》云:"吾亦不能鄭重,聊舉近世切要以啓寤汝耳。"沈存中《筆談》言石曼卿事云:"他日試使人通鄭重,則閉門不納,亦無應門者。"《魏志·倭人傳》云:"使知國家哀汝,

---

① 此外,學界還對"珍重"詞義的發展演變作了深入探討。詳見李明《從言語到言語行爲——試談一類詞義演變》,《中國語文》2004 年第 5 期;張小豔《論語體轉換對詞義的影響——以書札用語爲例》,《古漢語研究》2008年第 2 期;陳家春《禪籍詞語兼位現象例釋》,《安徽理工大學學報(社科版)》2014 年第 4 期。

故鄭重賜汝好物也。"智謂鄭重乃珍重之轉。《芥隱筆記》引樂天《謝庚順之送紫霞綺詩》云"千里故人心鄭重",可知即珍重矣。①

　　明黄生《義府》卷下：予謂顔訓是也，然得其意而未得其聲。蓋鄭重即申重(平聲)之轉去者爾。《三國志》又云："國家哀汝，故鄭重賜汝好物。"《顔氏家訓》："吾亦不能鄭重，聊舉近世切要，以啓寤汝耳。"此用鄭重字皆與顔注合。至白居易詩"千里故人心鄭重"，又"交情鄭重金相似"。②　沈括《筆談》："他日試使人通鄭重，則閉門不納。"此又用爲珍重之意，非本指也。③

　方以智和黄生均認爲唐代及此後文獻中有用"鄭重"爲"珍重"的情况，並均引白居易詩"千里故人心鄭重"爲證。方以智和黄生對於沈括《夢溪筆談》"他日試使人通鄭重，則閉門不納，亦無應門者"一句中"鄭重"是否表"珍重"義意見有分歧。对此，學者們有不同意見。

　　宋黄朝英《靖康緗素雜記》卷二：鄭重。《漢•王莽傳》稱："非皇天所以鄭重降符命之意。"注云："鄭重，猶言頻煩也。"《顔氏家訓》亦云："吾亦不能鄭重，聊舉近世切要，以啓寤汝耳。"此真得《漢書》之義。近沈存中《筆談》言石曼卿事云："他日試使人通鄭重，則閉門不納，亦無應門者。"即以鄭重爲殷勤，不知何所據而言然？不爾，曾謂使人通頻煩可乎？《魏志•倭人傳》云："使知國家哀汝，故鄭重賜汝好物也。"亦有頻煩之意。今人有以鄭重爲慎重者，又誤矣。④

　　清胡鳴玉《訂訛雜録》卷三：鄭重有頻煩、殷勤二義，不作珍重、不敢輕忽解。《緗素雜記》云：……玉案：《廣韻》鄭字注云："鄭重，殷懃也。"故《陶靖節集》注敘慧遠白蓮社事云："靖節與遠公雅素，寧爲方外交而不願齒社列。遠公遂作詩博酒，鄭重招致，竟不可詘。"《魏志》："鄭重送汝好物。"白樂天《謝庚順之送紫霞綺》詩云："千里故人心鄭重。"皆作殷勤解。(朱子謂少陵夔州以後詩失之鄭重繁絮，是亦頻煩意。)⑤

　相較而言，我們認爲黄朝英、胡鳴玉將"千里故人心鄭重"和"他日試使人通鄭重"的

① 方以智撰，黄德寬、諸偉奇主編《方以智全書》，黄山書社，2019 年，第四册第 253~254 頁。
② 《字詁義府合按》"交情鄭重金相似"作"字相似"，清道光指海本《義府》作"金相似"，諸書引白居易詩亦均作"金相似"，今據改。
③ 黄生撰，黄承吉合按《字詁義府合按》，中華書局，1984 年，第 184 頁。
④ 黄朝英《靖康緗素雜記》，上海古籍出版社，1986 年，第 12~13 頁。
⑤ 胡鳴玉《訂訛雜録》，中華書局，1985 年，第 25 頁。清孫璧文《新義録》卷六十五"鄭重不作珍重解"一則，轉引《訂訛雜録》之説。

“鄭重”訓爲“殷勤”是可取的。① 如諸家所言，“鄭重”本義爲“頻煩、反復”，引申表“殷勤懇切”義，②又可引申表“慎重、認真”義。

“交情鄭重金相似”，出自白居易《繼之尚書自余病來寄遺非一又蒙覽醉吟先生傳題詩以美之今以此篇用伸酬謝》，詩云：“衰殘與世日相踈，惠好唯君分有餘。茶藥贈多因病久，衣裳寄早及寒初。交情鄭重金相似，詩韻清鏘玉不如。醉傅狂言人盡笑，獨知我者是尚書。”白居易在病中得到吏部尚書楊嗣復的多次饋贈，有感其深情厚誼，作此詩以爲酬謝。雖然作者“衰殘與世日相疏”，但楊嗣復仍時刻想著老朋友，惠好分餘。“交情鄭重金相似”，意指楊嗣復對自己的情誼深厚殷切，如黃金一般永不變色。③

同樣的題旨在後代詩文中也時常可見，如：

宋葛勝仲《丹陽集》卷三《與胡學士書》：乖隔十有一年，中間家國之變，可駭可痛，可憂可啎，衆多如髮，皆蒙詳敍。筆勢瀾翻，既喜詞藻之日新；交情鄭重，又諗眷與之不替。幸甚幸甚。④（按，乖隔十一年，經家國之變，而眷與不替，正可見交誼深厚殷切。“眷與不替”，亦言情誼深厚而始終未變。）

明鄒迪光《始青閣稿》卷六《不腆菟裘辱枲憲見枉作竟日周旋同賦二十二韻》：公等真名弼，吾儕媿故侯。下交情鄭重，仰德意綢繆。道自文章合，光生洞壑幽。一時浮白飲，千載汗青求。（按，“鄭重”與下句“綢繆”相對，均指情誼深厚殷切。）

清蔣寶齡《琴東野屋集》卷十二《蔡硯香廣文與海昌學博方雪齋交善近就舍旁構樓三楹顏曰待雪蓋取輞川爲襄陽築孟亭之意雪齋酬詩二律和者盈卷次韻》其二：任渠風雪撲窗寒，坐擁羣編地儘寬。未老已聞從仕嬾，愛閒益信在家安。交情鄭重詩能見，雪意殷勤歲欲闌。我正孤篷來語水，黃梅花下借圖看。（按，“鄭重”與下句“殷勤”相對，意指情誼深厚殷切。）

---

① 《辭源（第三版）》“鄭重”條下“殷勤”義項，辭例爲白居易詩“千里故人心鄭重，一端香綺紫氤氳。”李商隱《無題》：“錦長書鄭重，眉細恨分明。”甚確。

② 董志翹《〈高僧傳〉的史料、語料價值及重新校理與研究》：“與‘殷勤’的引申途徑相同，‘鄭重’也由‘頻數’義引申出‘懇切’義（有的時候同樣兼有‘頻數’、‘懇切’兩個義素）。”（魯國堯主編《南大語言學》第 1 編，商務印書館，2004 年，第 181 頁。）蔣禮鴻、郭在貽認爲《漢書·王莽傳》“鄭重”乃“殷勤”之義。説見蔣禮鴻《義府續貂》，浙江大學出版社，2020 年，第 37～38 頁；郭在貽《郭在貽文集》第三卷《旻盦文存上編》，中華書局，2002 年，第 61 頁。誠如蔣禮鴻所言：“大抵殷勤者其辭命禮數恆繁數，故二義有不能灼然區分者。”我們採用舊説，認爲《漢書·王莽傳》“鄭重”表“頻煩、繁數”之義。

③ 郭在貽《唐詩與俗語詞》認爲此句“鄭重”乃殷勤之義。董志翹《〈高僧傳〉的史料、語料價值及重新校理與研究》所舉辭例有《三國志·魏書》“故鄭重賜汝好物也”，白居易詩“交情鄭重金相似”、“千里故人心鄭重”等。

④ 本文所引文獻除腳注説明外，均引自愛如生數據庫，並核對數據庫所據版本原文，具體版本信息不再一一注明。

清鮑倚雲《壽藤齋詩》卷九：開到緋桃欲送春，當塪何止日千巡。交情鄭重侔金璧，世態精能渾笑顰。（按，"交情鄭重侔金璧"，旨在表達情誼深厚、殷切，如金璧般堅貞，非似下句所言精通世態而見風使舵，隨機笑顰。）

這些詩文中的"交情鄭重"，意指友情深厚殷切，經久不變，歷久彌堅。黃生認爲"交情鄭重金相似"的"鄭重""用爲珍重之意"不可信從。詩文中雖然也有"交情珍重"的用法，但其義與"交情鄭重"不同，意指友情珍貴、寶貴，强調友情難得可貴，值得珍惜。例如：

宋李曾伯《可齋雜稿》卷三十《送書記雷宜叔造朝》：五色雲邊昔稚圭，軍戎萬里已周知。趨朝豈止重憑廣，出幕聊爲送適詩。行李羽輕清溓穩，[1]交情珍重歲寒期。君王若問荆州事，白玉階前細數之。（按，"珍重"與上句"羽輕"相對，重在强調交情珍貴。）

明吳國倫《甄甄洞稿》卷二十七《哭徐子與方伯四首》其四：結髮稱詩老未休，詩成何地不書郵。秖今篋笥明珠在，終古山川匹練收。酒態分明嵇阮後，交情珍重尹班流。總令騎鶴縝山去，回首中原處處愁。（按，"交情珍重尹班流"意指似尹敏與班彪的友情一樣珍貴難得。）

清孔尚任《湖海集》卷二《視工海上俞陳芳見贈長歌病未能荅被召北上至維揚卻寄》：堤外風煙四月寒，茅簷服藥對瓢簞。長篇寄到眠常把，大海潮來出倦看。客路倉皇聞道少，交情珍重得人難。河梁別後銷魂甚，羸體扶人上馬鞍。

至於《夢溪筆談》"他日試使人通鄭重"，"通鄭重"即"通殷勤"，意指表明衷情和心意。[2]

二、辭書"鄭重"、"珍重"釋義訂補

方以智"鄭重乃珍重之轉"，指出二者的音近關係。"鄭"和"珍"語音相近，"正法"亦作"鎮法"。《躋春臺·活無常》："回文轉來，將饒氏之尸殛以示衆，魏道仁就地鎮法。"[3]

---

① 此據《四庫全書》本，清鈔本作"行理羽輕春溓穩"。

② "通鄭重"與"通殷勤"往往是爲了達到某種目的。這與後來詩文"通珍重"表示"通問候"的意思有別。"珍重"常用於辭別及書箋寄語，臨行辭別、書箋往來時寄語對方多加珍重的言語，發展成爲問候對方的言語行爲，因而有表"道別"、"問候"的意義。

③ 此例引自《近代漢語大詞典》。《近代漢語大詞典》："鎮法，執行死刑。鎮：多作'正'。"（第 2375 頁）1949 年後出版的許多著作也常作"就地鎮法"。

此外，“振作”亦作“整作”，“整飾”亦作“振飾”，“整飭”亦作“振飭”。這些詞語異形都反映出《廣韻》“真”韻字與“清”韻字（平聲賅上去）在近代漢語中的音近通用關係，可作爲“珍”、“鄭”音近通用的佐證。從字詞關係的角度看，“鄭重”用於表“珍重”義，可以看成是“珍重”一詞的音轉異形。

“鄭重”用於表“珍重”義，除方以智、黃生所舉辭例外，明清文獻中還有許多，例如：

> 明佚名《四賢記》第八齣：叮嚀幾遭，言詞怎了，前途鄭重休輕躁。

> 清馮登府《石經閣文初集》卷五《頻伽郭君墓誌銘》：飲少輒醉，自傷垂老，相與賦詩，鄭重而別。

> 清白恩佑《進修堂詩集》卷十《病中寄張翰槎水部同年時翰槎病三月初愈也》：秋風日蕭瑟，鄭重百年身。

表達同樣的意思，在唐宋明清時期的文獻中常作“珍重”，例如：

> 唐薛用弱《集異記》卷一《裴珙》：俄頃至上東門，遂歸其馬，珍重而別。

> 宋許綸《涉齋集》卷十五《喻工部追和王詹事游東坡十一絶亦次韻》其十一：腐儒珍重百年身，眼見白頭無數新。

> 清王相《鄉程日記》庚子年二月十六日：日暮途迷，忽與師遇，送至舟次，珍重而別。

> 清侯家璋《守默齋詩集》卷六《同程謹侯明府赴曹在郡留別》：前途珍重別，莫惜暫分襟。

清人杭世駿在《訂訛類編》卷一“鄭重”條下云：“今鄭重作珍重解，恐非。”[1]郝懿行《證俗文》卷十七也説：“言事頻煩不易作者曰鄭重。[2] ……蓋亦頻煩之意。今人俱作珍重用，非漢人意也。”亦可見當時用“鄭重”表“珍重”義是較爲常見的。

反之，用“珍重”表“鄭重”義的情況前引諸家札記均未提及。現代辭書中不僅將“珍重”立爲“鄭重”詞條的一個義項，且多在“珍重”詞條下立“鄭重，慎重”義項，認爲文獻中存在用“珍重”爲“鄭重”的情況。對此，我們需要作進一步探析。

（一）“珍重”表“鄭重、慎重”義獻疑

《漢語大詞典》“珍重”詞條下立義項“⑥ 鄭重，慎重”，辭例爲：

---

① 杭世駿《訂訛類編·續編》，中華書局，2006 年，第 42 頁。

② 此説可上溯至明田汝成《西湖遊覽志餘》，明萬曆本十二年重刻本、四庫全書本作：“言事頻煩不易作者曰鄭重法。《王莽傳》：……”明焦周《焦氏説楛》（明萬曆刻本）卷四引田説無“法”字。民國十一年《杭州府志》卷七十五亦無“法”字。《近代漢語詞典》立“鄭重法”詞條，引田汝成《西湖遊覽志餘》卷二十五爲説（第 2658 頁）。

　　　　宋劉正罿《兼道攜古墨來感之爲作此詩》：“錦囊珍重出玄圭，雙虬刻作蜿蜒態。”

　　　　楊沫《青春之歌》第一部第二章：“她仔細地數了數這些鈔票，然後珍重地放在道靜手中。”

　　按，“錦囊珍重出玄圭”一句，與該詩後文言：“汗青得失更誰論，尤物競爲人寶愛。嗟余視此真糞土，事有至微猶足戒。”正相呼應。明李之世《觀鑒大師遺物四首》其一《袈裟》：“袈裟遺片片，珍重出相示。當時幾許寬，罩卻曹溪地。”①二詩中的“珍重”指向的並非“相示”這一動作行爲，非言慎重出示，而是表明出示者對古墨、袈裟特別“珍愛、寶愛”。宋孫覿《讀范周士詩卷二首(其一)》：“客舍空山裏，叢祠古道旁。飄飄雲外思，兀兀酒中藏。巧麗詩無敵，驚窺首一昂。緘封休浪出，珍重錦爲囊。”②該詩“珍重錦爲囊”亦可爲佐證。正因爲對古墨、詩卷特別“珍愛、寶愛”，因而以錦爲囊善加收藏。明林大春《和盧方伯暮春見訪郊居出示家藏二首(其一)》：“碧海春深波浩蕩，青山日暮樹陰濃。光輝野屋留車轍，珍重家藏出鼎鐘。五色彩霞人吐鳳，千言紫氣道猶龍。深宵未遣星軺動，爲把層雲古洞封。”③亦可與上舉諸詩相參證。上舉諸詩中“珍重”均不作“鄭重、慎重”解，當即“珍愛、寶愛”之義。

　　《青春之歌》文例中的“珍重”，也不同於反復思慮後的“鄭重、慎重”。之所以用“珍重”，是要表達王媽對這些鈔票的“珍愛”。畢竟這是林道靜的媽媽才給她的“兩個月工錢——十塊錢”，王媽“仔細地數了數”。

　　《近代漢語大詞典》“珍重”詞條下立義項“④ 慎重”，④辭例爲：

　　　　《仙俠五花劍》第十一回：“何況院中姊妹甚多，倘被他們知道真情，沸沸揚揚傳講出去，只怕大老爺大是不便，還求珍重些兒才是。”

　　按，小說中女子飛霞爲阻止新任知縣甄衛强逼成歡，曉之以理，動之以情，請甄衛自珍自重，切勿“損了大老爺的盛德，玷了大老爺的官箴”。飛霞言“斷使不得”、“寧死不從”，則强逼成歡之事絕不可行，與甄衛是否慎重思慮無涉。此例“珍重”亦不作“慎重”解，當表“珍愛”之義，即請其自愛、自重之義。

　　除了上舉辭書所提供的三個辭例外，筆者檢得比較容易被誤解爲“鄭重、慎重”義的“珍重”還有一例：

───────────

① 　沈乃文主編《明別集叢刊》第五輯第 25 冊，黃山書社，2015 年，第 151 頁。
② 　北京大學古文獻研究所編《全宋詩》第 26 冊，北京大學出版社，1996 年，第 17011 頁。
③ 　中山大學中國古文獻研究所編《全粵詩》第 11 冊，嶺南美術出版社，2010 年，第 125 頁。
④ 　《近代漢語詞典》“珍重”詞條下未立“鄭重、慎重”相關義項。

清梁朗川《瓦崗寨演義全傳》第十四回：咬金也與元慶把盞説道：“煬帝那厮有宇文成都，孤家這裏有裴元慶，準堪匹敵，又何憂哉！少不免將那好妹欺娘的獨夫殺了，再殺上長安，老子要與他衆文武算賬，看那個做王帝做得公便了。”説罷，手舞足蹈。王伯黨道：“主公客珍重些才好，你見世間有如此王帝麽？”

按，該例中“珍重”也非“鄭重、慎重”義。王伯黨此處並非勸説程咬金慎重考慮是否殺上長安，與衆文武算賬。他是對程咬金略顯粗魯的言行表達勸諫。希望程咬金有做主公王帝的樣子，不要粗野地喊打喊殺、手舞足蹈。這裏的“珍重”是請程咬金要注意自己的言行舉止，也是自愛、自重之義。因此，程咬金才回答説：“倘到了長安，那時我便叫個先生教我中个翰林，作幾句時文詩賦，做個斯文王帝了。”

上舉二例中的“珍重”相當於文獻中的“尊重”、“莊重”，都是請人莊重、自重的意思。例如：

清李百川《緑野仙蹤》第六十回：鄭婆子道：“温大爺還要自己尊重些兒，嘴裏少不乾不淨的駡人。”

清鄒弢《海上塵天影》第六章：珩堅先叫過秦成來，命他傳諭各人：大家莊重些，不許嘻嘻哈哈的輕狂，給人家看見了，説我們好似小户人家似的，成個什麽規矩。

綜上所析，我們認爲文獻中尚缺少用“珍重”表“鄭重、慎重”義的確切實例。辭書“珍重”條下不宜立“鄭重、慎重”義項。

需要注意的還有，《漢語大詞典》“珍重”詞條下例義項“⑤ 鄭重地告誡”。辭例爲：

宋楊萬里《白蓮》詩：“珍重兒童輕手折，緑針刺手卻渠憎。”

元侯克中《偶成》詩之一：“黄精鈎吻形相肖，珍重良醫子細收。”

明袁宏道《戒五老峰題石》詩：“珍重後來人，慎勿妄題字。”

這些辭例中的“珍重”由用於表示“請他人自己保重”、“請他人自珍自重”的意思，進而引申表“告誡”義。《漢語大詞典》所舉的三個辭例均表“告誡”之義，所謂的“鄭重地告誡”，“鄭重地”實際上是語境所賦予的言外之意，並非“珍重”的“告誡”義中必然包含的。

（二）“珍重”表“頻繁，殷勤”義補説

雖然“珍重”用爲“鄭重”表“慎重”義暫無確證，但通過調查我們發現，“珍重”實際上也有用爲“鄭重”的情況。

“鄭重”在詩文中常用於表“頻繁，殷勤”義。例如：

金元好問《元遺山詩集》卷十《送李甫之官青州》：鄭重雙魚問消息，故侯瓜圃

在東陵。(按,"鄭重"當即"頻煩"義。)

清鮑鈄《道腴堂詩編》卷二十二《疊前韻答姚茂才》：計日江春入歲餘,寒齋漸喜病魔踈。已聞君實重爲相,屢慶王言不勝書。鄭重雙魚來下若,聯翩乾鵲噪前除。開緘頓使風塵吏,一笑長吟慰索居。(按,"鄭重"與"聯翩"相對,表"頻繁"義。)

清陳得善《石壇山房詩集》卷一《答允中問病時正月八日》：鄭重雙魚使,開緘涕泗流。感君勤問病,爲我隱擔憂。舊友晨星盡,新詩隔日酬。何當上元夜,來續放燈遊。(第三句言"感君勤問病",可見允中時常派人探問作者的病情,"鄭重"當表"頻繁"義。)

清孔昭熺《醫俗軒詩集·寄德輝弟五律二首》其一：舉首長安月,星辰煥索居。雪寒沽市酒,夜永課新書。萬里培鵬化,三冬惜歲餘。孔懷不盡意,鄭重寄雙魚。

詩文中又有"殷勤(慇懃)寄雙魚"的用法：

明張羽《東田遺稿》卷上《贈別陳百一》：江湖謝鄉音,傾蓋如舊識。殷勤寄雙魚,爲云柴墟客。

清王心敬《豐川續集》卷三十《酬邠陽康孟謀》：自分迂踈宜永棄,詎意慇懃寄雙魚。感君意氣重瓊瑤,投報何忍等木桃。

"殷勤(慇懃)寄雙魚"義同"鄭重寄雙魚","殷勤(慇懃)"表"頻繁反復"義。上舉詩文中的"鄭重(寄)雙魚"在文獻中常作"珍重(寄)雙魚"。例如：

明顧起元《遯園漫稿》辛酉《送鄧原少還昭武原少精三命之理故首句中及之二首》其二：共醉金陵十斛春,綠波南浦暫逶迤。誰爲百尺樓中客,自作千峰頂上人。白鷺洲寒愁放舸,紫雲溪遠憶垂綸。無諸臺畔容高臥,珍重雙魚慰所親。(作者送別時希望友人要時常來信以告慰老朋友。)

清方芳佩《在璞堂續稿·寄沈蘭如姊并懷富澧蘭夫人》：丹青妙染畫眉餘,珍重雙魚慰索居。自愧踈慵今轉甚,經年未報一封書。(按,後兩句作者自愧疏懶,經年未報一書,相對而言,上兩句當即言其姊於閒暇之餘時常寄書慰問作者。"珍重"用爲"鄭重",表"頻繁,殷勤"義。)

清毛師柱《端峰詩選·巨山歸自毘陵書年松一寓書見存賦此荅寄》：客返蘭陵棹,旋過慰索居。殷勤煩二老,珍重寄雙魚。宛爾論心好,猶然會面虛。寂寥堪作伴,賴有古人書。(按,"珍重"與"殷勤"相對,當表"頻繁,殷勤"義。)

清崔旭《念堂詩草》卷一《酬張錫堂孝廉見寄》：潦倒青衫客,中懷詎自如。不聞招隱賦,只讀絕交書。雨冷苔三徑,秋荒草一廬。故人平子在,珍重寄雙魚。(按,"不聞招隱賦,只讀絕交書",蓋言朋友們音問漸疏。"故人平子在,珍重寄雙魚",感謝張錫堂時常寄書探問。此處"珍重"亦用爲"鄭重",表"頻繁,殷勤"義。)

"鄭重(寄)雙魚"和"珍重(寄)雙魚"異形表達的存在,透露出"鄭重"與"珍重"義同的綫索,通過詩文語境的推求,我們認爲"珍重"有用爲"鄭重",表"頻繁,殷勤"義的情況。需要注意的是,並非所有"珍重(寄)雙魚"的"珍重"都是表"頻繁,殷勤"義的"鄭重"。有些辭例中"珍重"表達的是"珍貴"義,與"鄭重"無涉。例如:

> 明陳繼儒《捷用雲箋》卷三:珍重雙魚,寔抵萬金。浮沉於水,豈踵洪橋之顛哉。若歸鞭一釋,即躬詣報平安也。(按,此處"珍重"乃"珍貴"義。)

綜上所析,"鄭重"、"珍重"本義不同,其詞義各有自己的引申綫索。文獻中出現的"鄭重"表"珍重"(保重)義,"珍重"表"頻繁,殷勤"義的情形,是兩個詞語音近混用造成的。①

三、詞語異形對詞義訓釋的價值

從上文對"鄭重"、"珍重"的討論來看,重視溝通詞語異形,對於準確訓釋詞義有重要的價值。將同一詞語的異形繫聯起來,綜合考察,有助於準確把握詞語的意義内涵和構造理據,可以有效地避免望文生訓的誤釋。

異形詞,尤其是使用較爲常用的形體記録的異形詞,往往容易使人産生誤解。

(一) 減銀、減鐵、減金

近代漢語文獻中有"減銀"、"減鐵"、"減金"等詞。

> 元孫仲章《勘頭巾》楔子:我殺了劉員外也,拿著這芝麻羅頭巾減銀環子,回大嫂話去來。②
> 元高文秀《黑旋風》第二折:那廝緑羅衫絛是玉結,皂頭巾環是減鐵。③
> 明沈德符《萬曆野獲編》卷三十:可汗妃二人白澤虎豹朵雲細花等段十六疋,綵段十六疋,花減金鐵盔一頂,餞金皮甲一副。

《漢語大詞典》收"減銀"、"減鐵"詞條,《近代漢語大詞典》收"減銀"詞條,分別釋爲

---

① "鄭重"、"珍重"爲何只在表"保重"和"頻繁、殷勤"義時發生混用,這個問題我們暫時還無法回答。
② 引自《近代漢語大詞典》。
③ 引自《漢語大詞典》。

"成色不足的銀子"和"成色不足的鐵"。實際上,"減銀"、"減鐵"並非指銀和鐵"成色不足",它們的構詞理據與"減"字無涉。

　　明李實《蜀語》:鐵上鏤金銀文曰錟。錟音簡,从金,叏聲;叏,范免二音,腦蓋也。《西京賦》:"金錟鏤錫。"①馬融頌:"金錟玉瓖。"《大明會典》:錟銀事件。②

　　明楊慎《丹鉛總録》卷八:錟瓖。錟音減,以鏤金飾馬首。又曰:鐵質金文曰錟也。《西京賦》:"金錟鏤錫。"馬融《廣成頌》:"金錟玉瓖。"《詩》云:"鉤膺鏤錫。"《國語》曰:"懷纓挾瓖。"皆指此。今名馬鞍曰錟銀事件,當用此錟字。或作鎪,非。

　　明焦竑《俗書刊誤》卷十一《俗用雜字》:鐵質金文曰錟,音減。今之錟金、錟銀是也。《文選》"金錟玉瓖"可證。

　　《説文》攴部:"叏,瑙蓋也。象皮包覆瑙,下有兩臂,而攴在下。讀若范。"段玉裁注:"司馬彪《輿服志》:'乘輿金錟。'劉昭引蔡邕《獨斷》曰:'金錟者,馬冠也。高廣各五寸,上如五華形,在馬髦前。'薛綜注《東京賦》同。按,在馬髦前,則正在馬之瑙蓋。其字本作金叏,或加金旁耳。馬融《廣成頌》:'揚金叏而拖玉瓖。'字正作叏,可證。《西京賦》:'璏弁玉纓。'薛曰:'弁,馬冠叉髦也。'徐廣説金錟云:'金爲馬叉髦。'然則弁也、叉髦也、叏也,一也。叏或誤作爰,錟或誤作鎪,《玉篇》又誤作金駿,皆音子公反,非也。"孫詒讓《周禮正義》認爲:"《獨斷》云:'金錟,馬冠也,在馬髦前。'蓋即古緐之遺制。"③《東京賦》《廣成頌》之"錟"並"讀若范",爲馬額頭上之裝飾物。"金錟"、"鏤錫"、"玉瓖"並爲馬之飾物,均爲偏正結構詞語。"金錟"之"錟",與"音減",表"鐵上鏤金銀文"之"錟"音義皆異。楊慎、焦竑認爲《東京賦》《廣成頌》之"金錟"即"錟金",説不可從。黃仁壽、劉家和認爲:"'錟'之从金从叏,以其爲馬瑙蓋之飾,又因此種飾物是在鐵質上嵌以金銀,故凡在鐵上鏤金銀文皆曰錟也。讀古斬切,音簡。"④説亦可商。"錟金"之"錟"另有其源。

　　明焦竑《俗書刊誤》卷十一《俗用雜字》:金銀絲飾鐵曰銘,音敢,又音減。

　　明方以智《通雅》卷三十三:以金銀鏤銅鐵曰錟。張衡賦:"金錟(音咸。)銀鏤。"謂鐵質金文餙馬彎也。馬融《廣成頌》:"金錟銀鏤。"今俗以鞍彎什物曰錟銀事件。細者曰絲錟,片者曰片錟。錟一作釱。《後漢志》:"金鎪方釳。"升菴以鎪作錟。《宋志》:"百官鞍勒,金塗銀裝,牡丹枝具,雉子白韉,陷銀衡鐙。"所謂陷銀,即今之錟銀

① 此當爲張衡《東京賦》文。
② 李實著,黃仁壽、劉家和校注《蜀語校注》,巴蜀書社,1990 年,第 23 頁。
③ 孫詒讓《周禮正義》,中華書局,2015 年,第七冊第 2583 頁。
④ 李實著,黃仁壽、劉家和校注《蜀語校注》,第 23 頁。

也。《元志》作簡銀,弱侯作鈿銀。①

按,"金銀絲飾鐵"即指"鐵上鏤金銀文"、"鐵質金文",音"減"之"錽"、"銘"音義皆同。如方以智所揭,"錽銀"即"陷銀","陷"表"嵌入、鑲嵌"義見於唐宋文獻。"陷銀"、"陷金"表"嵌銀"、"嵌金"義,指以金銀鑲嵌爲飾。唐宋文獻中有其例:

> 唐崔致遠《桂苑筆耕集》卷十《幽州李可舉太保》:金花陷銀拓裏合,大小共三具。②

> 宋黄休復《茅亭客話》卷九《趙十九》:趙十九,名處琪,陷銀花衔鐙爲業。

> 宋沈括《長興集》卷十五《謝賜戎服表》:臣某言:今月初八日,準御前封遞到賜目一道。賜臣戎服紫緊絲陷銀綫花襖子一領,紅鼂錦陷金銀勒白一條。

> 宋王欽若《册府元龜》卷一百六十九:鍊神鋼陷金銀刀劍各一。

文獻中又有"簡金"、"簡銀"之例,義同"陷金"、"陷銀":

> 明澹圃主人《大唐秦王詞話》第二十一回:狼牙箭寶雕弓懸壺扣袋,簡金刀鑲玉靶入鞘隨身。

> 元施耐庵《水滸傳》第六十九回:兩面旗牌耀日月,簡銀鐵鎧似霜凝。

綜上所析,"減金"、"減銀"、"減鐵"的"減"本字當作"陷",是一種金屬絲片的鑲嵌工藝。"銘"當即表"鑲嵌"義之"陷"的後造分化本字。《玉篇·金部》:"銘,古作陷。"《莊子·外物》:"已而大魚食之,牽巨鉤銘没而下。"陸德明釋文:"銘,音陷。《字林》:'猶陷字也。'"焦竑言"銘","又音減",大概當時口語中"陷"、"銘"有音轉讀"減"的情況。③ 因此,"陷"、"銘",或借用"簡"、"減"字記錄。明代學者認爲當用的"錽"字,當亦後造本字之一。《近代漢語詞典》"減鐵"條下説明"減,通'錽'",準確地訓釋了"減銀"、"減鐵"、"減金"的詞義。在文獻中,使用"銘"、"錽"的"銘銀"、"銘鐵"、"銘金"、"錽銀"、"錽鐵"、"錽金"較少見用,各辭書均未立"銘"、"錽"相關詞條。這些詞語的意義,可以通過"銘"、"錽"字下收釋的意義,較爲準確地把握。反倒是借用"減"來記錄的"減銀"、"減鐵"、"減金",讓人容易"望文生訓",誤將詞義理解爲"成色不足"的銀子、鐵和金子。如將它們與

---

① 方以智撰,黄德寬、諸偉奇主編《方以智全書》,第五册第540～541頁。"音咸",四庫全書本作"音減",清光緒六年重刻本作"音咸"。"鈿銀",四庫全書本、清光緒六年重刻本並同。據焦竑《俗書刊誤》,"鈿"當即"銘"之形訛。《龍龕手鑑·阜部》:"陥",同"陷",可資佐證。

② 四部叢刊本作"陷",海山仙館叢書本作"陷"。《龍龕手鑑·阜部》:"陷",同"陷"。

③ 表"鑲嵌"之"嵌",與"陷"音近義通,當即"陷"之音轉同源詞。《篇海類篇·金部》:"銘,銘鐵。"音"口陷切",與"嵌"同音。

"陷金"、"陷銀"、"簡金"、"簡銀"等異形溝通繫聯起來,這些詞語異形之間的源流關係就更加清晰明了。

(二) 猛戾

"戾(來紐質部)"、"厲(來紐月部)"雙聲旁轉,音近通用。文獻異文多有其例:

《詩經·小雅·小宛》:"宛彼鳴鳩,翰飛戾天。"《文選·西都賦》李善注引《韓詩》作"厲"。

《莊子·讓王》:"高節戾行,獨樂其志,不事於世,此二士之節也。"鍾泰《莊子發微》:"'戾'與'厲'通。《呂覽》作'厲行',一也。"

"戾"、"厲"通用還形成了系列異形複音詞。如:"凝戾"亦作"凝厲",①"厲虐"亦作"戾虐","暴戾"亦作"暴厲","凶戾"亦作"凶厲","猛厲"亦作"猛戾","驕厲"亦作"驕戾","剛厲"亦作"剛戾","災厲"亦作"災戾",②等等。

《荀子·修身》:"勇膽猛戾,則輔之以道順。"③"猛戾"實即"猛厲"之異形。《荀子·王制》:"凡聽:威嚴猛厲而不好假道人,則下畏恐而不親,周閉而不竭。"楊倞注:"厲,剛烈也。"《漢語大詞典》釋"猛戾"爲"凶暴乖張",認爲其與同書中的"猛厲"(《漢語大詞典》釋爲"嚴厲剛烈")非同一詞且有褒貶之別,實際上是拘於形體的誤釋。

同詞異形如果不加繫聯溝通,有時候雖然不會給詞義的訓釋帶來大的障礙,但是會影響對詞的構造理據的準確把握。

(三) 減妝、檢妝、減裝

近代漢語文獻中有"減妝"一詞,又作"減裝"、"檢妝"、"揀妝"。《近代漢語詞典》:

減妝:便攜式的梳妝匣。因不帶妝臺、鏡架等,故稱"減妝"。除妝具外,亦可儲藏隨身取用的零星物品。明張鳳翼《灌園記》二三出:"小姐,你把減妝兒自家收拾過了。"……

減裝:同"減妝"。宋吳自牧《夢粱錄》卷一三:"又有鏡子、木梳、篦子、刷子、刷牙子、減裝、墨洗、漱盂子。"

檢妝:同"減妝"。明沈周《落花》之二六:"鈿盒檢妝餘故靨,膽瓶和水棄殘

---

① 蔣禮鴻《廣雅疏證補義(中)》,《文獻》第7輯,書目文獻出版社,1981年,第172~173頁。
② "災厲"、"災戾"並即"災癘"之異形。
③ 《漢語大詞典》誤引作"勇毅猛戾"。

枝。"①《山歌·擺祠堂》:"······袖裏藏,袖裏藏,再來檢妝裏擺祠堂。······"

揀妝:同"減妝"。明《金瓶梅詞話》二三回:"上房揀妝裏有六安茶,頓一壺來俺每吃。"······

《近代漢語詞典》以"減妝"爲主詞條,對該詞作了較爲詳細的釋義,"減裝"、"檢妝"、"揀妝"作爲副詞條,以"同'減妝'"的方式溝通異形詞。② 從"減妝"下的釋義可以看出,編纂者認爲區别於一般的梳妝匣,"減妝"的特點是"便攜",其構詞理據在於減少了妝臺、鏡架等部件。這一構詞理據的説解值得商榷。

從文獻使用的辭例來看,"減妝"與"鈿盒"類似,是一種用於儲藏物件的盒狀器具,可以儲藏梳子等妝具,也用於儲藏銀子、細帳等。其主要用途在於儲藏物品,不限於梳妝用品,也不限於在梳妝時使用。雖然可以判斷"減妝"不帶妝臺、鏡架,但其得名之由實際上與"減"字無關。

"減妝"又作"簡妝"、"梜粧"、③"緘妝":

明佚名《全相説唱師官受妻劉都賽上元十五夜看灯傳》:掇過簡妝花粉合,青銅明鏡面前存。

明方以智《通雅》卷四十九:簡妝曰匲粧。④

清杭世駿《訂訛類編續補》卷下:《言鯖》:"匲妝,盛首飾之器也。"今訛爲簡妝。

明馬麟《續纂淮關統志》卷七:木屐十雙,一分。轎一頂,三分。梜粧十箇,四分。棕屜一張,三分。

佚名《老鼠寶卷》:探下頭上金珠鐶,擺在緘妝裏。

佚名《老鼠寶卷》:期日到夜來探下,珠鐶擺在緘妝存,不覺五更天明亮,鐶子不見半毫分。

"緘妝"、"減裝"、"檢妝"等詞形能夠引導我們探尋其構詞理據。《説文》系部:"緘,束篋也。""緘"本指縶束器物的繩子,引申有"收斂"、"封藏"、"信函"等義。"緘封"、"緘

---

① 此例中"檢妝"與"和水"相對,爲動賓結構,當指檢點妝容。明區懷年《嬬婦頓爲人妾因贈以詩聊申爽德之戒》:"檢點殘妝雅操輕,柏舟曾否慰同聲。"文獻中又有檢妝盒、檢點香奩之語,如明湯顯祖《紫釵記》第四十五齣:"把妝盒檢,繡綫撥。"清徐世昌輯《晚晴簃詩匯》卷一百八十六席佩蘭《南歸日題上黨郡署壁》:"呼婢留心檢妝盒,莫教人拾舊花鈿。"明毛晉輯《六十種曲》無名氏《贈書記》第二十七齣:"試看堂上催妝,好把香奩檢點。"其中,"檢"、"檢點"均表"收拾整理"義,"檢妝盒"指"收拾整理妝盒",與作爲妝匣的"檢妝"有別。此經肖海華君指出。

② 《近代漢語大詞典》亦以"減妝"爲主詞條,溝通異形詞條"檢妝"、"揀妝"。

③ 在表"封藏"、"信函"義時,"緘"也借用"梜"字。

④ 明焦竑《俗書刊誤》卷十一《俗用雜字》:"盛首飾之器曰匲粧。匲音斂。"

藏"、"緘閉"、"緘鎖"、"緘裹"等用法中,"緘"即表"收斂"、"封藏"義。"檢"在近代漢語文獻中也有"封緘"義,如清鄒弢《海上塵天影》第三十回:"於是把信檢好了,留下一個字條兒交棧司。"[①]宋陳元靚《事林廣記》續集卷八《綺談市語》"器用門":"減裝:了事,拾襲。"明黃一正輯《事物紺珠》卷二十二"木什器類"有"減裝",與"匲、匣、㮤、匭、函、散風盒(貯食器)、染花盦(收粧具)"等並列,當爲盛放斂藏首飾妝具的木製箱匣。"減裝"本形當作"緘妝","緘"表"封藏"義,"妝"表"妝具"義,爲動賓結構複合詞。[②]"緘"寫作"減"、"械"、"檢"、"揀"、"簡","妝"寫作"裝",均爲音同音近之通假。綜上所析,"減妝"的命名理據在於其"斂藏妝具"之功用,而非"不帶妝臺、鏡架等"。[③]

"減妝"一詞的詞彙意義是比較清楚的,從使用的具體語境中比較容易確定它所指的物件,概括詞義內涵。但由於受詞形"減妝"的影響,辭書將該詞的構詞理據解釋爲"因不帶妝臺、鏡架等,故稱'減妝'",顯然是不準確的。

同樣的道理,將"鳩集"與"糾集"、"勼集","準的"與"埻的","激賞"與"擊賞"作爲一詞異形溝通起來,有助於準確把握"鳩集"、"準的"、"激賞"等詞的構詞理據和結構類型。

詞語異形的繫聯和溝通,還有助於對詞義的準確概括和梳理,完善辭書詞語收釋的系統性。

前代學者的訓詁實踐中有許多通過繫聯複音詞的異形,確定詞形正體,從而準確考訂詞義的成功範例。例如:敦煌變文《降魔變文》:"天魔億萬,惻塞虛空。""或現大身,惻塞虛空;或現小身,猶如芥子。"蔣禮鴻《敦煌變文字義通釋》:"'惻塞'即'側塞'……'惻塞'的'惻'乃是'側'、'仄'的同聲通用字,'側'、'仄'有狹窄之義。"又指出"側"有"偪仄、狹窄的意思"。"'側'也作'仄'。《後漢書·袁閎傳》:'居處側陋。'《晉書·良吏·吳隱之傳》:'數畝小宅,籬垣仄陋。'"[④]據此可知,"側"、"惻"表"偪仄、狹窄"義,其本字當

---

① 此例引自《近代漢語詞典》。《漢語大詞典》將《後漢書·祭祀志論》:"故牲用犢,器用陶匏,殆將無事於檢封之間,而樂難攻之石也。"中的"檢封"釋爲"緘封,封藏",不確。此處"檢封"當即上文所言"石檢印封"。"石檢"指用於封閉玉檢的石條,"印封"指"以水銀和金"而成的用於蓋印封緘的封泥。

② "拾襲"當爲並列結構複合詞。"襲"有"遮蓋"、"掩藏"義,"拾襲"即"收斂掩藏"之義。用於包裹收藏貴重物品的絲巾亦稱"十襲"、"拾襲"。說詳王瑛《詩詞曲語辭例釋(第二次增訂本)》,中華書局,2005年,第273~274頁。

③ 陳增弼《釋"鑑妝"以及相關問題》指出,《夢粱錄》裏的"'減裝'就是'鑑妝'的俗寫",《綺談市語》中的"'減裝'就是'鑑妝',異字而同音同義","雖然有'揀妝'、'鑑妝'的不同寫法,但都是同音同義的異形字而已,指的都是同一種小型木器"。陳氏認爲這種小型木器的命名源於保護鏡子的套子或盒子,"減裝"、"揀妝"等詞當以"鑑妝"爲本形,說可商榷。《永樂大典》中載有葬器、祭器"鑑粧",均系錫造。陳文所舉《金瓶梅》"鑑妝"、"揀妝"似有別,存疑待考。詳見陳增弼《傳薪:中國古代家具研究》,故宮出版社,2018年,第181~189頁。

④ 蔣禮鴻《敦煌變文字義通釋》,浙江大學出版社,2016年,第326~327頁。

爲"仄"。

除了"側塞—仄塞"、"側陋—仄陋"外,"仄"通作"側"、"惻"形成了一系列異形詞。如:"側徑—仄徑"、"側微—仄微"、"逼側—逼仄"、"幽側—幽仄"、"纖側—纖仄"、"悚側—悚仄"、"險側—險仄"、"旁側—旁仄",等等。將詞語異形繫聯溝通起來,對相關辭例進行綜合比較,可以使我們對其詞義的概括和梳理更加科學準確。例如,將"險側"與"險仄"作爲一詞異形溝通起來,可以發現《漢語大詞典》中"險仄"的"生澀,不常見",與"險側"的"用語用韻險怪冷僻",實際上應該概括爲同一詞義。此外,"險側"的"偏頗,偏激"義似不當立,從《朱子語類》的文例來看,所謂"其言險側輕佻",指的也是言語險怪冷僻。《漢語大詞典》釋爲"偏頗,偏激",大概受到了詞形"險側"用"側"字的誤導。

相關詞條之間的彼此參照是體現辭書收釋系統性的重要方面。辭書通常採用主副條參見、詳略分工的方式對異形詞進行收釋。這樣不僅可以減少不必要的重複,而且能夠體現詞語和詞義匯纂的系統性。

《漢語大詞典》收釋了因"匝"亦作"帀"而出現的異形詞條"磕帀"、"匼帀"(周匝、環繞義),分別將其與"磕匝"、"匼匝"繫聯起來。① 事實上,"磕匝"即"匼匝",又作"鉿匝"、"唈匝"、"匎帀",②皆爲一詞之異形。③《龍龕手鏡》"匼"音"苦合反",與"磕"音同。"匼"、"唈"二字爲"匎"字異體。《説文》勹部:"匎,帀也。""匎(匼、唈)"本義爲"周匝","匼匝"是表周匝環繞義的同義並列複合詞。

表"周繞"義的"匼"借用"磕"字記錄不僅僅出現在"匼匝"一詞。文獻中有寫作"磕腦"的詞語。《近代漢語詞典》釋爲"能嚴密遮護頭頸的一種厚帽(古代也稱頭巾),武士、獵人等佩戴。""磕腦"又作"搕腦"、"褡腦"。胡竹安指出,"磕"字是借字,本字當爲"匼"。"匼"表"匼裹、周繞之意","匼腦"即"匼束在腦門上的巾"。④

"匼腦"這一詞形我們暫時還沒有找到它在文獻中使用的辭例,辭書不加收釋也在情理之中。⑤ 如果能將"磕帀"、"磕匝"、"鉿匝"與"匎帀"、"匼匝"、"唈匝"作爲一詞之異形溝通起來,不僅有助於我們把握這些詞語的構詞理據和結構類型,還可進一步引導我們探尋相關詞語"磕腦"的構詞理據,使辭書對詞條的收釋參互佐證,更具系統性。

① 《辭源(第三版)》對"磕匝"、"匼匝"亦未加繫聯。未立"磕帀"、"匼帀"詞條,在"帀"的"周,圈"義下説明"帀,同'匝'"。《辭源(第三版)》未收釋"鉿匝"詞條。
② 《漢語大字典》:"鉿匝",同"匼匝"。又"唈匝",也作"匼匝"、"匎帀"。
③ 丁聲樹《説"匼"字音》,《中國語文》1962 年第 4 期。
④ 胡竹安《〈永樂大典戲文三種校注〉〈元本琵琶記校注〉斠補》,《中國語文》1983 年第 5 期。
⑤ 依照辭書編撰的通例,可在"磕"字頭下立義項:"通'匼',參見'磕匝'、'磕腦'。"

對於古代文獻而言,記詞用字是客觀的歷史事實。文獻解讀是從記詞用字的文字形體入手的,因此,全面梳理古代文獻中的詞語異形,對於解讀古代文獻尤爲關鍵。單音詞的異形,傳統文字學、訓詁學關注得比較多,注重揭示文字異形和用字通假現象,在很大程度上解決了單音詞因爲用字而帶來的理解障礙。相比之下,歷代文獻中複音詞的異形尚缺乏較爲系統的研究,除了疑難詞考釋時零散的繫聯外,還有必要專門進行系統的溝通和整理。

辭書收釋詞條是爲了方便使用者閱讀文獻時查檢詞語的音義。從這個角度講,異形詞的收釋,特別是非使用本字的詞語異形的收釋顯得尤爲重要。通過繫聯詞語的異形,確定源詞形,有助於科學準確地解釋詞義,闡明詞語的構詞理據。在被當作異形詞收釋的詞條之外,辭書中還有許多未加繫聯溝通而實爲一詞異形的詞條。注意利用詞語異形的系列性,以已知的文字異形、通假和已繫聯的異形詞作爲綫索,對相關詞條作進一步的考察,可以將未加繫聯溝通的異形詞繫聯溝通起來。

文獻用字因時代、地域、使用者等因素而有差異。有些詞語在文獻中的用字變化多樣,導致字詞之間的關係錯綜複雜。加強文獻中詞形用字的調查,鉤稽、增補辭書漏收的異形詞條,完善辭書詞條收釋的系統性,也可爲用字研究提供更豐富的材料,爲漢語詞彙史的研究提供更堅實的基礎。

主要參考文獻

蔣禮鴻《敦煌變文字義通釋》,浙江大學出版社,2016 年。

白維國主編《近代漢語詞典》,上海教育出版社,2015 年。

許少峰編《近代漢語大詞典》,中華書局,2008 年。

羅竹風主編《漢語大詞典》,漢語大詞典出版社,2001 年。

裘錫圭《談談"異形詞"這個術語》,李宇明、費錦昌主編《漢字規範百家談》,商務印書館,2004 年,第 110～118 頁。

曾昭聰《古漢語異形詞與詞語釋義》,《中國語文》2013 年第 3 期。

凌麗君《從寅集"宀"部看〈辭源〉(第三版)對異形詞的相關修訂——兼論異形詞的辭書編纂》,《民俗典籍文字研究》第 18 輯,商務印書館,2016 年。

附記:本文寫作過程中,肖海華君提供了許多材料和建議,謹致謝忱。

從"徽纆"到"徽纏"*

韓小荊

武漢大學文學院

《漢語大詞典》中收有"徽纏"一詞,釋爲"繩索。亦比喻束縛,牽累",所出例證如下:(1) 三國魏阮籍《獼猴賦》:"嬰徽纏以拘制兮,顧西山而長吟。"(2) 唐駱賓王《〈在獄詠蟬〉序》:"僕失路艱虞,遭時徽纏,不哀傷而自怨,未搖落而先衰。"(3) 宋王安石《一日不再飯》詩:"筋骸徽纏束,肺腑鼎鑊煎。"(4) 清孔尚任《桃花扇·會獄》:"冤聲滿獄,鋃鐺夜徽纏。"王季思等注:"徽纏是綁囚犯的索,這裏作動詞用,意即綑綁。"例證從三國舉至清代,時代齊全。新舊版《辭源》也都列有詞條"徽纏",新版釋曰"繩索,也用以比喻生活中的各種束縛,牽累",並引王安石《臨川集》卷八《一日不再飯》爲例證。① 其他如曾林編著的《古代漢語詞典》、李翰文和馮濤主編的《古漢語常用詞典》等也收録"徽纏"這個詞條,皆引阮籍《獼猴賦》、王安石《一日不再飯》爲例證。

其實,上文所出示的四個例證,除了孔尚任《桃花扇》那條外,其餘三條,"徽纏"皆有異文作"徽纆"。例一,阮籍《獼猴賦》"嬰徽纏以拘制兮",明代范陳本、汪士賢本、張燮本、張溥本等皆作"纆",②但是陳伯君校注本作"徽纆",③陳氏在其書《例言》中説:"本書則不專據一本,遇有文字異同之處,擇其可從者作爲本文,可彼可此者,則以多數者爲歸。"據此可知陳氏是以"徽纆"爲正。例二,駱賓王《在獄詠蟬序》"遭時徽纏",清陳熙晉箋注本作"徽纆",注文曰:"《易·坎》上六:'係用徽纆,寘于叢棘。三歲不得,凶。'虞翻

---

* 本文爲教育部基金項目"《川音》輯佚與研究"(20YJA740017)的階段性成果。

① 《辭源》(3版),商務印書館,2015年,第1453頁。

② 李志鈞、季昌華、柴玉英、彭大華校點本《阮籍集》,上海古籍出版社,1978年,第12頁。〔清〕嚴可均編輯《全上古三代秦漢三國六朝文》(中華書局,1958年,第1305頁下)也作"纆"。

③ 〔三國魏〕阮籍著,陳伯君校注《阮籍集校注》,中華書局,1987年,第45頁。

注：'徽纆，黑索也。'"①例三，王安石《一日不再飯》"筋骸徽纆束，肺腑鼎鐺煎"，②宋李壁《王荆文公詩箋注》作"筋骸徽纆束"，李注曰："《賈誼傳》：'禍之與福，何異糾纆？'注：'音默。纆，索也。'"③而且"徽纆"與對句的"鼎鐺"平仄正好相對。

"徽"、"纆"義近，《説文》系部："徽，三糾繩也。"《玉篇》系部："徽，大索也。""纆"本作"纆"，見《説文》系部："纆，索也。从糸，黑聲。"段玉裁注："今字从墨。"《玉篇》系部："纆，亡北切。索也。纆，同上。"《廣雅•釋器》："徽、纆，繩索也。"又《史記•屈原賈生列傳》"何異糾纆"司馬貞索隱引《字林》："纆，三(二)合繩也。"又引韋昭云："纆，徽也。""徽纆"連言最早見於《易•坎》"係用徽纆"，陸德明釋文曰："劉云：三股曰徽，兩股曰纆，皆索名。"後代"徽纆"連言日益常見，義指拘係罪人的繩索，如《文選》卷二四《(晉)張華〈答何劭〉》："吏道何其迫，窘然坐自拘。纓綏為徽纆，文憲焉可踰。"④又喻指法度和規矩，如《梁書》卷四七《吉翂傳》："盛陳徽纆，備列官司。"⑤又《魏書》卷九《肅宗紀》："又之罪狀，誠合徽纆，但以宗枝舅戚，特加全貸，可除名為民。"⑥明劉基《郁離子》卷下《待士》："則王之所重輕，人知之矣，而又欲繩之以王之徽纆，範之以王之榘度。"⑦清王夫之《薑齋詩話》附錄《夕堂永日緒論外編》："大義微言，皆所不遑研究，此正束縛天下文人學者一徽纆而已。"⑧"徽纆"也可用為動詞，指捆綁、囚禁，如《後漢書•西羌傳論》："壯悍則委身於兵場，女婦則徽纆而為虜。"⑨又《魏書》卷七《高祖紀上》："詔曰：隆寒雪降，諸在徽纆及轉輸在都或有凍餒，朕用愍焉。"⑩

"徽"、"纆"連用也常以"纆徽"的形式出現，義同"徽纆"，主要出現在詩歌和韻文之中，二字互換次序以配合押韻和平仄的需要。例如西漢揚雄《酒賦》："酒醪不入口，臧水

---

① 〔唐〕駱賓王撰，〔清〕陳熙晉箋，王群栗標點《駱賓王集》，浙江古籍出版社，2015 年，第 229～230 頁。《四庫》本〔明〕王志堅撰《四六法海》卷九《駱賓王〈在獄詠蟬序〉》、〔明〕陸時雍編《古詩鏡•唐詩鏡》卷二《駱賓王〈在獄詠蟬序〉》、〔清〕康熙御定《全唐詩》卷七八《駱賓王〈在獄詠蟬序〉》皆作"徽纆"。

② 王雲五主編的《萬有文庫》第一集《臨川先生文集》，余冠英、周振甫、启功等主編的《唐宋八大家全集》，書中皆作"徽纏"。

③ 〔宋〕王安石著，〔宋〕李壁箋注，高克勤点校《王荆文公詩箋注》，上海古籍出版社，2010 年，第 276～277 頁。寧波等校點本《王安石全集》(吉林人民出版社，1996 年)、秦克和巩軍標點本《王安石全集》(上海古籍出版社，1999 年)、逸凡點校本《唐宋八大家全集》(新世紀出版社，1997 年)等皆作"徽纆"。

④ 〔南朝梁〕蕭統編，〔唐〕李善注《文選》，上海古籍出版社，1986 年，第 1132 頁。

⑤ 〔唐〕姚思廉《梁書》，中華書局，1973 年，第 652 頁。

⑥ 〔北齊〕魏收《魏書》，中華書局，2017 年，第 286 頁。

⑦ 〔明〕劉基《郁離子》，上海古籍出版社，1981 年，第 83 頁。

⑧ 〔清〕王夫之著，戴鴻森箋注《薑齋詩話箋注》，上海古籍出版社，2012 年，第 205 頁。

⑨ 〔南朝宋〕范曄《後漢書》，中華書局，1965 年，第 2900 頁。

⑩ 〔北齊〕魏收《魏書》，第 178 頁。

滿懷，不得左右，牽於繆徽。”①又唐韓愈《送區弘南歸》：“我念前人譬尌菲，落以斧引以繆徽。”②唐柳宗元《獻弘農公五十韻》：“不言縲絏枉，徒恨繆徽長。”③宋劉攽《彭城集》卷一四《吳國博未五十致仕歸蘄州》：“名宦於身甚繆徽，白頭青紫莫言歸。曼容自以微官去，蘧瑗應知過事非。”④元戴良《故翰林待制致仕汪君墓誌銘》“神徂聖伏道久隳，士俗靡靡日以卑，外固藩飾內則非，謂名可盜世可欺。衆方慕效君獨違，顧取絃歌化海陲，棄捐斤斧引繆徽，竅實靡訂識者誰。”⑤明羅玘《圭峰集》卷二九《傅體齋先生冠孫次徐舜和韻二首之二》：“鄉里兒童雖弱冠，伊誰父母尚重闈，更傳三世調羹手，坐朽桁楊到繆徽。”⑥清周亮工《泪之一》：“繆徽連雨濕，薦草滴霜殘。”⑦

　　古籍中“繆”也常假借“墨”字爲之，清朱駿聲《説文通訓定聲》頤部：“墨，假借作繆。”⑧如《史記·南越列傳論》：“成敗之轉，譬若糾墨。”⑨又漢揚雄《解嘲》：“徽以糾墨，制以鑕鈇。”⑩其實“墨”字有繩墨之義，如《楚辭·九辯》：“何時俗之工巧兮，背繩墨而改錯。”⑪進而轉指墨繩，即木工用以校正曲直的墨斗綫，並由此引申爲準則、法度，例如《孫子·九地》：“踐墨隨敵，以決戰事。”張預注：“循守法度，踐履規距，隨敵變化，形勢無常，乃可以決戰取勝。墨，繩墨也。”⑫又漢揚雄《太玄·法》：“物仰其墨，莫不被則。”⑬又《晉書·劉毅傳》：“正色立朝，舉綱引墨。”⑭所以“繆”和“墨”字義本有相通之處，也有可能“繲/繆”原本就是“墨”的後起分化字，“墨”是“繆”的古字，因此，“徽繆”也常寫作“徽墨”，⑮如南朝宋傅亮《爲劉毅軍敗自解表》：“聖恩含宥，弛其徽墨。”⑯又唐劉寬夫《汴州

①　〔清〕嚴可均編輯《全上古三代秦漢三國六朝文》，第 409 頁上。

②　〔唐〕韓愈《韓昌黎集》，商務印書館，1933 年，第 20 頁。

③　〔唐〕柳宗元《柳宗元集》，中華書局，1979 年，第 1127 頁。

④　〔宋〕劉攽《彭城集》，商務印書館，1937 年，第 187 頁。

⑤　〔元〕戴良《九靈山房集》，上海書店，1989 年，第 4 冊第 223 頁；景印文淵閣《四庫全書》本，第 1219 冊，第 526 頁下。

⑥　〔明〕羅玘《圭峰集》，景印文淵閣《四庫全書》本，第 1259 冊，第 345 頁上。

⑦　〔清〕周亮工《賴古堂集》，《清人別集叢刊》本，上海古籍出版社，1979 年，第 2 冊，第 5 卷，第 16 頁。

⑧　〔清〕朱駿聲《説文通訓定聲》，武漢市古籍書店影印本，1983 年，第 213 頁下。

⑨　〔漢〕司馬遷《史記》，中華書局，2014 年，第 3605 頁。

⑩　〔南朝梁〕蕭統編，〔唐〕李善注《文選》，第 2007 頁。

⑪　〔宋〕洪興祖《楚辭補注》，中華書局，1983 年，第 188 頁。

⑫　〔春秋〕孫武著，〔漢〕曹操等注，袁嘯波校點《孫子》，上海古籍出版社，2013 年，第 181～182 頁。

⑬　〔漢〕揚雄撰，鄭萬耕校釋《太玄校釋》，中華書局，2014 年，第 120 頁。

⑭　〔唐〕房玄齡等《晉書》，中華書局，1974 年，第 1271 頁。

⑮　按，“徽墨”還指安徽歙縣所産的墨，與本文所討論的“徽墨”同形異詞，故不在本文論述範圍之內。

⑯　出自〔唐〕歐陽詢等編《艺文类聚》卷五四《刑法部·表》，上海古籍出版社，1999 年，第 975 頁。

糾曹廳壁記》:"隄防不完,徽墨蕩失。"①南宋王炎《雙溪類槀》卷二《題陳巽叔適軒》:"消搖鵾鷃游,小大各有適。士墮躁欲中,束身就徽墨。"②又元郝經《陵川集》卷七《飲酒之三》:"嗟嗟罦罬人,勞勞失此生。自著徽墨纆,仍因寵辱驚。"③清查慎行《敬業堂詩集》卷二七《三月晦日李寅谷招同人怡園雅集分韻得登字》:"六館致一士,翕然聲價增。由來天下賢,難以徽墨繩。"④

　　綜上可知,古籍中原本並不存在"徽纏"一詞,"纏"乃"纆"之訛字。"纆"俗書作"纏",手書作"**纏**"⑤、"**纆**"⑥,字中的"厂"旁寫得很短很小,幾近於一橫,就跟"纆"字十分接近。加之後世"纏"字常見,"纆"不常見,故孤陋寡聞之士便常以"纆"爲"纏"字之訛加以回改,致使古籍失真,貽誤後人。

　　或謂"纆"也有繩索義,"徽纆"也是同義連言,故自有其存在之合理性。談及"纆"的繩索義時,現行各類字典辭書如《漢語大詞典》《漢語大字典》《中文大辭典》《王力古漢語字典》《故訓匯纂》等,皆以《淮南子·道應》"臣有所與供僬纆采薪者九方堙"高誘注"纆,索也"爲書證例證,新版《辭源》則以《淮南子·說林》"予拯溺者金玉不若尋常之纆索"⑦爲例,但是王念孫對這兩個"纆"字提出了異議,認爲都是"纆"字之誤,王氏曰:"'供',當爲'共',此因'僬'字而誤加人旁也。《蜀志·郤正傳》注引此正作'共',《列子·說符篇》同。'纆'字之義,諸書或訓爲繞(《說文》),或訓爲束(《廣雅》),無訓爲索者。'纆'當爲'纆'字之誤也,《說文》作'纆',云:'索也。'字或作'纆'。《坎》上六:'係用徽纆。'馬融曰:'徽纆,索也。'劉表曰:'三股曰徽,兩股曰纆。'故高注云:'纆,索也。'若作'僬纆',則義不可通矣。《列子》及《郤正傳》注、《白帖》九十六,'纆'字亦誤作'纆'。蓋世人多見'纆',少見'纆',故傳寫多誤耳。(《管子·乘馬篇》'鎌纆得入焉',今本'纆'字亦誤作'纆',唯宋本不誤。《韓非子·說疑篇》'或在囹圄縲紲纆索之中',今本亦誤作'纆'。)唯《道藏》本《列子釋文》作'纆',音墨,足正今本之誤。又《說林篇》:'龜紐之璽,賢者以爲

----

① 出自〔宋〕李昉等編《文苑英華》卷八〇三《記》,中華書局,1966 年,第 5 册,第 4247 頁上。按,周紹良主編《全唐文新編》本作"徽纆",參見《全唐文新編》,吉林文史出版社,2000 年,第 4 部,第 1 册,第 8600 頁。

② 〔南宋〕王炎《雙溪類稿》,文淵閣《四庫全書》本,第 1155 册,第 438 頁。

③ 〔元〕郝經著,秦雪清點校《郝文忠公陵川文集》,山西人民出版社,2006 年,第 82 頁;又文淵閣《四庫全書》本,第 1192 册,第 72 頁。

④ 〔清〕查慎行《敬業堂詩集》,上海古籍出版社,1986 年,第 740 頁。

⑤ 參見韓小荆《可洪音義研究·異體字表》"纆"字條,第 376 頁。

⑥ 參見《慧琳音義》卷一一《大寶積經》第二卷音義"纆裹"(中華藏第 57 册第 611 頁下欄)、卷一四《大寶積經》第七九卷音義"纆裹"(中華藏第 57 册第 676 頁上欄)。

⑦ 《辭源》,商務印書館,2015 年,第 3269 頁。

佩;土壤布在田,能者以爲富;予溺者金玉(今本溺字上有拯字,乃涉注文而衍),不若尋常之纆索。'案,尋常之纆索,本作尋常之纆,其索字則後人所加也。此文以佩、富、纆爲韻,若作纆索,則失其韻矣。《太平御覽・人事部三十七》《珍寶部九》,引此竝作'尋常之纆',雖'纆'誤爲'纏',而'纏'下俱無'索'字。"①張雙棣《淮南子校釋》於《道應篇》"儋纆"句下出校釋,全文引述王念孫之觀點,②於《説林篇》"纏索"句則徑直據他本改爲"纆索"。③

此外,《故訓匯纂》"纏"字"索也"之釋義下還引了《鶡冠子・世兵》"禍與福如糾纏"陸佃注:"纏,索也。"《鶡冠子》目前最好的版本是明萬曆五年刊《子彙》本,此本卻作"禍與福如糾纆",陸佃注:"纆,索也。"《四庫》本亦皆作"纆",黃懷信集注本按曰:"纆,諸本或作'纏',誤。吳世拱改'纏'爲'纆',曰:'纏,據賈誼《服(鵩)賦》及《文選注》引當作"纆",與"期"、"尤"、"伏"等爲韻,故改。'"④綜上可見,有識之士都認爲"纏"並無繩索義,古籍中凡是應該解釋爲繩索的"纏"字都應該是"纆"的誤字,字典辭書中"纏"字下不應該羅列"繩索"之義項。

但是,"纆"被改作"纏"字在古籍中十分普遍,除了本文開頭所引《漢語大詞典》所舉三例外,張華《答何劭》"縹綾爲徽纆",《四庫》本宋真德秀編《文章正宗》卷二二上、明李攀龍編《古今詩删》卷七中皆轉錄作"縹綾爲徽纏"。⑤《梁書・吉翂傳》"盛陳徽纆",《四庫》本作"盛陳徽纏"。⑥《魏書・肅宗紀》"誠合徽纆",《四庫》本作"誠合徽纏",⑦《四庫》本《太平御覽》卷一〇三《皇王部二十八・肅宗孝明皇帝》轉錄也作"誠合徽纏"。⑧ 再如唐李嶠《授皇甫文偘營繕少監制》"恭勤無怠,歷職有聲,徽纆爲官,已淹歲序",⑨《文苑英華》本作"徽纏"。⑩ 又宋楊億《武夷新集》卷六《處州龍泉縣金沙塔院記》"水火或蹈,徽纆罔懼,而怵報應之説,堅信向之心",又同卷《建安郡齋三亭記》"訟既息矣,徽纆棄置於圜

① 王念孫《讀書雜志》,中華書局,1991 年,第 873 頁。

② 張雙棣《淮南子校釋》,北京大學出版社,2013 年,第 1287 頁。

③ 張雙棣《淮南子校釋》,第 1820 頁。

④ 黃懷信《鶡冠子彙校集注》,中華書局,2004 年,第 292 頁。

⑤ 〔宋〕真德秀《文章正宗》,文淵閣《四庫全書》本,第 1355 册,第 668 頁;〔明〕李攀龍編《古今詩删》,文淵閣《四庫全書》本,第 1382 册,第 49 頁。

⑥ 〔唐〕姚思廉《梁書》,文淵閣《四庫全書》本,第 260 册,第 386 頁。

⑦ 〔北齊〕魏收《魏書》,文淵閣《四庫全書》本,第 261 册,第 165 頁。

⑧ 〔宋〕李昉等《太平御覽》,文淵閣《四庫全書》本,第 894 册,第 110 頁。

⑨ 周紹良主編《全唐文新編》,第 2 部,第 1 册,第 2732 頁。

⑩ 出自〔宋〕李昉等編《文苑英華》卷三九九《中書制誥》,第 3 册,第 2026 頁。

扉。化之行焉,弦誦流聞於鄉校",①《四庫》本皆作"徽纆"。② 又如《四庫》本元楊維楨《東維子集》卷三《送陳仲剛龍頭司丞序》:"亭官出語爲亭地,即以格令甲坐之。即坐,又不得損職去,被繫徽纆,如胥靡之徒。"③又元貢師泰《玩齋集》卷一《過僊霞嶺》:"或僂若將趨,或顛若將踣。或堅若長城,或錯若列國。或聯若串珠,或牽若徽纆。或搏若熊羆,或射若虺蜮。"④此詩押德韻,"踣"、"國"、"蜮"都是德韻字,而"纆"是仙韻和線韻字,作爲韻腳字不合適,所以應該是"纆"的訛字,"纆"正是德韻字。

不唯《四庫》本在轉鈔翻刻過程中經常弄錯,今人整理本弄錯的時候更多,如趙中頡編輯的《中國古代法學文選》中五代牛希濟《刑論》作"又節其飲食,嚴其徽纆,外殘其軀,内脅其心,壯士勇夫且必流涕,孤弱之人敢不從命",⑤李文澤、霞紹暉校點本《司馬光集》中《又和并寄楊樂道十二韻》作"豈不寸心勞,動爲纆徽牽",⑥陳杏珍、晁繼周點校本《曾鞏集》之《福州鱔溪禱雨文》:"我畜以柔,亦震以威。從有法賞,不從係縶。或擾而序,或就纆徽。逮歲朔易,盪定無遺。"⑦王珽點校本《清容居士集》卷四《再次韻鄭景尹二首之二》:"古有惜陰子,觀日扶桑巔。雞鳴起中夜,紅光朗流延。吾欲挽其馭,與天同左旋。志士不並世,寸心增結悁。神澄水鏡净,世閱徽纆纆,鄙語雜謬誤,奉身直如絃。"⑧上揭數例中的"徽纆"、"纆徽"都應該是"徽纆"或"纆徽"之誤。

佛教文獻中也是如此,如大正藏本《大方廣佛華嚴經》卷六二《入法界品三十九》:"貪愛爲徽纆,諂誑爲轡勒。疑惑蔽其眼,趣入諸邪道。"⑨其中"徽纆"當作"徽纆",慧苑《新譯大方廣佛華嚴經音義》卷下對該詞有注釋:"徽纆:徽,許韋反。纆,莫北反。《廣雅》曰:徽,束也。《珠叢》曰:纆,繩索也。案經義謂以愛繩束縛,難可解也。"又見《可洪

① 出自曾棗莊、劉琳主編《全宋文》,巴蜀書社,1990 年,第 7 册,第 739、751 頁。

② 〔宋〕楊億《武夷新集》,文淵閣《四庫全書》本,第 1086 册,第 413、422 頁。

③ 〔元〕楊維楨《東維子集》,文淵閣《四庫全書》本,第 1221 册,第 407 頁。

④ 〔元〕貢師泰《玩齋集》,文淵閣《四庫全書》本,第 1215 册,第 530 頁。

⑤ 趙中頡《中國古代法學文選》,四川人民出版社,1992 年,第 249 頁。又〔宋〕李昉等編《文苑英華》卷七四九《論》,第 5 册,第 3918 頁;又文淵閣《四庫全書》本《文苑英華》,第 1340 册,第 299 頁。

⑥ 〔宋〕司馬光撰,李文澤、霞紹暉校點《司馬光集》,四川大學出版社,2010 年,第 95 頁。又文淵閣《四庫全書》本司馬光《傳家集》卷三《又和并寄楊樂道》也作"動爲纆徽牽"(第 1094 册,第 19 頁)。

⑦ 〔宋〕曾鞏撰,陳杏珍、晁繼周點校《曾鞏集》,中華書局,1998 年,第 552 頁;又曾棗莊、劉琳主編《全宋文》,上海辭書出版社,2006 年,第 58 册,第 327~328 頁。按,《四部備要》本《元豐類藁》也作"纆徽",《四庫全書》本《元豐類藁》卷四〇《福州鱔溪禱雨文》作"纆徽"(第 1098 册,第 687 頁),《萬有文庫》本《宋文鑑》、《涵芬樓古今文鈔簡編》也作"纆徽"。

⑧ 〔元〕袁桷撰,王珽點校《清容居士集》,浙江古籍出版社,2015 年,第 111 頁;文淵閣《四庫全書》本作"世閱徽纆纆"(第 1203 册,第 58 頁)。

⑨ 出自《大正藏》第 10 册,第 279 號經,第 332 頁下欄。

音義》卷四《大方廣佛華嚴經》第六十二卷音義:"徽纆,上許韋反,下蒙黑反。"唐澄觀撰述的《大方廣佛華嚴經疏鈔會本》卷六二亦曰:"徽纆:徽,許歸切,繩也。纆,莫北切,索也。"

又大正藏本宋釋契嵩《鐔津文集》卷一九《吊嵩禪師詩》:"愚俗初易欺,聖主終難惑。當時禪講輩,動類百千億。獨誰敢枝梧,縮手俟徽纏。唯師奮然作,感憤形諸色。"①詩中"徽纏"也當作"徽纆"。此詩押入聲職德韻,"惑"是德韻字,"億"、"色"是職韻字,而"纏"字屬於平聲仙韻,明顯不押韻,應該是"纆"的錯字,"纆"正好是入聲德韻字。

"徽纆"訛作"徽纏"既久,後人莫辨正誤,逐漸習非爲是,至少在明代,"徽纏"已經被廣泛接受,從當時文人詩作中即可見一斑,如明孫蕡撰《西菴集》卷一《輸役蕭牆》:"平明操板築,日没就徽纏。寒氣襲敝裘,重負頳我肩。撫已諒無愧,服勤思蓋愆。"②又如明王慎中撰《遵巖集》卷四《清源山獨行諸峰示同遊諸子二首之二》:"人世多浮變,高山自蒼然。因茲脩杖屨,暫得解徽纏。白石無塵滓,青松有歲年。每逢偏逗歷,佳處正難傳。"③又明凌義渠《凌忠介公集》卷二《邯鄲呂仙祠之二》:"愚人耽穢濁,達士慕幽玄。濃淡各有適,未謝區中緣。非無得道者,妄想墮徽纏。"④又清愛新覺羅弘曆《御製詩集》五集卷三六《平定臺灣聯句》:"張羅直到番窮社,易服真疑賈列廛。喜報遂聞成檻繫,孚人爭看用徽纏。堪嗔憰號同一貴,最快生俘異道乾。"⑤

綜上,至晚在元代,文人中還是以"徽纆"爲正統,但是到了明代,雖然"徽纆"繼續使用,但是"徽纏"也已經在文獻語言中被接受並廣泛使用,不過字典辭書中收録"徽纏"這個詞條時,例證不應該使用元代以前的文獻。從"徽纆"演變爲"徽纏",這也是文獻語言中由於文字的"形近相亂"所導致的對詞彙系統産生深遠影響的典型例證。

"徽纆"演變爲"徽纏",其中應該還伴隨有詞義和結構方式重新分析的過程。一般認爲"纏"字受"徽"字和語境的影響可以衍生出繩索義,而且,"纏"指纏繞、捆束,此義本來就跟繩索相關,所以後世"纏"字産生繩索義並不突兀,這樣"徽纏"仍然是同義並列式合成詞。不過,就一般讀書人而言,對"纏"字的直覺理解就是纏繞,"徽纏"就是"用繩索纏繞",也就是把"徽纏"理解爲狀中式合成詞,這種"俗解異構"對於因"形近相亂"而産生的新詞的成立和最終被接受功莫大焉。

---

① 出自《大正藏》第 52 册,第 2115 號經,第 748 頁下欄。
② 〔明〕孫蕡《西菴集》,文淵閣《四庫全書》本,第 1231 册,第 478 頁。
③ 〔明〕王慎中《遵巖集》,文淵閣《四庫全書》本,第 1274 册,第 58 頁。
④ 沈乃文主編《明別集叢刊》,黄山書社,2015 年,第 5 輯,第 61 册,第 29 頁。
⑤ 〔清〕愛新覺羅弘曆《御製詩集》,文淵閣《四庫全書》本,第 1310 册,第 430 頁。

圖書在版編目(CIP)數據

漢語字詞關係研究. 二 / 陳斯鵬主編.—上海：
中西書局，2021.10
　　ISBN 978-7-5475-1880-9

　　Ⅰ.①漢…　Ⅱ.①陳…　Ⅲ.①漢語－詞彙－研究
Ⅳ.①H13

中國版本圖書館 CIP 數據核字(2021)第 186064 號

HANYU ZICI GUANXI YANJIU

漢語字詞關係研究(二)

陳斯鵬　主編

責任編輯　徐　衍
裝幀設計　黃　駿
責任印製　朱人傑

出版發行　上海世紀出版集團
　　　　　　中西書局(www.zxpress.com.cn)
地　　址　上海市陝西北路 457 號(郵政編碼：200040)
印　　刷　上海天地海設計印刷有限公司
開　　本　787×1092 毫米　1/16
印　　張　26.25
字　　數　493 000
版　　次　2021 年 10 月第 1 版　2021 年 10 月第 1 次印刷
書　　號　ISBN 978-7-5475-1880-9/H・117
定　　價　128.00 元

本書如有質量問題,請與承印廠聯繫。電話：021-64366274